Strafgewaltkonflikte und ihre Lösung

Europäische Hochschulschriften

European University Studies

Publications Universitaires Européennes

Reihe II **Rechtswissenschaft**

Series II Law

Série II Droit

Band/Volume **5742**

Johannes Bochmann

Strafgewaltkonflikte und ihre Lösung

PL ACADEMIC RESEARCH

Bibliografische Information der Deutschen Nationalbibliothek
Die Deutsche Nationalbibliothek verzeichnet diese Publikation in der Deutschen Nationalbibliografie; detaillierte bibliografische Daten sind im Internet über http://dnb.d-nb.de abrufbar.

Zugl.: Frankfurt (Oder), Europa-Univ., Diss., 2015

D 521
ISSN 0531-7312
ISBN 978-3-631-66165-9 (Print)
E-ISBN 978-3-653-05756-0 (E-Book)
DOI 10.3726/978-3-653-05756-0

PL Academic Research ist ein Imprint der Peter Lang GmbH.
Peter Lang – Frankfurt am Main · Bern · Bruxelles · New York · Oxford · Warszawa · Wien

Diese Publikation wurde begutachtet.

www.peterlang.com

Vorwort

Die vorliegende Arbeit wurde im Wintersemester 2014/15 von der Juristischen Fakultät der Europa-Universität Viadrina Frankfurt (Oder) als Dissertation angenommen. Literatur und Rechtsprechung sind im Wesentlichen auf dem Stand von Mitte 2014. Der Modellentwurf von *Böse/Meyer/Schneider*, GA 2014, 572, konnte noch Berücksichtigung finden. Die umfangreiche Monografie von *Zimmermann*, Strafgewaltkonflikte in der Europäischen Union ist dagegen lediglich vereinzelt in den Fußnoten noch berücksichtigt worden.

Mein Dank gilt meinem Doktorvater, Herrn *Professor Dr. Dr. h. c. Jan C. Joerden*, an dessen Lehrstuhl ich während der letzten Jahre als Mitarbeiter tätig sein durfte und der diese Untersuchung durch seine wertvollen Hinweise und seine ständige Gesprächsbereitschaft konstruktiv begleitet hat. Frau *Professorin Dr. Gudrun Hochmayr* danke ich für die zügige Erstellung des Zweitgutachtens.

Last but not least, danke ich meiner Familie, die mich stets ermutigt, gefördert und unterstützt hat – natürlich weit über diese Arbeit hinaus.

Berlin / Frankfurt(Oder), im März 2015 Johannes Bochmann

Inhaltsverzeichnis

Einleitung

§ 1 Gegenstand der Untersuchung

Die Feststellung, dass Straftaten nicht an den Grenzen des Nationalstaates enden, sondern darüber hinausgreifen, ist weder neu noch besonders originell. Richtig ist sie dennoch. Bei grenzüberschreitenden Sachverhalten stellt sich immer – so auch im Strafrecht – die Frage, wer einen Sachverhalt beurteilen darf oder muss, und nach welchem materiellen Recht dies erfolgen soll. Im Strafrecht stellt sich also die Frage nach der Strafgewalt. Diese ist aus völkerrechtlicher Sicht unproblematisch immer dann für einen Staat gegeben, wenn alle „Bestandteile" der Straftat in dessen Territorium, also im Inland, vorliegen. In allen anderen Fällen kann es dazu kommen, dass mehrere Staaten von einer Tat betroffen sind und gleichermaßen die Strafgewalt für sich in Anspruch nehmen. Bisher ungeklärt ist es, wie mit solchen Strafgewaltkonflikten umzugehen ist.[1] Ein solcher Konflikt kann zur Konsequenz haben, dass der Täter mehrfach ver- bzw. abgeurteilt wird[2] – *ne bis in idem* gilt im Völkerrecht nicht.

Dort, wo *ne bis in idem* gesondert vereinbart wurde, etwa zwischen den Vertragsstaaten des SDÜ,[3] hängt die Frage, in welchem Staat der Beschuldigte abgeurteilt wird, von Zufälligkeiten wie dem Ort der Festnahme ab und ist sogar durch Manipulation der Strafverfolgungsbehörden beeinflussbar.[4]

---

1 Dabei sollen hier die sog. „positiven Strafgewaltkonflikte" im Vordergrund stehen, bei denen mehrere Staaten die Aburteilung durchführen wollen. Der Fall, dass sich von mehreren Staaten keiner als zuständig ansieht, lässt sich ebenfalls als Strafgewaltkonflikt begreifen, nämlich als sog. „negativer Strafgewaltkonflikt", vgl. dazu etwa *Lagodny*, Gutachten, S. 24 ff. zum „Fall Öcalan", sowie unten Teil 4 § 1 A.III. zum Fall *U.S.* v. *Tiede.*

2 Etwas unklar insofern *Eisele*, ZStW 2013, 1, 9. *Eisele* erweckt den Eindruck, als sei es (auch) eine Folge des ungeklärten Strafgewaltkonflikts, wenn ein Geschädigter in einer Form der Selbstjustiz (von *Eisele* etwas euphemistisch als „Selbsthilfe" bezeichnet) den Beschuldigten, gegen den das Verfahren in einem Staat eingestellt wurde, entführt, um ein Verfahren in einem anderen Staat zu erreichen. Tatsächlich ist es aber nur Folge des Strafgewaltkonflikts, dass der Entführer letztlich „Erfolg" hatte, weil es zu einem weiteren Verfahren – und im von *Eisele* besprochenen Fall: einer Verurteilung – kam. Allein das zusätzliche Verfahren, nicht aber die Entführung ist Folge des ungelösten Strafgewaltkonflikts.

3 Dies schließt jedoch nur die mehrfache Strafverurteilung aus und schützt nicht davor, dass von mehreren Staaten Ermittlungsmaßnahmen ergriffen werden, obwohl beispielsweise in einem anderen Staat die Ermittlungen weiter fortgeschritten sind. Kritisch dazu zu Recht *Mansdörfer*, ne bis in idem. Näher zu Art. 54 SDÜ auch unten Teil 2 § 4 A.III.

4 Zur Wirkung von *ne bis in idem* als „faktisches Prioritätsprinzip" *Vander Beken/ Vermeulen/Lagodny*, NStZ 2002, 624.

Unabhängig davon, ob *ne bis in idem* im konkreten Fall gilt, liegt es auf der Hand, dass eine Mehrfachverfolgung jedenfalls nicht im Interesse des Beschuldigten ist. Aber auch, ob sie im Interesse der beteiligten Staaten ist, mag mit guten Gründen bezweifelt werden. Wenn der Täter nämlich bereits abgeurteilt wurde – wenn auch in einem anderen Staat – dann erscheint es auch unter Berücksichtigung der Strafzwecke weder sinnvoll noch notwendig, ein weiteres Strafverfahren durchzuführen, das ja für den Staat einen gewissen Aufwand darstellt.

Es gibt bereits den Ansatz, die Strafgewalten einer „Rangordnung" zu unterwerfen[5] oder die These, dass es einer möglichst einvernehmlichen Lösung bedarf, ggf. auch unter Einbeziehung überstaatlicher Stellen[6]. Eine umfassende Klärung dieses Problems liegt bisher aber nicht vor, allerdings gibt es bereits einige Vorschläge dazu.[7]

Mit dieser Arbeit wird der Versuch unternommen, eine Lösung zur Behandlung von Strafgewaltkonflikten aufzuzeigen. Dazu wird in einem ersten Schritt untersucht, inwieweit es aus völkerrechtlicher Sicht überhaupt zulässig ist, die Strafgewalt zu beanspruchen (Teil 1). Im zweiten Schritt wird der Frage nachgegangen, ob es – wie insbesondere *Ambos*[8] meint – bereits eine Rangordnung der Strafgewalten gibt (Teil 2). Erst, wenn dies verneint wird, kann es um die Frage gehen, ob es eine solche Rangordnung *de lege ferenda* geben und wie diese aussehen sollte. Dabei werden die unterschiedlichen Aspekte des Strafverfahrens und der Strafgewalt in den Blick genommen. Vergleichend werden auch die Situation in anderen Rechtsbereichen und die historische Entwicklung untersucht, um anschließend zu ermitteln, ob und inwieweit eine Übertragung auf die international-strafrechtliche Ebene möglich ist (Teil 3). Anschließend werden mögliche Konsequenzen aufgezeigt und die dabei auftretenden Fragen einer systematischen und interessengerechten Lösung zugeführt (Teil 4). Die Arbeit schließt ab mit einer Zusammenfassung der Ergebnisse und enthält in einem Anhang zudem einen Formulierungsvorschlag für das zu schaffende Recht.

§ 2 Begriffsklärungen

Im Zusammenhang mit dem „Internationalen Strafrecht" gilt es, eine Reihe verschiedener Begriffe auseinander zu halten.[9] Von zentraler Bedeutung ist dabei der

5 So insbesondere *Ambos*, Internationales Strafrecht, § 4.

6 Für die Einbeziehung des Europäischen Gerichtshofes *Lagodny*, Gutachten.

7 Vorschläge etwa bei *Hein*, Zuständigkeitskonflikte; *Eicker*, StV 2005, 631; *Schünemann* (Hrsg.), Gesamtkonzept; *Böse* in FS-Wolter, S. 1311; *Böse/Meyer/Schneider*, GA 2014, 572; vgl. ferner auf Ebene der EU der Rahmenbeschluss zur Vermeidung von Kompetenzkonflikten (dazu noch unten Teil 2 § 4 E.).

8 *Ambos*, Internationales Strafrecht, § 4.

9 Bereits der Begriff des Internationalen Strafrechts hat unterschiedliche Bedeutungen. In einem engen Sinne sind damit nur die Normen des sog. Strafanwendungsrechts gemeint. In einem weiteren Sinne sind davon zusätzlich das Rechtshilferecht,

Begriff der *Strafgewalt* (*jurisdiction*), der durchaus unterschiedlich verstanden werden kann und bei dem deshalb verschiedene Aspekte zu unterscheiden sind.[10]

A. Urteilsgewalt

Unter der Urteilsgewalt (*jurisdiction to adjudicate*) als einem Aspekt der Strafgewalt soll die völkerrechtliche Befugnis verstanden werden, über einen (hier: strafrechtlich relevanten) Sachverhalt zu richten. Derjenige Staat, der Gerichtsbarkeit ausübt, muss dazu berechtigt sein. Diese völkerrechtliche Berechtigung ist von etwaigen innerstaatlichen Beschränkungen unabhängig.[11]

Mit der Frage der Urteilsgewalt ist dagegen noch nicht automatisch geklärt, welches materielle und ggf. prozessuale Recht der Entscheidung zu Grunde gelegt wird. Es ist immerhin denkbar (und im Zivilrecht bei Auslandssachverhalten durchaus auch üblich[12]), dass ein Gericht des einen Staates das Recht eines anderen Staates anwenden muss.

B. Vollzugsgewalt

Ebenfalls auf der Ebene der Durchsetzung des Rechts ist die Vollzugsgewalt (*jurisdiction to enforce*) anzusiedeln. Sie bezieht sich aber nicht nur auf den Vorgang des Aburteilens, sondern auch auf alle vor- und nachgelagerten Maßnahmen zur Durchsetzung des Rechts, also im Vorfeld etwa Ermittlungen, Beschlagnahmen, Festnahmen; im Nachhinein ist insbesondere der Vollzug eines Strafurteils zu nennen. Diese Befugnis besitzt der Staat ausschließlich für sein eigenes und für staatenloses Gebiet.[13]

C. Regelungsgewalt

Ein anderer Aspekt der Strafgewalt ist die Regelungs- oder Rechtsetzungsgewalt (*jurisdiction to prescribe*).[14] Darunter wird die völkerrechtliche Berechtigung verstanden, einen Sachverhalt oder ein Verhalten (hier: strafrechtlich) zu regeln.

Die Regelungsgewalt kann man im Strafrecht wiederum in zwei Bestandteile gliedern: Einerseits bedarf es einer Regelung, welches Verhalten strafbar sein soll (Straftatbestand[15]). Solche Regelungen werden zumindest im Kernstrafrecht

---

das Völkerstrafrecht und das Europäische Strafrecht erfasst, vgl. *Werle/Jeßberger* in LK-StGB, vor § 3 Rn. 13 f. Wenn im Folgenden vom Internationalen Strafrecht die Rede ist, ist damit das Strafanwendungsrecht gemeint.

10 Näher dazu auch *Eser* in FS-Trechsel, S. 226 ff.; *Böse* in FS-Wolter, S. 1311, 1315.

11 Vgl. *Lagodny*, Gutachten, S. 12.

12 Vgl. Art. 3 EGBGB, näher auch unten Teil 3 § 3 C.

13 Vgl. nur *Werle/Jeßberger* in LK-StGB, vor § 3 Rn. 22.

14 *Werle/Jeßberger* in LK-StGB, vor § 3 Rn. 5.

15 Hier in einem weiten Sinn zu verstehen. Enthalten sind in diesem weiten Tatbestandsbegriff neben dem Tatbestand im engen Sinn auch Rechtswidrigkeit, Schuld

in den unterschiedlichen Staaten oftmals ähnlich sein. Andererseits umfasst die Regelungsgewalt auch die Möglichkeit, Art und Höhe der Strafe festzulegen (Rechtsfolge). Hier sind selbst innerhalb vermeintlich ähnlicher Strafrechtsordnungen erhebliche Unterschiede festzustellen.[16]

D. Sitz des Gerichts

Von den Aspekten der Strafgewalt, insbesondere auch von der Urteilsgewalt unabhängig ist die Frage des Sitzes des Gerichts. Wenn mit „Sitz" nur der Gerichtsstand nach nationalem Recht gemeint ist, leuchtet dies ohne weiteres ein. In einem ersten Schritt (Urteilsgewalt) ist nämlich nach Völkerrecht festzustellen, welcher Staat urteilen darf. Die Bestimmung, welches unter mehreren möglichen Gerichten innerhalb eines Staates zur Entscheidung berufen ist, wird allein durch das nationale Recht vorgenommen.

Der „Sitz des Gerichts" kann jedoch auch in einem weiteren Sinne als „Sitzstaat" verstanden werden. Es ist nämlich – zumindest theoretisch – möglich, dass ein Staat X ein eigenes Gericht auf dem Territorium des Staates Y unterhält. Obwohl der Sitz des Gerichts also im Gebiet des Staates Y liegt, muss diesem Staat Y nicht unbedingt die Urteilsgewalt zustehen. Die Vorstellung, etwa auf deutschem Boden ausländische Gerichte zu haben, erscheint vielleicht auf den ersten Blick befremdlich. Gleichwohl gab und gibt es solche Fälle.[17] Zu nennen sind etwa die Militärtribunale nach dem zweiten Weltkrieg sowie der *United States Court for Berlin*, der allerdings lediglich *ein* Urteil[18] zu fällen hatte und ebenfalls auf militärische bzw. besatzungsrechtliche Gründe zurückzuführen ist.[19] Daneben ist auch an die

---

und objektive Bedingungen der Strafbarkeit, vgl. *Wessels/Beulke/Satzger*, Strafrecht AT, Rn. 117.

16 Dies betrifft etwa die Frage, in welchem Maß Geldstrafen oder kurze Freiheitsstrafen verhängt werden können, oder welche Haupt- und Nebenstrafen überhaupt möglich sind. Auch die Strafrahmen für ähnliche Delikte können durchaus – auch in vermeintlich ähnlichen Rechtsordnungen – unterschiedlich sein, vgl. etwa die Höchststrafen für einfache Körperverletzung im deutschen (fünf Jahre Freiheitsstrafe, § 223 Abs. 1 StGB) und österreichischen Recht (ein Jahr Freiheitsstrafe, § 83 Abs. 1 öStGB).

17 Näher zu diesen Beispielen noch unten Teil 4 § 1 A.

18 Urteil vom 14.03.1979, *U.S.* v. *Tiede*, 86 F.R.D. 227, online verfügbar unter http://www.uniset.ca/other/cs4/86FRD227.html (abgerufen am 09.07.2014). In diesem Fall ging es um die Entführung eines Flugzeugs mit dem Ziel Berlin-Schönefeld zum westberliner Flughafen Tempelhof. Die westdeutschen bzw. westberliner Behörden hatten offenbar aus politischen Gründen kein Interesse an der Strafverfolgung.

19 In den Urteilsgründen wird die Entwicklung der US-amerikanischen Gerichtsbarkeit in Deutschland nach dem 2. Weltkrieg dargestellt. Es wird ausdrücklich bestätigt, dass es sich um ein US-Gericht handelt: „*Thus, this Court sits in Berlin as an instrumentality of the United States, executing the sovereign powers of the United*

Militärgerichte einiger NATO-Staaten zu denken.[20] Aus ganz anderen Gründen wurde im Fall des Lockerbie-Anschlags durch Vereinbarung der Regierungen des Vereinigten Königreichs und der Niederlande die Möglichkeit geschaffen, dass das oberste schottische Gericht (*High Court of Justiciary*) in den Niederlanden verhandeln und entscheiden durfte.[21]

In solchen Fällen bestehen besondere Probleme, zunächst in Bezug auf die Errichtung solcher Gerichte, aber auch, was die Geltung der jeweiligen Verfassung, ggf. auch des einfachen Rechts, betrifft.[22]

E. (nationale) Zuständigkeit

Von den Fragen der Urteilsgewalt und des Sitzstaates ist die Zuständigkeit nach nationalem Recht[23] zu unterscheiden. Nicht alles, was völkerrechtlich erlaubt ist, muss der Staat in seiner eigenen Rechtsordnung auch umsetzen. Ein Staat *darf* sich also nur dann zur Aburteilung für zuständig erklären, wenn er die Urteilsgewalt hat. Umgekehrt bedeutet die völkerrechtliche Zulässigkeit, Urteilsgewalt auszuüben, aber nicht zwingend, dass der betreffende Staat auch aburteilen *muss*. Die Zuständigkeit der Gerichte eines Staates ergibt sich also aus dem Recht dieses Staates, das wiederum mit dem Völkerrecht im Einklang stehen muss.

F. Anwendbares Recht

Das anwendbare Recht folgt nicht in dem Sinne zwingend aus der Regelungsgewalt, dass nur das Recht desjenigen Staates anwendbar wäre, der die Regelungsgewalt innehat. Allerdings darf nur derjenige Staat ein Recht für anwendbar erklären, dem die Regelungsgewalt zusteht. Welches Recht anwendbar ist, richtet sich daher nach dem nationalen Recht des Staates, der die Regelungsgewalt ausübt. In Deutschland wird für das Strafrecht vorausgesetzt, dass deutsche Gerichte nur

---

States.“ (US Court for Berlin, 86 F.R.D. 227, 237) Außerdem wurde die Geltung der Verfahrensrechte aus der US-Verfassung bejaht. (S. 244: „*The Constitution of the United States manifestly applies to these proceedings*“).

20 Vgl. dazu *Lagodny* in FS-Eser, S. 777, 793 f., sowie ausführlich *Birke*, Nato-Truppenstatut.

21 Dazu näher *Klip/Mackarel*, IRPL 1999, 777.

22 Zu den gesetzlichen Hindernisse im Lockerbie-Fall ausführlich *Klip/Mackarel*, IRPL 1999, 777, 782 f. – In Deutschland stünde zudem auch die Frage nach dem Geltungsbereich von StPO und GVG im Raum, vgl. *Birke*, Nato-Truppenstatut, S. 218 ff. Näher dazu auch unten Teil 4 § 1 B.III.

23 *Lagodny*, Gutachten, S. 13 spricht in diesem Zusammenhang von „Strafbefugnis“ und sieht den Begriff der Zuständigkeit offenbar enger. Auch *Lagodny* verwendet „Zuständigkeit“ aber für rein innerstaatliche Fragen.

deutsches Strafrecht anwenden,[24] völkerrechtlich zwingend ist dies jedoch nicht. Der Staat, der die Regelungsgewalt innehat, kann allein das anwendbare Recht bestimmen.[25] Ob und inwieweit eine Anwendung fremden Strafrechts nach nationalem *Verfassungsrecht* in Deutschland zulässig ist, wird unten im Teil 4 § 3 C. untersucht.

G. Gerichtsstand

Als letzter Begriff ist der des Gerichtsstands nach nationalem Recht dem Begriff „Sitzstaat" im völkerrechtlichen Bereich gegenüber zu stellen. Der Gerichtsstand bestimmt sich allein nach den nationalen Vorschriften und ist in keiner Weise völkerrechtlich beeinflusst.[26] Hinzuweisen ist aber darauf, dass – ähnlich wie es ausländische Gerichte im Inland geben kann – auch im nationalen Recht der Gerichtsort nicht immer innerhalb des Gerichtsbezirks liegt.[27]

H. Übersicht

Die folgende Übersicht stellt die Begriffe noch einmal zur Verdeutlichung einander gegenüber.

---

24 Vgl. etwa *Ambos* in MüKo-StGB, § 7 Rn. 8, demzufolge die deutsche Strafgewalt „*natürlich* auf das deutsche Strafrecht zurückgreift" (Hervorhebung J.B.). Zu den bereits jetzt bestehenden Ausnahmen und einem Vorschlag zur Fremdrechtsanwendung *de lege ferenda* siehe unten Teil 4 § 3.

25 Theoretisch wäre es sogar möglich, dass auf diese Weise das Recht eines ganz unbeteiligten Staates zur Anwendung kommt, nämlich dann, wenn ein nationales Recht (verfassungsrechtliche Zulässigkeit vorausgesetzt) das Recht eines anderen Staates für anwendbar erklärt. Angesichts des großen Stellenwerts der Souveränität geschieht dies jedoch regelmäßig nicht. Selbst ein Kleinstaat wie etwa Liechtenstein hat ein eigenes StGB, das zwar dem früheren österreichischen entspricht, aber eben liechtensteinisches Recht ist. Auch die anderen europäischen Kleinstaaten San Marino, Monaco und Andorra verfügen über ein eigenes StGB. Eine Ausnahme stellt in dieser Hinsicht der Vatikanstaat dar: Hier bestimmt Art. 3 des Gesetzes über die Rechtsquellen ausdrücklich die Anwendung italienischen Rechts, wenn auch mit einem Vorbehalt zugunsten des kanonischen Rechts, vgl. *Shea*, Law of the Vatican, Abschnitt 2.5.

26 Umgekehrt wäre es aber möglich und *de lege ferenda* durchaus denkbar, dass einzelne Regelungen zur Bestimmung des Gerichtsstandes gewissermaßen auf die völkerrechtliche Ebene übertragen werden, s. dazu unten Teil 3 § 4.

27 In Deutschland gilt dies z.B. für das Landgericht München II, das – im Gegensatz zum LG München I – nicht für die Stadt und den Landkreis München zuständig ist, sondern für die umliegenden Amtsgerichtsbezirke, vgl. Artt. 4 Nr. 15; 5 des Gesetzes über die Organisation der ordentlichen Gerichte im Freistaat Bayern.

	Völkerrechtlicher Begriff: Regelt, was völkerrechtlich erlaubt ist	**Innerstaatlicher Begriff: Nationale Umsetzung, ggf. weniger als völkerrechtlich erlaubt**
Welcher Staat urteilt?	Urteilsgewalt	(nationale) Zuständigkeit
Wessen Recht liegt zu Grunde?	Regelungsgewalt	(Entscheidung über) anwendbares Recht
Wo sitzt das Gericht?	Sitzstaat	Gerichtsstand / örtliche Zuständigkeit

Teil 1 Anerkannte Anknüpfungspunkte: Die sog. „Prinzipien“

Zunächst muss geklärt werden, inwieweit ein Staat berechtigt ist, (Straf-)Gesetze zu erlassen (Regelungsgewalt) und durch Gerichtsentscheidungen und andere Maßnahmen auch durchzusetzen (Urteilsgewalt). Diese Frage muss unabhängig von etwaigen „Selbstbeschränkungen“ des nationalen Rechts ausschließlich vom Völkerrecht beantwortet werden.[28]

Ausgangspunkt bei der Beurteilung der völkerrechtlichen Lage ist zunächst die Gleichberechtigung und Souveränität aller Staaten. Nach klassischer völkerrechtlicher Auffassung[29] steht den Staaten für die Bestimmung der Reichweite ihrer Strafgewalt selbst die Kompetenz-Kompetenz zu, allerdings beschränkt durch das Völkerrecht.[30] Es soll also im Prinzip gelten: Erlaubt ist, was nicht ausdrücklich verboten ist. Dieser „klassischen“ Auffassung steht die Ansicht gegenüber, dass eine Erstreckung der Strafgewalt auf Fälle mit Auslandsbezug nur dann erlaubt sei, wenn es eine entsprechende Erlaubnisnorm im Völkerrecht gibt. Demzufolge wäre alles verboten, was nicht ausdrücklich erlaubt ist.[31] Beide Ansichten kommen aber letztlich zu den gleichen Ergebnissen,[32] so dass dieser Streit nicht weiter erörtert werden muss: Nur dann, wenn ein legitimierender Anknüpfungspunkt („*genuine link*“) vorhanden ist, wird das Nichteinmischungsgebot[33] nicht verletzt; und nur dann ist es dem Staat erlaubt, die Strafgewalt auszuüben. Die in Frage kommenden Anknüpfungspunkte sollen nun näher erläutert werden.

§ 1 Territorialitätsprinzip

Das Territorialitätsprinzip ist die wohl einleuchtendste Möglichkeit, Strafgewalt zu begründen. Bereits aus der klassischen „Definition“ des Staates[34] und dem

---

28 Vgl. oben Einleitung § 2 E. zum Unterschied zwischen nationaler Zuständigkeit und dem dahinter stehenden Völkerrecht.

29 Dazu *Eser* in Schönke/Schröder, StGB, vor § 3 Rn. 8 m.w.N. Diese Auffassung geht zurück auf die Entscheidung des StIGH im *Lotus*-Fall (Frankreich v. Türkei), PCIJ (ser. A) 1927, No. 10.

30 *Kappol*, Ubiquitätsprinzip, S. 62.

31 In diesem Sinne etwa die Sondervoten der Richter *Guillaume*, *Ranjeva*, sowie *Higgins/Kooijmans/Buergenthal* zu IGH EuGRZ 2003, 563. Ebenfalls für eine Art „Verbot mit Erlaubnisvorbehalt“ äußern sich *Keller*, GA 2006, 25, 27; *Kreß*, ZStW 2002, 818, 832 f.; *Shaw*, International Law, S. 656; *Weiß*, JZ 2002, 696, 700 f.

32 Vgl. *Werle/Jeßberger* in LK-StGB, vor § 3 Rn. 26 m.w.N.

33 Art. 2 Abs. 1 VN-Charta.

34 Gemeint ist die auf *Jellinek*, Allgemeine Staatslehre, S. 394 ff. zurückgehende „Drei-Elemente-Lehre“, wonach ein Staat dann vorliegt, wenn er über Staatsvolk, Staatsgebiet und Staatsgewalt verfügt. Die im Völkerrecht umstrittene Frage, ob weitere

Verständnis staatlicher Souveränität ergibt sich, dass ein Staat innerhalb seiner Grenzen auch Recht sprechen darf. So ist das „Prinzip der Territorialität als Basis des Internationalen Strafrechts"[35] bezeichnet worden. Auch der Hinweis, dass jedes Verbrechen ortsgebunden ist, diente zur Begründung, dass sich die Strafkompetenz nur auf ein bestimmtes Territorium bezieht.[36]

Das wurde freilich nicht immer so gesehen; historisch war eher die Zugehörigkeit zu einem Volk, einem Stamm oder einem Lehnsherrn entscheidend.[37] So wurde entsprechend der Vorstellung einer unbedingten Treue- und Gehorsamspflicht des Volksangehörigen 1940[38] in Deutschland das aktive Personalitätsprinzip[39] als Regelfall eingeführt. Erst 1975 wurde dies korrigiert.

Auch in der Zeit danach wurde das Territorialitätsprinzip nicht zwingend auf die Gebietshoheit des Staates zurückgeführt. So ging etwa *Oehler* davon aus, dass das Territorialitätsprinzip für Inländer aus einer Gehorsamspflicht dem Staat gegenüber folge. Er führte diese These auf ein unterstelltes Einverständnis mit den „parlamentarischen Spielregeln" zurück, unabhängig von der Frage, ob der Bürger mit dem konkreten Strafgesetz einverstanden ist.[40] Nur gegenüber Ausländern sei eine Berufung auf die Souveränität nötig. Er begründete dies damit, dass Ausländer an der Gesetzgebung nicht beteiligt sind und ihnen auch kein abstraktes Einverständnis mit dem parlamentarischen System unterstellt werden könne.[41] Bereits die Formulierung *Oehlers* „der Bürger ... [folge] den Gesetzen *größtenteils* aus billigender Einsicht"[42] zeigt jedoch die Schwäche seiner Argumentation. Denn offenkundig kann nicht ohne Weiteres unterstellt werden, dass jeder Bürger mit jedem Strafgesetz einverstanden ist, nicht einmal mit den „parlamentarischen Spielregeln", die zu den Strafgesetzen geführt haben;[43] es bedarf also auch für Inländer eines Rückgriffs auf die Souveränität. Auch soweit *Oehler* meint, das Territorialitätsprinzip

---

Kriterien erforderlich sind (insbesondere: Anerkennung durch andere Staaten), braucht hier nicht weiter zu interessieren.

35 *Germann*, SchwZStr 1954, 237. Beachtenswert ist, dass in Deutschland zum Zeitpunkt dieser Äußerung das Territorialitätsprinzip gerade nicht der Ausgangspunkt war.

36 *Macleod* v *AG for New South Wales* [1891] AC 455, 458, per *Lord Halsbury*. Zitiert nach *Bantekas/Nash*, International Criminal Law, S. 71.: *„All crimes are local ... jurisdiction is only territorial"*

37 Vgl. *Gärditz*, Weltrechtspflege, S. 37 ff.

38 GeltungsbereichsVO vom 06.05.1940, RGBl. I, S. 754; näher dazu *Werle*, Justiz-Strafrecht, S. 308 ff.

39 Näher zu diesem Prinzip unter Teil 1 § 4.

40 *Oehler*, Internationales Strafrecht, Rn. 157.

41 *Oehler*, Internationales Strafrecht, Rn. 158.

42 *Oehler*, Internationales Strafrecht, Rn. 157 (Hervorhebung J.B.).

43 Selbst, wenn man also mit *Oehler* davon ausgeht, dass nicht ein Einverständnis mit dem konkreten Gesetz erforderlich ist, sondern lediglich ein abstraktes Einverständnis mit dem parlamentarischen System, wäre daher – leider – durchaus fraglich, ob ein solches Einverständnis bei allen Bundesbürgern besteht.

zwinge nicht zur Gleichbehandlung von Aus- und Inländern,[44] darf seine Ansicht als überholt gelten.

Das Territorialitätsprinzip gründet sich somit ausschließlich auf die Souveränität des Staates über das jeweilige Gebiet.

A. Reichweite des Staatsgebiets

I. allgemein

Problematisch kann es jedoch sein, wie weit das Territorium eines Staates reicht. Diese Frage ist in erster Linie völkerrechtlich zu beantworten, zumal sich aus dem (deutschen[45]) nationalen Gesetzesrecht nichts dazu ergibt.[46] Das Staatsgebiet umfasst zunächst das innerhalb der bestehenden politischen Grenzen liegende Landgebiet auf der Erdoberfläche sowie die davon umschlossenen Gewässer (Flüsse, Kanäle, Binnenseen). Darüber hinaus erstreckt sich das Staatsgebiet auch auf das Küstenmeer („*territorial sea*"), d.h. den in einer Entfernung von höchstens 12 Seemeilen[47] von der sog. Basislinie befindlichen Teil des Meeres (vgl. Art. 2 ff. SRÜ). Zum Staatsgebiet gehört auch der über dieser Fläche liegende Luftraum, wobei nicht abschließend geklärt ist, wie weit dieser Luftraum reicht, bzw. ab wann der Weltraum – der nach Art. II Weltraumvertrag zu keinem Staatsgebiet gehört –

---

44 *Oehler*, Internationales Strafrecht, Rn. 159. *Oehler* geht offenbar davon aus, dass insbesondere für Hochverrat nicht die gleichen Rechtsfolgen zwingend sind. Dass in einer Ungleichbehandlung ein Verstoß gegen Art. 3 GG liegen kann, erörtert *Oehler* nicht. Zum Gleichheitsgrundsatz näher noch unten Teil 4 § 3 C.IV.

45 In anderen Staaten ergibt sich teilweise aus dem Gesetz, was als Staatsgebiet angesehen wird, vgl. etwa die Präambel der Verfassung der VR China Abs. 9, in der Taiwan als „Bestandteil des heiligen Territoriums der Volksrepublik China" bezeichnet wird (online in englischer Sprache unter http://english.gov.cn/2005-08/05/content_20813.htm, abgerufen am 09.07.2014). Die *völkerrechtliche* Lage wird freilich auch durch solche eher politisch motivierten Erklärungen nicht unmittelbar beeinflusst.

46 Das Grundgesetz setzt z.B. das Vorhandensein der Länder und ihrer Grenzen voraus, ohne diese zu definieren. *Graf Vitzthum* in Isensee/Kirchhof (Hrsg.), HbStR³ II, § 18 Rn. 16 spricht von einer Umschreibung „in indirekter Weise". Als nationales Recht, das die Grenzen definiert, könnten allenfalls die Zustimmungsgesetze zu völkerrechtlichen Grenzverträgen (etwa der Vertrag zwischen der Bundesrepublik Deutschland und der Republik Polen vom 14.11.1990; BGBl. 1991 II S. 1328) angesehen werden. Die Verträge selbst sind aber Bestandteil des Völkerrechts.

47 Zu einigen wenigen Staaten, die eine größere Küstenmeerbreite beanspruchen, vgl. auch *Heintschell v. Heinegg* in Ipsen, Völkerrecht, § 41 Rn. 3.

beginnt;[48] außerdem trichterförmig der Raum von der Erdoberfläche (theoretisch) bis zum Erdmittelpunkt.[49]

Soweit der Grenzverlauf – etwa nach dem Zerfall eines Staates – unklar ist, kommt es auch hier auf die völkerrechtliche Lage an. Eine etwaige Anerkennung von Grenzen durch Drittstaaten kann daher nur ein politisches Signal sein. Die verbindliche Grenze kann nur durch wechselseitige Anerkennung der beteiligten Staaten in den bestehenden Grenzen festgelegt werden.[50]

In einigen Fällen besteht zudem die Schwierigkeit, dass sich Teilgebiete eines Staates einseitig (wenn auch teilweise mit internationaler/ausländischer Unterstützung) für unabhängig erklärt haben und die faktische Kontrolle über ihr Gebiet haben.[51] Auch in solchen Fällen muss allein das Völkerrecht maßgeblich sein, d.h. es kommt darauf an, ob die völkerrechtlichen Kriterien für das Vorliegen eines Staates erfüllt sind.

In der Praxis ist jedoch die völkerrechtliche Lage häufig umstritten. In solchen Fällen ist es denkbar und praktisch sinnvoll, den staats- und völkerrechtlichen Inlandsbegriff von dem des strafrechtlichen Inlands zu unterscheiden. Nicht aufgrund einer Sezession, aber dennoch wegen der fehlenden faktischen Kontrolle bei umstrittener völkerrechtlicher Lage wurde etwa in der „alten" Bundesrepublik Deutschland für das Strafrecht zwischen „Inland" und „Geltungsbereich dieses Gesetzes"[52] unterschieden.[53] Solche Regelungen gibt es allerdings längst nicht in

---

48 Es gab hierzu mehrere Versuche, die Grenze exakt zu bestimmen, eine Einigung bzw. allgemeine Anerkennung ist jedoch nicht erfolgt. Die Grenze des Staatsgebiets liegt zwischen 100 und 110 km über der Erdoberfläche, *Heintze* in Ipsen, Völkerrecht, § 47 Rn. 6.

49 *Epping* in Ipsen, Völkerrecht, § 5 Rn. 5.

50 *Hille*, Staatenanerkennung, S. 5; *Fastenrath*, FAZ vom 02.03.1995, S. 6.

51 In Europa betrifft dies die nicht bzw. nur teilweise anerkannten „Republiken" Transnistrien, Abchasien und Südossetien. Im Fall des ebenfalls nur teilweise anerkannten Kosovo hat der IGH zwar in einem Gutachten festgestellt, dass die Unabhängigkeitsklärung völkerrechtmäßig war (Gutachten vom 22.07.2010; http://www.icj-cij.org). Dennoch bleibt hier noch ein Konflikt mit Serbien, das nach wie vor davon ausgeht, Kosovo sei serbisches Territorium. Trotz einer zwischenzeitlich eingetreten „Normalisierung" der serbisch-kosovarischen Beziehungen steht eine offizielle Anerkennung der Unabhängigkeit des Kosovo durch Serbien aus, vgl. *Dačić*, zit. nach Ria Novosti, Meldung vom 05.06.2013, http://de.rian.ru/politics/20130605/266249207.html, abgerufen am 09.07.2014. Ebenfalls problematisch ist die Situation der Krim, die sich zwar nicht als unabhängig betrachtet, deren Zugehörigkeit zu Russland oder der Ukraine zwischen diesen Staaten aber umstritten ist.

52 Entsprechende Formulierungen finden sich an zahlreichen Stellen bis heute im Gesetz, bemerkenswerterweise selbst in Vorschriften, die erst nach der deutschen Einheit eingefügt wurden, vgl. etwa §§ 129b, 234a StGB.

53 Dadurch wurde für Zwecke des Strafrechts die Reichweite des „Inlands" neu – nämlich funktional – definiert, und zwar ausdrücklich ohne dass der staats- und völkerrechtliche Anspruch aufgegeben wurde, vgl. nur *Fischer*, StGB, vor § 3 Rn. 12.

allen Konfliktfällen.[54] Demzufolge lässt sich daraus auch keine völkerrechtliche Regel ableiten, etwa dergestalt, dass ein Staat nur das Gebiet als „Inland im Sinne des Strafrechts" betrachten darf, das tatsächlich seiner Kontrolle unterliegt. Es zeigt aber eine Möglichkeit auf, wie man den praktischen Anforderungen gerecht werden kann, ohne völkerrechtliche Positionen aufzugeben. Hier liegt also eine „Selbstbeschränkung" des Staates vor, er nimmt die – nach seiner völkerrechtlichen Auffassung bestehende – Strafgewalt nicht wahr.

Ebenfalls zum Staatsgebiet gehören die auf dem Gebiet eines Staates befindlichen Botschaften, Konsulate und sonstige Vertretungen fremder Staaten.[55] Allerdings ist die Ausübung von Strafgewalt in Botschaften völkerrechtlich stark beschränkt,[56] so dass die Strafgewalt des Gebietsstaates nur geringe praktische Bedeutung hat.

II. Deutschland

Für Deutschland gilt Folgendes: Die Grenzen beruhen oft auf Grenzziehungen aus vergangenen Jahrhunderten. Gelegentlich kommt es durch zwischenstaatliche Vereinbarung zu Grenzkorrekturen oder zur Errichtung von Grenzkommissionen.[57] Grenzverträge aus jüngerer Zeit sind etwa die Vereinbarungen mit Polen[58] und (wesentlich ausführlicher) mit Tschechien.[59]

Die Ausdehnung des Staatsgebiets im Küstenmeer erfolgte durch Proklamation der Bundesregierung vom 19.10.1994;[60] dabei sind in der Ostsee teilweise weniger als 12 Seemeilen als Abstand von der „Basislinie" festgelegt, ohne dass der weitergehende völkerrechtliche Anspruch aufgegeben wird.

Ungeklärt ist der Grenzverlauf zu den Niederlanden im Bereich der Emsmündung unterhalb von Emden. Nach niederländischer Auffassung verläuft die

54 In der VR China fehlt fehlt eine solche Bestimmung, wohl aus Sorge, die eigene staatsrechtliche Position könnte dadurch geschwächt werden, vgl. *Li*, Prinzipien des internationalen Strafrechts, S. 119. Vielmehr greift das chinesische Schrifttum auch für das Strafrecht auf die Bestimmung des § 2 Abs. 2 des Gesetztes über Küstenmeer und Anschlusszone von 1992 zurück, in der Taiwan ausdrücklich als Bestandteil des chinesischen Staatsgebiets bezeichnet wird, *Zhao/Richter* in Sieber/Cornils (Hrsg.), Nationales Strafrecht AT 2, S. 158; die Praxis der Republik China (Taiwan) hat dagegen einen funktionalen Inlandsbegriff bejaht, *Wu* in Sinn (Hrsg.), Jurisdiktionskonflikte, S. 434 f. – Zu dem entsprechenden Streit in Korea *Son* in Sieber/Cornils (Hrsg.), Nationales Strafrecht AT 2, S. 240. Die in Südkorea h.M. geht – bei ausdrücklicher Ablehnung eines funktionalen Inlandsbegriffs – davon aus, dass Nordkorea Inland im strafrechtlichen Sinne ist.

55 Es handelt sich hierbei also gerade *nicht* um Staatsgebiet des Entsendestaates.

56 Vgl. Art. 22 WÜD.

57 Vgl. *Graf Vitzthum* in Isensee/Kirchhof (Hrsg.), HbStR³ II, § 18 Rn. 20.

58 Vertrag vom 14.11.1990 (BGBl. 1991 II S. 1328).

59 Vertrag vom 03.11.1994 (BGBl. 1997 II S. 566).

60 BGBl. I S. 3428.

Grenze am Talweg, während die deutsche Seite die Grenze am linken Ufer der Ems annimmt.[61]

Schwierigkeiten bereitet außerdem der Grenzverlauf im Bodensee: Der Überlinger See ist insgesamt als deutsches Staatsgebiet anerkannt, die Grenze zwischen Deutschland und der Schweiz im Untersee und im Konstanzer Trichter ist seit langem vertraglich festgelegt. Für den Großteil des Obersees geht v.a. Österreich von einem Kondominium zwischen den Anrainerstaaten (Deutschland, Österreich, Schweiz) aus, während die Schweiz die Grenze anhand der Äquidistanzlinien bestimmen will.[62]

Unzweifelhaft ein Kondominium zwischen Deutschland und Luxemburg sind dagegen einige Abschnitte der Flüsse Mosel, Sauer und Our, wie sich aus Art. 1 Abs. 1 des Grenzvertrags vom 19.12.1984[63] ergibt. Da – anders als für die Rechtsverhältnisse der Grundstücke[64] – in dem Grenzvertrag keine strafrechtlichen Besonderheiten vorgesehen sind, ist eine Straftat, die auf einem dieser Flussabschnitte begangen wird, in beiden Staaten begangen.

Diese „Problemfälle" liegen alle auf dem Wasser, so dass für den mutmaßlichen Normalfall, dass etwaige Straftaten nicht von Schwimmern, sondern an Bord von Wasserfahrzeugen begangen werden, zusätzlich oder alternativ zum Territorialitätsprinzip auch auf das Flaggenprinzip zurückgegriffen werden könnte.[65]

B. Tatort i.S.d. Völkerrechts

Nachdem geklärt ist, wie weit das Staatsgebiet jeweils reicht, muss zudem untersucht werden, wie die Beziehung eines Ortes zu der mutmaßlichen Straftat beschaffen sein muss, damit dieser Ort aus völkerrechtlicher Sicht auch als Tatort anerkannt bzw. angesehen werden kann. Auszugehen ist hier wiederum von der Gleichberechtigung der Staaten, ihrer territorialen Souveränität und dem Nichteinmischungsgebot. Der bzw. ein Tatort liegt also auf jeden Fall in einem Staat, in dem sämtliche Merkmale einer Straftat verwirklicht worden sind. (Nur) dann bereitet auch die Begründung der Strafgewalt keinerlei Probleme;[66] sie ergibt sich ohne weiteres aus der territorialen Souveränität. Schwieriger sind die Fälle zu beurteilen, in denen etwa Handlungs- und Erfolgsort auseinander fallen. Hierzu gibt es keine einheitliche Staatenpraxis, d.h. die nationalen Rechtsordnungen

---

61 Vgl. dazu *Treviranus*, ZaöRV 1963, 536, 538 ff.

62 Näher *Graf Vitzthum* in Isensee/Kirchhof (Hrsg.), HbStR^3 II, § 18 Rn. 27 m.w.N.

63 BGBl. 1988 II S. 414.

64 Diese richten sich weiterhin nur nach dem Recht des Staates, in dem das Grundstück registriert ist, vgl. Notenwechsel zu dem Grenzvertrag, Nr. 1 letzter Absatz (BGBl. 1988 II S. 419).

65 Zum Verhältnis von Flaggenstaat und Tatortstaat zueinander noch unten Teil 2 § 2 B.

66 *Bantekas/Nash*, International Criminal Law, S. 73. Problematisch sind aber Fälle, in denen Botschaften Tatort sind.

lösen die „Tatort-Frage" unterschiedlich. Unabhängig von nationalen „Selbstbeschränkungen" einerseits oder nationalen Ausdehnungen der Strafgewalt über das Völkerrecht hinaus andererseits, kommt es jedoch allein auf das Völkerrecht an.

In diesem Abschnitt sollen daher die einzelnen Möglichkeiten zur Tatortbestimmung genannt werden; in Betracht kommen vor allem der Handlungsort und/oder der Erfolgsort. Speziell bei der Beteiligung mehrerer Personen stellt sich zudem die Frage, auf wessen Tun (oder Unterlassen) abzustellen ist. Diese Möglichkeiten zur Tatortbestimmung müssen zudem auf ihre Vereinbarkeit mit dem Völkerrecht hin untersucht werden. Bestrebungen, die Zahl der möglichen Tatorte über das völkerrechtlich Gebotene hinaus zu beschränken oder eine Rangordnung unter ihnen festzulegen, sollen hier noch keine Rolle spielen.[67]

I. Handlungsort

Ausgehend von dem Gedanken, dass das Delikt „allein menschliche Handlung" sei, ist nach der Handlungstheorie der Ort entscheidend, an dem sich der auf eine Straftat gerichtete Wille des Menschen in die Tat umsetzt, und nicht der Ort, an dem diese Handlung Konsequenzen zeitigt.[68] Der Handlungstheorie zufolge wäre dementsprechend ausschließlich der Ort der Handlung als Tatort anzusehen.

Problematisch kann dabei sein, was als „Handlung" gilt. Teilweise werden schon Handlungen, die der Vorbereitung dienen, zum Straftatbestand gezählt. So wurde etwa im US-Bundesstaat Arizona ein US-Bürger wegen eines in Mexiko ausgeführten Mordes verurteilt, weil die *„premeditation"*[69] in Arizona stattgefunden hatte und dies als *„substantial element* [Tatbestandsmerkmal] *of first degree murder"* angesehen wird.[70] Auch das deutsche Strafrecht erstreckt oft den Tatbestand auf solche Vorbereitungshandlungen, vgl. etwa §§ 30, 149 StGB. Hier besteht allerdings der Unterschied, dass schon objektiv „etwas geschehen" ist, d.h. der Wille zur Straftat sich schon geäußert hat und eine erhöhte Gefahr für das Opfer erzeugt wurde, während die „Überlegung" für sich genommen ein rein subjektives Merkmal darstellt. Der „klassischen Schule", die zur Begründung der Strafbarkeit ein naturwissenschaftlich feststellbares Geschehen verlangt, dürfte ein solches subjektives Merkmal jedenfalls nicht ausreichen.[71]

---

67 Vgl. aber noch unten Teil 4 § 4.

68 Vgl. *Oehler*, Internationales Strafrecht, Rn. 241 mit Nachweisen aus der älteren Literatur.

69 Vergleichbar dem Merkmal der „Überlegung" in § 211 RStGB i.d.F. bis 1941.

70 Arizona Supreme Court, *State of Arizona* v. *Willoughby* (1995) 114 ILR 586, zit. nach: *Bantekas/Nash*, International Criminal Law, S. 74 Fn. 11.

71 Im angesprochenen Fall *Willoughby* müsste man sogar fragen, ob überhaupt ein *Handlungs*ort vorliegen kann, oder ob dem Merkmal der *premeditation* nicht vielmehr die Handlungsqualität fehlt. „Folgen für die Außenwelt" zeigt dieses Merkmal nämlich zunächst nicht, „sozialerheblich" ist die *premeditation* als solche ebenfalls nicht. Zu diesen und weiteren – freilich umstrittenen – Voraussetzungen der

Zu Abgrenzungsschwierigkeiten kann es auch beim Unterlassen kommen. Auch hier liegt kein naturwissenschaftlich erfassbares aktives Tun vor. Zudem ist es möglich, dass der Täter mehrere Möglichkeiten hat, rettend einzugreifen. Im deutschen Recht ist dabei umstritten, ob das Verstreichenlassen der ersten oder der letzten Rettungsmöglichkeit als Verwirklichung der (Versuchs-)Tat anzusehen ist.[72] Wird diese Frage in unterschiedlichen Rechtsordnungen unterschiedlich behandelt, so kann es zu Konflikten kommen, wie das folgende Beispiel zeigt:[73]

Beispiel:*T ist sowohl nach dem Recht des Staates X als auch dem des Staates Y Garant für das Leben des O. Dieser droht gerade im Staat Y zu ertrinken. Als T dies bemerkt, befindet er selbst sich im Staat X. Er entscheidet sich, nicht zu helfen, obwohl ihm dies möglich wäre. Anschließend geht er über die Grenze in den Staat Y. Dort angekommen, verstreicht auch die letzte Möglichkeit, Hilfe zu leisten. O stirbt schließlich.*

Dabei gelte im Staat X die These, wonach es für die Strafbarkeit auf das Verstreichenlassen der letzten Rettungsmöglichkeit ankommt. Daher liegt nach Auffassung dieses Staates kein inländischer Tatort vor, weil T sich zum maßgeblichen Zeitpunkt bereits im Staat Y befunden hat. In Y gelte dagegen die Auffassung, dass es nur[74] auf die erste Rettungsmöglichkeit ankommt. Dann liegt nach Auffassung dieses Staates ebenfalls kein inländischer Tatort vor, weil T sich zum maßgeblichen Zeitpunkt noch in X aufgehalten hat. Sofern ausschließlich ein so verstandener Tatort Anknüpfungspunkt für die Strafgewalt wäre, entsteht in einem solchen Fall somit eine Strafbarkeitslücke. Diese Lücke ist allerdings nicht auf das Völkerrecht zurückzuführen, sondern auf die nationalen Vorschriften über den Tatort beim Unterlassen. Aus völkerrechtlicher Sicht wäre es ohne Weiteres möglich (und zur Vermeidung eben dieser Strafbarkeitslücke auch sinnvoll), den Tatort im nationalen Recht mit einer etwas abweichenden Frage zu bestimmen: Nicht nach der (allgemein) ersten

---

Handlung nach *deutschem* Strafrecht vgl. nur *Wessels/Beulke/Satzger*, Strafrecht AT, Rn. 85 ff.

72 Eine Darstellung dieses Streits, der im deutschen Recht nur im Rahmen des Versuchs relevant ist, findet sich etwa bei *Eser/Bosch* in Schönke/Schröder, StGB, § 22 Rn. 46 ff. Auf die vermittelnde Ansicht, derzufolge es auf eine Erhöhung der Gefährdung für das Rechtsgut ankommt, soll der Übersichtlichkeit halber nicht eingegangen werden. – In ähnlicher Weise stellt sich die Frage auch beim echten Unterlassungsdelikt des § 323c, wenngleich der Streit dort anders geführt wird und hier eher die Tendenz besteht, sofortige Hilfe zu verlangen, vgl. *Sternberg-Lieben/Hecker* in Schönke/Schröder, StGB, § 323c Rn. 21 m.w.N.

73 Bei erfolgsbezogenen Unterlassungsdelikten ist der Streit im nationalen Recht zwar nur für den Versuch relevant. In diesem Kontext – der Bestimmung des Tatortes – ist er jedoch immer von Bedeutung, wie dieser Beispielfall gerade zeigt.

74 Eine solche Auffassung ist zwar kaum anzunehmen, vielmehr dürfte ein Staat X die Auffassung vertreten, dass es *erst recht* jedes Unterlassen zu einem späteren Zeitpunkt einen Tatort begründen kann. Um der Argumentation willen sei hier dennoch ein solche These im Staat X angenommen.

(bzw. letzten) Rettungsmöglichkeit ist zu fragen, sondern nach der ersten bzw. letzten Rettungsmöglichkeit *in diesem Staat.* Dass sich dabei je nach nationaler Rechtslage mehrere Handlungsorte ergeben können, ist jedenfalls vorläufig hinzunehmen.[75]

Das Kriterium „Handlungsort" ist demnach in mancher Hinsicht zwar nicht so eindeutig, wie es scheint. Jedoch verlangt das Völkerrecht nur (irgend)einen legitimen Anknüpfungspunkt. Es ist also durchaus erlaubt, die Strafgewalt auf den Handlungsort bzw. *jeden* Handlungsort aus der Vielzahl möglicher Orte zu gründen.

II. Erfolgsort

Auch der Ort des Erfolgseintritts weist einen starken Bezug zur Straftat auf. Regelmäßig, wenn auch nicht zwingend, werden hier einige Beweismittel zu finden sein; zumindest das Opfer bzw. das geschädigte Rechtsgut befindet sich dort.

Einer näheren Erörterung bedarf dabei der Begriff des Erfolgs. Damit ist einerseits und unproblematisch der Ort gemeint, an dem der tatbestandliche Erfolg eintritt, d.h. das Opfer z.B. verletzt wird oder stirbt. Weitergehend kann man aber auch auf den Ort der „unmittelbaren Wirkung" abstellen.

> **Beispiel**: *T schießt in Tötungsabsicht von Deutschland aus auf den O, der sich in Polen befindet. O wird getroffen und verletzt. Er wird sodann ins nächstliegende Krankenhaus gebracht, das sich in Deutschland befindet. Dort stirbt O. Der Handlungsort liegt ohne Weiteres in Deutschland. Auch der Erfolgsort des Tötungsdelikts*[76] *liegt wieder in Deutschland. Unmittelbar ausgewirkt hat sich der Schuss jedoch zunächst in Polen.*

Auch eine solche Auswirkung kann einen Anknüpfungspunkt darstellen, der die Strafgewalt begründet, man könnte insoweit von einem „Wirkungsort" sprechen.[77] Ein solcher Wirkungsort reicht im deutschen Strafrecht allerdings nicht aus, um einen Erfolgsort zu begründen.[78]

Im anglo-amerikanischen Rechtskreis geht man eher davon aus, dass die Möglichkeit der *„effects jurisdiction"* – wobei mit *„effects"* alle Auswirkungen gemeint sein können – nicht vom Territorialitätsprinzip im engeren Sinne gedeckt ist,[79] sondern eine Ausdehnung dieses Prinzips darstellt. Diesem Verständnis zufolge sind weder der Erfolgsort noch der „Wirkungsort"[80] als Tatort anzusehen; Tatort ist nur der

---

75 Vgl. noch unten Teil 4 § 4.

76 Der Erfolg „Körperverletzung" tritt dagegen schon in Polen ein.

77 *Herdegen*, Völkerrecht, § 26 Rn. 2 spricht vom „Wirkungsprinzip".

78 Vgl. nur *Eser* in Schönke/Schröder, StGB, § 9 Rn. 6 mit zahlreichen Nachweisen.

79 Dennoch wird die *„effects jurisdiction"* auch oft als *„objektive territoriality"* bezeichnet, vgl. etwa *Blakesely* in Bassiouni (Hrsg.), International Criminal Law³, S. 104 ff., der zwar von *„objective territoriality"* spricht, auf der anderen Seite aber davon ausgeht, dass die diesem Prinzip unterfallenden Straftaten extraterritorial begangen wurden (*„the offense has occurred extraterritorially"*).

80 *De lege ferenda* aber für eine Einschränkung des Wirkungsgrundsatzes *Podgor*, Studies in Law, Politics, and Society 2003, 117, die den Begriff der *„defensive territoriality"*

Handlungsort. Gleichwohl wird die Überlegung, dass der Erfolgsort grundsätzlich ein legitimer Anknüpfungspunkt sei, im anglo-amerikanischen Rechtskreis geteilt.[81]

Auch einer Ausdehnung des Begriffs des Erfolgsortes auf den Ort bloß faktischer Auswirkungen stehen völkerrechtliche Erwägungen nicht entgegen.[82] So ist das Völkerrecht kaum in der Lage zu entscheiden, was rechtliche Auswirkungen („Erfolg“) und was dagegen nur faktische Auswirkungen („*effects*“) sind. Diese Frage wird vielmehr vom nationalen Recht beantwortet. So wäre im oben besprochenen Beispielfall der Erfolgseintritt in Polen dann ohne weiteres zu bejahen, wenn das dortige StGB – hypothetisch – die Schussverletzung als „Erfolg“, den Todeseintritt jedoch nur als objektive Bedingung der Strafbarkeit ansehen würde. Die Einteilung, welche Auswirkungen rechtlich als „Erfolg“ relevant sein sollen, wird somit allein durch das nationale Recht vorgenommen,[83] wobei völkerrechtlich nicht einmal geboten ist, dass diese Einteilung sich aus einem geschriebenen Gesetz ergibt. Aus völkerrechtlicher Sicht kann sich nur im Einzelfall ein Verstoß gegen das Nichteinmischungsgebot ergeben, wenn der Begriff der Auswirkungen derart überstrapaziert wird, dass von einem territorialen Bezug keine Rede mehr sein kann.[84] Grundsätzlich bestehen aber gegen einen weit verstandenen Erfolgs- oder Wirkungsort keine völkerrechtlichen Bedenken.[85]

---

vorschlägt und damit das „Wirkungsprinzip“ in den Bereich des Staatsschutzprinzips einordnen will.

81 Vgl. etwa *Schabas*, International Criminal Tribunals, S. 131.

82 A.A. insbesondere *Werle/Jeßberger* in LK-StGB, vor § 3 Rn. 223, jedoch ohne Begründung. Etwas unklar insoweit *Eser* in Schönke/Schröder, StGB, vor § 3 Rn. 13, der zwar von einer Ausdehnung „in nicht akzeptabler Weise“ spricht, jedoch ohne diese Bedenken ausdrücklich als völkerrechtliche Überlegungen zu bezeichnen. *Esers* übrige Ausführungen zu diesem Punkt setzen sich ausschließlich mit der Definition des Erfolgs nach deutschem Recht auseinander, vgl. *Eser* in Schönke/Schröder, StGB, § 9 Rn. 6.

83 Dass die Grenzen zwischen „Erfolg“ und „objektiver Bedingung der Strafbarkeit“ auch im nationalen Recht nicht immer eindeutig gezogen wird, zeigt indes ein Blick auf die deutsche Vorschrift des § 323a StGB. Hier wird als Erfolg der Tat zunächst nur der Vollrausch angesehen, während die rechtswidrige Tat – die ja auch eine „Folge“ des Vollrausches ist – lediglich objektive Bedinung der Strafbarkeit sein soll. Dennoch geht der BGH davon aus, dass auch der Begehungsort der Rauschtat Tatort des Sichberauschens i.S.d. § 323a StGB ist, BGHSt 42, 235.

84 Diese Gefahr sieht auch *Blakesely* in Bassiouni (Hrsg.), International Criminal Law[3], S. 107 insbesondere mit Blick auf das US-amerikanische Recht. Für eine Einschränkung des Wirkungsgrundsatzes auch *Podgor*, Studies in Law, Politics, and Society 2003, 117, die den Grund für die „*effects jurisdiction*“ eher im Staatsschutz im weitesten Sinne sieht und folglich nur dann dieses Prinzip anwenden will, wenn ein „*effect on a governmental function*“ vorliegt.

85 So auch *Ambos* in MüKo-StGB, vor § 3 Rn. 23. Bereits im Wortlaut der *Lotus*-Entscheidung des StIGH (Frankreich v. Türkei; PCIJ [ser. A] 1927, No. 10) ist von „*effects* of the offence“ die Rede.

III. Erfolgsort bei Tätigkeits- und Gefährdungsdelikten

1) Schlichte Tätigkeitsdelikte

Bei sogenannten schlichten Tätigkeitsdelikten wird schon eine Handlung als solche unter Strafe gestellt, ohne dass es zu einer irgendwie gearteten „Außenwirkung" in Form eines Schadens oder einer Gefahr gekommen sein muss.[86] Zu dieser Deliktskategorie gehört etwa die Falschaussage (§§ 153, 154 StGB).[87] Bei solchen Delikten gibt es keinen Erfolgsort, so dass die Strafgewalt nur auf den Ort der Handlung gestützt werden kann.

2) Konkrete Gefährdungsdelikte

Bei sogenannten konkreten Gefährdungsdelikten wird nicht erst die Herbeiführung eines Schadens, sondern schon die Herbeiführung einer (hinreichend konkreten) Gefahr unter Strafe gestellt. Eine derartige Gefahr kann ohne größere Schwierigkeiten als „zum Tatbestand gehörender Erfolg" verstanden werden, sofern man „Erfolg" in § 9 StGB nicht als Erfolg im Sinne eines Erfolgsdeliktes versteht. Dies wird ganz überwiegend[88] und auch zu Recht so gesehen. Aus dem Völkerrecht ergibt sich ohnehin keine Definition, was als Erfolg angesehen werden darf.[89]

Ob konkrete Gefährdungsdelikte damit zu den Erfolgs- bzw. Verletzungsdelikten gehören,[90] oder nur wie solche zu behandeln sind,[91] kann dahingestellt bleiben, da dies für die Frage, ob und wo ein Tatort vorliegt, keinen Unterschied ausmacht: Auch bei konkreten Gefährdungsdelikten gibt es (mindestens) einen Erfolgsort, der grundsätzlich auch ein völkerrechtlich legitimer Anknüpfungspunkt ist.

3) Abstrakte Gefährdungsdelikte

Am schwierigsten zu bestimmen ist der Erfolgsort bei den abstrakten Gefährdungsdelikten. Hier gibt es keinen konkreten Schadenseintritt und noch nicht einmal eine konkrete Gefahr für das geschützte Rechtsgut.[92] Dem Gesetzgeber genügt

---

86 Kritisch zu dieser Einordnung *Walter*, Kern des Strafrechts, S. 16 ff.

87 *Wessels/Beulke/Satzger*, Strafrecht AT, Rn. 25; a.A. *Müller* in MüKo-StGB, vor § 153 Rn. 18 (abstraktes Gefährdungsdelikt); *Vormbaum* in NK-StGB, vor § 153 Rn. 19 (konkretes Gefährdungsdelikt).

88 Vgl. nur *Eser* in Schönke/Schröder, StGB, § 9 Rn. 6; ebenso für das österreichische Recht *Plöckinger*, ÖJZ 2001, 798, 799 jeweils m.w.N.

89 Vgl. oben Teil 1 § 1 B.II.

90 BGHSt 46, 212, 220 f.; *Ostendorf*, JuS 1982, 426, 429.

91 *Roxin*, Strafrecht AT I, § 11 Rn. 121.

92 Daneben wird z.T. auch von sog. „abstrakt-konkreten" Gefährdungsdelikten gesprochen, vgl. bereits *Schröder*, JZ 1967, 522. Diese sollen Elemente aus beiden Deliktsarten beinhalten und werden somit im Ergebnis entweder wie abstrakte oder wie konkrete Gefährdungsdelikte behandelt. Daher ist es hier nicht notwendig, auf diese Kategorie gesondert einzugehen.

in solchen Fällen bereits die abstrakte Gefährlichkeit eines bestimmten Verhaltens, um die Strafbarkeit zu begründen.[93]

Zu dieser Deliktskategorie gehören etwa Volksverhetzung (§ 130 StGB), Verbreitung pornographischer Schriften (§ 184 StGB), üble Nachrede (§ 186 StGB) oder Trunkenheit im Verkehr (§ 316 StGB).

Ob solche abstrakten Gefährdungsdelikte einen „Erfolgsort" aufweisen, ist umstritten; der BGH hat sich hierzu zunächst dahingehend geäußert, dass zwar nicht notwendigerweise eine Verletzung, wohl aber ein Erfolg eintritt, der in der abstrakten Gefahr bestehe und „mit der Begehung zugleich" eintrete.[94]

a) Restriktive Ansicht

Nach einer restriktiven Ansicht hat ein abstraktes Gefährdungsdelikt keinen Erfolg und daher auch keinen Erfolgsort. Abstrakte und konkrete Gefährdungsdelikte seien nicht miteinander vergleichbar. Sie unterschieden sich nicht nur durch die Nähe oder Wahrscheinlichkeit eines Schadenseintritts, sondern seien grundsätzlich eigenständige Deliktskategorien.[95] Bei den abstrakten Gefährdungsdelikten werde ein bestimmtes Verhalten unter Strafe gestellt, das vom Gesetzgeber unwiderruflich als gefährlich angesehen wird. Dieses Verhalten sei auch dann strafbar, wenn feststeht, dass es zu keiner Gefahr gekommen ist.[96] Abstrakte Gefährdungsdelikte wären damit eher den schlichten Tätigkeitsdelikten zuzuordnen, wobei die Gefährlichkeit des Verhaltens lediglich das gesetzgeberische Motiv für die Festlegung der Strafbarkeit darstellt.[97]

Wenn eine konkrete Gefahr im Einzelfall ausgeschlossen werden könne, dürfe dies dennoch nicht dazu führen, dass die Gefährdung als materielles Tatbestandsmerkmal angesehen wird. Vielmehr sei dann eine einzelfallbezogene teleologische Reduktion des Tatbestands vorzunehmen.[98]

b) Extensive Ansicht

Demgegenüber geht eine extensive Ansicht davon aus, dass auch abstrakte Gefährdungsdelikte über einen Erfolg und somit einen Erfolgsort verfügen.[99] Als

93 Dies wird teilweise für verfassungsrechtlich bedenklich gehalten, vgl. dazu *Koriath*, GA 2001, 51.

94 BGH NStZ 1990, 36, 37.

95 *Hilgendorf*, NJW 1997, 1873, 1876; *Plöckinger*, ÖJZ 2001, 798, 801.

96 *Roxin*, Strafrecht AT I, § 11 Rn. 127, *Plöckinger*, ÖJZ 2001, 798, 801; a.A. jedoch *Heinrich*, GA 1999, 79 m.w.N.

97 *Wessels/Beulke/Satzger*, Strafrecht AT, Rn. 29.

98 *Satzger*, NStZ 1998, 112, 116.

99 *Werle/Jeßberger* in LK-StGB, § 9 Rn. 89. Auch der BGH hat sich in diesem Sinne geäußert, vgl. etwa BGH NJW 1990, 36, 37: „mit der Begehung [tritt] zugleich der Erfolg der Tat ein, der in der eingetretenen Gefährdung [...] besteht." Ausdrücklich für das Bestehen eines Erfolgsortes bei abstrakten Gefährdungsdelikten auch BGHSt 46, 212, 223.

solcher wird i.d.R. der Ort gesehen, an dem eine abstrakte Gefahr für ein geschütztes Rechtsgut besteht; ausdrücklich keine Rolle soll dabei spielen, ob und wo ein Schaden eingetreten ist. Strafgrund sei bei den abstrakten Gefährdungsdelikten nicht ausschließlich die abstrakte Gefährlichkeit einer Handlung, sondern die Schaffung eines Risikos der Verletzung des geschützten Rechtsguts.[100] Dies wird von der h.M. bei § 306a StGB implizit angenommen, sofern hier eine teleologische Reduktion in Fällen der „konkreten Ungefährlichkeit" vorgenommen wird.[101] Für andere Delikte wird ebenfalls teilweise auf den möglichen Nachweis der Ungefährlichkeit verwiesen.[102] Die Handlung als solche sei somit nicht strafbar, wenn keine abstrakte Gefahr vorliege.[103] Wenn aber neben das Handlungsunrecht auch eine abstrakte Gefahr als Erfolgsunrecht treten muss, um die materielle Strafbarkeit zu begründen, sei der Ort, an dem eine Gefahr eintreten kann, ohne Schwierigkeiten als „Erfolgsort" zu bezeichnen. Schwierigkeiten könne es aber noch bereiten, die Reichweite einer solchen Gefahr zu bestimmen. So ist etwa bei einer Gewässerverunreinigung kaum erkennbar, wie weit der „abstrakte Gefahrenbereich"[104] wohl reichen mag.[105]

Im Ergebnis müssten also die abstrakten und die konkreten Gefährdungsdelikte gleich behandelt werden.

c) Diskussion

Wenn definitiv eine Gefahr für ein Rechtsgut ausgeschlossen werden kann, erscheint es unter dem Gesichtspunkt des Rechtsgüterschutzes verfehlt, dennoch zu bestrafen, weil das Verhalten unter anderen Umständen gefährlich gewesen wäre. Dies muss nicht nur für Brandstiftung, sondern für alle abstrakten Gefährdungsdelikte

---

100 *Martin*, Strafbarkeit grenzüberschreitender Umweltstraftaten, S. 82.

101 BGH NStZ 1999, 32, 34; *Heine/Bosch* in Schönke/Schröder, StGB, § 306a Rn. 2, *Herzog/ Kargl* in NK-StGB, § 306a Rn. 3, *Wessels/Hettinger*, Strafrecht BT 1, Rn. 968.; a.A. aber *Radtke* in MüKo-StGB, § 306a Rn. 3; *Wolff* in LK-StGB, § 306a Rn. 4; vgl. auch die ausführliche Darstellung bei *Liesching*, Brandstiftungsdelikte, S. 97 ff.

102 Vgl. zu § 326 StGB BGH NStZ 1997, 189, wobei allerdings die Frage ausdrücklich offen gelassen wurde, ob der Tatbestand im Einzelfall entfallen kann; sowie zu § 184 StGB OLG Hamm, Urteil vom 27.01.1988 (4 Ss 1021/87), juris.de, Abs. 10 a.E., das in einem *obiter dictum* bedenkenlos von der Übertragbarkeit der Rspr. zu § 306 Nr. 2 StGB a.F. (entspricht im Wesentlichen dem heutigen § 306a Abs. 1 Nr. 1 StGB) ausgeht.

103 *Kappel*, Ubiquitätsprinzip, S. 135.

104 Oder in den Worten von *Martin*, ZRP 1992, 19, 21: die „Gefahrenzone".

105 Wenn etwa in Passau Chemikalien in die Donau gegossen werden, besteht auch eine abstrakte Gefahr in Österreich; je weiter flussabwärts man jedoch geht, desto geringer wird die Gefahr. Ob hier eine klare Abgrenzung möglich ist, ist allerdings zweifelhaft. Vgl. auch die weiteren Beispiele bei *Kappel*, Ubiquitätsprinzip, S. 136 ff. Speziell zu abstrakten Gefährdungsdelikten im Internet auch *Sieber*, NJW 1999, 2065, 2071.

gelten: Bei konkreter Ungefährlichkeit darf nicht wegen abstrakter Gefährdung bestraft werden. Davon unabhängig zu beurteilen ist die Frage, wann eine solche Ungefährlichkeit tatsächlich vorliegt.[106] Die konkrete Ungefährlichkeit kann auch nicht nur Strafaufhebungs- oder -ausschließungsgrund sein, da diese jeweils die Schuld des Täters voraussetzen. Systematisch liegt es näher, auf der Ebene des Tatbestands den Eintritt einer abstrakten Gefahr zu prüfen[107] bzw. umgekehrt bei objektiver Ungefährlichkeit den Tatbestand – etwa im Wege teleologischer Reduktion – auszuschließen. Dies spricht dafür, den Begriff des Erfolgs in § 9 StGB als Oberbegriff für Schadenseintritt, abstrakte Gefahr und konkrete Gefahr anzusehen.

Letztlich kann diese Frage hier aber offen bleiben: Es geht nämlich in erster Linie darum, was *völkerrechtlich* erlaubt ist, nicht darum, was im nationalen Recht umgesetzt ist. In völkerrechtlicher Hinsicht scheinen auch diejenigen Autoren, die *de lege lata* eine Einbeziehung der abstrakten Gefährdungsdelikte in § 9 StGB verneinen, keine grundsätzlichen Bedenken gegen eine entsprechende Änderung zu haben, jedenfalls werden derartige Bedenken nicht zum Ausdruck gebracht.[108] Lediglich für den speziellen Fall eines abstrakten Gefährdungsdeliktes im Internet werden aufgrund des großen Gefahrenkreises besondere völkerrechtliche Bedenken erhoben.[109]

Es ist aus völkerrechtlicher Sicht nicht zu fragen, ob bei abstrakten Gefährdungsdelikten ein tatbestandsmäßiger Erfolg eintreten kann, sondern vielmehr, ob bereits dann ein Bezug[110] zum Inland vorhanden ist, wenn für ein inländisches Rechtsgut eine „nur" abstrakte Gefahr besteht. Nachdem das Völkerrecht nicht festlegt, was ein Erfolgsort ist, erscheint es einleuchtend, dass der „Gefährdungsort" – auch der Ort einer nur abstrakten Gefahr – *grundsätzlich* als Anknüpfungspunkt, nämlich als Erfolgsort, anzusehen ist.[111]

---

106 *Satzger*, NStZ 1998, 112, 115 geht etwa davon aus, dass der Ausschluss einer Gefährdung „generell unmöglich" wäre. Hohe Anforderungen stellt auch der BGH auf, wenn er annimmt, ein Rundgang durch das Gebäude sei keine ausreichende Maßnahme, um die Gefährdung von Personen bei einer Brandstiftung auszuschließen (BGH NStZ 1982, 420).

107 Dies entspricht allerdings gerade nicht der Intention des Gesetzgebers, der mit der Ausgestaltung als abstraktes Gefährdungsdelikt gewissermaßen die gesetzliche Vermutung einer Gefahr aufgestellt hat.

108 Vgl. etwa *Satzger*, NStZ 1998, 112, 116, Fn. 58; *Tiedemann/Kindhäuser*, NStZ 1988, 337, 346 a.E.

109 Dazu auch noch unten Teil 1 § 1 B.VI.

110 Der Begriff des „sinnvollen Anknüpfungspunktes" wird etwa von *Vec*, NJW 2002, 1535 als zu unbestimmt abgelehnt, leider ohne brauchbare Alternativen aufzuzeigen.

111 Daneben wäre es denkbar, den „Gefährdungsort" als Anknüpfungspunkt im Sinne eines weit verstandenen Schutzprinzips anzusehen, vgl. oben Teil 1 § 1 B.II. zum angloamerikanischen Verständnis. Im deutschen Schrifttum wird – soweit ersichtlich – nicht vertreten, die Einbeziehung des „Gefährdungsortes" beruhe auf einem Schutzprinzip für nationale Rechtsgüter. Andeutungen in Richtung des Schutzprinzips finden sich aber in BGHSt 46, 212, 224: Es liege ein völkerrechtlich legitimer

4) Zwischenergebnis

Für die Frage, ob es einen Erfolgsort im völkerrechtlichen Sinne gibt, spielt die nationale Einteilung in Erfolgsdelikte, abstrakte und konkrete Gefährdungsdelikte also keine Rolle. Lediglich bei schlichten Tätigkeitsdelikten kann nur auf den Handlungsort Bezug genommen werden.[112]

IV. Handlungs- und Erfolgsort

Theoretisch denkbar wäre es, von einem Tatort in einem Staat nur dann zu sprechen, wenn alle Merkmale (Handlung *und* Erfolg) kumulativ in diesem Staat erfüllt werden. Diese Position ist früher teilweise vertreten worden.[113]

In einer ganz strengen Ausprägung dieser These müsste sich auch der Vorsatz darauf beziehen, dass der Handlungs- und Erfolgsort in demselben Staat liegen,[114] ein Tatort also nur dann vorliegt, wenn nicht nur objektiv, sondern auch nach der Vorstellung des Täters Handlung und Erfolg in demselben Staat stattfinden. Das würde aber zu der sehr unbefriedigenden Lösung führen, dass zwar nicht in allen, aber doch in den wichtigsten, typischen Problemfällen[115] weder in dem einen noch in dem anderen Staat eine Bestrafung möglich wäre, in einem anderen Fall bliebe es bei mehrfacher Strafgewalt, wie die folgende Übersicht zeigt:

Konstellation	**Handlungsort**		**Erfolgsort**		**Strafbarkeit im Staat**	
	Obj.	**Subj.**	**Obj.**	**Subj.**	**A**	**B**
1	A	A	A	A	Vollendete Vorsatztat	Keine Strafbarkeit
2	A	A	A	B	Fahrlässigkeitstat	Keine Strafbarkeit
3	A	A	B	A	Versuchte Vorsatztat	Keine Strafbarkeit

Anknüpfungspunkt vor, da ein „gewichtiges inländisches Rechtsgut" betroffen sei. Da primär an den *Ort* der Gefährdung und nicht an die „Nationalität" des gefährdeten Rechtsgutes angeknüpft wird, spricht allerdings mehr dafür, den Ort einer Gefahr als einen völkerrechtlich möglichen Tatort *qua* Erfolgsort zu qualifizieren.

112 Allerdings ist es wiederum Sache der nationalen Rechtsordnung zu klären, was ein schlichtes Tätigkeitsdelikt und was ein abstraktes Gefährdungsdelikt ist.

113 *Barbey*, De l'application internationale de la règle Non bis in idem, S. 66 mit der Begründung, dass damit Strafgewaltkonflikte vermieden werden könnten.

114 Nach h.M. ist dies jedoch nicht der Fall: Die Anwendbarkeit etwa des deutschen Rechts soll nur objektive Bedingung der Strafbarkeit sein, vgl. BGHSt 27, 30, 34; *Jescheck/Weigend*, Strafrecht AT, § 18 V. a.A. *Endemann*, NJW 1966, 2381, 2382; *Germann*, SchwZStr 1954, 243.

115 z.B. Schuss über die Grenze, Absenden einer betrügerischen E-Mail vom Ausland aus.

Konstellation	Handlungsort		Erfolgsort		Strafbarkeit im Staat	
	Obj.	Subj.	Obj.	Subj.	A	B
4	A	A	B	B	Keine Strafbarkeit	Keine Strafbarkeit[116]
5	A	B	A	A	Fahrlässigkeitstat	Keine Strafbarkeit
6	A	B	A	B	Fahrlässigkeitstat	Versuchte Vorsatztat
7	A	B	B	A	Keine Strafbarkeit	Keine Strafbarkeit
8	A	B	B	B	Keine Strafbarkeit	Versuchte Vorsatztat

Diese Darstellung zeigt, dass ein so enger Tatortbegriff nicht sinnvoll ist, weil das Ergebnis nicht einleuchtet und kaum vermittelbar wäre: Obwohl in den Konstellationen 4 und 7 der Erfolg eingetreten ist und kausal und zurechenbar auf eine Handlung des Täters zurückzuführen ist, könnte der Täter nicht bestraft werden. In den Konstellationen 3, 6 und 8 wird – indem nur wegen Versuchs bestraft wird – gewissermaßen so getan, als wäre noch gar nichts geschehen. Andererseits wird der Täter in den Konstellationen 2, 5 und 6 nur wegen fahrlässiger Begehung bestraft, obwohl er den Tatbestand doch *vorsätzlich* erfüllt hat. Seine einzige Fehlvorstellung besteht darin, dass er nicht wusste, wo er oder das Opfer sich befanden. In der Konstellation 6 zeigt sich außerdem, dass ein enger Tatortbegriff nicht für jeden Fall dazu führt, dass die Zahl der Tatorte beschränkt wird. Deshalb wird ein derart enger Tatortbegriff heute – soweit ersichtlich – nicht mehr vertreten. Völkerrechtlich geboten ist er ohnehin nicht, da nach herrschender Ansicht bereits *ein* Anknüpfungspunkt ausreicht.

Die Möglichkeit, dass für einzelne Teilakte nur ein Staat die Strafgewalt hat, besteht dennoch, bedeutet aber nicht, dass stets Handlungs- und Erfolgsort im gleichen Staat liegen müssen. Ein Beispiel für einen solchen „Teilakt" stellt die Möglichkeit dar, dass derjenige, der über eine Staatsgrenze hinweg einen anderen erschießt, im Staat des Schusses wegen unerlaubten Waffenbesitzes usw. verurteilt werden

116 Allenfalls könnte man eine Unterlassensstrafbarkeit annehmen: Der Täter hat es unterlassen, im Erfolgsstaat die notwendigen Maßnahmen zu treffen, um zu verhindern, dass dort durch seine Handlung ein strafrechtlicher Erfolg eintritt. Eine solche Konstruktion würde aber der Abgrenzung von Tun und Unterlassen nach keiner dazu vertretenen Auffassung gerecht. Zudem kann es weiterhin zu Strafbarkeitslücken kommen, nämlich wenn und soweit das Unterlassen nicht als „Handlung" im Sinne des Strafrechts angesehen wird.

kann,[117] da er dort die Waffe geführt hat. Das ist aber von dem Tötungsdelikt, im Hinblick auf das es zu einem Strafgewaltkonflikt kommen kann, unabhängig.[118]

Die Beschränkung des Tatorts auf den Ort, an dem kumulativ die Handlung stattgefunden hat *und* der Erfolg eingetreten ist, ist mithin weder völkerrechtlich geboten, noch kriminalpolitisch sinnvoll.

V. Ubiquitätstheorie

Wie somit dargelegt wurde, genügt es, wenn nur *ein* Bestandteil der Straftat (Handlung *oder* Erfolg) im Inland verwirklicht worden ist, um dort einen Tatort zu begründen. Diese Theorie wird als Ubiquitätstheorie bezeichnet und ist völkerrechtlich anerkannt.[119]

Dabei wird allerdings unterschiedlich definiert, was als ein solcher Bestandteil in Betracht kommt: Unstreitig sind dies die objektive Handlung und der Erfolgseintritt. Teilweise – wie etwa in Deutschland – werden auch subjektive Elemente einbezogen, nämlich die Vorstellung des Täters davon, wo er handelt und wo der Erfolg eintritt.[120] Demzufolge ist Tatort auch der Ort, an dem der Erfolg nach Vorstellung des Täters hätte eintreten sollen.[121]

VI. Insbesondere: Tatort im Internet

Im Zusammenhang mit Straftaten im Internet wird die Problematik der Ausdehnung nationaler Strafgewalt besonders deutlich. Aus deutscher Sicht stellt sich die Frage nach der Reichweite etwa bei dem Delikt der Volksverhetzung (§ 130 StGB) in Form der Auschwitzlüge. In einer Grundsatzentscheidung aus dem Jahr 2000 hat der BGH die Anwendbarkeit des deutschen Strafrechts auf die von einem Australier im Internet verbreitete Holocaustleugnung aufgrund eines Erfolgseintritts in Deutschland bejaht,[122] was zu zahlreicher Kritik geführt hat.[123]

---

117 Vgl. *Oehler*, Internationales Strafrecht, Rn. 243.

118 Folgerichtig behandelt *Oehler*, Internationales Strafrecht, Rn. 243 diese „Teilaktslehre“ auch nicht als eigenständige Ansicht, sondern als Unterfall der Erfolgstheorie.

119 BGHSt 44, 52, 56; *Germann*, SchwZStr 1954, 237 Fn. 3, 238 Fn. 1; *Werle/Jeßberger* in LK-StGB, § 9 Rn. 3; vor § 3 Rn. 223; *de lege ferenda* einschränkend *Deiters*, ZRP 2003, 359, 361.

120 Im Unterschied zur oben (Fn. 71) angesprochenen „*premeditation*“ ist hier allerdings ein Bezug zum objektiven Geschehen vorhanden, denn es handelt sich gerade um die Vorstellung des Täters von dem objektiven Geschehen, während die „*premeditation*“ ein ausschließlich subjektives Merkmal ist, das als solches zunächst keine Auswirkungen auf die objektive Situation und auch keinen Bezug zur objektiv tatbestandsmäßigen Handlung hat.

121 § 9 I StGB a.E.; *Oehler*, Internationales Strafrecht, Rn. 252 ff. bezeichnet dies als „subjektive Ausprägung“ der Ubiquität.

122 „Fall *Toeben*“; BGHSt 46, 212 = NJW 2001, 624 (Urteil vom 12.12.2000, Az. 1 StR 184/00; auch im Volltext veröffentlicht unter www.bundesgerichtshof.de).

123 Vgl. den Überblick bei *Koch*, GA 2002, 703, 707 f.

1) Internet und Territorialität

In der Vergangenheit ist die These vertreten worden, das Internet sei wie ein staatenloses Gebiet zu behandeln;[124] bis in die jüngste Zeit ist die Rede vom Internet als „rechtsfreiem Raum“, bzw. davon, dass das Internet kein solcher Raum bleiben dürfe.[125] Die These einer fehlenden Gebietshoheit über das Internet soll daher nachfolgend untersucht werden.

Richtig ist daran zunächst, dass das Internet keiner zentralen staatlichen Regulierung unterliegt.[126] Daraus ist teilweise der Schluss gezogen worden, dass es sich um einen „gleichsam ... unabhängige[n] Souverän“ handeln würde, der sich selbst regulieren solle.[127] *Graham* zufolge handelt es sich um einen eigenständigen und internationalen (Rechts-)Raum (*res communis*),[128] der schon deshalb nicht der Gebietshoheit eines einzelnen Staates unterstehen könne, weil es dem Staat faktisch unmöglich sei, seine Souveränität durchzusetzen.[129]

Auch *Franz C. Mayer* meint, dass „das Internet“ ein sozialer oder öffentlicher Raum „neuen Typs“ sei.[130] Das wesentliche Argument besteht für ihn darin, dass die Kommunikation im Cyberspace, anders als etwa die telefonische Kommunikation, sich nicht von Person zu Person abspielt, sondern zahlreiche Personen in aller Welt erreichen kann. Die Schlussfolgerung, dass das Internet daher ein „eigenständiger Raum“ sei, ist indes nicht zwingend. Bereits in der Vergangenheit hat es schon Medien gegeben, die mehr als eine Person gleichzeitig erreichen können. Wenn allein die Anzahl der erreichbaren Personen ein Medium zu einem regulierungsbedürftigen (Rechts-)Raum machen würde, wäre auch jede internationale Zeitung, ebenso

---

124 Vor diesem Hintergrund ist es zu verstehen, wenn *Wörner*, ZIS 2012, 458 einen Vergleich zwischen „Weltmeer und Datenmeer“ anstellt. Ebenfalls für die Vergleichbarkeit von Hoher See und Internet bereits *Burnstein*, Vand. J. Transnat’l L. 1996, 75, 103 ff.

125 Vgl. etwa die Nachweise und Diskussionen bei *Lischka*, Internet ist kein rechtsfreier Raum; andererseits wird ebenso angemahnt, dass das Internet dürfe kein „bürgerrechtsfreier Raum“ sei, vgl. *Bündnis 90/Die Grünen Bundesvorstand*, Das Netz ist nicht bürgerrechtsfrei. Die Behauptung von *Schmölzer*, ZStW 2011, 609, dass es zum „juristischen Allgemeingut“ gehöre, keinen „rechtsfreien Raum“ anzunehmen und nicht von „*dem* Internet“ zu sprechen, erscheint daher bedauerlicherweise noch etwas zu optimistisch.

126 Allerdings besteht eine gewisse Vorrangstellung der US-Regierung darin, dass die ICANN, die im Internet u.a. die IP-Adressen verteilt und daher gelegentlich als „Internetregierung“ verstanden wird, Exklusivverträge mit den USA hat. Dazu und zu Bestrebungen, die ICANN zu internationalisieren, vgl. etwa *Brinkmann* in Süddeutsche Zeitung Online vom 17.03.2014, http://www.sueddeutsche.de/digital/icann-reform-zeit-fuer-eine-glaeserne-netz-regierung-1.1913736 (abgerufen am 09.07.2014).

127 Vgl. *Mankowski*, AfP 1999, 138, 139 m.w.N.

128 *Graham*, JurPC Web-Dok. 1999, Abs. 38 ff.; *Menthe*, Mich. Telecomm. Tech. L. Rev. 1998, Abs. 41.

129 *Graham*, JurPC Web-Dok. 1999, Abs. 20 f.

130 *Mayer*, NJW 1996, 1782, 1783.

wie das Satellitenfernsehen, ein „eigener Raum“ und bedürfte einer besonderen Regelung. Es ist aber nichts ersichtlich, was es rechtfertigen oder gar zwingend erscheinen lassen würde, den „Raum“ Internet – selbst wenn es denn einer wäre – prinzipiell anders zu behandeln als alle anderen „Kommunikationsräume“.

Tatsächlich wird jede internetbezogene Handlung nicht in einem luftleeren Raum vorgenommen, sondern in der Realität und lässt sich somit auch an mindestens einem bestimmten Ort lokalisieren.[131] Der Ansatz, ähnlich wie in anderen internationalen Räumen (ausschließlich) an die Staatsangehörigkeit des Handelnden[132] oder an den Standort des Servers[133] anzuknüpfen, geht somit von falschen Voraussetzungen aus: „Das Internet“ ist lediglich ein technisches Hilfsmittel,[134] das an praktisch jedem Ort (der jedoch bestimmbar ist!) für viele Handlungen – und somit auch zur Begehung von Straftaten – genutzt werden kann: Das Territorialitätsprinzip kann daher im Grundsatz auch „im Internet“[135] angewendet werden; auf das Problem der Vielzahl möglicher Handlungs- und vor allem Erfolgsorte ist aber näher einzugehen.

2) Handlungsort

a) Ort der Dateneingabe

Ein Handlungsort lässt sich ohne weiteres dort ausmachen, wo der Täter physisch anwesend ist und die relevanten Daten in den Computer eingibt.[136] Dieser Ort ist jedenfalls mit der gleichen Eindeutigkeit feststellbar wie der Handlungsort bei nicht netzgebundenen Straftaten, so dass es hier keine Besonderheiten zu beachten gilt. Nach ganz überwiegender Ansicht ist der Handlungsort *nur* der Ort der Eingabe.[137]

---

131 So auch *Mankowski*, AfP 1999, 138, 139 m.w.N.

132 *Menthe*, Mich. Telecomm. Tech. L. Rev. 1998, Abs. 36, 41.

133 Dieser soll dem Flaggenstaat bei einem Schiff vergleichbar sein; vgl. *Burnstein*, Vand. J. Transnat’l L. 1996, 75, 103 ff.

134 Zu Recht weist schon *Mankowski*, AfP 1999, 138, 142 in diesem Zusammenhang darauf hin, dass auch von einer geschlossenen Materie „Internetrecht“ keine Rede sein kann.

135 Dadurch, dass das Internet gerade kein Raum ist, sondern ein Computernetzwerk, das als Medium genutzt wird, zeigt sich auch, dass die Formulierung „im Internet“ streng genommen nicht korrekt ist: Es wird also nicht „im“ weltweiten Computernetzwerk eine Straftat begangen, wie eine Straftat „in“ einem Staat begangen werden kann. Gemeint ist vielmehr, dass der Täter dieses Netzwerk als Mittel für seine Tat nutzt, wie auch andere Kommunikationsmedien oder Hilfsmittel für Straftaten genutzt werden können (z.B. Briefbombe, Hetzreden im Radio, verleumderische Zeitungsartikel). Bei der Verwendung eines Messers als Tötungswerkzeug würde auch niemand von einer Straftat „im Messer“ sprechen. Gleichwohl soll hier der hergebrachten Terminologie aus Gründen der Verständlichkeit gefolgt werden.

136 *Kappel*, Ubiquitätsprinzip, S. 109.

137 *Ambos* in MüKo-StGB, § 9 Rn. 29; *Hecker*, Europäisches Strafrecht, § 2 Rn. 32; *Hilgendorf*, NJW 1997, 1873, 1876; etwas skeptisch dagegen offenbar *Satzger*, IntEurStrafR, § 5 Rn. 45 („zumindest nach bislang h.M.“).

b) Server-Standort

aa) Handlung an mehreren Orten gleichzeitig

Cornils[138] und ihr folgend *Plöckinger*[139] sind dagegen der Auffassung, ein Handlungsort bestehe auch dort, wo der Zielserver steht. Der Handelnde greife mit seiner Handlung direkt nicht nur auf seinen „Eingabe-Rechner", sondern auch – gleichzeitig – auf einen möglicherweise in einem anderen Staat stehenden Server zu. Es würden beide Rechner gleichzeitig bedient, daher liege an beiden Orten ein Handlungsort vor, auch wenn dabei durch die Begehung im Internet gewissermaßen Staatsgrenzen überschritten werden. Das Vorhandensein *eines* Handlungsortes reiche aber, um die Strafgewalt zu begründen.[140]

Eser[141] folgt dieser Ansicht und beruft sich dazu zusätzlich auf eine – freilich von anderen Autoren zu Recht kritisierte[142] – Entscheidung des *Kammergerichts*.[143] In diesem Fall ging es um das Zeigen des sog. Hitlergrußes durch „Fans" während eines Fußballspiels der deutschen Nationalmannschaft in Polen. Diese Straftaten nach § 86a StGB waren durch die Fernsehübertragung auch in Deutschland zu sehen. Das *Kammergericht* ging davon aus, dass ein Tatort – und zwar ausdrücklich: ein Handlungsort[144] – nicht nur dort besteht, wo der Täter physisch handelt, sondern auch dort, wo die Handlung „optisch oder akustisch wahrgenommen werden kann". *Eser* folgert aus dieser Entscheidung, dass – übertragen auf das Internet – auch am Standort des Servers ein Handlungsort besteht.

---

138 *Cornils*, JZ 1999, 394, 396.

139 *Plöckinger*, ÖJZ 2001, 798, 802.

140 *Cornils*, JZ 1999, 394, 397; *Eser* in Schönke/Schröder, StGB, § 9 Rn. 4. Diesem Ansatz zunächst folgend *Tröndle/Fischer*, StGB[50], § 9 Rn, 8 mit dem Argument, eine „Sonder-Dogmatik" für das Internet sei zu verhindern. *Tröndle/Fischer* folgen der Auffassung *Cornils'* allerdings nur im Ergebnis: sie sprechen nämlich von einem *Erfolgsort* am Serverstandort und übersehen dabei, dass *Cornils* und *Eser* einen *Handlungsort* annehmen. In späteren Auflagen ist *Fischer* sehr viel kritischer gegenüber einer ausgedehnten Reichweite des deutschen Strafrechts, vgl. nunmehr *Fischer*, StGB, § 9 Rn. 8 ff.

141 *Eser* in Schönke/Schröder, StGB, § 9 Rn. 6.

142 *Heinrich* in FS-Weber, S. 91, 103; *Werle/Jeßberger* in LK-StGB, § 9 Rn. 84; vgl. auch unten Teil 1 § 1 B.VI.2)b)dd).

143 KG NJW 1999, 3500. Dabei betont das KG aber zugleich, dass es eines „unmittelbaren zeitlichen Zusammenhangs" (S. 3502) zwischen Handlung und Wahrnehmbarkeit bedarf. Der zeitliche Abstand, der diesen Zusammenhang entfallen lässt, soll sich nach der „üblichen Zeitspanne für die mediale Berichterstattung" richten und somit höchstens bis zum nächsten Tag dauern.

144 So KG NJW 1999, 3500, 3501 f. Das Kammergericht betont, dass § 86a StGB gerade kein Erfolgsdelikt, sondern ein abstraktes Gefährdungsdelikt sei und daher – entgegen der oben Teil 1 § 1 B.III.3) vertretenen Ansicht – kein „Erfolg", mithin auch kein Erfolgsort vorliegen könne.

bb) „Virtuelle Präsenz"

Noch sehr viel weiter geht *Kuner*,[145] der die Auffassung vertritt, dass ein weiterer *Handlungsort* überall dort begründet wird, wo die Informationen abgerufen werden können. Die Information sei nicht nur dort präsent, wo sie tatsächlich gespeichert ist (Serverstandort), sondern „virtuell" dort gegenwärtig, wo diese Information abgerufen werden kann. Darüber hinaus sei der Täter selbst an jedem dieser Orte gewissermaßen „virtuell präsent", also an vielen Orten gleichzeitig.

Bereits die Annahme, dass der Täter überall dort präsent ist, wo es auch die von ihm eingegebenen Daten sind, ist jedoch kaum haltbar.[146] Hinzu kommt, dass die Abrufbarkeit – oder auch: Wahrnehmbarkeit – der Daten nicht mit der Präsenz dieser Daten selbst gleichgesetzt werden kann.[147] Die Auffassung von *Kuner* hat daher zu Recht keine nennenswerte Beachtung, jedenfalls keine Zustimmung, gefunden.

cc) Vergleich mit der Übermittlung per Post

Ein Vergleich von Internetstraftaten mit Taten, die mittels anderer Medien begangen werden, liegt durchaus nahe, wird jedoch so explizit praktisch nicht vorgenommen.[148] Es darf aber für die Strafbarkeit keinen Unterschied machen, ob ein beleidigender Brief über das Internet (als E-Mail) oder per Post verschickt wird.[149]

Im Fall eines Briefes geht die derzeit h.M. davon aus, dass ein Handlungsort auch dort vorliegt, wo der Brief zugestellt wird.[150] Diese Ansicht geht letztlich auf eine Reihe von Entscheidungen des *Reichsgerichts*[151] zurück, die als „Theorie der

---

145 *Kuner*, CR 1996, 453, 454.

146 Andernfalls müsste auch der Redakteur jeder Zeitung überall dort „virtuell präsent" sein, wo ein Exemplar dieser Zeitung gekauft werden kann, bzw. darüber hinaus sogar an jedem Ort, an dem sie gelesen werden kann. Daran ändert auch nichts, dass im Zivilrecht bei Mediennutzung ein sog. „fliegender Gerichtsstand" gemäß § 32 ZPO (näher zu den zivilrechtlichen Gerichtsständen noch unten Teil 3 § 4 B.) besteht. Abgesehen von der Kritik an diesem Konzept eines Gerichtsstands (vgl. nur bereits HansOLG Bremen, CR 2000, 179 [nur zum Internet]), wird hier nicht auf die *Handlung* des Redakteurs o.ä. abgestellt, sondern auf den *Erfolg* seiner Handlung. Von einer „virtuellen Präsenz" kann also auch hier keine Rede sein.

147 Vgl. auch die Kritik an KG NJW 1999, 3500, näher unten Teil 1 § 1 B.VI.2)b)dd).

148 Ein Grund könnte darin liegen, dass „das Internet" weiterhin fälschlicherweise (vgl. oben Fn. 135) als „Raum" wahrgenommen wird, in dem es aufgrund der technischen Besonderheiten eines Spezialrechts bedarf, anstatt zunächst die allgemeinen Regeln zur Anwendung zu bringen.

149 So auch *Heinrich* in FS-Weber, S. 91, 100, der von einer „kaum einleuchtende[n] unterschiedliche[n] Behandlung der verschiedenen Medien" spricht.

150 BGH wistra 91, 135; OLG Schleswig wistra 98, 31 m. Anm. *Döllel* wistra 98, 70. Anders offenbar *Leupold/Bachmann/Pelz*, MMR 2000, 648, 653.

151 RGSt 1, 274, 276; 13, 337, 339; 10, 420, 422 f.; 19, 147, 148; 20, 146, 148; 23, 155, 156 f.

langen Hand“ bezeichnet werden. Nach dieser Ansicht spielt auch das Wirken der durch den Täter ausgelösten Kräfte bei der Bestimmung des Begehungsortes eine Rolle. Dieses „Wirken“ wurde als Bestandteil der Handlung angesehen. In einer der erwähnten Entscheidungen wurde ausdrücklich die Beförderung eines Briefes als „durch Benutzung der Post als seines Werkzeuges verwirklichte Thätigkeit“[152] des Täters angesehen. Wenn „die Post“, d.h. genauer der einzelne Postbedienstete, als Werkzeug eingesetzt werde, sei dies der Konstellation der mittelbaren Täterschaft vergleichbar. Für die mittelbare Täterschaft sei jedoch anerkannt, dass Handlungsort auch der Ort ist, an dem der Tatmittler handelt, jedenfalls sofern dieser Ort vom Vorsatz des Täters umfasst sei.[153]

dd) Stellungnahme

Ein Ort der Handlung lässt sich nur dort feststellen, wo der Täter tatsächlich aktiv wird bzw. im Fall eines Unterlassens passiv bleibt. Anders als bei mehraktigen Delikten liegt bei Internet-Straftaten nur *eine* Handlung des Täters vor: Er speist die relevanten Daten über seinen Rechner ins Internet. Dies tut er auch – entgegen der Ansicht von *Cornils* und *Plöckinger* – nicht etwa gleichzeitig an mehreren, miteinander verbundenen Orten bzw. Computern. Die Datenspeicherung auf dem Server ist lediglich eine – zeitlich sehr schnell danach eintreffende – Folge dieser Handlung, nicht aber die Handlung selbst. Solche Folgen oder Wirkungen sind jedoch allenfalls dem Erfolg, nicht aber der Handlung zuzuordnen.[154] Es käme auch niemand auf die Idee zu behaupten, dass jemand, der von Polen aus einen tödlichen Schuss auf das auf deutschem Boden befindliche Opfer abfeuert, in Deutschland *handelt*, weil die Wirkung des Schusses in Deutschland eingetreten ist.[155]

Der Vergleich mit dem Absenden eines beleidigenden Briefes führt zu keinem anderen Ergebnis. Zwar ist es richtig, dass eine Ungleichbehandlung verschiedener Medien sich nicht rechtfertigen lässt. Jedoch ist der für die Post vorgebrachte Gedanke der mittelbaren Täterschaft nicht ohne Weiteres auf Straftaten im Internet übertragbar,[156] schließlich wird hier keine Person „zwischengeschaltet“, „durch

---

152 RGSt 10, 420, 423.

153 Offen bleibt dabei, weshalb der Erfolgsort nicht vom Vorsatz umfasst sein muss, der Handlungsort jedoch schon. Kritisch dazu auch *Heinrich* in FS-Weber, S. 91, 94 Fn. 13. Näher zum Handlungsort bei mittelbarer Täterschaft – der entgegen der h.M. *nicht* auch am Handlungsort des Tatmittlers besteht – noch unten Teil 1 § 1 B.VII.2). Problematisch sind außerdem Fälle, in denen der Absender fahrlässig handelt (z.B. die Briefbombe versehentlich absendet). Dann passt nämlich auch das Bild von der mittelbaren Täterschaft nicht.

154 Vgl. auch *Hilgendorf/Valerius*, Internetstrafrecht, Rn. 150.

155 Vgl. *Heinrich*, NStZ 2010, 533, 534; *ders.* in FS-Weber, S. 91, 91 f.; sowie bereits 1908 *Kitzinger* in Birkmeyer u.a. (Hrsg.), Vergleichende Darstellung des Deutschen und Ausländischen Strafrechts, Bd. AT I, S. 146 f.

156 Kritisch auch in einem *obiter dictum* zum Fall *Toeben* BGHSt 46, 212, 244 f.; jedoch nur in Bezug auf die Anwendung dieses weiten Handlungsbegriffs auf die

die“ (vgl. § 25 Abs. 1, 2. Alt. StGB) die Tat begangen wird. Wer die Tat mittels des Internet begeht, verwendet also allenfalls ein Werkzeug, aber kein „menschliches Werkzeug“, wie es die mittelbare Täterschaft erfordern würde. Schon bei der mittelbaren Täterschaft ist aber durchaus fraglich, ob ein *Handlungs*ort des Hintermannes dort vorliegt, wo der Tatmittler tätig wird.[157]

Bei Gebrauch eines nichtmenschlichen Werkzeugs, das sich nicht als Kommunikationsmittel begreifen lässt, ist es ebenso: Eine Handlung liegt nicht dort vor, wo das Werkzeug *wirkt*. Für andere „Werkzeuge“ nur deshalb etwas anderes anzunehmen, weil diese Kommunikationsmittel darstellen, ist aber nicht plausibel. Diese Problematik wird freilich schon bei „fernmündlichen“ Beleidigungen ignoriert, wenn angenommen wird, ein *Handlungs*ort läge auch dort vor, wo die Beleidigung vernommen wird.[158]

Wenn auf die Rechtsprechung des *Reichsgerichts* verwiesen wird, muss zudem folgender wesentlicher Aspekt beachtet werden. Zur damaligen Zeit fehlte eine dem heutigen § 9 StGB entsprechende Bestimmung. Die Anwendbarkeit des deutschen Strafrechts war daran gebunden, dass die Straftat in Deutschland „begangen“ wurde.[159] Zum Einen war damals schon fraglich, ob der Erfolgsort überhaupt ein Begehungsort ist,[160] zum Anderen wollte das RG aus Gründen des damaligen Verjährungsrechts nicht alle Auswirkungen der Handlung zum „Erfolg“ im heutigen Sinne zählen.[161] Indem die Ubiquitätstheorie nunmehr in § 9 StGB verankert ist und die Verjährung zeitlich an den Eintritt des Erfolgs bzw. sogar erst die materielle Beendigung geknüpft ist,[162] sind die Entscheidungen des RG wenig hilfreich bei der Beantwortung der Frage, wie Handlung und Erfolg zu trennen sind,[163] und erst recht nicht bei der Beschreibung von Handlungs- und Erfolgsort aus völkerrechtlicher Sicht.

Datenübertragung. Zur Begründung seiner Bedenken verweist der BGH darauf, dass der Täter im Internet eine Vielzahl von unterschiedlichen Werkzeugen zur Datenübertragung gebraucht. Der BGH spricht dabei von *einem* Werkzeug, das aber aus den „Rechner[n] einschließlich der Proxy-Server, Datenleitungen und der Übertragungssoftware des Internets“, also gewissermaßen aus mehreren Komponenten, besteht. Mit dieser Begründung bleibt allerdings unklar, weshalb diese Bedenken nicht auch bei der Übermittlung per Post oder mittels anderer Medien bestehen soll: Auch dort sind mehrere Komponenten notwendig (unterschiedliche Postmitarbeiter, Briefsortierzentren, Zustellfahrzeuge usw.).

157 Nach richtiger Auffassung ist dies nicht der Fall, näher unten Teil 1 § 1 B.VII.2).

158 Vgl. *Eser* in Schönke/Schröder, StGB, § 9 Rn. 4.

159 § 3 RStGB i.d.F. von 1871 (RGBl. S. 127): „Die Strafgesetze des deutschen Reichs finden Anwendung auf alle im Gebiete desselben begangenen strafbaren Handlungen, auch wenn der Thäter ein Ausländer ist.“

160 Die Handlungs- oder Aufenthaltstheorie hatte zahlreiche Anhänger, vgl. die Nachweise bei *Heinrich* in FS-Weber, S. 91, 101.

161 Näher *Heinrich* in FS-Weber, S. 91, 102 f.

162 Vgl. § 78a StGB.

163 So auch *Heinrich* in FS-Weber, S. 91, 103.

Die von der h.M. vorgenommene Einbeziehung der Wirkungen einer Handlung ist demnach schon für die Verwendung eines „klassischen" Mediums wie der Post verfehlt, im Internet kann diese Ausweitung erst recht nicht gelten. Damit ergibt sich auch eine Gleichbehandlung der beiden Medien: in beiden Fällen ist Handlungsort nur der Ort, an dem der Täter physisch aktiv wird.

Eine andere Beurteilung ergibt sich auch nicht daraus, dass im Internet die fraglichen Daten mit besonders hoher Geschwindigkeit übertragen werden. Zwar mögen so Handlungs- und Erfolgs*zeitpunkt* nah aneinander rücken; identisch sind sie jedoch nie. Selbst, wenn dies so wäre, ist damit nichts über die jeweiligen *Orte* gesagt, die bei Internetstraftaten unzweifelhaft auseinander fallen.

Der Verweis auf die Entscheidung des *Kammergerichts*[164] überzeugt ebenfalls nicht. Abgesehen von ohnehin bestehenden Zweifeln an der Richtigkeit dieser Entscheidung – eine Handlung ist nicht dasselbe wie die Wahrnehmbarkeit dieser Handlung[165] –, ist dieser Fall nicht mit den „klassischen" Internetstraftaten vergleichbar: In der zugrunde liegenden Entscheidung war die *Handlung selbst* über das Medium „Fernsehen" wahrnehmbar. Die Tathandlung besteht bei Internetstraftaten im hier interessierenden Sinne jedoch darin, bestimmte Daten in den eigenen Computer einzugeben.[166] Diese Handlung ist aber nicht auf dem Server wahrnehmbar. Die Folgen dieser Handlung, die – wenn überhaupt[167] – einen Erfolgsort begründen könnten, sind ebenfalls nicht auf dem Server unmittelbar wahrnehmbar, sondern allenfalls dort, wo die Daten abgerufen werden. Auch hier wird jedoch nicht die strafbare Handlung selbst optisch oder akustisch wahrgenommen – vom i.d.R. vorhandenen zeitlichen Abstand zwischen Einspeisen der Daten und Wahrnehmung einmal ganz abgesehen. Ein *Handlungs*ort am Serverstandort lässt sich damit ebenso wenig begründen, wie ein *Handlungs*ort am Ort des Datenabrufs.[168]

Der Standort des Servers ist mithin nicht mit dem Ort der Handlung gleichzusetzen. Dennoch könnte der Standort des Servers ein legitimer Anknüpfungspunkt im Sinne des Völkerrechts sein, und zwar dann, wenn er vom Begriff des Erfolgsorts umfasst (dazu sogleich) oder ein selbstständiger legitimierender

---

164 KG NJW 1999, 3500.

165 Vgl. oben Fn. 142, zu den – allerdings nicht ganz konsequenten – Bedenken des BGH oben Fn. 156.

166 Also z.B. den volksverhetzenden Inhalt hochzuladen oder mit Betrugsabsicht eine E-Mail abzusenden.

167 Zur Problematik des Erfolgsortes bei Gefährdungsdelikten vgl. oben Teil 1 § 1 B. III.

168 Eine Übertragung der Entscheidung KG NJW 1999, 3500 kommt also allenfalls für solche Fälle in Betracht, in denen etwa auf einem Videoportal ein Video veröffentlicht würde, das Personen zeigt, die Straftaten begehen. Dann fehlt es allerdings möglicherweise an der vom KG geforderten zeitlichen Nähe der Berichterstattung (vgl. oben Fn. 143). Die grundsätzlichen Zweifel an der Richtigkeit dieser Entscheidung bleiben ohnehin bestehen.

Anknüpfungspunkt (unten 4)) wäre. Als *Handlungs*ort ist dagegen nur der Ort anzusehen, an dem der Beschuldigte tatsächlich tätig wird.

3) Erfolgsort

Weitaus problematischer als die Beantwortung der Frage nach dem Handlungsort ist die Beantwortung der Frage, wo der Taterfolg bei Internetstraftaten eintritt.

Nach dem oben Gesagten verfügen mit Ausnahme der „schlichten Tätigkeitsdelikte“[169] alle Gefährdungs- und Erfolgsdelikte über einen „Erfolg“, an den der Staat seine Strafgewalt grundsätzlich anknüpfen darf.[170] Die Problematik eines möglicherweise zu weit reichenden Erfolgsortsbegriffs und die daraus resultierende Notwendigkeit einer Einschränkung ist somit bei allen Deliktsarten gleichermaßen gegeben, mit Ausnahme der schlichten Tätigkeitsdelikte.

a) Erfolgsdelikte

Bei Erfolgsdelikten lässt sich relativ unproblematisch der „zum Tatbestand gehörende Erfolg“ feststellen. So ist ohne weiteres erkennbar, ob und wo ein Vermögensschaden beim Betrug (§ 263 StGB) eingetreten ist – nämlich dort, wo sich das Vermögen des Opfers befindet bzw. befand –, Daten gelöscht oder verändert worden sind (§ 303a StGB) – nämlich an dem Ort, an dem sich die fraglichen Daten befinden –, oder eine Missachtung kundgetan wurde (§ 185 StGB) – nämlich überall dort, wo die Missachtung als solche wahrgenommen wird. Das letzte Beispiel macht besonders deutlich, dass der Erfolgsbegriff im Internet in aller Regel zu weit ist: Wenn maßgeblich wäre, wo überall der beleidigende Inhalt, etwa einer WWW-Seite,[171] zur Kenntnis genommen (und verstanden) wird, könnte ein Kundgabeerfolg nämlich potentiell an jedem Ort der Welt vorliegen, an dem ein Zugang zum Internet möglich ist. Es wäre sogar jedem Staat möglich, einen inländischen Tatort „künstlich“ zu begründen, indem die eigenen Strafverfolgungsbehörden gezielt nach beleidigenden Inhalten im Netz suchen und diese abrufen: Unabhängig davon, ob in dem gesamten Staat irgend jemand anderes die Beleidigung wahrgenommen hat, läge ein Tatort im Inland vor.[172]

b) Gefährdungsdelikte

Der Ort des Gefahreintritts ist ebenfalls grundsätzlich ein völkerrechtlich zulässiger Anknüpfungspunkt für die Strafgewalt, auch wenn die Reichweite des

---

169 Diese Deliktskategorie dürfte im Internet aber ohnehin keine Rolle spielen.

170 s. oben Teil 1 § 1 B.III.

171 Das Problem stellt sich übrigens nicht nur bei allgemein zugänglichen Inhalten, sondern auch z.B. beim Versand einer beleidigenden E-Mail. Diese ist zwar nur für einen Empfänger bestimmt, kann aber von diesem ohne Weiteres in mehreren Staaten, also z.B. nicht nur am Wohnsitz des Empfängers, wahrgenommen werden.

172 Im bereits zitierten Fall *Toeben* konnte das LG Mannheim als zuständige Tatsacheninstanz nicht feststellen, dass die fraglichen Seiten außer durch die ermittelnden Beamten von Deutschland aus aufgerufen worden sind, BGHSt 46, 212, 214.

„Gefahrenbereichs" unklar ist. Bei Straftaten im Internet zeigt sich das besonders deutlich, etwa am Beispiel der Volksverhetzung in Form der Holocaustleugnung (§ 130 Abs. 4 StGB). Ähnlich wie schon bei der Beleidigung lässt sich ein Erfolgsort in Form des Gefahrenortes potentiell an jedem Ort feststellen, an dem die entsprechenden Inhalte wahrgenommen werden können. Hier ist es also erst recht geboten, Einschränkungen des Ubiquitätsprinzips zumindest in Betracht zu ziehen.

c) Einschränkung des Ubiquitätsprinzips?

Wenn ein Erfolgsort tatsächlich an jedem Ort besteht, an dem ein Schaden oder eine Gefahr eintritt, stellt sich die Frage, ob dies mit dem Völkerrecht vereinbar ist. Letztendlich folgt aus einem derart weiten Tatortverständnis eine (potentielle[173]) Strafgewalt *jedes* Staates wegen *jeder* Äußerung im Internet, unabhängig davon, an wen sich die Äußerung richtet und von wem sie getätigt oder wahrgenommen wird.

Das führt zu dem höchst bedenklichen Ergebnis, dass möglicherweise aufgrund jeweils entgegengesetzter Rechtsnormen gar keine Informationen zu bestimmten Themen im Internet verbreitet werden dürften. Dies wäre dann der Fall, wenn eine Aussage in einem Staat unter Strafe steht, in einem anderen Staat jedoch das Gegenteil dieser Aussage nicht verbreitet werden darf.[174] Es wäre mithin nur straffrei, solche Inhalte ins Internet zu stellen, die nach *allen* Rechtsordnungen der Welt erlaubt wären.[175]

Dies führt somit auch zu dem Ergebnis, dass es zu einem Strafgewaltkonflikt unter Beteiligung praktisch eines jeden Staates weltweit kommen kann. Im

---

173 Das Völkerrecht schreibt den Staaten insofern nicht vor, wie sie ihre nationale Rechtsordnung gestalten müssen, sondern gibt lediglich den möglichen Rahmen vor.

174 Eine solche Situation wäre z.B. in Bezug auf die Leugnung des Völkermords an den Armeniern eingetreten, wenn in Frankreich ein Gesetz, das die Leugnung von Völkermorden unter Strafe stellt, nicht durch den *Conseil constitutionnel* für verfassungswidrig erklärt worden wäre, vgl. FAZ vom 28.02.2012, http://www.faz.net/aktuell/politik/ausland/frankreich-umstrittenes-voelkermord-gesetz-verfassungswidrig-11665646.html. In der Türkei wird hingegen die Bezeichnung der Geschehnisse als „Völkermord" wohl als Verstoß gegen Art. 301 türkStGB angesehen. Dass bei solchen einander widersprechenden Normbefehlen ein Verstoß gegen *nulla poena sine lege* vorliegt, ist ein Vorwurf, der auf der Hand liegt; vgl. *Zimmermann*, Strafgewaltkonflikte, S. 140.

175 *Valerius*, NStZ 2003, 341, 342 spricht in diesem Zusammenhang von einem „kleinste[n] gemeinsame[n] Nenner des rechtlich Zulässigen". – Dasselbe Problem kann sich im Übrigen auch ohne Verwendung technischer Hilfsmittel stellen, wenn etwa an der türkisch-armenischen Grenze jemand die Ereignisse von 1915/16 lautstark als Völkermord bezeichnet oder umgekehrt ausdrücklich bestreitet, dass es einen Völkermord gegeben habe. Dieser Fall unterscheidet sich also lediglich quantitativ von „Internet-Fällen": die Zahl der in Frage kommenden Rechtsordnungen ist deutlich geringer.

Beispiel einer Beleidigung auf einer WWW-Seite läge nämlich eine Kundgabe der Missachtung und damit der tatbestandliche Erfolg in jedem Staat vor, in dem ein Abruf dieser Seite möglich ist.

Wenn aber jedes Handeln nur deswegen von jedem Staat geahndet werden könnte, weil es „im Internet" geschehen ist, dürfte darin aus völkerrechtlicher Perspektive eine unzulässige Einmischung der strafenden Staaten in die Angelegenheiten anderer Staaten liegen. Um ein solches Ergebnis zu vermeiden, sind verschiedene Ansätze entwickelt worden, den Ubiquitätsgrundsatz einzuschränken.

aa) Zusätzliche objektive Kriterien

So wäre es möglich, zusätzliche objektive Kriterien anzuwenden, um zu bestimmen, ob eine inländische Gerichtsbarkeit völkerrechtmäßig ist. Ein solches objektives Kriterium könnte etwa das geschützte Rechtsgut sein. So besteht aufgrund der deutschen Geschichte ein besonderes Interesse Deutschlands daran, dass die Verbrechen der Schoah nicht geleugnet werden.[176] In ähnlicher Weise könnte ein besonderer Bezug zu Österreich[177] oder anderen Staaten (z.B. Polen, Ukraine, Israel) angenommen werden, was zeigt, dass auch objektiv beschränkende Kriterien nicht unbedingt eindeutig sein müssen. Außerdem löst das Erfordernis eines historischen oder sonstigen Bezugs zum jeweiligen Staat nicht das Problem sich widersprechender Strafnormen: Sowohl die Türkei als auch Armenien könnten ihre jeweilige Sicht der Ereignisse von 1915/16 als – auch mit Mitteln des Strafrechts – schützenswert ansehen; ein historischer Bezug zu beiden Staaten ist vorhanden. Mit einem Kriterium „geschütztes Rechtsgut" lässt sich die Anzahl der strafberechtigten Staaten also allenfalls beschränken, aber es wird weder ein einziger Staat bestimmt, der die Strafgewalt innehat, noch kann der Täter wissen, was er tun darf oder unterlassen muss. Zuletzt dürfte aber auch die praktische Bedeutung eines solchen Kriteriums eher gering sein: Jeder Staat wird ohnehin nur dann die Strafgewalt beanspruchen, wenn aus seiner Sicht[178] ein besonders wichtiges Rechtsgut

---

176 In diese Richtung geht die bereits zitierte *Toeben*-Entscheidung BGHSt 46, 212, 224 („gewichtiges inländisches Rechtsgut, das zudem objektiv einen besonderen Bezug auf das Gebiet der Bundesrepublik Deutschland aufweist"), wobei unklar bleibt, weshalb der BGH hier einen Bezug zum Staats*gebiet* herstellt, zumal der größte Teil der Verbrechen außerhalb des heutigen (z.T. auch außerhalb des früheren) deutschen Staatsgebiets ausgeführt wurde.

177 Vgl. dazu *Plöckinger*, ÖJZ 2001, 803; sowie § 3h öVerbotsG, der seinem Wortlaut nach keine Eignung zur Friedensstörung voraussetzt und somit sogar weiter ist als der deutsche § 130 Abs. 3 StGB.

178 Diese Sicht darf wiederum nicht völkerrechtswidrig sein. So wäre es bedenklich, wenn Deutschland die Leugnung *jedes* Verbrechens gegen die Menschlichkeit oder jedes Völkermords unter Strafe stellen würde, selbst wenn weder der Leugnende noch das Verbrechen einen Bezug zu Deutschland haben. Denn während für den Völkermord selbst das Universalitätsprinzip gilt (dazu noch unten Teil 1 § 8), ist dies für das bloße Bestreiten eines Völkermords nicht der Fall.

betroffen ist. Ist dies dagegen nicht der Fall, hat er schon jetzt keinen Grund, tätig zu werden, so dass eine Beschränkung seiner Strafgewalt nicht notwendig ist.

Denkbar wäre auch eine Einschränkung unter Anknüpfung an die verwendete Sprache: Wer die Sprache eines bestimmten Staates verwendet, bei dem läge es nahe, dass der Inhalt seiner Aussage auch dem Recht dieses Staates unterliegt. Zwar ist es in der Tat so, dass die Sprache einen Bezug zu einem bestimmten Staat herstellen *kann*; dies ist jedoch nicht zwangsläufig der Fall. Da zudem in vielen Fällen die verwendete Sprache auf eine ganze Reihe von Staaten hindeuten kann, fehlt es diesem Kriterium an dem für eine brauchbare Tatortbestimmung notwendigen Maß an Eindeutigkeit.[179] Daher ist ein solches zusätzliches Kriterium abzulehnen.

Ein weiteres objektives Kriterium könnte in der Staatsangehörigkeit von Täter oder Opfer liegen. In diesem Fall wäre es aber nicht nötig, überhaupt auf den Tatort einzugehen, sofern man von der Zulässigkeit eines aktiven oder passiven Personalitätsprinzips ausgeht.[180]

bb) Zusätzliche subjektive Kriterien

Denkbar ist es auch, subjektive Kriterien heranzuziehen. Wenn der Täter einen Erfolg (im weitesten Sinne, also einschließlich der Gefahr) in einem bestimmten Staat erreichen wollte, oder gar mit einer entsprechenden Absicht gehandelt hat, wäre er in diesem Staat zu bestrafen.

Diese Ansicht würde dazu führen, dass das Ubiquitätsprinzip an sich weiter anwendbar bleibt und ein genuin zusätzliches Kriterium zur Einschränkung dieses Prinzips herangezogen wird: Nur dann, wenn der Vorsatz des Täters sich auf den Erfolgsort in einem bestimmten Staat bezieht, läge demnach ein Tatort *qua* Erfolgsort im Sinne des Völkerrechts vor.

Bezieht man diese Einschränkung nicht nur auf das Internet, würde dies jedoch dazu führen, dass der Tatort – jedenfalls aber der Erfolgsort – stets vom Vorsatz des Täters umfasst sein müsste. Wie oben erläutert, wird dies jedoch von der herrschenden Meinung prinzipiell abgelehnt.[181] Es wäre nun inkonsequent, für Straftaten im Internet etwas Abweichendes anzunehmen. Sofern mit diesem zusätzlichen Kriterium allerdings eine Einschränkung möglich ist, wäre es völkerrechtlich zwar nicht unzulässig; es blieben jedoch aus systematischer Sicht Bedenken einerseits

179 Allein die deutsche Sprache ist z.B. Amtssprache in sieben verschiedenen Staaten (Deutschland, Österreich, Schweiz, Liechtenstein, Luxemburg, Italien [Südtirol], Belgien) und hat in zahlreichen weiteren Staaten oder Teilen davon einen offiziellen Status, etwa als Minderheitensprache (z.B. Namibia, Dänemark [Nordschleswig], Frankreich [Elsass]). Spanisch ist in über 20, Französisch in über 30, Englisch sogar in über 50 Staaten Amtssprache, von der tatsächlichen Verwendung dieser Sprachen auch in anderen Staaten ganz zu schweigen.

180 Dazu unten Teil 1 § 4 sowie Teil 1 § 5.

181 s. Fn. 114.

gegen eine *lex Internet*,[182] aber auch gegen ein Erfordernis, wonach der Tatort vom Vorsatz des Täters umfasst sein muss.[183]

cc) Push- vs. Pull-Technologie

Ein weiterer Ansatz besteht darin, nach der Art der verwendeten Technologie zu unterscheiden: Wer etwa einen bestimmten Inhalt gezielt nach Deutschland (d.h. zu einem Internetnutzer in Deutschland) übermittelt (sog. „Push"-Technologie), soll nach dieser Ansicht in Deutschland strafbar sein; wenn dagegen jemand lediglich einen Inhalt (im Ausland) bereitstellt, den der Nutzer selbst abrufen muss (sog. „Pull"-Technologie), liege dagegen kein inländischer Tatort vor. Im letzteren Fall mache sich somit allenfalls derjenige strafbar, der die entsprechenden Inhalte abruft.[184]

Auch wenn die verwendete Technologie objektiv bestimmbar ist, handelt es sich bei dieser Beschränkung letztlich auch hier um ein zusätzliches subjektives Kriterium: „Gezielt" kann eine Übermittlung nämlich nur dann sein, wenn sich der Täter subjektiv eine bestimmte Vorstellung vom Aufenthaltsort des potentiellen Empfängers gemacht hat.[185] Es bestehen gegen diese Ansicht im Ergebnis die gleichen Bedenken wie gegen andere subjektive Kriterien.

dd) Beschränkung auf den Handlungsort

Eine weitere Möglichkeit, das weite Tatortverständnis zu begrenzen, liegt darin, auf die Anwendung des Ubiquitätsprinzips gänzlich zu verzichten und ausschließlich auf den Handlungsort abzustellen. Eine solche Beschränkung auf nur einen Tatort wäre zum Einen nur mit Bezug auf Internetstraftaten, zum Anderen aber generell für alle Straftaten möglich. Eine Sonderstellung des Internet lässt sich nur schwer rechtfertigen, zumal es in anderen Bereichen ähnliche Probleme gibt.[186] Eine Beschränkung auf den Handlungsort für *alle* Straftaten lässt sich dem gegenwärtigen Völkerrecht aber nicht entnehmen.[187]

---

182 Eine Ungleichbehandlung verschiedener Medien erscheint nicht gerechtfertigt, vgl. auch oben Teil 1 § 1 B.VI.1).

183 Vgl. die Übersicht oben Teil 1 § 1 B.IV.

184 *Sieber*, NJW 1999, 2065, 2071 f. In diesem Sinne wohl auch *Vec*, NJW 2002, 1535, 1538 f., der darauf verweist, dass es ein Unterschied sei, „ob man von einem Piratensender auf hoher See *gezielt* in einen Nationalstaat hinein sendet oder Daten in ein globales Netzwerk hinein speist, das nationale Grenzen nicht mehr kennt" (Hervorhebung J.B.), wobei letzteres – der weniger schwere Fall – im Internet der „Normalfall" sei.

185 Darüber hinaus ist für ein „gezieltes" Handeln *dolus eventualis* nicht ausreichend. Insofern ist dieser Ansatz eine etwas stärkere Beschränkung der möglichen Erfolgsorte.

186 Das gilt etwa für die Verwendung anderer Medien, aber auch für grenzüberschreitende Umweltbeeinträchtigungen.

187 Vgl. oben Teil 1 § 1 B.V. zur Ubiquitätstheorie.

Um die Reichweite der Strafgewalten im Internet sinnvoll zu begrenzen, muss daher eine gewisse Ungleichbehandlung von Internetstraftaten und anderen Straftaten hingenommen werden. *De lege ferenda* könnte diese Ungleichbehandlung aber beendet werden, und zwar dadurch, dass – und sei es zunächst auf Ebene das nationalen Rechts[188] – im Strafrecht insgesamt auf die Anwendung des Ubiquitätsprinzips verzichtet wird und nur noch an den Handlungsort angeknüpft wird.

d) Zusammenfassung zum Erfolgsort im Internet

Aus völkerrechtlicher Sicht ist damit festzuhalten, dass auch im Internet das Ubiquitätsprinzip den Ausgangspunkt bildet. Wegen seiner großen Reichweite ist es jedoch notwendig, zusätzliche Kriterien heranzuziehen, soweit es um den Erfolgsort geht.[189] Die bloße Abrufbarkeit von Daten in einem Staat kann jedenfalls nicht genügen, damit dieser Staat Strafgewalt ausüben darf. Anders ausgedrückt: Die Strafgewalt darf sich nicht allein auf das Vorliegen eines Erfolgsortes berufen, wenn der Erfolg *allein* in der Abrufbarkeit von Daten besteht, ohne dass es zu einem Schaden oder zumindest einer Gefahr kommt.[190] Dann besteht nämlich noch keine wirkliche Verbindung („*genuine link*“) zu dem jeweiligen Staat. Die Anwendung des Ubiquitätsprinzips führt also für sich allein betrachtet zu völkerrechtswidrigen Ergebnissen.

Es müssen vielmehr weitere Kriterien herangezogen werden, um bestimmen zu können, welche Staaten die Strafgewalt innehaben. Aus völkerrechtlicher Sicht muss lediglich (irgend)ein sinnvoller Anknüpfungspunkt vorliegen, so dass die Beschränkung auf *eine* Art von Zusatzkriterien unzulässig sein dürfte. „Sinnvoll“ im Sinne des Völkerrechts kann dabei jedes der anerkannten Kriterien sein, etwa die Staatsangehörigkeit des Beschuldigten, der Handlungsort, das geschützte

---

188 Auch, wenn das Ubiquitätsprinzip völkerrechtlich zulässig ist und die hier monierte Ungleichbehandlung nicht zur Völkerrechtswidrigkeit des Ubiquitätsprinzips führt, muss der jeweilige Staat nicht von allen Möglichkeiten Gebrauch machen, die das Völkerrecht einräumt, vgl. schon oben Einleitung § 2 E. – Die womöglich wünschenswerte Änderung des Völkerrechts dürfte indes auf absehbare Zeit nicht durchsetzbar sein.

189 Dies betrifft übrigens nicht nur Taten, bei denen strafrechtlich relevante Inhalte etwa auf einer WWW-Seite zum Abruf bereitgestellt werden, sondern auch den scheinbar eindeutigeren Fall, in dem eine E-Mail beleidigenden Inhalts verschickt wird. Auch eine solche E-Mail ist nämlich überall dort „wahrnehmbar“, wo ein Internetanschluss besteht, also praktisch weltweit.

190 Beim Begriff der „Gefahr“ ist allerdings zu beachten, dass die Annahme einer abstrakten Gefahr für Rechtsgüter innerhalb des jeweiligen Staates sehr schnell möglich sein könnte, um die eigene Strafgewalt begründen zu können. Ähnlich wie bei anderen abstrakten Gefahren muss dann geklärt werden, wie weit im Einzelfall der „abstrakte Gefahrenbereich“ reicht, d.h. welche Qualität von Gefahr vorliegen muss, damit man völkerrechtlich zulässig noch von einer abstrakten Gefahr sprechen kann, vgl. auch schon oben Fn. 105.

Rechtsgut usw. Auch das subjektive Kriterium des beabsichtigten Erfolgsorts ist hier denkbar.

Diese Kriterien dienen aber im Ergebnis nicht dazu, die Anzahl der Erfolgsorte einzuschränken, oder aus einer Vielzahl von Erfolgsorten den oder die „richtigen" auszuwählen.[191] Die genannten, vermeintlich „zusätzlichen" Kriterien berechtigen nämlich schon für sich genommen zur Ausübung von Strafgewalt. Die Strafgewalt muss sich dann aber nicht auf den Erfolgsort *und* das „zusätzliche" Kriterium stützen, sondern kann letztlich *allein* auf das nur vermeintlich zusätzliche Kriterium gestützt werden. Die Berufung auf den Erfolgsort ist also gar nicht notwendig, um die Strafgewalt zu begründen.

Wenn aus völkerrechtlicher Sicht das Ubiquitätsprinzip einerseits nicht *allein* die Strafgewalt begründen darf, andererseits aber die Verbindung mit anderen Kriterien nicht erforderlich ist, ist dessen Anwendung im Internet weder notwendig noch sinnvoll; man kann somit durchaus davon sprechen, dass das Ubiquitätsprinzip im Internet praktisch nicht anwendbar ist.

4) Serverstandort als legitimer Anknüpfungspunkt (ohne „Tatort" zu sein)

Weiter oben wurde bereits angedeutet, dass es sich bei dem Standort des Servers ebenfalls um einen zulässigen Anknüpfungspunkt handeln könnte. Wenn die Strafgewalt des Staates, in dem der Server steht, völkerrechtlich legitim sein soll, muss es zunächst einen (sinnvollen) Anknüpfungspunkt geben. Daneben darf auch keine ungerechtfertigte Einmischung in die Angelegenheiten anderer Staaten vorliegen. Als beeinträchtigter Staat kommt insbesondere der Tatortstaat (genauer: der Staat, in dem der Handlungsort liegt) in Betracht. Dieser könnte bemängeln, dass ein Verhalten, das nach seiner Rechtsordnung straffrei ist, allein deshalb strafrechtlich relevant sein soll, weil ein technisch notwendiges Ergebnis dieses Verhaltens in einem (anderen) Staat eingetreten ist, der eben solches Verhalten unter Strafe stellt. Allerdings ist schon mit dem Begriff des „Ergebnisses" bzw. der Auswirkungen des Täterhandelns klargestellt, dass sich die Straftat nicht nur auf den Handlungsort beziehen kann. Man könnte sogar fragen, ob der Serverstandort ein Erfolgsort im Sinne einer – weit verstandenen – „*effects jurisdiction*"[192] ist. Anders als beim eigentlichen Erfolgsort gäbe es hier auch keine Probleme bezüglich einer großen Anzahl möglicher Erfolgsorte bzw. Serverstandorte.

Die Einordnung als „Erfolgsort" hilft jedoch dann nicht weiter, wenn – wie hier – angenommen wird, dass der Erfolgsort im Internet allein nicht die Strafgewalt

191 Einzige denkbare Ausnahme wäre die Beschränkung auf vom Vorsatz des Täters umfasste Erfolgsorte – dann handelt es sich tatsächlich um eine echte Einschränkung des Erfolgsortsbegriffs. Ein Erfordernis, dass der Erfolgsort vom Vorsatz umfasst sein muss, ist aber als unsystematisch abzulehnen, vgl. oben Teil 1 § 1 B. IV.

192 Vgl. zu diesem Begriff oben Teil 1 § 1 B.II. a.E.

begründen kann. Der Standort des Servers kann also sinnvollerweise nur als territorialer Anknüpfungspunkt *sui generis* verstanden werden. Die völkerrechtlich notwendige Verbindung zwischen der Straftat und dem Staat, in dem der Server steht, lässt sich zusätzlich aus folgender Überlegung ableiten: Jeder Staat hat ein berechtigtes Interesse daran, dass von seinem Gebiet aus – oder hier: unter Einbeziehung seines Gebiets – keine Straftaten begangen werden. Kein Staat muss also hinnehmen, dass Sachen, die sich auf seinem Gebiet befinden, dazu genutzt werden,[193] Taten zu begehen, die nach seiner Auffassung strafbar sind. Was für Sachen gilt, gilt aber in gleicher Weise für Daten. Auch auf diese bezieht sich nämlich die Gebietshoheit des Staates.[194] Der Standort des Servers ist demnach ein „sinnvoller Anknüpfungspunkt", wenn auch kein Tatort i.e.S.

5) Ergebnis aus völkerrechtlicher Sicht

Aus völkerrechtlicher Sicht ist damit Folgendes festzuhalten: Zunächst lässt sich bei Internetstraftaten, wie bei allen anderen Straftaten auch, ein Handlungsort ausmachen. Diesen zu bestimmen, bereitet keine besonderen Schwierigkeiten. Er liegt dort, wo der Beschuldigte sich aufhielt, als er die strafrechtlich relevanten Daten eingegeben hat.

Aus völkerrechtlicher Sicht ebenfalls erlaubt wäre an sich die Anknüpfung an den Erfolgsort. Wegen der somit sehr zahlreichen in Betracht kommenden

---

193 Hier liegt der wesentliche Unterschied zwischen dem Server und dem „Endgerät", auf dem z.B. ein beleidigender Inhalt zur Kenntnis genommen wird. Wenn zur Tat – wie bei der Beleidigung – das Verbreiten eines bestimmten Inhalts gehört, ist der Server ein notwendiges Mittel, um diese Verbreitung – die Tat*handlung* – zu ermöglichen. Ein Endgerät wird dagegen nur benötigt, um den Tat*erfolg* herbeizuführen.

194 *Valerius*, Ermittlungen, S. 156. Der Staat muss also nicht dulden, dass nach seiner Auffassung strafbare Handlungen mit Hilfe von Sachen begangen werden. Das gilt nicht nur für das Internet, sondern auch für alle anderen Medien und sogar dann, wenn gar keine „Medien", sondern andere technische Hilfsmittel verwendet werden, wie das folgende fiktive und zugegebenermaßen konstruierte Beispiel zeigt: Bei der Errichtung von „Selbstschussanlagen" an der innerdeutschen Grenze seien einige Anlagen wenige Meter hinter der Grenze auf dem Gebiet der Bundesrepublik gebaut worden. Unabhängig davon, ob dann sogar ein Handlungsort in der Bundesrepublik vorliegt oder ob die DDR-Grenzsoldaten die Bestandteile der Anlage von der DDR aus so über die Grenze „geworfen" haben, dass sie dabei nicht das Staatsgebiet der DDR verlassen haben, wird wohl niemand bestreiten, dass eine Tötung mit Hilfe einer solchen Selbstschussanlage einen Bezug zum Gebiet der Bundesrepublik hätte. Die Bundesrepublik dürfte also diese Selbstschussanlagen beseitigen. Sie hätte aber auch die Strafgewalt in Bezug auf etwaige Tötungen mittels dieser Anlagen. Der BGH führt sogar aus, dass dies selbst dann gelten würde, wenn – was der BGH entgegen der Rechtspraxis der DDR ausdrücklich ablehnt, vgl. BGH NJW 1993, 141 – die Tötung nach dem Recht der DDR straflos wäre.

„Tatorte", die aber sonst keinen sinnvollen Anknüpfungspunkt zur Tat vorweisen können, ist eine Strafgewalt, die sich *nur* auf den Erfolgsort bezieht, völkerrechtlich unzulässig. Die als „zusätzlich" bezeichneten Merkmale beinhalten letztlich bereits bekannte Anknüpfungskriterien, so dass sich die Strafgewalt aus dem betreffenden (vermeintlichen Zusatz-)Kriterium, nicht aber aus dem des Erfolgsorts, ergibt. Das Ubiquitätsprinzip ist praktisch nicht anwendbar oder anders ausgedrückt: Der Erfolgsort allein darf nicht die Strafgewalt begründen.

Daneben besteht bei Internetstraftaten aber ein zusätzlicher, zulässiger territorialer Anknüpfungspunkt *sui generis*, nämlich der Standort des Servers.

VII. Tatort bei Beteiligung Mehrerer

Auch bei der Beteiligung mehrerer Personen an einer Straftat kann es eine Vielzahl von möglichen Tatorten geben. So könnte man zunächst annehmen, dass ein völkerrechtlich sinnvoller Anknüpfungspunkt für die *gesamte* Tat, also auch auf jeden einzelnen Beteiligten bezogen, schon dann vorliegt, wenn nur einer der Beteiligten im Inland handelt, oder wenn ein maßgeblicher Erfolg im Inland eintritt. Dies würde zur Konsequenz haben, dass die Anzahl der um die Strafgewalt konkurrierenden Staaten sich gegenüber Taten Einzelner vervielfacht. Für die einzelnen Beschuldigten führte dies dazu, dass sie wegen ihrer Beteiligung an einer Straftat der Strafgewalt einer Vielzahl von Staaten unterworfen werden können, obwohl sie selbst dort weder gehandelt noch einen Erfolg herbeigeführt haben. Mit dem hier verfolgten Ziel, die Strafgewalt möglichst eindeutig zu regeln, ist dies kaum zu vereinbaren.[195] Das allein führt freilich nicht dazu, dass eine solche Vielzahl von Tatorten *de lege lata* unzulässig wäre, denn Voraussetzung für die Ausübung von Strafgewalt ist – wie bereits ausgeführt – allein das Vorliegen eines sinnvollen Anknüpfungspunktes.

Ob hier aber ein solcher sinnvoller Anknüpfungspunkt vorhanden ist, oder ob nicht doch ein Verstoß gegen das Nichteinmischungsgebot vorliegt, ist indes zumindest zweifelhaft. Besonders problematisch sind dabei aus völkerrechtlicher Sicht die Konstellationen, in denen die Strafbarkeit nur an einem von mehreren Handlungsorten bejaht wird. Wenn nämlich das Strafrecht eines Staates allein deshalb auch eine Handlung in einem anderen Staat erfasst, weil diese Handlung als Bestandteil einer Straftat angesehen wird, könnte darin ein Verstoß gegen das Nichteinmischungsgebot liegen.[196]

Die Grundkonstellation lässt sich folgendermaßen beschreiben: Das fragliche Verhalten ist im Staat X strafbar, im Staat Y jedoch straflos. Der A handelt

---

195 Kritisch insoweit auch *Valerius*, NStZ 2008, 121, 123. *Böse* in NK-StGB, § 9 Rn. 5 sieht die „Multiplikation von Handlungsorten" zwar ebenfalls, geht aber davon aus, dass dies dem ausdrücklichen Willen des Gesetzgebers entspreche, was in Bezug auf die Zurechnung der Handlungs*orte* freilich bezweifelt werden mag.

196 So ausdrücklich *Ambos* in MüKo-StGB, § 9 Rn. 10. Etwas weniger deutlich in der Formulierung *Valerius*, NStZ 2008, 121, 123: Ein Staat, der sich derart verhalte, lasse die „gebotene völkerrechtliche Zurückhaltung" missen.

jeweils nur im Staat X, der B im Staat Y.[197] Zum Staat X besteht, vom Handlungsort des A abgesehen, kein weiterer Bezug; insbesondere liegt weder der Erfolgsort in diesem Staat[198] noch richtet sich die Straftat gegen den Staat X. Je nachdem, wie die jeweiligen Tatbeiträge nach dem nationalen Recht – hier: des Staates X – zu qualifizieren sind, ergeben sich dann folgende Konstellationen,[199] wobei jeweils danach zu fragen ist, ob für die Beteiligten A und B ein Tatort im Staat X besteht.

Konstellation	A handelt im Staat X als	B handelt im Staat Y als
1	Mittäter	Mittäter
2	Tatmittler (Vordermann)	Mittelbarer Täter (Hintermann)
3	Mittelbarer Täter (Hintermann)	Tatmittler (Vordermann)
4	Anstifter oder Gehilfe	Haupttäter
5	Haupttäter	Anstifter oder Gehilfe

1) Mittäterschaft

In *Konstellation 1* (Mittäterschaft) ist es zunächst unproblematisch, im Staat X einen Tatort *qua* Handlungsort in Bezug auf den A anzunehmen. Zu klären ist aber, ob die Handlung des B, die gemäß obiger Voraussetzung an dessen Handlungsort erlaubt ist, dem A zugerechnet werden darf. Zugerechnet werden nur *tatbestandsmäßige* Handlungen, und eine solche liegt nach der Rechtsordnung des Staates Y gerade nicht vor. Es bestehen aber keine völkerrechtlichen Bedenken dagegen, dass der Staat X auch Beiträge zurechnet, die unter der Voraussetzung, dass sie in diesem Gebiet verübt worden wären,[200] tatbestandsmäßig wären. Ein Verstoß gegen das Nichteinmischungsgebot liegt darin nicht. Insbesondere werden dem B, der sich ja im Staat Y aufhält, mit *dieser* Zurechnung keine Handlungs- oder

197 Solche Fallkonstellationen ergeben sich etwa bei der grenzüberschreitenden Forschung an Embryos bzw. embryonalen Stammzellen, die im Strafrecht der einzelnen Staaten unterschiedlich bewertet wird. Vgl. dazu insgesamt auch *Valerius*, NStZ 2008, 121 mit einigen Fallbeispielen.

198 Mit Recht weist *Valerius*, NStZ 2008, 121, 123 darauf hin, dass es dann einer Zurechnung der *Handlungs*orte nicht bedarf, jedenfalls solange der Erfolgsort ein zulässiges Anknüpfungskriterium bleibt.

199 Diese Darstellung folgt der Einteilung der Beteiligungsformen nach deutschem Recht.

200 Diese zusätzliche Voraussetzung – man könnte auch sagen: diese Fiktion – ist notwendig, weil andernfalls ein Zirkelschluss vorläge. Denn die Zurechnung setzt voraus, dass ein Tatbeitrag vorliegt, was nur dann der Fall ist, wenn das Recht des Staates X auf die Tathandlung angewendet wird. Das Einzige, was hier aber die Anwendung dieses Rechtes begründen kann, ist die wechselseitige Zurechnung der Tatbeiträge als Bestandteile einer Straftat.

Unterlassungspflichten auferlegt. Es wird hier nicht dem B ein bestimmtes Verhalten verboten, sondern lediglich dem A verboten, sich als Mittäter an dem Verhalten des B zu beteiligen. Der Staat X beurteilt dann das Verhalten des Täters A unter Berücksichtigung aller nach Maßgabe des dortigen Rechts relevanten Umstände, zu denen eben auch das Verhalten des B gehören kann. In Bezug auf A ist es daher aus völkerrechtlicher Sicht unproblematisch, einen Tatort an dessen Handlungsort anzunehmen.

Weitaus schwieriger stellt sich die Situation im Hinblick auf B dar: Aus Sicht des deutschen Rechts geht die h.M. davon aus, dass die Handlungsorte ebenso wie die Handlung selbst im Rahmen der Mittäterschaft zugerechnet werden können bzw. sogar müssen.[201] Auch, wenn eine ausdrückliche Regelung zum Tatort bei Mittäterschaft in § 9 StGB fehle, ergebe sich aus der wechselseitigen Zurechnung der Tatbeiträge, dass die Mittäter gewissermaßen eine „Einheit" bilden, die wie *eine* handelnde Person zu behandeln sei.[202] Dies bedeutet letztendlich, dass der „nur" zugerechnete Tatbeitrag wie ein eigenhändig erbrachter Beitrag behandelt würde. Schon deshalb mag diese Konstruktion bezweifelt werden, ist es doch jedenfalls im nationalen Recht anerkannt, dass bei eigenhändigen Delikten eine Mittäterschaft unmöglich ist.[203]

Hinzu kommt, dass bei der Mittäterschaft eine *wechselseitige* Zurechnung vorgenommen wird – und zwar im Unterschied zur Konstellation 4, bei der der Handlungsort des A nicht dem B zugerechnet wird, vgl. dazu noch unten 3). In systematischer Hinsicht mag man die Frage aufwerfen, weshalb es bei Beantwortung der Frage, ob für einen Beteiligten ein Tatort im Inland besteht, darauf ankommen soll, welche Qualität der Tatbeitrag eines *anderen* Beteiligten erreicht.[204]

201 Vgl. etwa die Formulierung in BGHSt 39, 88, 91: „Da sich jeder Mittäter aber den Tatbeitrag des anderen zurechnen lassen muß, *kann* für die Tatortbestimmung *nichts anderes gelten.*" (Hervorhebung J.B.). Für die Zurechnung der Tatorte auch *Böse* in NK-StGB, § 9 Rn. 5; *Eser* in Schönke/Schröder, StGB, § 9 Rn. 10.

202 *Satzger*, IntEurStrafR, § 5 Rn. 19. Dass aus dieser „Einheit" jedoch keinesfalls eine einheitliche bzw. gleiche Behandlung aller Mittäter *in jeder Hinsicht* folgt, zeigt schon die Existenz des § 29 StGB, demzufolge sich die Schuld – im Gegensatz zur (objektiven) Tatbestandsmäßigkeit – jeweils individuell bestimmt. Eine „Einheit" aller Mittäter wird zudem interessanterweise nur in Bezug auf den Anknüpfungspunkt „Tatort" angenommen, nicht aber auf die anderen Merkmale. So wird etwa – soweit ersichtlich – nicht vertreten, dass bei Mittäterschaft an Straftaten deutscher Staatsangehöriger im Ausland eine faktische Zurechnung der deutschen Staatsangehörigkeit erfolgt, weil die Mittäter insgesamt „als Einheit" zu betrachten seien. Das mag daran liegen, dass bei einer solchen Auffassung sehr viel deutlicher wird, dass sie völkerrechtlich höchst problematisch ist.

203 So auch die Argumentation von *Hoyer* in SK-StGB, § 9 Rn. 5.

204 Besonders deutlich zeigt sich die Problematik, wenn man der Ansicht der Rechtsprechung folgt, die bei der Abgrenzung von Täterschaft und Teilnahme jedenfalls im Ausgangspunkt auf den Willen des Beteiligten abstellt. Dann käme es für die Tatortfrage – und damit die Frage der Strafbarkeit – sogar nur auf den Willen

Auch das ist jedoch eine Frage, die in erster Linie im nationalen Recht zu beantworten ist.

Von entscheidender Bedeutung ist aber der folgende völkerrechtliche Einwand: Indem der Staat X einen Tatort auch in Bezug auf die Handlung des B annimmt und – daran anknüpfend – dieser Staat sein eigenes Recht auf die Handlung des B anwenden möchte, beansprucht der Staat X die Regelungsgewalt über einen Sachverhalt, der im Staat Y verwirklicht ist. Er setzt sich sogar ausdrücklich über die entgegen stehende rechtliche Bewertung des anderen Staates hinweg. Das wäre nur dann nicht völkerrechtswidrig, wenn der Staat X seinerseits einen sinnvollen Anknüpfungspunkt vorweisen könnte, der es ihm erlaubt, auch das Verhalten des B zu regeln. Der einzige Bezug zwischen der Handlung des B und dem Staat X besteht aber in der von diesem Staat selbst vorgenommenen rechtlichen Verknüpfung mit der Handlung des A. Diese rechtliche Verknüpfung nimmt der Staat X jedoch einseitig vor, ohne dazu völkerrechtlich berechtigt oder gar verpflichtet zu sein. Sie beruht auch letztlich auf einem Zirkelschluss: Die Zurechnung erfolgt, weil nach Vorstellung des Staates X ein Bestandteil einer Straftat vorliegt. Dass es sich aber beim Verhalten des B überhaupt um einen Bestandteil einer Straftat handelt, setzt voraus, dass das Strafrecht des Staates X tatsächlich – und nicht wie oben nur fiktiv[205] – auf dieses Verhalten anwendbar ist. Anders als im umgekehrten Fall würde hier ausdrücklich das Verhalten des B im Ausland einer *eigenen* Bewertung durch den Staat X unterworfen.

Dass die Mittäterschaft bzw. die Möglichkeit, Tatbeiträge gegenseitig zurechnen zu können, als solche völkerrechtlich anerkannt ist (vgl. etwa Art. 25 Abs. 3 IStGH-Statut), ändert an diesem Befund nichts. Eine völkerrechtliche Zulässigkeit, auch die Handlungs*orte* wechselseitig zuzurechnen, lässt sich daraus nicht ableiten, und zwar insbesondere deshalb, weil das IStGH-Statut Taten regelt, die ohnehin weltweit strafbar sind.[206] Es kommt also zum Ersten auf den Tatort nur sekundär an.[207] Zum Zweiten, und das ist hier entscheidend, setzt sich in Fällen, die vom IStGH-Statut geregelt sind, niemand über die Rechtsordnung am Handlungsort des Mittäters hinweg: Das Verhalten ist nämlich – und sei es nach Völker(-straf-)recht – auch an diesem Handlungsort strafbar.

---

eines anderen Beteiligten an. Wenn der im Inland handelnde Beteiligte Täter sein „will“ (also mit *animus auctoris* handelt), ist für alle anderen Beteiligten – auch, wenn sie im Ausland handeln – ein inländischer Tatort gegeben. Will der im Inland handelnde Beteiligte dagegen „nur“ Gehilfe sein, liegt nur für ihn ein Tatort im Inland vor. Wenn die Strafbarkeit des im Ausland handelnden Täters aber vom Willen eines anderen abhängt, hat der Auslandstäter nicht mehr selbst die Freiheit, sich für oder gegen die Strafbarkeit zu entscheiden. Mit dem Schuldprinzip erscheint das nicht vereinbar.

205 Vgl. bereits oben Fn. 200.

206 Und zwar jedenfalls nach Völkergewohnheitsrecht, das selbst dann gilt, wenn der Tatortstaat das IStGH-Statut nicht ratifiziert hat.

207 Nämlich für die Beurteilung der Frage, ob dem IStGH die *jurisdiction* zusteht (vgl. Art. 12 Abs. 2 lit. a IStGH-Statut).

Im Ergebnis stellt es also einen Verstoß gegen das Völkerrecht dar, wenn für den im Ausland nach dortigem Recht straflos handelnden Mittäter ein Tatort aufgrund der Handlung eines Mittäters im Inland angenommen wird.[208] Aber auch dann, wenn die Strafbarkeit am Handlungsort des Mittäters besteht, bedarf es keiner Zurechnung der Handlungsorte; vielmehr genügt für den Staat X ein Verweis auf das Prinzip der stellvertretenden Strafrechtspflege, um seine eigene Strafgewalt begründen zu können.[209]

2) Mittelbare Täterschaft

In *Konstellation 2* besteht unproblematisch ein Handlungsort des Tatmittlers A im Staat X. Allerdings ist dieser Handlungsort im Ergebnis weitgehend[210] irrelevant, da der A nicht strafbar ist.[211]

Auch die umgekehrte *Konstellation 3* lässt sich unproblematisch lösen: Der mittelbare Täter A handelt ohne Weiteres selbst im Staat X, in dem sein Verhalten strafbar ist. Gegen die implizite Einbeziehung des Verhaltens des B bestehen – wie schon bei der Mittäterschaft – keine durchgreifenden Bedenken. Der B ist dagegen ohnehin straflos.[212]

a) Handlungsort des Tatmittlers als Handlungsort des mittelbaren Täters?

Für den mittelbaren Täter B stellt sich in *Konstellation 2* dagegen die Frage, ob ihm der Handlungsort des Tatmittlers A als Tatort zugerechnet werden kann. Die h.M. bejaht dies und nimmt einen weiteren *Handlungs*ort des mittelbaren Täters

---

208 So auch *Valerius*, NStZ 2008, 121, 123; *Ambos* in MüKo-StGB, § 9 Rn. 10 – anders dagegen noch *Ambos/Ruegenberg* in MüKo-StGB[1], § 9 Rn. 10; etwas zurückhaltender („*kann* zu einer Verletzung des Nichteinmischungsgrundsatzes führen", Hervorhebung J.B.) *Ambos*, Internationales Strafrecht, § 1 Rn. 17.

209 Zur stellvertretenden Strafrechtspflege noch unten Teil 1 § 7. Nach hier vertretener Auffassung hat der Staat, der sich auf die stellvertretende Strafrechtspflege beruft, aber nicht die „volle" Strafgewalt, vielmehr verbleibt die Regelungsgewalt beim „vertretenen Staat". Zur Systematik der Anknüpfungspunkte unten Teil 1 § 10.

210 Relevant kann der Handlungsort aber dennoch werden, nämlich wenn nicht Strafe, sondern z.B. die Unterbringung in einem psychiatrischen Krankenhaus (§ 63 StGB) angeordnet werden soll.

211 Jedenfalls nicht wegen einer *vorsätzlichen* Straftat. Die Möglichkeit eines Fahrlässigkeitsdelikts – etwa weil der Tatmittler A einem Irrtum unterliegt – bleibt unberührt. Ebenfalls strafbar ist der A, wenn eine – ebenso umstrittene wie kaum praxisrelevante – Ausnahme des „Täters hinter dem Täter" oder der „Ausnutzung eines vermeidbaren Verbotsirrtums" vorliegt.

212 Aber auch, soweit eine Fahrlässigkeitstat in Betracht kommt oder es um die Verhängung anderer Sanktionen geht, liegt für B kein Tatort im Staat X vor. Weder handelt er selbst dort noch darf ihm die Handlung des A „zugerechnet" werden (Zirkelschluss, vgl. bereits oben Teil 1 § 1 B.VII.1). Die zeitlich frühere Handlung des Tatmittlers A kann hier auch nicht als „Erfolg" oder „Auswirkung" der späteren Handlung des mittelbaren Täters B angesehen werden.

dort an, wo der Tatmittler gehandelt hat.[213] Der zusätzliche Hinweis, wonach es im Rahmen der Tatortbestimmung nach § 9 StGB irrelevant sei, ob es sich um einen Handlungs- oder einen Erfolgsort handelt, ist zwar richtig, lenkt aber unnötig von der Frage ab, *ob* wirklich entweder ein Handlungs- oder ein Erfolgsort vorliegt.

Dass ein Handlungsort des B dort vorliegt, wo A tätig wird, kann schon mit Blick auf den Wortlaut des § 9 StGB bezweifelt werden. Tatort in Form des Handlungsortes ist der Ort, an dem *der Täter* gehandelt hat. Nach der gesetzlichen Konstruktion der mittelbaren Täterschaft ist aber Täter hier nur der sog. Hintermann, also der im Ausland handelnde B.

Eine Zurechnung der Handlung des Werkzeugs würde zu einer Ungleichbehandlung von menschlichen Werkzeugen einerseits und mechanischen Werkzeugen andererseits führen, wie folgende Beispiele zeigen:[214]

> **Beispiel**: *B befindet sich in Polen und bewegt durch Zurufen einer entsprechenden Aufforderung den schuldunfähigen A dazu, auf der deutschen Seite der Neiße den O – der sich auch in Deutschland befindet – mit einem Stein zu bewerfen und so zu verletzen.* **Abwandlung**: *B befindet sich in Polen und wirft selbst den Stein über die Neiße, um O zu verletzen.*

In der Abwandlung handelt B unzweifelhaft nur an dem Ort, an dem er selbst den Stein wirft. Wo sein Werkzeug „Stein" zu wirken beginnt, also auf den O einwirkt, ist für die Bestimmung des Handlungsortes irrelevant. Entsprechendes sollte auch für das „menschliche Werkzeug" im Ausgangsfall gelten: Wo dieses seine Wirkung zu entfalten beginnt, hat keinen Einfluss auf den Handlungsort des Hintermannes bzw. Täters.[215]

Zusätzlich spricht aus völkerrechtlicher Sicht gegen eine Zurechnung der Handlung und des Handlungsortes des A dieselbe Erwägung wie oben zur Mittäterschaft: Den Bezug zwischen Handlung des mittelbaren Täters und dem Staat X stellt dieser Staat einseitig unter Missachtung der Souveränität des Staates Y her. In *Konstellation 2* liegt somit kein *Handlungs*ort des B im Staat X vor.

b) Handlungsort des Tatmittlers als Erfolgsort des mittelbaren Täters?

Übrig bleibt somit nur die Möglichkeit, in Bezug auf B einen Erfolgsort im Staat X anzunehmen, was voraussetzt, dass das Verhalten des Tatmittlers A als „Erfolg" des Verhaltens des B zu qualifizieren ist. Für das deutsche Recht ergibt sich aus dem Wortlaut des § 9 StGB,[216] dass unter dem Erfolg der Eintritt der im gesetzlichen Tatbestand bezeichneten Folge zu verstehen ist, also gerade nicht das Tätigwerden des Tatmittlers. Dass der Taterfolg in dem Staat eintritt, in dem der Tatmittler handelt, ist dabei nicht zwangsläufig der Fall.

---

213 So etwa *Ambos* in MüKo-StGB, § 9 Rn. 10; *Werle/Jeßberger* in LK-StGB, § 9 Rn. 14.

214 Beispiel nachgebildet nach *Heinrich* in FS-Weber, S. 91, 107.

215 Ebenfalls aus diesem Grund gegen die Zurechnung des Handlungsortes *Hoyer* in SK-StGB, § 9 Rn. 5.

216 „der *zum Tatbestand gehörende* Erfolg". Dagegen stellte § 3 StGB a.F. nur allgemein auf „den Erfolg" ab.

Beispiel: *Der B bewegt in Polen den schuldunfähigen A dazu, von der deutschen Seite der Stadtbrücke Frankfurt (Oder) aus den O, noch während dieser sich in Polen aufhält, zu erschießen.*

Der Handlungsort des B und der Erfolgsort der Tat liegen in Polen. Nur dann, wenn schon die Handlung des A ein „Erfolg" wäre, könnte man für B einen Tatort in Deutschland annehmen. Einen „Erfolg" im Sinne des § 9 StGB allein deshalb anzunehmen, weil der Tatmittler tätig wird, erscheint hier wenig überzeugend. Erneut mag dafür der Vergleich mit der Verwendung eines mechanischen Werkzeugs angestellt werden:

Beispiel: *Der B wirft von polnischem Staatsgebiet aus einen Stein auf den O, der sich auf der anderen Seite der Neiße in Deutschland befindet. O wird von diesem Stein sehr ungünstig getroffen, erreicht aber gerade noch sein Ziel auf der polnischen Seite, wo er schließlich verblutet.*

Hier ist der zum Tatbestand gehörende Erfolg ohne Weiteres in Polen eingetreten, in Deutschland dagegen „nur" eine unmittelbare Wirkung,[217] aber nicht der tatbestandliche Erfolg des § 212 StGB, ein Erfolgsort im Sinne des § 9 StGB besteht in Deutschland daher nicht.[218]

Aus völkerrechtlicher Sicht ist es allerdings nicht entscheidend, was nach der innerstaatlichen Dogmatik unter „Erfolg" der Tat verstanden wird. Auch faktische Auswirkungen einer Tat können rechtlich relevant sein und die Strafgewalt begründen.[219] Eine faktische Auswirkung der Handlung des B ist aber auch das Tätigwerden des Tatmittlers. Es ist daher *völkerrechtlich* durchaus zulässig, in der obigen *Konstellation 2* für B einen Erfolgsort und somit einen Tatort – jedoch nicht: einen *Handlungs*ort – im Staat X anzunehmen.

3) Inländische Beteiligung an einer Auslandstat

In *Konstellation 4* handelt der A ohne Weiteres im Staat X. Seine Strafbarkeit setzt aber zugleich eine vorsätzlich begangene, rechtswidrige Haupttat voraus. Hier legt § 9 Abs. 2 Satz 2 StGB eine „Geltungsfiktion"[220] fest: Bei der Beurteilung der Teil-

---

217 Vgl. dazu oben Teil 1 § 1 B.II. zum Wirkungsprinzip. Die Möglichkeit, dass unmittelbare Wirkung und Erfolg an unterschiedlichen Orten eintreten können, berücksichtigt *Heinrich* nicht, weswegen er zu dem Ergebnis gelangen kann, dass der Ort, an dem das Werkzeug „wirkt", bzw. das „menschliche Werkzeug" handelt, aus Sicht des Hintermanns und mittelbaren Täters ein Erfolgsort ist.

218 Anders natürlich in Bezug auf die Körperverletzung.

219 Vgl. oben Teil 1 § 1 B.II. zum Wirkungsprinzip. Die hier als faktisch bezeichneten Auswirkungen würden sich sogar als „Erfolg" im Sinne des § 9 StGB begreifen lassen, wenn es einen eigenen Tatbestand „Hervorrufen des Entschlusses zur Begehung einer Straftat durch ein menschliches Werkzeug" gäbe. Sachlich gehörte eine solche fiktive Norm wohl in den Zusammenhang des § 30 StGB.

220 *Hoyer* in SK-StGB, § 9 Rn. 10; *Werle/Jeßberger* in LK-StGB, § 9 Rn. 50; vgl. auch schon oben Teil 1 § 1 B.VII.1) a.A. – keine Fiktion, sondern Ausdehnung der §§ 26, 27 StGB – *Böse* in NK-StGB, § 9 Rn. 21.

nahme wird die Geltung des deutschen Strafrechts für die Haupttat unterstellt – ohne dass daraus abgeleitet werden dürfte, auf den *Täter* selbst müsse deutsches Recht angewendet werden.

Die Strafbarkeit des Teilnehmers ist also von der des Haupttäters unabhängig. Ob damit das Akzessorietätserfordernis der Beihilfe „durchbrochen"[221] oder nur „modifiziert"[222] bzw. „gelockert"[223] wird, spielt aus völkerrechtlicher Sicht keine Rolle. Bei dem Akzessorietätserfordernis handelt es sich nämlich nur um nationales Recht. Ein Verstoß gegen das Völkerrecht wäre nur dann gegeben, wenn es eine Einmischung in die inneren Angelegenheiten eines anderen Staates wäre, das Verhalten einer Person im Ausland implizit als rechtswidrig zu bewerten.[224] Dem ist aber entgegen zu halten, dass es gerade nicht um die Beurteilung des ausländischen Verhaltens geht, sondern um die Beurteilung der inländischen Teilnahme.[225] Die Beurteilung, welches Verhalten – sei es als Beihilfe, als Anstiftung oder als „Haupttat" – strafbar sein soll, darf der Staat, in dem die jeweilige Handlung begangen wurde, ohne Weiteres vornehmen. So wäre es auch völkerrechtlich zulässig, auf das Erfordernis der Akzessorietät ganz zu verzichten und die Teilnahme rechtlich zu verselbstständigen[226] oder ein Einheitstäterprinzip[227] einzuführen. Wie schon oben bei der Mittäterschaft bestehen keine völkerrechtlichen[228] Bedenken dagegen, bei der Strafbarkeit des Gehilfen auch den Beitrag des im Ausland handelnden Haupttäters zu berücksichtigen.

Der Handlungsort des B liegt dagegen ausschließlich im Staat Y, was sich für das deutsche Recht schon aus dem klaren Wortlaut des § 9 Abs. 2 Satz 2 StGB

---

221 *Gribbohm*, JR 1998, 177, 178.

222 *Böse* in NK-StGB, § 9 Rn. 21; *Jung*, JZ 1979, 325, 328; *Miller/Rackow*, ZStW 2005, 379, 398 f.

223 *Werle/Jeßberger* in LK-StGB, § 9 Rn. 49.

224 In diese Richtung *Valerius*, NStZ 2008, 121, 125. *Valerius* geht jedoch nicht von der Völkerrechtswidrigkeit des § 9 Abs. 2 Satz 2 StGB aus, sondern mahnt lediglich *de lege ferenda* größere Zurückhaltung an.

225 Vgl. *Werle/Jeßberger* in LK-StGB, § 9 Rn. 53.

226 Vgl. zu entsprechenden Beispielen *Böse* in NK-StGB, § 9 Rn. 21 m.w.N.

227 Vgl. § 12 öStGB; rechtsvergleichend zum „Einheitstäter" bereits *Jung*, JZ 1979, 325, 327.

228 Es können sich aber systematische Bedenken aus dem nationalen Recht ergeben. So gehen *Miller/Rackow*, ZStW 2005, 379, 402 – wofür einiges spricht – davon aus, dass § 23 Abs. 2 StGB analog angewendet werden müsse: Wenn die Haupttat an dem entsprechenden Handlungsort nicht strafbar ist, liege kein Erfolgsunrecht, sondern nur das Handlungsunrecht vor, was in der Struktur dem Versuch entspreche. Dagegen etwa *Böse* in NK-StGB, § 9 Rn. 21 mit Verweis auf den Willen des Gesetzgebers, gemäß dem Ubiquitätsprinzip Handlungs- und Erfolgsunrecht als Einheit zu betrachten und einheitlich strafrechtlich zu würdigen.

ergibt.[229] Eine Zurechnung des Handlungsortes des A als weiteren *Handlungs*ort des B ist wie schon bei den anderen Beteiligungsformen ausgeschlossen. Außerdem lässt sich die Teilnahme nicht als „Erfolg“ der Haupttat ansehen – auch nicht im weitesten Sinne –, so dass die Annahme eines *Erfolgs*orts nicht in Betracht kommt, sondern im Gegenteil völkerrechtswidrig wäre.

4) Ausländische Beteiligung an einer Inlandstat

Wenn sich der im Ausland handelnde Teilnehmer B an einer inländischen Haupttat beteiligt (*Konstellation 5*), ist zunächst auch aus völkerrechtlicher Sicht völlig unproblematisch, dass der Handlungsort für den Täter A im Staat X liegt.

Für den Teilnehmer B gilt nach deutschem Recht (§ 9 Abs. 2 Satz 1 StGB), dass auch für diesen ein Tatort im Staat X liegt. Es stellt sich die Frage, ob dies völkerrechtlich zulässig ist, liegt doch hier *prima facie* – und weiterhin unter der Voraussetzung, dass der Erfolgsort nicht im Staat X liegt – wie bei der Mittäterschaft die einzige Verbindung zwischen der Handlung des B und dem Staat X darin, dass dieser Staat die Handlung als Beteiligung an einer Straftat ansieht. Diese einseitig vorgenommene Verknüpfung wurde oben für die Mittäterschaft nicht als ausreichender Anknüpfungspunkt angesehen.

Für die Beteiligung gilt dagegen Folgendes: Der Handlungsort des A kann dem B in keinem Fall als *Handlungs*ort zugerechnet werden, hier gilt dasselbe wie bei den anderen Beteiligungsformen. § 9 Abs. 2 Satz 1 StGB ist also nur dann völkerrechtskonform, wenn der Handlungsort des Haupttäters sich als Erfolgsort – und sei es in einem sehr weiten Sinne[230] – des Beteiligten darstellt. Hier muss zwischen den Beteiligungsformen differenziert werden. Bei der Anstiftung lassen sich der Ort, an dem der Tatentschluss hervorgerufen wurde,[231] und der Ort, an dem dieser Entschluss durch die Handlung des Haupttäters umgesetzt wurde, durchaus als „Erfolgsorte“ im weitesten Sinne ansehen. Damit liegt also ein weiterer völkerrechtlich[232] zulässiger Tatort für B im Staat X vor.

Anders liegt der Fall bei der Beihilfe: Die Handlung der Haupttat lässt sich nicht als „Erfolg“ der Beihilfe begreifen. Die Beihilfehandlung ist nur von

229 *Eser* in Schönke/Schröder § 9 Rn. 11; *Werle/Jeßberger* in LK-StGB, § 9 Rn. 16; anders noch BGHSt 4, 333, 335, wo angenommen wurde, die Täter müssten sich das Verhalten des Gehilfen zurechnen lassen. Diese Auffassung ist mit der nun geltenden Gesetzesfassung nicht mehr vereinbar, vgl. dazu auch die Äußerung von *Schwalm* in Bundesministerium der Justiz (Hrsg.), Sitzungen der Großen Strafrechtskommission Bd. 4, S. 126 f.

230 Vgl. Teil 1 § 1 B.II. zum Wirkungsprinzip.

231 Dagegen aber *Böse* in NK-StGB, § 9 Rn. 19, der von einem „tatbestandlich irrelevanten Zwischenerfolg“ spricht. Die fehlende Relevanz kann sich jedoch allenfalls auf das nationale Recht beziehen, völkerrechtlich zulässig wäre auch die Anknüpfung der eigenen Strafgewalt an einen „Zwischenerfolg“.

232 Für das deutsche Recht bleibt es selbstverständlich dabei, dass die im Ausland erfolgte Anstiftung zu einer Inlandstat nicht dem deutschen Recht unterfällt.

untergeordneter Bedeutung;[233] ob sie für den Erfolgseintritt kausal sein muss, ist umstritten,[234] von einem Ursachenzusammenhang zwischen Beihilfehandlung und Haupttat*handlung* ganz zu schweigen.[235] Daher wäre es – wenn nicht weitere Anknüpfungskriterien hinzutreten – völkerrechtlich unzulässig, wenn in *Konstellation 5* der Staat X die Strafgewalt über einen Gehilfen B beanspruchen würde.[236]

5) Zwischenergebnis

Handlungsorte lassen sich nicht ohne Weiteres in völkerrechtlich zulässiger Weise einem anderen Beteiligten an einer Straftat zurechnen. Eine Strafgewalt, die sich allein auf den Handlungsort eines *anderen* Beteiligten stützt, ist völkerrechtlich unzulässig. Der Anknüpfungspunkt „Handlungsort" liegt nur dort vor, wo der jeweilige Beteiligte selbst handelt. Eine Zurechnung des Tatortes ist nur dann erlaubt, wenn die Handlung eines Beteiligten sich im weitesten Sinne als Erfolg eines anderen Beteiligten begreifen lässt, nämlich bei der Anstiftung und bei der mittelbaren Täterschaft. Dann liegt allerdings für den Anstifter bzw. den mittelbaren Täter kein zusätzlicher Handlungs-, sondern ein Erfolgsort vor.

Wenn bei der Beurteilung eines im Inland Handelnden aber auch Tatbeiträge, die andere Beteiligte im Ausland vornehmen, berücksichtigt – und damit implizit bewertet – werden, spricht dagegen aus völkerrechtlicher Sicht nichts. Die oben genannten fünf Konstellationen sind also folgendermaßen zu lösen, wobei wiederum davon ausgegangen wird, dass zum Staat X – über den Handlungsort des A hinaus – kein territorialer oder sonstiger Bezug vorhanden ist:

233 *Roxin*, Täterschaft, S. 26: Der Täter ist „Zentralgestalt", der Teilnehmer lediglich „Randfigur" des Geschehens.

234 Vgl. zum Streitstand nur *Wessels/Beulke/Satzger*, Strafrecht AT, Rn. 582.

235 Man muss vielmehr davon ausgehen, dass für das Tätigwerden des Haupttäters allein dessen eigener Entschluss kausal ist. Dieser Entschluss ist bei der Beihilfe aber gerade nicht durch den Gehilfen hervorgerufen, sondern allenfalls bestärkt worden.

236 A.A., jedoch ohne zwischen *Handlung* und *Erfolg* der Haupttat zu differenzieren, *Werle/Jeßberger* in LK-StGB, § 9 Rn. 17; RGSt 74, 55.

237 Ein Erfolgsort im weitesten Sinne (vgl. *Konstellation 5.a*), läge aber vor, wenn der Tatbeitrag des B (auch) darin liegt, den Tatentschluss des A hervorzurufen. Dies ist jedoch bei der Mittäterschaft nicht zwingend. So ist es denkbar, dass der A bereits zur Begehung einer Straftat entschlossen ist und nun mit B verabredet, diese Tat gemeinsam zu begehen. Dann wird man schwerlich sagen können, dass B den Entschluss des A *hervorgerufen* hat, er hat den Entschluss allenfalls bestärkt.

Konstel-lation	A handelt im Staat X als	B handelt im Staat Y als	Tatort für A im Staat X?	Tatort für B im Staat X?
1	Mittäter	Mittäter	Handlungsort. Berücksichtigung von Tatbeiträgen des B ist völkerrechtlich unbedenklich.	Entgegen der h.M. kein zulässiger Tatort.[237]
2	Tatmittler (Vordermann)	Mittelbarer Täter (Hintermann)	Handlungsort, aber weitestgehend irrelevant: A hat einen Strafbarkeitsdefekt	Als Erfolgsort im weitesten Sinne zulässig. Nach deutschem Recht jedoch – entgegen der h.M. – kein Tatort.
3	Mittelbarer Täter (Hintermann)	Tatmittler (Vordermann)	Handlungsort. Die Berücksichtigung von Tatbeiträgen des B ist völkerrechtlich unbedenklich.	Kein zulässiger Tatort.
4	Anstifter oder Gehilfe	Haupttäter	Handlungsort. Dass die Haupttat an ihrem Handlungsort nicht strafbar ist, ist völkerrechtlich unbedenklich.	Kein zulässiger Tatort.
5	Haupttäter	Anstifter oder Gehilfe	Handlungsort.	a) Anstiftung: Als Erfolgsort im weitesten Sinne zulässig. b) Beihilfe: Kein zulässiger Tatort, § 9 Abs. 2 Satz 1 StGB ist insoweit völkerrechtswidrig.

Ein Tatort, und zwar ein Erfolgsort im weitesten Sinne, besteht also für den im Ausland handelnden Beteiligten (hier: B) nur dann, wenn er den Tatentschluss eines anderen, im Inland handelnden, Beteiligten hervorruft, mithin in Fällen der Anstiftung und der mittelbaren Täterschaft.

VIII. Tatort beim Versuch

Die Frage nach dem Tatort beim Versuch lässt sich wiederum einfach beantworten. Da aus völkerrechtlicher Sicht nur irgendein sinnvoller Anknüpfungspunkt bestehen muss, ist es ohne Weiteres auch möglich, auf den nur angestrebten Erfolg abzustellen (subjektive Ubiquität).[238] Auch ein versuchtes Erfolgsdelikt hat daher nicht nur einen Handlungsort als territorialen Anknüpfungspunkt.

IX. Ergebnis

Was genau unter dem Tatort zu verstehen ist, wird vom Völkerrecht nicht vorgegeben. Jeder Ort, der einen sinnvollen Anknüpfungspunkt zur Handlung (der konkret in Rede stehenden Person, nicht: *irgend*eines Beteiligten) oder zum angestrebten oder eingetretenen Erfolg im weitesten Sinne darstellt, darf als Tatort angesehen werden, der zur Strafgewalt des jeweiligen Staates führt. Im jeweiligen nationalen Recht werden allerdings nicht immer alle Möglichkeiten ausgeschöpft. Ob sich aus einem solchen Verzicht bereits eine Rangordnung oder gar eine Beschränkung der möglichen Tatorte ergibt, soll weiter unten untersucht werden.

§ 2 Flaggenprinzip

Mit dem Gebietsgrundsatz eng verwandt ist das Flaggenprinzip. Das Flaggenprinzip ist völkerrechtlich anerkannt.[239] Diesem Prinzip zufolge hat ein Staat auch dann die Strafgewalt, wenn sich der Tatort[240] auf einem Schiff oder Luftfahrzeug des betreffenden Staates befindet. Das Flaggenprinzip führt zwar nicht etwa dazu, dass das Schiff als „schwimmendes Staatsgebiet" des Flaggenstaates angesehen wird und somit dieser Staat Gebietshoheit hätte. Dennoch folgt das Flaggenprinzip auch aus der Möglichkeit der tatsächlichen Kontrolle über das Schiff bzw. Flugzeug.[241] Ein anderer Grund für die Geltung des Flaggenprinzips liegt darin, dass

---

238 Vgl. § 9 Abs. 1 a.E. StGB.

239 Und zwar als so selbstverständlich, dass die Völkerrechtmäßigkeit nicht nur nicht in Frage gestellt wird, sondern auch kaum durch weitere Nachweise belegt wird. Aus der Kommentarliteratur verweisen immerhin *Werle/Jeßberger* in LK-StGB, vor § 3 Rn. 224 Fn. 23 (mit den hier wie gezeigt kaum passenden Worten „vgl. nur") auf *Restatement (Third)*, § 502, womit davon ausgegangen werden kann, dass die völkerrechtliche Anerkennung nicht nur (Kontinental-)Europa betrifft, sondern auch den amerikanischen Rechtskreis.

240 Auch hier: Handlungs- oder Erfolgsort, vgl. oben Teil 1 § 1 B.V. Für das deutsche Recht folgt dies ohne Weiteres aus § 9 i.V.m. § 4 StGB.

241 *Ambos* in MüKo-StGB, vor § 3 Rn. 34; *Werle/Jeßberger* in LK-StGB, vor § 3 Rn. 224. Anders aber *Eser* in Schönke/Schröder, StGB, § 4 Rn. 1, der eine Nähe zum Schutzprinzip herstellt. Etwas unklar *Böse* in NK-StGB, § 4 Rn. 1, der Schutzfunktion und Territorialität miteinander in Verbindung bringt.

insbesondere bei Flugzeugen die exakte Bestimmung des Tatortes schwer fällt,[242] was freilich in erster Linie ein praktischer Aspekt ist.[243]

Sofern aber ein Tatortstaat vorhanden und bestimmbar ist, kann es zu Strafgewaltkonflikten zwischen Tatort- und Flaggenstaat kommen. Weitere Konflikte können sich – auch im Bezug auf die Hohe See – im Hinblick auf das aktive und das passive Personalitätsprinzip und das Staatsschutzprinzip ergeben.

§ 3 Staatsschutzprinzip

Beim Staatsschutzprinzip (auch: Realprinzip) ergibt sich die Verbindung zwischen der Tat und dem sanktionierenden Staat schon daraus, dass sich die Tat gegen den betreffenden Staat und seine Einrichtungen selbst richtet.[244] Das Prinzip ist völkergewohnheitsrechtlich anerkannt.[245] Es beruht auf dem Gedanken, dass der Staat sich gegen Angriffe auf sich selbst auch mit den Mitteln des Strafrechts verteidigen darf. Der Staat befindet sich in einer Art „Notwehrsituation“, in der er sich zur Wehr setzen darf.[246]

Beim Staatsschutzprinzip stehen dem betroffenen Staat sowohl die Regelungs- als auch die Urteilsgewalt zu. Auf die Strafbarkeit in anderen Staaten, etwa am Tatort, kommt es dabei nicht an. Das muss auch so sein, wie etwa der Fall staatlich gelenkter Spionage gegen einen anderen Staat zeigt.[247] Im Übrigen werden durch

242 Die Bestimmung des Flaggenstaates fällt dagegen sehr viel leichter, zumal es bei Flugzeugen und Schiffen in aller Regel nur einen Flaggenstaat gibt (Staats*zu*gehörigkeit: Im Gegensatz zur Staats*an*gehörigkeit von natürlichen Personen, die durchaus eine mehrfache Staatsangehörigkeit sein kann), vgl. Art. 18 Chicago Convention für Flugzeuge, Art. 92 SRÜ für Schiffe.

243 *Werle/Jeßberger* in LK-StGB, § 4 Rn. 8. In zweiter Linie kann jedoch auch der Gedanke der Rechtssicherheit eine gewisse Rolle spielen.

244 *Jescheck/Weigend*, Strafrecht AT, § 18 II 4; *Satzger*, IntEurStrafR, § 4 Rn. 10.

245 *Ambos*, Internationales Strafrecht, § 3 Rn. 68; *ders.* in MüKo-StGB vor § 3 Rn. 40 mit Nachweisen auch zum ausländischen Recht in Fn. 264, 265.

246 Vgl. *Ambos*, Internationales Strafrecht, § 3 Rn. 68. Dagegen hat *v. Bar*, Archiv für preußisches Strafrecht 1867, 664, 669 diese Notwehr in den Zusammenhang mit der fehlenden oder ungenügenden Bestrafung von Staatsschutzdelikten in anderen Staaten gestellt. Dieser Überlegung folgend, könnte man annehmen, das Staatsschutzprinzip sei dann völkerrechtswidrig, wenn zwischenstaatlich – z.B. auf Ebene der EU – Verfolgung und Bestrafung von Straftaten gegen andere Staaten sicher gestellt wären. Ob allerdings das „gegenseitige Vertrauen“ so groß ist, ist mehr als fraglich (vgl. noch unten Teil 2 § 4 B.IV.), so dass dieser Gedanke hier nicht weiter verfolgt zu werden braucht.

247 *Ambos*, Internationales Strafrecht, § 3 Rn. 68 spricht in diesem Zusammenhang zu Recht von einer „grotesken Vorstellung“, wenn etwa die DDR sich hätte verpflichten müssen, ihre MfS-Agenten strafrechtlich zu belangen, die sie gegen die Bundesrepublik eingesetzt hat.

das nationale Recht selten die Interessen fremder Staaten, sondern regelmäßig nur die eigenen geschützt.[248]

§ 4 Aktives Personalitätsprinzip

Beim aktiven Personalitätsprinzip werden eigene Staatsangehörige unabhängig vom Tatort der „heimischen" Strafrechtsordnung unterworfen. Es wird also an die Staatsangehörigkeit des Täters angeknüpft. Dabei wird dem Täter unabhängig von seinem Aufenthaltsort eine „Treuepflicht" seinem Staat und dessen Rechtsordnung gegenüber auferlegt. Im *common law*-Rechtskreis wird die Begründung des aktiven Personalitätsprinzips eher in einen Zusammenhang mit dem Staatsschutz gestellt: Dort wurden zunächst Landesverrat und ähnliche Delikte dem aktiven Personalitätsprinzip unterworfen,[249] allerdings lässt sich hier wohl eher sagen, dass ein – nicht als solches bezeichnetes – Staatsschutzprinzip zur Anwendung kam, das zusätzlich durch die Personalität beschränkt war.[250]

Eine andere Erklärung für das aktive Personalitätsprinzip wird in dem Grundsatz der Nichtauslieferung eigener Staatsangehöriger gesehen. Ein Blick z.B. auf das englische Recht, das die Auslieferung eigener Staatsangehöriger zwar erlaubt, aber trotzdem teilweise das aktive Personalitätsprinzip anwendet[251], zeigt jedoch, dass dies zumindest nicht der alleinige Grund für dieses Prinzip sein kann.[252]

Unabhängig von seiner genauen Begründung und seiner Reichweite (vgl. unten zum absoluten aktiven Personalitätsprinzip) ist das aktive Personalitätsprinzip in vielen Staaten zumindest eine Grundlage für die Ausübung eigener Strafgewalt und im Ausgangspunkt auch völkerrechtlich unbedenklich.[253]

A. Begriff der Staatsangehörigkeit

Die – für das aktive Personalitätsprinzip maßgebliche – Staatsangehörigkeit und ihre Verleihung werden zunächst vom nationalen Recht geregelt;[254] soweit es jedoch

---

248 Deutschland hat allerdings mit den §§ 102-104a StGB auch Regeln zum Schutz ausländischer Staaten erlassen. Im Umkehrschluss ergibt sich aus diesen Regeln aber auch – was z.T. ausdrücklich normiert ist –, dass der Schutzbereich zahlreicher anderer, ähnlicher Vorschriften (z.B. §§ 93 ff.; 105 ff. StGB) nur deutsche Rechtsgüter umfasst.

249 Näher zur historischen Entwicklung *Bantekas/Nash*, International Criminal Law, S. 80 f.

250 Eine solche Beschränkung ist ohne Weiteres möglich, vgl. auch noch unten Teil 1 § 6 a.E. zu einer Variante des Domizilprinzips bei der es sich letztlich um eine Beschränkung des aktiven Personalitätsprinzips handelt.

251 Vgl. die Nachweise bei *Bantekas/Nash*, International Criminal Law, S. 79.

252 Deutlich kritischer etwa *Oehler*, Internationales Strafrecht, Rn. 140: „Mit deren [der Auslieferung] Verweigerung hat die aktive Personalität nichts zu tun."

253 Vgl. nur *Werle/Jeßberger* in LK-StGB, vor § 3 Rn. 232 m.w.N.

254 Vgl. Art. 1 des *Haager Übereinkommen* über einzelne Fragen beim Konflikt von Staatsangehörigkeitsgesetzen, LNTS 179, S. 89.

um die Anerkennung der Staatsangehörigkeit in einem anderen Staat geht, kommt es auch auf die völkerrechtliche Situation an.

Aus völkerrechtlicher Sicht bedarf es zur Verleihung der Staatsangehörigkeit einer echten Verknüpfung („*genuine link*") zwischen dem Staat und der entsprechenden Person.[255] Die verbreitetsten Möglichkeiten zum Erwerb der Staatsangehörigkeit sind der Erwerb durch Geburt im Staatsgebiet („*ius soli*") oder durch Abstammung („*ius sanguinis*"). Außerdem besteht die Möglichkeit der Einbürgerung, die ebenfalls einen „*genuine link*" voraussetzt, etwa einen über längere Zeit bestehenden Wohnsitz im Inland.

Aufgrund dieser verschiedenen Anknüpfungspunkte kann es – unabhängig von der etwaigen Anerkennung im nationalen Recht – völkerrechtlich dazu kommen, dass eine Person zwei oder mehrere Staatsangehörigkeiten besitzt. Ähnlich wie beim Tatort stellt sich somit die Frage, ob einer und ggf. welcher Staatsangehörigkeit der Vorrang gebührt. Da aber zur Begründung der Strafgewalt nur *irgendeine* (legitime) Verbindung zwischen Straftat und Staat bestehen muss, steht grundsätzlich zunächst jedem Staat die Strafgewalt zu, dessen Staatsangehöriger der Täter ist.[256]

B. Absolutes[257] aktives Personalitätsprinzip

Denkbar ist es, dass unabhängig vom Recht des Tatortes die eigenen Staatsangehörigen stets der nationalen Strafgewalt unterworfen werden. Es stellt sich die Frage, inwieweit dies völkerrechtlich zulässig ist. Maßstab für die entsprechende Beurteilung ist u.a. das Nichteinmischungsgebot.

I. Gegner des absoluten aktiven Personalitätsprinzips

Ambos[258] lehnt ein absolutes aktives Personalitätsprinzip ab. Es liege darin eine Missachtung der Rechtsordnung des Territorialstaates. Wenn der Tatortstaat ausdrücklich oder konkludent entscheidet, ein Verhalten nicht für strafbar zu erklären, dürfe diese Entscheidung nicht vom Heimatstaat übergangen werden. Das aktive Personalitätsprinzip als solches werde nur dadurch erklärbar, dass man eine ideologisch begründete „Treuepflicht gegenüber dem Heimatstaat" annehme, die schwerer wiege als der Nichteinmischungsgrundsatz. Erst recht dann, wenn das

---

255 Dies ist spätestens seit der *Nottebohm* Entscheidung (*Liechtenstein* v. *Guatemala*, Urteil vom 06.04.1955, ICJ Reports 1955, S. 4) des IGH geklärt.

256 Von der Staatsangehörigkeit natürlicher Personen ist die Staats*zu*gehörigkeit jurstischer Personen zu unterscheiden, die indes nur in den Strafrechtsordnungen relevant ist, die eine Verbandsstrafbarkeit kennen. *Kutschaty*, LTO vom 09.04.2012 zufolge ist dies in allen Nachbarstaaten Deutschlands und zahlreichen anderen Staaten der Fall, allerdings nicht immer als Strafrecht i.e.S., wie *Kutschaty* selbst einräumt („Unternehmensstrafrecht oder ein Quasi-Unternehmensstrafrecht").

257 Oder: uneingeschränktes.

258 *Ambos*, Internationales Strafrecht, § 3 Rn. 40.

Personalitätsprinzip als Regelfall angesehen werde,[259] sei es als völkerrechtswidrig abzulehnen.[260]

II. Befürworter des absoluten aktiven Personalitätsprinzips

Die wohl h.M. geht dagegen von der Zulässigkeit eines absoluten aktiven Personalitätsprinzips aus.[261] Aus den deutschen Vorschriften lasse sich keine völkerrechtliche Regel ableiten. Eine solche finde sich auch sonst nirgends.

Oehler setzt sich immerhin in einer Fußnote mit der Frage auseinander, ob fremde Souveränität verletzt wird. Eine unerlaubte Einmischung liegt seiner Auffassung nach nicht vor; mit der Erstreckung der Strafgewalt auf Auslandstaten werde nur eine öffentlich-rechtliche Pflicht des Bürgers seinem Staat gegenüber begründet bzw. konkretisiert.[262] Er verweist aber an anderer Stelle darauf, dass dann, wenn das Personalitätsprinzip mit dem Gedanken der Solidarität der Staaten begründet wird, „denknotwendig" die *lex loci* einbezogen werde,[263] und lehnt eine Begründung aus einer „Treuepflicht" heraus ab.[264]

III. Stellungnahme

Bei aller Kritik am aktiven Personalitätsprinzip und seiner Begründung muss deutlich zwischen den Ebenen der Völkerrechtmäßigkeit und der innerstaatlichen Verfassungs- oder Rechtmäßigkeit unterschieden werden.[265]

---

259 So in Deutschland ab 1940 (GeltungsbereichsVO). Erst 1975 wurde dies korrigiert, jedoch ohne dass dies von der h.M. als „Korrektur" eines Völkerrechtsverstoßes angesehen wurde. In der Literatur gab es allerdings bereits in der Anfangszeit der Bundesrepublik Bedenken gegen das aktive Personalitätsprinzip als Regelfall, etwa von *Mayer*, JZ 1952, 609 und *Schorn*, JR 1964, 205. Dagegen ging schon BGH NJW 1951, 769 davon aus, dass die GeltungsbereichsVO kein nationalsozialistisches Unrecht enthielt, mögliche *völkerrechtliche* Bedenken wurden gar nicht erst angesprochen.

260 *Ambos*, Internationales Strafrecht, § 3 Rn. 40; ebenfalls kritisch *Lemke* in NK-StGB[2], vor § 3 Rn. 11. (Die Zurückdrängung des aktiven Personalitätsprinzips habe seinen „überzeugenden Grund" darin, dass es auf autoritärem Staatsverständnis beruht.) Aus anderen Gründen kritisch *Council of Europe*, Extraterritorial criminal jurisdiction, S. 27 f.: Bei juristischen Personen bestehe schon keine Einigkeit, welchem Staat diese zuzuordnen seien, abgesehen davon, dass es nicht in allen Staaten eine strafrechtliche Verantwortung juristischer Personen gibt, vgl. aber oben Fn. 256.

261 *Holthausen*, NJW 1992, 214, 215; *Oehler*, Internationales Strafrecht, Rn. 751; *Werle/Jeßberger* in LK-StGB, vor § 3 Rn. 332. Keine Bedenken gegen ein extensives aktives Personalitätsprinzip äußert auch *Blakesely* in Bassiouni (Hrsg.), International Criminal Law[3], S. 116 ff.

262 *Oehler*, Internationales Strafrecht, Rn. 751 Fn. 29.

263 *Oehler*, Internationales Strafrecht, Rn. 141.

264 *Oehler*, Internationales Strafrecht, Rn. 139.

265 Vgl. *Oehler*, Internationales Strafrecht, Rn. 751.

Aus der Sicht des deutschen Rechts erscheint ein absolutes aktives Personalitätsprinzip zumindest bedenklich. Eine unbedingte, weltweite Treuepflicht gegenüber dem Staat, der sich der Bürger nicht entziehen kann, stellt letztlich eine völlige Unterordnung des Bürgers unter den Willen „seines" Staates dar. Eine solche Unterordnung ist in einer Republik aber nur schwer zu begründen.[266] Hier sollte es vielmehr umgekehrt so sein, dass der Staat, und somit auch das Strafrecht, dem verfassungsgemäß gebildeten Willen seiner Bürger unterworfen ist (vgl. Art. 20 Abs. 1 GG). Man könnte aber annehmen, dass sich der Bürger dem Willen „des Staates" deshalb unterzuordnen hat, weil er die Möglichkeit hatte, diesen mitzubilden. Dann muss jedoch gleichzeitig berücksichtigt werden, dass nicht jeder Staatsangehörige – auch nicht jeder volljährige[267] – wahlberechtigt und damit potentiell an der Willensbildung im Staat beteiligt ist (vgl. § 12 BWahlG[268]); es erscheint daher problematisch, jeden Staatsbürger unabhängig vom Wohn- oder Aufenthaltsort der „heimischen" Rechtsordnung zu unterwerfen.

Wenn das aktive Personalitätsprinzip damit begründet wird, dass ein Staat dafür Sorge tragen will, dass seine Bürger auch im Ausland keinen „Schaden anrichten", spricht dies auch gegen die Zulässigkeit eines absoluten Prinzips. Was ein Schaden in diesem Sinne ist, kann sich nämlich nur nach der Rechtsordnung des Tatortes richten. Wenn es dem Heimatstaat darüber hinaus bei einem so verstanden absoluten aktiven Personalitätsprinzip auch darum geht, sein eigenes Ansehen zu schützen, indem er nicht als „*safe haven*" für Straftäter betrachtet wird, ist dagegen einzuwenden, dass Beeinträchtigungen des Ansehens nur dann zu befürchten sind, wenn aus Sicht des Tatortstaates[269] tatsächlich eine Straftat und damit ein Straftäter gegeben ist.

---

266 Gegen die Begründung des aktiven Personalitätsprinzips aus einer „Treuepflicht" daher auch schon *Schröder*, JZ 1968, 241. Bedenklich war es dagegen, wenn *ders.*, ZStW 1942, 57, 58 nicht nur von einer Treuepflicht gegenüber dem Heimatrecht, sondern von einer „*Rechts*treue gegenüber der *Sitten*ordnung seines Volkes" sprach (Hervorhebung J.B.). Für ein „anachronistische[s] Modell" hält auch *Böse* in FS-Wolter, S. 1311, 1322 eine solche Gehorsamspflicht.

267 Für Minderjährige ließe sich die Geltung des Strafrechts dann ohnehin nicht begründen, was ebenfalls problematisch ist, vgl. auch unten Teil 4 § 3 C.I.

268 Dieser Norm zufolge ist Voraussetzung für die Wahlberechtigung, dass seit mindestens drei Monaten ein Wohnsitz in Deutschland besteht. Für Auslandsdeutsche gelten gemäß Abs. 2 einige Einschränkungen, so ist in der Regel erforderlich, dass innerhalb der letzten 25 Jahre für mindestens drei Monate ein inländischer Wohnsitz bestand.

269 Oder ggf. anderer beteiligter Staaten, d.h. solcher Staaten, die einen anderen Anknüpfungspunkt vorweisen können. Auf das Ansehen in unbeteiligten Drittstaaten kann es dagegen in keinem Fall ankommen. Ein unbeteiligter Staat, der seine Meinung über einen anderen Staat von der strafrechtlichen Beurteilung eines Verhaltens abhängig macht, zu dem er keinen eigenen Anknüpfungspunkt hat, verhält sich nahe an der Grenze zur Einmischung in die Angelegenheiten anderer Staaten. Solange sich die Einmischung nur politisch als „Ansehensverlust"

Soweit der Heimatstaat seine Rechtsvorstellungen weltweit verbindlich machen will, kommt es außerdem zu Konflikten mit den Individualrechten des Handelnden, insbesondere den in der jeweiligen Verfassung verankerten Grundrechten. Der Staat hat zwar die Möglichkeit, Rechte des Einzelnen zu beschränken. Diese Beschränkungsmöglichkeit kann aber nur soweit gehen, wie die Macht des Staates reicht. Die Ausübung von Staatsgewalt und damit auch die Reichweite des Strafrechts ist aber grundsätzlich an das Staatsgebiet gebunden. Wenn ein Bürger ausreist, darf[270] seine Handlungsfreiheit nicht mehr von seinem Heimatstaat beschränkt werden.[271] Etwas anderes kann nur dann gelten, wenn sich der Bürger gewissermaßen im Auftrag des Staates oder als dessen Repräsentant im Ausland aufhält, also für Soldaten, Beamte usw. In allen anderen Fällen erscheint höchst problematisch, dass der Staat auch nach der Ausreise seinen Bürgern vorschreibt, was sie zu tun oder zu unterlassen haben.

Zur Beurteilung der Völkerrechtslage kommt es freilich nicht auf diese nationale Bewertung an. Zwar liegt ein Verstoß gegen das Nichteinmischungsgebot nahe, auch wird das autoritäre Staatsverständnis mehr und mehr in Frage gestellt.[272] *De lege ferenda* – oder hier genauer: *de iure gentium ferenda* – ist daher auf eine Unzulässigkeit des absoluten aktiven Personalitätsprinzips hinzuwirken. Die gegenwärtige Staatenpraxis steht aber (noch) der Annahme eines entsprechenden Völkergewohnheitsrechts entgegen.[273]

Das absolute aktive Personalitätsprinzip ist allerdings auch gar nicht notwendig.[274] Für Verratsdelikte u.ä. kann die Ausdehnung der Strafgewalt wesentlich besser mit dem Staatsschutzprinzip begründet werden. Wenn ein Staat dann

---

äußert, liegt zwar wohl noch kein Völkerrechtsverstoß vor. Gleichwohl darf sich der Staat – wenn es, wie hier, um die Frage von Strafbarkeit oder Nichtstrafbarkeit geht – nicht von der Meinung Unbeteiligter leiten lassen.

270 Verstöße gegen solche Beschränkungen *kann* der Heimatstaat auch nicht rechtmäßig z.B. durch Freiheitsentzug (anders evtl. für Geldstrafen) sanktionieren, wenn nicht der Bürger selbst durch Wiedereinreise oder andere Staaten durch Auslieferung daran mitwirken; von einer völkerrechtswidrigen Entführung abgesehen hat der Heimatstaat nämlich keine Möglichkeit, „seines" Staatsangehörigen habhaft zu werden, wenn dieser ausgereist ist.

271 Die a.A. wird insbesondere im Völkerrecht vertreten, ohne dabei jedoch auf die Probleme des nationalen Verfassungsrechts einzugehen, vgl. nur *Epping* in Ipsen, Völkerrecht, § 5 Rn. 78 f.; *Schlochauer*, Die extraterritoriale Wirkung von Hoheitsakten, S. 47.

272 Im Völkerrecht mag dies daran deutlich werden, dass inzwischen auch dem einzelnen Menschen völkerrechtliche Rechte und Pflichten zuteil werden. Das gesamte Völkerstrafrecht verpflichtet etwa *auch* den Einzelnen, der sich nicht darauf berufen kann, im Sinne einer „Treuepflicht" nur das getan zu haben, was sein Staat von ihm verlangt.

273 Vgl. auch die Nachweise bei *van den Wyngaert*, Nordisk Tidsskrift for Kriminalvidenskab (Tillæg) 1989, 43, 46.

274 So auch *Böse/Meyer*, ZIS 2011, 336, 342.

meint, nur denjenigen Verrat bestrafen zu müssen, der von den eigenen Bürgern begangen wurde, ist das eine Einschränkung, die völkerrechtlich unbedenklich ist. Auch für andere schwere Taten etwa im Bereich der Organisierten Kriminalität oder des sog. Sextourismus ist die Berufung auf die Staatsangehörigkeit des Täters nicht notwendig. Soweit es völkerrechtliche Verträge gibt, die die Staaten beauftragen, bestimmte Handlungen unter Strafe zu stellen, wäre es in einem nächsten Schritt möglich, auch Verletzungen dieser Strafnormen dem Weltrechtsprinzip[275] zu unterstellen oder sich auf das Prinzip der stellvertretenden Strafrechtspflege zu berufen.[276]

C. Eingeschränktes aktives Personalitätsprinzip

Wird das aktive Personalitätsprinzip eingeschränkt, nämlich so, dass eine Strafbarkeit auch am Tatort erforderlich ist, ist das Personalitätsprinzip auch *de lege ferenda* unbedenklich. Das Argument, eine Wertentscheidung des Tatortstaats würde missachtet, hat dann kaum noch Bedeutung.[277] Allerdings kann es in Bezug auf die Strafhöhe relevant sein, so dass sich die Frage nach der Anwendung des ggf. milderen Strafrahmens im Tatortstaat (*lex mitior*) stellt.

Das aktive Personalitätsprinzip verliert dann allerdings in gewisser Weise an eigenständiger Bedeutung. Wenn die stellvertretende Strafrechtspflege weit verstanden wird, und zwar als jede Strafgewalt, die aus tatsächlichen oder rechtlichen Gründen nicht von einem anderen Staat ausgeübt wird, stellt sich das aktive Personalitätsprinzip als ein Sonderfall der stellvertretenden Strafrechtspflege dar.[278] Erforderlich ist das aktive Personalitätsprinzip dann lediglich für die Fälle, in denen der Tatort keiner Strafgewalt unterliegt, was nur selten der Fall sein dürfte.[279]

Schließlich ist das aktive Personalitätsprinzip auch in seiner eingeschränkten Form jedenfalls dann unpraktikabel, wenn die Person des Beschuldigten noch

275 Zu diesem noch unten Teil 1 § 8.

276 Problematisch kann dann nur sein, dass die stellvertretende Strafrechtspflege wiederum auf die tatsächliche *lex loci* Bezug nimmt. Wenn diese *lex loci* nicht mit der völkerrechtlichen Lage in Einklang stehen sollte, stellt sich die Frage, was gelten soll. Jedoch ist für die allermeisten problematischen Fälle davon auszugehen, dass es weniger ein Gesetzesdefizit, als vielmehr ein Vollzugsdefizit gibt, so dass die Voraussetzung der „identischen Tatortnorm" erfüllt sein dürfte. Näher zur stellvertretenden Strafrechtspflege noch unten Teil 1 § 7.

277 *Ambos*, Internationales Strafrecht, § 3 Rn. 41.

278 Anders *Oehler*, Internationales Strafrecht, Rn. 140, der davon ausgeht, dass die stellvertretende Strafrechtspflege auf der Nichtauslieferung beruhe. Näher zur Systematik der Anknüpfungspunkte unten Teil 1 § 10.

279 Denkbar ist dies auf der Hohen See, wenn zusätzlich der Tatort nicht auf einem Schiff liegt. Wenn also ein Langstreckenschwimmer bei einem Rekordversuch außerhalb staatlicher Hoheitsgewässer seinen Konkurrenten tötet, wäre es erforderlich, auf das aktive Personalitätsprinzip zurückzugreifen.

nicht feststeht, dessen Staatsangehörigkeit nicht bekannt ist oder es mehrere in Frage kommende Täter unterschiedlicher Nationalität gibt.[280]

D. Ergebnis

Das aktive Personalitätsprinzip ist demnach völkerrechtlich noch anerkannt, aber in seiner absoluten Ausprägung bedenklich. Zudem ist das Personalitätsprinzip praktisch weitgehend überflüssig. Innerhalb der Europäischen Union kommt hinzu, dass die Frage der Nichtauslieferung deutscher Staatsangehöriger eine immer geringere Rolle spielt,[281] und somit dem nationalen Recht nicht mehr als Begründung für das aktive Personalitätsprinzip dienen kann.[282]

§ 5 Passives Personalitätsprinzip

Beim passiven Personalitätsprinzip kommt es auf die Staatsangehörigkeit des Opfers an. Der Staat, dem das Opfer angehört, soll dann die Strafgewalt haben. Grundgedanke dabei ist, dass der Staat eine Schutzpflicht gegenüber seinen Bürgern hat und dieser Pflicht auch mit Mitteln des Strafrechts nachkommen darf.[283]

Dieser Grundsatz ist wohl der umstrittenste. Schon in der Untersuchung an der *Harvard University* im Jahr 1935 wurde dem Prinzip nur eine untergeordnete Bedeutung zugemessen.[284] Einige Staaten, v.a. die USA und Großbritannien, lehnen das passive Personalitätsprinzip ab[285] oder halten es nur unter der Voraussetzung der fehlenden Strafverfolgung trotz Strafbarkeit im Tatortstaat für zulässig.[286]

Gegen das passive Personalitätsprinzip wird auch von deutscher Seite eingewandt, es sei rechtlich und politisch problematisch, einen ausländischen Täter im Ausland einer ihm unbekannten Rechtsordnung zu unterwerfen. Daraus ergebe

---

280 *Zimmermann*, Strafgewaltkonflikte, S. 380 f.

281 Der Rahmenbeschluss zum Europäischen Haftbefehl verbietet zwar nicht die Nichtauslieferung eigener Staatsangehöriger. In Deutschland wurde jedoch die Auslieferung eigener Staatsangehöriger ermöglicht, vgl. Art. 16 Abs. 2 GG; Art. 80 IRG.

282 Die einzige Begründung ist dies ohnehin nicht, vgl. oben Teil 1 § 4.

283 In Deutschland wird eine solche Schutzpflicht aus der Verfassung abgeleitet, vgl. BVerfGE 39, 1, 41. Das BVerfG geht sogar davon aus, dass es – wegen des Untermaßverbotes – eine *Pflicht* geben kann, Schutz mit strafrechtlichen Mitteln zu gewähren, BVerfGE 88, 203, 258.

284 *Harvard Research*, AJIL (Supplement) 1935, S. 445: *„admittedly auxilliary in character"*.

285 Vgl. *Paust et al.*, Cases and Materials, S. 180, die sogar bezweifeln, dass mehr als „eine Handvoll Staaten" ein solches Prinzip überhaupt kennen; zu einigen, wenigen Ansätzen, das passive Personalitätsprinzip im englischen Recht anzuwenden, noch unten Teil 2 § 3 A.II.3).

286 *Bantekas/Nash*, International Criminal Law, S. 81.

sich das Erfordernis einer Strafbarkeit auch am Tatort.[287] Diese Bedenken greifen durch. Sowohl aus individualrechtlicher Sicht (der Täter weiß u.U. gar nicht, welche Staatsangehörigkeit sein Opfer hat, und somit auch nicht, ob und ggf. nach welcher Rechtsordnung[288] er sich strafbar macht), als auch aus völkerrechtlicher Sicht ist jedenfalls ein *absolutes* passives Personalitätsprinzip abzulehnen (eine entsprechende Staatenpraxis ist insoweit aber auch nicht erkennbar).

Auch mit der Einschränkung durch die Voraussetzung der Tatortstrafbarkeit bleibt es dabei, dass erhebliche Bedenken wegen der Einmischung in den Hoheitsbereich des Tatortstaates bestehen.[289] Diese Einmischung könnte man zwar mit der Schutzpflicht des Staates zugunsten seiner Angehörigen zu rechtfertigen versuchen. Dagegen sprechen jedoch zwei Erwägungen: Erstens gebietet der Respekt vor der Gebietshoheit des Tatortstaates, dass in erster Linie dieser für die (auch strafrechtliche) Ahndung von Rechtsverletzungen zuständig ist; die Schutzpflicht kann also nur insoweit bestehen, wie eine Rechtsverletzung gewissermaßen *aus der Sicht des Tatortstaates* droht bzw. vorliegt.[290] Zweitens kann die (Schutz-)Pflicht des Staates nicht über das hinausgehen, was ihm tatsächlich möglich ist (*ultra posse nemo obligatur*). Eine absolute Schutzpflicht ist aber nur dann durchsetzbar, wenn entweder der Beschuldigte selbst (durch freiwillige Einreise) oder ein anderer Staat (durch Auslieferung) an der Durchsetzung mitwirken – sonst hat der schützende Staat mangels Gewalt über den Beschuldigten keine Sanktionsmöglichkeit.[291] Andere Staaten, insbesondere der Tatortstaat werden aber nur mitwirken, wenn auch nach ihrer eigenen Vorstellung eine Straftat vorliegt.[292]

287 *Ambos*, Internationales Strafrecht, § 3 Rn. 71; *ders.* in MüKo-StGB, vor § 3 Rn. 44; *Jescheck* in FS-Maurach, S. 579,581; *Oehler*, Internationales Strafrecht, Rn. 127 f, 666 f.; *Satzger*, IntEurStrafR, § 4 Rn. 11 a.E.; a.A. *Heinrich*, Das passive Personalitätsprinzip, S. 189 ff.; *Werle/Jeßberger* in LK vor § 3 Rn. 230.

288 Auf die Frage, nach welcher Rechtsordnung er strafbar ist, kommt es freilich weder für seinen Vorsatz, noch für seine Schuld an (vgl. auch oben Fn. 114). Entscheidend ist, dass der Täter bei Begehung der „Tat“ überhaupt wissen muss, dass er gegen eine Rechtsnorm verstößt. Dennoch weiß der Beschuldigte nicht vorher, welche Strafe ihn ggf. erwartet, solange er nicht einmal weiß, welcher Rechtsordnung sein Verhalten unterliegt. Einen Verstoß gegen das Schuldprinzip nehmen auch *Böse/Meyer*, ZIS 2011, 336, 341 f. an. Dort auch zu Überlegungen, wonach das passive Personalitätsprinzip außerdem aus europarechtlichen Gründen problematisch ist.

289 So auch *Ambos*, Internationales Strafrecht, § 3 Rn. 72, demzufolge die völkerrechtlichen Bedenken „nicht völlig ausgeraumt sind.“ Trotz seiner Bedenken geht *Ambos* aber von der Zulässigkeit des passiven Personalitätsprinzips aus.

290 Vgl. *van den Wyngaert*, Nordisk Tidsskrift for Kriminalvidenskab (Tillæg) 1989, 43, 47.

291 Vgl. bereits oben Teil 1 § 4 zum aktiven Personalitätsprinzip; auch hier sollen Geldstrafen als Sanktion und völkerrechtswidrige Entführungen als Mittel, des Beschuldigten habhaft zu werden, außer Betracht bleiben.

292 Über diese grundsätzlichen Überlegungen hinaus kann man zumindest für den Bereich der Europäischen Union die Frage aufwerfen, ob ein eigener

Somit ist das passive Personalitätsprinzip nur von untergeordneter Bedeutung und darf lediglich dann zur Anwendung gelangen, wenn Strafbarkeit am Tatort vorliegt *und* kein anderer vorrangig dazu berufener Staat die Strafgewalt ausübt. Es handelt sich also letztlich um einen Fall der stellvertretenden Strafrechtspflege bzw. eine zumindest vergleichbare Konstellation einer abhängigen Strafgewalt.[293]

§ 6 Domizilprinzip

Den beiden Varianten des Personalitätsprinzips verwandt ist das sog. Domizilprinzip. Diesem zufolge genügt ein inländischer Wohnsitz des Täters (aktives Domizilprinzip) oder des Opfers (passives Domizilprinzip), um die Strafgewalt zu begründen,[294] wobei dann definiert werden muss, was genau unter dem Wohnsitz zu verstehen ist. Bei Anwendung eines aktiven Domizilprinzips bestünde also deutsche Strafgewalt für alle Taten von Personen mit Wohnsitz in Deutschland, unabhängig vom Tatort oder der Staatsangehörigkeit des Täters.

> **Beispiel**: *Der türkische Staatsangehörige T, der in Berlin wohnt, reist im Urlaub in das Heimatland seiner Eltern. Dort tötet er seinen Onkel O, der ebenfalls ausschließlich türkischer Staatsangehöriger ist. Deutschland könnte seine Strafgewalt auf ein „aktives Domizilprinzip" stützen.*

In einigen Verträgen wird das Domizilprinzip anerkannt oder zumindest vorausgesetzt.[295] Zweifelhaft ist allerdings, ob es in seiner Allgemeinheit völkergewohnheitsrechtlich anerkannt ist. Während *Jescheck/Weigend* das Domizilprinzip für „völkerrechtlich bedenkenfrei"[296] halten, wird dies von *Werle/Jeßberger*[297] und *Ambos*[298] bestritten. Zumindest in Bezug auf den Täter leuchtet dies auch ein: Einem

---

strafrechtlicher Schutz zugunsten eigener Staatsangehöriger überhaupt notwendig ist, oder ob der Staat nicht auch insoweit den anderen EU-Staaten vertrauen kann, dass sie einen ausreichenden Schutz gewährleisten; so durchaus zu Recht *Böse* in FS-Wolter, S. 1311, 1321.

293 Zur Systematik der Anknüpfungspunkte noch unten Teil 1 § 10.

294 Dazu *Werle/Jeßberger* in LK-StGB, vor § 3 Rn. 254. *Satzger*, IntEurStrafR, § 4 Rn. 8 hält ein solches Prinzip „theoretisch auch [für] möglich."

295 Art. 4 lit. b Alt. 2 Tokioter Abkommen. In neuerer Zeit findet es sich auch in einigen Abkommen in Bezug auf Staatenlose, vgl. die Nachweise bei *Werle/Jeßberger* in LK-StGB, vor § 3 Rn. 254. Schon die Verknüpfung mit der Staatsangehörigkeit bzw. Staatenlosigkeit zeigt aber, dass es auch hier um die Vermeidung von Strafgewaltlücken geht. Nur dann, wenn keine Staatsangehörigkeit besteht, kommt der Wohnsitz subsidiär als Anknüpfungspunkt in Betracht. Es handelt sich also nur um eine Auffangregelung, durch die gewissermaßen der Wohnsitz eine Art „hilfsweise Staatsangehörigkeit" im Sinne des Strafanwendungsrechts vermittelt.

296 *Jescheck/Weigend*, Strafrecht AT, § 18 II 3.

297 *Werle/Jeßberger* in LK-StGB, vor § 3 Rn. 254.

298 *Ambos*, Internationales Strafrecht^3, § 3 Rn. 42. Nunmehr scheint *Ambos*, Internationales Strafrecht, § 3 Rn. 42 jedoch von der Zulässigkeit eines Domizilprinzips

Ausländer würden damit nämlich – nur durch seinen Wohnsitz oder gewöhnlichen Aufenthaltsort begründet – letztlich die gleichen Pflichten auferlegt wie einem eigenen Staatsangehörigen. Wenn aber die Verleihung der Staatsbürgerschaft, die nicht nur Pflichten, sondern v.a. auch Rechte enthält, gegen und sogar nur ohne den Willen des Betroffenen völkerrechtlich unzulässig ist,[299] muss dies erst recht für die Auferlegung nur einer Pflicht („strafrechtliche Treuepflicht") gelten.[300]

Etwas anderes könnte für das passive Prinzip gelten, da hier an den Wohnsitz keine Pflicht geknüpft wird, sondern ein Recht[301] in Form eines strafrechtlichen Schutzes gewährt wird. Da aber schon das passive Personalitätsprinzip stark umstritten und richtigerweise nur von untergeordneter Bedeutung ist, liegt es fern, ein „passives Domizilprinzip" völkerrechtlich anzuerkennen. Allerdings ist eine solche Ausgestaltung teilweise im nationalen Strafanwendungsrecht zu finden.[302]

Ein Domizilprinzip ist somit theoretisch denkbar, aber (mit wenigen vertraglichen Ausnahmen) bislang nicht Bestandteil des Völkerrechts. Von dem Ziel ausgehend, die Anzahl der konkurrierenden Strafgewalten zu begrenzen, erscheint es auch wenig sinnvoll, ein solches Prinzip „einzuführen". Erwägen könnte man jedoch, das Personalitätsprinzip bis zu einem gewissen Grad durch das Domizilprinzip zu ersetzen. Wenn die „Anknüpfungspunkte" lebensnah sein sollen, erscheint es angesichts zunehmender Migrationsbewegungen, die sich nicht immer in der Staatsangehörigkeit widerspiegeln, sinnvoll, eher an die tatsächliche Frage des Wohnortes als an die rechtliche Beurteilung der Staatsangehörigkeit anzuknüpfen,[303] wobei die grundsätzlichen Bedenken dagegen, an die Person des Täters anzuknüpfen, bestehen bleiben – ein „absolutes aktives Domizilprinzip" wäre also in jedem Fall abzulehnen.

Abweichend von diesem Verständnis wird teilweise unter dem Domizilprinzip eine Einschränkung des Personalitätsprinzips verstanden, derzufolge die

---

auszugehen, wenn er unkritisch von einer „Erweiterung des aktiven Personalitätsprinzips" spricht.

299 *Herdegen*, Völkerrecht, § 25 Rn. 6: „willensunabhängige Erwerbsgründe brauchen von anderen Staaten nicht anerkannt zu werden."

300 Zumal die strafrechtliche Treuepflicht sich gerade nicht auf das Gebiet desjenigen Staates beschränkt, der diese Pflicht auferlegt. Dass ein Staat von allen, die sich in seinem Territorium aufhalten, unabhängig von ihrer Staatsangehörigkeit verlangen darf, sich an das dort geltende (Straf-)recht zu halten, ist dagegen selbstverständlich, hat aber auch nichts mit der hier gemeinten Treuepflicht zu tun.

301 Teilweise kann man die Gewährung von Schutz durch das Strafrecht aber auch als Pflicht verstehen. Immerhin hat der Geschädigte nicht die Wahl, ob er diesen Schutz in Anspruch nehmen will, von Antragsdelikten einmal abgesehen. Hinzu kommen Pflichten als Zeuge u.ä., die dem Geschädigten auferlegt werden.

302 Vgl. § 5 Nrn. 6a, 7 StGB, die allerdings von *Werle/Jeßberger* in LK-StGB, § 5 Rn. 110 ff. aus diesem Grund insoweit zu Recht für völkerrechtswidrig gehalten werden.

303 Ebenso *Werle/Jeßberger* in LK-StGB, § 5 Rn. 112.

Strafgewalt nur dann besteht, wenn Täter oder Opfer zusätzlich zur Staatsangehörigkeit auch einen Wohnsitz im betreffenden Staat haben.[304] Eine solche Einschränkung ist zwar zulässig, aber völkerrechtlich nicht gefordert. Die Entscheidung bleibt insofern beim jeweiligen nationalen Gesetzgeber.

§ 7 Prinzip der stellvertretenden Strafrechtspflege

Das Prinzip der stellvertretenden Strafrechtspflege kommt immer dann zum Tragen, wenn aus tatsächlichen oder rechtlichen Gründen die Verurteilung in einem an sich unbeteiligten Drittstaat erfolgen muss.[305] Dabei wird überwiegend an die Frage der Nichtauslieferung angeknüpft: Nur dann, wenn der Täter nicht an einen anderen berechtigten Staat (meist: den Tatortstaat) ausgeliefert wird, soll dem Drittstaat die Strafgewalt zustehen. Aus dem Gedanken der Stellvertretung wird deutlich, dass die Strafbarkeit im Staat der „eigentlichen" Strafgewalt bestehen muss und dieser mit der Stellvertretung jedenfalls generell einverstanden sein, also die „Vertretungsmacht" erteilt haben muss.[306]

In Deutschland wird dem dadurch Rechnung getragen, dass die Tatortstrafbarkeit Voraussetzung ist. Umstritten ist dabei, wie weit das Tatortrecht zu berücksichtigen ist. Ebenso ist problematisch, was zu geschehen hat, wenn die *lex loci* eine mildere Strafe bzw. einen milderen Strafrahmen vorsieht. Entsprechend dem Gedanken der Stellvertretung liegt es nahe, dass der urteilende Staat nur solche Sanktionen verhängen darf, die auch im vertretenen Staat erlaubt wären.[307] Diese Konsequenz wird vom deutschen Recht indes nicht gezogen, sondern wurde im Gesetzgebungsverfahren im Gegenteil unter Verweis auf „praktische Schwierigkeiten", v.a. im Zusammenhang mit dem Sanktionensystem außereuropäischer Staaten, mehrheitlich abgelehnt.[308]

---

304 Vgl. im deutschen Recht die Einschränkungen des aktiven (§ 5 Nrn. 3 lit. a; 5 lit. b; 9 StGB) und des passiven Personalitätsprinzips (§ 5 Nrn. 6, 6a; 7 StGB) durch das Erfordernis des Wohnsitzes oder gewöhnlichen Aufenthalts in Deutschland. In § 5 Nr. 8 lit. a wird sogar verlangt, dass Opfer *und* Täter im Inland wohnhafte Deutsche sind.

305 *Werle/Jeßberger* in LK-StGB, vor § 3 Rn. 248.

306 Vgl. *Ambos* in MüKo-StGB, vor § 3 Rn. 50; *Hoyer* in SK-StGB, vor § 3 Rn. 41; *Pawlik* in FS-Schroeder (2006), S. 357, 378 f. Ohne ein solches Einverständnis handelte es sich – in der Sprache des Zivilrechts, dem der Begriff der Stellvertretung ja entnommen ist – um einen Vertreter ohne Vertretungsmacht (vgl. § 179 BGB).

307 Vgl. § 164 Abs. 1 BGB „innerhalb der ihm zustehenden Vertretungsmacht".

308 BT-Drs. 5/4095, S. 7. Anders etwa das österreichische (§ 65 Abs. 2 öStGB) und das schweizerische Recht (Art. 6 Abs. 2 chStGB). – In Deutschland für die Anwendung der *lex mitior* aus Gründen des Vertrauensschutzes *Ambos* in MüKo-StGB, § 7 Rn. 26 m.w.N. Zur Anwendung fremden Rechts *de lege ferenda* noch unten Teil 4 § 3.

Bei der stellvertretenden Strafrechtspflege hat daher der „Vertreter" nur einen Teil der Strafgewalt inne, und zwar einerseits die Urteilsgewalt und andererseits von der Regelungsgewalt allenfalls den Teil, der sich mit den Rechtsfolgen befasst – nach richtiger Auffassung muss aber das ggf. mildere Tatortrecht zumindest beachtet werden.[309] Diesen Teil der Strafgewalt hat der Drittstaat auch nicht originär, sondern nur in Ableitung vom Tatortstaat.[310] Soweit es um den strafrechtlichen Tatbestand[311] geht, verbleibt die Regelungsgewalt in jedem Fall beim vertretenen Staat. Hier liegt also ein Fall vor, in dem Urteils- und Regelungsgewalt auseinander fallen,[312] auch wenn der urteilende Staat sein eigenes Recht anwendet.[313]

§ 8 Universalitätsprinzip

Das Universalitätsprinzip[314] (auch: Weltrechtsprinzip) besagt, dass bei bestimmten Taten unabhängig von Tatort, Staatsangehörigkeit usw. und dem jeweiligen nationalen Recht jeder Staat zur Verfolgung und Aburteilung berufen ist. Wegen seines weitgehenden Eingriffs in die staatliche Souveränität ist das Universalitätsprinzip nur bei besonders schweren Verbrechen anwendbar; neben der Piraterie sind dies die völkerrechtlich definierten Kernverbrechen („*core crimes*": Völkermord, Verbrechen gegen die Menschlichkeit, Kriegsverbrechen; etwas unklar nach wie vor für das Verbrechen der Aggression[315]). Daneben gilt das Weltrechtsprinzip jedenfalls

---

309 Mit *dieser* Argumentation – dem Gedanken der Stellvertretung – ebenfalls für Berücksichtigung der *lex mitior Hoyer* in SK-StGB, vor § 3 Rn. 41.

310 *Werle/Jeßberger* in LK-StGB, vor § 3 Rn. 248. Im Fall, dass der Tatort keiner Strafgewalt unterliegt (§ 7 Abs. 2, 2. Alt. Nr. 2 StGB), leitet sich die Strafgewalt des „Vertreters" von dem Staat ab, dessen Angehöriger der Beschuldigte ist. Der Fall des § 7 Abs. 2, 2. Alt. Nr. 1 StGB ist dagegen überhaupt kein Fall der stellvertretenden Strafrechtspflege, sondern Ausprägung des aktiven Personalitätsprinzips.

311 Hier in einem weiten Sinn als „Voraussetzungen der Strafbarkeit" zu verstehen.

312 Zur Möglichkeit, dass dies *de lege ferenda* in weiteren Konstellationen der Fall sein kann, ausführlich unten Teil 4.

313 Wenn die Tat im Tatortstaat nicht strafbar ist, kann man sogar mit *Staubach*, Anwendung fremden Rechts, S. 154 von einer „negative[n] Anwendung" oder verkappten Anwendung fremden Strafrechts sprechen. Es setzt sich nämlich letztlich das Recht des Tatortes durch, das Straflosigkeit vorsieht, und nicht das Recht des Gerichtsortes, das ein Verhalten für strafbar erklärt. *Böse* in FS-Wolter, S. 1311, 1317 meint sogar, dass in Fällen der „abgeleiteten Strafgewalt", womit er Fälle stellvertretender Strafrechtspflege meint, der Staat letztlich „nicht sein eigenes Strafrecht, sondern das Strafrecht [eines anderen] Staates" durchsetzt. Wenn er dabei eigenes Strafrecht anwende, sei dies auf einen Grundsatz der beiderseitigen Strafbarkeit zurück zu führen.

314 Ausführlich dazu *Gärditz*, Weltrechtspflege.

315 *Werle/Jeßberger* in LK-StGB, vor § 3 Rn. 240. Inzwischen liegt zwar mit Art. 8*bis* eine Definition des Aggressionsverbrechens vor, ob diese wirklich allgemein akzeptiert ist, muss sich allerdings erst noch erweisen (optimistisch insofern

auch dann, wenn die weltweite Strafbarkeit und Verfolgbarkeit völkergewohnheitsrechtlich mit Wirkung *erga omnes* anerkannt ist;[316] ob dagegen die bloße Festlegung der weltweiten Strafbarkeit oder Verfolgbarkeit in einem völkerrechtlichen Vertrag (etwa für Terrorismus, internationalen Drogenhandel oder Geldwäsche) ausreicht, ist umstritten,[317] braucht aber hier nicht abschließend geklärt zu werden.

In Fällen des Weltrechtsprinzips liegt eine *Verletzung*[318] des Nichteinmischungsgebots nicht vor. Die Achtung derart grundlegender Rechte ist nämlich keine Angelegenheit des Staates, sondern der gesamten Menschheit. Entsprechend kann der einzelne Staat nicht darüber verfügen und hat insoweit keine Souveränitätsrechte.[319] Dort, wo das Weltrechtsprinzip auf vertraglicher Einigung basiert, kann erst recht von einer Verletzung des Nichteinmischungsgebotes keine Rede sein: In solchen Fällen liegt nicht einmal ein Eingriff vor, da der jeweilige Staat selbst entschieden hat, die entsprechende Vereinbarung abzuschließen *(volenti non fit iniuria)*.

In gewisser Weise kann man das Prinzip der Weltrechtspflege als Sonderfall der stellvertretenden Strafrechtspflege ansehen. Der Unterschied besteht darin, dass die Strafgewalt im Fall des Universalitätsprinzips nicht von einem anderen Staat abgeleitet wird und somit kein Einzelstaat bei der Ausübung von Strafgewalt „vertreten" wird.[320] Der Staat, der Weltrechtspflege betreibt, übt die Urteilsgewalt aber stellvertretend für die Staaten*gemeinschaft* aus,[321] die ein bestimmtes Verhalten übereinstimmend – durch Verträge oder Völkergewohnheitsrecht – für weltweit strafwürdig erklärt. Insofern hat auch hier der urteilende Staat nicht die volle Strafgewalt, weil die Regelungsgewalt zu einem Teil bei der Staatengemeinschaft verbleibt. Auch kann es hier – vergleichbar den Fällen der stellvertretenden

---

Kreß/v. Holtzendorff, GA 2011, 65); ratifiziert sind die entsprechenden Änderungen des IStGH-Statuts bisher erst von 14 Staaten, darunter Deutschland, vgl. die Aufstellung bei https://treaties.un.org/Pages/ViewDetails.aspx?src=TREATY&mtdsg_no=XVIII-10-b&chapter=18&lang=en.

316 *Werle/Jeßberger* in LK-StGB, vor § 3 Rn. 242.

317 Dafür insbesondere *Ambos* in MüKo-StGB, vor § 3 Rn. 5 f.; *ders.*, Internationales Strafrecht, § 3 Rn. 93 ff. Dagegen u.a. *Gärditz*, Weltrechtspflege, S. 295 ff., *Werle/Jeßberger* in LK-StGB, vor § 3 Rn. 243 ff., die allerdings davon ausgehen, dass – wegen der *inter partes*-Wirkung völkerrechtlicher Verträge – ein *ratione loci* begrenztes und somit nur „unechtes" Universalitätsprinzip gilt, aber gleichzeitig darauf hinweisen, dass ein von vielen Staaten ratifiziertes internationales Abkommen ein Indiz für entsprechendes Völkergewohnheitsrecht sein kann.

318 Dass Eingriff und Verletzung nicht das gleiche sind, ist schon aus der deutschen Grundrechtsdogmatik bekannt, vgl. nur *Pieroth/Schlink/Kingreen/Poscher*, Grundrechte, Rn. 237.

319 *Ambos*, Internationales Strafrecht, § 3 Rn. 93 m.w.N.

320 Vgl. nur *Ambos*, Internationales Strafrecht, § 3 Rn. 92.

321 *Kreß*, ZStW 2002, 818, 837 bezeichnet etwa die Maßnahmen der Strafverfolgung als „treuhänderisch". Ähnlich auch *Keller*, GA 2006, 25, 27; *Köhler*, JRE 2003, 435, 463.

Strafrechtspflege – rechtliche oder tatsächliche Hindernisse geben, die dazu führen, dass eine Verurteilung durch die Staatengemeinschaft, etwa durch den IStGH, nicht möglich ist. Ein rechtliches Hindernis kann dabei die fehlende Jurisdiktion *ratione materiae* des IStGH[322] sein; ein tatsächliches Hindernis wäre in einer Überlastung des Gerichtshofs zu sehen.

§ 9 Vertragsprinzip und Kompetenzverteilungsprinzip

Als Vertragsprinzip wird neuerdings ein Prinzip bezeichnet, wonach Staaten ihre Strafgewalt auch aus vertraglichen Vereinbarungen mit einem oder mehreren anderen Staaten ableiten dürfen.[323] Oft besteht eine vertragliche Pflicht, ein Verhalten unter bestimmten Umständen unter Strafe zu stellen bzw. mit Mitteln des Strafrechts zu ahnden,[324] oder es wird umgekehrt ein Verbot festgehalten, bestimmte Maßnahmen, v.a. Ermittlungsmaßnahmen zu ergreifen.[325] Das Vertragsprinzip bezieht sich dabei in der Regel auf die bereits vorhandenen Anknüpfungspunkte, ohne dass es einem dieser Punkte eindeutig zugeordnet werden kann. So ist es in einem Vertrag möglich, gleichzeitig eine Befugnis – oder sogar eine Pflicht – zur Ahndung von Inlandstaten von Ausländern (= Territorialitätsprinzip) wie auch zur Ahndung von Auslandstaten von Inländern (= Personalitätsprinzip) festzulegen. Das Vertragsprinzip kann somit eine Vielzahl von „Kompetenztiteln“ legitimieren;[326] es wird wegen dieser Vielschichtigkeit auch als „völkerrechtliches Geltungsprinzip *sui generis*“ bezeichnet.[327]

Diese Einordnung ist jedoch nicht überzeugend. Soweit der völkerrechtliche Vertrag nämlich an die bereits benannten Kriterien anknüpft, bedarf es eines Rückgriffs auf das Vertragsprinzips schon gar nicht, so dass dieses letztlich überflüssig ist. Die Strafgewalt ergibt sich dann etwa aus dem Territorialitätsprinzip und nicht daraus, dass vertraglich vereinbart wurde, dass das Territorialitätsprinzip gelten soll. Soweit diese „Kompetenztitel“ in einem völkerrechtlichen Vertrag sich nicht einem bekannten Kriterium zuordnen lassen,[328] ist höchst zweifelhaft, ob ein solcher Vertrag überhaupt zulässig wäre. Wenn etwa in einem fiktiven Vertrag Deutschland und Österreich vereinbaren würden, dass für in der Schweiz durch

---

322 Die fehlende Urteilsgewalt des IStGH – nicht: die fehlende Strafbarkeit der Tat! – kann darauf zurückzuführen sein, dass das zu beurteilende Verbrechen nicht im Katalog des § 5 IStGH-Statut aufgeführt ist, oder dass die beteiligten Staaten das IStGH-Statut nicht ratifiziert haben.

323 *Werle/Jeßberger* in LK-StGB, vor § 3 Rn. 250; *Jeßberger*, Der transnationale Geltungsbereich, S. 286; *Eser* in Schönke/Schröder, StGB, vor § 3 Rn. 22.

324 Vgl. etwa Art. 3 Abs. 2 Tokioter Vertrag, Art. 4 Drogenkonvention.

325 Vgl. Art. 27 SRÜ, dazu auch unten Teil 2 § 2 B.III.

326 *Jeßberger*, Der transnationale Geltungsbereich, S. 288.

327 *Jeßberger*, Der transnationale Geltungsbereich, S. 287.

328 *Jeßberger*, Der transnationale Geltungsbereich, S. 288 weist nachdrücklich darauf hin, dass dies „nicht notwendigerweise“ der Fall ist.

Schweizer begangene Diebstähle die deutsche Strafgewalt bestehen soll, wäre dies ein offensichtlich unzulässiger Eingriff in die schweizerische Souveränität. Die Vertragsparteien können daher jedenfalls dann keine „neuen“ Kriterien finden, wenn sie damit – wie dies in aller Regel zu erwarten sein wird – in die Rechte von Drittstaaten eingreifen würden. Im genannten Beispiel dürfte also Österreich vertraglich nur die Fälle gewissermaßen an die deutsche Strafgewalt „übertragen“, für die es *selbst* die Strafgewalt legitimerweise beanspruchen kann.

Ein völkerrechtlicher Vertrag kann also nur

1. zum Ausdruck bringen, dass in bestimmten Fällen von der Strafgewalt kein Gebrauch gemacht werden darf,
2. zum Ausdruck bringen, dass in bestimmten Fällen eine Strafgewalt – und zusätzlich meist eine Verpflichtung zur Strafverfolgung, d.h. zur „Nutzung“ der Strafgewalt – besteht, oder
3. eine *bestehende* Strafgewalt einem anderen Vertragsstaat „übertragen“ und somit eine Vorrangzuständigkeit begründen.[329]

Voraussetzung ist also immer ein ohnehin bestehender legitimer Anknüpfungspunkt in einem Vertragsstaat. Wenn ein solcher in dem Staat nicht besteht, der die Strafgewalt beansprucht, stützt sich die Strafgewalt zwar *prima facie* auf den völkerrechtlichen Vertrag; letztlich handelt es sich aber um eine Variante der stellvertretenden Strafrechtspflege,[330] nämlich der Ausübung eigener Strafgewalt für einen anderen Staat, hier nicht nur mit mutmaßlicher, sondern mit ausdrücklicher Einwilligung dieses Staates. Auch um diese Fälle zu erfassen, bedarf es also keines Rückgriffs auf ein „Vertragsprinzip“.

Entsprechendes gilt auch für ein sog. „Kompetenzverteilungsprinzip“. Dahinter steht der – an sich zu begrüßende – Gedanke, möglichst *einem* Staat die Strafgewalt zuzuweisen und den Geltungsbereich anderer Strafrechtsordnungen einzuschränken.[331] Angeknüpft werden soll dabei an den Wohnsitz des Beschul-

329 Insofern ist es richtig, wenn *Oehler* in FS-Grützner, S. 110, 121 feststellt, dass das Kompetenzverteilungsprinzip niemals subsidiär zur Auslieferung steht. Dass das Kompetenzverteilungsprinzip aber „völlig originär“ auftritt, ist dagegen fehlerhaft. Die Strafgewalt bzw. der Vorrang der Strafgewalt des Staates, dem die Kompetenz zugewiesen wurde, ist nämlich abhängig – und zwar von der vorgenommen völkerrechtlichen Kompetenzzuweisung. Wäre das „Kompetenzverteilungsprinzip“ völlig originär, bedürfte es einer solchen völkervertraglichen Vereinbarung nicht.

330 Anders dagegen *Eser* in Schönke/Schröder, StGB, vor § 3 Rn. 22, der im Vertragsprinzip den Gedanken der „internationalen Solidarität“ ähnlich wie beim Weltrechtsprinzip verwirklicht sieht. Ebenfalls eher in Richtung des Weltrechtsprinzips BayObLG NJW 1998, 392, 393. Nach hier vertretener Auffassung liegt aber auch bei der Weltrechtspflege ein Schwerpunkt auf der Stellvertretung – hier: der Staatengemeinschaft, vgl. dazu sogleich unter Systematik der Anknüpfungspunkte (Teil 1 § 10).

331 *Werle/Jeßberger* in LK-StGB, vor § 3 Rn. 255.

digten. Daher handelt es sich zunächst um eine Variante des Domizilprinzips.[332] Ein allgemeines Domizilprinzip wird damit jedoch nicht begründet: Wenn eine Kompetenz vertraglich „verteilt" oder „zugewiesen" werden soll, muss sie überhaupt einem der Vertragsstaaten zustehen.[333] Soweit der Täterwohnsitz *allein* entscheidend sein soll, die anderen Staaten also – unter der Voraussetzung, dass in dem Wohnsitzstaat abgeurteilt wird – auf ihre Strafgewalt verzichten, liegt darin aber kein neues „Prinzip". Die beteiligten Staaten erklären sich vielmehr damit einverstanden, dass ein anderer Staat stellvertretend für sie aburteilen soll und legen auch fest, welcher Staat dies sein soll. Hier mischt sich der Gedanke der stellvertretenden Strafrechtspflege mit einem Ansatz zur Lösung konkurrierender Strafgewalten.[334]

Sowohl das Vertrags- als auch das Kompetenzverteilungsprinzip stellen sich damit als Spezialfälle der stellvertretenden Strafrechtspflege dar.

§ 10 Systematik der Anknüpfungspunkte

Unabhängig vom Versuch, eine *Rangordnung* (dazu noch im Folgenden) der Anknüpfungspunkte zu bilden, gab und gibt es immer wieder Versuche, die Prinzipien systematisch zu organisieren und zusammenzufassen. So werden etwa das passive Personalitätsprinzip und das Staatsschutzprinzip zusammen als „Schutzprinzip" bezeichnet;[335] oder das Flaggenprinzip als Unterfall oder Variante des Territorialitätsprinzips angesehen.[336]

---

332 Dazu bereits oben Teil 1 § 6.

333 So wäre es etwa unzulässig, aufgrund einer fiktiven EU-Regelung, wonach stets der Wohnsitz für die Strafgewalt entscheidend sein soll, die in Russland begangene Tat eines Russen, die keinen Bezug zur EU hat, allein deshalb in Deutschland abzuurteilen, weil der Beschuldigte seinen Wohnsitz hier hat. Selbst für den Bereich innerhalb der EU gegen die Schaffung „neuer" Anknüpfungspunkte *Eisele*, ZStW 2013, 1, 25. Vgl. auch schon weiter oben zum Vertragsprinzip.

334 Ebenfalls gegen ein „eigenständiges Prinzip" – ohne jedoch die stellvertretende Strafrechtspflege anzusprechen – *Eser* in Schönke/Schröder, StGB, vor § 3 Rn. 26; *Ambos*, Internationales Strafrecht, § 3 Rn. 128 mit der zutreffenden Begründung, es gehe nicht um eine „einseitige Ausdehnung" der Strafgewalt aufgrund eines legitimierenden Anknüpfungspunktes, sondern um eine völkerrechtliche Kompetenzzuweisung.

335 Beiden Prinzipien ist gemein, dass es um den Schutz entweder des Staates selbst oder seiner Angehörigen geht. Daher ist es zumindest fraglich, wenn *Marauhn/Simon* in Sinn (Hrsg.), Jurisdiktionskonflikte, S. 21, 32 das passive Personalitätsprinzip als „Weiterung des aktiven Personalitätsprinzips" ansehen.

336 So ist es zu erklären, wenn in einigen nationalen Vorschriften des internationalen Strafrechts die Kriterien „Staatsgebiet" und „Flagge" nicht nur – wie in Deutschland – unmittelbar nacheinander genannt werden, sondern sogar in derselben Vorschrift, vgl. etwa in Polen Art. 5 k.k.

A. Selbstschutz und Solidarität

Oehler[337] unterscheidet nur zwei Gruppen von Prinzipien: Einerseits solche, die dem „Selbstschutz des Staates" dienen,[338] wobei *Oehler* mit Selbstschutz nicht lediglich den Schutz des Staates in einem engen Sinne meint (dies würde nur das Staatsschutzprinzip umfassen). Vielmehr unterfällt dieser Gruppe alles, was in irgendeiner Weise dem Schutz des Staates, seiner Bürger, aber auch seiner Rechtsordnung innerhalb seines Gebiets dient, womit auch das passive Personalitätsprinzip und das Territorialitätsprinzip der Kategorie „Selbstschutz des Staates" zuzuordnen sind. Demgegenüber stehen – *Oehler* zufolge – solche Prinzipien, die auf der „Solidarität der Staaten" beruhen.[339] Darunter sollen neben dem Prinzip der stellvertretenden Strafrechtspflege und dem Weltrechtsprinzip auch das aktive Personalitätsprinzip und das Prinzip des Gemeinschaftsgüterschutzes[340] fallen.

Bereits die Aufzählung des – wie gezeigt umstrittenen und problematischen – passiven Personalitätsprinzips in einer Reihe mit den Anknüpfungspunkten der Territorialität und des Staatsschutzes, die international die größte Anerkennung genießen, erscheint allerdings bedenklich. Besonders problematisch ist die darin implizierte Gleichsetzung des Schutzes des Staates selbst mit dem der Interessen und Rechtsgütern seiner Bürger unter dem Oberbegriff „Selbstschutz *des Staates*". Die Interessen des Staates können und müssen von denen seiner Angehörigen unterschieden werden. Eigene Rechte und Interessen darf der Staat ohne Weiteres auch mit Mitteln des Strafrechts schützen. In Bezug auf Rechte der Staatsangehörigen mag es dagegen zwar im Einzelfall Schutzpflichten des Staates geben, ob diese allerdings weltweit bestehen und es so rechtfertigen können, das passive Personalitätsprinzip in die Nähe des Staatsschutzprinzips zu rücken, ist überaus fraglich.[341] Unbedenklich ist dagegen die Annahme, dass zum „Selbstschutz des Staates" im weitesten Sinne auch die Einhaltung seiner Rechtsordnung – beschränkt auf das jeweilige Staatsgebiet – gehört.[342]

B. Abhängige und unabhängige Strafgewalt

Mit einem etwas anderen Schwerpunkt wird oftmals[343] zwischen originärer und derivativer Strafgewalt unterschieden, wobei die Abgrenzung nicht immer in derselben Weise vorgenommen wird.

---

337 *Oehler* in FS-Grützner, S. 110, 115; ebenso *Schröder*, JZ 1968, 241. In diese Richtung auch *Böse* in NK-StGB, vor § 3 Rn. 15.

338 *Oehler*, Internationales Strafrecht, Rn. 122.

339 *Oehler*, Internationales Strafrecht, Rn. 133.

340 In heutiger Terminologie wohl: Unionsschutzprinzip.

341 Dazu noch näher unter Teil 4 § 3 C.V.

342 Vgl. die im englischen Recht zu findende Formulierung, wonach das Territorialitätsprinzip dazu dient, den „königlichen Frieden" [*Queen's Peace*] zu schützen, es also letztlich auf einem Interesse des Staates selbst beruht.

343 *Schwaighofer*, Auslieferung, S. 63; Pappas, Stellvertretende Strafrechtspflege, S. 99; *Lagodny*, Gutachten, S. 12; *Jeßberger*, Der transnationale Geltungsbereich, S. 11 f.; *Böse* in FS-Wolter, S. 1311, 1315 f.

Im Allgemeinen lässt sich feststellen, dass bei originärer Strafgewalt dem Staat selbst gewissermaßen aus eigenem Recht die Strafgewalt zusteht. Im Fall derivativer Strafgewalt wird der Staat dagegen für einen anderen Staat tätig.[344] Er leiht gewissermaßen „dem auswärtigen Staat seinen Arm zur Ausübung der eigenen Strafgerichtsbarkeit".[345] Ein solches Tätigwerden „für einen anderen" geschehe regelmäßig aus altruistischen Motiven.[346]

Klassischer Fall der Ausübung derivativer Strafgewalt ist das, was in Deutschland mit stellvertretender Strafrechtspflege bezeichnet wird. Auch das Weltrechtsprinzip gehört, als Variante der stellvertretenden Strafrechtspflege (vgl. oben § 8), in diese Kategorie.

Die übrigen Anknüpfungsprinzipien werden überwiegend als Aspekte originärer Strafgewalt betrachtet: Der Staat leitet hier seinen Strafanspruch direkt aus einer tatsächlichen Verknüpfung zwischen Tat und Staat her, die z.B. schon darin bestehen kann, dass Täter oder Opfer Angehörige dieses Staates sind. Nach hier vertretener Auffassung ist in einigen dieser Fälle jedoch mindestens das Vorhandensein einer Tatortstrafbarkeit erforderlich, so dass hier anders zu differenzieren ist.

Richtig ist der Ausgangspunkt, nämlich danach zu unterscheiden, ob der Staat seine Strafgewalt unabhängig von anderen Staaten und der Staatengemeinschaft beanspruchen kann, oder in irgendeiner Weise von anderen Rechtsordnungen abhängig ist. Unabhängig ist der Staat nur dann, wenn er seine Strafgewalt auf das Territorialitätsprinzip (hier zunächst einschließlich des Flaggenprinzips verstanden) oder das Staatsschutzprinzip im engeren Sinne stützen kann. Selbst dann, wenn Täter und/oder Opfer ausländische Staatsangehörige sind, liegt keine Einmischung in die Angelegenheiten eines anderen Staates vor.

In allen anderen Fällen ist der Staat von der Rechtsordnung anderer abhängig, wenn er Strafgewalt ausüben will. Bei der stellvertretenden Strafrechtspflege leuchtet dies schon ohne weiteres ein.

---

344 *Schwaighofer* zufolge soll originäre Strafgewalt sogar nur dann vorliegen, wenn die Strafgewalt ohne das Vorliegen einer identischen Tatortnorm ausgeübt wird. Dieses Verständnis ist jedoch bei anderen auf Ablehnung gestoßen (*Pappas*, Stellvertretende Strafrechtspflege, S. 99); *Lagodny*, Gutachten, S. 12 f. bezeichnet Strafgewalt, die sich auf irgendeinen der genannten Anknüpfungspunkte stützen kann, als originär, was dem Ansatz *Schwaighofers* jedenfalls dann widerspricht, wenn man – wie hier vorgeschlagen – ein absolutes Personalitätsprinzip ablehnt.

345 So schon im Jahr 1804 *Feuerbach*, Kritik des Kleinschrodischen Entwurfs Bd. II, S. 7.

346 Vgl. auch *Böse* in FS-Wolter, S. 1311, 1316, der annimmt, der Staat werde „nicht in eigenem Interesse" tätig. Mit Blick darauf, dass die stellvertretende Strafrechtspflege jedenfalls in Deutschland vor allem dann zum Tragen kommt, wenn der Beschuldigte aus grund- oder menschenrechtlichen Erwägungen heraus nicht ausgeliefert werden kann, erscheint das allerdings zweifelhaft: Die Umsetzung einer solchen Vorgabe wird man kaum als „altruistisch" bezeichnen können.

Aber auch bei der Berufung auf das aktive Personalitätsprinzip sollte der Staat *de lege ferenda* von anderen Staaten abhängig sein.[347] Zwar ist anerkannt, dass der Staat Strafgewalt ausüben darf, wenn der Beschuldigte diesem Staat angehört; insofern mag man auch hier durchaus von originärer Strafgewalt sprechen. Die Möglichkeit, Strafgewalt über eigene Staatsangehörige auszuüben, sollte aber nach hier vertretener Auffassung nur dann bestehen, wenn die Tat auch nach der *lex loci* strafbar ist oder der Tatort keiner Staatsgewalt unterliegt.[348] Insofern ist der Staat, auch wenn er seine eigene Strafgewalt ausüben darf, doch vom ausländischen Recht abhängig.

Entsprechendes gilt auch für die Ausübung von Strafgewalt auf Grund des passiven Personalitätsprinzips und erst recht für alle Varianten eines Domizilprinzips: Es muss eine Strafbarkeit nach dem Tatortrecht bestehen.

Auch bei der Ausübung von Strafgewalt auf der Grundlage des Weltrechtsprinzips ist der Staat nicht unabhängig. Hier ist vielmehr Voraussetzung, dass die abzuurteilende Straftat überhaupt dem Weltrechtsprinzip unterfällt, was nicht vom Staat alleine entschieden werden kann, sondern nur von der Staatengemeinschaft. Der Staat ist also in seiner Strafgewalt vom Völker(straf)recht abhängig.[349]

Um die Abhängigkeit der jeweiligen Strafgewalt von anderen Staaten bzw. der Staatengemeinschaft zum Ausdruck zu bringen, ist daher richtigerweise zwischen *unabhängiger* (Territorialitätsprinzip, Flaggenprinzip, Staatsschutzprinzip) Strafgewalt einerseits und *abhängiger* Strafgewalt (Personalitäts- und Domizilprinzipien, Weltrechtsprinzip, stellvertretende Strafrechtspflege) zu unterscheiden.

---

347 Ähnlich auch *Böse* in FS-Wolter, S. 1311, 1323, der allerdings – seiner Systematik folgend – von „abgeleiteter Strafgewalt" spricht.

348 Vgl. oben Teil 1 § 4 D. zur Ablehnung eines absoluten aktiven Personalitätsprinzips jedenfalls *de lege ferenda*.

349 Wenn dagegen *Ambos* in MüKo-StGB, vor § 3 Rn. 52 im Zusammenhang mit dem Weltrechtsprinzip von originärer Strafgewalt spricht, ist dies nur insofern zutreffend, als der urteilende Staat vom Recht des Tatortstaates unabhängig ist. Die Abhängigkeit vom Völker(straf)- recht wird aber auch von *Ambos* nicht in Frage gestellt.

Teil 2 Rangordnung der völkerrechtlichen Anknüpfungspunkte *de lege lata*

Nachdem geklärt ist, welche Anknüpfungspunkte zulässig sind und welchen Inhalt sie haben, ist das Verhältnis der einzelnen Anknüpfungspunkte zueinander zu erörtern. Hier könnte es – über die Subsidiarität des passiven Personalitätsprinzips[350] hinaus – eine Rangordnung geben, die sich aus dem Völkerrecht ergibt. Einigkeit besteht zumindest darüber, dass eine verbindliche Rangordnung *nur* aus dem Völkerrecht und nicht etwa aus nationalen Vorschriften folgen kann.[351] Das nationale Recht muss aber dann mit herangezogen werden, wenn es darum geht zu klären, ob möglicherweise ein Völkergewohnheitsrecht besteht. Mittelbar spielt also das Recht der Staaten, aber nicht des einzelnen Staates durchaus eine gewisse Rolle.

§ 1 Grundsätzliche Bedenken

A. Prinzipien als „standardisierte Abwägungsergebnisse"

Schon die Möglichkeit einer Rangordnung der Anknüpfungspunkte wird teilweise[352] aus grundsätzlichen Erwägungen abgelehnt. Außerdem wird darüber hinaus sogar bezweifelt, dass sich aus „den vorhandenen [völkerrechtlichen] Rechtsquellen" überhaupt ableiten lasse, dass die Anknüpfungspunkte allgemein anerkannt seien, für eine Rangordnung gelte das erst recht.[353]

Die „Prinzipien" seien im Grunde standardisierte Abwägungsergebnisse und könnten damit lediglich nebeneinander bestehen und „*logischerweise* keine Rangordnung in sich selbst bergen"[354]. Der Charakter als allgemeines „Prinzip" ermögliche es auch nicht, eine Priorität oder Subsidiarität anzunehmen.[355]

Das Erfordernis eines Anknüpfungspunktes sei das Kriterium für „A" oder „Nicht-A" und könne nicht gleichzeitig ein Kriterium für „Mehr-A" oder „Weniger-A" sein. Für die Frage des „mehr" oder „weniger" könne es allenfalls andere Kriterien geben.[356] Es handele sich hier nämlich um eine notwendige Bedingung (Vorhandensein eines Anknüpfungspunktes), die nicht – jedenfalls nicht ohne Hinzuziehung anderer Kriterien – zugleich hinreichende Bedingung sein könne.[357]

---

350 Dazu oben Teil 1 § 5.

351 Vgl. nur *Werle/Jeßberger* in LK-StGB, vor § 3 Rn. 56.

352 *Lagodny*, Gutachten, S. 44; *Pawlik* in FS-Schroeder (2006), S. 87.

353 So *Walther* in FS-Eser, S. 925, 926, die zudem auch die Sinnhaftigkeit einer solchen Ordnung in Frage stellt, dazu noch unten Teil 3 § 1.

354 *Lagodny*, ZStW 1989, 987, 1005 (Hervorhebung J.B.).

355 *Lagodny*, Gutachten, S. 44; *Pappas*, Stellvertretende Strafrechtspflege, S. 87.

356 *Blakesely/Lagodny* in Eser/Lagodny (Hrsg.), Principles and Procedures, S. 96.

357 So ausdrücklich *Blakesely/Lagodny* in Eser/Lagodny (Hrsg.), Principles and Procedures, S. 96.

B. Die Gegenposition

Vor allem *Ambos* ist dagegen der Meinung, es könne sich aus dem Völkerrecht eine Rangordnung ergeben,[358] und meint sogar, dass eine solche schon jetzt gegeben sei, wenngleich er allerdings einschränkend von einer „wenigstens ansatzweise[n]" Ordnung spricht.[359] Es bedürfe dabei einer „konkreten Abwägung".[360]

Ambos geht allerdings nicht auf die oben aufgezeigten grundsätzlichen Bedenken ein und zeigt auch nicht auf, wie sich aus einer *konkreten* Abwägung im Einzelfall eine *abstrakt-generelle* Rangordnung ergeben soll.

C. Stellungnahme

Zutreffend ist zunächst, dass sich eine Rangordnung aus dem Völkerrecht ergeben muss, um für alle Staaten verbindlich zu sein. Das schließt zwar nicht aus, dass einzelne Staaten unilateral ihre Strafgewalt zurücknehmen;[361] eine für alle verbindliche Ordnung kann aber nur aus dem Völkergewohnheits- oder -vertragsrecht begründet werden.

Allerdings verbietet es der Begriff des „Prinzips" nicht, dass z.B. ein Anknüpfungspunkt nur subsidiär zur Geltung gelangt oder eine irgendwie geartete Reihenfolge besteht. Auch im nationalen Recht bestehen beispielsweise auf verschiedenen Ebenen „Prinzipien" (Verfassungsprinzipien, Grundsätze im Allgemeinen Teil des Strafrechts, Grundsätze der Vertragsauslegung usw.), die selbstverständlich nicht alle gleichrangig sind.[362] Die Anknüpfungspunkte sind ihrerseits auch keine absolut geltenden Grundsätze, sondern finden ihre Grundlage in den Prinzipien von Souveränität und materieller Gerechtigkeit. Diese gelten wiederum nicht absolut, sondern müssen ggf. miteinander in Einklang gebracht werden.[363] Dies

---

358 Für die grundsätzliche Möglichkeit einer Rangordnung auch *Werle/Jeßberger* in LK-StGB vor § 3 Rn. 46, die eine Ordnung *de lege lata* aber nicht gegeben sehen. Unklar insoweit *Pappas*, Stellvertretende Strafrechtspflege, S. 338 f., der generelle Regeln ablehnt, ohne etwas zur theoretischen Möglichkeit solcher Regeln zu sagen.

359 *Ambos*, Internationales Strafrecht, § 4 Rn. 12. Dagegen gehen *Miller/Rackow*, ZStW 2005, 379, 380 davon aus, dass bereits *de lege lata* das Territorialitätsprinzip „vorrangig", die anderen Prinzipien „hierarchisch nachgeordnet" bzw. „bedingt subsidiär" sind; leider ohne dies selbst näher zu begründen.

360 *Ambos*, Internationales Strafrecht, § 4 Rn. 9, Hervorhebung entfernt.

361 Diese Möglichkeit wird auch von *Lagodny*, ZStW 1989, 987, 1005 f. anerkannt.

362 Problematisch kann dies nur insofern sein, als sich letztlich alle „Prinzipien" auch auf ein höheres z.B. Verfassungsprinzip zurückführen lassen. Dies gilt insbesondere für einige Grundsätze im Strafrecht, etwa *nulla poena sine lege* und *in dubio pro reo.*

363 Insbesondere bei Völkerrechtsverbrechen geht es darum, bestimmte strafwürdige Verhaltensweisen weltweit zu ahnden, also auch unter Einmischung in „innere Angelegenheiten" eines anderen Staates. Trotzdem bleibt die Souveränität des Staates bei anderen Straftaten bestehen.

vorausgeschickt, verwundert es nicht, dass bereits im Jahr 1935 eine Untersuchung an der Harvard University zu dem Ergebnis kam, dass das passive Personalitäts-*prinzip* lediglich hilfsweise gilt („*is admittedly auxillary in character*“[364]).

Richtig ist aber, dass man zwischen den beiden Fragen, ob überhaupt Strafgewalt besteht, einerseits („A oder Nicht-A“) und, in welchem Verhältnis mehrere Strafgewalten zueinander stehen, andererseits („Mehr-A oder Weniger-A“) unterscheiden muss. *Blakesley/Lagodny* räumen jedoch selbst ein, dass es „andere Kriterien“ geben könnte, die über die Frage „Mehr-A oder Weniger-A“ entscheiden.[365] Während also in einem ersten Schritt zu prüfen ist, ob ein Staat überhaupt die Strafgewalt beanspruchen kann, d.h. ein Anknüpfungspunkt besteht (*notwendige* Bedingung), muss in einem zweiten Schritt – unterstellt, dass es eine wie auch immer geartete Rangordnung gibt – die Prüfung erfolgen, ob der Anknüpfungspunkt „höherwertig“ ist als der Anknüpfungspunkt anderer Staaten. Dieser zweite Schritt beinhaltet aber selbst dann eine *andere* Bedingung,[366] wenn zur Beantwortung der Frage nach der „Höherwertigkeit“ dieselbe *Tatsache* noch einmal Berücksichtigung findet, nur dieses Mal mit Blick auf die Rangordnung. Erst beide Bedingungen[367] zusammengenommen sind *hinreichend*, um die Strafgewalt auszuüben.[368]

Zuletzt ergibt sich auch unter dem Gesichtspunkt einer Abwägung nichts anderes: Der Vorgang des Abwägens bedeutet nämlich, dass Interessen und Rechtspositionen ermittelt und dabei ggf. auch gewichtet werden müssen; es muss also

---

364 *Harvard Research*, AJIL 1935 (Supplement), S. 445, vgl. bereits oben Teil 1 § 5. Eben diese Studie wird von *Heinrich*, Das passive Personalitätsprinzip, S. 78 unter Hinweis auf den „sehr viel bescheidener[en]“ Anwendungsbereich des passiven Personalitätsprinzips zitiert. Dabei geht *Heinrich* offenbar davon aus, dass sich der „hilfsweise Charakter“ lediglich auf die innerstaatliche Rechtsordnung bezieht – das passive Personalitätsprinzip also eine Art Auffangregelung darstellt. Aus völkerrechtlicher Sicht geht *Heinrich*, wie er zuvor (S. 77) ausführt, davon aus, dass überhaupt keine Rangordnung besteht.

365 Vgl. nochmals *Blakesley/Lagodny*, Eser/Lagodny (Hrsg.), Principles and Procedures, S. 96.

366 Oder in den Worten von *Blakesley/Lagodny* „andere Kriterien“.

367 Also, das Vorhandensein eines Anknüpfungspunktes und die Höherwertigkeit dieses Anknüpfungspunktes. Da die Höherwertigkeit eines Anknüpfungspunktes notwendig voraussetzt, *dass überhaupt* ein Anknüpfungspunkt besteht, kann man auch sagen, dass „nur“ die Höherwertigkeit des Anknüpfungspunktes hinreichende Bedingung für die Ausübung der Strafgewalt ist.

368 Folgendes außerrechtliches Beispiel mag dies zusätzlich verdeutlichen: Um beim Glücksspiel „Black Jack“ zu gewinnen, ist es notwendig, dass der Spieler weniger als 21 Punkte hat (notwendige Bedingung). Haben sowohl der Spieler, als auch der Croupier diese Bedingung erfüllt, ist in einem zweiten Schritt zu prüfen, ob die Punktzahl des Spielers höher ist als die des Croupiers. Erst zusammengenommen sind beide Aspekte hinreichend, damit der Spieler gewinnt. Auch in diesem Beispiel wird dieselbe Tatsache (Punktzahl des Spielers) für zwei verschiedene Bedingungen berücksichtigt, ohne dass logische Bedenken dagegen bestehen.

untersucht werden, welche Position stärker oder schwächer ist. Außerdem sind auch bei der Abwägung die oben aufgezeigten beiden Schritte zu unterscheiden. In einem ersten Schritt müssen hier das Interesse des Staates, der strafen will, einerseits und das Interesse *aller* anderen Staaten z.B. an der Nichteinmischung in eigene Angelegenheiten andererseits, gegeneinander abgewogen werden. Die meisten dieser anderen Staaten mögen mit der Straftat nichts zu tun haben und somit kein berechtigtes Interesse daran haben, die Tat zu ahnden. Demzufolge *kann* diese Abwägung nie zu Gunsten eines unbeteiligten Staates ausfallen, sondern das Ergebnis dieser Abwägung besteht darin, dass einem Staat *allenfalls* dann die Strafgewalt zusteht, wenn ein sinnvoller Anknüpfungspunkt vorliegt.

In einem zweiten Schritt der Abwägung ist dann das Verhältnis der Strafgewalten zueinander zu klären, denn darüber hat es in dem ersten Schritt der Abwägung noch keine Entscheidung gegeben.

Beispiel: *Der Deutsche D erschießt den Polen P in dessen Heimatstaat. Neben Deutschland und Polen beansprucht der (unbeteiligte) Staat X die Strafgewalt über diesen Fall.*

Hier gibt es drei Abwägungen, die in den beiden aufgezeigten Schritten in folgenden staatlichen Relationen vorgenommen werden müssen:[369] Deutschland-Polen, X-Deutschland und X-Polen. Indem das Völkerrecht definiert, wann ein Staat Strafgewalt ausüben darf, trifft es eine Entscheidung nur zuungunsten des Staates X: Die Souveränität und damit die Freiheit, die Reichweite des Strafrechts zu bestimmen, wird gegen den völkerrechtlichen Nichteinmischungsgrundsatz abgewogen, und zwar mit eindeutigem Ergebnis. Der erste Schritt der Abwägung führt also in den Relationen X-Deutschland und X-Polen zu einem Vorrang Deutschlands bzw. Polens. Erst im zweiten Schritt der Abwägung kann dagegen das Verhältnis zwischen Deutschland und Polen geklärt werden.

Nach alledem sprechen keine grundsätzlichen Erwägungen dagegen, dass die völkerrechtlichen Kriterien einer mehr oder weniger verbindlichen Rangordnung unterliegen können und ggf. schon *de lege lata* eine solche Ordnung besteht.

§ 2 Völkervertragsrecht

Die Natur der Anknüpfungspunkte ist an sich nicht völkervertraglich, sondern gewohnheitsrechtlich: Es gibt keinen völkerrechtlichen Vertrag, aus dem sich explizit ergäbe, dass ein bestimmtes Kriterium für die Begründung der Strafgewalt zulässig oder unzulässig ist, oder der einen Anknüpfungspunkt genau definierte. Die

369 Die theoretisch ebenfalls nötige Abwägung mit den Interessen jedes anderen Staates bleibt außen vor; sie fällt genau so aus, wie die jeweilige Abwägung mit dem Staat X. Eine isolierte Abwägung, d.h. ohne die Interessen von Deutschland und Polen zu berücksichtigen, zwischen dem Staat X und einem (ebenfalls unbeteiligten) weiteren Staat würde dazu führen, dass kein Staat Vorrang vor dem anderen hat und beide strafen dürften.

bestehenden Verträge regeln allenfalls einen Teilbereich, etwa die Reichweite und die Grenzen des Staatsgebiets, und gehen dabei nur kurz – wenn überhaupt – auf strafrechtliche Auswirkungen ein. Trotzdem kann ein völkerrechtlicher Vertrag auf ganz oder teilweise anerkannte Anknüpfungspunkte zurückgreifen und ggf. auch – wenn auch nur für einige bestimmte Einzelfälle – eine Rangordnung der oben (Teil 1) genannten Anknüpfungspunkte festlegen. Daher sollen nun einige Rechtsbereiche näher betrachtet werden, in denen völkerrechtliche Verträge mit Regelungen zur Strafgewalt existieren, insbesondere mit Blick auf eine dort ggf. vorhandene Rangordnung.

A. Luft- und Weltraumrecht

I. Straftaten an Bord von Flugzeugen

Im Jahr 1963 wurde in Art. 3 Abs. 1 Tokioter Abkommen[370] für Straftaten an Bord von Flugzeugen[371] festgelegt, dass derjenige Staat zuständig ist, in dem das Flugzeug eingetragen ist. Somit ist das Flaggenprinzip im Bereich der Luftfahrt völkervertragsrechtlich ausdrücklich anerkannt. Keine Aussage trifft das Tokioter Abkommen aber darüber, in welchem Verhältnis die Strafgewalt des Eintragungsstaates zu der anderer Staaten – z.B. Tatortstaaten[372] oder dem Staat, dem der Täter angehört – steht. Im Gegenteil lässt das Abkommen diese Frage ausdrücklich offen. Es will gerade nicht die Strafgewalt anderer Staaten beschränken (vgl. Art. 3 Abs. 3 Tokioter Abkommen), wodurch es weiterhin zu Strafgewaltkonflikten kommen kann.[373]

Der Hauptzweck des Tokioter Abkommens liegt darin, Strafgewaltlücken im „staatsfreien Luftraum" zu schließen. Ohne die Geltung des Flaggenprinzips bestünden solche Lücken immer dann, wenn sich das Flugzeug über Hoher See befindet und im nationalen Recht kein anderer Anknüpfungspunkt umgesetzt ist,[374]

370 Convention on Offences and Certain Other Acts Committed on Board Aircraft, BGBl. 1969 II S. 121; 1970 II S. 2276 (der deutsche Text ist völkerrechtlich nicht bindend). Inzwischen sind 185 Staaten Vertragspartei (Stand: 09.07.2014; http://www.icao.int/secretariat/legal/List%20of%20Parties/Tokyo_EN.pdf); das Abkommen gilt faktisch weltweit.

371 In der Worten des Abkommens: „Luftfahrzeuge". Dieser Begriff ist zwar etwas weiter als der des Flugzeugs; das Flugzeug ist aber der häufigste und praxisrelevanteste Fall eines Luftfahrzeugs.

372 Wenn sich das Flugzeug nicht gerade über der hohen See befindet, gibt es mindestens einen Tatortstaat, da der Luftraum zum Staatsgebiet gehört.

373 Dies gilt jedenfalls theoretisch. Ein Zweck des Art. 3 Tokioter Abkommen liegt nämlich darin, praktische Probleme bei der Bestimmung des Tatortes zu vermeiden. In aller Regel hat ein Staat, der nur eventuell Tatortstaat ist, kein allzu großes Interesse an der Strafverfolgung. Im unten Teil 4 § 1 A.IV. noch näher zu besprechenden Lockerbie-Fall war der Erfolgsort dagegen unproblematisch feststellbar.

374 Dies war noch 1950 in den USA der Fall, vgl. den Fall *United States* v. *Cardova and Santano*, in dem das US-Gericht seine Strafgewalt verneinte, weil die Tat über

oder wenn der Tatort nicht genau festgestellt werden kann. Im letzteren Fall müsste nämlich jeweils *in dubio pro reo* angenommen werden, dass der Tatort nicht im Inland liegt, und damit Freispruch erfolgen.[375] Wenn aber eindeutig auf genau einen Staat, und zwar den Flaggenstaat, abgestellt wird, dann gibt es keinen „strafrechtsfreien“ Luftraum.

Aus praktischen Gründen spricht viel dafür, dem Flaggenstaat, zumindest dann einen Vorrang vor dem oft nur mit Schwierigkeiten zu ermittelnden Tatortstaat einzuräumen, wenn das Flugzeug sich bereits in der Luft befindet.[376]

II. Ermittlungsmaßnahmen

Nach Art. 4 Tokioter Abkommen darf ein Staat seine Strafgerichtsbarkeit nicht ausüben, wenn dabei der Flug behindert wird. Diese Vorschrift betrifft aber in erster Linie Ermittlungsmaßnahmen wie Beschlagnahmen und Durchsuchungen. Zudem gibt es zahlreiche Ausnahmen, im Wesentlichen für den Fall, dass einer der bereits benannten „Anknüpfungspunkte“ vorliegt; teilweise gehen die Ausnahmebestimmungen aber auch über die bisherigen Anknüpfungspunkte hinaus.[377] Eine Beschränkung der Strafgewalt oder eine Rangordnung der völkerrechtlichen Anknüpfungspunkte lässt sich dieser Regelung jedenfalls nicht entnehmen.

III. Einzelne schwere Straftaten

Für einige, schwere Straftaten im Zusammenhang mit der Luftfahrt wurden spezielle völkerrechtliche Vereinbarungen zur Strafgewalt getroffen.[378] Dies betrifft

---

der Hohen See begangen wurde. Eine Gleichsetzung von „auf“ und „über“ Hoher See [*„upon“* bzw. *„above“ the High Seas*] wurde abgelehnt. Als Reaktion auf diese Strafgewaltlücke wurde ein Gesetz erlassen, wonach Straftaten, die an Bord von Flugzeugen über der Hohen See begangen werden, so behandelt werden sollen, als wären sie auf Hoher See begangen. Nachweise und Einzelheiten bei *Diederiks-Verschoor/Mendes de Leon*, Air Law, S. 391 f.

375 Sofern man nicht eine Form der Wahlfeststellung zwischen mehreren Tatorten für zulässig hält, dazu noch unten Teil 4 § 4 D.VI.

376 Vgl. auch *Diederiks-Verschoor/Mendes de Leon*, Air Law, S. 392, die es für *„impracticable“* halten, die Strafgewalt allein auf die Gebietshoheit zu beschränken. Am Boden ist dagegen eine Zuordnung zu einem Tatort praktisch immer möglich, evtl. mit Ausnahme von wenigen und sehr kleinen Flughäfen, die unmittelbar auf einer Staatsgrenze liegen. Man könnte sogar – entsprechend Art. 5 Abs. 2 Tokioter Abkommen – auf das Verschließen der Außentüren, und nicht erst auf das Abheben des Flugzeugs, abstellen.

377 Etwa Art. 4 lit. a, Alt. 2, in der ein reines Domizilprinzip angedeutet wird.

378 Convention for the Suppression of Unlawful Seizure of Aircraft (Haager Übereinkommen), BGBl. 1972 II S. 1505. Dieses Abkommen gilt ebenfalls praktisch weltweit, zum Ratifikationsstand vgl. http://www.icao.int/secreatariat/legal/List%20of%20Parties/Hague_EN.pdf, sowie Convention for the Suppression of Unlawful

in erster Linie sog. „Flugzeugentführungen“, aber auch andere vorsätzliche[379] Taten, die sich gegen die Sicherheit des Luftverkehrs richten. Für solche Fälle wurde ausdrücklich festgelegt, dass mehrere Staaten Strafgewalt haben sollen und sich verpflichten, diese Strafgewalt auch im nationalen Recht umzusetzen. Dies sind nämlich der Flaggenstaat, der Landestaat und der Staat, in dem der Leasingnehmer eines Flugzeugs seinen Sitz hat. Darüber hinaus wird der Grundsatz der stellvertretenden Strafrechtspflege anerkannt: Es soll nämlich jeder Staat, in dem sich der Verdächtige befindet, Gerichtsbarkeit ausüben, wenn eine Auslieferung nicht möglich ist. Eine aus anderen Gründen bestehende Strafgewalt bleibt ausdrücklich unberührt.[380]

Auch hier wird die Sorge erkennbar, es könnte theoretisch oder praktisch zu Strafgewaltlücken kommen, so dass möglichst viele Staaten (zusätzlich) strafen dürfen. Weil bestimmte Taten generell für strafbar erklärt werden und gleichzeitig jeder Staat zur Verfolgung aufgerufen wird, könnte man sogar eine Nähe zum Weltrechtsprinzip herstellen.

IV. Straftaten im Weltraum

Für den Weltraum ist das Flaggenprinzip als Anknüpfungspunkt festgelegt worden;[381] dies gilt im Grundsatz auch für die Internationale Raumstation ISS.[382] Diese Regelung dient vor allem der Schließung möglicher Strafgewaltlücken, da kein Tatortstaat existiert.[383] Eine konkurrierende Strafgewalt aufgrund des (aktiven oder passiven) Personalitätsprinzips kann jedoch weiterhin bestehen.

Für den Bereich der ISS ist zumindest für einige Fälle ein Konsultationsverfahren vorgesehen. Bei einigen schweren Straftaten[384] muss auf Antrag des Staates,

---

Acts Against the Safety of Civil Aviation (Montrealer Übereinkommen 1971), geändert durch Protokoll vom 24.09.1988, BGBl. 1977 II S. 1229; 1993 II S. 866; 1994 II S. 620.

379 Art. 1 Montrealer Übereinkommen 1971.

380 Art. 4 Haager Übereinkommen; Art. 5 Montrealer Übereinkommen 1971.

381 Art. VIII Weltraumvertrag (Vertrag über die Grundsätze zur Regelung der Tätigkeiten von Staaten bei der Erforschung und Benutzung des Weltraums einschließlich des Mondes und anderer Himmelskörper vom 27.01.1967; BGBl. 1969 II, 1968).

382 Jeder Staat behält dabei gewissermaßen die Hoheit über die von ihm eingebrachten Bestandteile der Raumstation, vgl. Art. 5 Abs. 2 ISS-Übereinkommen (Übereinkommen vom 29. Januar 1998 zwischen der Regierung Kanadas, Regierungen von Mitgliedstaaten der Europäischen Weltraumorganisation, der Regierung Japans, der Regierung der Russischen Föderation und der Regierung der Vereinigten Staaten von Amerika über die Zusammenarbeit bei der zivilen internationalen Raumstation; BGBl. 1998 II, 2447), der ausdrücklich auf Art. VIII Weltraumvertrag verweist.

383 Vgl. Art. II Weltraumvertrag.

384 Solchen, die „das Leben oder die Sicherheit ... beeinträchtig[en]“, Art. 22 Abs. 2 ISS-Übereinkommen.

dessen Angehöriger das Opfer der Straftat ist („passiver" Staat – er kann seine Strafgewalt auf das passive Personalitätsprinzip stützen), eine Konsultation mit dem Staat, dessen Angehöriger der Beschuldigte ist („aktiver" Staat), und mit dem Flaggenstaat stattfinden. Damit aber der „passive" Staat die Strafgewalt ausüben kann, muss – obwohl der Begriff der Konsultation eher unverbindlich erscheint – entweder der „aktive" Staat mit der Ausübung der Strafgewalt durch den „passiven" Staat einverstanden sein oder der „aktive" Staat die Zusicherung nicht erteilen, die Tat selbst zu verfolgen.[385]

Daraus ergibt sich für diesen Bereich ein ausdrücklich normierter Vorrang des aktiven vor dem passiven Personalitätsprinzip. Dass ein Einverständnis erforderlich ist, zeigt eine gewisse Nähe des passiven Personalitätsprinzip zur stellvertretenden Strafrechtspflege. Auch dort ist – wie gezeigt – Voraussetzung für die Ausübung der Strafgewalt, dass der „eigentlich berechtigte", d.h. der vertretene Staat, mit der Ausübung der Strafgewalt einverstanden ist.[386] In jedem Fall wird aber nochmals eine Abhängigkeit des passiven Personalitätsprinzips von der Mitwirkung anderer Staaten deutlich.[387]

B. Seerecht

I. Piraterie

Die Piraterie auf hoher See wird als „klassischer Fall" eines völkerstrafrechtlichen Tatbestands, aber auch als klassischer Fall des Weltrechtsprinzips angesehen. Art. 105 Seerechtsübereinkommen (SRÜ)[388] regelt, dass unabhängig von Begehungsort oder Staatsangehörigkeit jeder Staat, in dem sich der Beschuldigte befindet, zur Aburteilung berufen ist. Entsprechende Bestimmungen fanden sich auch schon in früheren Verträgen und im Völkergewohnheitsrecht.[389] Regelungen zur Lösung von Strafgewaltkonflikten finden sich indes nicht.[390]

---

385 Art. 22 Abs. 2 Satz 2 Nr. 1 und 2 ISS-Übereinkommen.

386 Oben Teil 1 § 7, insbesondere Fn. 306.

387 Zur abhängigen und unabhängigen Strafgewalt oben Teil 1 § 10 B.

388 United Nations Convention on the Law of the Sea (UNCLOS), BGBl. 1994 II S. 1789.

389 *Ipsen*, Völkerrecht, § 31 Rn. 10. Relevant ist dies heute noch im Verhältnis zu den Staaten, die nicht Vertragsparteien des SRÜ sind, insbesondere die USA.

390 Es fehlt insgesamt eine klare Abgrenzung der Zuständigkeiten. So bleibt es den Strafverfolgungsbehörden unbenommen, durch mögliche Absprachen ggf. auch Verfahrensrechte der Beschuldigten, die in einem Staat bestehen, zu umgehen; vgl. den sog. „Hamburger Piratenprozess": Hier wurden die Beschuldigten – wohl aufgrund einer Absprache – zunächst von niederländischen Beamten festgenommen, wo sie offenbar nicht unverzüglich dem Richter vorgeführt wurden. Erst nach der – wiederum absprachegemäßen – Auslieferung nach Deutschland erfolgte die richterliche Vorführung. Darin sahen insbesondere die Strafverteidiger nicht nur ein politisches, sondern auch ein verfassungsrechtliches Problem,

II. Kollisionen auf hoher See

In Art. 97 Abs. 1 SRÜ wird festgehalten, dass bei Kollisionen auf Hoher See nur das aktive Personalitätsprinzip und das Flaggenprinzip (bezogen auf das Schiff des Handelnden – man könnte gewissermaßen von einem „aktiven Flaggenprinzip" sprechen) gelten sollen.[391] Mit dieser Vorschrift wird – da es keinen Tatortstaat gibt – allerdings nicht das Verhältnis zum Gebietsgrundsatz geregelt. Deutlich wird dagegen, dass die Anzahl möglicher Strafgewalten begrenzt werden soll. Weder Staatszugehörigkeit des „Opferschiffs" („passives Flaggenprinzip") noch die Staatsangehörigkeit des konkret beteiligten Opfers sollen entscheidend sein. Es zeigt sich also in diesem Bereich ein Vorrang des aktiven vor dem passiven Prinzip, ebenso wie ein Vorrang des Handlungs- gegenüber dem Erfolgsort.

Auch diese Regel gilt aber – wie gezeigt – nur für einen speziellen Fall und nicht für das allgemeine Strafrecht; eine Verallgemeinerung ist wiederum nicht gewollt. Es zeigt sich dennoch eine völkerrechtliche Tendenz, die weiter verfolgt werden kann.

III. Straftaten im Küstenmeer

Nach Art. 27 SRÜ darf Strafgerichtsbarkeit nicht ausgeübt werden, wenn eine Straftat auf einem fremden Schiff im Küstenmeer begangen wurde. Einige abschließende[392] Ausnahmen von dieser Regel werden ebenfalls genannt. In Art. 27 SRÜ geht es allerdings nicht um Jurisdiktion im Sinne der Urteilsgewalt, sondern nur um die Möglichkeit, strafprozessuale Maßnahmen (Durchsuchungen, Festnahmen u.ä.) zu ergreifen. Die Strafgewalt des Tatortstaates bleibt an sich bestehen. Es geht hier nämlich nicht darum, Strafgewaltkonflikte zu lösen,[393] sondern – ähnlich wie beim Luftrecht[394] – darum, dass die Seefahrt nicht durch Ermittlungsmaßnahmen behindert wird. Praktisch ist aber davon auszugehen, dass ein Staat, der keine Ermittlungsmaßnahmen durchführen darf, auch eher darauf verzichtet (bzw. verzichten muss), seinen Strafanspruch durchzusetzen.

IV. Binnenschifffahrt

Nicht zum eigentlichen Seerecht gehört das Recht der Binnenschifffahrt; Straftaten, die auf einem im Binnengewässer befindlichen Schiff begangen werden, sind somit

---

näher *Wallasch,* Beweisantrag vom 17.10.2012, zit. nach *Pohlen,* Schlusswort eines Piraten.

391 So auch schon Art. 19 Genfer Übereinkommen über die Hohe See, das im Verhältnis etwa zu den USA noch gilt, vgl. Fn. 389.

392 Dies ergibt sich schon aus dem Wortlaut: „save *only* in the following cases". Vgl. auch *Nordquist,* UNCLOS-Commentary, 27.8a.

393 *Nordquist,* UNCLOS-Commentary, 27.2 mit Verweis auf die Entstehungsgeschichte des SRÜ.

394 Vgl. oben Teil 2 § 2 A.II. zu Art. 4 Tokioter Abkommen.

nicht von Art. 27 SRÜ erfasst. Allerdings fahren auch auf Binnengewässern Schiffe unter ausländischer Flagge, so dass es zu Jurisdiktionskonflikten kommen kann.

Man könnte nun dem Art. 27 SRÜ zumindest die Tendenz entnehmen, dass der Flaggenstaat wegen der Bedeutung der Freiheit der Schifffahrt[395] immer – also auch in Binnengewässern – zumindest faktisch Vorrang genießt; ein solcher Schluss ist jedoch alles andere als zwingend. Genauso gut kann auch das Gegenteil angenommen werden, nämlich, dass in allen Fällen außerhalb des Küstenmeeres keine Einschränkung erwünscht ist. Für die Auflösung von Kompetenzkonflikten zwischen Tatort- und Flaggenstaat gibt es somit keine allgemeinen Regeln.

Für den Rhein als längstem Fluss in Deutschland[396] wurden im Jahr 1868 Regelungen getroffen, die im Wesentlichen heute noch gültig sind.[397] Hier wurde für einige spezielle Straftaten,[398] aber nicht für das allgemeine Strafrecht, das Territorialitätsprinzip vertraglich festgelegt;[399] bei mehreren Tatorten gilt der Prioritätsgrundsatz, d.h. das zuerst angerufene Gericht[400] ist zuständig.[401]

---

395 Der Grundsatz der Freiheit der Meere wird meist auf *Hugo Grotius*, Mare liberum sive de iure quod Batavis competit ad Indiacana commercia dissertatio (1609) zurückgeführt, reicht aber tatsächlich sehr viel weiter zurück, vgl. dazu *Salomon*, Freiheit der Meere, S. 4 ff. Auch die Binnenschifffahrt ist „frei", vgl. etwa bereits die Festlegung im Westfälischen Frieden, Art. IX Vertrag von Osnabrück, online z.B. unter http://de.wikisource.org/wiki/Westfälischer_ Friede_-_Vertrag_von_ Osnabrück, zuletzt abgerufen am 09.07.2014.

396 Die Donau ist zwar insgesamt wesentlich länger als der Rhein, wenn man jedoch nur den deutschen Anteil betrachtet, ist die Donau sogar nur der drittlängste Fluss in Deutschland nach Rhein und Elbe.

397 Mannheimer Akte oder „Revidierte Rheinschiffahrtsakte". Ursprünglich eine Vereinbarung zwischen den Staaten Baden, Bayern, Frankreich, Hessen, den Niederlanden und Preußen vom 17.10.1868, u.a. durch den Versailler Vertrag und bislang sieben Zusatzprotokolle geändert bzw. ergänzt. Eine (inoffizielle) konsolidierte Fassung findet sich z.B. auf den Internetseiten der Zentralkommission für die Rheinschifffahrt (so die eigene Schreibweise auf ihren Internetseiten, gem. Art. 43 Mannheimer Akte dagegen noch nach „alter" Rechtschreibung Rheinschi*ff*ahrt); http://www.ccr-zkr.org/files/conventions/convrev_a.pdf, zuletzt abgerufen am 09.07.2014.

398 Art. 34 Abs. 1 Mannheimer Akte. Es handelt sich dabei um „Zuwiderhandlungen gegen die schiffahrts- und strompolizeilichen Vorschriften".

399 Art. 35 Mannheimer Akte.

400 Die in Art. 34 Mannheimer Akte genannten „Rheinschiffahrtsgerichte" (bei der Zentralkommission z.T. auch „Rheinschi*fff*ahrtsgerichte") sind keine besonderen überstaatlichen Gerichte, sondern Gerichte des jeweiligen Staates. Für Deutschland sind dies die ohnehin bestehenden Amtsgerichte Kehl, Mannheim, Mainz, Sankt Goar, Duisburg-Ruhrort als Rheinschiffahrtsgerichte und die Oberlandesgerichte Karlsruhe und Köln als Rheinschiffahrtsobergerichte, vgl. http://www.ccr-zkr.org/files/chambredesappels/tribunaux.pdf, zuletzt abgerufen am 09.07.2014.

401 Art. 35bis Mannheimer Akte.

Im Allgemeinen bleibt es daher dabei, dass mindestens zwei Strafgewalten bestehen, wenn eine Tat auf einem Binnengewässer auf einem ausländischen Schiff begangen wurde.

C. Auslieferungsverträge

Einen Anhaltspunkt für eine etwaige Rangordnung konkurrierender Strafgewalten können die Auslieferungsabkommen zwischen verschiedenen Staaten bieten. Zwar gehen die Auslieferungsverträge auf mehrere Kriterien ein, aus denen sich die Strafgewalt des ersuchenden Staates ergeben kann. Gleichzeitig finden sich in diesen Verträgen aber oft auch Regelungen darüber, wie dann zu verfahren ist, wenn mehrere Staaten einen Antrag auf Auslieferung gestellt haben, also mehrere Staaten ihren Strafanspruch geltend machen.

Dabei muss im Auge behalten werden, dass der Sinn dieser Regeln nicht darin besteht, „den einen" zuständigen Staat zu bestimmen, sondern darin, durch eine Auslieferung die Möglichkeit zu erlangen, eigene Strafgewalt ausüben zu können. Gleichwohl könnten sich Anhaltspunkte für die völkerrechtliche Akzeptanz bestimmter Anknüpfungspunkte und ihrer Ordnung ergeben. Die Untersuchung einiger Auslieferungsabkommen mit deutscher Beteiligung zeigt die nachfolgenden Regelungen in Bezug auf mehrfache Strafgewalten.

I. Tatort außerhalb des ersuchenden Staates

Die Auslieferung erfolgt regelmäßig vor allem dann, wenn die Tat im ersuchenden Staat begangen wurde.[402] Für den Regelfall gehen die Verträge also offenbar davon aus, dass primär dem Tatortstaat die Strafgewalt zusteht, er diese Strafgewalt auch ausüben möchte und daher um die Auslieferung ersuchen darf. In den meisten Auslieferungsverträgen gibt es aber gleichzeitig Bestimmungen darüber, unter welchen Umständen die Auslieferung möglich sein soll, wenn der Tatort ausnahmsweise *nicht* im ersuchenden Staat liegt. Voraussetzung ist zunächst, dass unter gleichartigen Umständen eine Verurteilung im ersuchten Staat möglich wäre.[403] Die praktische Reichweite der jeweiligen Strafgewalt wird insofern teilweise vom Recht des anderen Staates bestimmt. Zum gleichen Ergebnis gelangt man auch im Anwendungsbereich des Europäischen Auslieferungsübereinkommens vom 13.12.1957 (EuAlÜbk)[404] nach dessen Art. 7 Abs. 2.

---

402 Vgl. explizit den jeweiligen Art. 1 Abs. 1 der Auslieferungsverträge mit Australien und den USA. Fundstellen der Auslieferungsabkommen jeweils bei *Kutsch/Hengstler/Jacoby* (Hrsg.), Strafrechtliche Zusammenarbeit. Diese Voraussetzung wird jedoch nicht in allen Verträgen genannt.

403 Vgl. etwa den jeweiligen Art. 1 Abs. 2 der Auslieferungsverträge mit Australien, Kanada, Indien und den USA.

404 Europäisches Auslieferungsübereinkommen vom 13.12.1957 (EuAlÜbk), BGBl. 1976 II S. 1778; 1994 II S. 299. Dieser Vertrag ist zwischen den Mitgliedstaaten

Darüber hinaus ist nach einigen Verträgen die Auslieferung bei extraterritorialen Straftaten auch dann möglich, wenn der Beschuldigte Angehöriger des ersuchenden Staates ist;[405] es wird also das aktive Personalitätsprinzip ausdrücklich anerkannt. Im Übrigen besteht bei extraterritorial begangenen Taten ein Ermessen des ersuchten Staates, ob er ausliefert oder nicht.[406]

II. Tatort im ersuchten Staat

In wenigen Verträgen wird der spezielle Fall ausdrücklich genannt, dass der Tatort im ersuchten Staat liegt. Unter diesen Umständen darf oftmals die Auslieferung verweigert werden.[407] Die jeweiligen Verträge gehen also nicht von einem zwingenden Vorrang des Tatortes aus, akzeptieren es aber, wenn der Tatortstaat sich für besser geeignet hält, die Strafgewalt auszuüben.[408] Dabei muss nicht begründet werden, weshalb der Tatortstaat sich für „besser geeignet" hält. Es ist also für die Verweigerung der Auslieferung nicht erforderlich, dass der Tatortstaat prinzipiell von einem Vorrang der Strafgewalt des Tatortstaats ausgeht. Andererseits hat aber der andere Vertragsstaat keine Eingriffsmöglichkeit, wenn der Tatortstaat solche prinzipiellen Erwägungen anstellen sollte und sich – wenn der Tatort auf seinem Gebiet liegt – gerade wegen dieses territorialen Bezugs für „besser geeignet" hält, die Strafgewalt auszuüben.

Ein genereller Vorrang des Territorialitätsprinzips liegt darin zwar noch nicht. Gleichwohl wird dem Tatortstaat jedenfalls dann, wenn sich der Beschuldigte dort aufhält, ein faktisches Vetorecht gegenüber der Ausübung der Strafgewalt durch den anderen Vertragspartner zugestanden. Eine hervorgehobene Stellung des Territorialitätsprinzips liegt darin durchaus.

III. Mehrere Auslieferungsersuchen

Für den Fall, dass mehrere Auslieferungsersuchen vorliegen, gibt es – sofern überhaupt ausdrücklich festgehalten – unterschiedliche Regelungen. Teilweise wird

---

des Europarates (bisher ohne Monaco und San Marino) geschlossen worden, außerdem haben Israel und Südafrika sich diesem Vertrag angeschlossen. Für Mitgliedstaaten der EU wurde dieses Abkommen durch verschiedene EG- bzw. EU-Instrumente modifiziert und ergänzt und ist nunmehr subsidiär gegenüber dem Europäischen Haftbefehl, *Bubnoff*, Der Europäische Haftbefehl, S. 5.

405 z.B. Art. 1 Abs. 2 lit. b AuslfVertr Indien, Art. 1 Abs. 2 AuslfVertr USA.

406 So ausdrücklich Art. 1 Abs. 2 AuslfVertr Kanada. Ermessen besteht aber ohnehin schon, soweit keine völkervertragliche Pflicht zur Auslieferung besteht; insofern ist diese Bestimmung nur klarstellend.

407 z.B. Art. 7 Abs. 1 EuAlÜbk; Art. 7 Nr. 1 AuslfVertr Monaco, Art. 8 AuslfVertr Tunesien.

408 Selbstverständlich muss die Ablehnung der Auslieferung im Fall eines inländischen Tatorts nicht mit der prinzipiellen Erwägung begründet werden, der Tatortstaat habe Vorrang. Wenn eine solche Begründung erfolgen würde, könnte der andere Vertragsstaat aber nichts dagegen unternehmen.

festgelegt, dass derjenige Staat, der zuerst ersucht hat, Vorrang hat, wobei „nur in Ausnahmefällen“ der Staat Vorrang haben soll, dessen Angehöriger der Beschuldigte ist, wenn dann eine Rück- oder Durchlieferung nicht möglich ist.[409] Anders als oben bei extraterritorial begangenen Straftaten ist hier das aktive Personalitätsprinzip also kein Grund, die Auslieferung vorzunehmen. Vielmehr kann sich die Verweigerung der Auslieferung gewissermaßen auf das aktive Personalitätsprinzip stützen. Hintergrund einer solchen Regelung ist zwar, dass im Interesse einer umfassenden Rechtspflege die Weiter- und Rückauslieferung möglich sein soll. Es ist aber von Interesse festzustellen, dass es einen derartigen „Vorbehalt“ in anderen Fällen, insbesondere bei einer Auslieferung an einen Staat, der sich auf das Territorialitätsprinzip stützt, nicht gibt: Es besteht keine Möglichkeit, die Auslieferung an einen Tatortstaat generell zu verweigern, auch wenn eine Weiter- oder Rückauslieferung nicht möglich ist.

In vielen Fällen ist aber keine formelle Betrachtung, sondern eine materielle Bewertung im Einzelfall vorgesehen. Dabei sollen „alle Umstände“ berücksichtigt werden,[410] wobei jeweils einige nicht abschließende[411] Beispiele genannt werden: Schwere der Straftat, Tatorte, Staatsangehörigkeit des Verfolgten, Möglichkeit der Weiterlieferung an einen anderen Staat, Reihenfolge der Auslieferungsersuchen.[412] Die Frage, was „Tatort“ sein soll, wird dabei jedoch nicht erörtert. Ebenfalls nicht ausdrücklich erwähnt wird die Staatsangehörigkeit des Opfers. Daraus ergibt sich zwar streng genommen nicht, dass sie *gar keine* Rolle spielt. Andererseits kann man aber davon ausgehen, dass die Vertragsparteien – wenn ihnen dieser Aspekt wichtig gewesen wäre – ihn sicher gesondert aufgenommen hätten.

IV. Zwischenergebnis zu den Auslieferungsverträgen

Zusammen genommen ergibt sich aus den untersuchten Auslieferungsabkommen Folgendes:

1. Es wird als Regelfall offenbar vorausgesetzt, dass die Tat auf dem Gebiet des ersuchenden Staates begangen worden ist.
2. Ist der Tatort dagegen im ersuchten Staat, kann die Auslieferung verweigert werden.
3. Wenn der Tatort einmal in einem Drittstaat liegt, ist die Auslieferung unter Berufung auf das aktive Personalitätsprinzip möglich, im Übrigen richtet sich

409 So etwa Art. XVIII AuslfVertr Kanada.

410 Insofern zutreffend, *Scharf*, Law and Contemp. Probs. 2001, 67, 111. Der dort gezogene Schluss, dass die Auslieferungsverträge *gar keinen* Anhaltspunkt für eine Rangordnung bieten würden, ist dagegen nicht überzeugend. Wie gezeigt, gehen die Auslieferungsverträge für den Regelfall davon aus, dass der ersuchende Staat der bzw. ein Tatortstaat ist.

411 Eingeleitet mit dem Wort „insbesondere“ oder „einschließlich“.

412 Vgl. Art. 17 EuAlÜbk, Art. 15 AuslfVertr Indien, Art. 17 Abs. 1 AuslfVertr USA, Art. 16 AuslfVertr Tunesien, Art. 13 AuslfVertr Monaco.

die Strafgewalt des ersuchenden Staates in praktischer Hinsicht nach dem Recht des ersuchten Staates.

4. Ist der Täter Staatsangehöriger des ersuchenden Staates, kann die Auslieferung verweigert werden, wenn die Auslieferung – wegen der fehlenden Möglichkeit der „Weiterlieferung" – Strafansprüche anderer Staaten vereiteln würde.
5. Im Übrigen gibt es bei mehreren Auslieferungsersuchen keine feste Rangordnung.

Wie schon bei den anderen Verträgen[413] ist aber keine Beschränkung staatlicher Strafgewalten gewollt, die Anknüpfungspunkte als solche behalten ihre Gültigkeit. Das Verhältnis des Auslieferungsrechts zum aktiven Personalitätsprinzip ist dabei ambivalent: Einerseits ist das aktive Personalitätsprinzip ausdrücklich anerkannt, andererseits muss dieses Prinzip dann – im Interesse der Strafrechtspflege – zurücktreten, wenn andere Strafansprüche vereitelt werden würden. Eine solche Einschränkung gibt es beim Territorialitätsprinzip nicht. Dieses genießt auch in den Auslieferungsverträgen eine noch größere Anerkennung und hat die wohl stärkste Bedeutung. *De lege ferenda* könnte dieser hohe Grad der Anerkennung weiter ausgebaut werden und zu einem echten Vorrang führen.

D. Internationale Gerichte

Im Bereich der überstaatlichen[414] Strafgerichte ist ebenfalls teilweise geregelt, unter welchen Umständen ein (bestimmter) Staat vorrangig zuständig sein soll. Die ersten überstaatlichen Strafgerichte wurden nach dem zweiten Weltkrieg in den sog. Nürnberger bzw. Tokioter Prozessen tätig.

In der Charta des Internationalen Militärgerichtshofs (International Military Tribunal – IMT) und des Internationalen Militärgerichtshofs für den Fernen Osten (International Military Tribunal for the Far East – IMTFE) sind noch keine Bestimmungen zur konkurrierenden Gerichtsbarkeit enthalten. Wohl wegen der schlechten Erfahrungen nach dem ersten Weltkrieg[415] gingen die Alliierten nicht davon aus, dass von den Tatort- bzw. Heimatstaaten[416] gerichtet werden würde. Insofern gab es (zumindest faktisch) keine konkurrierende Gerichtsbarkeit, die zu regeln gewesen wäre.

---

413 Vgl. oben zum Luft- und zum Seerecht: Es sollen zwar einerseits Behinderungen der Luft- bzw. Seefahrt ausgeschlossen werden sollen, andererseits geht es aber auch wesentlich darum, Strafgewaltlücken zu schließen.

414 Der Begriff „internationales Gericht" passt nicht auf alle hier untersuchten Gerichte: So sind der IMT und der IMTFE eher als multinationales (Militär-)Gericht, der SCSL und der STL als sog. „gemischte" Gerichte anzusehen, also keine „rein" internationalen Einrichtungen.

415 Vgl. ausführlich zu den sog. Leipziger Prozessen *Wiggenhorn*, Verliererjustiz.

416 Im Fall des IMT gab es nämlich keinen bestimmten Tatortstaat, vgl. Art. 1 Londoner Abkommen („*... war criminals whose offences have no particular geographic location...*").

Weitere überstaatliche Gerichte wurden durch UN-Resolutionen bzw. Vereinbarungen zwischen der UN und einem Staat ins Leben gerufen. Das Statut des Internationalen Strafgerichtshofs für das ehemaligen Jugoslawien (JStGH bzw. International Criminal Tribunal for the former Yugoslavia – ICTY) geht nicht auf das Verhältnis zwischen den verschiedenen nationalen Gerichtsbarkeiten ein, sondern stellt lediglich fest, dass die Gerichtsbarkeit des ICTY Vorrang vor allen nationalen Gerichtsbarkeiten hat.[417] Als Grund wird genannt, dass die nationalen Gerichte in den Nachfolgestaaten Jugoslawiens gar nicht oder zumindest nicht gegen alle Beteiligten gleichermaßen gerichtlich vorgehen würden,[418] eine Sorge, die nicht erst nach den Erfahrungen der beiden Weltkriege durchaus berechtigt erscheint. Für den Internationalen Strafgerichtshof für Ruanda (RStGH/ICTR)[419] gilt Entsprechendes. Die Sondergerichtshöfe für Sierra Leone (Special Court for Sierra Leone, SCSL) bzw. Libanon (Special Tribunal for Lebanon, STL) genießen nur Vorrang vor der nationalen Gerichtsbarkeit Sierra Leones respektive Libanons.[420] In anderen Fällen wurden besondere Gerichte innerhalb der bestehenden Gerichtsstrukturen geschaffen;[421] dort stellt sich demzufolge die Frage nach dem Verhältnis zur nationalen Strafgewalt nicht.

Mit dem Römischen Statut wurde der Internationale Strafgerichtshof (IStGH) geschaffen, der anders als die bisherigen *ad hoc*-Gerichte eine ständige Einrichtung ist.[422] Die Gerichtsbarkeit des IStGH ist gegenüber den nationalen Gerichtsbarkeiten komplementär,[423] was letztlich bedeutet, dass der IStGH nur dann tätig wird, wenn kein Einzelstaat effektiv die Strafgewalt ausübt. Die Gründe dafür liegen einerseits

417 Art. 9 ICTY-Statut.

418 *Cassese*, International Criminal Law, S. 293.

419 Art. 7, 8 ICTR-Statut. Als Grund für den Vorrang des ICTR kommt hinzu, dass ein Großteil der Richter und Staatsanwälte Opfer des Völkermordes wurden und es somit eine effektive nationale Gerichtsbarkeit nicht gab.

420 Art. 8 Abs. 2 SCSL-Statut, Art. 4 STL-Statut (VN-Res. 1757 [2007] vom 30.05.2007).

421 Dies gilt namentlich für das sog. Rote-Khmer-Tribunal im Kambodscha (*Extraordinary Chambers in the Courts of Cambodia, ECCC*); außerdem für das *Supreme Iraqi Criminal Tribunal*.

422 ICTY und ICTR haben nicht nur eine zeitlich beschränkte Strafgewalt, sondern sollten die Arbeit auch ursprünglich im Jahr 2010 endgültig abgeschlossen haben, vgl. UN S/Res/1503 (2003).

423 Art. 1 IStGH-Statut. Der Begriff der „Komplementarität" ist dabei durchaus ähnlich zu verstehen, wie der der Subsidiarität. Für den IStGH wurde allerdings „Subsidiarität" abgelehnt, wohl auch um eine terminologische Nähe zum Subsidiaritätsprinzip der Europäischen Union zu vermeiden. Der Begriff der Komplementarität deutet darüber hinaus an, dass es um ein „Vervollständigen" (lat. *complere*), und nicht um die bloße Hilfeleistung (lat. *subsidium*) geht, so *Cárdenas Arvena*, Zulässigkeitsprüfung vor dem Internationalen Strafgerichtshof, S. 42 m.w.N. Gegen einen „direkten Vergleich" (*direct comparison*) der Begriffe „komplementär" und „subsidiär", weil letzterer sich mit einer Wirtschaftsgemeinschaft und nicht mit Internationalem Strafrecht befasst, aber *Miskowiak*, International Criminal Court, S. 46. Mit einem „direkten Vergleich", den sie ablehnt, meint

im Willen, die Souveränität so wenig wie möglich zu beeinträchtigen, zum anderen darin, dass der IStGH nicht überlastet werden soll.[424] Der IStGH ist ferner nur dann zuständig, wenn der Tatort- bzw. Flaggenstaat Vertragsstaat ist bzw. der Täter Staatsangehöriger eines Vertragsstaats ist.[425] In der Diskussion waren daneben noch das passive Personalitätsprinzip, außerdem sollte es ausreichen, wenn der Gewahrsamsstaat Vertragspartei ist.[426] Dieser Vorschlag konnte sich aber aus verschiedenen Gründen nicht durchsetzen.[427] Daraus kann man ableiten, dass allein das Tatortprinzip und das aktive Personalitätsprinzip völkerrechtlich so unumstritten sind, dass der Widerstand gegen eine verhältnismäßig weitreichende Strafkompetenz nur noch gering war.[428]

I. Insbesondere: Tatort im Sinne der Statuten

Der ICTY ist nur für Taten zuständig, die auf dem Gebiet des früheren Jugoslawien begangen worden sind.[429] Im Statut ist allerdings nicht geregelt, was als „Tatort" gilt. Der Wortlaut „*committed*" in Art. 1 deutet darauf hin, dass der Handlungsort gemeint ist. Dies entspricht auch dem überwiegenden Verständnis von „Tatort" im angloamerikanischen Recht, das dem Statut in weiten Teilen zu Grunde liegt. Diesem zufolge ist die sog. „*effects jurisdiction*" eine Erweiterung des Territorialitätsprinzips.[430] Ob also die „*effects jurisdiction*" bzw. das Ubiquitätsprinzip gilt, war zunächst unklar. Aktuell wurde diese Frage im Zusammenhang mit mutmaßlichen Kriegsverbrechen von NATO-Soldaten im Kosovokrieg. Der *Prosecutor* am ICTY folgte den Empfehlungen einer eigens eingesetzten Kommission und ging hier ohne weiteres davon aus, dass er zur Verfolgung befugt und verpflichtet wäre, kam allerdings zu dem Ergebnis, dass keine Straftat vorliege und somit keine Ermittlungen aufgenommen werden.[431] Der *Prosecutor* ging davon aus, dass der

---

Miskowiak aber offenbar eine Gleichsetzung, denn einen Vergleich im Allgemeinen bezeichnet sie als interessant.

424 *Cassese*, International Criminal Law, S. 298.

425 Art. 12 Abs. 2 IStGH-Statut.

426 So der südkoreanische Vorschlag, UN Doc. A/CONF. 183/C. 1/L. 6.

427 Interessante Einblicke in den Ablauf der Beratungen finden sich bei *Kaul* in IStGH: Zuständigkeit und Reichweite, S. 188 ff.

428 Einige Staaten haben gegen das Statut gestimmt oder es zwar unterzeichnet, aber noch nicht ratifiziert. Zu den prominentesten Gegnern gehören die USA, China, Russland und Indien. Sie befürchten jeweils einen Verlust ihrer nationalen Souveränität und wollen nicht, dass ihre Soldaten vor anderen als ihren eigenen Gerichten angeklagt werden können. Dabei spielt auch die Sorge um eine mögliche politische Instrumentalisierung des IStGH eine Rolle.

429 Art. 8 ICTY-Statut.

430 Vgl. bereits oben Teil 1 § 1 B.II.; sowie *Schabas*, International Criminal Tribunals, S. 131.

431 Final Report to the Prosecutor vom 13.06.2000, http://www.icty.org/x/file/Press/nato 061300.pdf, abgerufen am 09.07.2014. Kritisch zu dieser Entscheidung etwa *Colangelo*, Nw. U.L. Rev. 2003, 1393.

ICTY Jurisdiktionsgewalt schon dann hätte, wenn das Verbrechen, nicht notwendigerweise auch der Befehl dazu,[432] im ehemaligen Jugoslawien stattgefunden haben sollte.[433] Zu einer gerichtlichen Überprüfung dieser Ansicht kam es jedoch nicht.

In Art. 12 Abs. 2 IStGH-Statut findet sich zum Thema Tatort die Formulierung, dass der IStGH u.a. zuständig ist, wenn das Verhalten („*the* conduct *in question*" / „*le* comportement *en cause*") in einem Vertragsstaat begangen wurde. Diese Formulierung spricht noch stärker als beim ICTY und ICTR dafür, dass nur der Handlungsort gemeint sein kann.[434] Hinzu kommt, dass mit dieser Kompromisslösung offenbar versucht wurde, die Kompetenz des IStGH im Vergleich zum koreanischen oder dem noch weitergehenden deutschen Vorschlag eher zu beschränken als zu erweitern.[435]

Diese Beschränkung auf den Handlungsort ist also nicht etwa deshalb zustande gekommen, weil das gegenwärtige Völkerrecht nur den Handlungsort zulassen würde. Es zeigt sich trotzdem erneut, dass der Handlungsort als Tatort die größte rechtliche und politische Anerkennung genießt, was einerseits bei der Beurteilung der völkerrechtlichen, insbesondere der völkergewohnheitsrechtlichen, Lage eine Rolle spielt, andererseits aber schon einen Hinweis darauf gibt, welcher Vorrang bzw. welche Rangordnung *de lege ferenda* am ehesten akzeptiert werden dürfte.

II. Zwischenergebnis

Bei Errichtung der übernationalen Gerichte ging es oftmals darum, einerseits schwere Verbrechen zu bestrafen, andererseits die Jurisdiktionsgewalt dieser Gerichte zu beschränken. Dies erfolgte in erster Linie nach räumlichen (Tatort) und zeitlichen Kriterien. Außerdem zeigt sich eine Beschränkung darin, dass tendenziell eher der Handlungs- als der Erfolgsort als Tatort angesehen wird.

Zum Verhältnis der nationalen Gerichtsbarkeiten untereinander im Fall schwerster Verbrechen äußern sich die jeweiligen Statuten nicht explizit, insoweit sind weitere Beschränkungen auch ungewollt, da sie zu Strafgewaltlücken führen könnten.

432 Wenn der Befehl als eigenständige Straftat begriffen wird, handelt es sich ohne Weiteres um eine Ausprägung des Gedankens der „*effects jurisdiction*". Aber auch dann, wenn man den Befehl als (akzessorische) Anstiftung ansieht, ist der Ort, an dem die Haupttat Wirkungen zeigt, ein weit verstandener Erfolgsort, vgl. oben Teil 1 § 1 B.VII.

433 *Schabas*, International Criminal Tribunals, S. 131; sowie *Goldstone*, Clev. St. L. Rev. 1999, 473, 480, der in dem Zusammenhang auch die US amerikanische Position, die sich Ermittlungen gegen NATO-Angehörige geradezu verbeten hat, zu Recht als „einigermaßen lächerlich" [„*rather ridiculous*"] und unlogisch bezeichnet: Die Argumentation lautete sinngemäß, dass alle Vorkehrungen getroffen wurden, um die Gesetze des Krieges einzuhalten, es daher keine Kriegsverbrechen gegeben haben könne und die Vereinigten Staaten daher Ermittlungen ablehnen.

434 Zu diesem Ergebnis gelangt auch *Schabas*, Introduction to ICC, S. 76.

435 Vgl. zum Verlauf der Verhandlungen *Kaul* in IStGH: Zuständigkeit und Reichweite, insbesondere S. 188 ff.

E. NATO-Truppenstatut

Im Nato-Truppenstatut (NTS)[436] finden sich in Art. VII einige Regeln, wie im Fall mehrerer Strafansprüche zu verfahren ist. Das Problem der konkurrierenden Strafgewalten (in den Worten des NTS: Gerichtsbarkeiten) wurde gesehen und mit einer ausdrücklichen Vorrangregelung gelöst. Dabei wurde gleichzeitig – wie in anderen völkerrechtlichen Verträgen – festgehalten, dass damit die anderen Staaten ihre Strafgewalt nicht generell verlieren,[437] sondern sie nur freiwillig zurücktreten lassen. Nach den Bestimmungen des Nato-Truppenstatuts gilt im Normalfall der Vorrang der Gerichtsbarkeit des Aufnahmestaates, d.h. in der Regel des Tatortes. Wenn jedoch sowohl Täter als auch Opfer Angehörige des Entsendestaates sind (Straftaten „*inter se*"), hat dessen Gerichtsbarkeit Vorrang.[438] Gleiches gilt für Straftaten, die in Ausübung des Dienstes („*on duty*") begangen wurden.[439]

Die „ausschließliche Gerichtsbarkeit" in Art. VII Abs. 2 NTS[440] schränkt ebenfalls keine bestehenden Strafansprüche ein. Da es hier lediglich um Taten geht, die nur nach dem Recht des einen Staates strafbar sind, kann es zu keinem Konflikt kommen. Insofern ist dieser Absatz überflüssig.[441]

Darüber hinaus enthält Art. VII Bestimmungen darüber, in welchen Fällen der jeweils andere Staat Gerichtsbarkeit ausüben darf, wie die strafrechtliche Zusammenarbeit vonstatten gehen soll und eine *ne bis in idem*-Bestimmung.[442]

Hervorzuheben ist die Möglichkeit, dass Gerichte des Entsendestaates auf dem Territorium des Aufnahmestaates ein Verfahren durchführen und dabei ihr eigenes Recht, nicht das des Tatorts, anwenden.[443] Diese Möglichkeit ergibt sich schon daraus, dass in Art. VII Abs. 1 NTS „Militärbehörden" genannt werden, die die Gerichtsbarkeit ausüben dürfen.[444] Dass diese Militärbehörden auch im Gebiet

---

436 Abkommen zwischen den Parteien des Nordatlantikvertrags über die Rechtsstellung ihrer Truppen vom 19.06.1951, BGBl. 1961 II S. 1190. Ausführlich zur Strafverfolgung nach dem NTS *Birke*, Nato-Truppenstatut.

437 Art. VII Abs. 1 NTS.

438 Art. VII Abs. 3 Buchst. a) Ziffer i) NTS.

439 Art. VII Abs. 3 Buchst. a) Ziffer ii) NTS.

440 Dieser Bestimmung zufolge besteht ausschließliche Gerichtsbarkeit des Entsendestaates über Straftaten, die nur nach dem Recht des Entsendestaates, nicht aber dem des Aufnahmestaates strafbar sind.

441 So auch *Birke*, Nato-Truppenstatut, S. 50 m.w.N.

442 Art. VII Abs. 8 NTS.

443 Vgl. *Lagodny* in FS-Eser, S. 777, 793.

444 „Militärbehörden" können auch spezielle im Ausland befindlichen Militärgerichte sein. Die Frage, ob solche Militärgerichte eingerichtet werden, ist von dem jeweiligen Entsendestaat zu beantworten. Deutschland hat solche Gerichte trotz der Erlaubnis der Verfassung in Art. 96 Abs. 2 GG bisher nicht errichtet, vgl. auch *Birke*, Nato-Truppenstatut, S. 215 ff. Dort wird auch die Idee „mobiler ziviler extraterritorialer Gerichte" besprochen. (S. 218 ff.), s. auch noch unten Teil 4 § 1 zu ausländischen Gerichten im Inland.

eines anderen Staates tätig werden dürfen und dabei grundsätzlich ihr eigenes (aus Sicht des Tatortes: fremdes) Recht anwenden, ergibt sich zudem im Umkehrschluss aus Art. VII Abs. 7 Buchst. a NTS: Dieser Bestimmung zufolge dürfen Todesurteile nicht im Aufnahmestaat vollstreckt werden, die „bloße" Verhängung der Todesstrafe wird dagegen implizit erlaubt.

Im Anwendungsbereich des NTS gilt demzufolge:

1. Vorrang des Staates, „für den" gehandelt wird; d.h., Straftaten bei der Dienstausübung für einen Staat dürfen nur von diesem abgeurteilt werden. Ein Staat darf diejenigen, die für ihn handeln, auch seiner strafrechtlichen Kontrolle unterwerfen.[445]
2. Aktives *und* passives Personalitätsprinzip haben (nur) kumulativ Vorrang vor dem Territorialitätsprinzip; d.h., wenn Täter und Opfer Angehörige des Entsendestaates sind, hat dessen Strafgewalt Vorrang.
3. Im Übrigen hat die Strafgewalt des Aufnahmestaates, in dem in aller Regel der Tatort liegt, Vorrang.

F. Spezielle Verträge zu einzelnen Delikten

Daneben gibt es eine Reihe von Verträgen, die sich auf spezielle grenzüberschreitende und besonders schwere Straftaten beziehen. Auch hier geht es allerdings gerade nicht darum, die Anzahl möglicher Strafgewalten zu beschränken, sondern eher darum, sie zu erweitern, um Strafgewaltlücken zu schließen. Es werden darüber hinaus z.T. Konsultationen vorgeschrieben, verbindliche Rangordnungen der Anknüpfungspunkte gibt es jedoch nicht.[446]

G. Ergebnis

Aus den untersuchten völkerrechtlichen Verträgen ergibt sich *de lege lata* keine feste Rangordnung der Anknüpfungspunkte. Die jeweiligen Vertragsparteien sind offenbar darauf bedacht, nicht auf ihre bestehende weite Strafgewalt zu verzichten. Insbesondere wollen Staaten selten auf ihre Strafgewalt verzichten, die sie aus dem Territorialitätsprinzip und dem aktiven Personalitätsprinzip[447] ableiten. Diesen Kriterien wird also eine ganz wesentliche Bedeutung beigemessen. Die besondere Stellung dieser beiden Prinzipien findet sich in allen untersuchten Rechtsbereichen.

---

445 Und damit auch in der Regel – näher zum anwendbaren Recht aber unten – seinen Bestimmungen unterwerfen: Wer einen „Vertreter" bestimmt, muss auch regeln dürfen, was der Vertreter tun darf, also gewissermaßen den Umfang der Vertretungsmacht bestimmen dürfen.

446 Vgl. die Nachweise bei *Werle/Jeßberger* in LK-StGB, vor § 3 Rn. 48, 141, 202.

447 Vgl. aber oben Teil 2 § 2 C.III. zur Auslieferung, wo das aktive Personalitätsprinzip sogar hinderlich für die Auslieferung sein kann, nämlich dann, wenn mehrere Auslieferungsersuchen vorliegen.

Der Einwand, dass eine Einigung über den Umgang mit Strafgewaltkonflikten in einigen Bereichen lediglich auf die Besonderheiten der jeweiligen Materie und nicht auf allgemeine Überlegungen zurückzuführen ist,[448] hat daher in dieser Form keine Berechtigung. Richtig ist daran zwar, dass eine generelle, umfassende Regelung noch nicht besteht; gleichzeitig wird aber die Grundüberzeugung erkennbar, wonach sich eine besonders „starke" Strafgewalt entweder auf die Territorialität oder auf die aktive Personalität stützen kann. Weniger wichtig ist dagegen das passive Personalitätsprinzip, das ohnehin nur subsidiär zur Anwendung gelangen darf.[449]

§ 3 Völkergewohnheitsrecht

Nachdem aus dem geltenden Völkervertragsrecht keine *hard and fast rules* für die Frage einer Rangordnung der Anknüpfungspunkte folgen, bleibt die Möglichkeit, dass es Regelungen dazu im Völkergewohnheitsrecht gibt. Das Entstehen von Völkergewohnheitsrecht setzt zum Einen eine dauernde Übung und zum Anderen eine gemeinsame Rechtsüberzeugung voraus.[450]

A. Andauernde Übung

Um festzustellen, ob eine Staatenpraxis besteht, sollen zunächst die entsprechenden nationalen Bestimmungen anhand einiger ausgewählter Beispiele untersucht werden. Neben Deutschland und England[451] als Vertreter zweier wichtiger europäischer Rechtskreise sollen auch einige wenige andere Staaten kurz betrachtet werden.[452]

I. Deutschland

1) Materielles Recht

Das deutsche StGB geht seit 1975 wieder im Grundsatz vom Territorialitätsprinzip und dabei vom Ubiquitätsprinzip aus. Bezüglich der anderen Anknüpfungspunkte

---

448 So aber *Marauhn/Simon* in Sinn (Hrsg.), Jurisdiktionskonflikte, S. 21, 39.

449 Vgl. oben Teil 1 § 5.

450 Vgl. nur *Herdegen*, Völkerrecht, § 16 Rn. 1.

451 Das Vereinigte Königreich hat kein einheitliches Rechtssystem. In strafrechtlicher Hinsicht sind das Recht von Schottland, Nordirland, sowie England und Wales voneinander zu unterscheiden. Wenn im folgenden von England oder dem englischen Recht die Rede ist, ist das Land Wales stets mit gemeint.

452 Vgl. darüber hinaus die ausführlicheren Untersuchungen, die auch außereuropäische Staaten einschließen, bei *Sieber/Cornils* (Hrsg.), Strafrecht in rechtsvergleichender Darstellung AT, die Länderberichte bei *Sinn* (Hrsg.), Jurisdiktionskonflikte, sowie *Zentrum für Europäische und Internationale Strafrechtsstudien*, Vergleich nationaler Strafanwendungsrechte.

gibt es dagegen keinerlei Rangordnung;[453] an alle oben[454] aufgeführten Kriterien wird in bestimmten Fällen die deutsche Strafgewalt angeknüpft. Eine Rangordnung ist auch nicht notwendig, da es aus der Sicht des nationalen Rechts nicht um die Klärung eines bestehenden Kompetenzkonflikts geht, sondern lediglich um die Frage, in welchen Fällen die eigene Gerichtsbarkeit begründet ist. Hier zeigt sich ein wesentlicher Unterschied zum Internationalen Privatrecht.[455]

2) Prozessrecht

Eine „andauernde Übung" zur Begründung von Völkergewohnheitsrecht kann sich aber auch aus dem Prozessrecht und der daraus folgenden Rechtspraxis ergeben. Für das Bestehen einer solchen „andauernden Übung" ist es nämlich irrelevant, auf welcher innerstaatlichen Norm die Übung beruht.

Die sehr weitreichende Strafgewalt wird auf prozessualer Ebene teilweise eingeschränkt: Zwar gilt grundsätzlich im deutschen Strafprozess das Legalitätsprinzip, d.h. es sind immer dann Ermittlungen durchzuführen, wenn das deutsche Strafrecht gilt, auch wenn der Bezug zum Inland nur schwach ausgeprägt ist. In einigen Fällen gilt einschränkend jedoch das Opportunitätsprinzip i.S.d. §§ 153 ff. StPO, von denen im vorliegenden Zusammenhang die §§ 153c und 153f StPO bedeutsam sind. Daraus könnte der Schluss gezogen werden, dass die Anwendung und Durchsetzung des deutschen Rechts dem Gesetzgeber nicht so wichtig ist, sondern der jeweilige „Anknüpfungspunkt" zumindest in praktischer Hinsicht ein geringeres Gewicht hat.

a) Allgemeines Strafrecht

Wenn die Tat im Ausland begangen wurde, gilt gemäß § 153c Abs. 1 Satz 1 Nr. 1 StPO das Opportunitätsprinzip. Daraus allerdings den Schluss zu ziehen, dass bei ausländischen Tatorten grundsätzlich oder in einer Vielzahl von Fällen keine deutsche Strafgewalt ausgeübt wird, wäre verfehlt. Die Begründung für diese erweiterte[456] Möglichkeit zur Verfahrenseinstellung dürfte im Wesentlichen folgende Überlegung sein: Während der Hauptverhandlung muss sich der Angeklagte gemäß § 230 StPO bei dem Gericht, also im Inland, befinden. Bei einer Tat, die im Ausland begangen wurde, ist eine solche Anwesenheit des Beschuldigten im

---

453 Aus völkerrechtlicher Sicht sieht dies auch *Ambos* in MüKo-StGB, vor § 3 Rn. 57 so, der ansonsten von einem „zwanglosen" Vorrang des Tatortprinzips ausgeht und im Übrigen eine Rangordnung jedenfalls *de lege ferenda* aufstellen möchte.

454 Teil 1.

455 Wegen eben dieses Unterschieds ist auch schon die Bezeichnung als Internationales Strafrecht kritisiert worden, es sei besser, von Transnationalem Strafrecht zu sprechen, vgl. bereits oben Fn. 9. Jedenfalls besteht Einigkeit, dass das Internationale Strafrecht anders als das (ebenfalls eigentlich nur nationale) Internationale Privatrecht kein, bzw. allenfalls ein „einseitiges" Kollisionsrecht darstellt. Näher zum Internationalen Privatrecht unten Teil 3 § 3 C.

456 Es bestehen auch bei Inlandstaten Möglichkeiten zur Verfahrenseinstellung.

Inland oftmals schwieriger zu erreichen. Allerdings spricht insbesondere dann, wenn der Beschuldigte seinen Wohnsitz in Deutschland hat oder er deutscher Staatsangehöriger ist, eine gewisse Vermutung dafür, dass es zu diesem Aufenthalt kommt und damit ein Verfahren möglich ist und auch durchgeführt werden wird. Es besteht also gerade kein Erfahrungssatz, wonach z.B. die deutsche Strafgewalt eher zum Tragen kommt, wenn die Tat in Deutschland begangen wurde, als wenn der Beschuldigte Deutscher ist.

Etwas anders ist dies bei der Begehung von Straftaten im Inland, aber auf ausländischen Schiffen und Flugzeugen. Wenn gemäß § 153c Abs. 1 Satz 1 Nr. 2 StPO auch hier teilweise das Opportunitätsprinzip gilt, so ist dies auch auf den Gedanken der Nichtbeeinträchtigung der Schifffahrt zurückzuführen, obwohl eine entsprechende völkervertragliche Pflicht nicht besteht.[457] Im Hinblick auf ausländische Täter hat also der Flaggenstaat einen etwas höheren Stellenwert als der Tatortstaat.

Dass bei Inlandstaten von Inländern auf einem ausländischen Schiff oder Flugzeug diese Einstellungsmöglichkeit nicht besteht, ist zumindest bei Flugzeugen äußerst unpraktisch.[458] Um den Tatort zweifelsfrei feststellen zu können, muss unter anderem die genaue Tatzeit festgestellt werden, schließlich ist die Verweildauer von Flugzeugen im inländischen Luftraum, wenn dieser nur „durchflogen" wird, unter Umständen äußerst kurz. Deshalb sollte *de lege ferenda* erwogen werden, auf das Kriterium des Tatortes bei Flugzeugen weitestgehend zu verzichten.

b) Völkerstrafrecht

Für Völkerrechtsverbrechen gilt in Deutschland gemäß § 1 VStGB das Weltrechtsprinzip, und zwar ohne das Erfordernis eines Inlandsbezugs;[459] demzufolge müsste die deutsche Staatsanwaltschaft[460] bei jedem Verdacht auf eine entsprechende Straftat Ermittlungen einleiten. Das wäre wohl kaum zu bewältigen, so dass § 153f StPO auch hier eine Einschränkung des Legalitätsprinzips vorsieht.

Da es sich bei den Völkerrechtsverbrechen um besonders schwere Taten handelt, sollte der Ermessensspielraum der Staatsanwaltschaft jedoch gegenüber dem

---

457 Art. 27 SDÜ gilt nicht, dennoch ist auch die Binnenschifffahrt „frei", vgl. oben Fn. 395.

458 Auch bei Schiffen kann dies problematisch werden, wenn unklar ist, an welcher Stelle in einem Grenzfluss sich das Schiff zur Tatzeit befand.

459 Ein Inlandsbezug wurde früher vom BGH verlangt, vgl. etwa BGHSt 45, 64, 65 f., zustimmend *Oehler*, NStZ 1994, 485. Dagegen äußerten sich schon vor In-Kraft-Treten des Völkerstrafgesetzbuchs zahlreiche Stimmen in der Literatur, vgl. statt aller *Ambos*, NStZ 1999, 226 und *Werle*, JZ 1999, 1181. Durch die ausdrückliche Regelung in § 1 VStGB ist diese Rechtsprechung jedoch – entgegen den Bedenken von *Kreicker* in Eser/Kreicker (Hrsg.), Nationale Strafverfolgung völkerrechtlicher Verbrechen, S. 258 – hinfällig geworden.

460 Welche Staatsanwaltschaft im Einzelfall örtlich zuständig ist, wenn kein Inlandsbezug gegeben ist, muss hier nicht geklärt werden.

normalen Strafrecht durch eine „besondere Ermessensstrukturierung“ verringert werden.[461] Voraussetzung für eine Verfahrenseinstellung ist bei einem ausländischen Beschuldigten, dass er sich nicht im Inland aufhält und ein solcher Aufenthalt auch nicht zu erwarten ist;[462] bei einem inländischen Beschuldigten ist zusätzlich erforderlich, dass die Tat durch einen anderen Staat oder ein internationales Gericht verfolgt wird.[463]

Aus diesen Einstellungsmöglichkeiten wird teilweise eine „gestufte Zuständigkeit“ abgeleitet, derzufolge gänzlich unbeteiligte Drittstaaten nur eine Art „Auffangzuständigkeit“ haben.[464] Eine solche Auffangzuständigkeit würde zwischen der Regelungsgewalt und der Urteilsgewalt unterscheiden;[465] eine Unterscheidung, die bisher nur bei der stellvertretenden Strafrechtspflege vorgenommen wird. Eine derartige gestufte Zuständigkeit findet sich allerdings nicht im Gesetz[466] – vielmehr wurde das Erfordernis des „legitimierenden Inlandsbezugs“ ausdrücklich fallen gelassen. Es wäre zumindest widersprüchlich, dieses Anliegen des Gesetzgebers nun auf prozessualer Ebene zu unterlaufen.

c) Zwischenergebnis

Eine Rangordnung der Anknüpfungspunkte lässt sich im materiellen Recht nicht ausmachen. Auch die Einschränkungen auf prozessualer Ebene führen nicht zu einer generellen Rangordnung.[467] Dies liegt nicht zuletzt daran, dass Hintergrund dieser prozessualen Möglichkeiten gerade nicht der Gedanke ist, dass bestimmte Straftaten im Ausland faktisch nicht der deutschen Strafgewalt unterliegen sollen, sondern es vielmehr um praktische Fragen geht, insbesondere um die Frage, ob

---

461 *Diemer* in KK-StPO, § 153c Rn. 1.

462 § 153f Abs. 1 Satz 1 StPO. Praktisch dürfte dieser Gedanke auch im allgemeinen Strafrecht eine Rolle spielen, vgl. oben zu § 230 StPO.

463 § 153f Abs. 1 Satz 2 StPO. Interessanterweise gilt dies in Bezug auf andere Staaten nur dann, wenn diese ihre Strafgewalt auf das Territorialitätsprinzip oder das passive Personalitätsprinzip stützen. Nicht genannt ist z.B. der Staat, dessen Angehöriger ein anderer Beteiligter ist.

464 Bereits im Gesetzgebungsverfahren BT-Drs. 14/8524, S. 37. Auch der Generalbundesanwalt ging in seiner Entscheidung zur (ersten) Strafanzeige gegen *Rumsfeld u.a.* am 10.02.2005 nur von einer Auffangzuständigkeit aus, abgedruckt in JZ 2005, 311. Im Grundsatz ebenfalls für eine Auffangzuständigkeit, die aber im konkreten Fall gegeben sei *Kurth*, ZIS 2006, 81.

465 Ähnlich *Werle*, JZ 1999, 375, 382. Ebenfalls für eine deutliche Unterscheidung zwischen Regelungsgewalt und Urteilsgewalt *Kreicker* in Eser/Kreicker (Hrsg.), Nationale Strafverfolgung völkerrechtlicher Verbrechen, S. 257.

466 So auch *Gierhake*, ZStW 2008, 375, 383. Läge eine echte gestufte Zuständigkeit vor, dürfte kein Ermessen eingeräumt werden, sondern es müsste in den genannten Fällen die Einstellung des Verfahrens zwingende Folge sein.

467 Einzige Ausnahme mag hier die Frage nach dem Verhältnis von Flaggenstaat zu Tatortstaat sein.

sich der Täter im Inland aufhält, was für die Durchführung der Hauptverhandlung[468] Voraussetzung ist.

II. England und Wales

1) Territorialitätsprinzip

Der Grundsatz im englischen Recht ist das Territorialitätsprinzip. Dies ergibt sich aus der Betrachtungsweise, dass das Strafrecht dazu diene, den „königlichen Frieden“ [*Queen's Peace*] im jeweiligen Herrschaftsbereich zu bewahren.[469] Für Taten, die auf britischen Schiffen und Flugzeugen begangen wurden, besteht ebenfalls die englische Gerichtsbarkeit.[470]

Das Problem, dass Handlungs- und Erfolgsort nicht identisch sein müssen, wurde ebenfalls gesehen. Ursprünglich wurde ein inländischer Tatort dann angenommen, wenn das Kernelement der Tat im Inland stattfand.[471] Damit war der Tatort zwar nicht eindeutig abstrakt bestimmt, wohl aber durch das Kriterium des „Kernelements“ so bestimmbar, dass es nur einen Tatort geben kann. Problematisch wäre nur ein Fall, in dem sich kein „Kernelement“ ausmachen lässt oder eine Tat sich aus mehreren Elementen zusammensetzt.[472] Dann müsste man darauf abstellen, wo „mehr“, d.h. der größere Anteil der Tat begangen wurde.

Inzwischen hat auch das englische Recht das Ubiquitätsprinzip übernommen. Nunmehr soll es zur Begründung der Strafgerichtsbarkeit ausreichen, wenn entweder das Verhalten des Täters oder die Konsequenzen der Tat in England stattfinden.[473] Begründet wurde diese Änderung u.a. damit, dass in der heutigen

---

468 Genau genommen verbietet § 230 StPO nicht die Durchführung von Ermittlungsverfahren, zumal dann zumindest eine Chance besteht, dass es zu einem Inlandsaufenthalt des Beschuldigten kommt, nämlich bei einer Festnahme durch andere Staaten und anschließender Auslieferung. Wenn dagegen offensichtlich ist, dass diese Möglichkeit nicht umgesetzt wird, erscheint es wenig sinnvoll, Ermittlungen einzuleiten, von denen von vornherein klar ist, dass sie nicht in ein Hauptverfahren münden können. In Einzelfällen mag es aus Gründen der Staatsräson dennoch notwendig sein, ein Verfahren einzuleiten, insbesondere bei Verbrechen aus der Zeit des Nationalsozialismus.

469 Archbold 2009, Rn. 2-33.

470 § 281 Buchst. b Merchant Shipping Act 1995, hier ist zwar von „*high seas*“ die Rede. Abweichend von dem Verständnis des SRÜ (Gewässer außerhalb der exklusiven Wirtschaftszone) ist damit jedes Gewässer gemeint, das nicht innerhalb der Landmasse eines Staates liegt, vgl. Archbold 2009, Rn. 2-66 a.E. § 92 Civil Aviation Act 1982.

471 „*... the essence or the gist of the offence occurred within the jurisdiction*“, Archbold 2009, Rn. 2-33.

472 Ein Beispiel hierfür wäre der Raub, der sich aus Diebstahls- und Nötigungselementen zusammensetzt, und zwar auch im englischen Recht, vgl. § 8 Abs. 1 Theft Act 1968.

473 Archbold 2009, Rn. 2-33.

Zeit das Verbrechen nicht mehr hauptsächlich lokal auftritt, sondern (auch) grenzüberschreitend.[474] Hervorzuheben ist die Einschränkung, dass englische Strafgewalt dann nicht zum Tragen kommt, wenn „es ernsthaft und aufgrund vernünftiger Betrachtung vertreten werden kann, dass die Handlungen ... in einem anderen Staat behandelt werden sollten."[475]

Das Problem konkurrierender Strafgewalten wird also durchaus gesehen, allerdings werden keine Anhaltspunkte deutlich, die für eine Behandlung in einem anderen Staat sprechen.

2) Aktives Personalitätsprinzip

Für einige wenige Taten gilt ein absolutes aktives Personalitätsprinzip. Dies betrifft z.B. einige Sexual-[476] oder Tötungsdelikte.[477] Besonders weitgehend ist das aktive Personalitätsprinzip an Bord von Schiffen.[478] Neben der allgemeinen Bestimmung, dass auf britischen Schiffen begangene Taten dem englischen Recht unterfallen – dem Flaggenprinzip –, ist geregelt, dass auch Taten von britischen Staatsangehörigen in fremden Häfen und auf fremden Schiffen – und zwar nicht nur in internationalen Gewässern – der englischen Strafgewalt unterfallen. Ausgenommen von dieser Regel sind britische Staatsangehörige, die zur Besatzung eines fremden Schiffes gehören.

Gründe für eine derart weite Strafgewalt, die auch ausländische Schiffe in ausländischen Hoheitsgewässern umfasst – sind nicht erkennbar;[479] sie bestand in ähnlicher Form schon seit 1894.[480] Historisch ist diese weite Strafgewalt wohl darauf zurückzuführen, dass die See insgesamt nicht als Staatsgebiet wahrgenommen

---

474 S. *Somchai Liangsiriprasert* v *Government of the United States of America* [1991] 1 A.C. 225 per *Lord Griffiths*, S. 251. Zu beachten ist, dass dieser Fall nicht von einem englischen Gericht entschieden wurde, sondern vom *Judicial Committee of the Privy Council*, in seiner Eigenschaft als höchstes Gericht in vielen Commonwealth-Staaten. Dessen Zusammensetzung entspricht jedoch im Wesentlichen der des höchsten englischen Gerichts (seinerzeit *Appellate Committee of the House of Lords*, heute: *Supreme Court*). Eine Entscheidung des *Privy Council* ist somit rein formal betrachtet nicht bindend, hat aber dennoch starke Präzedenzwirkung (sog. *persuasive precedent*).

475 „*..., if it can seriously be argued on a reasonable view that these activities should, on the basis of international comity, be dealt with in another country*" *R* v *Smith (Wallace Duncan)* (No. 4) [2004] 2 Cr.App.R. 17, CA. Abs. 5.

476 § 72 Abs. 1 Sexual Offences Act 2003.

477 § 9 Offence Against the Person Act 1861.

478 § 281 Buchst. a Merchant Shipping Act 1995.

479 Lediglich die Ausweitung auf „fremde Häfen" ist wohl mit einem Versehen des Gesetzgebers zu erklären: Ursprünglich bestand englische Strafgewalt dann, wenn eine Tat auf einem britischen Schiff entweder in einem Hafen oder auf „hoher See" (zur abweichenden Definition vgl. Fn. 470) begangen wurde. Archbold 2009, Rn. 2-66.

480 § 686 Merchant Shipping Act 1894.

wurde,[481] und somit bei allen Taten auf einem Schiff kein Tatort besteht. Um solche Strafgewaltlücken zu schließen, wurde englische Gerichtsbarkeit über britische Staatsangehörige auf jedem beliebigen Schiff angenommen. Heutzutage ist eine so weitgehende Strafgewalt nicht mehr notwendig, sondern erscheint geradezu bedenklich[482] und insbesondere dann unnötig, wenn sogar zwei Staaten einen territorialen Anknüpfungspunkt vorweisen können, nämlich der Flaggenstaat einerseits und der Tatortstaat andererseits.

Einschränkend ist es für die Ausübung der Strafgewalt nach dem aktiven Personalitätsprinzip oftmals Voraussetzung, dass sich der Angeklagte zum Zeitpunkt des Verfahrens in England aufhält.[483] Dies ist ähnlich zu beurteilen wie die Möglichkeit, das Verfahren einzustellen, wenn ein Aufenthalt des Beschuldigten im Inland nicht zu erwarten ist, also letztlich eine praktische Erwägung.

3) Passives Personalitätsprinzip

Das passive Personalitätsprinzip wird im englischen *common law* nicht grundsätzlich anerkannt. Allerdings findet es aufgrund gesetzlicher Regelung neuerdings in beschränktem Umfang Anwendung, vgl. etwa § 63C Terrorism Act 2000. Von einer völligen Ablehnung eines passiven Personalitätsprinzips kann also keine Rede mehr sein. Es kommt allerdings eher dort zur Anwendung, wo aus deutscher Sicht entweder stellvertretende Strafrechtspflege oder sogar das Weltrechtsprinzip in Betracht kommen würden.

4) Rangordnung

Wie alle nationalen Rechtsordnungen befasst sich auch die englische nicht damit, eine Rangordnung der Anknüpfungspunkte zu erstellen. Es geht nur darum, englische Strafgewalt zu begründen oder abzulehnen. Mit der Frage, ob und ggf. welcher andere Staat zuständig ist, befasst sich das englische Recht dagegen nicht.

Die einzige Ausnahme besteht darin, dass englische Strafgewalt dann nicht ausgeübt wird, wenn ein anderer Staat besser zur Ausübung der Strafgewalt geeignet ist. Ohne, dass dafür Kriterien genannt würden, liegt es doch auf der Hand, dass hierfür – neben praktischen Erwägungen, etwa der Frage, wo sich Beweise am

---

481 Nach historischer englischer Vorstellung gehört selbst das Küstengewässer nicht zum Inland. Vielmehr ist zur Ausübung der Strafgewalt im Küstengewässer eine weitere (innerstaatliche) Ermächtigung nötig, die mit § 2 Territorial Waters Jurisdiction Act 1878 geschaffen wurde.

482 Allerdings noch nicht völkerrechtswidrig, vgl. oben Teil 1 § 4 B.III. zum absoluten aktiven Personalitätsprinzip.

483 Vgl. etwa § 281 Merchant Shipping Act 1995 „... and *he is found* within the jurisdiction of any court in any part of the United Kingdom which would have had jurisdiction in relation to the offence if it had been committed on board a United Kingdom ship within the limits of its ordinary jurisdiction to try the offence".

leichtesten[484] erheben lassen – nicht zuletzt auch die anderen im englischen Recht genannten Anknüpfungspunkte eine Rolle spielen werden. Hier gibt es jedoch keine vorgegebene Rangordnung, etwa dass stets der Tatortstaat „besser geeignet“ wäre.

III. Andere (europäische) Staaten

1) Österreich

In Österreich finden sich die Vorschriften des Strafanwendungsrechts in §§ 62 ff. Strafgesetzbuch (öStGB). Auch hier gilt der Grundsatz des Territorialitätsprinzips i.V.m. dem Flaggenprinzip (§§ 62, 63 öStGB). In § 67 Abs. 2 öStGB ist das Ubiquitätsprinzip festgelegt.[485] Es finden sich aber daneben auch das Staatsschutzprinzip und das aktive Personalitätsprinzip, letzteres zusätzlich eingeschränkt durch das Domizilprinzip. Bei extraterritorialen Straftaten sieht § 65 öStGB vor, dass die *lex mitior* zur Anwendung kommt: Die verhängte Strafe darf nämlich nicht höher sein als nach dem Recht des Tatortes zulässig wäre.[486] Eine Rangordnung der Anknüpfungspunkte gibt es dagegen auch hier nicht.

Auf prozessualer Ebene gilt in Österreich, wie in Deutschland auch, im Grundsatz das Legalitätsprinzip.[487] Es findet sich allerdings nicht nur eine Einstellungsmöglichkeit, sondern sogar eine Pflicht dazu, wenn der Täter flüchtig ist, § 197 öStPO. Das Verfahren ist dann nur soweit fortzuführen, wie es zur Spurensicherung erforderlich ist, und dann „abzubrechen“.[488] Allerdings ist ein Beschuldigter, der sich im Ausland aufhält, nicht allein deshalb „flüchtig“ im Sinne dieser Vorschrift.[489] Eine generelle Einstellungsmöglichkeit bei Auslandstaten besteht nicht.

2) Polen

Der polnische *kodeks karny* (k.k.) legt in Art. 5 als Grundsatz das Territorialitätsprinzip fest,[490] wobei das Flaggenprinzip an gleicher Stelle genannt wird.

---

484 Hier ausdrücklich als „in tatsächlicher Hinsicht“ zu verstehen, nicht mit Blick auf rechtliche Hindernisse (d.h. Beweiserhebungs- und ggf. -verwertungsverbote).

485 Dort als „Kombinations- oder Einheitstheorie“ bezeichnet, vgl. *Fabrizy*, StGB, § 67 Rn. 2.

486 Wenn erforderlich, darf dazu auch der im BT vorgegebene Strafrahmen unterschritten werden, *Fabrizy*, StGB, § 65 Rn. 3.

487 *Nordmeyer* in WK-StPO, vor § 190 Rn. 2.

488 Dieser „Abbruch“ soll allerdings nur vorübergehend sein und wird ausdrücklich von der Einstellung des Verfahrens unterschieden, *Nordmeyer* in WK-StPO, § 197 Rn. 2.

489 *Höpfel/Kathrein* in WK-StGB, § 197 Rn. 1. Es müssen vielmehr alle Möglichkeiten der Rechtshilfe u.ä. ausgeschöpft werden, bevor das Verfahren unter Berufung auf § 197 öStPO abgebrochen werden darf.

490 „Das polnische Strafrecht findet auf einen Täter Anwendung, der eine verbotene Tat auf dem Territorium der Republik Polen oder auf einem polnischen

Interessanterweise findet sich hier ein ausdrücklicher Vorbehalt zugunsten möglicherweise entgegenstehenden Völkervertragsrechts. Nach Art. 6 § 2 k.k. gilt dabei das Ubiquitätsprinzip. Polen beansprucht auch die volle strafrechtliche Gerichtsbarkeit über das Küstenmeer und die dort befindlichen Schiffe.[491]

Unter der Überschrift „Strafbarkeit wegen im Ausland begangener Straftaten" finden sich im k.k. zahlreiche Regelungen der extraterritorialen Strafgewalt: In Art. 109 k.k. wird das aktive Personalitätsprinzip festgelegt. Art. 110 § 1 k.k. regelt das passive Personalitätsprinzip. In Art. 110 § 2 k.k. wird die stellvertretende Strafrechtspflege geregelt: Diese ist zulässig, wenn ein Ausländer[492] im Ausland eine Tat begeht, die nach polnischem Recht mit zwei Jahren Freiheitsstrafe bestraft werden kann, der Täter sich in Polen aufhält und nicht ausgeliefert wird. Voraussetzung ist dabei immerhin die Tatortstrafbarkeit (Art. 111 § 1 k.k.), die Anwendung der *lex mitior* ist dagegen lediglich optional (Art. 111 § 2 k.k.).

Eine Rangordnung lässt sich dem nicht entnehmen; allenfalls könnte man aus der systematischen Stellung der Regelungen schließen, dass die Begehung in Polen oder auf einem polnischen Schiff bzw. Flugzeug als Regelfall angesehen wird und die extraterritorialen Anknüpfungspunkte von eher untergeordneter Bedeutung sind.

3) Russland

Das russische Strafgesetzbuch geht im Grundsatz vom Territorialitätsprinzip aus und stellt die russischen Hoheitsgewässer und den russischen Luftraum dem Gebiet gleich (Art. 11 Abs. 1, 2 russStGB).[493] Das Flaggenprinzip unterliegt einem Vorbehalt zugunsten des Völkervertragsrechts (Art. 11 Abs. 3 russStGB). Es bestehen ein jeweils absolutes aktives und ein passives Personalitätsprinzip, allerdings mit der wesentlichen Einschränkung, dass die russische Strafgewalt nur dann besteht, wenn in der Sache noch keine ausländische Gerichtsentscheidung ergangen ist (Art. 12 Abs. 1, 3 russStGB). Hier zeigt sich, dass der Grundsatz *ne bis in idem* auch auf internationaler Ebene gelten soll, d.h. es nicht zu mehrfachen Aburteilungen in unterschiedlichen Staaten kommen soll. Nur beim Territorialitätsprinzip[494] besteht

---

Wasser- oder Luftfahrzeug begangen hat, es sei denn, ein völkerrechtlicher Vertrag, in dem die Republik Polen Partei ist, bestimmt etwas anderes." Übersetzung aus *Weigend*, Das polnische Strafgesetzbuch.

491 *Szwarc/Piskorski* in Wolf (Hrsg.), Kriminalität im Grenzgebiet 2, S. 136, Fn. 26.

492 Diese Regelung bezieht sich auch auf Staatenlose, d.h. alle Personen, die nicht polnischer Staatsangehörigkeit sind, vgl. *Szwarc/Piskorski* in Wolf (Hrsg.), Kriminalität im Grenzgebiet 2, S. 129 ff.

493 Zitiert nach der Übersetzung von *Schroeder*, Strafgesetzbuch der RF. Vgl. auch oben Fn. 470, wonach früher im englischen Recht Binnengewässer nicht als Teil des Inlands angesehen wurden.

494 Einschließlich des Flaggenprinzips. Außerdem besteht diese Einschränkung bei Straftaten, die durch Militärangehörige begangen werden, Art. 12 Abs. 2 russStGB.

eine solche Einschränkung nicht, was jedenfalls auf die besondere Bedeutung dieses Prinzips hindeutet.

4) Türkei

Das türkische Strafrecht legt als Grundsatz ebenfalls das Territorialitätsprinzip fest (Art. 8 Abs. 1 türkStGB[495]), wobei eine Straftat auch dann als „in der Türkei begangen" gilt, wenn sie auf einem türkischen Schiff bzw. Flugzeug begangen wurde (Art. 8 Abs. 2 türkStGB). Darüber hinaus finden sich auch im türkischen Recht zahlreiche andere Anknüpfungspunkte, insbesondere ein aktives und ein passives Personalitätsprinzip. Beide setzen aber voraus, dass wegen der Straftat noch kein ausländisches Urteil ergangen ist (Artt. 11 Abs. 1, 12 Abs. 2 türkStGB). Eine solche Einschränkung gibt es beim Territorialitätsprinzip dagegen nicht: Hier ist im Gegenteil ausdrücklich normiert, dass eine in der Türkei begangene Straftat selbst bei Vorliegen eines ausländischen Urteils in der Türkei erneut abgeurteilt werden muss (Art. 9 türkStGB). Darin kann im Einzelfall sogar eine Ablehnung eines Vorrangs des Tatortes gesehen werden, nämlich dann, wenn die Tat im ausländischen Luftraum auf einem türkischen Flugzeug begangen und vom Tatortstaat abgeurteilt wurde.[496]

IV. Ergebnis

Bereits diese Auswahl an untersuchten Staaten aus verschiedenen europäischen Rechtstraditionen macht deutlich, dass von einer Beschränkung der Strafgewalt oder gar einer Rangordnung nicht die Rede sein kann. Vielmehr machen die Staaten von ihren völkerrechtlichen Befugnissen sehr weitgehend Gebrauch und schränken ihre Strafgewalt nicht ein. Als Regelfall ist zwar jeweils das Territorialitätsprinzip in Form des Ubiqiutätsprinzips festgelegt worden. Dieses hat meist eine besondere Bedeutung, die sich u.a. an der systematischen Stellung[497] oder aus der Geltung bzw. Nicht-Geltung des *ne bis in idem*-Grundsatzes[498] ergibt. Daneben bestehen aber zahlreiche weitere Anknüpfungspunkte.

Zu Einschränkungen kommt es allenfalls auf der Ebene des Prozessrechts. Die Art der Einschränkung ist dabei von Staat zu Staat etwas unterschiedlich, so dass es schon problematisch erscheint, von einer einheitlichen „ständigen Übung"

---

495 Jeweils zitiert nach der deutschen Übersetzung von *Tellenbach*, Das türkische Strafgesetzbuch.

496 Dann ist die Tat wegen Art. 8 Abs. 2 türkStGB (auch) in der Türkei begangen, was bei türkischen Staatsangehörigen zwingend die Aburteilung in der Türkei zur Folge hat. Analog lehnt die Türkei auch einen Vorrang des Handlungsortes vor dem Erfolgsort ausdrücklich ab, soweit es um eigene Staatsangehörige geht.

497 Vgl. insbesondere das polnische Recht; aber auch in den anderen Staaten mit kodifiziertem Recht wird das Territorialitätsprinzip zuerst genannt.

498 Vgl. insbesondere das Recht Russlands und der Türkei.

auszugehen. Zudem sind diese Einschränkungen nicht darin begründet, dass bestimmte Anknüpfungspunkte „weniger Strafgewalt“ bedeuten, sondern darin, dass bei einige Anknüpfungspunkten weniger tatsächliche Gewalt besteht und damit weniger Aussicht auf die erfolgreiche *Durchsetzung* der eigenen Strafgewalt.

B. Gemeinsame Rechtsüberzeugung

Dementsprechend scheitert die Annahme einer Rangordnung der Anknüpfungspunkte für die Strafgewalt aus Völkergewohnheitsrecht spätestens an der Frage der gemeinsamen Rechtsüberzeugung. Die Staaten sehen sich nämlich nicht durch das Völkerrecht daran gehindert, alle möglichen (auch extraterritorialen) Straftaten zu verfolgen; auch die prozessualen Einstellungsmöglichkeiten sind in aller Regel rein praktischen, und nicht etwa völkerrechtlichen, Überlegungen geschuldet.

§ 4 Europäisches Strafrecht

Weitere Ansätze zu einer Rangordnung könnten sich aus dem sog. Europäischen Strafrecht ergeben. Das Europäische Strafrecht ist eine relativ junge – aber überaus aktuelle[499] – Disziplin, die sich als „Querschnittsmaterie“ zwischen verschiedenen Rechtsbereichen darstellt.[500] Von Interesse soll hier zunächst das Europäische Recht im weiteren Sinn sein, der Schwerpunkt liegt jedoch auf dem Europäischen Strafrecht i.e.S., also den Instrumenten und Regelungen der Europäischen Union.

A. Europarecht i.w.S.

I. Europäische Menschenrechtskonvention

Die Europäische Menschenrechtskonvention[501] enthält einige prozessuale Grundsätze, insbesondere das Recht auf ein faires Verfahren in Art. 6 EMRK. Daraus ergibt sich für die Frage nach der Strafgewalt oder dem anwendbaren Recht nichts Konkretes; allerdings gilt Art. 6 EMRK in jedem Stadium des Verfahrens, so dass auch für die Frage, in welchem Staat Strafverfolgung stattfindet, „Fairness“ gegenüber dem Beschuldigten sicher gestellt werden muss, was auch immer zur Wahrung seiner Rechte und Interessen *in concreto* notwendig ist.[502]

---

499 *Hecker*, Europäisches Strafrecht, § 1 Rn. 1 spricht von einem „Europäisierungssog“, dem die Strafrechtssysteme Europas ausgesetzt sind.
500 *Hecker*, Europäisches Strafrecht, § 1 Rn. 9.
501 EMRK, BGBl. 1952 II S. 686.
502 Näher zu den Interessen des Beschuldigten in Bezug auf das Verfahren unten Teil 3 § 4 C.III.

II. Verträge im Rahmen des Europarats am Beispiel der Cybercrime-Convention

Innerhalb des Rahmens des Europarates wurden einige völkerrechtliche Verträge zur Bekämpfung bestimmter Straftaten abgeschlossen. Beispielhaft soll hier die „Convention on Cybercrime“ kurz untersucht werden.[503] Materiell-rechtlich geht es in diesem Vertrag um unterschiedliche Formen von „Computerkriminalität“.[504] Für die Frage der Strafgewalt ist Art. 22 von Bedeutung. Darin wird zunächst die Verpflichtung festgestellt, in bestimmten Fällen die eigene Strafgewalt zu etablieren. Genannt werden Territorialität, daneben aber auch das Flaggenprinzip und das aktive Personalitätsprinzip. Das aktive Personalitätsprinzip findet sich dabei nur in der eingeschränkten Form, die Tat muss also auch am Tatort strafbar sein bzw. der Tatort darf keiner Strafgewalt unterliegen.[505]

Insgesamt wird keine besonders weit reichende Pflicht zur Ausübung bzw. Beanspruchung der Gerichtsbarkeit normiert. Diese Pflicht wird im Gegenteil durch Art. 22 Abs. 2 Cybercrime-Convention noch weiter eingeschränkt: Bei allen Anknüpfungspunkten mit Ausnahme der Territorialität ist es Staaten möglich, Gerichtsbarkeit nicht oder nur teilweise zu beanspruchen. Es kann also von einer Verpflichtung, die Strafgewalt über die Territorialität hinaus auszudehnen, keine Rede sein.

Wenn Art. 22 Abs. 4 Cybercrime-Convention auf der anderen Seite klarstellt, dass etwaige weitere Strafgewalten bestehen bleiben sollen, bringt das lediglich zum Ausdruck, dass für mögliche Täter keine „Verbesserungen“ durch Einschränkungen der Strafgewalten gewollt sind.

Art. 22 Abs. 5 Cybercrime-Convention sieht eine Konsultationspflicht zwischen den beteiligten Staaten vor, sofern es zu einem positiven Kompetenzkonflikt kommt. Als Anhaltspunkt für die Frage, *wie* innerhalb eines solchen Konsultationsprozesses eine Entscheidung zu treffen ist, kann dabei die Tatsache dienen, dass nur beim Territorialitätsprinzip keine Ausnahme von der Pflicht, die Strafgewalt zu beanspruchen, vorgesehen ist. Aus Sicht der Konvention ist daher davon auszugehen, dass der Gebietsgrundsatz stärker wiegt als die anderen Anknüpfungspunkte.

---

503 Die Convention on Cybercrime ist nicht von allen Mitgliedstaaten des Europarates ratifiziert worden und gilt somit nur in einigen Staaten, in Deutschland seit 01.07.2009. Andererseits steht die Konvention aber auch Staaten offen, die nicht Mitglied des Europarates sind. Eine aktuelle Übersicht der Vertragsstaaten findet sich unter http://www.conventions.coe.int/Treaty/Commun/ChercheSig.asp?NT=185&CM=8&CL=GER.

504 Die mit diesem relativ unbestimmten Begriff umschriebenen Straftaten umfassen u.a. unbefugte Datenzugriffe und -manipulationen (Artt. 2 ff.), Betrug, wenn er mithilfe eines Computers begangen wird (Art. 8), Straftaten mit Bezug zu Kinderpornographie (Art. 9), sowie Urheberrechtsverletzungen (Art. 10).

505 Vgl. zur Unterscheidung eines absoluten von einem eingeschränkten aktiven Personalitätsprinzip bereits oben Teil 1 § 4 B.

Neben dieser Tendenz zum Vorrang des Territorialitätsprinzips gibt es jedoch keine Kriterien, wie die „geeignetste Gerichtsbarkeit“[506] zu bestimmen ist.

III. Schengener Durchführungsübereinkommen

Das Schengener Durchführungsübereinkommen (SDÜ) ist seinem Ursprung nach ein völkerrechtlicher Vertrag zwischen einigen europäischen Staaten, wurde aber als Teil des sog. „Schengen-Besitzstands“ mit dem Vertrag von Amsterdam ins EU-Recht überführt; der hier vor allem interessierende Grundsatz *ne bis in idem* ist sogar Bestandteil der Grundrechte-Charta geworden (Art. 50 GRCh, der allerdings einen etwas anderen Wortlaut als Art. 54 SDÜ hat). Für einige Staaten gelten Ausnahmeregelungen, die hier interessierenden Artikel sind jedoch auch dort in Kraft.[507] Außerhalb der EU gilt das SDÜ in Norwegen, Island, der Schweiz und Liechtenstein.

In Art. 54 SDÜ ist der Grundsatz *ne bis in idem* – der sonst nur innerstaatlich gelten würde[508] – für die Vertragsstaaten aufgestellt worden, wenn auch mit einem „zusätzlichen Vollstreckungselement“.[509] Dieser Grundsatz gilt allerdings nach dem folgenden Art. 55 SDÜ nicht uneingeschränkt. Für bestimmte Fälle kann ein Staat nämlich erklären, nicht an Art. 54 SDÜ gebunden zu sein.

Wenn die Straftat „ganz oder teilweise“ auf dem Territorium eines Staates begangen wurde, ist dieser Staat nur dann verpflichtet, ein fremdes Urteil anzuerkennen,

---

506 Art. 22 Abs. 5 Cybercrime-Convention. Dass hier nicht etwa von der „berechtigsten Gerichtsbarkeit“ die Rede ist, zeigt erneut, dass eine rechtlich verbindliche Rangordnung von den Vertragsparteien nicht angenommen wird.

507 Das Vereinigte Königreich und Irland sind nicht dem SDÜ beigetreten, haben aber die Möglichkeit, den Schengen-Besitzstand mit Billigung des Rates der Europäischen Union ganz oder teilweise zu übernehmen. Davon wurde teilweise Gebrauch gemacht, vgl. Beschluss des Rates vom 29.05.2000 (2000/365/EG; ABl. L 131 S. 43 ff.) und vom 28.02.2002 (2002/192/ EG; ABl. L 64 S. 21). Teile der Schengen-Regelungen, insbesondere die hier nicht relevanten Bestimmungen über den Wegfall der Personenkontrollen, sind auch in den EU-Mitgliedstaaten Bulgarien, Kroatien, Rumänien und Zypern noch nicht anwendbar.

508 BVerfGE 75, 1, 18. Die dort vorgenommene Einschränkung, dass „derzeit noch“ keine Geltung von *ne bis in idem* im allgemeinen Völkerrecht festzustellen ist, dürfte auch weiterhin zutreffend sein.

509 Das Verbot einer zweiten Aburteilung ist gemäß Art. 54 a.E. daran gebunden, dass die erste Strafe – sofern eine solche verhängt wurde, vollstreckt wurde, gerade vollstreckt wird oder nicht mehr vollstreckt werden kann. Vgl. zu diesem Erfordernis auch *Schomburg* in Schomburg/Lagodny/Gleß/Hackner, IRG, Art. 54 SDÜ Rn. 6. Anders dagegen der Wortlaut des Art. 50 GRCh, der gerade kein Vollstreckungselement mehr enthält. In einer – zweifelhaften – Entscheidung hat der EuGH allerdings entschieden, dass das Vollstreckungselement aus Art. 54 SDÜ als zulässige Einschränkung des Art. 50 GRCh weiterhin zu beachten sei; Urt. vom 27.05.2014, Rs. C-129/14 PPU (*Zoran Spasic*), online unter http://curia.europa.eu.

wenn im Urteilsstaat auch ein Tatort besteht.[510] Eine unbedingte Pflicht, ein ergangenes Urteil anzuerkennen, wird durch das SDÜ also nur dann festgelegt, wenn ein Tatortstaat geurteilt hat. Daraus lässt sich ein Vorrang des Territorialitätsprinzips ableiten.[511] Wenngleich dieser Vorrang erst – durch die Erklärung eines entsprechenden Vorbehalts – geltend gemacht werden muss,[512] zeigt schon die Existenz des Art. 55 SDÜ, dass dem Gebietsgrundsatz eine besondere Bedeutung zugemessen wird, und zwar nicht nur aus prozessökonomischen Erwägungen heraus, sondern letztlich aus Gründen der Souveränität.[513] Unklar bleibt freilich, was rechtlich als Tatort gilt.[514] Diese Frage wird – wie gezeigt – in den Vertragsstaaten unterschiedlich beantwortet. Die Entscheidungsgewalt darüber liegt letztlich bei dem Staat, der trotz eines ausländischen Urteils erneut urteilen will.[515]

Eine Einschränkung des Art. 54 SDÜ ist auch erlaubt, wenn geschützte Interessen des Staates betroffen sind (Staatsschutzprinzip) oder wenn die Tat von einem Beamten des Staates begangen wurde. Positiv ist dabei – im Sinne des Bestimmtheitsheitsgebotes – hervorzuheben, dass der vorbehaltende Staat jeweils die Tatbestände aufführen muss, bei denen er von „wesentlichen eigenen Interessen" ausgeht.[516] Von diesen Möglichkeiten haben u.a. Deutschland, Österreich und die Schweiz[517] Gebrauch gemacht, und zwar teilweise sehr weitgehend.[518]

---

510 Art. 55 I lit. a SDÜ. – Schiffe und Flugzeuge sind im Sinne dieser Vorschrift nicht „schwimmendes" bzw. „fliegendes" Staatsgebiet; das Flaggenprinzip ist in Art. 55 SDÜ also nicht dem Territorialitätsprinzip gleichgestellt, vgl. LG Mannheim NStZ-RR 1996, 147.

511 Vgl. *Lagodny* in FS-Eser, S. 777, 791 f.

512 Wohl deshalb spricht etwa *Ebensperger*, ÖJZ 1999, 171, 184 von einer *„Möglichkeit*, Reste des Territorialitätsprinzips zu wahren." (Hervorhebung J.B.).

513 Kritisch daher *Hein*, Zuständigkeitskonflikte, S. 101 ff., der meint, Souveränitätserwägungen dürften nicht über Interessen der Prozessökonomie und der „Einzelfallgerechtigkeit" gestellt werden. Richtig ist daran, dass der Beschuldigte kein Interesse daran hat, zwei Mal abgeurteilt zu werden.

514 Auf dieses Problem weist auch *Ebensperger*, ÖJZ 1999, 171, 184 hin, jedoch ohne eine Lösung zu nennen.

515 So auch *Kniebühler*, ne bis in idem, S. 302.

516 Für Deutschland sind dies die §§ 80 bis 90b; 94 bis 100a; 109 bis 109k; 129; 129a StGB; Straftaten nach dem KrWKG und dem AWG. Daneben betrifft der Vorbehalt die §§ 211, 212, 239a und 239b StGB sowie Straftaten nach dem VStGB, wenn durch die Tat die „innere Sicherheit der Bundesrepublik Deutschland" gefährdet wurde.

517 Dies sind aber nicht die einzigen Staaten, die entsprechende Erklärungen abgegeben haben. Von den ursprünglichen 13 Vertragsstaaten haben sieben, also mehr als die Hälfte, einen Vorbehalt erklärt, vgl. *Anagnostopoulos* in FS-Hassemer, S. 1121, 1127.

518 Vgl. BGBl. 1994 II S. 631, öBGBl. 1997 III S. 2048, Systematische Sammlung des (schweizerischen) Bundesrechts SR 0.362.31, S. 33. Der deutsche Vorbehalt ist

Für Fälle, die weder die Territorialität noch den Schutz des Staates betreffen, besteht aber offenbar ein ausreichend großes Vertrauen in die Strafrechtspflege der anderen Staaten. Selbst dann, wenn man davon ausgeht, dass die Vorbehalte nach Art. 55 SDÜ nicht mehr gelten,[519] bleibt dieser Artikel dennoch ein Hinweis auf eine hervorgehobene Stellung des Territorialitätsprinzips und des Staatsschutzprinzips.

B. Europarecht i.e.S.

I. Strafrecht in den Verträgen: Polizeiliche und justizielle Zusammenarbeit in Strafsachen

Nachdem die EWG/EG zunächst in erster Linie ein wirtschaftlicher Zusammenschluss von Staaten war, spielte das Strafrecht auf dieser Ebene noch keine Rolle; dementsprechend finden sich in den Gründungsverträgen der Europäischen Gemeinschaften auch keine strafrechtlichen Bestimmungen. Mit zunehmendem Zusammenwachsen zu einer Union und der Bildung des gemeinsamen Binnenmarktes rückte auch das Strafrecht immer mehr in den Blick. Regelungen der EU mit Bezug zum Strafrecht sind in verschiedener Weise denkbar, nämlich in den drei Bereichen Schutz von Rechtsgütern der Union, Zusammenarbeit in Strafsachen und Angleichung des nationalen Rechts.

Von Interesse sind hier nur die Bestimmungen über die polizeiliche und justizielle Zusammenarbeit in Strafsachen (PJZS).[520] Diese Bestimmungen befanden sich seit 1992 im EU-Vertrag. Es wurden darin Leitlinien aufgestellt, die der Konkretisierung durch Rahmenbeschlüsse und andere Rechtsinstrumente bedürfen. In der damals bestehenden Säulenstruktur der Europäischen Union war die PJZS in der „Dritten Säule" geregelt. Während das Zivilrecht bereits mit dem Vertrag von Amsterdam „vergemeinschaftet" wurde, blieb das Strafrecht im Bereich der

---

sogar zu weitgehend, er widerspricht in Teilen Art. 55 Abs. 1 Buchst. a 2. Halbsatz; vgl. *Schomburg* in Schomburg/Lagodny/Gleß/Hackner, IRG, Art. 55 SDÜ Rn. 3.

519 So unter Berufung auf den Anhang zum Schengen-Protokoll sowie den Beschluss 1999/435/EG (ABl. 1999 L 176 S. 1), in dem die entsprechenden Vorbehaltserklärungen nicht aufgeführt sind, *Plöckinger/Leidenmühler*, wistra 2003, 81, 82 f., zustimmend *Anagnostopoulos* in FS-Hassemer, S. 1121, 1128. Jedenfalls in Bezug auf die Schweiz, die erst später dem Schengener Durchführungsübereinkommen zugestimmt hat und dabei den entsprechenden Vorbehalt erklärt hat, dürfte dies indes nicht zutreffen. Auch im Übrigen gegen einen „Wegfall der Ausnahmen" *Böse* in FS-Kühne, S. 519, 522 f., der allerdings auf S. 529 meint, dass die entsprechenden Vorbehalte nunmehr durch die Aufnahme des *ne bis in idem*-Grundsatzes in Art. 50 GRCh „unter zunehmenden Rechtfertigungsdruck geraten".

520 Diese Bestimmungen gelten grundsätzlich zwar für alle Mitgliedstaaten der Europäischen Union. Mit Wirkung zum 01.12.2014 hat aber das Vereinigte Königreich formal seinen Ausstieg aus der PJZS erklärt, will allerdings an zahlreichen Maßnahmen weiter beteiligt bleiben, näher dazu *Brodowski*, ZIS 2013, 455, 458 ff.

intergouvernementalen Zusammenarbeit. Der Grund dafür dürfte gewesen sein, dass das Strafrecht in besonderer Weise die Souveränität der Mitgliedstaaten betrifft und die Vorbehalte und Bedenken gegen eine Europäisierung entsprechend groß sind. Mit dem In-Kraft-Treten des Lissaboner Vertrags im Jahr 2009 wurde die bisherige Säulenstruktur der EU aufgelöst; die „neue" Europäische Union stellt nicht mehr nur das „Dach" dar, sondern ersetzt auch die Europäische Gemeinschaft und hat eine eigene Rechtspersönlichkeit. Der Bereich der justiziellen Zusammenarbeit ist nunmehr ebenfalls „vergemeinschaftet"[521] worden und in den Artt. 82 ff. des Vertrags über die Arbeitsweise der Europäischen Union (AEUV) geregelt.[522]

Inhaltlich geht es im Rahmen der polizeilichen und justiziellen Zusammenarbeit unter anderem um die Koordination von Strafverfolgung; das Problem konkurrierender Strafgewalten wurde inzwischen erkannt und zunächst v.a. unter dem Gesichtspunkt des *ne bis in idem*-Grundsatzes untersucht.[523] Dabei wurde zunehmend die Notwendigkeit erkannt, nicht erst die doppelte Aburteilung zu vermeiden, sondern schon im Vorfeld doppelte Ermittlungen zumindest zu koordinieren, wozu verschiedene Institutionen und Instrumente geschaffen wurden.[524] Das Ziel, neben der verstärkten Zusammenarbeit auch „Kompetenzkonflikte zwischen den Mitgliedstaaten zu verhindern und beizulegen" wird in Art. 82 AEUV ebenfalls genannt.[525] Inzwischen liegt dazu auch ein Rahmenbeschluss vor, der unten näher erläutert wird.[526]

Daraus mag man den Schluss ziehen, dass es aus der Sicht des Europäischen Rechts offenbar derzeit keine Regeln, jedenfalls keine *hard and fast rules*, gibt, wie mit Strafgewaltkonflikten umzugehen ist; andernfalls wäre nämlich ein Rahmenbeschluss hierzu überflüssig. Dennoch könnte es – wie schon im Völkerrecht – zumindest eine Tendenz geben, die *de lege ferenda* weiter verstärkt werden kann.

II. Rahmenbeschlüsse zu einzelnen Straftatgruppen am Beispiel des Terrorismus

Ähnlich wie auf den Ebenen des Europarates[527] und des Völkerrechts gibt es auch auf EU-Ebene einige Rechtsinstrumente (z. B. in Form von Rahmenbeschlüssen),

---

521 Nach alter Terminologie, da die „Gemeinschaft" ja nicht mehr besteht; *Heger*, ZIS 2009, 406, 406.

522 Vgl. dazu *Beukelmann*, NJW 2010, 2081; *Heger*, ZIS 2009, 406; *Zöller*, ZIS 2009, 340, 343 f.

523 Vgl. nur *Kniebühler*, ne bis in idem; *Lagodny*, Gutachten, S. 50 ff.; *Mansfelder*, ne bis in idem.

524 Unklar bleibt aber oft, ob dies allein aus Gründen der Verfahrensökonomie erfolgt oder ob nicht auch die Rechte und Interessen des Beschuldigten eine Rolle spielen; zu diesen Rechten und Interessen noch ausführlich unten Teil 3 § 3 E. IV.1) und Teil 3 § 4 C.III.

525 Art. 82 Abs. 1 UAbs. 2 Buchst. b AEUV (ex-Art. 31 Abs. 1 Buchst. d EU).

526 Teil 2 § 4 E.

527 Vgl. oben Teil 2 § 4 A.II.

die sich mit der Bekämpfung einzelner Straftaten auseinandersetzen und dabei u.a. die konkurrierenden Strafgewalten thematisieren. Beispielhaft soll dazu der Rahmenbeschluss zur Terrorismusbekämpfung untersucht werden. Dieser Rahmenbeschluss aus dem Jahr 2002[528] enthält eine Art Hierarchie der Anknüpfungspunkte, die sich mit den hier gefundenen Ansätzen teilweise deckt.[529] Nach Art. 9 Abs. 2 Satz 3 Terrorismus-Rahmenbeschluss sind folgende Kriterien nacheinander, also in dieser Reihen- und Rangfolge zu berücksichtigen:

1. Territorialität
2. Aktive Personalität oder „Domizilität"[530]
3. passive Personalität, wobei nicht an Staatsangehörigkeit, sondern an ein „Stammen" aus dem jeweiligen Staat angeknüpft wird.
4. Ergreifungsort[531]

Die unbestimmte Ausdehnung des – ohnehin abzulehnenden[532] – passiven Personalitätsprinzips ist völkerrechtlich ebenso unzulässig wie die Erweiterung des aktiven Personalitätsprinzips, soweit es um Angehörige von Drittstaaten geht.[533] Daneben fällt auf, dass offenbar davon ausgegangen wird, dass es in jeder dieser Kategorien nur *einen* in Betracht kommenden Staat gibt. Es wird stets nur im Singular davon gesprochen, dass es sich „um *den* Mitgliedstaat handeln" muss. Insbesondere zur Frage, wie der Tatortstaat bestimmt wird, finden sich keine Anhaltspunkte. Nach deutschem Rechtsverständnis ist eine Straftat auch am Erfolgsort „begangen". Andere Vertragssprachen legen es hingegen nahe, dass der Handlungsort gemeint ist.[534] Auch wenn es sich bei einem Rahmenbeschluss nicht um einen völkerrechtlichen Vertrag handelt, liegt es angesichts der insoweit ver-

---

528 ABl. L 164 S. 3.

529 Andererseits erlaubt der Rahmenbeschluss auch, dass jeder Mitgliedstaat gewissermaßen seine Strafgewalt auf eine Art „unionsweites Territorialitätsprinzip" gründen darf (Art. 9 Abs. 1 Buchst. a Satz 2), vgl. *Eisele*, ZStW 2013, 1, 5. An der Reihen- und Rangfolge der Strafgewalten ändert sich dadurch aber nichts.

530 Der Rahmenbeschluss spricht von dem Staat, „in dem er [der Täter] ansässig ist".

531 Ähnlich auch Art. 10 Abs. 4 des Rahmenbeschlusses über Angriffe auf Informationssysteme, ABl. 2005 L 69 S. 67.

532 Vgl. oben Teil 1 § 5.

533 Vgl. oben Teil 1 § 6 zum Domizilprinzip. Soweit dagegen nur EU-Mitgliedstaaten betroffen sind, kann sich der „Domizilstaat" völkerrechtlich auf den Grundsatz stellvertretender Strafrechtspflege berufen. Aus dem Rb-Terrorismus lässt sich sogar ein ausdrückliches Einverständnis mit der „Stellvertretung" ableiten. Wenn also einem EU-Mitgliedstaat die unabhängige Strafgewalt (vgl. oben Teil 1 § 10 B.) zusteht, ist ein passives „Abstammungsprinzip" als Unterfall der stellvertretenden Strafrechtspflege durchaus zulässig. Steht die unabhängige Strafgewalt dagegen einem Drittstaat zu, bleibt es bei der Völkerrechtswidrigkeit.

534 So etwa in der dänischen Version: „*handlingerne* blev begået" oder in der englischen Version: „the *acts* were committed", vgl. im Gegensatz dazu Art. 22 Cybercrime-Convention „the *offence* is committed" (Hervorhebungen J.B.).

gleichbaren Problematik nahe, zur Frage der Auslegung des Rahmenbeschlusses die Bestimmungen der Wiener Vertragsrechtskonvention zumindest entsprechend anzuwenden.[535] Nach Art. 33 Abs. 3 WVK gilt bei mehreren gleichermaßen verbindlichen Sprachversionen die Vermutung, dass die verwendeten Ausdrücke jeweils die gleiche Bedeutung haben. Dies spricht angesichts der aufgezeigten anderen Vertragssprachen eher dafür, dass nur der Handlungsort gemeint ist. Selbst dann, wenn man davon ausgeht, dass die Begriffe eine unterschiedliche Bedeutung haben, kommt man bei teleologischer Auslegung[536] zu eben diesem Ergebnis: Sinn und Zweck des Art. 9 Terrorismus-Rahmenbeschluss ist es gerade, die Strafverfolgung in nur *einem* Staat zu konzentrieren.

Es ergibt sich für diese Fälle also ein Vorrang des Handlungsstaates vor dem Aufenthaltsstaat, wobei dies noch keine „feste" Ordnung ist, sondern weiterhin die Situation im Einzelfall zu untersuchen und bewerten ist.

III. Rahmenbeschluss zum Europäischen Haftbefehl

Anders als der Rahmenbeschluss zur Terrorismusbekämpfung und vergleichbare Bestimmungen gilt der Rahmenbeschluss zum Europäischen Haftbefehl[537] nicht nur für einzelne Straftaten bzw. Gruppen von Straftaten. Mit diesem Rahmenbeschluss wurde den Behörden und Gerichten der EU-Staaten ein Instrument an die Hand gegeben, das die Auslieferung und Rechtshilfe innerhalb der Europäischen Union vereinfachen soll. Gegenüber der klassischen Auslieferung[538] ist die Terminologie beim Europäischen Haftbefehl etwas anders:[539] Die Auslieferung wird als „Überstellung" bezeichnet. Dem ersuchenden Staat bei der Auslieferung entspricht der „Ausstellungsstaat", also der Staat, dessen Gerichte den Europäischen Haftbefehl erlassen hat; dem ersuchten Staat der „Vollstreckungsstaat", also der Staat, der die Aufgabe hat, den Haftbefehl durch Überstellung umzusetzen. Von der

---

535 Die „Verordnung Nr. 1 zur Regelung der Sprachenfrage für die Europäische Wirtschaftsgemeinschaft" (ABl. EWG 1958 L S. 385) enthält keine eigenen Regelungen darüber, wie mit möglichen Unterschieden in den verschiedenen Sprachversionen umzugehen ist. Bei Anwendung der WVK stößt man freilich auf die Schwierigkeit, dass einige EU-Staaten (Frankreich, Rumänien, Malta) nicht Vertragspartei dieser Konvention sind. Es geht also streng genommen nicht darum, die WVK analog auf das EU-Recht anzuwenden, sondern das dahinter stehende Völkergewohnheitsrecht, das durch die Konvention zwar kodifiziert wurde, aber als Gewohnheitsrecht unabhängig davon weiterhin gilt.

536 Vgl. Art. 33 Abs. 4 i.V.m. Art. 31 WVK.

537 Rahmenbeschluss vom 13.06.2002 (2002/584/JI), ABl. EG L 190 S. 1.

538 Dazu bereits oben Teil 2 § 2 C.

539 Das deutsche Recht spricht dagegen sowohl in Art. 16 Abs. 2 GG, der die verfassungsrechtliche Grundlage für die Anwendung des Europäischen Haftbefehls auch auf eigene Staatsangehörige darstellt als auch in den §§ 78 ff. IRG auch im Kontext der Europäischen Union von „Auslieferung".

Vollstreckung des Europäischen Haftbefehls ist die Vollstreckung einer im späteren Verfahren verhängte Strafe zu unterscheiden.

Trotz dieser begrifflichen Unterschiede finden sich – wie bei klassischen Auslieferungsverträgen – auch im Zusammenhang mit dem Europäischen Haftbefehl einige Bestimmungen, die sich mittelbar oder unmittelbar mit dem Problem konkurrierender Strafgewalten auseinandersetzen.

1) Konkurrierende Europäische Haftbefehle

Bei konkurrierenden Europäischen Haftbefehlen – und damit bei konkurrierenden Strafgewalten – oder einem Auslieferungsersuchen eines Drittstaates (zusätzlich zu einem oder mehreren Europäischen Haftbefehlen) ist unter Berücksichtigung „aller Umstände" zu entscheiden (Art. 16 Abs. 1 Rb-EUHb). „Insbesondere" gehört zu diesen Umständen der Ort der Straftat; die anderen Anknüpfungspunkte werden dagegen nicht ausdrücklich erwähnt.[540] Auf Ersuchen der vollstreckenden Justizbehörde kann Eurojust eine Stellungnahme abgeben (Art. 16 Abs. 2 Rb-EUHb). Eine formale[541] Bindungswirkung einer solchen Stellungnahme besteht ebenso wenig wie eine feste Rangordnung, mit Ausnahme der etwas hervorgehobenen Stellung des Tatortes.

2) Gründe, die Vollstreckung eines Haftbefehls abzulehnen

Aus einigen der „Gründe, aus denen die Vollstreckung des Europäischen Haftbefehls abgelehnt werden kann",[542] können aber vorsichtige Schlüsse bezüglich der Bedeutung der einzelnen Anknüpfungspunkte gezogen werden.

a) Aufenthaltsort und Verjährung

Sofern der Vollstreckungsstaat nach seinem nationalen Recht die Strafgewalt[543] innehat, berechtigt eine bereits eingetretene Verjährung (nach nationalem Recht) dazu, den Haftbefehl nicht zu vollstrecken (Art. 4 Nr. 4 Rb-EUHb). Sofern die Tat in einem Staat bereits verjährt ist und sich der Täter dort aufhält, kann ihm dieser „Vorteil" auch bei Vorliegen eines Europäischen Haftbefehls erhalten bleiben (jedenfalls solange er sich in diesem Staat aufhält). Aus Sicht des Beschuldigten

---

540 Die Annahme von *Scharf*, Law and Contemp. Probs. 2001, 67, 111, wonach es im Auslieferungsrecht keine Anzeichen für eine besondere Stellung des Tatortes gibt, ist daher zumindest für den Europäischen Haftbefehl nicht mehr zutreffend. Sie ist aber auch im Übrigen verfehlt, vgl. schon oben Fn. 410.

541 Vgl. aber unten Fn. 596.

542 Dies gilt für die in Art. 4 Rb-EUHb genannten fakultativen Gründe. Die in Art. 3 Rb-EUHb genannten zwingenden Gründe sind dagegen in dieser Hinsicht nicht aufschlussreich.

543 Der Rahmenbeschluss spricht von „Gerichtsbarkeit" (englisch: *jurisdiction*), vgl. zu den Begriffen schon oben Einleitung § 2.

ist es zwar wenig überzeugend, dass dem Staat hier Ermessen eingeräumt wird.[544] Wenn aber die bereits eingetretene Verjährung am Aufenthaltsort die Aburteilung verhindert, so ergibt sich daraus ein Vorrang des – beschuldigtenfreundlicheren – Rechts am Aufenthaltsort. Dies erscheint insofern verwunderlich, als der Aufenthaltsort in den hier gefundenen Ansätzen einer Rangordnung ansonsten keine Rolle spielt. Allerdings ist der faktische Vorrang ausschließlich auf das Gebiet der Auslieferung bzw. der Vollstreckung eines Europäischen Haftbefehls beschränkt. Ein genereller Vorrang des Rechts des Aufenthaltsortes lässt sich daraus keinesfalls ableiten.

b) Territorialität

Von weitaus größerer Bedeutung sind dagegen die Konstellationen mit Bezugnahme auf den Tatort. Für die Fälle, in denen der Europäische Haftbefehl zur Verfolgung und Aburteilung einer Straftat ausgestellt wird, gilt nach Art. 4 Nr. 7 Buchst. a Rb-EUHb, dass ein Staat dann die Vollstreckung verweigern darf, wenn die Tat ganz oder teilweise auf dem Gebiet des Vollstreckungsstaates begangen wurde. Wohl um der Frage nach der genauen Definition des Tatortes aus Rücksicht auf unterschiedliche Rechtstraditionen aus dem Weg zu gehen, wird auch hier auf das nationale Recht des Vollstreckungsstaates verwiesen.

Aus europäischer Sicht darf Deutschland also die Auslieferung in jedem Fall verweigern, in dem ein Handlungs- oder Erfolgsort in Deutschland liegt. Das deutsche IRG nimmt dagegen eine Abstufung vor und verweigert die Auslieferung in jedem Fall, wenn ein „maßgeblicher Inlandsbezug" vorliegt (§ 80 Abs. 2 S. 1 Nr. 2 IRG). Der Begriff des „maßgeblichen Inlandsbezugs" ist dabei weiter zu verstehen als der des inländischen Tatortes; gemeint ist, dass sowohl der Handlungs- als auch der Erfolgsort vollständig oder zumindest in wesentlichen Teilen im Inland[545] liegen.[546] Andererseits soll bei einem maßgeblichen Bezug des Delikts zum Ausstellungsstaat die Auslieferung stets erfolgen. In „Mischfällen", die weder einen

544 Es stellt sich nämlich die Frage, ob eine einmal eingetretene Verjährung nicht auch Vertrauensschutz dergestalt auslöst, dass der Staat auch nicht durch Auslieferung o.ä. an einer Aburteilung mitwirkt. Nach deutschem Recht besteht daher auch kein Ermessen: In solchen Fällen sind sowohl die Auslieferung als auch die Vollstreckung eines Europäischen Haftbefehls unzulässig, § 9 Nr. 2 i.V.m. § 78 Abs. 1 IRG, ausdrücklich bestätigt in BGHSt 52, 191. Ablehnend *Böse*, NStZ 2008, 636, der im Ergebnis davon ausgeht, eine Sonderregelung – hier: eine Pflicht zur Auslieferung trotz eingetretener Verfolgungsverjährung in Deutschland – könne sich aus früheren bilateralen Auslieferungsverträgen ergeben.

545 Das Gesetz verwendet die anachronistische (vgl. Fn. 52) Formulierung „im Geltungsbereich dieses Gesetzes".

546 Vgl. § 80 Abs. 2 S. 2 IRG sowie die zugrunde liegende Formulierung in BVerfGE 113, 273, 302. Kritisch zu dieser Regelung, u.a. wegen eines möglichen Verstoßes gegen das Bestimmtheitsgebot, *Hackner/Schomburg/Lagodny/Gleß*, NStZ 2006, 663, 667.

maßgeblichen Inlandsbezug noch einen maßgeblichen Bezug zum Ausstellungsstaat haben, soll eine Abwägung vorgenommen werden. Diese beruht auf einer Vielzahl an Kriterien,[547] die nichts mit dem Tatort zu tun haben. Allerdings dient diese Abwägung in erster Linie dazu, dem nationalen Grundrecht auf Nichtauslieferung gerecht zu werden, und ist nicht etwa durch europarechtliche Vorgaben geboten.

Aus europarechtlicher Sicht bleibt festzuhalten, dass es erlaubt ist, die Auslieferung bzw. die Vollstreckung eines Europäischen Haftbefehls wegen (irgend-)eines bestehenden inländischen Tatortes zu verweigern.

Eine gewisse Vorrangstellung des Territorialitätsprinzips wird außerdem an der Bestimmung des Art. 4 Nr. 7 Buchst. b Rb-EUHb deutlich. Danach darf ein Staat die Vollstreckung des Europäischen Haftbefehls verweigern, wenn die Tat nicht im Ausstellungsstaat begangen wurde und eine Verfolgung im Vollstreckungsstaat bei Vorliegen entsprechender Umstände nicht möglich wäre.[548]

c) Personalität

Die Tatsache, dass es sich bei dem Verfolgten um einen Angehörigen des Vollstreckungsstaates handelt, berechtigt dagegen als solche nicht zur Verweigerung der Vollstreckung eines Europäischen Haftbefehls.[549] Schon daran wird deutlich, dass die Bedeutung des aktiven Personalitätsprinzips geringer ist als die des Territorialitätsprinzips.

Möglich ist es in einem solchen Fall aber, die Überstellung gewissermaßen auf das Erkenntnisverfahren zu beschränken, während die Strafvollstreckung wieder im Heimatstaat stattfinden kann (Art. 4 Nr. 6 Rb-EUHb). Auch hier wird der Wohnort im Inland der Staatsangehörigkeit gleichgestellt (Art. 5 Nr. 3 Rb-EUHb).[550]

---

547 *Schünemann* hat *Böhm*, NJW 2006, 2592, 2593 zufolge auf einer Strafverteidigertagung ebenso kritisch wie bildhaft von einer „Pizza mit alles" gesprochen, wörtlich findet sich dieses Zitat in *Schünemann*, StV 2006, 361 nicht; die dort mehrfach anzutreffende Bezeichnung als „Horrorkatalog" ist freilich nicht weniger kritisch.

548 Hier fehlt, anders als in Art. 4 Nr. 7 Buchst. a Rb-EUHb, ein ausdrücklicher Hinweis darauf, auf wessen Verständnis von „Tatort" es ankommen soll. Es liegt aber nahe, dass es rechtlich wie faktisch auf das Verständnis des Vollstreckungsstaates ankommen wird: Wenn der Vollstreckungsstaat der Auffassung ist, es liege eine extraterritoriale Tat vor, kann er die Überstellung verweigern, selbst wenn – wegen eines weiteren Tatortbegriffs – der Ausstellungsstaat meint, die Tat sei auf seinem Gebiet begangen.

549 Anders war dies bis 2008 für Österreich aufgrund der Sonderregelung in Art. 33 Rb-EUHb, dazu näher *Hochmayr* in Małolepszy/Hochmayr/Nalewajko (Hrsg.), Auslieferung von eigenen Staatsangehörigen, S. 31.

550 Hier bestehen auch keine Bedenken gegen eine solche Ausweitung. Dem Beschuldigten werden damit nämlich keine Pflichten auferlegt, sondern Rechte eingeräumt.

Im deutschen Recht war diese Gleichsetzung zunächst ebenfalls gegeben (vgl. § 80 Abs. 3 IRG a.F.[551]), allerdings mit einem zu niedrigen Schutzniveau.[552] Nachdem sich nunmehr der Bundesrat mit seinen Bedenken durchsetzen konnte,[553] ist diese „Gleichsetzung“ eine Ermessensentscheidung (§ 83b Abs. 2 IRG).

Es zeigt sich ferner deutlich eine Zweiteilung des Strafverfahrens, die sich mit dem Sinn und Zweck des jeweiligen Verfahrensabschnittes begründen lässt: Anders als beim Erkenntnisverfahren geht es bei der Vollstreckung nämlich auch darum, den Täter zu resozialisieren.[554] Das erscheint in einer ihm fremden Umgebung deutlicher schwerer als im Heimatstaat. So ist etwa die Möglichkeit, von Angehörigen Besuch zu erhalten, in praktischer Hinsicht erschwert,[555] hinzu kommen sprachliche Barrieren.

Während bis zum Urteil von einem Vorrang zugunsten eines Tatortstaates auszugehen ist, besteht für die Vollstreckung eher das Bestreben, dass diese in der Heimat[556] des Verurteilten stattfinden soll. Dass verschiedene Verfahrensabschnitte in verschiedenen Staaten stattfinden, ist demzufolge nicht ungewöhnlich, sondern nicht zuletzt im Interesse des Beschuldigten.

3) Zwischenergebnis zum Europäischen Haftbefehl

Nach alledem zeigt sich, dass schon beim Erlass des Rahmenbeschlusses zum Europäischen Haftbefehl die Problematik konkurrierender Haftbefehle bzw. Strafgewalten gesehen worden ist. Ähnlich wie die Auslieferungsverträge geht der Rahmenbeschluss jedoch nicht davon aus, dass es eine feststehende Rangordnung der Anknüpfungspunkte gibt oder gar einzelne Anknüpfungspunkte unzulässig

---

551 Eingefügt durch das (erste) EuHbG (BGBl. 2004 I S. 1748), welches durch Urteil des Bundesverfassungsgerichts vom 18.07.2005 für verfassungswidrig und nichtig erklärt wurde (BVerfGE 113, 273). Kritisch zu dieser Gleichsetzung *Bubnoff*, Der Europäische Haftbefehl, S. 77.

552 *Lübbe-Wolff* weist in ihrem Sondervotum zum EuHb-Urteil zu Recht darauf hin, dass Ausländer genau so stark betroffen sein können wie Deutsche und dass es sachgerecht wäre, Ausländer mit Wohnsitz in Deutschland hier wie Deutsche zu behandeln; BVerfGE 113, 273, 327 f. Die Entscheidung des Senats steht dem auch nicht entgegen: Verlangt wurde nämlich ein gegenüber dem bisherigen Rechtszustand höherer Auslieferungsschutz für Deutsche, nicht dagegen, dass Deutsche generell einen höheren Schutz genießen müssen als hier lebende Ausländer.

553 Vgl. BT-Drs. 16/1024 S. 22 f.

554 Zur Frage, ob Resozialisierung auch ein Ziel oder zumindest eine Begleiterscheinung des Erkenntnisverfahrens ist oder sein darf, noch näher unten Teil 3 § 4 C. III.4).

555 Dies gilt auch im Schengen-Raum, bezieht sich doch die Möglichkeit, Besuch zu erhalten, nicht nur auf die rechtliche Möglichkeit (Vorhandensein von Reisedokumenten, Visa usw.) sondern auch auf die praktische Durchführbarkeit eines solchen Besuchs (Entfernungen, Kosten usw.).

556 D.h. dem Staat, dem der Beschuldigte angehört oder in dem er seinen Wohnsitz hat.

sind. Insbesondere aus den Spielräumen bezüglich der Verweigerung der Vollstreckung eines Europäischen Haftbefehls lässt sich jedoch Folgendes ableiten:

1. Vom Territorialitätsprinzip wird angenommen, dass es eine höherwertige Stellung hat, wobei die Detailfragen offen gelassen werden.
2. Das Heimatrecht spielt – von der Voraussetzung der beiderseitigen Strafbarkeit abgesehen – nur bei der Verjährung eine Rolle, und zwar zugunsten des Angeklagten.
3. Die Staatsangehörigkeit des Täters spielt (als solche) keine Rolle für die Frage, welcher Staat die Strafgewalt ausüben sollte.
4. Es wird anerkannt, dass das Strafverfahren sich aus mehreren Bestandteilen zusammensetzt (hier: Erkenntnis- und Vollstreckungsverfahren), in denen unterschiedliche Interessen, insbesondere der beteiligten Staaten einerseits und des Beschuldigten andererseits, eine je unterschiedliche Rolle spielen können.

IV. Exkurs: Das „Prinzip der gegenseitigen Anerkennung" und die beiderseitige Strafbarkeit

Der europäische Haftbefehl ist als „erste konkrete Verwirklichung" eines Prinzips der gegenseitigen Anerkennung in Strafsachen bezeichnet worden.[557] Dieses Prinzip, das zunächst für das Zivilrecht entwickelt wurde und später auch auf das Strafrecht übertragen wurde,[558] ist Ausdruck des innerhalb der Europäischen Union zueinander bestehenden Vertrauens. Zwar ist der Begriff des Vertrauens als solcher kaum greifbar.[559] Ein besonderes Vertrauen innerhalb der Europäischen Union lässt sich aber beispielsweise dann konkret feststellen, wenn im Verfahren zum Europäischen Haftbefehl anders vorgegangen wird als im generell eher von gegenseitigem Misstrauen beherrschten Auslieferungsrecht.[560]

Zu nennen ist dabei in erster Linie der Verzicht auf die Voraussetzung der beiderseitigen Strafbarkeit.[561] Während im klassischen Auslieferungsrecht die beiderseitige Strafbarkeit grundlegende Bedingung für die Auslieferung ist,[562] wird

557 ABl. EG 2002 L 190 S. 1.

558 Vgl. Schlussfolgerungen des Vorsitzes, Bulletin EU 1999/10, Nr. 33 ff. Gegen die unkritische Übertragung von Begriffen aus dem Europäischen Zivilrecht auf das Strafrecht deutlich *Braum*, GA 2005, 681, 688: „Europäisches Strafrecht lässt sich nicht nach dem Muster europäischer Bananenmarktordnungen konstruieren."

559 Zu Recht kritisch zu diesem Begriff daher u.a. *Bosbach*, NStZ 2006, 104, 105; *Nalewajko*, Grundsatz der gegenseitigen Anerkennung, S. 96.

560 *Nalewajko*, Grundsatz der gegenseitigen Anerkennung, S. 97.

561 *Schünemann* in ders. (Hrsg.), Gesamtkonzept, S. 98 bezweifelt allerdings – durchaus zu Recht – dass der Verzicht auf die beiderseitige Strafbarkeit zwingend aus der gegenseitigen Anerkennung folgt.

562 Historisch hat sich dieser „Grundsatz" aus dem völkerrechtlichen Grundsatz der Gegenseitigkeit heraus entwickelt, vgl. *Juppe*, Gegenseitige Anerkennung, S. 159 m.w.N.

die beiderseitige Strafbarkeit für den Europäischen Haftbefehl ausdrücklich für irrelevant erklärt, soweit eine Tat aus dem Katalog des Art. 2 Abs. 2 Rb-EUHb vorliegt. Dieser Katalog ist freilich völlig unsystematisch[563] umschreibt die Tatbestände „mehr umgangssprachlich als strafrechtlich präzise“[564] und ist „wohl nur in der Vorstellungswelt des Europäischen Rates“ hinreichend bestimmt;[565] es sind „beinahe alle rechtshilfefähigen Delikte“[566] von Art. 2 Abs. 2 Rb-EUHb erfasst. Der Katalog ist letztlich das Ergebnis eines politischen Kompromisses und zeigt, dass das Vertrauen noch nicht vollständig besteht – andernfalls hätte auf das Erfordernis der beiderseitigen Strafbarkeit völlig verzichtet werden können.[567]

---

563 Vgl. zu Recht *Murschetz*, ÖJZ 2007, 101; *Nalewajko*, Grundsatz der gegenseitigen Anerkennung, S. 181. So wird etwa der Betrug zwei Mal genannt,„nämlich einmal als „Betrugsdelikte“ (8. Spiegelstrich), einmal als „Betrug“ (20. Spiegelstrich). Ebenfalls zweimal genannt ist die Fälschung von Bargeld, nämlich einmal als „Geldfälschung“ (10. Spiegelstrich), ein anderes Mal als „Fälschung von Zahlungsmitteln“ (24. Spiegelstrich), wobei zuzugeben ist, dass der Begriff des „Zahlungsmittels“ weiter sein könnte als der des Geldes. Weshalb die beiden Varianten aber nicht in näherem Zusammenhang geregelt sind, bleibt völlig unklar. Auch sonst ist keinerlei Systematik erkennbar. So sind die Straftaten, die den „[illegalen] Handel mit“ bestimmten Gegenständen (z.B. Drogen, Waffen, Kulturgütern, Organen oder gestohlenen Kraftfahrzeugen) verbieten, an mehreren Stellen zu finden. Auch wäre es naheliegend, einen Zusammenhang zwischen „sexuelle[r] Ausbeutung von Kindern und Kinderpornographie“ (4. Spiegelstrich) einerseits und „Vergewaltigung“ (28. Spiegelstrich) andererseits durch die systematische Anordnung deutlich zu machen.

564 *Michalke*, EuZW 2007, 377.

565 *Schünemann*, GA 2002, 501, 508. Dies ergibt sich allerdings teilweise auch daraus, dass die Terminologie innerhalb der EU-Staaten doch sehr unterschiedlich sein kann. Alternativ wäre es denkbar, einen Katalog so zu gestalten, dass für jeden Staat die erfassten nationalen Vorschriften aufgezählt werden. Dass dies nicht unmöglich ist, zeigt sich etwa an den Vorschriften in Doppelbesteuerungsabkommen, in denen jeweils – wenn auch mit der einschränkenden Einleitung „insbesondere“ – definiert wird, welche nationalen Steuern jeweils gemeint sind, vgl. nur Art. 2 Abs. 3 DBA Österreich 2000.

566 *Nalewajko*, Grundsatz der gegenseitigen Anerkennung, S. 197; *Ahlbrecht*, NStZ 2006, 70, 72 „nahezu jede Handlung“ könne darunter subsumiert werden.

567 Dies ist etwa im Bereich des Nordischen Rats (Dänemark, Finnland, Island, Norwegen, Schweden) der Fall. Beim sog. „Nordischen Haftbefehl“ ist insbesondere der ausdrückliche Verzicht auf das Erfordernis der beiderseitigen Strafbarkeit festgehalten, und zwar obwohl sich die Rechtsordnungen in einigen, für die Strafbarkeit maßgeblichen Fragen unterscheiden. Außerdem besteht anders als beim Europäischen Haftbefehl keinerlei Schutz eigener Staatsangehöriger. Vgl. zum Nordischen Haftbefehl insgesamt *Strandbakken*, eucrim 2007, 168. Bereits in früheren Abkommen von 1959 (!) und 1961 wurde zwischen den nordischen Staaten auf die beiderseitige Strafbarkeit als Auslieferungsvoraussetzung verzichtet, vgl. *Träskman*, Nordisk Tidsskrift for Kriminalvidenskab (Tillæg) 1989, 135, 140 f.

Der Grundsatz der gegenseitigen Anerkennung bezieht sich in erster Linie auf gerichtliche und behördliche Entscheidungen, aber nicht auf Entscheidungen der Legislative.[568] Anerkannt wird daher zunächst nicht die generelle Entscheidung, ein Verhalten für strafbar zu erklären, sondern die konkrete Entscheidung, einen Europäischen Haftbefehl zu erlassen. Wenn aber ein Staat verpflichtet wird, einen Europäischen Haftbefehl anzuerkennen, obwohl nach Auffassung dieses Staates gerade keine Straftat vorliegt, geht die Pflicht zur Anerkennung letztlich weiter. Mit der Anerkennung des Haftbefehls muss der Vollstreckungsstaat nämlich gleichzeitig die Tatsache anerkennen, dass die Voraussetzungen für den Erlass eines Europäischen Haftbefehls – hier: die Strafbarkeit des in Rede stehenden Verhaltens – erfüllt sind, auch wenn dies nach der eigenen Rechtsordnung nicht der Fall wäre. Faktisch wird somit die Strafbarkeit im Ausstellungsstaat als solche als verbindlich in der gesamten Europäischen Union anerkannt. „Gegenseitig anerkannt" werden also nicht lediglich die Einzelentscheidungen, sondern – soweit die angewandten Bestimmungen dem zu Recht kritisierten „Katalog" unterfallen – die Rechtsordnungen als solche.

Problematisch ist dann die Frage, *welche* Rechtsordnung „gegenseitig anerkannt" wird. *Wasmeier* meint, es seien „begünstigende und belastende Entscheidungen gleichermaßen" anzuerkennen.[569] Dies gilt derzeit aber allenfalls eingeschränkt. Wenn nämlich ein Verhalten nach dem Recht eines Staates überhaupt nicht strafbar ist, wird es in aller Regel nicht zu einer Aburteilung (hier in Form eines Freispruchs) in diesem Staat kommen, setzt doch schon die Einleitung eines Strafverfahrens den Anfangsverdacht einer *Straftat* voraus. Auch ein aufzulösender Strafgewaltkonflikt besteht dann üblicherweise nicht. Damit wird im Ergebnis der Entscheidung, eine Verhaltensweise generell für straflos zu erklären, die Anerkennung verweigert.

Solange noch keine Aburteilung erfolgt ist – also *ne bis in idem* nicht greift – und auch noch keine Lösung des Strafgewaltkonfliktes erfolgt ist, muss jedes Recht „anerkannt" werden, das ein Verhalten für strafbar erklärt und Geltung beansprucht; das gilt vor allem für das strengste Recht, das von den anderen Staaten anerkannt werden muss, und zwar unabhängig davon, auf welchem Grund der Geltungsanspruch beruht.[570] Eine automatische Geltung des strengsten Rechts

568 So sind die Nrn. 33 ff. der Tampere-Schlussfolgerungen überschrieben mit „Anerkennung *gerichtlicher* Entscheidungen", vgl. auch *Wasmeier*, ZStW 2004, 320, 321: „[D]as Prinzip der gegenseitigen Anerkennung *justizieller* Entscheidungen [wurde] zu einem zentralen Prinzip des Strafrechts erklärt." (Hervorhebungen J.B.).

569 *Wasmeier*, ZStW 2004, 320, 322. Dafür auch *Eser/Burchard* in FS-Meyer, S. 499, 522, „[s]o anstößig es aus deutscher Sicht auch klingen mag".

570 Kritisch daher insbesondere *Schünemann* in ders. (Hrsg.), Gesamtkonzept, S. 98, der meint, der Verzicht auf das Erfordernis der beiderseitigen Strafbarkeit folge nicht aus der gegenseitigen Anerkennung. Es müsse der Entscheidung für Straflosigkeit Vorrang gegeben werden.

kann jedoch nicht überzeugen.[571] Umgekehrt ist es aber auch nicht überzeugend, *stets* die Entscheidung des Vollstreckungsstaates zugunsten von Straflosigkeit vorrangig zu berücksichtigen:[572] Darin läge nämlich ein Vorrang des Rechts des Staates, in dem sich der Beschuldigte aufhält. Im gewöhnlichen Auslieferungsrecht mag dies angehen, in einem mehr oder weniger einheitlichen „Raum der Freiheit, der Sicherheit und des Rechts" erscheint es nur schwer vermittelbar, dass sich der Beschuldigte der Aburteilung dadurch entziehen kann, dass er sich in einem Teilgebiet dieses „Raums" aufhält und dieses Gebiet nicht freiwillig verlässt.

Gerade, um einerseits die Geltung des strengsten Rechts, andererseits aber einen Vorrang des Rechts des Aufenthaltsortes[573] zu verhindern, ist es entscheidend, zu ermitteln, *welche* Rechtsordnung von den anderen Staaten („gegenseitig") anerkannt werden soll.[574] Wenn diese Frage zufriedenstellend gelöst wird – etwa durch einen Vorrang des Tatort- oder des Wohnortrechts, nicht aber durch bloßen Verweis auf das strengere Recht – darf anschließend auch nicht mit Verweis auf die fehlende beiderseitige Strafbarkeit die Anerkennung verweigert werden.[575]

Das Prinzip der gegenseitigen Anerkennung und das dahinter stehende Vertrauen sind allerdings nicht grenzenlos. Im Gegenteil: Während in den nordischen Ländern weitere Zusammenarbeit gefordert wird und die Einführung des Nordischen Haftbefehls ohne große öffentliche Debatte geschehen konnte,[576] ist in der Europäischen Union eine gegenläufige Tendenz zu beobachten.

---

571 Vgl. auch unten Teil 3 § 3 B.I.6) zum Interlokalen Strafrecht. Mit Recht gegen eine solche Geltung des punitivsten Strafrechts in Europa *Schünemann*, ZRP 2003, 185; *Braum*, GA 2005, 681, 694; *Juppe*, gegenseitige Anerkennung, S. 136 ff., der allerdings bezweifelt, dass es sich um besonders viele Fälle handelt, in denen tatsächlich einer „punitiveren Strafordnung" zur Geltung verholfen wird. Die möglicherweise geringe Anzahl derartiger Fälle darf jedoch nicht als Argument dafür dienen, dass es unproblematisch sei, die punitivste Strafrechtsordnung EU-weit durchzusetzen.

572 Das wäre faktisch die Konsequenz, wenn am Erfordernis der beiderseitigen Strafbarkeit in jedem Fall festgehalten wird, dafür *Schünemann* in ders. (Hrsg.), Gesamtkonzept, S. 98.

573 Der Aufenthaltsort ist zudem als Anknüpfungspunkt für die Geltung des Strafrechts nicht anerkannt bzw. allenfalls von untergeordneter Bedeutung.

574 Offen gelassen von BVerfGE 113, 273, 317. Kritisch zum Begriff der „Gegenseitigkeit" auch *Juppe*, Gegenseitige Anerkennung, S. 36 f.: Wenn man jedes Verfahren einzeln betrachte, werde nicht „gegenseitig" anerkannt, sondern einseitig die Entscheidung *eines* Staates von den anderen anerkannt.

575 Dies gilt selbstverständlich nicht nur dann, wenn das als vorrangig bestimmte Recht die Strafbarkeit vorsieht, sondern auch und gerade dann, wenn nach dem „vorrangigen" Recht keine Strafbarkeit gegeben ist. Wenn z.B. vereinbart würde, dass jeweils das Wohnsitzrecht des Beschuldigten anzuerkennen ist, darf diese Entscheidung auch dann nicht unterlaufen werden, wenn die Tat zwar nicht am Wohnsitz, aber in einem anderen EU-Staat strafbar ist: Der Beschuldigte wäre EU-weit freizusprechen bzw. es dürfte gar nicht erst ein Verfahren gegen ihn eingeleitet werden.

576 So *Strandbakken*, eucrim 2007, 168, 170.

Die Zurückhaltung bei der Auslieferung eigener Staatsangehöriger ist dabei freilich nicht als problematisch anzusehen. Hier wird zwar noch zum Teil die beiderseitige Strafbarkeit verlangt.[577] Vor dem Hintergrund, dass die Auslieferung eigener Staatsangehöriger zuvor in diesen Staaten völlig verboten war, ist ein „Rückschritt" hier nicht zu erkennen, vielmehr ist „nur" der Fortschritt nicht so groß, wie zunächst womöglich erhofft. Gegen ein allzu großes Vertrauen und eine ausgeprägte „gegenseitige Anerkennung" spricht aber vor allem, dass in neueren Rechtsinstrumenten der Union[578] ausdrücklich die Möglichkeit vorgesehen ist, an der Prüfung der beiderseitigen Strafbarkeit festzuhalten. Wenn eine entsprechende Erklärung jederzeit abgegeben oder zurückgenommen werden kann,[579] ist es den Mitgliedstaaten letztlich völlig freigestellt, ob sie an der beiderseitigen Strafbarkeit festhalten wollen oder nicht.[580]

Im Ergebnis lässt sich zum Prinzip der gegenseitigen Anerkennung Folgendes feststellen:

1. Die zur gegenseitigen Anerkennung erforderliche Vertrauensbildung braucht wohl noch mehr Zeit als bisher.[581]
2. Aus der gegenseitigen Anerkennung folgt ein Zurückstellen der eigenen Rechtsvorstellungen, was auch den Verzicht auf die beiderseitige Strafbarkeit beinhalten kann. Dies sollte jedoch nur dann der Fall sein, wenn nicht nur die Rechtsordnungen im Allgemeinen „gegenseitig" anerkannt werden, sondern auch geregelt ist, *welche* Rechtsordnung als vorrangig anzuerkennen ist.
3. Für eine solche Rangordnung der Rechtsordnungen liefert das Prinzip der gegenseitigen Anerkennung aber keine Anhaltspunkte.

C. Institutionen

Neben den genannten Übereinkommen und Rahmenbeschlüssen gibt es eine Reihe von Institutionen auf überstaatlicher Ebene, die sich mit dem Strafrecht und damit auch mit den konkurrierenden Strafgewalten befassen.

---

577 In Deutschland einfachrechtlich gemäß § 80 Abs. 2 Nr. 3 IRG, dazu *Heger*, ZIS 2007, 221, 224; in Polen sogar verfassungsrechtlich nach Art. 55 Abs. 2 polnVerf, näher dazu *Nalewajko*, ZIS 2007, 113, 115.

578 Vgl. etwa Rahmenbeschluss 2008/909/JI des Rates vom 27. November 2008 über die Anwendung des Grundsatzes der gegenseitigen Anerkennung auf Urteile in Strafsachen, durch die eine freiheitsentziehende Strafe oder Maßnahme verhängt wird, für die Zwecke ihrer Vollstreckung in der Europäischen Union, oder der Rahmenbeschluss zur Anerkennung von Bewährungsentscheidungen.

579 Art. 7 Abs. 4 Rb 2008/909/JI. Man kann also sagen: Es besteht gegenwärtig noch kein *volles* Vertrauen. Gleichzeitig kann eine einmal erfolgte Vertrauenserklärung nachträglich wieder „zurückgenommen" werden.

580 *Satzger*, IntEurStrafR, § 10 Rn. 44. – Für die Abschaffung der Bedingung der beiderseitigen Strafbarkeit sprechen sich u.a. *Nalewajko*, Grundsatz der gegenseitigen Anerkennung, S. 197 und *Asp/v. Hirsch/Frände*, ZIS 2006, 512 aus.

581 Vgl. *Nalewajko*, Grundsatz der gegenseitigen Anerkennung, S. 294.

I. Europäisches Justizielles Netz

Durch eine Gemeinsame Maßnahme vom 29.06.1998[582] wurde ein „Europäisches Justizielles Netz" (EJN) geschaffen; die Rechtsgrundlage wurde zwischenzeitlich durch den Ratsbeschluss vom 16.12.2008[583] ersetzt. Bestandteil dieses „Netzes" ist im Wesentlichen ein Informationsaustausch, und zwar u.a. über das Gerichtswesen und die Verfahrenspraxis in den Mitgliedstaaten, über die örtlich zuständigen Gerichte und Behörden usw.[584] Das EJN dient also der Erleichterung des Informationsaustauschs und der Vermittlung und stellt somit nur einen ersten Schritt dar. Zur Frage, welcher Staat für ein Verfahren zuständig sein soll, finden sich dagegen keine Regeln.

II. Europol

Durch Übereinkommen vom 26.07.1995[585] wurde ein „Europäisches Polizeiamt" (Europol) errichtet, das am 01.07.1999 seine Arbeit aufgenommen hat. Nunmehr ist die Rechtsgrundlage ein Ratsbeschluss vom 06.04.2009 zur Errichtung des Europäischen Polizeiamtes.[586] Europol ist im Fall besonders schwerer Kriminalität – sofern mehr als ein Mitgliedstaat betroffen ist – u.a. für die Erleichterung des Informationsaustausches und die Sammlung von Daten zuständig. Es geht also wiederum zunächst hauptsächlich um Information und damit letztlich auch darum, *dass* es zu einem Strafverfahren kommen kann, jedoch in keiner Weise darum, *wo* dieses Verfahren stattfinden soll. Es wird noch nicht einmal geregelt, dass bzw. ob dies *nur* in einem Staat der Fall sein soll. Es findet sich nur die Formulierung „die ihren Mitgliedstaat betreffenden Informationen",[587] womit auf die allgemeinen Regeln verwiesen wird.

Schon die Bezeichnung als Polizeiamt macht dabei deutlich, dass es sich nur um einen Informationsaustausch im Vorfeld des eigentlichen gerichtlichen Verfahrens handelt. Relevanz für das spätere Strafverfahren könnte sich aber daraus ergeben, dass ein besserer Informationsaustausch zwischen den nationalen Polizeibehörden die Möglichkeit erleichtert, das Strafverfahren an einem anderen Ort durchzuführen als an dem, an dem die Ermittlungen vorgenommen werden.

III. Eurojust

Eurojust mit Sitz in Den Haag entstand durch Ratsbeschluss vom 28.02.2002,[588] geändert durch Ratsbeschluss vom 16.12.2009;[589] nach dem In-Kraft-Treten des

582 ABl. EG 1998 L 191 S. 4.
583 ABl. EG 2008 L 348 S. 130.
584 Art. 7 EJN-Beschluss; vgl. auch *Hecker*, Europäisches Strafrecht, § 5 Rn. 66.
585 ABl. EG C 316 S. 1; BGBl. 1997 II S. 2153.
586 ABl. EG 2009 L 121 S. 37.
587 Art. 17 Europol-Beschluss.
588 ABl. EG 2002 L 63 S. 1, berichtigt durch ABl. EG 2002 L 196 S. 63.
589 ABl. EU 2009 L 138 S. 14.

Lissabonner Vertrags soll Eurojust auf eine neue rechtliche Grundlage in Form einer Verordnung gestellt werden.[590]

Eurojust hat die Aufgabe, die Strafverfolgung zu koordinieren, die Zusammenarbeit zwischen den EU-Mitgliedstaaten im Bereich der Rechtshilfe zu verbessern und die Ermittlungen auf andere Weise zu unterstützen.[591] Sachlich ist Eurojust dann zuständig, wenn auch Europol zuständig wäre, sowie in einigen aufgeführten weiteren Fällen (Art. 4 Abs. 1 Eurojust-Beschluss). Zu beachten ist aber, dass Eurojust als justizielle Einrichtung ausschließlich repressiv, nicht präventiv tätig wird; d.h., wenn im Zusammenhang mit Eurojust von „Ermittlungen" die Rede ist, sind ausschließlich strafrechtliche Ermittlungen gemeint.[592] Die Behörde besteht aus je einem Vertreter pro Mitgliedstaat und handelt entweder – was der Normallfall ist – durch eines oder mehrere nationale Mitglieder oder als Kollegium.[593] In der Praxis wird Eurojust vor allem auf Ersuchen der Strafverfolgungsorgane eines Mitgliedstaats tätig und koordiniert etwa die Ermittlungsmaßnahmen in mehreren Staaten.[594]

In dem Eurojust-Beschluss findet sich die Überlegung, dass ein Staat für die Ermittlungen besser geeignet sein könnte als ein anderer (Art. 6 Buchst. a. (ii) und Art. 7 Abs. 1 Buchst. a. (ii)). Es werden jedoch keine Kriterien genannt, anhand derer die Geeignetheit jeweils überprüft werden könnte. Gleichwohl wurde – unberührt von Art. 7 Abs. 1 Buchst. a (ii), wie es heißt – die Möglichkeit eingeführt, eine unverbindliche Stellungnahme des Kollegiums im Fall eines Kompetenzkonfliktes einzufordern.[595] Nunmehr liegt, wie gesagt, ein Rahmenbeschluss zur Vermeidung von Kompetenzkonflikten vor, der unter E. näher behandelt wird.

Bei den Stellungnahmen des Kollegiums von Eurojust handelt es sich aus juristischer Sicht, wie ausdrücklich festgehalten wird, um eine unverbindliche Empfehlung;[596] unabhängig von einer möglichen politischen Bindungswirkung

---

590 Art. 85 Abs. 2 AEUV; vgl. auch *Hecker*, Europäisches Strafrecht, § 5 Rn. 70. Inzwischen liegt dazu ein Vorschlag der Kommission vor, KOM [2013] 535. In diesem Vorschlag werden teilweise die Befugnisse von Eurojust erweitert, an der hier kritisierten Unverbindlichkeit der Eurojust-Entscheidungen ändert sich dadurch jedoch nichts; auch eine Rangfolge der Anknüpfungspunkte ist nicht vorgesehen.

591 *Schomburg*, DRiZ 2000, 341, 343 nennt zu Recht etwa den „Mehrwert einer guten Übersetzung" für den Alltagsbetrieb.

592 *Esser*, GA 2004, 711, 713.

593 Zur Zusammensetzung des Kollegiums Art. 10 Eurojust-Beschluss.

594 *Herrnfeld* in Sinn (Hrsg.), Jurisdiktionskonflikte, S. 141, 144. Diese Koordinierung ist vor allem dann erforderlich, wenn Maßnahmen, z.B. Durchsuchungen, zeitgleich in unterschiedlichen Staaten erfolgen sollen.

595 Art. 7 Abs. 2 Eurojust-Beschluss, eingefügt durch Ratsbeschluss vom 16.12.2009.

596 Vgl. schon den Wortlaut des Art. 7 Abs. 2 Eurojust-Beschluss: „... wird das Kollegium ersucht, eine *unverbindliche* schriftliche Stellungnahme zu dem Fall abgegeben ..." (Hervorhebung J.B.). *De lege ferenda* für eine Bindungswirkung in Bezug auf den Schutz finanzieller Interessen der Union *White*, eucrim 2012, 67, 71.

eines derartigen Gutachtens.[597] Insofern erscheint es konsequent, wenn gegen diese „Empfehlung" kein eigenständiger Rechtsschutz vorgesehen ist.[598] Bedenklich ist dagegen, dass das Eurojust-Kollegium – ebenso wie die nationalen Strafverfolgungsorgane[599] – keine Kriterien zur Hand hat, anhand derer eine Empfehlung in einem solchen Gutachten ausgesprochen werden könnte.

Dass keine verbindlichen Kriterien vorhanden sind, ist dabei sogar ausdrücklich erwünscht.[600] Zwar wurden – auch unter Beteiligung der Wissenschaft – „Leitlinien" erarbeitet;[601] diese Leitlinien selbst verweisen aber darauf, dass „[j]eder Fall ... einzigartig [ist]". Sie gehen im Ausgangspunkt davon aus, dass – „sofern möglich" der Tat- oder Schadensort[602] entscheidend sein soll. Ohne dass dies ausdrücklich erwähnt wird, legt diese Formulierung ein enges Verständnis des Begriffs „Tatort" nahe.[603] Darüber hinaus wird aber jede Festlegung abgelehnt; auch eine Gewichtung der unterschiedlichen Kriterien soll allenfalls individuell erfolgen.[604]

---

597 Solche förmlichen Ersuchen sind *Herrnfeld* in Sinn (Hrsg.), Jurisdiktionskonflikte, S. 141, 149 zufolge schon sehr selten, vgl. auch *Herrnfeld* bei *Dittrich*, ZIS 2012, 81, 82 (zwei bis zehn Fälle pro Jahr insgesamt, davon maximal zwei bis drei Fälle, in denen eine förmliche Entscheidung getroffen wurde).

598 Eine vermeintlich fehlerhafte Entscheidung von Eurojust kann somit nur dann angefochten werden, wenn die nationalen Behörden sich nach dieser Entscheidung richten. Die Anfechtung bezieht sich dann aber nicht auf die Eurojust-Empfehlung, sondern es wird die Strafgewalt des Staates in Frage gestellt, den Eurojust empfohlen hat.

599 Der Verweis auf die nationalen Strafverfolgungsorgane ist deshalb entscheidend, weil in vielen Fällen, in denen Eurojust tätig wird, zwar mehrere Strafgewalten vorliegen, aber kein Strafgewaltkonflikt i.e.S. besteht. Oftmals wird nämlich schon im Vorfeld – oder jedenfalls im Laufe des Verfahrens – eine Einigung der jeweils beteiligten Staaten erzielt, so dass von einer Kompetenz*streitigkeit* keine Rede sein kann, *Herrnfeld* in Sinn (Hrsg.), Jurisdiktionskonflikte, S. 141, 147. Allerdings gilt hier dasselbe wie für Kompetenzkonflikte i.e.S.: Es existieren keinerlei feste Kriterien, die den beteiligten Staaten – ob mit oder ohne Hinzuziehung von Eurojust – eine Entscheidung in die eine oder andere Richtung nahelegen. Entgegen dem Vorschlag von *Vogel* in Grabitz/Hilf/Nettesheim, EUV/AEUV, Art. 85 AEUV Rn. 24 ist es für Fälle einer solchen „Einigung" nicht angezeigt, *Eurojust* die Rolle einer Kontrollinstanz über diese Einigung zuzuweisen. Dieser Vorschlag überzeugt schon deshalb nicht, weil auch Eurojust keine Kriterien zur Hand hat, also keine „richtigere" Entscheidung treffen kann. Zum Anderen sollte eine Kontrolle einem Gericht vorbehalten bleiben, so auch *Böse* in Schwarze/Becker/Hatje/Schoo, EUV/AEUV, Art. 85 AEUV Rn. 10; *Herrnfeld* in Sinn (Hrsg.), Jurisdiktionskonflikte, S. 141, 160.

600 *Herrnfeld* in Sinn (Hrsg.), Jurisdiktionskonflikte, S. 141, 157.

601 *Eurojust*, Jahresbericht 2003, S. 60 ff.

602 In den Worten der Richtlinie die Gerichtsbarkeit, „in der die Straftat schwerpunktmäßig verübt oder der meiste Schaden erlitten wurde".

603 Der „Schadensort" dürfte nämlich in der Regel dem Erfolgsort entsprechen, so dass unter dem Tatort hier eher der Handlungsort zu verstehen sein dürfte.

604 *Herrnfeld* in Sinn (Hrsg.), Jurisdiktionskonflikte, S. 141, 157 f.

Zu diesen Kriterien gehören solche, die bereits aus den Überlegungen zum Gerichtsstand im nationalen Recht bekannt sind, nämlich der Aufenthaltsort des Beschuldigten, die Verfügbarkeit von Zeugen und Beweismitteln und die zeitliche Dauer des Verfahrens.[605] Auch genannt werden die Interessen des Opfers, einschließlich möglicher Schadensersatzansprüche; ob und inwieweit diese jedoch im Strafrecht berücksichtigt werden sollten, ist dagegen noch nicht ausführlich erörtert worden. Hier dürfte aber im Wesentlichen dasselbe gelten wie bei der Diskussion um den Gerichtsstand im nationalen Recht.[606]

Die weiteren Kriterien sind besonders problematisch und zum Teil sogar widersprüchlich:[607] So wird einerseits darauf hingewiesen, dass die Höhe der Strafe ebenso wenig wie die Möglichkeit der Gewinnabschöpfung eine maßgebliche Rolle spielen soll. Diese Aussage wird aber dadurch relativiert, dass darauf geachtet werden soll, dass „die möglichen Strafen der Schwere der zugrunde liegenden Straftat gerecht“[608] werden. Wie aber eine „gerechte“ Strafe für ein Verhalten bestimmt werden soll, das in den unterschiedlichen in Frage kommenden Rechtsordnungen als unterschiedlich schwerwiegend angesehen wird – oder womöglich sogar in einigen Staaten straflos ist – wird dagegen nicht deutlich. Es ist im Gegenteil zu befürchten, dass letztlich eine möglichst hohe Strafe gemeint ist.

Wenn zuletzt auf der einen Seite behauptet wird, die gerichtliche Verwertbarkeit von Beweismitteln solle ein entscheidendes Kriterium für die Auswahl des Urteilsstaates sein, auf der anderen Seite aber durch die Wahl der Gerichtsbarkeit keine gesetzlichen Pflichten umgangen werden dürfen, ist dies widersprüchlich: Wenn in einem Staat X etwa ein Verstoß gegen eine Belehrungspflicht zu einem Beweisverwertungsverbot führt,[609] das in einem anderen Staat Y nicht besteht, so ist das Beweismittel am besten im Staat Y verfügbar. Die Wahl dieses Staates zum Urteilsstaat würde aber eine gesetzliche Pflicht im Staat X, nämlich die zur ordnungsgemäßen Belehrung, unterlaufen.

Dieser Kriterienkatalog, der ohnehin rechtlich nicht verbindlich ist, führt also nicht wesentlich weiter. Es bleibt dabei, dass Eurojust formell lediglich auf Grundlage unverbindlicher Kriterien eine ebenso unverbindliche Empfehlung aussprechen darf.

---

605 Dagegen sollen die Kosten des Verfahrens nur subsidiär eine Rolle spielen, *Eurojust*, Jahresbericht 2003, S. 65.

606 Dazu sogleich unten Teil 3 § 4 A.

607 Noch deutlicher wohl die Kritik von *Zimmermann*, Strafgewaltkonflikte, S. 192, der die Kriterien teilweise als „[g]eradezu entlarvend“ bezeichnet.

608 *Eurojust*, Jahresbericht 2003, S. 65.

609 Vgl. im deutschen Recht z.B. die Belehrung über ein Zeugnisverweigerungsrecht nach § 52 StPO. Wenn eine solche Belehrung nicht erfolgt, ist die Aussage unverwertbar, *Ignor/Bertheau* in Löwe/Rosenberg, StPO, § 52 Rn. 53 m.w.N.

IV. Europäische Staatsanwaltschaft

In Art. 86 AEUV ist die Möglichkeit einer Europäischen Staatsanwaltschaft vorgesehen, die bereits Ende 2001 von der damaligen EG-Kommission in einem Grünbuch zum strafrechtlichen Schutz der finanziellen Interessen der EG angedacht wurde;[610] umgesetzt ist das Projekt bislang noch nicht, es liegt jedoch nunmehr ein konkreter Vorschlag der Kommission vor.[611]

Diese Europäische Staatsanwaltschaft soll allerdings nur für Straftaten betreffend den Schutz finanzieller Interessen der EG bzw. der Europäischen Union zuständig sein. Hier geht es – ähnlich wie bei Europol – darum, *dass* überhaupt ausreichend ermittelt und abgeurteilt wird, weniger darum, *wer* das tut. Was die Anklageerhebung betrifft, geht das Grünbuch von einem Ermessen der Europäischen Staatsanwaltschaft aus, in welchem Staat angeklagt werden soll.[612] Immerhin sieht das Grünbuch aber die Notwendigkeit, zumindest einige Kriterien zu nennen, an denen sich die Entscheidung orientieren soll. Angeführt werden Begehungsort, Staatsangehörigkeit, Wohnort und Haftort des Beschuldigten, Geschäftssitz bei juristischen Personen, sowie der Staat in dem sich die Beweise befinden. Dabei soll ausdrücklich keine Rangordnung vorgesehen werden, sondern die Kriterien sollen „in Kombination wie ein Bündel an Hinweisen behandelt werden."[613]

In der Literatur ist schon das Grünbuch zu Recht kritisiert worden: Die vorgesehene richterliche Kontrolle sei hier in Wirklichkeit keine unabhängige Kontrolle, weil sich die Europäische Staatsanwaltschaft den kontrollierenden Richter aussuchen könne.[614] Mit einem solchen Wahlrecht werde zudem die Verteidigung unnötig erschwert; eine effektive Verteidigung scheine angesichts der sehr unterschiedlichen (insbesondere: Prozess-)Rechtsordnungen „kaum noch möglich".[615] In dem Vorschlag der Kommission sind die kritischen Stellungnahmen indes nicht

---

610 KOM (2001) 715 endgültig vom 11.12.2001, 7 ff.

611 KOM (2013) 534 endgültig vom 17.07.2013, dazu *Beukelmann*, NJW-Spezial 2013, 568.

612 KOM (2001) 715 endgültig vom 11.12.2001, 61.

613 Grünbuch S. 61.

614 *Kempf*, StV 2003, 128, 129.

615 *Nürnberger*, ZJS 2009, 494, 500; *Satzger*, StV 2003, 137, 140. Kritisch ebenfalls in ihren jeweiligen Stellungnahmen zum Grünbuch zur Europäischen Staatsanwaltschaft *Bundesrechtsanwaltskammer*, S. 6; *Bundesministerium für Justiz (Österreich)*, S. 13. Die *Criminal Bar Association (England)*, S. 16 f. schlägt immerhin vor, dass die Entscheidung der EStA gerichtlich überprüfbar sein muss, und geht im Übrigen davon aus, dass in der Regel der „Schwerpunkt des Betrugs" ausschlaggebend für den Ort der Anklage sein dürfte. Weitgehend unkritisch wird das beabsichtigte Wahlrecht der Europäischen Staatsanwaltschaft dagegen in der Stellungnahme des (deutschen) *Bundesministerium der Justiz*, S. 16, gesehen: Die Kriterien seien „geeignet, Willkür auszuschließen". Dass dies problematisch ist, wird auch unten beim parallelen Problem des Gerichtsstands im nationalen Strafrecht deutlich (Teil 3 § 4 A.II.4)).

berücksichtigt worden; es bleibt bei unverbindlichen und nicht abschließenden Kriterien, um den Ort des Verfahrens zu bestimmen.[616] Ob sich daran im weiteren Normgebungsverfahren etwas ändert, erscheint leider fraglich.

V. *Europäische Gerichte*

Europäische Gerichte sind bislang nicht unmittelbar mit dem Strafrecht und damit auch nicht mit der Frage der konkurrierenden Strafgewalten befasst.

Allerdings sollte, sofern künftig etwa Eurojust oder eine andere Stelle eine *verbindliche* Entscheidung über die Strafgewalt trifft, die Möglichkeit der gerichtlichen Überprüfung dieser Entscheidung vorgesehen werden. Für die Durchführung einer solchen gerichtlichen Überprüfung kommen neben den nationalen Gerichten auch der Europäische Gerichtshof, das Gericht der Europäischen Union oder ein neu zu schaffendes spezielles Gericht (z.B. ein Fachgericht nach Art. 257 AEUV für Strafrecht) in Betracht.[617]

Eine gerichtliche Überprüfung setzt freilich Kriterien voraus, anhand derer die Entscheidung und ihre Recht- oder auch nur Zweckmäßigkeit zu messen sind. Solange diese fehlen, kann das Gericht nur in Fällen von Willkür eingreifen und im Übrigen allenfalls seine eigene, ebenso freie Ermessensentscheidung an die Stelle einer fehlerhaften Entscheidung setzen.

VI. *Fazit zu den Institutionen*

Von den genannten Institutionen ist bisher nur Eurojust ausdrücklich mit der Frage konkurrierender Strafgewalten befasst, eine noch zu errichtende Europäische Staatsanwaltschaft wäre dies wohl auch. Von den bisher bestehenden Institutionen erscheint Eurojust auch am ehesten geeignet, einen Streit um die Strafgewalt zu entscheiden. Eurojust hat schon jetzt die Möglichkeit, Staaten dazu zu „ersuchen" anzuerkennen, dass ein anderer Staat die Ermittlungen durchführen soll.

Problematisch sind aber folgende Aspekte: Die Stellungnahmen von Eurojust haben nur empfehlenden Charakter und sind gerichtlich nicht überprüfbar – weder auf nationaler,[618] noch auf europäischer Ebene. Vor allem aber bestehen keine verbindlichen Kriterien, an denen Entscheidungen bzw. Empfehlungen von Eurojust gemessen werden könnten.

---

616 Vgl. Entwurf der Kommission (KOM (2013) 534), Art. 27 Nr. 4.

617 *Lopes da Mota*, eucrim 2008, 62, 64 weist etwa ausdrücklich darauf hin, dass eine gerichtliche Überprüfung auf EU-Ebene nicht ausgeschlossen werden sollte.

618 Einmal unabhängig von der Frage, *welche* nationalen Gerichte, d.h. die Gerichte welches Staates, für eine solche Überprüfung zuständig sein sollen.

D. Vorschläge aus der Wissenschaft

Aus den Reihen der Wissenschaft kam es zu mehreren Vorschlägen, wie mit konkurrierenden Strafgewalten innerhalb der Europäischen Union umgegangen werden sollte. Einige dieser Vorschläge sollen hier kurz vorgestellt werden.[619]

I. Freiburg Proposal

Der sog. „Freiburg Proposal"[620] aus dem Jahr 2003 gehört zu den ersten Vorschlägen in dieser Hinsicht. In § 1 Abs. 3 werden dabei Kriterien genannt, die bei der Auswahl des „besten" Staates eine Rolle spielen. Wie sich schon aus dem Wortlaut des Vorschlags ergibt,[621] geht es dabei um den Staat, in dem es zur Strafverfolgung kommen soll und damit um die Ausübung der Urteilsgewalt. Es finden sich – und dies ist auch beabsichtigt[622] – praktisch alle denkbaren Anknüpfungspunkte. Ausweislich der Begründung soll die Nennung des Tatortes an erster Stelle ausdrücklich nicht als Hinweis auf eine Rangordnung angesehen werden.[623] Es soll sich vielmehr um eine Ermessensentscheidung handeln, die alle Kriterien zu berücksichtigen hat. Im Ergebnis entspricht dies größtenteils der nunmehrigen Rechtslage.

Hervorzuheben ist die in dem Vorschlag vorgesehene Möglichkeit, dass der EuGH die Entscheidung der Staaten auf Antrag des Beschuldigten überprüfen und bei fehlender Einigung über den Urteilsstaat eine Entscheidung treffen kann.[624]

II. Europäisches Gesamtkonzept

Etwas weniger flexibel stellt sich das von *Schünemann u.a.* im Jahr 2006 vorgestellte, auf einem Alternativ-Entwurf von 2004 aufbauende „Gesamtkonzept für die europäische Strafrechtspflege" dar.[625] Darin wird eine Regelung vorgeschlagen, in der unter anderem ein „zuständiger Ermittlungsstaat" bei transnationalen

---

619 Zu diesen und weiteren Vorschlägen, von denen praktisch keiner eine feste Rangordnung der Anknüpfungspunkte vorsieht und die hier z.T. bereits angesprochen worden sind, vgl. auch die ausführliche Darstellung bei *Zimmermann*, Strafgewaltkonflikte, S. 332 ff.

620 *Biehler/Kniebühler/Lelieur-Fischer/Stein* (Hrsg.), Freiburg Proposal.

621 Vgl. nur Überschrift von § 1: „determination of *forum*" (Hervorhebung J.B.) oder deutlicher § 1 Abs. 3 a.E.: „... in which State the case shall be prosecuted".

622 Vgl. Commentary § 1 Rn. 5: „intended to be complete". Gleichzeitig lässt die Begründung die Möglichkeit offen, weitere „außergewöhnliche" Umstände zu berücksichtigen (Begründung a.a.O.).

623 Commentary § 1 Rn. 3.

624 §§ 2, 3. Hierin liegt eine Art Gerichtsstandbestimmung durch das übergeordnete Gericht, im nationalen Recht mit § 14 StPO vergleichbar, dazu auch unten Teil 3 § 4 A.II.1)d).

625 *Schünemann* (Hrsg.), Gesamtkonzept.

Sachverhalten innerhalb der Europäischen Union bestimmt wird.[626] Danach „soll" – auf Vorschlag des bisher ermittelnden Staates, oder wenn ein anderer Staat ermittelt oder ermitteln will – „einvernehmlich zwischen den beteiligten Staaten" der Handlungsort als maßgeblich erklärt werden, d.h. der Staat, in dem der Handlungsort besteht, soll als zuständiger Ermittlungsstaat festgelegt werden. Für den Fall, dass ein Handlungsort in mehreren EU-Staaten besteht,[627] soll es auf den Erfolgsort ankommen; bei mehreren Erfolgsorten soll es auf den Wohnsitz des Beschuldigten ankommen, bei mehreren Beschuldigten auf den Ort der „wichtigsten Beweismittel".

Eine verbindliche Festlegung liegt darin aber nicht. Außerdem soll eine Abweichung nach dem „Schwerpunkt der vorgeworfenen Taten" möglich sein, oder – was grundsätzlich zu begrüßen ist – wenn es die „berechtigten Interessen des oder der Beschuldigten erfordern."[628] Nur dann, wenn eine solche Einigung nicht zu Stande kommt, soll Eurojust entscheiden.

Diese – wegen der Soll-Bestimmung bzw. der Abweichungsmöglichkeit – noch immer flexible Regelung ist innerhalb der Arbeitsgruppe zum Gesamtkonzept nicht unumstritten. Insbesondere *Fuchs* plädiert für eine strenge Regelung, oder aber für die Trennung der Frage nach dem anwendbaren Recht einerseits und der gerichtlichen Zuständigkeit andererseits, wobei letzteres – also die Anwendung fremden Strafrechts – „wenngleich im Privatrecht ... gang und gäbe" aus seiner Sicht nur schwer vorstellbar sei.[629] Auch andere sprechen sich aber – ausdrücklich aus Gründen der Rechtssicherheit – für einen festen Vorrang des Handlungsortes aus, wobei Abweichungen ausnahmsweise im Interesse des Beschuldigten (!) möglich sein sollten.[630]

Ausdrücklich geregelt wird in dem Gesamtkonzept auch die Frage des anwendbaren Rechts. Gemäß Art. 6 des Vorschlags soll es auf das materielle Recht des Ermittlungsstaates ankommen. Dabei bleibt allerdings die Frage offen, warum das

626 *Schünemann* (Hrsg.), Gesamtkonzept, Art. 2.

627 Nicht ausdrücklich geregelt ist dagegen der Fall, dass kein Handlungsort innerhalb der Europäischen Union besteht. Hier dürfte aber ebenfalls der Erfolgsort maßgeblich sein.

628 *Schünemann* (Hrsg.), Gesamtkonzept, Art. 2 Abs. 3.

629 *Fuchs* in Schünemann (Hrsg.), Gesamtkonzept, S. 112, 114. Der Vorschlag, dass stets das Recht des Staates, dem der Beschuldigte angehört oder in dem er wohnt, angewendet werden soll, kann dagegen nicht überzeugen. Es ist auch nicht das von *Fuchs* angenommene „überkommene Souveränitätsdenken", das seinem Vorschlag im Wege steht. Vielmehr ist es Ausdruck eines überkommenen Verständnisses der Staat-Bürger-Beziehung, wenn jeder Mensch weltweit seiner Heimatrechtsordnung unterstellt wird, vgl. bereits oben Teil 1 § 4 B.III.

630 *Bitzilekis/Kaiafa-Gbandi/Symeonidou-Kastanidou* in Schünemann (Hrsg.), Gesamtkonzept, S. 250. Ohne Bezug zum Gesamtkonzept ebenfalls für eine feste Ordnung und eine starke Berücksichtigung der Interessen des Beschuldigten *Anagnostopoulos* in FS-Hassemer, S. 1121, 1139.

Recht des Tatortes – der Tatort ist im Regelfall als Ermittlungs- und Urteilsstaat vorgesehen – sich letztlich nur dann durchsetzen soll, wenn dieses Recht die Strafbarkeit vorsieht.[631]

III. Modellentwurf von Böse/Meyer/Schneider

Einen weiteren Entwurf haben *Böse/Meyer/Schneider* vorgelegt.[632] Sie unterscheiden dabei zwischen dem materiellen Strafrecht einerseits und der „Fallverteilung und Gerichtsstandswahl" andererseits. Das anwendbare Recht soll sich im wesentlichen nach dem Tatort richten,[633] wobei mit Tatort sowohl der Handlungs- als auch der Erfolgsort gemeint sind. Bei einem Auseinanderfallen von Handlungs- und Erfolgsort soll die Strafbarkeit als Erfolgsdelikt bzw. als vollendete Tat im Handlungsstaat voraussetzen, dass die Tat auch am Erfolgsort strafbar ist.[634]

Daneben soll ein – relativ weit verstandenes – Schutzprinzip zur Anwendung kommen.[635] Sowohl das aktive als auch das passive Personalitäts- und Domizilprinzip werden dagegen ausdrücklich abgelehnt, weil darin ein Verstoß insbesondere gegen das Diskriminierungsverbot aus Art. 18 AEUV gesehen wird.[636]

Bezüglich des Gerichtsstands enthält Art. 7 Abs. 1, 2 des Vorschlags einen grundsätzlichen Vorrang des Handlungsortes. Art. 7 Abs. 4 sieht eine Flexibilisierung vor, falls ein anderer Staat „im Licht einer Gesamtwürdigung ... für die Durchführung des Strafverfahrens besser geeignet ist."[637] Art. 8 des Vorschlags regelt, dass das Verfahren an den Mitgliedstaat übertragen werden kann, in dem der Beschuldigte seinen Wohnsitz hat.[638]

Welches materielle Recht ein auf diese Weise zuständiger Staat anwenden soll, lässt der Modellentwurf für den Fall offen, dass es sich weder um den Tatortstaat noch um den geschützten Staat handelt. Hier werden zwei Alternativen

631 Vgl. schon oben Teil 2 § 4 B.IV. zur Frage, welches Recht „anerkannt" werden kann oder muss.

632 *Böse/Meyer/Schneider*, GA 2014, 572.

633 *Böse/Meyer/Schneider*, GA 2014, 572, 575 (Art. 2 des Vorschlags). Das Flaggenprinzip wird hier ausdrücklich mit einbezogen (Art. 2 Abs. 6 des Vorschlags).

634 *Böse/Meyer/Schneider*, GA 2014, 572, 575 (Art. 2 Abs. 4 des Vorschlags).

635 *Böse/Meyer/Schneider*, GA 2014, 572, 576 (Art. 3 des Vorschlags). Begrüßenswert ist hier insbesondere die in Abs. 4 vorgeschlagene Mitteilung an die Kommission, welche Strafvorschriften des nationalen Rechts dem Schutzprinzip unterfallen. Diese Mitteilung soll zusammen mit einer Liste der entsprechenden Normen im Amtsblatt veröffentlicht werden.

636 *Böse/Meyer/Schneider*, GA 2014, 572, 577 f. (Artt. 4 und 5 des Vorschlags). Näher zum Diskriminierungsverbot bzw. dem damit eng zusammen hängenden Gleichheitsgrundsatz auch unter Teil 4 § 3 C.IV.

637 *Böse/Meyer/Schneider*, GA 2014, 572, 579.

638 *Böse/Meyer/Schneider*, GA 2014, 572, 580; zu einem ähnlichen Vorschlag einer „Widerspruchslösung" auch noch unten Teil 3 § 4 A.III.8).

vorgeschlagen, nämlich einerseits die Fremdrechtsanwendung, andererseits eine Transformationslösung.[639] Letztere entspricht im deutschen Recht der Konzeption des § 7 Abs. 2 Satz 2 StGB. In jedem Fall soll nur eine Strafe verhängt werden, die auch nach dem eigenen Recht des Gerichtsstaates zulässig ist.

E. Rahmenbeschluss zur Vermeidung von Kompetenzkonflikten

Der Rat der Europäischen Union hat am 30.11.2009 einen Rahmenbeschluss zur Vermeidung von Kompetenzkonflikten[640] angenommen. Der Rat geht offenbar davon aus, dass es bisher noch keine Lösung solcher Konflikte durch eine Rangordnung der Anknüpfungspunkte gibt, andernfalls wäre der Rahmenbeschluss überflüssig. Es wird darin eine Pflicht zu direkten Konsultationen zwischen den Staaten, die die Strafgewalt beanspruchen, festgeschrieben.

Der Entwurf zu diesem Rahmenbeschluss ging deutlich weiter. Hier wurde als Ziel der Konsultationen angegeben, *den* geeigneten Staat zur Ausübung der Strafgewalt zu bestimmen.[641] Dabei sollte „in der Regel" der Vorrang des Tatortes angenommen werden. Damit ist der Ort gemeint, an dem „die Beteiligten den wesentlichen Teil der Straftat begangen haben".[642] Schon der Wortlaut „begangen" spricht allerdings eher für den Handlungsort. Dass das deutsche Strafrecht auch beim Erfolgsort das Wort „begangen" verwendet,[643] ist dabei unbeachtlich; das Europäische Recht ist nämlich unabhängig von den nationalen Rechtsordnungen auszulegen.[644] Im Übrigen wurde bereits im Entwurf keine Rangordnung festgelegt, sondern im Gegenteil eine individuelle Lösung anhand einer nicht abschließenden Liste von Kriterien vorgeschlagen.[645]

Selbst diese „in der Regel"-Lösung konnte sich jedoch offenbar nicht durchsetzen, so dass nunmehr als Ziel der Konsultationen festgehalten wird, zu einer „effiziente[n] Lösung" zu gelangen, die (nur) „*gegebenenfalls* zu einer Konzentration der Strafverfahren in einem einzigen Mitgliedstaat"[646] führt.[647]

---

639 *Böse/Meyer/Schneider*, GA 2014, 572, 586 f. (Art. 15 des Vorschlags).

640 Rahmenbeschluss 2009/948/JI.

641 Art. 12 Rb-Entwurf (Initiative der Tschechischen Republik, der Republik Polen, der Republik Slowenien, der Slowakischen Republik und des Königreichs Schweden), ABl. EU 2009 C 39 S. 2

642 Art. 15 Nr. 1 Rb-Entwurf.

643 Vgl. § 9 StGB.

644 Vgl. nur *Streinz*, Europarecht, Rn. 616.

645 Art. 15 Nr. 2 Rb-Entwurf.

646 Art. 10 Abs. 1 Rb (Hervorhebung J.B.).

647 Auch aus anderen Gründen kritisch zur Wirksamkeit des Rahmenbeschlusses *Eisele*, ZStW 2013, 1, 18, weil nämlich in praktischer Hinsicht oft nicht (rechtzeitig) erkennbar werde, dass ein Bezug zu einem anderen Mitgliedstaat und somit ein paralleles Verfahren vorliegen könnte.

F. Ergebnis zum Europäischen Strafrecht

Auch das Europäische Recht geht also nicht davon aus, dass es bisher eine Rangordnung der sog. Anknüpfungspunkte gibt, sieht aber die Problematik konkurrierender Gerichtsbarkeiten und versucht diese möglichst aufzulösen. Das europäische Recht spricht sich in der Tendenz für einen Vorrang des Tatortes aus, ohne jedoch ausdrücklich darauf einzugehen, was „Tatort" ist. Dem aktiven Personalitätsprinzip wird dagegen eine immer geringere Bedeutung beigemessen, wenngleich es aus praktischen Gründen auf Residenten erweitert wird. Im Übrigen soll es aber bei einer möglichst großen Flexibilität bleiben.

Ausgangspunkt aus europäischer Sicht war der Grundsatz *ne bis in idem*, der in seiner ursprünglichen Form (Verbot der Mehrfachverfolgung *nach* einem Urteil) jedoch nicht ausreicht, um die Rechte des Beschuldigten zu wahren. Es ging also zunächst darum, dass *nur ein* Staat ermittelt und urteilt, aber nicht darum, dass ein *bestimmter* Staat mit der Ermittlung und Aburteilung beauftragt wird. Aus der Beschränkung auf *nur* einen Staat folgt dann die Überlegung, dass dieser Staat möglichst „nah" an der Tat und gut zur Aburteilung geeignet ist. Wie diese „Nähe" *in concreto* festgestellt werden soll, wird dagegen nicht deutlich. Bevorzugt wird von der Praxis ein Modell, wonach – von einer wiederum festzustellenden leichten Tendenz zugunsten des Tatorts abgesehen – anstelle einer strikten Festlegung im Einzelfall entschieden werden soll. Dem könnten freilich Rechte und Interessen insbesondere des Beschuldigten entgegenstehen, so dass auch darauf noch näher einzugehen sein wird.[648]

§ 5 Ergebnis zu einer Rangordnung de lege lata

Es hat sich gezeigt, dass eine feste Rangordnung der Kriterien zur Begründung der Strafgewalt weder im gegenwärtigen Völkerrecht noch im Europarecht existiert. Allerdings lässt sich immerhin eine Tendenz zu folgender Rangordnung erkennen:[649]

1. Staatsschutzprinzip
2. („aktives") Flaggenprinzip, soweit kein Tatortstaat besteht
3. Territorialitätsprinzip i.V.m. aktiver Personalität[650]
4. „aktives Flaggenprinzip" im Küstenmeer

---

648 Zu den Rechten und Interessen des Beschuldigten noch näher unten Teil 3 § 3 E. IV.1) und Teil 3 § 4 C.III.

649 Ähnlich *Ambos*, Internationales Strafrecht, § 4 Rn. 23 Schaubild 3. Gegen eine Rangordnung *Anders* in Sinn (Hrsg.), Jurisdiktionskonflikte, 109, 111, der aber gleichzeitig annimmt, dass sich in der Praxis „mit einer gewissen Wahrscheinlichkeit" das Recht des Tatortstaates durchsetzen wird.

650 Klar geregelt bisher nur für das Küstenmeer. *De lege ferenda* liegt eine Ausdehnung auch auf Binnengewässer nahe, wie dies im deutschen Recht schon geschehen ist.

5. Territorialitätsprinzip, Staat des Handlungsortes
6. Territorialitätsprinzip, Staat des Erfolgsortes
7. aktives Personalitätsprinzip
8. passives Personalitätsprinzip
9. Grundsatz stellvertretender Strafrechtspflege

Der Vorrang des Staatsschutzprinzips ergibt sich dabei aus dem oben (Teil 1 § 3) bereits angedeuteten Gedanken einer Art Notwehr des Staates. Dieses „Notwehrrecht" basiert auf dem Völkerrecht, so dass es nicht darauf ankommen kann, ob andere Staaten nach ihrer nationalen Rechtsordnung ein Verhalten für straflos halten. Das völkerrechtliche „Notwehrrecht" muss umgesetzt werden und somit Vorrang vor Straflücken haben, die sich daraus ergeben könnten, wenn auf das Recht eines anderen als des geschützten Staates abgestellt werden würde.[651]

Die Einordnung des Universalitätsprinzips fällt dagegen wegen seiner besonderen Stellung etwas schwer. Ausgangspunkt ist, dass der jeweils urteilende Staat stellvertretend für die Staatengemeinschaft handelt.[652] Wenn aber schon die durch den IStGH ausgeübte Strafgewalt der Staatengemeinschaft nur komplementär zu der Strafgewalt einzelner (betroffener[653]) Staaten ist, sollte Entsprechendes auch für die Ausübung der Strafgewalt durch unbeteiligte Drittstaaten gelten.[654] Insofern ist das Universalitätsprinzip trotz seiner großen Bedeutung als nachrangiges Prinzip zu betrachten, das nur dann eingreift, wenn und soweit andere Staaten (v.a. der Tatortstaat) nicht zur Verfolgung willens oder fähig sind.[655]

---

651 Dagegen meint *Zimmermann*, Strafgewaltkonflikte, S. 379, dass der Staatsschutzgedanke innerhalb der Europäischen Union *de lege ferenda* nicht in einer „Zuständigkeitshierarchie", sondern lediglich in einer „Flexibilisierungsklausel" berücksichtigt werden sollte.

652 So auch *Keller*, GA 2006, 25, 27; *Köhler*, JRE 2003, 435, 463.

653 Die Komplementarität der Gerichtsbarkeit des IStGH besteht richtigerweise aber nicht *nur* gegenüber der der „betroffenen" Staaten, also v.a. der Strafgewalt des Tatortstaates, vgl. *Cárdenas Arvena*, Zulässigkeitsprüfung vor dem Internationalen Strafgerichtshof, S. 44 m.w.N. auch zur Gegenauffassung. Eine vereinfachte Rangordnung der Strafgewalten bei völkerstrafrechtlichen Taten lautet also: Tatortstaat, Drittstaaten, Staatengemeinschaft. Gegen den Begriff des „Vorrangs" im Zusammenhang mit der nationalen bzw. internationalen Strafgewalt dagegen zu Unrecht *Cárdenas Arvena*, a.a.O., S. 44.

654 So auch *Keller*, GA 2006, 25, 34 f. m.w.N.

655 Vgl. für den Bereich des Völkerstrafrechts Art. 17 Abs. 1 lit. a IStGH-Statut.

Teil 3 Rangordnung der völkerrechtlichen Anknüpfungspunkte *de lege ferenda*

Es wäre nun denkbar, diese bislang nur im Ansatz vorgefundene Rangordnung *de lege ferenda* stärker – bis hin zu einer festen Rangordnung – auszubauen. Eine Regelung könnte innerstaatlich, europarechtlich oder völkerrechtlich getroffen werden, wobei im Interesse einer möglichst einheitlichen Regelung eine völkerrechtliche Festlegung vorzuziehen wäre. Schon der Vorschlag einer festen Rangordnung von Kriterien sieht sich allerdings einiger Kritik ausgesetzt. Bevorzugt wird von vielen Autoren eine flexiblere Lösung, wie sie auch in dem oben erwähnten Europäischen Rahmenbeschluss zur Vermeidung von Kompetenzkonflikten[656] zum Ausdruck kommt.

§ 1 Grundsätzliche Bedenken gegen eine Rangordnung

Die angesprochenen grundsätzlichen Bedenken gegen eine (feste bzw. relativ zum *status quo* festere) Rangordnung lassen sich in zwei Kategorien einteilen: zum Einen geht es um rechtliche Probleme, zum Anderen werden auch praktische Schwierigkeiten geltend gemacht. Relevant sind hier in erster Linie die rechtlichen Bedenken. Den praktischen Problemen kommt nur insoweit Bedeutung zu, als sich diese Probleme auch rechtlich erfassen lassen, etwa als Teil des Rechts auf ein faires Verfahren oder als Ausdruck der Effektivität der Strafrechtspflege.[657]

A. Keine völkerrechtlichen Bedenken

Aus völkerrechtlicher Sicht lassen sich allerdings keine Einwände gegen die Festlegung einer Rangordnung *de lege ferenda* erheben. Vorausgesetzt wird dabei das Einverständnis der beteiligten Staaten, also eine noch zu treffende völkerrechtliche Vereinbarung. Selbst eine solche Vereinbarung ist aber in den allermeisten Fällen nicht zwingend notwendig: Sofern keine völkerrechtliche Regelung zustande kommt, könnte jeder Staat für sich einseitig festlegen, von seiner völkerrechtlich weiterhin bestehenden Strafgewalt keinen Gebrauch zu machen, weil die Strafgewalt eines anderen Staates – und sei es nur aus der Sicht des seine eigene Strafgewalt einschränkenden Staates[658] – einen „höheren Rang" hat. Solange also ein Staat einen Vorrang so ausgestaltet, dass er trotz völkerrechtlicher Zulässigkeit keine Strafgewalt ausübt, bestehen keine Bedenken.

---

656 Dazu oben Teil 2 § 4 E.

657 Dazu näher unten, insbesondere Teil 3 § 4 C.III.4).

658 Diese notwendige Einschränkung zeigt zugleich, weshalb es dennoch sinnvoll ist, eine Vorrang-Regelung völkerrechtlich zu vereinbaren. Nur auf diese Weise kann nämlich verhindert werden, dass es zu einer unnötigen Vielzahl voneinander abweichender Rangordnungen kommt.

Auch der umgekehrte Fall ist nicht besonders problematisch: Wenn ein Staat den Vorrang seiner eigenen Strafgewalt behauptet und somit auf einer eigenen Durchführung der Aburteilung besteht,[659] so ist dagegen nur dann etwas einzuwenden, wenn der Grundsatz *ne bis in idem* zwischen den beteiligten Staaten vereinbart wurde.

B. Praktische und rechtliche Bedenken

I. Fehlende Notwendigkeit

In der Reaktion auf das Grünbuch der EU-Kommission über Kompetenzkonflikte und den Grundsatz *ne bis in idem* in Strafverfahren, das dem entsprechenden Rahmenbeschluss[660] zu Grunde liegt, brachte insbesondere das Vereinigte Königreich zum Ausdruck, dass für eine Änderung der derzeitigen Situation keine Notwendigkeit bestehe.[661] Dass über die hier entscheidenden Fragen eine derartige Diskussion entstanden ist, lässt daran allerdings zumindest Zweifel aufkommen. Aber selbst wenn es zuträfe, dass es sich nur um „wenige Fälle“[662] handelt, die meist gut gelöst werden, ist dies noch kein stichhaltiges Argument gegen eine neue, möglicherweise bessere und rechtssicherere Lösung gerade für diese wenigen Fälle.

II. Tatort als Kriterium untauglich

Darüber hinaus wird in Frage gestellt, ob der Tatort als Kriterium überhaupt geeignet ist. So meint *Eicker*, dass ein Vorrang des Tatortes schon deshalb nicht sinnvoll sei, weil es in vielen, insbesondere grenzüberschreitenden Fällen, mehrere Tatorte gibt. Es sei deshalb notwendig, zusätzliche Kriterien subsidiär heranzuziehen; vorzugswürdig sei daher ein Modell einer „(über)individuell-konkreten Kriterien-Gewichtung“.[663]

Dass es mehrere Tatorte geben kann, ist unbestritten.[664] Der Überlegung, deswegen auf einen Vorrang des Tatorts zu verzichten, kann aber zunächst entgegen gehalten werden, dass der Vorrang des Tatortrechts selbst dann zu einer größeren Bestimmtheit gegenüber dem *status quo* führte, wenn es mehrere Tatorte gibt.

---

659 Vgl. oben Teil 2 § 3 A.III.4) zum türkischen Recht.

660 Dazu näher oben Teil 2 § 4 E.

661 *United Kingdom Government*, Stellungnahme zum Grünbuch Kompetenzkonflikte, Abs. 1.

662 So *United Kingdom Government*, Stellungnahme zum Grünbuch Kompetenzkonflikte, Abs. 1: „the *rare events* where a positive conflict of jurisdiction arises“ (Hervorhebung J.B.).

663 *Eicker*, StV 2005, 631, 632. Ihm folgend *Hecker* in Sinn (Hrsg.), Jurisdiktionskonflikte, S. 85, 98.

664 Zur Vielzahl möglicher Tatorte, insbesondere bei Straftaten im Internet oder der Beteiligung mehrerer Personen an einer Straftat oben Teil 1 § 1 B.VI. und Teil 1 § 1 B.VII.

Immerhin würde somit klargestellt, dass alle anderen Anknüpfungspunkte nur nachrangig zu beachten sind. Darin läge zumindest eine Beschränkung der Zahl der Staaten, die Strafgewalt beanspruchen können, was zu begrüßen wäre.

Zum Zweiten übersieht *Eicker* die Möglichkeit, auch unter mehreren Tatorten eine Rangordnung zu begründen.[665] Erst dann, wenn auch nach einem solchen Schritt mehrere *gleichrangige* Tatorte bestehen bleiben sollten, müssten zusätzliche Kriterien herangezogen werden.[666] In einem solchen Fall bleibt es dabei, dass auch eine Beschränkung auf *die* Tatorte eben zumindest eine Beschränkung darstellt und schon deshalb zu begrüßen ist. Wenn weitere Kriterien nötig sein sollten, müsste darüber hinaus geregelt werden, welche Kriterien unter welchen Voraussetzungen und in welcher Reihenfolge heranzuziehen sind.

III. Spannung zwischen effektiver Strafrechtspflege und Resozialisierung

Eingewendet wird auch, dass eine starre Regelung den Interessen des Beschuldigten und der beteiligten Staaten nicht gerecht werde: Es sei nämlich erforderlich, einerseits das Interesse an einer wirksamen Strafverfolgung zu berücksichtigen;[667] andererseits sprächen die Gedanken der Resozialisierung und der Prävention eher dafür, den Täter in seiner Heimat abzuurteilen. Eine Lösung könne daher wiederum nur ein „flexibles System" bieten, das den Besonderheiten des Einzelfalls gerecht werde.[668] Welche Besonderheiten des Einzelfalls dies sein sollen, wird dagegen nicht deutlich. *Vogler* benennt hier lediglich das in den „allermeisten"[669] Fällen bestehende Spannungsfeld zwischen dem Interesse des Beschuldigten an einem Verfahren in seinem Heimatstaat und der Unmittelbarkeit der Beweisaufnahme.

Angesichts der immer besser werdenden Möglichkeiten, Beweismittel von dem einen in einen anderen Staat zu verbringen, stellt sich schon die Frage, ob überhaupt die Unmittelbarkeit der Beweisaufnahme betroffen ist. Selbst bei der Vernehmung von Zeugen erscheint es heute jedenfalls technisch sehr viel einfacher, diese in einem anderen Staat durchzuführen, als dem, in dem der Zeuge seinen

---

665 Diese Möglichkeit sieht auch *Hecker* in Sinn (Hrsg.), Jurisdiktionskonflikte, S. 85, 98 nicht, der aber ohnehin eine Rangordnung ablehnt. *Zimmermann*, Strafgewaltkonflikte, S. 329 f. gibt die Vielzahl möglicher Tatorte „zu bedenken", ohne sich zu einer Rangordnung der Tatorte zu äußern. Zur möglichen Rangordnung der Tatorte unten Teil 4 § 4.

666 Insoweit zutreffend *Lagodny*, Gutachten, S. 46, auf den sich auch *Eicker* bezieht, jedoch ohne auf eine eventuelle Rangordnung der Tatorte einzugehen.

667 *Vogler*, ZStW 1984, 531, 541 f.; *Eicker*, StV 2005, 631, 633.

668 *Vogler*, ZStW 1984, 531, 541 f. Vgl. auch in neuerer Zeit *United Kingdom Government*, Stellungnahme zum Grünbuch Kompetenzkonflikte, Einleitung („The UK is concerned that legislative initiatives could reduce existing flexibilities").

669 Eine Besonderheit des *Einzel*falls kann somit nur darin liegen, dass das Gewicht der Argumente, die für den einen oder den anderen Staat sprechen, je nach Fall ein wenig unterschiedlich ist. Zusätzliche Kriterien, die im Einzelfall den Ausschlag geben könnten, benennt *Vogler* jedenfalls nicht.

Wohnort hat, notfalls auch in Form einer „Videovernehmung", bei der der Zeuge zwar an seinem Wohnort verbleibt, aber Fragen und Antworten in den Gerichtssaal in dem anderen Staat in Bild und Ton übertragen werden.[670]

Eine eventuell dennoch bestehende Spannung lässt sich indes ohne Weiteres auflösen. Bereits *Gardocki* hatte hier eine Zweiteilung des Verfahrens vorgeschlagen: Die erste Phase, nämlich das gesamte Gerichtsverfahren bis zu einem Urteil, sollte dabei im Tatortstaat ablaufen. Nach dem Erlass des Urteils, das eine gewisse Zäsurwirkung hat, sollte die Vollstreckung des Urteils im Heimatstaat des Täters erfolgen.[671] Diese Möglichkeit, dass die Vollstreckung in einem anderen als dem Urteilsstaat stattfindet, gab es bereits ab 1978 in den damals „sozialistischen" Staaten Mittel- und Osteuropas;[672] heutzutage ist im Rahmen des Europäischen Haftbefehls die Rücküberstellung zum Zwecke der Strafvollstreckung nach Art. 5 Abs. 3 RbEUHb möglich.[673]

Der Aspekt der Resozialisierung spielt im Wesentlichen[674] im Vollstreckungsverfahren eine Rolle, das vom Erkenntnisverfahren unabhängig sein kann, zumal mit dem Urteil – wie gesagt – eine zeitliche Zäsur gegeben ist. Überhaupt muss nicht jeder Verfahrensabschnitt im gleichen Staat stattfinden, denkbar wäre auch eine Unterscheidung zwischen Ermittlungs- und Hauptverfahren.[675] Allenfalls soweit der Täter auch ein Interesse daran hat, dass das Hauptverfahren – oder sogar das Ermittlungsverfahren – an seinem Wohnort stattfindet,[676] kann es hier noch zu Spannungen kommen.

IV. Verstoß gegen „ne bis in idem"

Bei einem *absoluten* Vorrang des Territorialitätsprinzips wäre *Eicker* zufolge die Gefahr einer mehrfachen Strafverfolgung weiterhin gegeben: Wenn nämlich eine

---

670 Im letzteren Fall ist allerdings zuzugeben, dass die *Unmittelbarkeit* der Beweisaufnahme durchaus betroffen ist.

671 *Gardocki*, Zagadnienia internacjonalizacji odpowiedzialności karnej za przestępstwa popełnione za granicą, S. 25 ff.; zit. nach *Szwarc/Piskorski* in Wolf (Hrsg.), Kriminalität im Grenzgebiet 2, S. 142.

672 Konvention über die Übergabe zu Freiheitsstrafe verurteilter Personen an ihre Heimatstaaten zur Verbüßung der Strafe („Berliner Konvention", GBl.-DDR 1980 II S. 24), vgl. dazu *Płachta*, ZStW 1987, 479, 487 ff.

673 Vgl. auch oben Teil 2 § 4 B.III.2)b) a.E.

674 Vgl. aber noch unten Teil 3 § 4 C.III.4) zu möglichen faktischen resozialisierenden Wirkungen des Erkenntnisverfahrens.

675 Ermittlungshandlungen erfolgen bei grenzüberschreitenden Sachverhalten meist ohnehin in mehreren Staaten, während das Hauptverfahren – eine entsprechende Koordination der beteiligten Staaten vorausgesetzt – in *einem* Staat stattfinden kann, so dass man hier sogar davon sprechen könnte, dass es eine Unterscheidung zwischen beiden Verfahrensabschnitten bereits heute gibt.

676 Zu den Interessen des Beschuldigten in Bezug auf den (internationalen) Gerichtsstand noch Teil 3 § 4 C.III.

Aburteilung bereits in einem anderen Staat erfolgt sei, der lediglich nachrangig zuständig ist, müsste im Tatortstaat eine weitere Aburteilung erfolgen. Das würde aber dem Grundsatz *ne bis in idem*, der auch innerhalb der Europäischen Union gilt (Art. 54 SDÜ bzw. Art. 50 GRCh[677]), nicht gerecht werden.[678]

Damit wäre ein Verstoß gegen den Vorrang eines Staates letztlich sanktionslos: Ein Staat, dem nicht die vorrangige Strafgewalt zusteht, könnte dennoch aburteilen, einer erneuten Entscheidung durch Gerichte eines anderen Staates stünde der Grundsatz *ne bis in idem* im Weg. Diese Situation ist aber – entgegen einem Eindruck, den *Eicker*[679] vermittelt – nicht auf eine starre Rangordnung beschränkt: Selbst bei einer wie auch immer gearteten individuellen Bestimmung einer *in concreto* vorrangigen Strafgewalt, wäre es möglich, dass sich einzelne Staaten darüber hinwegsetzen, auch wenn dies bei konsensual zwischen den beteiligten Staaten gefundenen Regelungen im Einzelfall unwahrscheinlich erscheinen mag.[680]

Letztlich besteht also bei *jeder* Regelung einer vorrangigen Strafgewalt ein gewisses Risiko, dass sich einzelne Staaten an die Vorrangregelung nicht halten und es daher zu Konflikten mit dem Grundsatz *ne bis in idem* – sofern dieser auch im Verhältnis der betroffenen Staaten zueinander gilt – kommen kann. Ob aber eine Anpassung des zwischenstaatlichen *ne bis in idem*-Grundsatzes notwendig ist, um die Rangordnung „abzusichern", erscheint zweifelhaft. Zwar wäre eine Anpassung des Art. 55 SDÜ[681] denkbar, der – bisher nur bei ausdrücklich erklärtem Vorbehalt[682] – für einige Fälle Ausnahmen vom Grundsatz *ne bis in idem* zulässt. Eine solche Änderung könnte eine weitere Ausnahme für den Fall eines Verstoßes gegen die

---

677 Dazu schon oben Teil 2 § 4 A.III.

678 *Eicker*, StV 2005, 631, 633.

679 *Eicker*, StV 2005, 631, 633.

680 Ausgeschlossen ist ein solcher Fall jedoch nicht, folgende Konstellation bleibt nämlich möglich: Staat A und Staat B einigen sich darauf, aufgrund bestimmter Überlegungen im Einzelfall, dass Staat A die Strafgewalt ausüben soll. Während des Verfahrens zeichnet sich ab, dass eine Verurteilung im Staat A zunehmend unwahrscheinlich wird, weil Beweise nach der dortigen Strafprozessordnung nicht verwertbar sind. Darauf hin beschließt die Staatsanwaltschaft im Staat B, selbst tätig zu werden, leitet ein Strafverfahren ein und setzt sich somit über den (vereinbarten) Vorrang des Staates A hinweg. Wenn man die getroffene Vereinbarung ernst nimmt, müsste aber – selbst bei einer Aburteilung im Staat B – eine Strafverfolgung in A weiterhin möglich sein. Dem steht aber – genau wie bei einer Aburteilung durch einen nach „fester Rangordnung" nachrangig zuständigen Staat – der Grundsatz *ne bis in idem* im Weg. – Die Frage, ob ein Staat (hier: der Staat B) sich überhaupt über diese Vereinbarung hinwegsetzen darf, ist dagegen völkerrechtlicher Natur und nur zwischen den Staaten zu klären.

681 Bzw. eine entsprechende Änderung des Art. 50 GRCh.

682 Vgl. dazu schon oben Teil 2 § 4 A.III. Die politischen Schwierigkeiten, eine Änderung eines völkerrechtlichen Vertrags herbeizuführen, werden dabei nicht übersehen. Indes sind solche Schwierigkeiten kein *rechtliches* Argument.

Rangordnung der Strafgewalten vorsehen.[683] Dies würde aber dem Interesse des Beschuldigten an einer nur einmaligen Aburteilung nicht gerecht.[684] Die Gefahr, dass sich einzelne Staaten nicht an die Rangordnung halten, ist daher hinzunehmen; der Grundsatz *ne bis in idem* muss – dort, wo er vereinbart wurde – Vorrang haben.

V. Verstoß gegen Opferinteressen

Eicker[685] führt außerdem die Gefahr an, dass eine feste Rangordnung den Interessen des Opfers einer Straftat widersprechen könnte. Konkret benennt er die Konstellation, in der Täter und Opfer demselben Staat angehören und meint, dass es dann widersinnig wäre, den Strafprozess nicht in (gemeinsamen) ihrem Heimatstaat stattfinden zu lassen, zumal dort auch etwaige zivilrechtliche Ansprüche geltend gemacht werden könnten. Auch das „Genugtuungsinteresse" des Opfers sei also in solchen Fällen bei einer Aburteilung im Ausland nicht so leicht zu befriedigen.[686]

Dagegen ist Folgendes einzuwenden: Zunächst benennt *Eicker* mit der gemeinsamen Staatsangehörigkeit eine konkrete Fallgruppe, die auch im Rahmen einer starren Regelung berücksichtigt werden könnte.[687] Eine „konkret-individuelle" Abwägung wäre hier nicht erforderlich. Darüber hinaus ist es alles andere als zwingend, zivilrechtliche Ansprüche im gemeinsamen Heimatstaat oder auf der Grundlage des gemeinsamen Heimatrechts geltend zu machen, auch wenn dies für das Opfer einer Straftat in der Regel am einfachsten sein wird.

Entscheidend ist aber, dass die Frage bisher völlig ungeklärt ist, welche Rolle die Interessen des Opfers im Strafverfahren überhaupt spielen bzw. spielen sollen.[688] *De lege lata* ist dies jedenfalls keine große Rolle. Im Übrigen würde das

---

683 In diesem Fall wäre es allerdings geboten, eine zuvor von einem nachrangig zuständigen Staat verhängte Sanktion anzurechnen, so auch bereits *Feller*, Isr. L. Rev. 1981, 40, 71; vgl. auch *Hein*, Zuständigkeitskonflikte, S. 135, sowie *Eicker*, StV 2005, 631, 633. Dem entspricht auch die Bestimmung des Art. 56 SDÜ, die freilich nur einen sehr kleinen Anwendungsbereich hat.

684 So schon die Kritik von *Hein*, Zuständigkeitskonflikte, S. 101 ff. an der Territorialausnahme nach Art. 55 SDÜ: Souveränitätsinteressen dürfen nicht über Interessen des Beschuldigten gestellt werden.

685 *Eicker*, StV 2005, 631, 633. Ihm folgend *Hecker* in Sinn (Hrsg.), Jurisdiktionskonflikte, S. 85, 98.

686 Auf die Tatsache, dass auch die Einhaltung des Grundsatzes *ne bis in idem* nicht nur im Interesse des Beschuldigten, sondern auch dem Interesse des Geschädigten ist, weist *Eisele*, ZStW 2013, 1, 10 m.w.N. mit Blick auf die Gefahr einer zusätzlichen Viktimisierung hin.

687 Etwa dergestalt, dass der Tatort Vorrang hat, es sei denn alle Beteiligten haben die gleiche Staatsangehörigkeit, vgl. unten Teil 3 § 3 C.II. die Regelung zum anwendbaren Recht im Internationalen Deliktsrecht.

688 Zu den Interessen des Geschädigten näher unten Teil 3 § 3 E.IV.2) bezüglich des anwendbaren Rechts sowie Teil 3 § 4 C.IV. bezüglich des Gerichtsortes.

Genugtuungsinteresse des Opfers wohl *generell* für einen Vorrang des Heimatstaats des Opfers sprechen, und nicht nur dann, wenn der Täter zufällig die gleiche Staatsangehörigkeit hat. Dann wäre aber eine feste Rangordnung, nämlich entgegen der oben gefundenen Tendenz ein Vorrang des – richtigerweise allerdings abzulehnenden – passiven Personalitäts- und ggf. Domizilprinzips, ohne Weiteres möglich.[689] Die Opferinteressen lassen sich daher nicht als grundsätzliches Argument gegen eine Rangordnung der Anknüpfungspunkte anführen.

VI. Das fair trial–Gebot und andere Rechte des Beschuldigten

Ein gewichtigerer Einwand, der sich gegen eine feste Rangordnung erheben ließe, wäre, dass eine solche Rangordnung Rechte des Beschuldigten verletzt. Hier ist in erster Linie an das Recht auf ein faires Verfahren (Art. 6 EMRK) zu denken. Es könnte im Einzelfall zu einem unfairen Verfahren kommen, wenn eine allzu feste Rangordnung festgelegt wird: So könnte ein Verfahren am Tatort in einer dem Beschuldigten nicht bekannten Sprache – von fehlenden Kenntnissen des materiellen und prozessualen Rechts einmal ganz abgesehen – unfair im Sinne der EMRK sein. Erst recht gilt dies in dem Fall, dass der Tatortstaat die Todesstrafe kennt oder über kein rechtsstaatlich vorbildliches Justizsystem verfügt; dann ist nämlich offensichtlich ein menschenrechtswidriges Verfahren zu befürchten.[690] In der Tat wäre es nicht tragbar, wenn etwa Deutschland wegen eines Vorrangs des Tatortes[691] verpflichtet wäre, Beschuldigte an einen Staat auszuliefern, in dem ihnen etwa Folter droht.[692] Eine Rangordnung kann also selbstverständlich nicht in der Weise „fest" sein, dass sie über den Menschenrechten steht.

Auf die Möglichkeit eines Menschenrechtsverstoßes[693] im Einzelfall oder sogar bei bestimmten Staaten generell kann man in Bezug auf eine etwaige Rangord-

---

689 Unter der Voraussetzung, dass das Opfer *immer* ein Interesse an der Aburteilung am eigenen Wohnsitz hat, was indes nicht zwingend ist, vgl. noch unten Teil 3 § 4 C.IV.

690 So auch *Walther* in FS-Eser, S. 925, 942, die davon ausgeht, dass es dann „häufig – wenn nicht meistens" vorteilhaft sei, im eigenen Heimatstaat oder sogar einem unbeteiligten Drittstaat abgeurteilt zu werden.

691 Entsprechendes gilt natürlich auch, wenn einem anderen Staat, etwa dem, dessen Angehöriger der Beschuldigte ist, Vorrang eingeräumt wird.

692 Eine solche Auslieferung stellt einen Verstoß gegen das Folterverbot des Art. 3 EMRK dar (vgl. *Frowein/Peukert*, EMRK, Art. 3 Rn. 20 mit Nachweisen aus der Rspr. Der EKMR und des EGMR). Auch nach einfachem deutschen Recht ist eine solche Auslieferung nach § 73 IRG verboten.

693 Eine Verletzung von Menschenrechten des Beschuldigten liegt aber nicht schon dann vor, wenn ein Verfahren im Tatortstaat für den Beschuldigten „ungünstiger" ist als in seinem Heimatstaat. *Walther* in FS-Eser, S. 925, 942 f. führt dagegen sowohl Grund- und Menschenrechte des Beschuldigten als auch dessen (bloße) Verteidigungsmöglichkeiten als Argument gegen ein Verfahren am Tatort an, allerdings ohne deutlich zwischen beiden zu unterscheiden.

nung auf zweierlei Weise reagieren. Eine Möglichkeit besteht in dem Verzicht auf eine feste Rangordnung, oder noch weitergehender: in dem Verzicht, überhaupt Kriterien zur Entscheidung festzulegen.[694] Die andere besteht darin, mit Ausnahmetatbeständen auf jene Einzelfälle reagieren zu können, ohne zugleich die allgemeine Regel aufzugeben – in diesem Fall lautet die Frage also nicht, ob es eine bestimmte Rangordnung geben soll, sondern ob und welche Ausnahmebestimmungen es geben muss.

Solange die Ausnahmeregelungen nicht überhand nehmen, erscheint es – nicht zuletzt auch mit Blick auf die Rechte des Beschuldigten[695] – sinnvoller, überhaupt eine Regelung zu haben, von der unter bestimmten, wiederum möglichst genau zu definierenden Voraussetzungen abgewichen werden kann, als von vornherein auf jede Regelung zu verzichten. Diese Regelung darf dann aber – auch wenn sie völkerrechtlich festgelegt werden sollte – nicht allein von der Souveränität der Staaten ausgehen, sondern muss auch schon die Interessen des Beschuldigten in den Blick nehmen.[696] Ob und wie solche Ausnahmetatbestände geregelt werden müssen, lässt sich dabei aber sinnvollerweise erst feststellen, nachdem eine generelle Regel aufgestellt worden ist.

C. Zusammenfassung

Die genannten Bedenken gegen eine Rangordnung der Anknüpfungspunkte haben nur zu einem geringen Teil eine Berechtigung.

Aus völkerrechtlicher Sicht spricht nichts dagegen, eine Rangordnung zu vereinbaren. Der Verweis auf Opferinteressen, von denen noch ungeklärt ist, ob und inwieweit sie überhaupt zu berücksichtigen sind, spricht ebenso wenig wie die Bezugnahme auf das Ubiquitätsprinzip grundsätzlich gegen eine feste Rangordnung, sondern allenfalls gegen einen Vorrang des Tatortes. Der Verweis auf den Grundsatz *ne bis in idem* und die Möglichkeit, dass gegen eine Rangordnung verstoßen wird, taugt ebenfalls nicht als Argument gegen eine feste Rangordnung. Auch die

694 Ein solcher Verzicht auf jegliche Rangordnung würde also auch bedeuten, auf einen Vorrang des Tatortes „in der Regel" zu verzichten. Bei einem weitreichenden Verzicht auf Rangordnungen bzw. jegliche unterstützenden Kriterien bei der Abwägung wäre allerdings wohl auch die von *Eicker*, StV 2005, 631 vorgeschlagene „individuelle Gewichtung" so nicht möglich.

695 Man könnte im Gegenteil sogar annehmen, dass eine genaue Kenntnis *ex ante*, wo und nach welchem Recht abgeurteilt wird, im verfassungsrechtlich (möglicherweise darüber hinaus auch völker- und europarechtlich) geschützten Interesse des Beschuldigten liegt, vgl. auch unten Teil 3 § 3 E.I.

696 Vgl. selbst *Ambos*, Internationales Strafrecht, § 4 Rn. 6 – der ja eine Rangordnung befürwortet, aber gleichzeitig auch betont, dass die „individualrechtliche Komponente transnationaler ... Strafverfolgung" immer bedeutsamer wird; deutlicher noch *Gropp* in Sinn (Hrsg.), Jurisdiktionskonflikte, S. 41, 51: Der Betroffene muss geschützt werden.

übrigen – im Wesentlichen rein praktischen – Erwägungen und die generelle These, es müsse eine flexible Lösung geben, sprechen allenfalls für Öffnungsmöglichkeiten, aber nicht grundsätzlich gegen die Festlegung einer Rangordnung.

§ 2 Unterscheidung nach Teilbereichen der Strafgewalt?

Bereits in der Einleitung wurde aufgezeigt, dass zwischen verschiedenen Teilbereichen der Strafgewalt unterschieden werden kann.[697] In der gegenwärtigen Rechtspraxis fallen allerdings Regelungs- und Urteilsgewalt jeweils zusammen;[698] soweit ersichtlich wendet kein Staat (direkt[699]) ausländische Strafnormen an. Dies mag erklären, weshalb in der bisherigen Diskussion der Schwerpunkt der Diskussion jedenfalls nicht auf der Frage lag, welcher Teil der Strafgewalt eigentlich einer Rangordnung unterworfen werden kann.[700] Allein daraus, dass in der Diskussion oft der „optimalen Ort" im Mittelpunkt steht,[701] lässt sich schließen, dass hier in erster Linie die Urteilsgewalt gemeint sein soll. Wem die Regelungsgewalt zustehen soll, wird dagegen nicht gesondert beleuchtet, vielmehr wird bisher offenbar

---

697 Einleitung § 2.

698 Dies ist allerdings nicht auf einen ausdrücklichen Rechtssatz zurückzuführen. Etwas missverständlich ist es daher, wenn *Höpfel/Kathrein* in WK-StGB, vor § 62 Rn. 38 offenbar in Anlehnung an die Rechtsgrundsätze des Augsburger Religionsfriedens einen vermeintlichen Grundsatz *„cuius lex criminalis, eius iurisdictio"* beschreiben.

699 Der Vatikan wendet zwar den italienischen *codice penale* an (vgl. oben Fn. 25, allerdings handelt es sich letztlich – nämlich aufgrund der dynamischen Verweisung in Art. 3 des Gesetzes über die Rechtsquellen – dennoch um vatikanisches Recht, das z.B. jederzeit durch den vatikanischen Gesetzgeber für seinen Bereich geändert werden könnte, ohne zuvor eine Genehmigung Italiens zu benötigen. Die größeren Staaten verfügen dagegen generell über eigene Strafrechtsnormen. – Auch die Berücksichtigung des englischen Rechts in ehemaligen Kolonien ist keine Fremdrechtsanwendung im eigentlichen Sinne. Soweit es um Recht aus der Kolonialzeit geht, handelt es sich um „eigenes" Recht; spätere englische Urteile können dagegen allenfalls als *„persuasive precedent"*, also nicht als bindendes Recht, angeführt werden.

700 Vgl. aber *Fuchs* in Schünemann (Hrsg.), Gesamtkonzept, S. 112, 115; *Eser/Burchard* in FS-Meyer, S. 499, 524; *Eisele*, ZStW 2013, 1, 29; die jeweils eine unterschiedliche Behandlung von anwendbarem Recht und Gerichtsort für zumindest erwägenswert halten. Für eine unterschiedliche Behandlung beider Fragen auch *Böse/Meyer/Schneider*, GA 2014, 572.

701 Vgl. etwa *Biehler/Kniebühler/Lelieur-Fischer/Stein* (Hrsg.), Freiburg Proposal, § 1 Abs. 2 a.E.; sowie die Überschrift des Beitrags von *Vander Beken/Vermeulen/Steverlynk/Thomaes*, Finding the *best place* for jurisdiction (Hervorhebung J.B.). Auch *Schünemann* (Hrsg.), Gesamtkonzept, beschäftigt sich hauptsächlich mit der Frage der Urteilsgewalt und Fragen des Verfahrens, wenngleich auch das anwendbare Recht in Art. 2 Abs. 6 des Konzepts ausdrücklich angesprochen wird.

stillschweigend angenommen, die Regelungsgewalt stehe (ausschließlich oder vorrangig) dem Staat zu, der auch die Urteilsgewalt innehat.

Ein solcher „Gleichlauf" der Teilaspekte der Strafgewalt ist indes alles andere als zwingend. Wenn das Vollstreckungs- und das Erkenntnisverfahren voneinander getrennt werden können,[702] zeigt dies, dass der Inhaber der Regelungs- und Urteilsgewalt nicht zwingend mit dem der Vollstreckungsgewalt – *nach* Erlass des Urteils – übereinstimmen muss. Wenn aber, je nach dem Teilaspekt der Strafgewalt, die Rangordnung anders aussehen kann, muss es auch möglich sein, weiter zu unterscheiden: Die Urteilsgewalt, also das Recht, eine Straftat durch gerichtliches Verfahren abzuurteilen, könnte anders zu behandeln sein, als die Regelungsgewalt, nämlich das Recht, einen Sachverhalt strafrechtlich zu regeln.[703]

Auch in anderen Rechtsbereichen, insbesondere im Zivilrecht, ist das Zusammenfallen von anwendbarem Recht und urteilendem Staat nicht zwangsläufig. Es mag sicher sinnvoll sein, hier im Regelfall einen Gleichlauf herzustellen bzw. beizubehalten, aber man muss doch konstatieren, dass ein Festhalten an der Verknüpfung von anwendbarem Recht und Urteilsstaat der Entwicklung differenzierter Lösungen im Wege steht.[704]

A. Strafanwendungsrecht: Regelungsgewalt und/oder Urteilsgewalt?

Das Strafanwendungsrecht ist jedenfalls im deutschen Recht im materiellen Strafrecht geregelt, was schon für sich genommen nahelegt, dass es – jedenfalls in erster Linie – um die Ausübung der Regelungsgewalt geht.[705] Das heißt für das

702 Vgl. oben Teil 3 § 1 B.III.

703 Ebenfalls für eine Unterscheidung zwischen den Teilbereichen der Strafgewalt *Eser* in FS-Trechsel, S. 219, 227 und ihm folgend *Walther* in FS-Eser, S. 925, 928 – die jedoch beide eine Rangordnung ablehnen.

704 Zu Recht weist *Schmidt-Kessel* in Sinn (Hrsg.), Jurisdiktionskonflikte, S. 65, 67 – aus seiner zivilrechtlichen Perspektive heraus – auf diesen Aspekt hin. Offenbar ebenfalls für eine Trennung beider Fragen *Eser/Burchard* in FS-Meyer, S. 499, 524, wobei die „normative Konzentration des anzuwendenden Rechts" von ihnen als die erste Frage angesehen wird. Die Möglichkeit einer Trennung der Fragen nach dem anwendbaren Recht und dem Gerichtsstand hält auch *Eisele*, ZStW 2013, 1, 29 für „durchaus erwägenswert" und weist zu Recht darauf hin, dass eine solche Trennung sogar über den Bereich der EU hinaus möglich wäre. Ebenfalls für eine entsprechende Trennung *Böse* in FS-Wolter, S. 1311, 1320 ff., allerdings mit der etwas fragwürdigen Begründung, dass in Bezug auf den Gerichtsstand weniger strenge Anforderungen bestünden als in Bezug auf das anwendbare Recht. *Böse* beachtet insbesondere nicht das Recht auf den gesetzlichen Richter (vgl. dazu unten Teil 3 § 4 C.III.1)a)). Eine unterschiedliche Behandlung von anwendbarem Recht und Gerichtsstand befürworten auch – auf die Ebene der EU bezogen – *Böse/Meyer/Schneider*, GA 2014, 572.

705 *Ambos* in MüKo-StGB, vor § 3 Rn. 2 m.w.N., auch zur Gegenauffassung.

nationale Strafrecht: Nur dann, wenn eine Strafnorm überhaupt im Sinne des Strafanwendungsrechts „gilt“, kann ein Tatbestand des Besonderen Teils erfüllt sein.[706] Aus völkerrechtlicher Sicht geht es bei den Anknüpfungspunkten zunächst darum, ob der betroffene Staat einen bestimmten Sachverhalt überhaupt strafrechtlich regeln darf, also um die Regelungsgewalt.

Der Staat, der einen Sachverhalt strafrechtlich regeln darf, hat darüber hinaus natürlich ein Interesse daran, dass seine Rechtsordnung auch durchgesetzt wird, sonst bräuchte er keine Normen aufzustellen. Die Durchsetzung der Rechtsordnung ist eher dem Bereich der Urteilsgewalt zuzuordnen. Allerdings ist fraglich, ob der Staat ein besonderes Interesse daran hat bzw. haben darf, dass die eigene Rechtsordnung durch *eigene* Gerichte durchgesetzt wird, oder ob er sich ggf. auch damit zufrieden geben muss, dass andere Staaten die Urteilsgewalt ausüben.

Prima facie ist jedenfalls nichts erkennbar, was dafür spricht, dass ein Staat – von Fällen des Staatsschutzprinzips einmal abgesehen – ein legitimes Interesse an der *eigenen* Durchführung der Aburteilung haben wird. Das durchaus naheliegende Interesse daran, die Vorteile einer Straftat dem Täter zu entziehen,[707] ist dabei nicht zu berücksichtigen. Denn legitimerweise richtet sich das Interesse des Staates allenfalls darauf, dass die Vorteile aus der Tat dem Täter nicht verbleiben, aber nicht darauf, dass gerade der Urteilsstaat – oder überhaupt ein Staat – diese Vorteile erhält. Zudem darf der Staat Verfall und Einziehung nicht zielgerichtet als Einnahmequelle nutzen.

Das Interesse des Staates wird sich in aller Regel vielmehr darauf richten, dass überhaupt abgeurteilt und somit gewissermaßen das Recht wiederhergestellt wird. Nur dann, wenn ein Staat meint, dies sei bei einer Aburteilung durch andere Staaten nicht oder nicht vollständig möglich, muss er – aus seiner Sicht – darauf bestehen, dass er selbst die Aburteilung vornimmt. Die Ausübung eigener Urteilsgewalt spielt also im Strafanwendungsrecht lediglich eine untergeordnete Rolle.

Das bedeutet, dass es in erster Linie um die Regelungsgewalt gehen muss. Bei der Regelungsgewalt handelt es sich – wie gesagt – um die Frage, wer das „Ob“ und das „Wie“ der Strafbarkeit regeln darf.[708] Danach, welcher Staat dies regelt, richtet sich letztlich das anwendbare Recht. Man kann daher vereinfacht danach fragen, ob es eine Rangordnung in Bezug auf das anwendbare Recht geben sollte.

B. Wahl des Gerichtsortes: Urteilsgewalt

In der gegenwärtigen Diskussion um eine Rangordnung der Anknüpfungspunkte oder andere Lösungsansätze bei konkurrierenden Strafgewalten liegt der Schwerpunkt dagegen anders: Dies zeigen bereits die entsprechenden Veröffentlichungen.[709]

---

706 Vgl. *Jeßberger*, Der transnationale Geltungsbereich, S. 116 f.

707 Im deutschen Recht Verfall und Einziehung nach §§ 73 ff. StGB.

708 Vgl. oben Einleitung § 2 C.

709 Verwiesen sei nochmals auf *Biehler/Kniebühler/Lelieur-Fischer/Stein* (Hrsg.), Freiburg Proposal, § 1 Abs. 2 a.E.; sowie die Überschrift des Beitrags von *Vander*

Hier wird im Wesentlichen ein praktisches Problem gesehen, das einer möglichst pragmatischen Lösung zugeführt werden soll. Diese Sichtweise mag auch erklären, weshalb nicht auch die Frage der Regelungsgewalt gestellt wird: Aus *praktischer* Sicht stellt sich die Frage nach dem anwendbaren Recht nämlich *de lege lata* gar nicht. Wenn jeder Staat nur nach seinem Recht urteilt, folgt in gewisser Weise aus einer bestehenden Urteilsgewalt die dazu gehörende Regelungsgewalt. Eben diese Urteilsgewalt soll – meist unter Berufung auf praktische Gesichtspunkte[710] – möglichst nur einem Staat zugewiesen werden. Diesem Staat dann aber auch gleichsam automatisch die (vorrangige) Regelungsgewalt zuzuweisen, wäre eine bedenkliche Umkehrung: Diese Vorgehensweise führte nämlich dazu, dass die Frage, ob und wie ein Verhalten strafbar ist, nur von der Praktikabilität her, aber nicht auf Grund rechtlicher Überlegungen, beantwortet werden kann.[711] Auch das spricht dafür, die Teilaspekte Regelungsgewalt und Urteilsgewalt unabhängig voneinander zu betrachten.

C. Zwischenergebnis

Beide Aspekte – Urteilsgewalt und Regelungsgewalt – sind wesentlich für die Strafgewalt. Dabei darf nicht die Regelungsgewalt aus der Urteilsgewalt gefolgert werden. Aber auch umgekehrt muss kein Automatismus bestehen, wonach jeweils nur der Staat urteilen darf, dessen Recht (vorrangig) zur Anwendung gelangen soll. Es besteht für beide Teilaspekte mutmaßlich eine unterschiedliche Interessenlage, so dass diese nun unabhängig voneinander untersucht werden müssen. Die rechtlichen und – soweit sie sich in rechtliche Form gießen lassen – praktischen Erwägungen werden sich dabei in der Regel dem einem oder anderen Teilaspekt mehr oder weniger eindeutig zuordnen lassen.

Beken/Vermeulen/Steverlynk/Thomaes, Finding the *best place* for jurisdiction (Hervorhebung J.B.). Auch *Schünemann* (Hrsg.), Gesamtkonzept, beschäftigt sich hauptsächlich mit der Frage der Urteilsgewalt und Fragen des Verfahrens, wenngleich auch das anwendbare Recht in Art. 2 Abs. 6 des Konzepts ausdrücklich angesprochen wird.

710 Dabei darf allerdings nicht übersehen werden, dass auch die praktischen Gesichtspunkte rechtlich verankert sein können, insbesondere in den Verfahrensrechten aus den Verfassungen der Staaten und der EMRK.

711 Wenn *Schünemann*, ZRP 2003, 185, 188 im Zusammenhang mit dem Europäischen Haftbefehl die Befürchtung äußert, hier gehe es „eindeutig“ um die „Herrschaft des jeweils punitivsten Strafrechts“, lässt sich diese Gefahr auch auf die Frage einer Rangordnung nach praktischen Gesichtspunkten übertragen: Wenn nämlich Ausgangsbasis nicht das anwendbare Recht ist, sondern praktische Gesichtspunkte, so bietet dies keine Gewähr dafür, dass nicht etwa auch kriminalpolitische o.ä. Erwägungen eine dominierende Rolle spielen und es so zur Geltung des punitivsten Rechts kommen könnte.

§ 3 Regelungsgewalt – Anwendbares Recht

Die Frage nach dem anwendbaren Recht, die sich hier auf internationaler Ebene im Zusammenhang mit konkurrierenden Strafgewalten stellt, findet sich in ähnlicher Form auch in anderen Rechtsbereichen. Dazu gehört in strafrechtlicher Hinsicht die Frage nach dem anwendbaren Recht im Interlokalen Strafrecht, darüber hinaus mag man das Internationale Deliktsrecht als Vergleichsmaterie heranziehen.[712] Es wird daher nachfolgend näher betrachtet, wie das anwendbare Recht in dem jeweiligen Bereich bestimmt wird, und inwieweit unter Berücksichtigung der Besonderheiten des Internationalen Strafrechts eine Übertragung der dahinter stehenden Grundgedanken auf die Problematik der konkurrierenden Strafgewalten *de lege ferenda* in Betracht kommt.

A. Nationales Strafrecht

Aus innerstaatlicher Sicht stellt sich die Frage nach dem anwendbaren Strafrecht nicht: Wenn deutsche Gerichte zuständig sind, ist deutsches Recht anzuwenden.[713] Entsprechendes gilt ausdrücklich oder implizit in anderen Staaten auch.[714] Die Frage, welches Strafrecht auf einen Fall anzuwenden ist, spielt somit nur dann eine Rolle, wenn mehrere Strafrechtsordnungen innerhalb desselben Staates existieren.

B. Interlokales Strafrecht

Das Interlokale Strafrecht befasst sich mit der Kollision von unterschiedlichen Strafgesetzen innerhalb eines Staates. So ist es nicht in allen (insbesondere Bundes-)Staaten der Fall, dass ein einheitliches Strafrecht gilt. Prominenteste Beispiele der heutigen Zeit dürften die USA und Australien sein. Auch in Deutschland gab es historische Phasen mit zeitgleich unterschiedlichen Strafrechtsordnungen, z.B. in der Zeit vor Einführung des RStGB,[715] nach der Annexion Österreichs, sowie

712 Zur Frage, inwieweit diese Materien überhaupt mit dem „Internationalen Strafrecht“ vergleichbar sind, jeweils dort.

713 Die Systematik des deutschen Gesetzes ist dagegen umgekehrt: Wenn die §§ 3 ff. StGB deutsches Recht für anwendbar erklären, wird daraus implizit die Zuständigkeit deutscher Gerichte abgeleitet. Insofern werden die §§ 3 ff. auch als Prozessvoraussetzung angesehen, vgl. nur *Ambos* in MüKo-StGB, vor § 3 Rn. 4 m.w.N. auch aus der Rechtsprechung.

714 Eine explizite Regelung findet sich etwa im schwedischen Strafgesetzbuch, Kapitel 2 § 1: „...nach schwedischem Recht und von einem schwedischen Gericht abgeurteilt.“ (Übersetzung von *Cornils/Jareborg*, Brottsbalken).

715 Bzw. dessen Vorläufer, dem Strafgesetzbuch für den Norddeutschen Bund.

während der deutschen Teilung,[716] und zum Teil sogar noch nach der Herstellung der deutschen Einheit[717] bis zur Schaffung einheitlicher Strafnormen.

I. Deutschland

In Deutschland ist das Strafrecht als Gegenstand der konkurrierenden Gesetzgebung im Wesentlichen von einem einheitlichen Bundesrecht bestimmt. Die Gesetzgebungskompetenz für Strafrecht ist zwar eine konkurrierende,[718] jedoch hat der Bund jedenfalls für den Kernbereich des Strafrechts eine abschließende und erschöpfende Regelung getroffen,[719] so dass kaum Raum für Landesstrafrecht bleibt. Dies gilt auch dann, wenn überhaupt keine Strafbarkeit normiert ist; in solchen Fällen kann man von einer „stillschweigend-negativen"[720] Regelung durch den Bund sprechen. Hinzu kommt, dass das Landesstrafrecht nur Freiheitsstrafe bis zu zwei Jahren oder Geldstrafe vorsehen darf (Art. 4 EGStGB), also eher für Fälle der sog. Bagatelldelikte oder leichten Kriminalität in Frage kommt.[721] Daher kann für Deutschland im Folgenden nur die historische Handhabung unterschiedlicher Strafrechtsordnungen innerhalb eines deutschen Staates dargestellt und untersucht werden.

1) 1866 – Annexion Hannovers, Kurhessens und Nassaus

Bereits im Jahr 1866 und somit noch vor der Schaffung eines einheitlichen deutschen Staates stellte sich in Deutschland die Frage, wie mit unterschiedlichen Strafrechtsordnungen innerhalb eines Staates, hier: Preußens, umzugehen ist. Nach dem deutsch-deutschen Krieg wurden die früher selbstständigen Staaten

716 Aus Sicht der Bundesrepublik längstens bis zum Abschluss des Grundlagenvertrags im Jahr 1972, vgl. *Oehler*, Internationales Strafrecht, Rn. 387 m.w.N.

717 Zu den wohl umstrittensten Regelungen in dem Zusammenhang gehörte es, dass die §§ 218-219a StGB im „Beitrittsgebiet" nicht anwendbar waren; vgl. Art. 31 Abs. 4, sowie Anlage I Kapitel III C III Nr. 1 Einigungsvertrag; sowie die zahlreichen persönlichen Erklärungen in der entsprechenden Bundestagssitzung, BT-PlPr. 11/226, S. 51 ff., 131 ff.

718 Art. 74 Abs. 1 Nr. 1 GG.

719 *Oeter* in v. Mangoldt/Klein/Starck, Grundgesetz, Art. 74 Rn. 20 mit zahlreichen Nachweisen.

720 *Maiwald*, ZRP 2006, 18, 19.

721 Auch hier gibt es derzeit jedoch kaum eigenes Strafrecht in dem Sinne, dass eine Kriminalstrafe verhängt wird. So enthält etwa das Bayerische Landesstraf- und Verordnungsgesetz entgegen seiner Bezeichnung keine einzige materielle Strafnorm, sondern nur Regelungen über Ordnungswidrigkeiten. Einzelne Strafbestimmungen finden sich aber in den Landespressegesetzen, vgl. §§ 19 f. BlnPresseG; § 14 BbgPresseG, daneben auch in den Bereichen des Datenschutzrehts oder des Versammlungsrechts. Zu einigen „eher exotisch anmutende[n]" Tatbeständen im Landesstrafrecht vgl. auch die Nachweise bei *Zimmermann*, Strafgewaltkonflikte, S. 324 f.

Hannover, Kurhessen und Nassau in den preußischen Staat eingegliedert.[722] Erst später – nämlich zum 1. September 1867 – wurde das preußische Strafgesetzbuch in diesen Landesteilen eingeführt.

In der Folge stellte das *Preußische Obertribunal* ausdrücklich fest, dass die neuen Landesteile zum Inland gehörten,[723] was aber zur Folge habe, dass die Bestimmungen des Internationalen Strafrechts nicht anwendbar seien. Sodann musste sich das preußische Obertribunal mit der Frage auseinandersetzen, welches Recht anzuwenden ist. Das preußStGB dürfe nicht ohne Weiteres auf Sachverhalte mit Bezug zu einem – wie gesagt: inländischen – Gebiet außerhalb dessen Geltungsbereichs angewendet werden. Die im preußStGB vorgesehenen Ausnahmen vom Territorialitätsprinzip seien auf den Grundsatz stellvertretender Strafrechtspflege zurückzuführen, der jedoch nur im Verhältnis zum Ausland gelte. Das Gericht ging daher davon aus, dass das Tatortrecht entscheidend sei, weswegen der genaue Tatort als rechtserhebliche Tatsache festgestellt werden müsse.[724] Dabei nahm das Obertribunal an, dass hier entscheidend sei, an welchem Ort die Tat „verübt" worden ist, also gehandelt wurde.

Während nach Ansicht des *Preußischen Obertribunals* also unabhängig vom Gerichtsort das Tatortrecht anzuwenden ist, war *v. Bar* der Auffassung, die „altpreußischen" Gerichte könnten nur „altpreußisches" Strafrecht anwenden; es gebe keine gesetzliche Pflicht oder Möglichkeit, anderes Recht anzuwenden.[725] *v. Bar* ging also davon aus, dass ein Altpreuße nur dann an seinem Wohnort verfolgt werden kann, wenn altpreußisches Recht anwendbar ist,[726] was im Ergebnis einen Gleichlauf zwischen Gerichtsstand und anwendbarem Recht bedeuten würde. Der Ansicht *v. Bars* ist das *Preußische Oberappellationsgericht* aber bereits 1868 zu Recht entgegen getreten:[727] Es bedürfe keiner gesetzlichen Ermächtigung, das „andere" Recht anzuwenden, weil es sich nicht um fremdes, also ausländisches Recht handele.

Jedenfalls dann, wenn – wie hier – eine Weitergeltung von Gesetzen in dem jeweiligen Gebiet ausdrücklich angeordnet wird, erscheint es richtig, stets das Recht des Tatortes anzuwenden. In einem einheitlichen Staat ergibt es auch keinen Sinn,

---

722 Durch Gesetze vom 20. September und 24. Dezember 1866.

723 Preußisches Obertribunal, Archiv für preußisches Strafrecht 1868, 141.

724 Preußisches Obertribunal, Archiv für preußisches Strafrecht 1868, 141.

725 *v. Bar*, Archiv für preußisches Strafrecht 1867, 664, 671 f. Die Tatsache, dass es keine Möglichkeit geben soll, das (ggf. mildere) Tatortrecht zu berücksichtigen, wird von *v. Bar* durchaus auch kritisiert, aber als Wille des Gesetzgebers, der somit einer „gerechte[n] Bestrafung" im Wege steht, hingenommen.

726 *v. Bar*, Archiv für preußisches Strafrecht 1867, 664, 672 spricht hier etwas unklar nur vom „Preußischen Strafgesetz". Dies ist aber das alt-preußische Recht, da in den anderen Landesteilen andere Strafgesetze bzw. gemeines Strafrecht galten.

727 Preußisches Oberappellationsgericht, Archiv für preußisches Strafrecht 1868, 383. Dieser Entscheidung zufolge musste ein kurhessisches Gericht – da der Tatort zum großen Teil in Altpreußen lag – auch das preußische Strafgesetz berücksichtigen, während die Vorinstanz sich ausschließlich auf das hessische gemeine Strafrecht bezogen hatte.

an eine „Staatsangehörigkeit" – die so nicht mehr besteht – anzuknüpfen. Zuletzt spricht ein weiterer Grund gegen einen Gleichlauf von anwendbarem Recht und Gerichtsstand: In einem nun einheitlichen Staat muss es möglich sein, dass das vom Gesamtstaat letztlich anerkannte, ja sogar ausdrücklich übernommene, Teilrecht – auch vor Gerichten des anderen Landesteils – durchgesetzt wird.

2) 1871 – Gründung des Deutschen Reiches

Anders als zuvor bei der Annexion von Hannover, Kurhessen und Nassau im Jahr 1866, die zu Provinzen des preußischen Staates wurden, blieb bei Gründung des Deutschen Reiches 1871 die Staatsqualität der Gliedstaaten erhalten.[728] Das mag eine Erklärung dafür sein, dass hier – im Kaiserreich, wie auch in der Zeit der Weimarer Republik[729] – im Konfliktfall zwischen dem Recht mehrerer deutscher Staaten jeweils die Bestimmungen des Internationalen Strafrechts angewendet wurden. Dies wurde auch nicht weiter problematisiert, sondern lediglich festgestellt.[730] Ein eigenständiges Interlokales Strafrecht gab es daher zu dieser Zeit nicht.

3) 1938/39 – „Anschluss" Österreichs, „Protektorat Böhmen und Mähren"

Nach dem „Anschluss" Österreichs an das Deutsche Reich im Jahr 1938 stellte sich erneut die Problematik unterschiedlicher Strafrechtsordnungen innerhalb eines einheitlichen deutschen Staates. Hierzu bestimmte Art. II des Gesetzes über die Wiedervereinigung Österreichs mit dem Deutschen Reich,[731] dass das in Österreich geltende Recht „bis auf weiteres" in diesem Gebiet in Kraft bleiben sollte. Entsprechendes galt für die Bildung des „Protektorates Böhmen und Mähren" im Jahr 1939.[732] Über Konfliktfälle findet sich jedoch in beiden Fällen nichts.

a) Ausgangspunkt: Tatortprinzip

In einer der diesem Ereignis folgenden Entscheidungen[733] urteilte das *Reichsgericht*, dass die Teilrechtsordnung des Tatortes anzuwenden sei, und zwar auch von Gerichten des anderen Landesteils.[734] Begründet wird dies damit, dass es

728 Vgl. etwa Artt. 1 und 3 der Verfassung von 1871, in denen die Weiterexistenz der Staaten vorausgesetzt wird.

729 *Endemann*, NJW 1966, 2381, 2386 a.E.

730 Vgl. etwa RGSt 50, 20: „Nach dem Grundsatze des § 3 StGB., der auch innerhalb Deutschlands für das Verhältnis der Landesstrafgesetze untereinander gilt".

731 Gesetz vom 13.03.1938; RGBl. 1938 I S. 237.

732 Art. 12 des Führer-Erlasses vom 16.03.1939, RGBl. 1939 I S. 485: „Das derzeit in Böhmen und Mähren geltende Recht bleibt in Kraft, soweit es nicht dem Sinne der Übernahme des Schutzes durch das Deutsche Reich widerspricht".

733 RGSt 74, 219.

734 Der Gerichtsstand soll sich dagegen ausschließlich nach dem Recht am Gerichtsort richten; es erfolgt also eine Unterscheidung zwischen prozessualem und materiellem Recht.

der „Einheit des Reiches“ widersprechen würde, wenn unterschiedliche Gerichte desselben Staates wegen derselben Tat deshalb zu unterschiedlichen Ergebnissen kommen, weil sie unterschiedliches Recht anwenden. Als anwendbares Recht komme dabei nur das Recht des Tatortes in Betracht, da allein dieses Merkmal untrennbar und unveränderbar mit der vorgeworfenen Tat verbunden sei: Die besondere Bedeutung des Tatortes für das Straf- und Strafprozessrecht sei anerkannt.[735] Der Wohnort des Beschuldigten sei veränderlich, auf eine (Glied-) Staatsangehörigkeit könne es – wiederum nicht zuletzt wegen der Einheit des Reiches – ebenfalls nicht ankommen.[736] Wenig später wurde der Grundsatz der Anwendung des Tatortrechts auch für das „Protektorat Böhmen und Mähren“ herangezogen.[737]

b) Bestimmung des Tatortes

In einer späteren Entscheidung musste sich das *Reichsgericht* mit der Frage befassen, welches Recht anzuwenden ist, wenn mehrere Tatorte in verschiedenen Reichsteilen bestehen. Ohne nähere Begründung[738] wurde geurteilt, dass es auf den Handlungsort („Tatort im engsten Sinne“) ankomme.[739] Ausdrücklich abgelehnt wurde dabei noch der Vorschlag, im Fall mehrerer Tatorte das jeweils strengste Recht anzuwenden: Es müsse eine Lösung gefunden werden, die „dem gesunden Volksempfinden und den Erfordernissen der Zweckmäßigkeit, Klarheit und Einfachheit entspricht.“[740] Dies treffe auf die Variante „Geltung nur des strengsten Rechts“ nicht zu, weil es nicht einfach, sondern im Gegenteil besonders kompliziert sei, denselben Sachverhalt zwei Mal unter unterschiedliche Normen zu subsumieren. Im Übrigen sei es auch deshalb richtig, den Handlungsort zu wählen, weil dies dem Gebot entspreche, sich jeweils so zu verhalten, wie es die Rechtsordnung in diesem Gebiet verlangt.[741]

Als Ausnahme führt das *Reichsgericht* aber die Konstellation an, in der die Tat am (inländischen) Handlungsort straflos, am (ebenfalls inländischen) Erfolgsort jedoch strafbar ist. Dann soll der Täter nicht dadurch begünstigt werden dürfen, dass er nicht z.B. im Ausland, sondern „nur“ in einem anderen Teil des Inlands

735 RGSt 74, 219, 221 unter Verweis darauf, dass der Tatort sowohl in der öStPO, als auch in der RStPO entscheidend für die Bestimmung des Gerichtsstands sei. Hier vermischt das RG allerdings materielles und prozessuales Recht und übersieht zudem, dass auch der Wohnsitz – den das RG als Anknüpfungspunkt für das anwendbare Recht ausdrücklich ablehnt – in beiden Strafprozessordnungen für die Gerichtsstandsbestimmung relevant war.

736 RGSt 74, 219, 220 f.

737 RGSt 74, 323, 325.

738 Der Begründungsmangel dürfte darauf zurückzuführen sein, dass der Handlungsort eher als der „eigentliche“ Tatort angesehen wurde, während der Erfolgsort eine Art „zusätzlicher“ Tatort war.

739 RGSt 75, 104.

740 RGSt 75, 104, 106.

741 RGSt 75, 104, 107.

handelt. Diesen Gedanken hat das *Reichsgericht* später auch auf den Fall mehrerer Handlungsorte übertragen: „Jedenfalls“ dann, müsse das – anhand einer Einzelfallbetrachtung ermittelte – schwerste Recht gelten. Dies beruhe darauf, dass der Täter nicht dadurch begünstigt werden dürfe, dass sich seine Tat auf mehrere Teile des Inlands bezieht.[742]

c) Ausnahme: Ergänzendes Wohnortrecht

Nach der h.L. dieser Zeit sollte dabei „ergänzend“ das Heimatrecht[743] herangezogen werden. Die aufgeführten Beispiele zeigen, dass es stets um eine ansonsten nicht zu erreichende Verschärfung der Sanktion bzw. die Vermeidung von Strafbarkeitslücken ging, wobei nicht einmal versucht wurde, diesen Beweggrund zu verheimlichen.[744]

4) Deutsche Teilung

Mit der sich abzeichnenden deutschen Teilung, die sich 1949 in der Gründung zweier deutscher Staaten manifestierte, gingen erneut die Strafrechtsordnungen auseinander, so dass sich wiederum die Frage stellte, wie im Konfliktfall zu verfahren ist.

a) Sicht der Bundesrepublik bis 1972

Der *Oberste Gerichtshof für die Britische Zone*[745] ging in einer vereinzelt gebliebenen Entscheidung[746] davon aus, dass stets die *lex fori* anwendbar sein soll. Der OGH hat dabei darauf verwiesen, dass das StGB nicht nur für ganz Deutschland gelte, sondern darüber hinaus auch in bestimmten Fällen mit Auslandsbezug. Dann müsse es aber gleichsam erst recht auch auf Taten Anwendung finden, die in der „Ostzone“ Deutschlands – also einem Teil des Inlands – begangen wurden. Für den Fall, dass die Täter ihren Wohnsitz in einer der Westzonen haben, entspricht dies im Ergebnis der obigen Argumentation mit einer Treuepflicht gegenüber dem Heimatrecht.

---

742 RGSt 75, 385, 386.

743 *Schäfer*, DStR N.F. 1940, 192, 195 verstand darunter das Recht des Wohnsitzes oder ständigen Aufenthaltes zum Zeitpunkt der Tat.

744 *Schäfer*, DStR N.F. 1940, 192, 195, der etwa davon spricht, dass eine solche Regelung den „praktischen Bedürfnissen gerecht“ werde, auch im Falle einer Aburteilung in der „Ostmark“ Sicherungsverwahrung oder „Entmannung eines Gewohnheitsverbrechers“ anzuordnen. – Umgekehrt war in der „Ostmark“ die „gleichgeschlechtliche Unzucht“ von Frauen strafbar, während im übrigen Reichsgebiet Täter des § 175 RStGB nur Männer sein konnten.

745 Oberster Gerichtshof für die Britische Zone (OGH) mit Sitz in Köln; dieses Gericht wurde Anfang 1948 für den Bereich der Britischen Besatzungszone (Schleswig-Holstein, Hamburg, Niedersachsen und Nordrhein-Westfalen) errichtet und bestand auch nach Gründung der Bundesrepublik zunächst weiter, bis im September 1950 der Bundesgerichtshof seine Arbeit aufnahm.

746 OGHSt 2, 337, 339.

Die Entscheidung des OGH wurde vom neu errichteten *Bundesgerichtshof* nicht erwähnt. Der BGH[747] knüpfte vielmehr unkritisch an die Rechtsprechung des *Reichsgerichts* an, wonach im Grundsatz die *lex loci* anwendbar war – auch wenn eine entscheidende Voraussetzung dieser Argumentation, nämlich ein einheitlicher Staat mit gleichem anwendbaren Recht unabhängig vom Gerichtsstand zunehmend nur noch in der staatsrechtlichen Theorie erfüllt war. Begrenzt wurde die Anwendung des DDR-Rechts allerdings durch den *ordre public*,[748] was gerade im Bereich des Staatsschutzrechts eine große Rolle spielte.

Die Anwendung dieser „ungeschriebenen Regeln“ des Interlokalen Strafrechts konnte – wie der BGH ausdrücklich feststellte – dazu führen, dass ein strengeres Recht angewendet wird, als es am Ort des Gerichtes gilt,[749] oder sogar dazu, dass eine Tat bestraft wird, die am Ort des Gerichtes überhaupt nicht strafbar ist.[750] Umgekehrt war es aber auch möglich, dass eine Tat nach dem Recht des Gerichtsortes strafbar ist, nach dem Recht des Tatortes jedoch nicht. In einem solchen Fall soll die Tat nicht – auch nicht von Gerichten, an deren Sitz sie strafbar wäre – bestraft werden.[751]

In der Literatur[752] ging man ebenfalls zunächst ohne Weiteres davon aus, dass im Verhältnis zur DDR jeweils das Tatortrecht anwendbar sei. Man verwies dabei auf die bereits angesprochene Rechtsprechung des RG und des BGH, darüber hinaus z.T. auch auf die Rechtsprechung „seit der Mitte des vorigen [= 19.] Jahrhunderts“.[753] Zunehmend wurde jedoch deutlich, dass dies für bestimmte Straftaten, nämlich solche aus dem Staatsschutzstrafrecht, zu untragbaren Ergebnissen führen würde. Daher wurden diese Taten von der allgemeinen Regel ausgenommen. Teilweise wurde aber darüber hinaus – durchaus mit Recht – darauf verwiesen, dass das Interlokale Strafrecht insgesamt ungeeignet sei, das Verhältnis der beiden deutschen Strafrechtsordnungen zueinander zu erfassen.[754]

---

747 Seit BGHSt 2, 300, 308 ständige Rspr.

748 Vgl. ausführlich *Lieser*, Sowjetzonales Strafrecht; außerdem *Oehler*, Internationales Strafrecht, Rn. 387; BVerfGE 1, 332; BGHSt 7, 53; BGH NJW 1960, 395; BGH LM Nr. 3 zu § 3 StGB.

749 BGH GA 1961, 24.

750 BGHSt 4, 396, 399. – Hierbei handelt es sich allerdings nicht um eine Entscheidung des BGH im Hinblick auf die DDR, sondern um eine gutachterliche Stellungnahme im Rahmen einer Verfassungsbeschwerde, die sich mit einem bayerischen Gesetz befasste, das gemäß Art. 125 GG Bundesrecht geworden war.

751 BGHSt 27, 5.

752 *Ruhrmann*, ZStW 1960, 124; *Endemann*, NJW 1966, 2381; *Oehler*, Internationales Strafrecht, Rn. 394.

753 *Ruhrmann*, ZStW 1960, 124, der jedoch im Wesentlichen Rechtsprechung und Literatur ab 1940 zitiert.

754 So verwies *Schultz*, JR 1968, 41, 43 ff. mit zahlreichen Beispielen darauf, dass die historischen Anwendungsfälle eines Interlokalen Strafrechts entweder Fälle eines neuen Staates seien, in dem nur für eine Übergangszeit unterschiedliche Rechtsordnungen galten, oder Fälle von (Bundes-)Staaten, in denen eine in wesentlichen Zügen einheitliche Rechtsordnung bestehe. Unabhängig vom

b) Nach Abschluss des Grundlagenvertrags

Mit dem In-Kraft-Treten des Grundlagenvertrags[755] wurde ausdrücklich anerkannt, dass beide deutschen Staaten keiner einheitlichen Hoheitsgewalt unterstehen (Art. 6 Grundlagenvertrag); damit konnte das Interlokale Strafrecht nicht mehr auf Taten, die in der DDR begangen wurden, angewendet werden.[756] Für Zwecke des Strafanwendungsrechts wurde die DDR daher – unabhängig von dem staatsrechtlichen Anspruch der Bundesrepublik – *wie* Ausland und nicht wie ein Gebiet mit einer anderen inländischen Rechtsordnung behandelt.

c) Sicht der DDR

Aus Sicht der DDR waren die beiden deutschen Staaten völlig unabhängig voneinander („Zwei-Staaten-Theorie“[757]), so dass hier schon früh ohne Weiteres die Bestimmungen des Internationalen Strafrechts gemäß den zunächst weiter geltenden §§ 3 ff. RStGB bzw. ab 1968 § 80 StGB-DDR[758] anwendbar waren.

Wiedervereinigungsgebot des Grundgesetzes lag im deutsch-deutschen Fall die umgekehrte Konstellation vor, nämlich dass sich ein zuvor einheitliches Rechts- und Staatssystem mehr und mehr auseinander entwickelte. Aus ähnlichen Erwägungen heraus ebenfalls für die Anwendung der §§ 3 ff. im Verhältnis zur DDR *Schwarz/Dreher*, StGB[27] (1965), vor § 3 Rn. 5B. Darin liege auch keine „Anerkennung [der DDR] als Ausland“, schließlich sei auch in der Vergangenheit zwischen den deutschen Staaten Internationales Strafrecht angewendet worden, nämlich nach der Reichsgründung 1871.

755 Vertrag zwischen der Bundesrepublik Deutschland und der Deutschen Demokratischen Republik über die Grundlagen der Beziehungen zwischen der Bundesrepublik Deutschland und der Deutschen Demokratischen Republik vom 21.12.1972, BGBl. 1973 II S. 421 ff.

756 Vgl. *Oehler*, Internationales Strafrecht, Rn. 387 a.E. (m.w.N.).

757 Bzw. „Drei-Staaten-Theorie“ mit Einbeziehung des Westteils von Berlin als „selbstständiger politischer Einheit Westberlin“. Dass die DDR auch in strafrechtlicher Hinsicht von zwei Staaten ausging, zeigt nicht zuletzt die Existenz des § 90 StGB-DDR. Danach wurde bestraft, wer daran mitwirkt, dass DDR-Bürger „im Widerspruch zum Völkerrecht“ der Strafgerichtsbarkeit der Bundesrepublik unterworfen werden.

758 Strafgesetzbuch der Deutschen Demokratischen Republik vom 12.01.1968, GBl.-DDR 1968 I S. 591. Diese Bestimmung sah in Abs. 1 das Territorialitätsprinzip in Form eines weit gefassten Ubiquitätsprinzip (erfasst waren auch Straftaten, deren Folgen im Gebiet der DDR eingetreten sind oder eintreten sollten), in Abs. 2 ein absolutes aktives Personalitätsprinzip, für Staatenlose ein absolutes aktives Domizilprinzip, sowie in Abs. 3 das Staatsschutzprinzip, das Weltrechtsprinzip und den Grundsatz der stellvertretenden Strafrechtspflege – im letzten Fall bis 1979 mit ausdrücklicher Geltung der *lex mitior* – vor.

5) Nach 1990

Nach der deutschen Wiedervereinigung galt für eine Übergangszeit in den unterschiedlichen Teilen Deutschlands unterschiedliches Strafrecht, insbesondere bezüglich des Schwangerschaftsabbruchs. Dies warf zugleich die Frage auf, nach welchem inländischen Recht ein im Inland begangener Schwangerschaftsabbruch zu beurteilen ist. Der Einigungsvertrag enthält – anders als zunächst von der Bundesregierung angestrebt – keine ausdrückliche Regelung, welches Recht zur Anwendung kommen soll.[759]

Einigkeit bestand jedoch darüber, dass für die Lösung dieser Konfliktfälle nicht das Internationale, sondern wiederum die Grundsätze des *Interlokalen* Strafrechts Anwendung finden sollten. Dabei wurde inzwischen die grundsätzliche Geltung des Tatortrechts nicht mehr in Frage gestellt.[760]

Umstritten war, ob daneben auch das Wohnortrecht eine Rolle spielt. Für Taten, die im Ausland begangen wurden, war dies klar in Art. 1b EGStGB geregelt: In solchen Fällen gilt das Recht des Ortes, an dem der Täter seine Lebensgrundlage hat;[761] man kann also von einer Art Personalitätsprinzip sprechen. Der eigentliche Problemfall war der, in dem die Tat im „anderen Teil" des Inlands begangen wurde. Dabei ging es vor allem um die Fälle, in denen eine westdeutsche Frau einen Schwangerschaftsabbruch im Gebiet der ehemaligen DDR vornehmen ließ oder ein westdeutscher Arzt eine solchen Abbruch durchführte.[762] Hier wurde angenommen, dass die Strafbarkeit nicht deshalb entfallen solle, weil der Schwangerschaftsabbruch nicht im Ausland – dort unterfiele sie wegen § 5 Nr. 9 StGB dem deutschen Strafrecht –, sondern „nur" in einem Teil des Inlands vorgenommen wurde.[763] Es dürften keine „Straffreiheitsreservate"[764] entstehen, die die Wertung des Gesetzgebers in gleichheitswidriger Weise[765] unterlaufen.

Andererseits entstehen bei Heranziehung des Wohnortrechts auf dem Gebiet der DDR neue Strafbarkeiten, die aufgrund einer Wertungsentscheidung des dortigen Gesetzgebers gerade ausdrücklich nicht bestehen sollten. Die ursprüngliche

---

759 *Helgerth/König*, JR 1991, 177, 178; sowie die Beschreibung der entsprechenden Diskussion ebda, 181.

760 Vgl. *Helgerth/König*, JR 1991, 177, 179 m.w.N.

761 Art. 1b EGStGB; vgl. auch *Helgerth/König*, JR 1991, 177, 178.

762 *Helgerth/König*, JR 1991, 177, 179 weisen darauf hin, dass dieses Problem auch in umgekehrter Richtung relevant sein könne, nämlich dann, wenn sich ein ostdeutscher Arzt zwar an § 218 StGB hält, jedoch nicht an die Verfahrensbestimmungen des DDR-Rechts, deren Nichtbeachtung nach § 153 StGB-DDR die Strafbarkeit auslöst. Dieser Fall dürfte freilich im Vergleich eher selten, wenn überhaupt, eine Rolle spielen bzw. gespielt haben.

763 *Helgerth/König*, JR 1991, 177, 180. Vgl. auch schon die entsprechende Argumentation bei OGHSt 2, 337, 339, dazu auch oben Teil 3 § 3 B.I.4)a).

764 *Helgerth/König*, JR 1991, 177, 183.

765 So ausdrücklich *Schneiders*, MDR 1990, 1049, 1050, der einen Verstoß gegen Art. 3 Abs. 1 GG annimmt.

Entscheidung über die Straflosigkeit wurde zwar vom DDR-Gesetzgeber getroffen.[766] Spätestens mit der Zustimmung zum Einigungsvertrag hat aber der unzweifelhaft inländische, bundesdeutsche Gesetzgeber zum Ausdruck gebracht, dass diese Regelung – wenn auch für eine Übergangszeit – als inländisches Recht auf dem Gebiet der dann ehemaligen DDR anzusehen sei. Wenn der Gesetzgeber sich nun über seine eigene (!) Bewertung hinweg setzt und dennoch von der Strafbarkeit der Abtreibung auf dem Gebiet der ehemaligen DDR ausgeht, verhält er sich ebenfalls widersprüchlich.

Ein Widerspruch besteht also in beiden Fällen, sowohl bei der Berücksichtigung des Wohnortrechts als auch bei seiner Nichtberücksichtigung. Zwei Überlegungen sprechen hier aber dafür, das Wohnortrecht nicht zu berücksichtigen. Erstens könnte man schon in Frage stellen, ob § 5 Nr. 9 StGB mit dem Völkerrecht vereinbar ist,[767] zudem ist diese Norm nach dem Einigungsvertrag in der ehemaligen DDR nicht anwendbar.[768] Zweitens muss für den Normadressaten wegen Art. 103 Abs. 2 GG in jedem Fall klar sein, ob und wie er sich strafbar macht. Widersprüchliches Verhalten des Gesetzgebers darf nicht *zulasten* seiner Bürger gehen. Während die Nichtheranziehung des Wohnortrechtes zwar aus Sicht des Staates widersprüchlich ist, sich für den Beschuldigten aber positiv auswirkt, ist die „ergänzende" Heranziehung des Wohnortrechts aus Sicht des Beschuldigten strafbegründend und ist daher unzulässig.[769]

6) Bewertung

Die ungeschriebenen Regelungen des Interlokalen Strafrechts in Deutschland sind bemerkenswert gleich geblieben, geändert haben sich jedoch teilweise die vorgetragenen Argumente.

---

766 Gesetz über die Unterbrechung (sic!) der Schwangerschaft, GBl.-DDR 1972 I S. 89. Dieses Gesetz ist allerdings vor In-Kraft-Treten des Grundlagenvertrages in Kraft getreten, so dass man aus bundesdeutscher Sicht wohl davon ausgehen muss, dass es sich um ein „inländisches Gesetz" handelt, das von einem inländischen Gesetzgeber erlassen wurde.

767 Diese Norm stützt sich auf ein absolutes aktives Personalitätsprinzip, das zumindest bedenklich ist (vgl. oben Teil 1 § 4 B.III.). Wenn man diese Norm ergänzend auf das passive Personalitätsprinzip stützen will (d.h. den Schutz „deutscher" Ungeborener – wobei § 5 Nr. 9 StGB gerade keine Beschränkung auf „deutsche" Embryos kennt, sondern auch die Abtreibung „ausländischer" Embryos durch deutsche Ärzte erfasst), wäre dies erst recht verboten: Ein passives Personalitätsprinzip ist nicht zulässig, schon gar nicht in einer absoluten Ausprägung, vgl. Teil 1 § 5.

768 Einigungsvertrag Anlage I Kapitel III C Abschnitt III, BGBl. 1990 II S. 957. Und zwar „im *Gebiet*" der DDR, nicht etwa „für *Bewohner* der (ehemaligen) DDR". Auf diesen Aspekt stellt auch *Samson*, NJ 1991, 143 ab.

769 In diese Richtung – die Anwendung des Wohnortrechts als strafbegründendes und daher verbotenes Gewohnheitsrecht zu betrachten – auch *Samson*, NJ 1991, 143, 144; *Wasmuth*, NStZ 1991, 160, 162 die darüber hinaus bestreiten, dass es sich bei einem solchen „Wohnortprinzip" überhaupt um Gewohnheitsrecht handelt.

a) Tatortrecht

Gegen die vorrangige Anwendung des Tatortrechts bestehen keine Bedenken. In einem einheitlichen Staat gebietet es der Respekt vor der Entscheidung des Teilgesetzgebers, das von diesem gesetzte Recht auch durchzusetzen.

b) Ergänzendes Wohnortrecht

Höchst bedenklich ist dagegen die „ergänzende" Heranziehung des Wohnortrechts. Schon bei dem Begriff „ergänzend" handelt es sich um einen Euphemismus: Es geht nämlich nicht um die *Ergänzung* des Tatortrechts durch das Wohnortrecht, sondern vielmehr um eine *Ersetzung*. Will der Staat sich auf die Einheit des Rechts[770] berufen, die als Argument ja durchaus ihre Berechtigung hat,[771] muss er zunächst selbst für eine solche Einheit innerhalb seines Staates sorgen.

Historisch wurde offen zugegeben, dass es letztlich nur um eine politisch motivierte Strafschärfung ging,[772] die anders – d.h. insbesondere bei strikter Einhaltung des Tatortprinzips – nicht zu erreichen gewesen wäre. Jedenfalls mit dieser Begründung ist eine „ergänzende" Heranziehung des Wohnortrechts jedoch abzulehnen: Der Staat – schon gar die Judikative[773] – darf sich nicht über seine eigene Bewertung, das Tatortrecht anzuerkennen, einseitig hinwegsetzen, nur weil es ihm im Einzelfall kriminalpolitisch sinnvoll erscheint.

Auch der Verweis auf eine „Treuepflicht", die erst recht im Inland gelten müsse, hilft nicht weiter: Wenn der Gesetzgeber sich auf Grund einer Treuepflicht über seine eigene Bewertung (für ein Teilgebiet dieses Staates) hinwegsetzt, so verhält er sich nämlich widersprüchlich, was nicht zulasten des Beschuldigten gehen darf.

Zuletzt führt auch das Gleichheitsgebot nicht dazu, dass das strengere Wohnortrecht heranzuziehen ist. Eine Gleichbehandlung von Ausland und Inland (oder auch nur von Teilen des Inlands) ist entgegen der Annahme von *Schneiders*[774] nicht geboten.[775] Aber auch dann, wenn man der Auffassung ist, das Gleichheitsgebot gebiete das gleiche Schutzniveau – z.B. für Embryos, unabhängig vom Wohnort der Mutter – so darf dies schon wegen des Analogieverbots aus Art. 103 Abs. 2 GG nicht eine Strafbarkeit zu Lasten des Beschuldigten begründen. Vielmehr gilt dann

770 In der Terminologie des RG war allerdings nicht von der „Einheit des *Rechts*", sondern der „Einheit des *Reiches*" die Rede.

771 Und zwar insbesondere deshalb, weil sich die Rechtseinheit für die Bürger als Gleichheit oder zumindest Freiheit von Willkür darstellt, vgl. zum Gleichheitssatz noch unten Teil 4 § 3 C.IV.

772 Vgl. *Schäfer*, DStR N.F. 1940, 192, 195, sowie oben Teil 3 § 3 B.I.3)c).

773 Anders wäre es aber zu beurteilen, wenn die *Legislative* für einzelne Fälle bestimmt, dass das schwerere Recht gilt: Dann liegt nämlich gerade keine unbedingte Anerkennung des Tatortrechts durch den Gesetzgeber mehr vor.

774 *Schneiders*, MDR 1990, 1049, 1050.

775 Näher zum Gleichheitsgebot und der Anwendung „fremden" Rechts noch unten Teil 4 § 3 C.IV.

umgekehrt, dass – wenn eine unzulässige Ungleichbehandlung vorliegt – das absolute aktive Personalitätsprinzip, hier also § 5 Nr. 9 StGB, verfassungswidrig ist.[776]

Letztlich treten alle hier aufgezeigten Wertungswidersprüche nur deshalb auf, weil eine Straftat dem absoluten aktiven Personalitätsprinzip unterworfen wird. Richtigerweise ist also hier anzusetzen: Es ergibt sich ein weiterer Grund, auf die Anwendung dieses Prinzips zumindest in seiner absoluten Form zu verzichten.[777]

c) Bestimmung des relevanten Tatortes

Wenn es demnach nur auf das Tatortrecht ankommt, stellt sich die Frage, wie dann vorzugehen ist, wenn mehrere Tatorte bestehen. Hier geht auch die heutige h.M. unter Berufung auf die Rechtsprechung des *Reichsgerichts* davon aus, dass auch dann noch das strengste von mehreren Tatortrechten anzuwenden ist,[778] selbst wenn damit die Bewertung eines anderen (Teil- bzw. Landes-)strafgesetzgebers unterlaufen werde.[779] Dies wird damit begründet, dass gemäß §§ 3, 9 StGB das deutsche Recht bei Auslandstaten selbst dann gilt, wenn nur *ein* „Tatort" in Deutschland liegt, und die Tat an den anderen Tatorten straflos ist. Die strengere deutsche Rechtsordnung setze sich also durch.[780]

Das ist jedoch nicht überzeugend: Es ist nämlich im internationalen Kontext keineswegs gesagt, dass das deutsche Recht in jedem Fall strenger ist, trotzdem setzt es sich – auch als milderes Recht – durch, wenn in Deutschland geurteilt wird. Auf die interlokale Ebene übertragen, lässt sich also nur der Schluss ziehen, dass sich das Teil-Recht des Gerichtsortes durchsetzt, was freilich voraussetzt, dass auch in diesem Teilrechtsbereich überhaupt ein Gerichtsstand besteht.[781]

Ergänzend wird zur Begründung der Geltung des strengsten Rechts angeführt, dass dies dem „Rechtsgedanken des § 52 Abs. 2 Satz 1 StGB" entspreche.[782] Es ist allerdings zweifelhaft, ob dem § 52 Abs. 2 StGB überhaupt ein allgemeiner Rechtsgedanke zu Grunde liegt. Jedenfalls regelt § 52 StGB einen völlig anderen Fall, nämlich den, in dem schon feststeht, welche Strafbestimmungen anwendbar sind, und nach diesem anwendbaren Recht mehrere Straftaten vorliegen. Wenn aber

---

776 So auch *Wasmuth*, NStZ 1991, 160, 162.

777 Zu weiteren Überlegungen, aus denen sich die Bedenken gegen das absolute aktive Personalitätsprinzips ergeben, schon oben Teil 1 § 4 B.

778 *Böse* in NK-StGB, vor § 3 Rn. 73; *Eser* in Schönke/Schröder, StGB, vor § 3 Rn. 71; *Werle/Jeßberger* in LK-StGB, vor § 3 Rn. 425 ff., jeweils m.w.N. Nach *Gribbohm* in LK-StGB[11], vor § 3 Rn. 383 soll dies sogar „auf der Hand liegen".

779 *Böse* in NK-StGB, vor § 3 Rn. 73.

780 Mit dieser Begründung insbesondere *Böse* in NK-StGB, vor § 3 Rn. 73.

781 Zur Frage des Gerichtsstands noch ausführlich unten Teil 3 § 4. Der Gerichtsstand und seine Bestimmtheit gewönnen sogar zusätzliche Bedeutung für den Beschuldigten, wenn vom Ort des Gerichts – selbst bei rein inländischen Taten – das anwendbare Recht abhinge.

782 Vgl. insbesondere *Werle/Jeßberger* in LK-StGB, vor § 3 Rn. 426; ihnen folgend *Böse* in NK-StGB, vor § 3 Rn. 73.

noch nicht feststeht, welches Recht anwendbar ist, ist auch nicht klar, ob ggf. mehrere Strafgesetze verletzt sind. Näher liegt es, den Gedanken des § 2 Abs. 3 StGB heranzuziehen,[783] also das mildeste Gesetz anzuwenden. Es handelt sich nämlich um den Fall, dass derselbe Gesamtstaat[784] eine unterschiedliche Bewertung vornimmt.

Es kann daher entweder das mildeste Recht, oder das Recht des Gerichtsstandes, aber in keinem Fall gleichsam automatisch das strengste Recht gelten. Der verbleibende Konflikt muss dennoch aufgelöst werden, so dass *de lege ferenda* – sofern es erneut zu unterschiedlichem Strafrecht innerhalb Deutschlands kommen sollte – der Gesetzgeber gefordert ist. Vorzugswürdig ist es, den Konflikt zwischen mehreren Tatortrechten durch eine Begrenzung des Tatortbegriffs aufzulösen, was entweder eine Änderung des § 9 StGB oder aber einen eigenständigen interlokalstrafrechtlichen Tatortbegriff voraussetzen würde.[785] Die Frage, was *de lege ferenda* als Tatort zu verstehen sein sollte, stellt sich somit sowohl auf interlokaler als auch auf internationaler Ebene, sie wird unten (Teil 4 § 4) noch zu erörtern sein.

d) Ergebnis

Richtigerweise ist daher im deutschen Interlokalen Strafrecht davon auszugehen, dass allein das Recht des Tatortes anzuwenden ist. Bei mehreren Tatorten gibt es keine allgemeine Regel, wonach das schwerste Recht anzuwenden wäre. Es gilt entweder das Recht des Gerichtsstands oder das mildeste Recht; eine Klärung durch den Gesetzgeber ist – sofern das Interlokale Strafrecht an Relevanz gewinnen sollte – dringend geboten. Das Wohnortrecht spielt dagegen keine Rolle.

II. weitere Staaten

Im Vereinigten Königreich wird zwischen den drei Rechtsbereichen England und Wales, Nordirland sowie Schottland unterschieden. Diese Bereiche sind in

---

783 So auch *Ambos* in MüKo-StGB, vor § 3 Rn. 91, allerdings mit der zu Recht als inkonsequent kritisierten (*Werle/Jeßberger* in LK-StGB, vor § 3 Rn. 427 a.E.) Einschränkung, dass dies nicht bei Straflosigkeit am anderen Tatort gelten solle.

784 Insofern ist der Verweis von *Werle/Jeßberger* in LK-StGB, vor § 3 Rn. 427 auf „*de[n]selben* Gesetzgeber" (Hervorhebung J.B.) etwas irreführend. Es kann sich nämlich um unterschiedliche Gesetzgeber, aber dennoch jeweils um einen *inländischen* Gesetzgeber handeln.

785 *Ambos* in MüKo-StGB, vor § 3 Rn. 91 schlägt vor, das anzuwendende Recht nach dem „Schwerpunkt der Tat" zu bestimmen. Darin könnte ein Ansatz zu einem spezifischen Tatortbegriff für das Interlokale Strafrecht zu sehen sein. – Der „Schwerpunkt der Tat" ist auch dem Strafrecht nicht völlig fremd (vgl. die Abgrenzung zwischen Tun und Unterlassen, wo allerdings etwas abweichend vom „Schwerpunkt der *Vorwerfbarkeit*" gesprochen wird), und insofern durchaus grundsätzlich geeignet, wenn auch etwas unbestimmt. – Zu Recht weisen *Werle/Jeßberger* in LK-StGB, vor § 3 Rn. 427 darauf hin, dass es dann aber, entgegen der Ansicht von *Ambos*, konsequent wäre, auch bei Straflosigkeit an diesem Tatort auf den Schwerpunkt der Tat abzustellen.

strafrechtlicher Hinsicht völlig unabhängig voneinander. Entsprechend werden Fälle mit Bezug zu einem anderen Landesteil wie Fälle mit Auslandsbezug behandelt.[786] Damit bleibt es dabei, dass etwa schottische Gerichte nur bei Fällen mit Bezug zu Schottland nach schottischem Recht entscheiden.

Für die USA ging schon 1936 *Stimson* davon aus, dass dann, wenn das Gericht eines Bundesstaates die *jurisdiction* (hier ist die Urteilsgewalt gemeint) über einen Fall hat, dieser Staat „offensichtlich" sein eigenes Recht anwendet.[787] Dabei geht er in beiderlei Hinsicht von einem Vorrang des Handlungsortes aus. Einerseits begründet der Handlungsort die Urteilsgewalt. Andererseits kann auch nur das Recht des Handlungsortes anwendbar sein: Ein Bundesstaat dürfe von Personen, die sich in seinem Gebiet aufhalten, nicht verlangen, sich an eine fremde Rechtsordnung zu halten; dies käme letztlich einer Aufgabe der eigenen Souveränität gleich. Zu einer Anwendung eines fremden Rechts kommt es somit auch hier nicht. Der Grundsatz, dass nur das Recht des jeweiligen *forum* angewendet wird, geht in den USA so weit, dass vor Bundesgerichten keine Straftaten nach dem Recht eines Einzelstaates abgeurteilt werden dürfen und umgekehrt, die Gerichtsbarkeiten bestehen nebeneinander und sind völlig unabhängig voneinander.[788]

Im Recht Australiens spielt Bundesstrafrecht nur eine untergeordnete Rolle, da die Gesetzgebungskompetenz für das Strafrecht bei den einzelnen Bundesstaaten belassen ist.[789] Die Bundesstaaten sind in ihrer Strafgewalt unabhängig voneinander; die jeweiligen Strafgewalten verhalten sich zueinander nicht anders als zu einer ausländischen Strafgewalt. Anknüpfungspunkt für die Strafgewalt eines Bundesstaates ist in der Regel das Tatortprinzip in Gestalt eines weit verstandenen Ubiquitätsprinzips.[790] Im Unterschied zu den USA ist aber selbst dann, wenn ausnahmsweise die Strafgewalt des Bundes besteht (etwa auf Militärbasen), in der

---

786 *Crown Prosecution Service*, Legal Guidance, Stichwort: Jurisdiction.

787 *Stimson*, Conflict of Criminal Laws, S. 50: „What law should the sovereignty ... apply? *Obviously* its own." (Hervorhebung J.B.).

788 „*dual-sovereignity*"-Doktrin, vgl. *U.S.* v. *Lanza et al.*, 260 U.S. 377, 382; *Thaman* in Sinn (Hrsg.), Jurisdiktionskonflikte, S. 475, 498. Zu praktischen Auswirkungen vgl. etwa den Fall der Misshandlung des Afroamerikaners *Rodney King* durch Polizeibeamte, die von einem kalifornischen Gericht wegen einer Straftat nach kalifornischem Recht freigesprochen wurden, dagegen für dasselbe Verhalten von einem Bundesgericht wegen einer Bundesstraftat, verurteilt wurden (näher dazu *Linder*, Beating of Rodney King); selbst der Grundsatz *ne bis in idem* – wie er in Deutschland verstanden wird – gilt also nicht im Verhältnis zwischen Bundes-und einzelstaatlicher Strafgerichtsbarkeit, was durchaus problematisch ist; so auch *Eicker*, Transstaatliche Strafverfolgung, S. 137.

789 Vgl. die Aufzählung der Materien, für die der Bund die Gesetzgebungskompetenz besitzt, in Art. 51 Australische Verfassung.

790 Vgl. etwa § 12 Criminal Code (Western Australia), § 12 Criminal Code (Queensland), § 10C Crimes Act (New South Wales).

Regel das materielle Strafrecht des Tatortbundesstaates anwendbar.[791] Es gibt also auch in Australien kein Interlokales Strafrecht im eigentlichen Sinne, allerdings spielt – wie in den anderen Staaten – der Tatort eine wesentliche Rolle bei der Bestimmung des anwendbaren Rechts.

In der Schweiz besteht ein starkes Bundesstrafrecht, den Kantonen ist dagegen lediglich das Polizei- und Verwaltungsstrafrecht überlassen (Art. 335 chStGB). Die Kantone dürfen allerdings ihre Strafgewalt nicht auf alle Anknüpfungspunkte stützen, so dass es quantitativ weniger Konfliktfälle geben dürfte. Die Regelungen des Internationalen Strafrechts sind hier ausdrücklich nicht anwendbar. Es ist für die Begründung der Strafgewalt eine „hinreichende räumliche Beziehung" zum Kanton erforderlich, weshalb hier nur das Tatort- und das Staatsschutzprinzip anwendbar sind, aber z.B. nicht das aktive Personalitätsprinzip, obwohl die Schweiz ein Kantonsbürgerrecht kennt.[792] Gesetzliche Anhaltspunkte für die Auflösung noch bestehender interkantonaler Konfliktfälle, etwa bei mehreren Tatorten, finden sich nicht.

III. Übertragbarkeit auf das Internationale Strafrecht

Eine Übertragung von Grundsätzen des Interlokalen Strafrechts auf die internationale Ebene kommt höchstens dort in Betracht, wo zumindest Ansätze zu einem einheitlichen Staat existieren,[793] mithin nicht auf globaler Ebene, sondern allenfalls auf Ebene der Europäischen Union. Ansätze zu einer einheitlichen Rechtsordnung innerhalb der Europäischen Union sind etwa das Bestehen der Unionsbürgerschaft[794] oder die Tatsache, dass in manchen Bereichen des Rechts besonders stark zusammengearbeitet wird.[795] Von einem (Bundes-)Staat Europa kann man dennoch nicht sprechen.[796]

Selbst wenn aber die Europäische Union *de lege ferenda* als Staat[797] im Sinne eines Interlokalen Strafrechts betrachtet werden könnte, so ist damit noch nicht

791 § 4 Commonwealth Places (Application of Laws) Act 1970. Im Übrigen wird die Strafgewalt des Bundes im Regelfall durch Gerichte des Bundesstaates ausgeübt, § 7 Commonwealth Places (Application of Laws) Act 1970. Auch in Deutschland können übrigens die Oberlandesgerichte als Ländergerichte Strafgewalt des Bundes ausüben (Art. 96 Abs. 5 GG; § 120 Abs. 6 GVG).

792 *Popp/Levante* in BaslerKomm, vor Art. 3 Rn. 49. Das – vom Wohnort unabhängige und in der Praxis weitgehend irrelevante – Kantonsbürgerrecht sei nämlich keine „hinreichend dichte Beziehung" zum Kanton.

793 Vgl. nochmals die historischen Beispiele bei *Schultz*, JR 1968, 41, 43 f.

794 Art. 20 AEUV. Die Unionsbürgerschaft ist aber keine echte Staatsbürgerschaft, sondern besteht neben der nationalen Staatsangehörigkeit und folgt aus dieser.

795 Vgl. oben Teil 2 § 4 B.

796 Auch das möglicherweise bestehende „Vertrauen", das Grundlage für die „gegenseitige Anerkennung" in der Europäischen Union ist, kann daran nichts ändern; so zutreffend auch *Juppe*, Gegenseitige Anerkennung, S. 94 f.

797 Oder zumindest ausreichend staatsähnlich.

gesagt, *welche* Grundsätze des Interlokalen Strafrechts anzuwenden wären. Es gibt nämlich – wie gezeigt – keinen überall gleichen Ansatz, wie mit konkurrierenden (Straf-)Rechtsordnungen innerhalb eines Staates umzugehen ist.[798] Entscheidend ist, wie stark die jeweiligen innerstaatlichen Rechtsordnungen miteinander verbunden sind bzw. wie viel Wert auf die eventuell noch bestehende Eigenstaatlichkeit gelegt wird. Steht der Gesamtstaat im Mittelpunkt (Deutschland nach 1938, sowie nach 1990), so ist das Tatortrecht anzuwenden, auch wenn es für den Richter „fremd" ist. Wenn dagegen die Eigenstaatlichkeit von großer Bedeutung ist (Deutsches Reich ab 1871, Vereinigtes Königreich, Australien), gibt es streng genommen gar kein Konzept eines eigenständigen Interlokalen Strafrechts, dessen Grundlagen z.B. auf Europa übertragen werden könnten.

Die Europäische Union fällt, wenn überhaupt, vorerst in die letztgenannte Gruppe. Eine Anwendung der deutschen Grundsätze des Interlokalen Strafrechts, also die Anwendung des Tatortrechts, kann somit nicht „von selbst" erfolgen, bleibt aber – die entsprechende politische Entscheidung vorausgesetzt – *de lege ferenda* möglich.

C. Anwendbares Recht im Internationalen Deliktsrecht

Das Deliktsrecht kann in gewisser Weise als zivilrechtliches Gegenstück zum öffentlich-rechtlichen[799] Strafrecht gelten: Dasselbe Verhalten eines Täters hat gleichzeitig Auswirkungen auf sein rechtliches Verhältnis zum Staat – staatlicher Strafanspruch – und auf sein rechtliches Verhältnis zu seinen Mitbürgern – insbesondere Schadensersatzansprüche.[800] Insofern ist auch das Internationale Deliktsrecht mit dem Internationalen Strafrecht – im Sinne des Strafanwendungsrechts – im Ansatz durchaus vergleichbar. Daher soll das Internationale Deliktsrecht nun näher betrachtet werden, ohne dass dabei die Unterschiede zwischen den beiden Rechtsgebieten und die spezifische Interessenlage im Strafrecht aus den Augen gelassen werden.

Aufgabe des Internationalen Privatrechts[801] im Allgemeinen ist es, ein Rechtsverhältnis (nur) derjenigen Rechtsordnung zu unterwerfen, mit der der Sachverhalt

798 Dies übersehen *Eser/Burchard* in FS-Meyer, S. 499, 522 ff., wenn sie sich für eine Übertragung der Grundsätze des Interlokalen Strafrechts auf die EU-Ebene aussprechen.

799 Vgl. nur *Wessels/Beulke/Satzger*, Strafrecht AT, Rn. 4.

800 Freilich gilt dies nicht für *jedes* Verhalten, das strafrechtlich oder deliktsrechtlich relevant ist, denn es gibt auch Verhaltensweisen, die zwar deliktsrechliche Folgen haben, aber strafrechtlich nicht relevant sind. So ist etwa die fahrlässige Sachbeschädigung nicht strafbar, löst aber gleichwohl Schadensersatzansprüche aus. Umgekehrt bestehen nicht bei jeder Straftat zugleich auch Schadensersatzansprüche einer anderen Person.

801 Kritisch zu dieser Bezeichnung u.a. *v. Hoffmann/Thorn*, IPR, § 1 Rn 39-41. Das IPR sei weder internationales Recht, noch handele es sich um materielles Privatrecht;

die „engste Verbindung“ hat;[802] was – anders als im gegenwärtigen Strafanwendungsrecht – nicht notwendigerweise die *eigene* Rechtsordnung sein muss. Geklärt werden muss im Wesentlichen die Frage, auf welche Weise die Rechtsordnung mit der engsten Verbindung bestimmt werden kann. Dabei haben sich – durchaus vergleichbar mit dem Internationalen Strafrecht – unterschiedliche Kriterien herausgebildet, die als Anknüpfungspunkte dienen können.[803]

Aus strafrechtlicher Sicht wird dagegen stärker die Unterschiedlichkeit von Strafanwendungsrecht, trotz seiner gelegentlichen Bezeichnung als Internationales Strafrecht, einerseits und Internationalem Privatrecht andererseits betont. Das Internationale Privatrecht sei in erster Linie als Kollisionsrecht zu verstehen, während das Internationale Strafrecht bzw. Strafanwendungsrecht einseitig den Geltungsbereich des nationalen Strafrechts festlege und ausdehne, ohne sich mit anderen ggf. ebenso anwendbaren Rechtsordnungen auseinanderzusetzen. Insofern könne beim Internationalen Strafrecht allenfalls von einem „einseitigen Kollisionsrecht“ die Rede sein.[804]

In der Tat befasst sich das Strafanwendungsrecht gegenwärtig nur mit dem eigenen Recht, während das Internationale Privatrecht auch ausdrücklich ausländisches Recht für anwendbar erklärt. Geht man jedoch – wie hier – vorläufig davon aus, dass es nötig oder zumindest möglich ist, in Strafsachen nur das Recht *eines* bestimmten Staates anzuwenden, muss man anerkennen, dass dieses Recht nicht zwingend das jeweils eigene zu sein braucht. Es besteht letztlich, will man Strafgewaltkonflikte lösen, dasselbe Ziel wie beim Internationalen Privatrecht: Es geht darum, die *eine* Rechtsordnung mit der engsten Verbindung zum Sachverhalt festzustellen.

Höchst unterschiedlich ist bei dem Internationalen Deliktsrecht einerseits und dem Internationalen Strafrecht andererseits der Grad der Internationalisierung bzw. Europäisierung. Das deutsche Internationale Deliktsrecht ist stark europarechtlich bestimmt. Für schadensbegründende Ereignisse nach dem 11.01.2009 gilt

---

die Kritik ist also ähnlich der Kritik am Begriff des „Internationalen Strafrechts“, vgl. dazu schon oben Fn. 9.

802 Vgl. *v. Hoffmann/Thorn*, IPR, § 1 Rn. 12.

803 *v. Hoffmann/Thorn*, IPR, § 1 Rn 14. Dagegen wird in den USA eher eine Einzelfallbetrachtung vorgenommen, vgl. *Reimann*, Conflict of Laws, S. 9 ff. Die Kriterien, die dabei in die Abwägung eingestellt werden, dürften aber den „Anknüpfungspunkten“ im Wesentlichen entsprechen.

804 *Ambos* in MüKo-StGB, vor § 3 Rn. 1; *Werle/Jeßberger* in LK-StGB, vor § 3 Rn. 2. – Es muss allerdings darauf hingewiesen werden, dass auch das Internationale Privatrecht insofern nur einseitig ist, als es keine universell gültige IPR-Ordnung gibt, sondern – wie beim Internationalen Strafrecht – unterschiedliche nationale Rechtsordnungen. „Mehrseitig“ ist das IPR nur insofern, als es mehrere Rechtsordnungen als anwendbar in Betracht zieht, vgl. zu den Begriffen „einseitige“ und „mehrseitige“ Kollisionsnorm auch *Sonnenberger* in MüKo-BGB, Einl. IPR, Rn. 478 f.

innerhalb der Europäischen Union[805] in erster Linie die VO (EG) Nr. 864/2007 (Rom-II-Verordnung), so dass man innerhalb der EU von einem einheitlichen Internationalen Deliktsrecht sprechen kann. Lediglich für Altfälle und ganz eng begrenzte Neufälle[806] finden daneben bzw. stattdessen die Normen der Artt. 40 ff. EGBGB Anwendung.

I. Vereinbarung

Ausgehend von dem im Zivilrecht herrschenden Grundsatz der Privatautonomie nimmt auch das Internationale Privatrecht an, dass eine Bestimmung des anwendbaren Rechts durch die Parteien möglich ist. Allerdings wird betont, dass die Möglichkeit der Rechtswahl nicht von sich aus besteht, sondern erst vom Gesetzgeber für zulässig erklärt werden muss – erst der Gesetzgeber räumt also insoweit die Privatautonomie ein.[807] Eine Vereinbarung ist auch für den Bereich der gesetzlichen Schuldverhältnisse und somit auch für das Internationale Deliktsrecht möglich, vgl. Art. 14 Rom-II.[808] Trotz des als „missglückt" bezeichneten Aufbaus[809] ist daher in erster Linie danach zu fragen, ob eine wirksame Vereinbarung zwischen den Beteiligten des Prozesses vorliegt.

Die gewählte Rechtsordnung muss zwar eine staatliche sein, ein Bezug zum Sachverhalt ist jedoch nicht notwendig.[810] Dabei werden die Parteien teilweise eingeschränkt: Zwingendes Recht eines Staates, in dem alle „Elemente des Sachverhaltes" verwirklicht worden sind, muss weiterhin angewendet werden, zudem darf von zwingendem Unionsrecht nicht abgewichen werden.[811]

II. lex domicilii communis

Art. 4 Abs. 2 Rom-II (entspricht dem deutschen Art. 40 Abs. 2 EGBGB) regelt den Sonderfall, dass Geschädigter und Schädiger ihren gewöhnlichen Aufenthalt in demselben Staat haben. Dann soll das Recht dieses Staates als das Recht, in dessen „gemeinsamer Rechtsumwelt"[812] die Beteiligten leben, zur Anwendung kommen. Diese Norm gilt zwar für alle Deliktsarten, *in praxi* aber hauptsächlich im

805 Mit Ausnahme Dänemarks, Art. 1 Abs. 4 Rom-II.

806 Vgl. die Aufzählung bei *Junker* in MüKo-BGB, Art. 40 EGBGB Rn 20.

807 *Rugallis*, IPRax 2008, 319; *v. Bar/Mankowski*, IPR Bd. I, § 7 Rn 78.

808 *Junker* in MüKo-BGB, Art. 4 Rom-II Rn. 9. Insoweit gibt es keine Unterschiede zum nationalen Kollisionsrecht in Art. 42 EGBGB.

809 So *Thorn* in Palandt, Art. 4 Rom-II Rn. 4 mit Blick darauf, dass Art. 4 Rom-II an erster Stelle das Tatortrecht erwähnt und die Möglichkeit der Rechtswahl gar nicht in dieser Vorschrift erwähnt wird.

810 *Thorn* in Palandt, Art. 14 Rom-II Rn. 5. Die Vertragsparteien können also auch das materielle Recht eines dritten Staates vereinbaren. Dies folgt ebenfalls aus dem Grundsatz der Privatautonomie, vgl. *Leible*, RIW 2008, 261.

811 Art. 14 Abs. 2, 3 Rom-II.

812 *Junker* in MüKo-BGB, Art. 40 EGBGB Rn. 4.

Straßenverkehr.[813] Sinnvoll erscheint diese Regelung vor allem auch dann, wenn das Gerichtsverfahren in dem gemeinsamen Wohnortstaat stattfindet. Dann kann nämlich das Gericht – selbst, wenn der Tat- bzw. Unfallort im Ausland liegt – eigenes, bekanntes Recht anwenden.

III. Tatortrecht

Als Regelfall vorgesehen ist die Anwendung des Tatortrechts, wobei noch zu klären ist, was hier unter dem Tatort zu verstehen ist.

Das deutsche IPR sieht den Handlungsort als maßgeblichen Tatort an (Art. 40 Abs. 1 Satz 1 EGBGB), wohl um die „verhaltenssteuernde“ Bedeutung des Deliktsrechts zu unterstreichen.[814] Der Geschädigte kann aber verlangen, dass das Recht des Erfolgsortes angewendet wird (Art. 40 Abs. 1 Satz 2 EGBGB). Dagegen geht die vorrangig zu beachtende Rom-II-Verordnung vom Erfolgsort aus. Begründet wird dies mit einem starken Rechtsgüterschutz. Auf diese Weise werde nämlich das Opfer am besten in seinen Rechten und Kompensationsinteressen geschützt. Dem Schädiger sei dagegen die Einhaltung einer anderen, für ihn fremden Rechtsordnung zuzumuten, wenn sein Verhalten in deren Bereich hineinwirkt.[815]

Ein Erfolg, der in verschiedenen Staaten eintritt, richtet sich nur insoweit nach der Rechtsordnung des betreffenden Staates, als der Schaden dort eingetreten ist. Auf diese Weise kommt es zu einer „mosaikartigen“ Beurteilung des gesamten Sachverhaltes.[816]

IV. Ausweichklausel

Da davon ausgegangen wird, dass nicht in jeder Konstellation eine Anknüpfung an das Tatortrecht oder das Recht des gemeinsamen Aufenthaltes dem Sachverhalt gerecht würde,[817] sieht Art. 4 Abs. 3 Rom-II, ähnlich wie Art. 41 EGBGB eine sog. „Ausweichklausel“ vor. Die Ausweichklausel kommt nicht zur Geltung, wenn die Parteien eine Rechtswahl getroffen haben, andernfalls läge eine unzulässige Bevormundung der Parteien vor.[818] Liegt keine Rechtswahl vor, darf aber ein anderes Recht angewendet werden, wenn *offensichtlich* eine engere Verbindung zu einem anderen Staat besteht. Diese Klausel ist äußerst eng auszulegen.[819]

---

813 *Junker* in MüKo-BGB, Art. 40 EGBGB Rn. 50.

814 So jedenfalls *Junker* in MüKo-BGB, Art. 40 EGBGB Rn. 24.

815 *Thorn* in Palandt, Art. 4 Rom-II Rn. 1 mit weiteren – auch kritischen – Nachweisen.

816 *Junker* in MüKo-BGB, Art. 4 Rom-II Rn. 32.

817 Eine solche Ausweichklausel wird teilweise für unverzichtbar gehalten, vgl. ausführlich zur Diskussion um deren Einführung *Hirse*, Ausweichklausel, S. 101 ff.

818 *Hein* in FS-Kropholler, S. 553, 567.

819 Vgl. nur *Junker* in MüKo-BGB, Art. 4 EGBGB Rn. 46 m.w.N. Ähnlich auch die Formulierung in Art. 41 EGBGB, hier ist allerdings nur eine „wesentlich engere Verbindung“ mit einem anderen Recht erforderlich.

V. Übertragbarkeit auf das Internationale Strafrecht

1) Übertragung

Würde man die Rom-II-Verordnung „eins zu eins" auf das Strafrecht übertragen, ergäbe sich bezüglich des anwendbaren Strafrechts folgendes Bild:

1. Im Normalfall wird das Recht des Tatortes im Sinne des Erfolgsortes angewendet. Eine mosaikartige Beurteilung eines Lebenssachverhalts nach verschiedenen Strafrechtsordnungen kann in entsprechenden Fallkonstellationen die Folge sei. Der Handlungsort spielt keine Rolle.
2. Eine Abweichung durch Vereinbarung ist möglich, wobei noch zu klären wäre, ob diese Vereinbarung zwischen dem Beschuldigten und dem Geschädigten[820] oder zwischen dem Beschuldigten und der Staatsanwaltschaft erfolgen müsste, da beide (Geschädigter und Staatsanwaltschaft) in gewisser Weise mit dem Kläger im Zivilrecht vergleichbar sind.[821]
3. Wenn Beschuldigter und Geschädigter – eine Anknüpfung an die Staatsanwaltschaft ergibt hier wenig Sinn[822] – den Wohnort im selbem Staat haben, wird das Recht dieses Staates angewendet.
4. Ein „Ausweichen" auf eine andere Rechtsordnung ist nur in Ausnahmefällen möglich.

2) Recht des Erfolgsortes als Regelfall

Der erste Punkt wäre im Strafrecht noch ohne Weiteres denkbar. Dafür spricht insbesondere, dass es auch im Strafrecht in erster Linie um Rechtsgüterschutz geht oder zumindest gehen sollte.[823] Andererseits wird dem Beschuldigten gerade vorgeworfen, sich unrechtmäßig verhalten (also *gehandelt*) zu haben. Unabhängig von der Frage, welchem von mehreren Tatorten der Vorzug gebührt (dazu unten Teil 4 § 4), lässt sich festhalten, dass eine Anknüpfung in erster Linie an den Tatort im Internationalen Strafrecht durchaus möglich und sinnvoll ist. Dies entspricht im Übrigen auch den oben aufgezeigten, schon vorhandenen Ansätzen zu einer Rangordnung.[824]

---

820 Streng genommen muss man bis zur Verurteilung des Beschuldigten von einem „mutmaßlichen Geschädigten" sprechen. Allerdings stehen auch demjenigen, der von sich behauptet, geschädigt zu sein, Rechte im Strafprozess zu.

821 Näher unten Teil 3 § 3 C.V.3).

822 Im Wohnsitzstaat des Beschuldigten besteht in aller Regel auch die Zuständigkeit einer Staatsanwaltschaft. Würde man dies als „Entsprechung" zu Art. 4 Abs. 2 Rom-II ausreichen lassen, liefe das auf einen Vorrang des Wohnsitzrechts des Beschuldigten hinaus, die Bestimmung über die *lex domicilii communis* verlöre außerdem ihren Charakter als Ausnahmeregelung.

823 Vgl. dazu auch noch unten Teil 4 § 3 C.V.

824 Oben Teil 2 § 5.

3) Vereinbarung

Die Möglichkeit einer „Rechtswahl durch Vereinbarung“ im Strafrecht müsste durch den Gesetzgeber ausdrücklich zugelassen werden.[825] Bei einer *de lege ferenda* zu bedenkenden Übertragung dieser Möglichkeit auf das anwendbare Recht im Internationalen Strafrecht stellt sich allerdings auch die Frage, wer an die Stelle der zivilrechtlichen Parteien tritt, der Geschädigte oder die Staatsanwaltschaft.

a) Vereinbarung mit dem Geschädigten?

Denkbar wäre es, dem Geschädigten[826] diese Rolle zuzubilligen. Dann wäre eine Vereinbarung zwischen Täter und Opfer über das anzuwendende Strafrecht möglich – abgesehen von der praktischen Frage, wie wahrscheinlich das Zustandekommen einer solchen Vereinbarung wohl wäre. Dies könnte im Einzelfall dem Rechtsfrieden – jedenfalls zwischen den Beteiligten – dienen.

Dagegen, den Interessen des Geschädigten bei der Bestimmung des anwendbaren Rechts eine nennenswerte Rolle zuzubilligen – von einem direkten Mitspracherecht ganz zu schweigen –, spricht aber schon die Unzulässigkeit des passiven Personalitätsprinzips.[827] Außerdem liegt der Unterschied zwischen staatlichem Strafrecht und dem Privatrecht gerade darin, dass die „Parteien“ in aller Regel nicht über den Strafanspruch verfügen können. Selbst das Antragserfordernis bei einigen Delikten führt nach h.M. nicht dazu, dass hier das Opfer über die Strafbarkeit eines Verhaltens entscheiden kann. Der Strafantrag ist demzufolge nur Prozessvoraussetzung, nicht jedoch Bedingung der Strafbarkeit.[828] Lediglich die Privatklage (§§ 374 ff. StPO) könnte als – nur selten anwendbare – Ausnahme gesehen werden, bei der Täter und Opfer zumindest die Möglichkeit haben, in gewissen Grenzen eine Verständigung zu erreichen.[829] Freilich verzichtet der Staat auch bei einem gerichtlichen Vergleich bzw. einer Rücknahme der Privatklage nicht auf die *Geltung* seiner Rechtsordnung, ebenso wenig wie das bei einer Verfahrenseinstellung durch die Staatsanwaltschaft der Fall ist. Es bleibt daher dabei, dass der Geschädigte einer Straftat in der Regel keine Möglichkeit hat, über den staatlichen Strafanspruch als solchen zu verfügen.

---

825 Vgl. für das Internationale Privatrecht oben Teil 3 § 3 C.I.

826 Wiederum nur der mutmaßliche Geschädigte (vgl. bereits Fn. 820). Der unwahrscheinliche Fall, dass sich in der Verhandlung herausstellt, dass der Beschuldigte zwar eine Straftat begangen hat, aber zulasten eines anderen Geschädigten, braucht hier nicht näher betrachtet werden. Es liegt aber nahe, dass eine Rechtswahlvereinbarung mit dem „falschen“ Geschädigten unwirksam wäre.

827 Vgl. oben Teil 1 § 5.

828 *Fischer*, StGB, vor § 77 Rn. 4 m.w.N. auch zur Gegenansicht.

829 Zum gerichtlichen Vergleich im Privatklageverfahren vgl. etwa *Dahs*, HbStrafverteidiger, Rn. 1046 ff.

b) Vereinbarung mit der Staatsanwaltschaft?

Als Parallele zur Partei im Zivilprozess kommt im Strafverfahren als Partner einer Vereinbarung über das anzuwendende Recht auch die Staatsanwaltschaft in Betracht. Es könnte also – *de lege ferenda* – möglich werden, das anwendbare Recht durch Vereinbarung zwischen der Staatsanwaltschaft und dem Beschuldigten festzulegen.

Verständigungen zwischen den am Strafprozess beteiligten Akteuren sehen sich bereits jetzt deutlicher Kritik ausgesetzt,[830] wenngleich die Verständigung inzwischen gesetzlich geregelt worden sind (vgl. § 257c StPO). Diese gesetzliche Regelung ist nach einer Entscheidung des Bundesverfassungsgerichts auch verfassungsgemäß, obwohl ein „erhebliches Vollzugsdefizit" bestehe.[831] Nach der gesetzlichen Regelung dürfen aber nur die Rechtsfolgen Gegenstand der Verständigung sein (§ 257c Abs. 1 StPO), ausdrücklich ausgeschlossen ist eine Absprache über die vorgelagerte Frage, ob überhaupt ein Schuldspruch erfolgen muss (§ 257c Abs. 3 StPO), d.h. über die „strafrechtliche Bewertung" eines Sachverhalts darf es keine Verständigung geben.[832] Auch die Frage, welches Strafrecht zur Anwendung gelangen soll, gehört zur „strafrechtlichen Bewertung" des Sachverhalts – mit dieser Frage nach dem anwendbaren Recht wird nämlich geklärt, was überhaupt der Maßstab für die strafrechtliche Beurteilung ist. Wenn schon eine Verständigung über die Schuld des Beschuldigten unzulässig ist, muss eine Verständigung über das anwendbare Recht, das ja Grundlage für die strafrechtliche Schuld ist, *erst recht* verboten sein. Dagegen lässt sich auch nicht etwa einwenden, dass das Verbot der Verständigung über den Schuldspruch nur einfachrechtlich begründet sei und daher *de lege ferenda* geändert werden könnte. Dieses Verbot findet seine Grundlage nämlich nicht nur im einfachen Recht, sondern im verfassungsrechtlich verankerten Schuldprinzip.[833]

---

830 Besonders deutlich etwa die Kritik von *Schünemann*, der einen „Handel mit der Gerechtigkeit" befürchtet und „Wetterzeichen vom Untergang der deutschen Rechtskultur" sah und darüber hinaus sogar die Frage aufwirft, ob sich mit Zulassung der Absprache der Rechtsstaat „auf dem Weg in die ‚Bananenrepublik'" befinde. (Die Zitate sind jeweils Titeln verschiedener Beiträge von *Schünemann* entnommen, vgl. die Nachweise bei *Schünemann*, ZStW 2007, 945, 950 Fn. 22). Kritisch äußern sich aber auch u.a. *Hettinger*, JZ 2011, 292; *Meyer-Goßner*, ZStW 2007, 938; *ders.*, NStZ 2007, 425. Allerdings gibt es durchaus Stimmen, die die nunmehr erfolgte gesetzliche Regelung der Absprache befürworten, so etwa *Ignor*, ZStW 2007, 927.

831 Das BVerfG NJW 2013, 1058, 1069 (Rn. 116) hat festgestellt, dass dieses Vollzugsdefizit „derzeit" nicht die Verfassungswidrigkeit zur Folge hat, lässt also Raum dafür, bei einer Veränderung der Verständigungspraxis die nach wie vor bestehenden Bedenken neu zu bewerten und ggf. doch noch zum Verdikt der Verfassungswidrigkeit der Absprache insgesamt zu gelangen.

832 Vgl. auch *Meyer-Goßner/Schmitt*, StPO, § 257c Rn. 9; BGHSt 43, 195, 204.

833 So ausdrücklich zuletzt das Bundesverfassungsgericht in seiner Entscheidung zum Deal BVerfG NJW 2013, 1058, 1059 (Rn. 53) und S. 1067 (Rn. 103), jeweils m.w.N.

Eine Vereinbarung über das anwendbare Recht ist daher von Verfassungs wegen verboten.[834]

Auch ein alleiniges Wahlrecht der Staatsanwaltschaft bezüglich des anwendbaren Rechts ist abzulehnen. Das Ob und Wie der Strafbarkeit muss *gesetzlich* bestimmt sein und nicht durch eine Entscheidung der Staatsanwaltschaft bestimmt werden.

c) Ergebnis

Eine Übertragung des Gedankens der Rechtswahl auf das Strafrecht ist somit abzulehnen. Eine völlig „freie" Rechtswahl, d.h. die Wahl eines Rechts ohne Bezug zum Sachverhalt, wie sie im IPR möglich ist, wäre zudem mit den völkerrechtlichen Grundsätzen der Souveränität und der Nichteinmischung in die Angelegenheiten der betroffenen Staaten unvereinbar.

4) lex domicilii communis

Das Recht des gemeinsamen Wohnortstaates anzuwenden, wäre im Strafrecht mit zwei Schwierigkeiten behaftet: Zum Einen ist der Wohnort bisher nicht als eigenständiges[835] Anknüpfungskriterium anerkannt. Zum Anderen würde die Anknüpfung an das Recht des gemeinsamen Wohnortstaates dazu führen, dass das Recht am Tatort unberücksichtigt bliebe – und damit letztlich die staatliche Souveränität des Tatortstaates unterlaufen würde.

Besonders deutlich wird dies, wenn man das Kriterium des gemeinsamen Wohnortstaates durch das der gemeinsamen Staatsangehörigkeit von Täter und Opfer – dies entspräche eher der bisherigen Systematik im Internationalen Strafrecht – ersetzte. Der (Tatort-)Staat würde dann seine Strafgewalt – in Form der Rechtsetzungsgewalt – in Bezug auf Straftaten ausländischer Staatsangehöriger an deren Landsleuten aufgeben.

Eine solche Vorgehensweise mag im Einzelfall durchaus dem Rechtsfrieden zwischen Täter und Opfer, oder anders ausgedrückt dem „Genugtuungsinteresse"[836] des Opfers, dienen.[837] Der Rechtsfriede *insgesamt* ist damit jedoch noch nicht

834 Darüber hinaus wird das Schuldprinzip vom BVerfG unter die Ewigkeitsgarantie des Art. 79 Abs. 3 GG gestellt, BVerfG NJW 2009, 2267, 2289. Eine Vereinbarung über das anwendbare Recht ist daher sogar *de constitutione ferenda* verboten.

835 Vgl. oben Teil 1 § 6 zum Domizilprinzip.

836 *Eicker*, StV 2005, 631, 633.

837 Wobei man sich auch fragen muss, ob sich das Genugtuungsinteresse auf das angewandte Recht oder auf den Ort des Verfahrens (Schwierigkeiten, selbst am Verfahren teilzunehmen, Sprache, Verfahrensdauer, aber auch Prozessrecht einschließlich Fragen wie Laienbeteiligung usw.) bezieht. Hier spielen zwar beide Aspekte eine Rolle. Der Schwerpunkt dürfte aber auf der Frage des anwendbaren Rechts liegen. Die Frage, wie aus Sicht des Opfers „Genugtuung" erreicht wird, richtet sich nach seiner Rechtsvorstellung und damit wohl am ehesten nach dem materiellen Recht seines Heimatstaates.

wiederhergestellt. Unter dem Gesichtspunkt der Generalprävention muss der Staat ein Interesse daran haben, dass alle Personen, die sich im Gebiet dieses Staates aufhalten, sich an das *dort* geltende Recht halten und dass entsprechende Verstöße mit den vorgesehenen Sanktionen geahndet werden. Insofern kann man davon sprechen, dass der Rechtsfriede jedenfalls im Strafrecht nicht nur einen „Frieden" zwischen Täter und Opfer, sondern auch einen „Frieden" zwischen dem Täter und der Gesellschaft insgesamt meint. Die Anwendung eines gemeinsamen Wohnortrechts würde einem so verstandenen Rechtsfrieden nicht gerecht, eine Übertragung des Art. 4 Abs. 2 Rom-II *de lege ferenda* auf das Internationale Strafrecht ist daher abzulehnen.

5) Ausweichklausel

Eine Ausweichklausel bezüglich des anwendbaren Rechts erscheint mit Blick auf das Gebot *nulla poena sine lege* bedenklich. Dieser Grundsatz gilt nicht nur in Deutschland, sondern wird in zahlreichen Verfassungen, Strafgesetzen und Internationalen Verträgen festgehalten.[838] Man kann also von einem praktisch weltweit geltenden Grundsatz ausgehen, wenngleich die Reichweite nicht immer identisch ist.[839] Der Beschuldigte muss vor Tatbegehung wissen, dass und wie sein Verhalten strafbar ist.

Allerdings würde eine solche Ausweichklausel Raum für die teilweise geforderte Flexibilität einer Rangordnung der Anknüpfungspunkte bieten. Da die Ausweichklausel andererseits eng auszulegen ist, könnte damit ein Ausgleich zwischen Einzelfallgerechtigkeit und Grundprinzipien gelingen. Die Entscheidung über das anzuwendende Recht darf dann aber weder dem Geschädigten einer Straftat noch der Staatsanwaltschaft oder dem Beschuldigten zustehen, sondern allein einem Gericht.

Eine Ausweichklausel erscheint daher zwar nicht unproblematisch, aber zumindest denkbar, sofern es nötig sein sollte, beim anwendbaren Recht eine gewisse Flexibilität zu ermöglichen. Dabei muss eine solche Klausel eng begrenzt werden, etwa im Sinne eines *ordre public*-Vorbehalts (dazu noch unten Teil 4 § 3 E.).

6) Zusammenfassung

Die Ausnahmen vom Tatortrecht, die das Internationale Deliktsrecht vorsieht, sind auf die besondere Interessenkonstellation in diesem Rechtsbereich – Interessen der Parteien und des Staates an einer Entscheidung, die den Rechtsfrieden zwischen den Parteien wahrt bzw. wiederherstellt – zugeschnitten. Eine Übertragung aller Ausnahmebestimmungen auf das anwendbare Recht in Strafsachen erscheint

---

838 Vgl. etwa § 1 öStGB; Art. 15.5.1° Verfassung von Irland; Art. 7 EMRK; Art. 7 Afrikanische MRK; Art. 9 Amerikanische MRK.

839 So verlangt Deutschland bekanntermaßen ein geschriebenes Gesetz, während nach Art. 7 Abs. 2 EMRK auch Gewohnheitsrecht zur Aburteilung herangezogen werden kann.

weder möglich noch sinnvoll. Lediglich über eine Form der Ausweichklausel als flexibles Instrument wird man nachdenken können, um – sofern erforderlich – praktische Erwägungen und vor allem die Möglichkeit eines *ordre public*-Vorbehalts mit einfließen zu lassen.

D. Ergebnis zu den Vergleichsbereichen

Während im nationalen Strafrecht üblicherweise nur eigenes Recht angewendet wird, ist dies in den untersuchten Vergleichsbereichen anders: Sowohl dann, wenn eine gemeinsame, übergeordnete (Straf-)Rechtsordnung besteht (Interlokales Strafrecht), als auch dann, wenn es um die zivilrechtlichen Folgen unerlaubter Handlungen geht (Internationales Deliktsrecht), kann es dazu kommen, dass ein – aus der Sicht des Gerichts – fremdes Recht angewendet wird, und zwar entweder das Recht eines anderen Gliedstaates oder sogar ausländisches Recht.

Bei allen Besonderheiten des jeweiligen Rechtsbereichs haben beide Bereiche die Gemeinsamkeit, dass sie in erster Linie an das Recht des Tatorts anknüpfen.[840] Dass dabei jeweils etwas anderes unter dem Tatort verstanden wird, mag dabei zunächst unbeachtet bleiben (näher dazu aber unten Teil 4 § 4).

Teilweise wird auch an den Wohnort des bzw. der Beteiligten angeknüpft. Im Interlokalen Strafrecht geschieht dies jedoch zu Unrecht; soweit im Internationalen Deliktsrecht ein Vorrang des gemeinsamen Wohnortrechts vorgesehen ist, lässt sich die dahinter stehende Überlegung nicht auf das Internationale Strafrecht übertragen. Ein Vorrang des Wohnortrechtes im Internationalen Strafrecht scheidet daher aus.

Ob es – wie im Internationalen Deliktsrecht, aber nicht im Interlokalen Strafrecht – einer Flexibilisierung im Einzelfall, etwa durch eine „Ausweichklausel", bedarf, muss weiter untersucht werden (dazu noch unten Teil 4 § 3 E.).

E. Spezifische Erwägungen für das Strafrecht

Es könnte allerdings auch spezielle (international-)strafrechtliche Gründe geben, die dafür sprechen, entweder das Recht des Tatortes anzuwenden oder in bestimmten Fällen davon Ausnahmen vorzusehen, entweder über eine „Ausweichklausel" oder, indem einzelne Fallgruppen vom Vorrang des Tatortrechts ausgenommen werden. So könnten allgemeine Prinzipien des Strafrechts – etwa das Gebot *nulla poena sine lege* oder der Schuldgrundsatz – gegen einen absoluten Vorrang des Tatortrechts sprechen. Schließlich stellt sich die Frage, ob und wie die Interessen der am Strafverfahren beteiligten Personen bei der Bestimmung des anwendbaren Strafrechts zu berücksichtigen sind.

840 Außer Betracht bleibt hier das Verhältnis zum Staatsschutzprinzip, da dies insbesondere im Internationalen Deliktsrecht keine Rolle spielt.

I. Nulla poena sine lege

Nach dem rechtsstaatlichen Grundsatz *nulla poena sine lege* muss die Strafbarkeit bereits vor Begehung der Tat feststehen. Diese Voraussetzung ist erst dann erfüllt, wenn es einen Straftatbestand gibt, der die konkrete Tat an dem konkreten Tatort oder an dem Gerichtsort[841] erfasst.[842]

Der Grundsatz *nulla poena sine lege* ist aber weiter zu verstehen, und zwar so, dass vor der Tatbegehung nicht nur das „Ob", sondern auch das „Wie" der Strafbarkeit feststehen muss.[843] Der Täter muss also wissen können, mit welcher Strafe (nach Art und Höhe) sein Verhalten geahndet werden kann. Solange er jedoch nicht weiß, welches Recht auf „seinen" Fall angewendet werden wird, hat er nicht die Möglichkeit, die Sanktion zu kennen.[844] Insofern legt der *nulla poena*-Grundsatz die Notwendigkeit einer verbindlichen Festlegung des anwendbaren Rechts zumindest nahe, auch wenn der Täter das Wissen um die mögliche Sanktion für *jede* in Betracht kommende Rechtsordnung haben kann.[845] Allerdings kann der *nulla poena*-Grundsatz nicht aufzeigen, wann eine Norm rechtmäßig „gelten" darf oder *welche* von mehreren anwendbaren Strafnormen Vorrang genießen soll. Er spricht also zunächst weder für noch gegen einen Vorrang des Tatortrechts, aber durchaus allgemein für eine feste Rangordnung; zu Problemen mit dem *nulla poena*-Satz bei der Anwendung ausländischen Rechts noch näher unten Teil 4 § 3 C.III.

---

841 Zu Frage, auf welchen „Ort" es in Bezug auf den *nulla poena*-Grundsatz ankommt, noch ausführlich unten Teil 4 § 3 C.III.2)d).

842 Anders *Träskman*, Nordisk Tidsskrift for Kriminalvidenskab (Tillæg) 1989, 135, 149, der der Auffassung ist, „die meisten" Strafgesetze würden universell gelten, so dass *nulla poena sine lege* schon dann Genüge getan ist, wenn irgendein Staat die Strafbarkeit eines Verhaltens festlegt.

843 Zumindest nach deutschem Verständnis, vgl. nur BVerfGE 25, 269, 285 „was strafrechtlich verboten ist *und welche Strafe ihm für den Fall eines Verstoßes droht*" (Hervorhebung J.B.), sowie *Jarass/Pieroth*, Grundgesetz, Art. 103 Rn. 51 m.w.N. Die folgenden Ausführungen zum Grundsatz *nulla poena sine lege* beziehen sich daher auch auf das deutsche Recht. Der Grundsatz selbst gilt zwar auch völkerrechtlich, vgl. Art. 7 EMRK, Art. 7 Abs. 2 Afrikanische MRK. Allerdings wird der Grundsatz im deutschen Recht wohl strenger verstanden als etwa nach der EMRK. So lässt die EMRK auch ungeschriebenes Recht zu (vgl. *Frowein/Peukert*, EMRK, Art. 7 Rn. 4) und enthält eine – historisch durchaus nachvollziehbare – Ausnahmeklausel in Art. 7 Abs. 2, die sich im deutschen Recht nicht findet.

844 In Fällen eines Strafgewaltkonflikts liegt daher „der Vorwurf auf der Hand" (*Zimmermann*, Strafgewaltkonflikte, S. 140), dass wegen möglicherweise entgegen gesetzter Normbefehle der unterschiedlichen Staaten ein Verstoß gegen *nulla poena sine lege* vorliegt.

845 Vgl. auch *Böse* in FS-Wolter, S. 1311, 1319. *Zimmermann*, Strafgewaltkonflikte, S. 183 meint ebenfalls, wenn die Strafbarkeit nach *jeder* in Betracht kommenden Rechtsordnung vorhersehbar sei, werde der „Gehalt des Bestimmtheitsgrundsatzes ... nur unvollständig erfasst".

II. Das Schuldprinzip, insbesondere das Unrechtsbewusstsein – Argument gegen das Tatortrecht?

Gegen einen Vorrang des Tatortrechts könnte aber das Schuldprinzip sprechen, und hier im Besonderen das Erfordernis eines Unrechtsbewusstseins: Strafe setzt Schuld voraus,[846] wobei das Bewusstsein, Unrecht zu tun, ein wesentlicher Bestandteil der Schuld ist.[847]

Problematisch ist dabei der Fall, dass das Tatortrecht dem Täter nicht bekannt bzw. nicht im Sinne eines Unrechtsbewusstseins „bewusst" ist. Dann könnte es vorzugswürdig sein, das Recht anzuwenden, das dem Täter am geläufigsten ist, d.h. in der Regel das Recht des Staates, dem er angehört. Dies würde auch – die Möglichkeit mehrfacher Staatsangehörigkeit einmal außer Acht gelassen – ein „hohes Maß an Prognostizierbarkeit"[848] – oder anders ausgedrückt: Rechtssicherheit – für den Täter bedeuten.[849]

Aus dem Aspekt des Unrechtsbewusstseins daher einen Vorrang des Heimatrechts vor dem Tatortrecht abzuleiten, ist jedoch nicht haltbar: Zum Einen erwartet die Rechtsordnung, dass sich auch Ausländer mit den Rechtsnormen des Staates, in dem sie sich aufhalten, auseinander setzen.[850] Zum Anderen ist die Rechtsfolge bei fehlendem Unrechtsbewusstsein klar geregelt, so dass kein Raum für eine ergänzende Anwendung eines dem Täter bekannten Rechts besteht.[851] Zuletzt ist auch davon auszugehen, dass ein Staat nicht darauf verzichten wird,[852] seine Strafrechtsordnung auch gegenüber Ausländern durchzusetzen. Das wäre aber die Folge, wenn generell auf das vermeintlich „bekanntere" Heimatrecht abgestellt würde. Die Tatsache, dass dem Täter seine eigene Rechtsordnung am

---

846 Vgl. § 46 StGB.

847 § 17 StGB, vgl. auch BGHSt (GrS) 2, 194.

848 *Gropp* in Sinn (Hrsg.), Jurisdiktionskonflikte, S. 41, 53, der diesen Vorschlag im Ergebnis ablehnt, seine Ablehnung aber mit „eher praktischen Probleme[n]" (z.B. Beweiserhebung, Mittäter aus unterschiedlichen Staaten) begründet.

849 Diese Lösung schlägt *Fuchs* in Schünemann (Hrsg.), Gesamtkonzept, S. 112, 115 – allerdings ohne Bezugnahme auf das Schuldprinzip – für den Bereich der Europäischen Union vor: Es bestünde dann „Klarheit", nach welchem Recht jeder sein Handeln auszurichten habe. Die berechtigten Einwände dagegen sind aber, anders als *Fuchs* meint, nicht auf „überkommenes Souveränitätsdenken" zurück zu führen, vgl. schon oben Teil 2 § 4 D.II.

850 Vgl. nur *Sternberg-Lieben/Schuster* in Schönke/Schröder, StGB, § 17 Rn. 17 m.w.N.; dies gilt ungeachtet der Tatsache, dass ein Ausländer bei Grenzübertritt – in den Worten von *Binding*, Handbuch des Strafrechts, S. 389 keinen „Kursus des inländischen Rechts" absolviert.

851 Schon deshalb, weil sich die Vorstellung des Täters nicht zwingend mit der Heimatrechtsordnung des Täters deckt, kann man auch nicht von einer mittelbaren Berücksichtigung des Heimatrechts sprechen.

852 Für Deutschland wäre mit Blick auf Art. 3 GG, der nicht nur für Deutsche gilt, zudem fraglich, ob der Staat darauf verzichten *darf*.

ehesten vertraut ist, rechtfertigt es also nicht, in erster Linie dieses Recht an Stelle des Tatortrechts anzuwenden.

III. Das Prinzip der beiderseitigen Strafbarkeit – Argument gegen jeglichen Vorrang?

Außerdem könnte das Prinzip der beiderseitigen Strafbarkeit relevant für die Bestimmung des anwendbaren Rechts sein und etwas darüber aussagen, ob es einen Vorrang des Tatortrechts geben darf. Das Prinzip der beiderseitigen Strafbarkeit spielt im Strafrecht in zwei Richtungen eine Rolle.[853] Einerseits begrenzt es auf materiell-rechtlicher Ebene die Strafbarkeit, indem bei einigen Auslandstaten die Strafbarkeit am Tatort Voraussetzung für die Geltung anderer (Straf-)Rechtsordnungen ist.[854] Andererseits begrenzt das Prinzip der beiderseitigen Strafbarkeit auch auf prozessualer Ebene die Möglichkeit der Auslieferung: Eine Auslieferung erfolgt in der Regel nur dann, wenn die Tat nicht nur in dem ersuchenden Staat, der oftmals – aber nicht zwingend – der Tatortstaat sein wird,[855] strafbar ist, sondern zusätzlich auch in dem ersuchten Staat.

1) Auslieferungsrecht

In Bezug auf die Auslieferung ist allgemein anerkannt, dass das Prinzip der beiderseitigen Strafbarkeit eine der „grundlegenden Bedingungen" für eine Auslieferung darstellt.[856] Dieser Grundsatz hat zwar für einige Regionen einen Teil seiner Bedeutung verloren,[857] global betrachtet gilt er aber nach wie vor.

Auf den ersten Blick scheint dieser vermeintliche Grundsatz gegen den Vorrang einer bestimmten Rechtsordnung zu sprechen, setzt doch die *beiderseitige* Strafbarkeit in gewisser Weise alle beteiligten Rechtsordnungen gleich: Wenn nur eine der Rechtsordnungen davon ausgeht, dass keine Straftat vorliegt, kann eine Auslieferung nicht erfolgen.

Dieser erste Eindruck ist jedoch nicht richtig. Ausgangspunkt bei der Auslieferung ist es, dass eine Handlung in *einem* Staat, dem ersuchenden Staat, strafbar ist. Diese Strafbarkeit besteht völlig unabhängig davon, ob dies nach der Rechtsordnung anderer Staaten auch so ist. Selbst dann, wenn eine Auslieferung nicht möglich sein sollte, bleibt das Verhalten in dem betreffenden Staat strafbar – und wird wohl auch spätestens dann, wenn der Täter etwa freiwillig in den ersuchenden

853 Zum Unterschied zwischen beiden Spielarten dieses Prinzips auch *van den Wyngaert*, Nordisk Tidsskrift for Kriminalvidenskab (Tillæg) 1989, 43, 50.

854 Vgl. im gegenwärtigen deutschen Recht § 7 StGB.

855 Vgl. schon oben Teil 2 § 2 C.I.

856 *Träskman*, Nordisk Tidsskrift for Kriminalvidenskab (Tillæg) 1989, 135, 140.

857 Vgl. oben Teil 2 § 4 B.IV. zum Europäischen Haftbefehl, sowie Fn. 567 zum Nordischen Haftbefehl.

Staat einreist, oder von einem anderen Staat ausgeliefert wird, verfolgt werden.[858] Es besteht für den ersuchenden Staat keinerlei Pflicht, sich über das materielle Recht anderer Staaten zu informieren oder gar dieses Recht zu berücksichtigen oder anzuwenden; er darf sein Auslieferungsersuchen allein auf die Strafbarkeit des fraglichen Verhaltens nach seinem eigenen Strafrecht stützen, d.h. allein – und nicht nur „vorrangig" – sein eigenes Recht zu Grunde legen.[859]

Aus Sicht des ersuchten Staates stellt das Prinzip der beiderseitigen Strafbarkeit dagegen – wiederum „nur" auf prozessualer Ebene – sicher, dass er nicht an einer Aburteilung mitwirken muss, die seiner eigenen Wertungsentscheidung zuwider läuft.[860] Nur insofern kann man davon ausgehen, dass ein Vorrang einer anderen Rechtsordnung nicht absolut gelten kann.

2) Materielles Recht

In materiell-rechtlicher Hinsicht wird der Bezug gerade zum Recht des Tatortes sehr viel deutlicher. Hier besagt das Prinzip der beiderseitigen Strafbarkeit nämlich, dass ein Verhalten nur dann nach dem Recht eines Staates strafbar ist, wenn es gleichzeitig auch in dem Tatortstaat strafbar ist.[861] Dieses Prinzip ist im geltenden deutschen Recht – zu Unrecht[862] – nur in § 7 StGB umgesetzt. Erforderlich ist dabei nicht, dass eine inhaltlich identische Norm am Tatort[863] besteht, sondern dass das Verhalten überhaupt – nach irgendeiner Norm des Tatortrechts – strafbar ist.[864] Es ist nicht einmal erforderlich, dass mit dem Tatortrecht derselbe Rechtsgedanke wie im deutschen Recht verfolgt wird.[865] Das konkrete Verhalten muss also anhand der gesamten (Straf-)Rechtsordnung des Tatortes, einschließlich des Neben- und ggf. ungeschriebenen Strafrechts, sowie der Rechtfertigungs- und

858 Spätestens nach einer erfolgten Auslieferung oder freiwilligen Einreise gilt nur noch das Recht des ersuchenden Staates; von der oben angedeuteten Gleichberechtigung der Rechtsordnungen kann dann keine Rede mehr sein.

859 Ein Vorrang bzw. die alleinige Geltung gerade des *Tatortrechts* folgt daraus jedoch – auch aus Sicht des ersuchenden Staats – nicht, denn der ersuchende Staat ist nicht zwangsläufig der Tatortstaat, wenngleich die Auslieferungsverträge dies als Regelfall annehmen, vgl. dazu oben Teil 2 § 2 C.I.

860 *van den Wyngaert*, Nordisk Tidsskrift for Kriminalvidenskab (Tillæg) 1989, 43, 52; zur Frage, inwieweit Wertungsunterschiede im Strafrecht berücksichtigt werden müssen und von welcher Qualität diese Wertungsunterschiede sein müssen, auch noch unten Teil 4 § 3 E.

861 *van den Wyngaert*, Nordisk Tidsskrift for Kriminalvidenskab (Tillæg) 1989, 43, 43.

862 Vgl. insbesondere oben Teil 1 § 4 und Teil 1 § 5.

863 Insofern ist die gelegentlich anzutreffende Formulierung vom Erfordernis einer „identischen Tatortnorm" (vgl. nur *Eser* in Schönke/Schröder, StGB, § 7 Rn. 7) missverständlich.

864 *van den Wyngaert*, Nordisk Tidsskrift for Kriminalvidenskab (Tillæg) 1989, 43, 43.

865 *Werle/Jeßberger* in LK-StGB, § 7 Rn. 30.

Entschuldigungsgründe bewertet werden.[866] Nur dann, wenn die Strafbarkeit am Tatort gegeben ist, gilt überhaupt deutsches Strafrecht. Die Geltung des deutschen Strafrechts wird somit von der Strafbarkeit am Tatort abhängig gemacht. Mit dieser Abhängigkeit wird gezeigt, dass – jedenfalls für die von § 7 StGB erfassten Fälle – der Bewertungsentscheidung des Tatortstaates eine höhere Bedeutung zugemessen wird als der eigenen.[867]

Umgekehrt akzeptiert aber das deutsche Recht nicht *jede* Entscheidung des Tatortstaates, sondern nur solche, die es selbst teilen kann. Wie schon bei der Auslieferung zwingt auch das materiell-rechtliche Prinzip der beiderseitigen Strafbarkeit keinen Staat dazu, sich über seine eigene Wertungsentscheidung hinwegzusetzen. Das ist grundsätzlich durchaus konsequent, denn wenn ein Staat schon nicht ausliefern muss, wenn die Strafbarkeit seiner eigenen Wertung widerspricht, muss es ihm erst recht möglich sein, die Aburteilung durch eigene Gerichte auf Grundlage eines fremden Rechts zu verweigern.[868]

3) Ergebnis zur beiderseitigen Strafbarkeit

Das Prinzip der beiderseitigen Strafbarkeit spricht jedenfalls *nicht gegen* den Vorrang einer Rechtsordnung. Der Begriff „beiderseitig" beinhaltet nämlich sowohl bei der Auslieferung als auch in materiell-rechtlicher Hinsicht nicht die Gleichrangigkeit der betroffenen Rechtsordnungen.

Allerdings stellt dieses Prinzip – in beiden Ausprägungen – auch sicher, dass sich kein Staat entgegen seiner eigenen Bewertungsentscheidung verhalten muss. Selbst dann, wenn man also einen Vorrang, etwa des Tatortrechts, annehmen würde, kann dieser Vorrang durch andere Staaten, mit Verweis auf ihr inländisches Recht außer Acht gelassen werden. Man kann also davon sprechen, dass ein etwaiger Vorrang immer „unter Vorbehalt" gestellt werden muss.

Für die hier angedachte Trennung der Fragen nach dem anwendbaren Recht und dem Ort des Verfahrens bedeutet dies, dass ein Wertungsunterschied zwischen der *lex fori* und der *lex loci* im Einzelfall zu Gunsten der *lex fori* entschieden werden müsste. Dabei wird allerdings noch zu klären sein, von welcher Qualität ein solcher Bewertungsunterschied zwischen den Rechtsordnungen sein muss, insbesondere ob es für die Annahme eines beachtlichen Bewertungsunterschieds ausreicht, wenn die *lex loci* dem einfachen Recht am Gerichtsort widerspricht, oder ob ein Verstoß gegen den *ordre public* des Gerichtsortes erforderlich ist. Sollte ersteres der Fall sein, müsste man davon ausgehen, dass – entsprechend der bisherigen

866 *Ambos* in MüKo-StGB, § 7 Rn. 6, 10.

867 Vgl. auch schon oben Teil 1 § 10 B. zur abhängigen und unabhängigen Strafgewalt.

868 Vgl. aber noch unten Teil 4 § 3 E. zur Frage, welche Qualität ein Wertungsunterschied *de lege ferenda* haben sollte, um berücksichtigt zu werden. Die dort vorgetragenen Überlegungen müssen konsequenterweise auch für die Auslieferung *de lege ferenda* gelten, d.h. die Auslieferung sollte in einem größeren Umfang als bisher zulässig werden.

Situation – Voraussetzung für eine Verurteilung die Strafbarkeit sowohl nach der *lex fori* als auch nach der *lex loci* wäre; von einem echten *Vorrang* des Tatortrechtes ließe sich dann kaum noch reden.[869]

IV. Berücksichtigung von Interessen der Beteiligten?

Oben wurde bereits angedeutet, dass eine *Vereinbarung* des anwendbaren Rechts zwischen den Beteiligten nicht zulässig ist.[870] Das schließt nicht aus, bei einer etwaigen Festlegung des anwendbaren Rechts, die wohl abstrakt durch den Gesetzgeber erfolgen muss, die Interessen der beteiligten Personen zu berücksichtigen, also in erster Linie die Interessen des Beschuldigten, daneben aber auch die des Geschädigten.

1) Interessen des Beschuldigten

Der Beschuldigte hat ein nachvollziehbares Interesse daran, dass ein möglichst mildes Recht angewendet wird, gleichgültig ob es sich dabei um die *lex loci*, die *lex patriae*, die *lex fori* oder irgendein anderes Recht handelt. Er darf sich allerdings in keinem Fall das weltweit „günstigste" Recht aussuchen, sondern allenfalls unter mehreren anwendbaren Rechten auswählen.[871]

Wenn das mildeste Recht die *lex loci* ist, deckt sich das Interesse des Beschuldigten mit der bislang vertretenen These vom Vorrang des Tatortrechts. Wenn die *lex fori* milder sein sollte, so hat der Beschuldigte kein Interesse daran, dass das Tatortrecht angewendet wird. Wenn dagegen das Heimatrecht des Beschuldigten das mildeste ist, so könnte der Beschuldigte darauf bestehen wollen, dass eben dieses Recht zur Anwendung gelangt – mit der Folge, dass er milder bestraft würde oder gar straflos bliebe. Wenn der Beschuldigte sich aber stets auf sein Heimatrecht berufen könnte, um einer schärferen Verurteilung zu entgehen, hätte dies letztlich zur Konsequenz, dass der Beschuldigte zumindest teilweise nicht die Gesetze des Staates beachten müsste, in dem er sich gerade aufhält, sondern sich nur an seine Heimatrechtsordnung halten müsste. Dass dies die Staaten nicht zulassen werden und dürfen, wurde bereits gezeigt.[872]

Entscheidend dafür, dem Interesse des Beschuldigten an einem möglichst milden anwendbaren Recht keine Bedeutung zukommen zu lassen, ist aber folgende Überlegung: Es ist nicht möglich, abstrakt festzustellen, welches Recht das

---

869 In Bezug auf die Auslieferung „nur" für einen *ordre public*-Vorbehalt anstelle der Voraussetzung beiderseitiger Strafbarkeit etwa *Lagodny*, ZStW 1989, 987, 996 f. Dagegen insbesondere *Schünemann*, ZStW 2004, 376, 385. *Schünemann* geht davon aus, dass die Voraussetzung der beiderseitigen Strafbarkeit „grundrechtsfundiert" sei.

870 Teil 3 § 3 C.V.3).

871 Auf diese – eigentlich selbstverständliche – Tatsache weist auch *Hein*, Zuständigkeitskonflikte, S. 231 hin.

872 Vgl. schon oben Teil 1 § 4 B. zur Problematik eines absoluten aktiven Personalitätsprinzips.

mildeste ist;[873] auch eine Betrachtung der Strafrahmen hilft nicht in jedem Fall weiter. Vielmehr müsste für jeden Einzelfall untersucht werden, welches Recht das mildeste Recht ist, was einen gewissen Aufwand mit sich bringt. Außerdem wäre nicht nur die Hauptstrafe, sondern ggf. auch zu verhängende Nebenstrafen zu berücksichtigen. Hier ist es durchaus vorstellbar, dass jeder Beschuldigte unterschiedliche Prioritäten setzt: Beispielsweise wird manch ein Beschuldigter eine höhere Geldstrafe nach dem Recht des Staates X in Kauf nehmen, um einer geringeren Geldstrafe nach dem Recht des Staates Y zu entgehen, wenn im Staat Y zugleich ein Fahrverbot verhängt werden kann. Nimmt man daher den Gedanken ernst, das Interesse des Beschuldigten zu berücksichtigen, müsste man im Einzelfall den Beschuldigten danach fragen, welche Rechtsordnung er als die mildeste ansieht.[874] Damit würde er aber – wenn auch nur teilweise – in eigener Sache über seine Strafbarkeit entscheiden. Eine solche Entscheidung über die eigene Strafbarkeit steht dem Beschuldigten nicht zu (*nemo iudex in sua causa*). Gleichzeitig wäre eine solche Entscheidung eine Verfügung über den staatlichen Strafanspruch, der einer Privatperson – wie bereits ausgeführt – nicht zusteht.[875]

Es ist also nicht nur eine Vereinbarung des anwendbaren Rechts mit Beteiligung des Beschuldigten unzulässig,[876] sondern dasselbe gilt auch – erst recht – für eine einseitige Bestimmung des anwendbaren Rechts allein durch den Beschuldigten. Da sich anders als durch Befragung des Beschuldigten das konkrete Interesse des Beschuldigten nicht feststellen lässt, muss dieses Interesse hinter die staatlichen Interessen zurücktreten und kann einer Anwendung des Tatortrechts nicht im Wege stehen.

2) Interessen des Geschädigten

Oben wurde gezeigt, dass eine Vereinbarung über das anwendbare Recht zwischen dem Geschädigten und dem Beschuldigten unzulässig ist.[877] Das bedeutet aber

---

873 Zwar mag man durchaus allgemeine Unterschiede in der Punititvität verschiedener Strafrechtsordnungen feststellen, vgl. *Tamarit Sumulla*, FS-Tiedemann, S. 1413, 1420. Diese Unterschiede gelten aber keineswegs für das *gesamte* Strafrecht. So ist etwa die ansonsten im Vergleich zur deutschen vermeintlich „strengere" englische Strafrechtsordnung in Bezug auf Wirtschaftskriminalität oder äußerungsbezogene Kriminalität keineswegs streng. Umgekehrt ist das deutsche Strafrecht durchaus „strenger" als andere europäische Rechtsordnungen, wenn es um strafrechtlich sanktionierte Verbote im Bereich der Forschung (etwa in Bezug auf embryonale Stammzellen) geht.

874 Dass hierin ein „Rosinenpicken" liegt, wird nicht erst dann deutlich, wenn man den Fall mit einbezieht, dass mehrere Straftaten gleichzeitig abgeurteilt werden, von denen nach Auffassung des Beschuldigten die eine diesem, die andere jenem Recht unterfallen soll.

875 Vgl. oben Teil 3 § 3 C.V.3)a) zur Vereinbarung zwischen dem Geschädigten und dem Beschuldigten.

876 Dazu schon oben Teil 3 § 3 C.V.3).

877 Teil 3 § 3 C.V.3)a).

nicht, dass die Interessen des Geschädigten überhaupt nicht berücksichtigt werden dürfen, wenngleich es ein starker Hinweis in diese Richtung ist.

Das Interesse des Geschädigten dürfte neben einem Aufklärungsinteresse vor allem ein – immaterielles[878] – Interesse daran sein, dass der Täter bestraft wird. Dabei könnte es ihm darum gehen, dass seine eigenen Rechts- und Wertvorstellungen zur Geltung kommen, wobei damit selbstverständlich nicht die persönliche Meinung des Geschädigten, sondern nur die „heimatlichen" Rechts- und Wertvorstellungen gemeint sein können. Es dürfte dem Geschädigten aber oft auch darum gehen, eine möglichst harte Bestrafung des Täters zu erreichen.[879] Unter diesem Gesichtspunkt wäre die Anwendung der im konkreten Fall strengsten Rechtsordnung im Interesse des Geschädigten. Ein solches Interesse ist aber nicht rechtlich geschützt, wie etwa die Existenz des § 400 StPO zeigt. Nach dessen 1. Alternative sind Rechtsmittel des Nebenklägers ausgeschlossen, die sich (nur) auf die Höhe der Strafe beziehen, der Nebenkläger ist – wiederum weil der Strafanspruch dem Staat, und nicht einem Privaten, zusteht – insoweit nicht beschwert.[880]

Mögliche Interessen des Geschädigten müssen daher bei der Bestimmung des anwendbaren Rechts insgesamt außer Betracht bleiben.

V. Ergebnis zu den strafrechtlichen Erwägungen

Aus dem Gedanken der Notwendigkeit des Unrechtsbewusstseins für eine Bestrafung und dem Grundsatz *nulla poena sine lege* lässt sich weder ein Vorrang des Tatortrechtes noch das Gegenteil ableiten. Aus dem Prinzip der beiderseitigen Strafbarkeit ergibt sich eine Abhängigkeit vom Tatortrecht und damit ein gewisser Vorrang dieses Rechts. Allerdings zeigen sich hier auch die Grenzen eines solchen Vorrangs: Effektiv durchsetzbar ist das Tatortrecht nämlich nur dann, wenn die anderen beteiligten Staaten die Auslieferung ermöglichen, die oft – unter anderem – an die Voraussetzung der beiderseitigen Strafbarkeit gebunden ist, zumindest aber

878 Die strafrechtliche Aburteilung hat keine unmittelbaren Auswirkungen z.B. auf zivilrechtliche Schadensersatzansprüche, wenngleich im Zivilprozess in der Regel den strafgerichtlichen Feststellungen (im Fall einer Verurteilung) zu folgen sein wird, vgl. KG, Urteil vom 25.01.2006, 11 U 6883/97, juris.de; OLG Köln, FamRZ 1991, 580.

879 So auch *Zimmermann*, Strafgewaltkonflikte, S. 207.

880 Diese fehlende Beschwer ist der Grund für die Regelung des § 400 StPO in beiden Alternativen, vgl. *Meyer-Goßner/Schmitt*, StPO, § 400 Rn. 1; *Pfeiffer*, StPO, § 400 Rn. 1. Es gibt also keinen Anspruch des Geschädigten auf eine bestimmte Strafhöhe; ein Urteil, das nur im Rechtsfolgenausspruch „zu mild" ist, verletzt nicht die Rechte des Geschädigten, vgl. auch die Begründung zum Gesetz über die Verbesserung der Stellung des Verletzten im Strafverfahren vom 18.12.1986, das an dieser Stelle allerdings gerade keine Verbesserung für den Verletzten darstellt (seit Erlass der RStPO war nur geregelt, dass der Nebenkläger sich der „Rechtsmittel ... unabhängig von der Staatsanwaltschaft bedienen kann", vgl. § 441 RStPO), BT-Drs. 10/5305, S. 15.

daran, dass die Strafbarkeit im ersuchenden Staat der Rechtsordnung des ersuchten Staates nicht vollkommen widerspricht. Man kann also von einem „Vorrang unter Vorbehalt“ sprechen.

F. Ergebnis zum anwendbaren Recht

Sowohl aus dem Vergleich mit ähnlichen Konstellationen als auch aus genuin strafrechtlichen Erwägungen heraus ist *de lege ferenda* mithin noch deutlicher auf einen Vorrang des Tatortrechts, ggf. unter dem teilweisen[881] Vorbehalt der Strafbarkeit auch am Gerichtsort, hinzuwirken. Etwas anderes gilt für Staatsschutzangelegenheiten: Hier ist jeweils das Recht des geschützten Staates anzuwenden. Bei Straftaten, die sich gegen Weltrechtsgüter richten oder bei denen ein völkerrechtliches Kriminalisierungsgebot besteht, darf der Vorrang des Tatortrechts nicht zur Straflosigkeit führen. Im Übrigen darf allenfalls in eng begrenzten Ausnahmefällen ein anderes Recht vorrangig berücksichtigt werden.

§ 4 Ort des Verfahrens – Gerichtsstand und vergleichbare Problembereiche

Soweit es beim Umgang mit konkurrierenden Strafgewalten um die Wahl des optimalen Gerichtsortes geht, muss – neben der Frage des anwendbaren Rechts – auch untersucht werden, ob und wie ein solcher „optimaler Ort“ bestimmt werden kann. In der gegenwärtigen Diskussion bildet die Frage des optimalen Ortes sogar – wie gezeigt – einen Schwerpunkt.[882]

Die Schwierigkeiten, die sich hier auf internationaler Ebene im Zusammenhang mit konkurrierenden Strafgewalten ergeben, finden sich in ähnlicher Form auch in anderen Rechtsbereichen. Dazu gehört zunächst die Frage nach dem Gerichtsstand im nationalen Strafrecht, sowie darüber hinaus nach dem Gerichtsstand im nationalen Deliktsrecht.[883] Diese Bereiche befassen sich mit dem Ort des Gerichts, wenn auch – mangels internationalen Bezugs – nicht im eigentlichen Sinne mit der Urteilsgewalt. Auf internationaler Ebene ist an das Internationale Zivilverfahrensrecht als Vergleichsgegenstand zu denken.

Es wird daher nachfolgend näher untersucht, wie der Ort des Verfahrens in dem jeweiligen Rechtsbereich bestimmt wird und inwieweit unter Berücksichtigung der Besonderheiten des Internationalen Strafrechts eine Übertragung der dahinter

---

881 Wie weit dieser Vorbehalt reichen darf und muss, wird noch näher unten Teil 4 § 3 E. erörtert.

882 Verwiesen sei nochmals insbesondere auf die Überschrift des Beitrags von *Vander Beken/Vermeulen/Steverlynk/Thomaes*, Finding the *best place* for jurisdiction (Hervorhebung J.B.); vgl. auch schon Fn. 701.

883 Zur Vergleichbarkeit von *materiellem* Straf- und Deliktsrecht vgl. schon oben Teil 3 § 3 C.

stehenden Grundgedanken auf die Problematik der konkurrierenden Strafgewalten *de lege ferenda* in Betracht kommt.

A. Gerichtsstand im nationalen Strafrecht

I. Vergleichbarkeit von Strafanwendungsrecht und Gerichtsstandsbestimmung

Aus der Sicht des deutschen Rechts fällt schon bei der Suche nach den Rechtsgrundlagen ein Unterschied zwischen dem Strafanwendungsrecht und den Regelungen zum Gerichtsstand ins Auge: Während die Frage nach dem Gerichtsstand in den §§ 7 ff. StPO geregelt ist, finden sich die Bestimmungen des Internationalen Strafrechts im StGB. Anders ausgedrückt: Während es sich bei der Frage, wie der Gerichtsstand bestimmt wird, eindeutig um Prozessrecht handelt, kann man die Regelungen des Internationalen Strafrechts als Bestandteil des materiellen Rechts ansehen.[884]

Ein zusätzlicher, nicht weniger offensichtlicher Unterschied zwischen beiden Rechtsbereichen liegt darin, dass in dem einen Fall das Völkerrecht und die Souveränität anderer Staaten maßgeblich mit betroffen sind (Internationales Strafrecht), während es sich im anderen Fall um rein innerstaatliche Angelegenheiten handelt (Gerichtsstand).

Als letzten Unterschied, der allerdings eher quantitativer als qualitativer Natur ist, gilt es zu berücksichtigen, dass es im internationalen Bereich z.B. sehr viel größere Entfernungen zu überbrücken gilt, so dass die Wahl eines bestimmten Gerichtsortes mit mehr Aufwand für den einen oder anderen Beteiligten einhergeht. Soweit also eine Lösung im Bereich des nationalen Gerichtsstands auf eine Abwägung unterschiedlicher Interessen zurückzuführen ist, müsste bei einer Übertragung auf die internationale Ebene berücksichtigt werden, dass diese Interessen hier ggf. anders zu gewichten sind und somit zu einem anderen Abwägungsergebnis führen könnten.

Gemeinsam ist beiden Rechtsbereichen jedoch, dass es zumindest *auch* darum geht, einen geeigneten Ort für ein gerichtliches Verfahren zu finden. In beiden Fällen sind zudem die Kriterien, wie sich im Einzelnen zeigen wird, recht ähnlich: Eine zentrale Rolle spielt jeweils der Tatort. Man kann daher mit *Lagodny* durchaus von einem „Parallelproblem“[885] sprechen. Bei Beachtung der jeweiligen Besonderheiten

---

884 So jedenfalls das deutsche Recht. In anderen Staaten ist das Strafanwendungsrecht in der Strafprozessordnung geregelt. Aus dieser Perspektive stellt sich das Strafanwendungsrecht als der Rechtsbereich dar, der eine Art „Internationalen (Straf-)Gerichtsstand“ begründet, wobei materiell-rechtliche Erwägungen wegen der stillschweigenden Annahme, die Strafgesetzbücher aller Staaten seien in dieser Hinsicht ohnehin vergleichbar, keine Rolle spielen; vgl. dazu *Oehler*, Internationales Strafrecht, Rn. 36 ff.

885 *Lagodny*, Gutachten, S. 9.

und möglicherweise zu berücksichtigenden Interessen der beteiligten Staaten und Personen – hier insbesondere des Beschuldigten – kommt es daher grundsätzlich in Betracht, Lösungen aus dem einen Bereich auf den anderen zu übertragen.

II. Gerichtsstand im deutschen Strafprozessrecht

Im deutschen Recht gibt es für die Bestimmung des Gerichtsstandes verschiedene Kriterien, die zunächst kurz dargestellt werden sollen. Da es bei der Übertragung auf die international-strafrechtliche Ebene nur auf den Ort ankommt, soll es dabei ausschließlich um die Bestimmung der örtlichen Zuständigkeit gehen, auf andere Bestimmungen – etwa zur instanziellen Zuständigkeit – wird nur am Rande hingewiesen, wenn dies zur Erläuterung der Problematik erforderlich erscheint.

1) Kriterien zur Begründung des Gerichtsstandes

Im deutschen Recht gibt es verschiedene Kriterien, an die zur Begründung der gerichtlichen Zuständigkeit angeknüpft werden kann. Diese sind:

- der Tatort (§ 7 Abs. 1 StPO)
- der Wohnsitz (§ 8 Abs. 1 StPO); wenn ein solcher fehlt, der Aufenthaltsort und/ oder der letzte inländische Wohnsitz (§ 8 Abs. 2 StPO)
- der Ergreifungsort (§ 9 StPO),
- sowie subsidiär
- der Heimat(flug)hafen sowie der nächste (Flug-)Hafen (§ 10 StPO)
- im Bereich des Meeres das AG Hamburg (§ 10a StPO)
- das vom BGH festgelegte Gericht, sofern sonst gar kein Gerichtsstand bestünde (§ 13a StPO).

In einigen Fällen kann der Gerichtsstand von den vorgenannten Regeln abweichen, nämlich bei Verbindung mehrerer Verfahren (§ 13 StPO), bei Verhinderung des Gerichts (§ 15 StPO) und bei Zurückverweisung durch ein höheres Gericht (§ 354 Abs. 2 S. 1 Alt. 2 StPO). An weiteren Besonderheiten ist vor allem die Regelung im Jugendstrafverfahren zu nennen, wonach der Gerichtsstand am Wohnort des Beschuldigten vorrangig ist (§ 42 JGG i.V.m. § 152 Abs. 2 FamFG).

a) Tatort

aa) Tatort als Gerichtsstand

Der Tatort[886] erscheint als Ort der Aburteilung geradezu ideal. Bereits vor Erlass der RStPO 1877 war dieser Gerichtsstand anerkannt, so etwa im gemeinen

886 Wie schon beim Geschädigten muss man richtigerweise bis zum Abschluss des Verfahrens von einem „mutmaßlichen Tatort“ sprechen, denn erst mit der rechtskräftigen Verurteilung steht fest, dass es eine Straftat und damit einen Tatort gibt. Für den Gerichtsstand kommt es auf die Tatsachengrundlage für den hinreichenden Tatverdacht an, vgl. *Erb* in Löwe/Rosenberg, StPO, § 7 Rn. 1.

deutschen Strafprozess, aber auch in den Strafprozessordnungen deutscher Länder. In vielen deutschen Staaten war er sogar mit einer Vorrangstellung ausgestattet.[887] Dementsprechend war der Tatort auch schon in den ersten Entwürfen zur StPO als Gerichtsstand vorgesehen.[888] In den anschließenden Kommissions- und weiteren Beratungen wurde dies auch nicht in Frage gestellt;[889] es wurde im Gegenteil von verschiedener Seite darauf hingewiesen, dass in der Regel diesem Gerichtsstand der Vorzug zu geben sein dürfte. Andererseits wurde aber auch Wert darauf gelegt, dass nicht *nur* der Tatort möglicher Gerichtsstand sein dürfe.[890]

bb) Handlungs- und/oder Erfolgsort

Der Begriff des Tatortes ist in der StPO nicht definiert. Bei In-Kraft-Treten der RStPO dürfte damit allerdings der Handlungsort gemeint gewesen sein. Das ergibt sich schon aus dem Wortlaut („in dem die *Handlung* begangen wurde"), darüber hinaus aber auch aus den Motiven, in denen zwischen dem Ort, an dem der „zum Thatbestand nothwendige Erfolg des Verbrechens" eintritt einerseits und dem Ort, „in welchem die That begangen wurde" andererseits unterschieden wurde.[891]

Heute gelten dagegen nach h.M., da es keine eigenständige Legaldefinition des Tatortes in der StPO gibt, auch hier die Regeln des § 9 StGB[892] und damit die sog. Ubiquitätstheorie, die durch eine Synthese der „Tätigkeitstheorie" und der „Erfolgstheorie" entstand und 1940[893] Eingang ins Gesetz fand.

Dieser Ubiquitätstheorie zufolge ist sowohl der Ort der Handlung[894] als auch der des Erfolges als Tatort anzusehen. Es ist somit möglich, dass für dieselbe Tat mehrere Tatorte bestehen, die jeweils einen eigenständigen Gerichtsstand begrün-

887 *Hahn* (Hrsg.), StPO-Materialien, S. 75.

888 § 14 Entwurf einer Strafprozeßordnung für den norddeutschen Bund, 1870 (abgedruckt bei *Schubert/Regge* [Hrsg.], StPO-Quellen, S. 47 ff.); § 1 Entwurf einer Deutschen Strafprozeß-Ordnung, 1973 (abgedruckt a.a.O., S. 113 ff.).

889 Vgl. Protokoll der vom Bundesrat eingesetzten StPO-Kommission, 1. Sitzung vom 17. April 1873 (*Schubert/Regge* [Hrsg.], StPO-Quellen, S. 151): „§ 1 wurde, nach einigen Bemerkungen über das Verständniß desselben angenommen."; im Bundesrat hieß es dann sogar nur: „Zu den §§ 1-67 fand sich nichts zu bemerken." (a.a.O., S. 449).

890 Vgl. insbesondere den Antrag des Großherzogtums Mecklenburg-Schwerin, abgedruckt bei *Schubert/Regge* (Hrsg.), StPO-Quellen, S. 529. Danach führt eine „Exklusivität des *forum delicti comissii* ... vielfach zu praktischen Unzuträglichkeiten".

891 Vgl. *Hahn* (Hrsg.), StPO-Materialien, S. 77.

892 *Erb* in Löwe/Rosenberg, StPO, § 7 Rn. 2; *Meyer-Goßner/Schmitt*, StPO, § 7 Rn. 2 f.

893 Durch GeltungsbereichsVO vom 6.5.1940 (RGBl. I S. 754) als § 3 Abs. 3 in das RStGB eingefügt.

894 Oder: *die* Handlungsorte; so sind etwa bei mehraktigen Delikten mehrere Handlungsorte möglich, wodurch sich die Anzahl der Tatorte weiter erhöht, vgl. zur Vielzahl der Tatorte auch schon oben Teil 1 § 1 B.

den, insbesondere dann, wenn mehrere Personen an der Straftat beteiligt sind.[895] Richtigerweise müsste § 7 Abs. 1 StPO also lauten: „Der Gerichtsstand ist bei *jedem* Gericht begründet, in dessen Bezirk die Straftat begangen ist."

An sich bestehen keine Bedenken gegen die Geltung der Ubiquitätstheorie und somit den Gerichtsstand des Erfolgsortes. Im Gegenteil: Solange die Geltung des deutschen Rechts an den Erfolgsort anknüpft, ist es auch sinnvoll, den Erfolgsort als Gerichtsstand anzunehmen, andernfalls gäbe es für Distanzdelikte von im Ausland handelnden und dort wohnhaften Beschuldigten keinen Tatortgerichtsstand.[896] Ob der Erfolgsort dagegen den anderen Tatorten gleichgestellt sein muss, ist damit nicht gesagt.[897] Die Richtlinien für das Straf- und Bußgeldverfahren differenzieren indes ebenso wenig wie das Gesetz zwischen den unterschiedlichen Tatorten, sondern nennen lediglich „[Ort, an dem] die Tat begangen ist" als grundsätzlichen Gerichtsstand.

Auch die meisten Autoren setzen sich im Zusammenhang mit der genauen Bestimmung des Tatortes ausschließlich mit grenzüberschreitenden Sachverhalten auseinander. Soweit in der Literatur doch Äußerungen zum Problem mehrfacher Tatorte vorliegen, wird lediglich darauf verwiesen, dass dann die Staatsanwaltschaft ein Wahlrecht zwischen den verschiedenen, möglicherweise sehr zahlreichen, in Betracht kommenden Gerichtsständen hat.[898] Daher werden insoweit auch die gleichen Grenzen gezogen und verfassungsmäßigen Bedenken erhoben, wie in Bezug auf andere „Wahlrechte".[899]

b) Wohnsitz des Beschuldigten

Ein zweites, wiederum nicht erst seit der RStPO 1877 anerkanntes Kriterium für den Gerichtsstand ist der Wohnsitz des Beschuldigten. Dieser Gerichtsstand war in zahlreichen deutschen Staaten anerkannt. Dabei war er in Preußen, Braunschweig, Baden und dem Gebiet des gemeinen deutschen Strafprozessrechts gleichberechtigt *neben* dem Gerichtsstand des Tatortes, in den übrigen Staaten dagegen nur von *untergeordneter* Bedeutung – etwa nur bei Taten im Ausland – anwendbar.[900]

Über den Sinn dieser Regelung findet sich in der gegenwärtigen Literatur kaum eine Überlegung. Aus historischer Perspektive dürfte er wohl darin liegen, dass

895 Vgl. dazu bereits oben Teil 1 § 1 B.VII. Die dort festgestellte teilweise Völkerrechtswidrigkeit des § 9 StGB spielt bei rein innerstaatlichen Sachverhalten keine Rolle, so dass es hier bei der Vielzahl von Tatorten bleibt.

896 Möglich bliebe dann nur die Anknüpfung an den Ergreifungsort (der jedoch nicht unproblematisch ist, vgl. sogleich unten Teil 3 § 4 A.II.1)c)) oder eine Bestimmung durch den BGH (§ 13a StPO), wobei letzteres wegen Art. 101 Abs. 1 S. 2 GG nur Ausnahmecharakter haben darf. Eine gesetzliche Bestimmung ist daher vorzuziehen.

897 Vgl. zum österreichischen Recht unten Teil 3 § 4 A.III.6).

898 *Erb* in Löwe/Rosenberg, StPO, § 7 Rn. 4.

899 Dazu noch unten Teil 3 § 4 A.II.4).

900 *Hahn* (Hrsg.), StPO-Materialien, S. 75.

sich die Vernehmung usw. eines Beschuldigten am leichtesten in dessen Wohnortnähe gestaltet; ein Aspekt, der in erster Linie in Verfahren mit unverhafteten Beschuldigten und wenigen auswärtigen Zeugen oder Beweismitteln zum Tragen kommt. Dieser Gesichtspunkt lässt sich heute auch auf das Recht auf ein faires Verfahren (Art. 6 EMRK) zurückführen: Es kann für den – bis zum rechtskräftigen Urteil unschuldigen! (vgl. Art. 6 Abs. 2 EMRK) – Beschuldigten unzumutbar sein, am (möglicherweise weit entfernten) Tatort oder einem anderen ansonsten relevanten Ort abgeurteilt zu werden.

Wo eine Person ihren Wohnsitz hat, ist nicht in der StPO geregelt, sondern folgt aus den Vorschriften der §§ 7-11 BGB. Es kommt danach darauf an, dass der Beschuldigte an einem Ort eine eigene Unterkunft hat und dabei den (Geschäfts-[901])Willen hat, sich für „mehr als nur für kurze Zeit“[902] niederzulassen (sog. Domizilwille).[903] Nach der ausdrücklichen Regelung in § 7 Abs. 2 BGB ist es möglich, an mehreren Orten gleichzeitig einen Wohnsitz zu haben. Anders als das öffentliche Recht[904] kennen das Zivilrecht und dem folgend das Strafprozessrecht nur gleichberechtigte Wohnsitze und nicht etwa Haupt- und Neben- oder Zweitwohnsitze. Da alle Wohnsitze gleichberechtigt sind, kann es dann, wenn mehrere Wohnsitze vorhanden sind, zu mehreren Gerichtsständen kommen. Auch hier hätte die Staatsanwaltschaft demzufolge ein Wahlrecht, an welchem Wohnort sie anklagen will. Zweifel an der Zulässigkeit von Wahlrechten der Staatsanwaltschaft müssen sich konsequenterweise auch auf das Wahlrecht bezüglich mehrerer Wohnorte beziehen.[905]

c) Ergreifungsort

Auch der Gerichtsstand der Ergreifungsortes fand sich bereits in der Ursprungsfassung der StPO.[906] Dabei handelte es sich schon nach dem Wortlaut um einen nur hilfsweise geltenden Gerichtsstand für den Fall, dass die Tat im Ausland begangen wurde *und* weder ein inländischer Wohnort noch ein gewöhnlicher Aufenthaltsort im Inland vorliegen. Erst 1933 wurde bestimmt, dass der Ergreifungs- und Haftort in der „Sondergerichtsbarkeit“ der reguläre Gerichtsstand sei.[907] Mit der GeltungsbereichsVO[908] wurde schließlich sogar der „Verwahrungsort“ als Gerichtsstand in

901 Vgl. § 8 BGB.
902 *Schmitt* in MüKo-BGB, § 7 Rn. 26.
903 *Schmitt* in MüKo-BGB, § 7 Rn. 23 ff.
904 Vgl. z.B. § 16 BbgMeldeG, § 17 BlnMeldeG.
905 Freilich wird *dieses* Wahlrecht in der Literatur kaum erörtert, was im Wesentlichen wohl auf die geringe Praxisrelevanz zurückzuführen ist. Erstens hat der Tatort praktisch einen gewissen Vorrang (Nr. 2 Abs. 1 RiStBV); zweitens ist der Fall, dass ein Beschuldigter mehrere Wohnsitze hat, wohl deutlich seltener als der, dass mehrere Tatorte für eine Tat bestehen.
906 § 9 RStPO.
907 Vgl. hierzu auch *Sowada*, Gesetzlicher Richter, S. 495.
908 RGBl. 1940 I S. 754.

§ 8a StPO eingeführt. Dadurch wurde die Möglichkeit offenkundig, durch staatliche Willkür zu bestimmen, welches Gericht örtlich zuständig sein soll.[909] Im Jahre 1950 wurde mit dem VereinhG[910] das Ziel verfolgt, im Wesentlichen den Rechtszustand von vor 1933 wiederherzustellen.[911] Dementsprechend wurde der damalige § 8a StPO durch Art. 3 Nr. 4 VereinhG aufgehoben, allerdings wurde schon 1953 die jetzige Fassung des § 9 StPO wieder eingeführt. Der „Verwahrungsort" ist hingegen zu Recht – wegen der allzu offensichtlichen Möglichkeit der Willkür bei der Gerichtsstandsbestimmung und der damit verbundenen Verletzung des Rechts auf den gesetzlichen Richter – nicht mehr von Bedeutung.

Der Begriff des Ergreifens umfasst jede Festnahme durch dazu befugte Beamte oder Privatpersonen.[912] Nach der Ansicht des BGH ist es nicht erforderlich, dass die Ergreifung zu einem Haftbefehl führt. Es genüge, wenn der Beschuldigte im Rahmen einer Kontrolle verdächtigt wird und daraufhin Ermittlungen eingeleitet werden.[913]

Die erfolgte Festnahme muss weiterhin rechtmäßig sein.[914] Bei einer rechtswidrigen, also nicht gesetzlichen Festnahme, kann der aus dem Ort dieser Festnahme abgeleitete Richter ebenfalls nicht der gesetzliche Richter sein.[915] Dabei muss, worauf *Heghmanns* zu Recht hingewiesen hat, nicht nur die Festnahme im Allgemeinen rechtmäßig sein, sondern die Festnahme an dem konkreten Ort und zu der konkreten Zeit der Festnahme.[916] Andernfalls bliebe es in der Hand

909 Auch beim „Ergreifen" ist eine Einflussnahme durch staatliche Stellen möglich, wenn dies auch nicht ganz so offensichtlich ist. Vgl. dazu etwa den Fall des OLG Hamm StV 1999, 240, 241, in dem das OLG im konkreten Fall „im Hinblick auf Art. 101 Abs. 1 S. 2 GG [von] erheblichen Bedenken" sprach.

910 Gesetz zur Wiederherstellung der Rechtseinheit auf dem Gebiete der Gerichtsverfassung, der bürgerlichen Rechtspflege, des Strafverfahrens und des Kostenrechts vom 12.9.1950 (BGBl. 455).

911 BT-Drs. 1/530.

912 *Erb* in Löwe/Rosenberg, StPO, § 9 Rn. 4, *Meyer-Goßner/Schmitt*, StPO, § 9 Rn. 2; vgl. zum Festnahmerecht von Privaten § 127 Abs. 1 StPO. Bei der Auslieferung nach Deutschland ist der Ort des Grenzübergangs maßgeblich, da hier erstmals deutsche Beamte „Zugriff" auf den Beschuldigten haben.

913 BGHSt 44, 347, 348 mit Nachweisen auch zur in der Literatur vertretenen Gegenauffassung.

914 Ganz h.M., vgl. nur *Wendisch* in Löwe/Rosenberg, StPO[25], § 9 Rn. 5; *Scheuten* in KK-StPO § 9 Rn. 2; *Meyer-Goßner/Schmitt*, StPO, § 9 Rn. 2.

915 Man könnte also den Gerichtsstand des Ergreifungsortes als einen der wenigen Aspekte des Strafprozesses ansehen, in denen eine Art *„fruit of the poisenous tree"*-Lehre in Deutschland Anwendung findet.

916 *Heghmanns*, StV 2000, 277, 278. In dem von ihm erörterten Fall des OLG Hamm, StV 1999, 240 – das die hier entscheidende Frage offen gelassen hat – war die Festnahme an sich nicht unzulässig. Die Staatsanwaltschaft hat aber den Haftbefehl pflichtwidrig nicht unverzüglich vollstreckt, sondern damit zunächst

der Ermittlungsbehörden, einem an sich unzuständigen Gericht durch unzulässige Festnahmen zur Zuständigkeit zu verhelfen.

Als problematisch erweist sich schließlich der Fall, in dem eine einmal erfolgte Ergreifung „aufgehoben“ wird, weil der Täter entweder entkommen ist oder aus dem Gewahrsam entlassen worden ist. Nach h.M. bleibt der einmal begründete Gerichtsstand in solchen Fällen erhalten; es könnten lediglich die Zweckmäßigkeitserwägungen, den Beschuldigten gerade an diesem Ort anzuklagen, entfallen.[917] Wenn aber der Zweck des § 9 in der Ersparnis von Zeit und Kosten liegen soll, erscheint es höchst fragwürdig, einen Gerichtsstand des Ergreifungsortes überhaupt zuzulassen, soweit eine solche Ersparnis gar nicht möglich ist.[918]

d) Weitere Kriterien, Entscheidung durch ein unzuständiges Gericht

Ein Gerichtsstand kann auch dadurch begründet werden, dass mehrere Verfahren miteinander zusammenhängen und auch als verbundene Verfahren durchgeführt werden, § 13 StPO. Dies kann mehrere Straftaten desselben Täters betreffen, aber auch eine Straftat mit verschiedenen Beteiligten; weitere Sonderregelungen im Jugendstrafprozessrecht,[919] im Bereich der Privatklage,[920] oder bei der Zurückverweisung von einem höheren Gericht,[921] sollen im Folgenden außer Betracht bleiben.

Zuletzt besteht auch die Möglichkeit, dass ein an sich unzuständiges Gericht über einen Sachverhalt entscheidet. Dies ist dann der Fall, wenn vor einem unzuständigen Gericht Klage erhoben wurde, das Gericht seine Unzuständigkeit aber nicht bemerkt und der Angeklagte die Unzuständigkeit nicht (rechtzeitig) gerügt hat, § 16 StPO. Auch wenn damit kein weiterer Gerichtsstand begründet wird, sondern auf das Erfordernis der örtlichen Zuständigkeit als Verfahrensvoraussetzung verzichtet wird (es handelt sich dabei nämlich nur um eine „befristete kurzlebige Verfahrensvoraussetzung“[922]), ist das im Ergebnis für den Beschuldigten *de facto* ein Gerichtsstand der rügelosen Verhandlung.

---

abgewartet, um die Beschuldigten an einem bestimmten Ort festnehmen zu können, an dem sie sich aber zunächst noch nicht aufhielten.

917 *Erb* in Löwe/Rosenberg, StPO, § 9 Rn. 9 m.w.N.

918 Näher auch unten Teil 3 § 4 A.II.2)b).

919 Insbesondere § 42 JGG, der in der Regel auf einen Vorrang des gewöhnlichen Aufenthaltsortes als Gerichtsstand hinausläuft (§ 42 JGG i.V.m. § 152 Abs. 2 FamFG).

920 Gemäß § 388 Abs. 1 StPO kann die zivilrechtliche Widerklage erhoben und die strafrechtliche Verurteilung des Privatklägers vor dem für die Ausgangsklage zuständigen Gericht beantragt werden.

921 Gemäß § 354 Abs. 2 StPO besteht die Möglichkeit für das Revisionsgericht, an ein anderes Gericht als das Ausgangsgericht zurückzuverweisen. Grund dafür kann das Vorliegen einer „ungünstigen örtlichen Atmosphäre“ (*Franke* in Löwe/Rosenberg, StPO, § 354 Rn. 71) bei langwierigen, medienwirksamen Prozessen sein.

922 *Meyer-Goßner/Schmitt*, StPO, § 16 Rn. 1.

Der Gedanke des § 16 StPO lässt sich aber von vornherein nicht auf die internationale Ebene übertragen. Anders als die örtliche Zuständigkeit ist die internationale Zuständigkeit keine „befristete" Verfahrensvoraussetzung,[923] sondern in jeder Lage des Verfahrens[924] von Amts wegen zu prüfen. Das ist völkerrechtlich zwingend, denn der Staat, der urteilen will, muss die völkerrechtliche Urteilsgewalt innehaben. Hat er das nicht, so liegt eine Verletzung fremder Souveränität und ein Verstoß gegen das Nichteinmischungsgebot vor.[925] Hinzu kommt die Überlegung, dass gerade der unverteidigte Angeklagte die Notwendigkeit einer Rüge nicht kennen wird.

e) Keine Kriterien für den Gerichtsstand

Es zeigt sich, dass es je nach Konstellation eine große Anzahl möglicher Gerichtsstände gibt. Zugleich werden aber einige nicht völlig fern liegende Kriterien bemerkenswerterweise *nicht* zur Begründung des Gerichtsstandes herangezogen.

aa) Opferbezogene Kriterien

Grundsätzlich spielen weder der Wohnsitz noch der Aufenthaltsort des (mutmaßlichen) Opfers für den Gerichtsstand eine Rolle. Es geht im Strafprozess auch nicht primär um das Opfer, sondern um den Täter und seine Tat. Anders als im Zivilprozess treten sich im Strafverfahren eben nicht zwei „Parteien" gegenüber.[926]

§ 7 Abs. 2 Satz 2 StPO macht hiervon jedoch eine Ausnahme: Wenn eine mittels einer Druckschrift begangene Beleidigung im Wege der Privatklage verfolgt wird, begründen Wohn- oder Aufenthaltsorte des Opfers einen Gerichtsstand. Sinn und Zweck dieser Vorschrift ist es, dem Beleidigten den Gang zu einem fernen Gericht zu ersparen.[927] Im Übrigen spielen aber die Interessen des mutmaßlichen Opfers bei der Bestimmung des Gerichtsstandes keine Rolle.

---

923 Vgl. nur *Werle/Jeßberger* in LK-StGB, vor § 3 Rn. 10 mit Nachweisen aus der Rspr.

924 Einschränkend in Bezug auf die Nicht-Auslieferung im Rahmen des § 7 Abs. 2 Nr. 2 StGB BGH NStZ 2001, 588 (*obiter dictum*): Bis zur Urteilsverkündung in der letzten Tatsacheninstanz.

925 Dem ließe sich aber durch eine entsprechende Belehrungspflicht begegnen, vgl. in einem anderen Zusammenhang („Widerspruchslösung" bei Beweisverwertungsverboten) BGHSt 38, 214, 225.

926 Die Staatsanwaltschaft soll schließlich neutral sein, vgl. § 160 Abs. 2 StPO. Diese Objektivität mag zwar bezweifelt werden, so bereits *v. Liszt*, DJZ 1901, 179, 180, der eine Parteistellung der Staatsanwaltschaft annahm und ausführte, nur ein „bloßer Civiljurist" könne annehmen, die Staatsanwaltschaft sei „die objektivste Behörde der Welt". Das Gesetz geht gleichwohl davon aus.

927 *Erb* in Löwe/Rosenberg, StPO, § 7 Rn. 23. Die daraus gefolgerte Einschränkung, das Opfer müsse sowohl bei Tatbegehung als auch bei Klageerhebung dort seinen Wohn- oder Aufenthaltsort haben, geht dagegen zu weit: Entscheidend muss der Zeitpunkt der Klageerhebung sein. Erst ab diesem Zeitpunkt entsteht für den Kläger der Aufwand, das Gericht aufzusuchen. Dies gilt freilich unter der

bb) Staatsschutzprinzip

Auch das Staatsschutzprinzip[928] spielt im Bereich der Gerichtsstandsbestimmung nur eine eingeschränkte Rolle. § 120 GVG erklärt zwar in bestimmten Fällen dasjenige OLG für zuständig, das für die jeweilige Landeshauptstadt zuständig ist. Es gibt dagegen keinen Automatismus dergestalt, dass stets das „Hauptstadt-OLG" desjenigen Landes gewählt werden muss, gegen das z.B. Landesverrat verübt worden ist. Es geht also bei der Regel des § 120 GVG nicht darum, die jeweiligen Taten von Gerichten des geschädigten Landes abzuurteilen, sondern lediglich darum, dass besonders spezialisierte Kammern diese Aufgabe übernehmen.[929] Daher ist es auch nicht verwunderlich, dass einige Länder Vereinbarungen getroffen haben, wonach das OLG einer Landeshauptstadt gleichzeitig für Straftaten gegen mehrere Länder zuständig ist (§ 120 Abs. 5 Satz 2 GVG)[930] und es für das Delikt des Verrats gegen den Bund kein eigenes Bundesgericht gibt, sondern auch hier die Gerichtsbarkeit des Bundes durch Gerichte der Länder ausgeübt wird (Art. 96 Abs. 5 GG).[931]

Von der Besonderheit der spezialisierten Spruchkörper abgesehen, verbleibt es also bei den allgemeinen Regeln der §§ 7 ff. StPO. Sofern es danach mehrere Gerichtsstände gibt, wird ein Wahlrecht der Staatsanwaltschaft bzw. der Generalbundesanwaltschaft angenommen. Dabei wird dasjenige Gericht ausgewählt, bei dem „nach justizgemäßen Gesichtspunkten" der Schwerpunkt liegt;[932] zur Kritik am Wahlrecht noch unten 4.

Voraussetzung, dass zu beiden genannten Zeitpunkten der Beleidigte seinen Wohn- oder Aufenthaltsort an einem Ort hatte, an dem die Druckschrift verbreitet worden ist.

928 Auch das Staatsschutzprinzip ist letztlich in gewisser Weise „opferbezogen". Opfer in diesem Sinn ist dabei nicht eine natürliche Person, sondern ein bestimmter (Glied-)Staat.

929 *Kissel/Mayer*, GVG, § 120 Rn. 21; vgl. auch die Gesetzesbegründung BT-Drs. V/4086, S. 7.

930 Das HansOLG ist für Hamburg und Bremen, das OLG Koblenz für Rheinland-Pfalz und das Saarland zuständig (Nachweise bei *Meyer-Goßner/Schmitt*, StPO, § 120 GVG Rn. 1). Außerdem ist das Kammergericht in Staatsschutzsachen für die Länder Berlin, Brandenburg und Sachsen-Anhalt zuständig, Staatsvertrag vom 08.11.2010 (Bbg GVBl. I/11).

931 Allerdings waren bis zum 01.10.1969 der BGH und zuvor das RG in erster und letzter Instanz zuständig. Gegen die Übertragung der Strafverfolgung auf Landesebene wurde seinerzeit eingewandt, dass dies „um der Sicherheit des Gesamtstaates willen" bedenklich sei, zumal dann, wenn die verräterische, d.h. den Bestand des Staates gefährdende Bewegung in einem Land bereits über nennenswerten Einfluss verfügt, *Fischer*, NJW 1969, 449.

932 *Meyer-Goßner/Schmitt*, StPO, § 120 GVG Rn. 7; *Kissel/Mayer*, GVG, § 120 Rn. 27 verweisen lediglich auf die „allgemeinen Vorschriften der §§ 7 ff. StPO".

cc) Gerichtsstandvereinbarung

Dem Strafprozessrecht ebenfalls fremd ist die Möglichkeit der Gerichtsstandsvereinbarung. Anders als im Zivilrecht treten hier nicht mehrere Private als Parteien auf, sondern der Staat macht seinen Strafanspruch geltend. Dennoch besteht ein gewisser Zusammenhang zwischen Deliktsrecht und Strafrecht, was nicht zuletzt die Möglichkeit des Adhäsionsverfahrens nach §§ 403 ff. StPO zeigt. In Bezug auf etwaige zivilrechtliche Ansprüche des Opfers einer Straftat wäre eine Gerichtsstandsvereinbarung grundsätzlich möglich;[933] im Strafprozessrecht ist eine derartige Regelung nicht vorhanden.

dd) Zusammenfassung

Es lässt sich daher sagen, dass die hauptsächlichen Kriterien für die Begründung des Gerichtsstandes in der Tat selbst (Tatort), beim Beschuldigten (Wohnsitz bzw. Aufenthaltsort) und bei den Strafverfolgungsbehörden (Ergreifungsort) liegen. Das Opfer kann dagegen keinen Einfluss ausüben – auch nicht einverständlich mit dem Beschuldigten –, von den Fällen der Privatklage einmal abgesehen.

2) Rangordnung der Gerichtsstände de lege lata

a) Verhältnis zwischen Tatort- und Wohnortgerichtsstand

Nachdem es mehrere Hauptgerichtsstände gibt, stellt sich die Frage nach ihrem Verhältnis zueinander. Oberflächlich betrachtet könnte man auf den Gedanken kommen, dass der „wichtigste“ Gerichtsstand zuerst genannt wird, mithin eine Priorität des Tatortes über den Wohnort gemeint ist.[934] Allerdings ist der Inhalt von §§ 7, 8 StPO mit dem Wort „auch“ verbunden, was gerade kein Unterordnungsverhältnis, sondern Gleichrangigkeit impliziert. Bei jeder Aufzählung ist es notwendig, die aufgezählten Begriffe – d.h. hier: die verschiedenen Gerichtsstände – in eine bestimmte Reihenfolge zu setzen, ohne dass damit etwas über die Rangordnung oder Bedeutung der Begriffe gesagt würde.

Auch § 12 StPO deutet darauf hin, dass die Gerichtsstände gleichrangig sind: Ein einmal mit der Sache befasstes Gericht ist weiterhin zuständig, und zwar unabhängig davon, auf welchem Rechtsgrund diese erste Befassung beruht.

Aus dem Sinn und Zweck der beiden Gerichtsstände ergibt sich ebenfalls keine Rangordnung: Beide Bestimmungen haben das Ziel, das Strafverfahren mit möglichst geringem Aufwand durchzuführen. Dabei wird jeweils davon ausgegangen, dass sowohl der Tatort als auch der Wohnort Orte sein können, an denen dieses Ziel erreicht werden kann: Beim Wohnort deshalb, weil der Aufwand des

---

933 Näher zum Gerichtsstand im Deliktsrecht noch unten Teil 3 § 4 B.

934 Völlig unklar insoweit OLG Hamm StV 1999, 240, 241 f.: Einerseits seien die Gerichtsstände „nach der derzeitigen gesetzlichen Regelung […] gleichwertig“, andererseits lasse sich „doch eine gewisse ‚Rangordnung‘“ feststellen, weil § 7 „an die Spitze gestellt“ sei.

Beschuldigten, zum Gericht zu kommen, geringer ist; beim Tatort deshalb, weil sich dort oftmals die Beweise befinden.

Aus dem einfachen Recht und dessen Auslegung ergibt sich hier demnach keine Rangordnung.

b) Subsidiarität des Gerichtsstands des Ergreifungsortes

Teilweise wird aber angenommen, dass der Gerichtsstand des Ergreifungsortes nur subsidiär gegenüber dem des Tatortes und des Wohnortes ist.[935] Ähnlich dem soeben zum Verhältnis von Tatort- und Wohnsitzgerichtsstand Gesagten, spricht auch hier die wörtliche Auslegung des § 9 StPO allerdings gegen eine solche Subsidiarität. In dem Wort „auch" ist kein Hinweis auf ein Über-/ Unterordnungsverhältnis erkennbar. Der Gerichtsstand des Ergreifungsortes wird vielmehr *neben* die anderen Gerichtsstände gestellt;[936] anders als etwa bei § 8 Abs. 2 StPO fehlt eine ausdrückliche Einschränkung.

Der historische Gesetzgeber wollte sogar ausdrücklich eine zuvor bestehende Subsidiarität[937] des Gerichtsstands des Ergreifungsortes aufheben und diesen Gerichtsstand so in den Rang eines Hauptgerichtsstands erheben.[938] Aus der Gesetzesbegründung ergibt sich eindeutig, dass dies geschah, weil sonst ggf. ein bereits „ergriffener" Täter zeit- und kostenaufwendig an einen anderen Ort gebracht werden müsste.[939]

Legt man diesen Zweck der Zeit- und Kostenersparnis zu Grunde, so müsste man jedoch annehmen, dass der Gerichtsstand des Ergreifungsortes nur dann eine Rolle spielen darf, wenn tatsächlich eine „Ersparnis" möglich ist.[940] Dies ist insbesondere dann nicht der Fall, wenn der Täter sich schon nicht mehr am Ort seiner „Ergreifung" aufhält – sei es, weil kein Haftgrund (mehr) vorliegt, sei es,

---

935 Insbesondere *Heghmanns*, StV 2000, 277.

936 Insoweit auch OLG Hamm StV 1999, 240; wobei das OLG offenbar zwischen einem „Nebeneinanderstellen" und einem „Gleichstellen" unterscheidet.

937 Vgl. den Wortlaut des § 9 StPO i.d.F. vor In-Kraft-Treten des 3. StrafRÄndG: „(1) Wenn ... ein Gerichtsstand nach § 8 nicht begründet ist, so ist das Gericht zuständig, in dessen Bezirk die Ergreifung erfolgt. ... (2) Gleiches gilt, wenn ... weder der Gerichtsstand der begangenen Tat noch der Gerichtsstand des Wohnsitzes zu ermitteln ist."

938 Art. 4 Nr. 2 des 3. StrafRÄndG v. 4.8.1953 (BGBl. I S. 735), s. dazu *Dallinger*, JZ 1953, 432, 441.

939 BT-Drs. 1/3713, S. 46.

940 Vgl. schon *Dallinger*, JZ 1953, 432, 441, der – freilich etwas optimistisch – davon ausging, dass „[s]elbstverständlich ... von dem Gerichtsstand des Ergreifungsortes nur in geeigneten Fällen Gebrauch" gemacht *wird*. Auf die Frage, ob in „ungeeigneten" Fällen von dem Gerichtsstand des Ergreifungsortes Gebrauch gemacht werden *darf*, geht *Dallinger* nicht ein.

weil er geflohen ist;[941] in einem solchen Fall muss auf den Gerichtsstand des Ergreifungsortes verzichtet werden, weil gleichsam die Geschäftsgrundlage für diesen Gerichtsstand weggefallen ist. Aber auch in anderen Fällen ist die Ersparnis von langen Transportwegen nicht so groß, wie man zunächst vermuten könnte, und zwar nicht zuletzt deshalb, weil der Ort der Ergreifung nicht notwendig mit dem Ort der Untersuchungshaft identisch ist.[942]

Der Gerichtsstand des Ergreifungsortes ist aber auch in anderen Fällen problematisch. Der Ergreifungsort ist nämlich zwar ein eindeutig bestimmbarer Ort, er ist aber von den Ermittlungsbehörden beeinflussbar.[943] Eine solche Beeinflussbarkeit beinhaltet aber immer zugleich die Möglichkeit von Willkür. Um diese Möglichkeit auszuschließen, muss die Reichweite des § 9 StPO im Wege verfassungskonformer Auslegung als beschränkt angesehen werden, eine gesetzliche Klarstellung wäre begrüßenswert.[944]

3) Entscheidung zwischen den Gerichtsständen

Da es zwischen dem Gerichtsstand des Tatortes und dem des Wohnortes *de lege lata* im einfachen Recht keine Rangordnung gibt, muss im Fall eines Konfliktes (positiver oder negativer Kompetenzkonflikt) jemand entscheiden.

a) Im Ermittlungsverfahren

Im Ermittlungsverfahren ist die Staatsanwaltschaft „Herrin des Verfahrens", sie entscheidet also auch selbstständig darüber, bei welcher Staatsanwaltschaft das Verfahren geführt wird. Wegen § 143 Abs. 1 GVG ist die Staatsanwaltschaft bei dem Gericht zuständig, das in der Sache zuständig ist bzw. sein wird.[945]

Die Auswahlmöglichkeit wird durch Nr. 2 Abs. 1 RiStBV eingeschränkt: „Die Ermittlungen führt grundsätzlich der Staatsanwalt, in dessen Bezirk die Tat

941 In diese Richtung *Wendisch* in Löwe/Rosenberg, StPO[25],§ 9 Rn. 10, der meint, von § 9 „*ist* nur dann Gebrauch zu machen" (Hervorhebung J.B.), wenn ein Geständnis vorliegt oder das Verfahren tatsächlich wenig aufwendig ist, weil Zeugen am Ergreifungsort vernommen werden können.

942 *Heghmanns*, StV 2000, 277, 279. Ginge es tatsächlich (allein) um die Ersparnis von Transportwegen, müsste ein Gerichtsstand am Ort der Untersuchungshaft angenommen werden, was jedoch unzulässig wäre; vgl. den mit Recht abgeschafften „Gerichtsstand des Verwahrungsortes", dazu bereits oben Teil 3 § 4 A.II.1)c).

943 Vgl. OLG Hamm StV 1999, 16.

944 Bereits 1927 wurde die Sorge vor Willkür als (einziger) Grund für die „außerordentlich starke ... Zurückdrängung dieses Gerichtsstands" bezeichnet; *Kern*, Der gesetzliche Richter, S. 172 f. Nicht ausreichend wäre es dagegen, auf die Möglichkeit einer gerichtlichen Überprüfung des Handelns der Staatsanwaltschaft zu verweisen, vgl. auch unten Teil 3 § 4 A.II.4) zur Frage, ob ein Wahlrecht zwischen den verschiedenen Gerichtsständen überhaupt verfassungsgemäß ist.

945 Im Vorverfahren steht schließlich noch nicht fest, ob es überhaupt zur Anklageerhebung kommen wird und damit ein Gericht mit der Sache befasst wird.

begangen ist." Dabei muss allerdings beachtet werden, dass es sich bei diesen Richtlinien gerade nicht um ein förmliches Gesetz handelt, sondern lediglich um Verwaltungsvorschriften.[946] Zum anderen relativiert schon der Wortlaut von Nr. 2 Abs. 1 den Vorrang des Tatortes – „grundsätzlich" lässt im juristischen Sprachgebrauch Ausnahmen zu.[947] Hinzu kommt, dass sich in der Einführung zu den RiStBV der zusätzliche ausdrückliche Hinweis darauf findet, dass von diesen Richtlinien abgewichen werden kann.[948]

Man wird dennoch davon ausgehen können, dass sich die Staatsanwaltschaft in den allermeisten Fällen dafür entscheidet, den Gerichtsstand des Tatortes zu wählen.[949] Empirische Untersuchungen, die dies belegen, fehlen allerdings bislang.

Soweit mehrere Tatorte bestehen, ist unklar, welcher nach RiStBV zu wählen wäre bzw. auch von der Praxis gewählt wird. *Sowada*[950] führt als Argument für den Tatort an, dass dieser vor allem deshalb gewählt werden dürfe, weil die Strafverfolgungsbehörden regelmäßig am „Ort des Geschehens" auf mögliche Straftaten aufmerksam werden. Im Zweifel wird die Staatsanwaltschaft wohl eher dort auf das Geschehen aufmerksam, wo der Erfolg eintritt, und nicht dort, wo der Beschuldigte handelt. Beim Betrug wird etwa die Aufmerksamkeit der Staatsanwaltschaft nicht dort entstehen, wo eine E-Mail in betrügerischer Absicht abgeschickt wurde, sondern da, wo der Vermögensschaden eingetreten ist. Auch bei ferngezündeten Bomben wird die Staatsanwaltschaft in aller Regel zuerst am Ort der Explosion bemerken, dass eine Straftat vorliegt. Faktisch ist somit von einem Vorrang des Erfolgsortes auszugehen, der jedoch bei historischer Auslegung der StPO problematisch erscheint.[951]

Die Staatsanwaltschaft hat also im Vorverfahren das Wahlrecht; es ist aber davon auszugehen, dass überwiegend der Tatort, und zwar in Form des Erfolgsortes, gewählt wird. Andererseits gibt es durchaus auch Fälle, in denen (offenbar) der Auswahl Erwägungen zugrunde liegen, die keinen Bezug zur Tat oder zum Beschuldigten haben.[952] Das zeigt deutlich, dass eine weniger flexible Lösung sowohl im Interesse des Beschuldigten liegen dürfte als auch aus rechtsstaatlicher Sicht sinnvoll erschiene.

---

946 Bzw. soweit sie sich an Richter wenden, wegen der richterlichen Unabhängigkeit sogar nur um Empfehlungen bzw. „Hinweise".

947 Vgl. *Köbler*, Juristisches Wörterbuch, S. 194 (Stichwort Grundsatz); im allgemeinen Sprachgebrauch scheint dagegen die Bedeutung „ohne Ausnahme" vorherrschend.

948 „Er [der Staatsanwalt] kann wegen der Besonderheit des Einzelfalles von den Richtlinien abweichen." (Einführung Abs. 2 Satz 3 RiStBV).

949 *Sowada*, Gesetzlicher Richter, S. 637 m.w.N.

950 *Sowada*, Gesetzlicher Richter, S. 637.

951 Dazu bereits oben Teil 3 § 4 A.II.1)a); historisch dürfte mit dem Tatort nämlich der Handlungsort gemeint gewesen sein.

952 So etwa im bereits erwähnten Fall OLG Hamm, StV 1999, 240, der u.a. von *Heghmanns*, StV 2000, 277 besprochen wird.

b) Im Zwischen- und Hauptverfahren

Auch im Zwischenverfahren hat die Staatsanwaltschaft die Kontrolle über die örtliche Zuständigkeit, indem sie entscheiden kann, bei welchem Gericht sie Anklage erhebt. Allerdings darf nur ein örtlich zuständiges Gericht einen Eröffnungsbeschluss erlassen. Im Hauptverfahren gilt § 12 StPO. Demzufolge ist das Gericht zuständig, das zuerst die Untersuchung eröffnet hat, d.h. den ersten Eröffnungsbeschluss erlassen hat.[953]

4) Verfassungsmäßigkeit der §§ 7 ff. StPO, insbesondere des Wahlrechts der Staatsanwaltschaft

Die Verfassungsmäßigkeit der §§ 7 ff. StPO wird sowohl in der straf(prozess) rechtlichen,[954] als auch in der verfassungsrechtlichen[955] Literatur z.T. bestritten oder zumindest in Frage gestellt. Bedenken richten sich darüber hinaus aber auch gegen die Auswahlmöglichkeiten der Staatsanwaltschaft bezüglich der instanziellen Zuständigkeit,[956] sowie gegen die Regelung über den Gerichtsstand des Ergreifungsortes, der ebenfalls manipulierbar ist.[957]

a) maßgebliches Verfassungsrecht

Grundlage der verfassungsrechtlichen Diskussion ist das in Art. 101 Abs. 1 Satz 2 GG verbriefte Recht auf den gesetzlichen Richter. Dieser Anspruch auf einen *gesetzlich bestimmten* Richter soll „der Gefahr vorbeugen, dass die Justiz … sachfremden

---

953 Statt aller *Meyer-Goßner/Schmitt*, StPO, § 12 Rn. 3.

954 Bereits 1927 formulierte *Kern*, Der gesetzliche Richter, S. 176 f: „Das Rechtsstaatsideal erfordert eine starre gesetzliche Regelung der Zuständigkeit." Für Verfassungswidrigkeit *Achenbach* in FS-Wassermann, S. 849, 855; *Engelhardt*, DRiZ 1982, 418; *Herzog*, StV 1993, 609; *Rotsch*, ZIS 2006, 17; *Weßlau* in SK-StPO vor § 7 Rn. 9. Kritisch auch *Oehler*, ZStW 1952, 292, 302 ff.; *Zöller* in HK-StPO § 7 Rn. 6.

955 *Maunz* in Maunz/Dürig Art. 101 Rn. 32; *Kunig* in v. Münch/Kunig Art. 101 Rn. 28; *Degenhardt* in Isensee/Kirchhof (Hrsg.), HbStR^3 V § 114 Rn. 37; *Kissel/Mayer*, GVG, § 16 Rn. 10 benennen als „Grenze des Wahlrechts" das Willkürverbot. Wenig nachvollziehbar ist dagegen die Einschränkung von *Jarass/Pieroth*, Grundgesetz, Art. 101 Rn. 9, wonach ein Auswahlermessen für Richter zulässig wäre, nicht aber für die Verwaltung. Art. 101 GG bindet nämlich alle Gewalten gleichermaßen, so dass eine Differenzierung hier nicht angezeigt ist.

956 So besteht ein Einschätzungsspielraum bezüglich der „besonderen Bedeutung" des Falles i.S.d. § 24 Abs. 1 Nr. 3 GVG. Dieser Fall wird von *Sowada*, Gesetzlicher Richter, S. 649 als „Prototyp der,beweglichen Zuständigkeit'" bezeichnet.

957 Kritisch dazu etwa *Meyer-Goßner/Schmitt*, StPO, § 9 Rn. 2; eine Manipulationsgefahr nimmt auch *Erb* in Löwe/Rosenberg, StPO, § 9 Rn. 6 an, der aber meint, solchen Gefahren könne und müsse durch eine „Begründungslast der Staatsanwaltschaft" begegnet werden. Nach richtiger Auffassung ist § 9 StPO verfassungskonform so auszulegen, dass der Gerichtsstand des Ergreifungsortes lediglich subsidiär ist, vgl. bereits oben Teil 3 § 4 A.II.2)b).

Einflüssen ausgesetzt wird."[958] Es handelt sich bei dem Recht auf den gesetzlichen Richter um einen grundlegenden Aspekt der rechtsstaatlichen Rechtssicherheit[959] und des Objektivitätsgebots.[960]

Es muss dabei nicht nur bestimmt sein, welches Gericht (örtlich) zuständig ist, sondern vielmehr müssen auch darüber hinaus die sachliche und instanzielle Zuständigkeit geklärt sein. Außerdem muss exakt vorherbestimmt sein, welcher Spruchkörper in welcher Besetzung zur Entscheidung berufen ist.[961] Die entsprechenden Regelungen finden sich allerdings nicht im Grundgesetz; es besteht vielmehr eine Pflicht des einfachen Gesetzgebers, „möglichst eindeutig"[962] abstrakt-generell im Voraus die Zuständigkeit zu regeln.

b) Argumente gegen ein Wahlrecht der Staatsanwaltschaft

Von Gegnern eines „Auswahlermessens" wird moniert, es sei nicht ausreichend, einer nichtrichterlichen Stelle Ermessen bei der Frage einzuräumen, welches Gericht zuständig sein soll. Soweit das Bundesverfassungsgericht dies anders sieht, sei es „zu nachgiebig".[963] Art. 101 Abs. 1 Satz 2 GG – der sowohl die örtliche als auch die sachliche und instanzielle Zuständigkeit erfasst[964] – sei weiter als das Willkürverbot, nämlich bereits dann verletzt, wenn schon die Möglichkeit willkürlichen Handelns eröffnet sei.[965] Indem die Staatsanwaltschaft ein Wahlrecht erhält, werde ihr eine Position eingeräumt, die eigentlich nur der Legislative zusteht. Es wäre damit möglich, bestimmte Gerichte – aus welchen Erwägungen auch immer – zu meiden und andere vorzuziehen. Gleichzeitig entziehe sich der Gesetzgeber mit einem solchen Wahlrecht seiner aus Art. 101 Abs. 1 Satz 2 GG folgenden Pflicht, den möglichst einzig zuständigen Richter zu bestimmen.[966]

Der Gesetzgeber müsse *den* gesetzlichen Richter bestimmen und dürfe nicht *mehrere* gesetzliche Richter zur Auswahl stellen.[967] Eine Einschränkung auf eine „*möglichst* eindeutige" Bestimmung des gesetzlichen Richters sei im Grundgesetz nicht vorgesehen; eine solche Auslegung würde zudem Art. 101 Abs. 1 Satz 2 GG seinen speziellen Regelungsgehalt nehmen, da das Willkürverbot bereits in Art. 3

---

958 BVerfGE 95, 322, 327 m.w.N.
959 BVerfGE 20, 336, 344.
960 BVerfGE 82, 159, 194.
961 *Kunig* in v. Münch/Kunig, Grundgesetz, Art. 101 Rn. 16.
962 st. Rspr., vgl. nur BVerfGE 95, 322, 328 m.w.N.; dazu auch *Jarass/Pieroth*, Grundgesetz, Art. 101 Rn. 1 sowie *Kunig* in v. Münch/Kunig, Grundgesetz, Art. 101 Rn. 23.
963 *Pieroth/Schlink/Kingreen/Poscher*, Grundrechte, Rn. 1166.
964 *Rotsch*, ZIS 2006, 17, 25.
965 *Maunz* in Maunz/Dürig, Grundgesetz, Art. 101 Rn. 14.
966 *Heghmanns*, StV 2000, 277, 279.
967 *Maunz* in Maunz/Dürig, Grundgesetz, Art. 101 Rn. 32.

Abs. 1 GG enthalten ist.[968] Das Prinzip des gesetzlichen Richters sei zu bedeutungsvoll, um es mit Rücksicht auf praktische Bedürfnisse zu modifizieren.[969]

Problematisch sei zudem, dass mit der Entscheidung über die „zuständige" Staatsanwaltschaft, d.h. der Entscheidung, welche unter mehreren zuständigen Staatsanwaltschaften die Ermittlungen führen soll, zumindest *de facto* die Entscheidung über das zuständige Gericht getroffen wird.[970] Es biete sich nämlich nicht unbedingt an, das Verfahren allein zur Anklageerhebung an eine andere Staatsanwaltschaft abzugeben.[971]

Die daraus resultierende Machtfülle der Staatsanwaltschaft sei bedenklich: Zum Einen soll das Gesetz und nicht der Staatsanwalt über den Richter bestimmen. Zum Anderen widerspreche die genannte Machtfülle auch der Systematik des Gesetzes: Wenn in § 143 Abs. 1 GVG die Rede davon ist, dass die Zuständigkeit der Staatsanwaltschaft sich aus der des Gerichts ergibt, sollte dies auch so sein und nicht umgekehrt. Faktisch gelte jetzt, dass die Zuständigkeit des Gerichts sich danach richtet, welche Staatsanwaltschaft sich „für zuständig erklärt hat". Insbesondere die Verknüpfung von § 7 Abs. 1 StPO mit § 9 StGB, also die Möglichkeit, dass es viele verschiedene Tatorte geben kann, biete so viel Raum für „manipulative Einwirkung", dass man einen Verstoß gegen Art. 101 Abs. 1 Satz 2 GG kaum noch leugnen könne.[972]

c) Argumente für ein Wahlrecht der Staatsanwaltschaft

Für die Zulässigkeit eines Wahlrechts der Staatsanwaltschaft werden zunächst praktische Gründe angeführt; so bezeichnete der BGH etwa in einer frühen Entscheidung das Wahlrecht der Staatsanwaltschaft als eine „praktisch unentbehrliche" Gestaltungsmöglichkeit, da andernfalls eine „unerträgliche Starrheit des Strafverfahrens" drohe.[973]

Nach Auffassung des *Bundesverfassungsgerichts* muss der Gesetzgeber nur „möglichst" genau bestimmen, welcher Richter zuständig ist.[974] Darin liegt eine Einschränkung der Forderung nach einer abstrakt-generellen Norm. Eine nur abstrakte Regel sei selten in der Lage, auf alle möglichen Einzelheiten des konkreten Falles einzugehen; Auswahlmöglichkeiten seien somit nicht *per se* verfassungswidrig.[975] Eine rein konkrete Bestimmung des zuständigen Gerichts wäre andererseits zu Recht als willkürlich zu bezeichnen.

---

968 *Kunig* in v. Münch/Kunig, Grundgesetz, Art. 101 Rn. 25 ff.
969 *Bockelmann*, GA 1957, 357.
970 *Heghmanns*, StV 2000, 277, 279.
971 *Sowada*, Gesetzlicher Richter, S. 637.
972 *Rotsch*, ZIS 2006, 17, 26.
973 BGH MDR 1957, 113.
974 BVerfGE 95, 322, 328 m.w.N.
975 Vgl. BVerfGE 9, 223, 227 zum Wahlrecht zwischen Amts- und Landgericht (§ 24 Abs. 1 Nr. 3 GVG). Zu einer etwaigen Verfassungswidrigkeit der §§ 7 ff. StPO (genauer: des darin implizierten Wahlrechts der Staatsanwaltschaft) hat das

Es wird zudem darauf verwiesen, dass die Ausübung des staatsanwaltlichen Ermessens an sachgerechte Kriterien gebunden und eine willkürliche Entscheidung also gar nicht möglich sei.[976] Jedenfalls ließe sich eine solche Entscheidung aber gerichtlich überprüfen.

d) Diskussion und Konsequenzen

Die aufgeführten praktischen Gründe sind für sich genommen nicht geeignet, den verfassungsrechtlich geschützten Anspruch auf den gesetzlichen Richter zu beschränken. Auch wenn behauptet wird, dass nur die Reichweite des Verfassungsgrundsatzes bestimmt werde, kann das nicht überzeugen: Die Reichweite der Verfassung wird durch die Verfassung selbst und durch ihre Auslegung bestimmt, aber nicht durch praktische Erwägungen.[977]

Die praktischen Erwägungen sind aber dann relevant, wenn sie sich ihrerseits auf ein Verfassungsgut zurückführen lassen. Das könnte hier die Effektivität der Rechtspflege sein. Die widerstreitenden Interessen müssten dann durch Abwägung zu einem tragfähigen Ausgleich gebracht werden. Hier hat aber der Verfassungsgeber mit Art. 101 GG selbst die Abwägung zwischen den Interessen des Beschuldigten an einer willkürfreien Entscheidung und dem Interesse des Staates an einer effektiven Rechtspflege vorgenommen: Der Richter muss gesetzlich bestimmt sein, womit die Entscheidung deutlich zugunsten der Rechtssicherheit getroffen wurde,[978] die bei derart zahlreichen Gerichtsständen und einem freien Ermessen der Staatsanwaltschaft nicht (mehr) gegeben ist.

Wenn dagegen darauf verwiesen wird, dass das Ermessen begrenzt sei, ist dem bereits entgegen zu halten, dass sich eine solche Begrenzung nirgends im Gesetz findet. Es gibt auch keinen Anhaltspunkt dafür, welche Kriterien ermessenslenkend sein sollen. Ohne solche Kriterien lässt sich aber die Ermessensentscheidung nur auf die Freiheit von Willkür hin überprüfen. Art. 101 Abs. 1 Satz 2 GG hätte damit – neben dem allgemeinen Willkürverbot aus Art. 3 GG – keinerlei eigenständige Bedeutung. Als nochmalige Klarstellung, dass Willkür auch im Bereich der Justiz verboten ist, wäre Art. 101 Abs. 1 Satz 2 GG überflüssig.[979]

Erst recht nicht überzeugen kann der Verweis darauf, dass eine mögliche ermessensfehlerhafte oder gar willkürliche Entscheidung gerichtlich korrigiert werden könne: Zum Einen hat – wie schon gesagt – auch das Gericht keine gesetzlichen Kriterien, anhand derer es die Fehlerhaftigkeit einer Entscheidung der

---

Bundesverfassungsgericht bisher soweit ersichtlich nicht ausdrücklich Stellung genommen.

976 In diese Richtung BVerfGE 9, 223, 227 ff. zur instanziellen Zuständigkeit; OLG Hamm, StV 1999, 240 (1. Leitsatz). Zu Recht rügt *Achenbach* in FS-Wassermann, S. 849, 855 f., dass dies im Grunde auf einen Zirkelschluss hinauslaufe.

977 Vgl. – in einem anderen Zusammenhang, nämlich der Absprache im Strafverfahren – BVerfG NJW 2013, 1058, 1070.

978 So schon völlig zu Recht *Maunz* in Maunz/Dürig, Grundgesetz, Art 101 Rn 27.

979 In diese Richtung auch schon *Engelhardt*, DRiZ 1982, 418, 419.

Staatsanwaltschaft feststellen könnte. Zum Anderen ändert die Möglichkeit der gerichtlichen Überprüfung nichts daran, dass auch die Exekutive an Recht und Gesetz gebunden ist und daher frei von Ermessensfehlern, und erst recht von Willkür, entscheiden muss. Einen Verfassungsverstoß deshalb abzulehnen, weil dieser Verstoß korrigiert werden kann, ist schon in sich widersprüchlich:[980] Entweder es liegt ein Verfassungsverstoß vor, der korrigiert werden kann und muss, oder es liegt kein solcher Verstoß vor. Im letzten Fall besteht aber auch keine Notwendigkeit einer gerichtlichen Korrektur.

Eine Ermessensentscheidung kann nur dann verfassungsgemäß sein, wenn nicht nur die Einräumung von Ermessen gesetzlich verankert ist, sondern auch die ermessensleitenden Kriterien im Gesetz genannt werden. Nur so wird eine volle richterliche Kontrolle (vgl. Art. 19 Abs. 4 GG) der staatsanwaltschaftlichen Entscheidung ermöglicht. Zumindest solange „sachgerechte Kriterien" nicht gesetzlich festgelegt sind, können sie nicht das Ermessen der Staatsanwaltschaft begrenzen; folglich ist der Ermessensspielraum verfassungswidrig.[981]

e) Umfang der Verfassungswidrigkeit, insbesondere: der Gerichtsstand des Zusammenhangs

Soweit Verfassungswidrigkeit der §§ 7 ff. StPO angenommen wird, wird aber ihr Umfang unterschiedlich beurteilt. Problematisch sind dabei vor allem die Fälle, in denen es mehrere Gerichtsstände gibt, weil mehrere Verfahren miteinander verbunden worden sind. In diesem Fall gilt der Gerichtsstand des Zusammenhangs (§ 13 StPO). Auch hier gibt es keine *gesetzlichen* Kriterien dafür, welches Gericht letztlich zuständig sein soll. Es besteht dabei an zwei Stellen die Gefahr einer willkürlichen Entscheidung. Zum Einen wäre es bereits möglich, dass eine Verbindung oder Trennung von Verfahren willkürlich erfolgt. Zum Anderen kann – auch bei ordnungsgemäß verbundenen Verfahren – dem Gesetz an keiner Stelle entnommen werden, auf welche Weise das für das nunmehr verbundene Verfahren zuständige Gericht bestimmt werden soll.

Aus diesem Grund hält etwa *Roth* die entsprechenden Vorschriften mit Blick auf die Verhältnismäßigkeit für „zweifelhaft", ohne jedoch ausdrücklich Verfassungswidrigkeit anzunehmen.[982] *Herzog* geht sogar ausdrücklich von Verfassungswidrigkeit aus.[983] Es gebe insgesamt eine zu große Zahl an möglichen Gerichtsständen,

---

980 Wäre diese Auffassung richtig, so könnte man überspitzt sagen: Exekutive und Legislative handeln solange verfassungsmäßig, wie es eine funktionierende (Verfassungs-)Gerichtsbarkeit gibt, die Entscheidungen der anderen Staatsgewalten ggf. korrigieren kann.

981 So schon *Achenbach* in FS-Wassermann, S. 849, 855; zustimmend *Sowada*, Gesetzlicher Richter, S. 633; *Heghmanns*, StV 2000, 277, 278 Fn. 9; *Rotsch*, ZIS 2006, 17, 26.

982 *Roth*, Gesetzlicher Richter, S. 130 f.

983 *Herzog*, StV 1993, 609, 612.

so dass von einer Bestimmtheit des gesetzlichen Richters keine Rede sein könne.[984] Die Bestimmungen über die Verbindung von Strafsachen insgesamt hält auch *Rosenmeier*[985] für verfassungswidrig, unter anderem weil es sich um eine Ermessens- und keine gesetzlich gebundene Entscheidung handelt.[986] Außerdem sei zu beachten, dass es bei einer Verbindung von Verfahren zu einer Rechtswegverkürzung kommen kann, was gleichheitswidrig sei.[987]

Gegen die Verfassungswidrigkeit des Gerichtsstands des Zusammenhangs spricht sich dagegen *Heghmanns* aus. Die „Berufung auf praktische Nöte" habe hier durchaus ihre Berechtigung. Es seien so viele unterschiedliche Konstellationen und Interessenlagen denkbar, dass eine gewisse Flexibilität möglich sein müsse. Dabei betont aber auch *Heghmanns*, dass willkürliche Entscheidungen verboten bleiben: In den entsprechenden Fällen müsse ein in willkürlicher Weise angerufenes Gericht die Eröffnung des Hauptverfahrens wegen örtlicher Unzuständigkeit ablehnen, allerdings sei diese Überlegung eher theoretischer Natur, weil es keine Belege dafür gebe, dass tatsächlich willkürliche Entscheidungen getroffen werden.[988]

Was die von *Heghmanns* angesprochene nicht belegbare Willkür betrifft, ist dieses schon in tatsächlicher Hinsicht zweifelhaft. So hat *Herzog*[989] schon vor über 20 Jahren darauf hingewiesen, dass es – auch mehr als ein weiteres Jahrzehnt nach einem entsprechenden Aufruf durch *Dästner*[990] – noch keine empirische Forschung zur Auswahl des Gerichtsstands gegeben habe. Daran hat sich bis heute ebenso wenig geändert, wie an der von *Herzog* zu Recht aufgestellten Behauptung, dass eine rein „aktenmäßige" Betrachtung „nahezu aussichtslos" sei.[991] Darüber hinaus ist es aber auch nicht erforderlich, dass tatsächlich willkürliche Entscheidungen in der Praxis vorkommen, es reicht nämlich schon die – ohne Weiteres vorhandene – bloße Möglichkeit der Willkür aus.

---

984 *Herzog*, StV 1993, 609, 610 spricht von „10 und mehr konkreten Spruchkörpern an regional ganz verschiedenen Gerichten". Tatsächlich hängt die Anzahl der möglichen Spruchkörper von einer Reihe von Faktoren ab und kann in einigen Fällen sogar *deutlich* höher als 10 sein.

985 *Rosenmeier*, Verbindung von Strafsachen, S. 140 ff., mit einem konkreten Vorschlag zu einer Neuregelung *de lege ferenda*, S. 163 ff. Schwierigkeiten in der Anwendung bereitet auch bei diesem Vorschlag aber der Begriff vom „Schwerpunkt der Handlung" (S. 168).

986 *Rosenmeier*, Verbindung von Strafsachen, S. 145 f.; kritisch auch *Achenbach* in FS-Wassermann, S. 849, 857.

987 Die Verbindung kann zur erstinstanzlichen Zuständigkeit des Landgerichts anstelle der des Amtsgerichts führen, wodurch der Beschuldigte die Möglichkeit der Berufung verliert, vgl. auch *Rosenmeier*, Verbindung von Strafsachen, S. 86 ff., 143 ff.

988 *Heghmanns*, StV 2000, 277, 280.

989 *Herzog*, StV 1993, 609, 610.

990 *Dästner*, RuP 1981, 18.

991 *Herzog*, StV 1993, 609, 610.

Wenn bereits die Vielzahl von „gesetzlichen Richtern“ bei einer einzigen Tat verfassungswidrig ist, muss dies erst recht für die noch größere Anzahl bei mehreren, verbundenen Taten gelten. Eine „Steigerung der Effizienz des Rechtsschutzes“[992] ist durch diese Vielzahl an Gerichtsständen zudem nicht erkennbar, vielmehr ergibt sich die „Steigerung der Effizienz“ nur durch die Verbindung mehrerer Verfahren, die durchaus sinnvoll ist, als solche. So ist nicht erkennbar, dass eine Verbindung mehrerer Verfahren *mit* Auswahlmöglichkeiten bezüglich des Gerichtsstandes „effizienter“ ist, als eine Verbindung mehrerer Verfahren *ohne* solche Auswahlmöglichkeiten, d.h. mit fest vorgegebenen Gerichtsstandsregeln.

Wie bereits angedeutet, sind nun zwei Fragen voneinander zu unterscheiden: Zunächst darf die Verbindung und Trennung von Verfahren *als solche* nicht willkürlich, sondern muss anhand klarer Kriterien erfolgen. Dazu müssten die §§ 2 ff. StPO geändert werden und insbesondere die Kann-Bestimmung des § 2 Abs. 1 StPO durch die Einführung einer gebundenen Entscheidung ersetzt werden.[993] In einem zweiten Schritt ist die Frage der örtlichen Zuständigkeit nach einer erfolgten Verbindung zu klären: Der bisherigen Systematik entspräche es, alle Gerichtsstände gleichberechtigt bestehen zu lassen. Das würde aber der verfassungsrechtlichen Situation nicht gerecht. *Rosenmeier* schlägt daher vor, den „Schwerpunkt der Handlung“ als Anknüpfungspunkt zu wählen.[994] Dieser Begriff ist aber wiederum sehr unbestimmt. Sinnvoller erscheint es, dass sich der Gerichtsstand bei einem verbundenen Strafverfahren nach dem Gerichtsstand für den Täter richtet. Bei mehreren Tätern kann an den ältesten Täter angeknüpft werden.[995] Sofern mehrere Straftaten desselben Täters abgeurteilt werden, könnte der Gerichtsstand der schwersten Straftaten oder der chronologisch frühesten Tat für alle verbunden Straftaten als maßgeblich angesehen werden.

III. Gerichtsstand im Strafprozessrecht de lege ferenda

Selbst dann aber, wenn man entgegen der hier vertretenen Aufassung von der Verfassungsmäßigkeit eines Auswahlrechts ausgeht, ist es *de lege ferenda* diskussionswürdig, eine Rangordnung der in Betracht kommenden Gerichtsstände festzulegen, oder zumindest Kriterien für die Ermessensausübung durch die Staatsanwaltschaft zu benennen. Auch das *Bundesverfassungsgericht* hat in seiner Entscheidung zum Wahlrecht der Staatsanwaltschaft zwischen einer Anklage beim Amts- oder beim Landgericht (§ 24 Abs. 1 Nr. 3 GVG) eingeräumt, dass eine Regelung denkbar wäre, die „dem Grundgedanken des Art. 101 GG besser gerecht“ würde.[996]

---

992 *Roth*, Gesetzlicher Richter, S. 130.

993 Zu einem entsprechenden Formulierungsvorschlag vgl. *Rosenmeier*, Verbindung von Strafsachen, S. 163 ff., §§ 1-6 des Entwurfs.

994 *Rosenmeier*, Verbindung von Strafsachen, S. 167 (§ 7 des Entwurfs).

995 Dagegen für die Anknüpfung an den Beteiligten, dessen Name im Alphabet an erster Stelle steht *Engelhardt*, DRiZ 1982, 418, 421. Im Gegensatz zum Namen ist das Geburtsdatum jedoch – sofern es bekannt ist – unveränderlich.

996 BVerfGE 9, 223, 230.

1) Mögliche Bedenken gegen eine Rangordnung

Gegen eine Rangordnung *de lege ferenda* lassen sich verschiedene Bedenken erheben. *Sowada* führt etwa an, dass „unschwer" Fallkonstellationen denkbar seien, in denen eine starre Anwendung von Vorrangregeln zu keinem tragfähigen Ergebnis führen würde, da entweder allein der Tatort oder allein der Wohnort sachgerecht sei.[997] *Sowada* relativiert diesen Einwand allerdings schon insofern, als er zu Recht darauf hinweist, dass es aus Gründen des Bestimmtheitsgebotes sinnvoll sei, eine *möglichst* starre Ordnung vorzusehen; zum Anderen geht er selbst davon aus, dass seine Bedenken sich in erster Linie gegen die „Starrheit" einer Rangordnung richten, nicht gegen die Rangordnung an sich.[998] Neben der von *Sowada* angesprochenen Möglichkeit einer Ausnahmezuständigkeit in begründeten Einzelfällen – entsprechend der Sollbestimmung des § 42 Abs. 2 JGG[999] – wäre es auch denkbar, eine Art Gerichtsstandsvereinbarung, einen Verzicht des Beschuldigten oder eine „Widerspruchslösung"[1000] im Hinblick auf den vorrangigen Gerichtsstand zuzulassen.[1001]

Eine allzu starre Regelung werde – so *Sowada* – möglicherweise den Interessen des Beschuldigten nicht gerecht. So sei das Verfahren für den Beschuldigten deutlich aufwendiger, wenn es zwingend am – vom Wohnort weit entfernten – Tatort durchzuführen wäre.[1002] Auch diesem Nachteil könnte man aber durch eine entsprechende „Lockerung" begegnen.

Im Übrigen sind gegen die Rangordnung an sich keine durchgreifenden Bedenken ersichtlich, insbesondere ist nicht erkennbar, dass eine Rangordnung untragbare Nachteile für die Effektivität des Rechtsstaates zur Folge hätte,[1003] so dass von ihrer grundsätzlichen Zulässigkeit und Sinnhaftigkeit auszugehen ist.

2) Verhältnis von Wohnort und Tatort zueinander

Schwieriger zu beantworten ist die Frage, wie zwischen dem Gerichtsstand des Tatortes und dem des Wohnortes entschieden werden sollte. Für einen Vorrang des Gerichtsstandes des Wohnortes spricht sich insbesondere *Herzog* aus. Dieser Gerichtsstand sei als einziger nicht von den Ermittlungsbehörden manipulierbar

---

997 *Sowada*, Gesetzlicher Richter, S. 636 f. mit einem Beispiel.

998 Vgl. *Sowada*, Gesetzlicher Richter, S. 636 f.

999 Faktisch kann freilich von einer Einhaltung dieser „Soll-Bestimmung" jedenfalls für Verkehrsdelikte nicht die Rede sein, vgl. *Eisenberg*, JGG, § 42 Rn. 15. Der BGH geht selbst nicht von einem „Zuständigkeitsvorrang" aus, sondern sieht § 42 Abs. 2 JGG lediglich als „Richtlinie für das Auswahlermessen" an, BGH NStZ 2008, 695.

1000 Dazu unten Teil 3 § 4 A.III.7)d).

1001 Zu diesen Möglichkeiten einer Einschränkung bzw. Flexibilisierung noch unten Teil 3 § 4 A.III.7).

1002 *Sowada*, Gesetzlicher Richter, S. 638.

1003 So auch *Roth*, Gesetzlicher Richter, S. 126, der allerdings keinen konkreten Vorschlag für eine solche Rangordnung macht.

und somit vorzugswürdig.[1004] Die übrigen Autoren gehen, sofern sie sich auf eine Rangordnung festlegen, überwiegend von einer Priorität des Tatortes aus.[1005]

Als Grund hierfür wird angeführt, dass sich die Beweise in der Regel am Tatort befinden. Außerdem sei der Tatort derjenige Ort, an dem der Rechtsfrieden gebrochen wurde und somit durch das gerichtliche Verfahren wiederhergestellt werden muss.[1006] Praktisch gesehen gebe es jetzt schon einen gewissen Vorrang des § 7 StPO,[1007] so dass mit einer rechtlichen Festlegung des Vorrangs eine nur geringe Veränderung in der Praxis erfolgen würde.

Der Gerichtsstand des Wohnortes erscheint dagegen „nur" aus der Sicht des Beschuldigten als der bessere. Aus der Sicht aller anderen Verfahrensbeteiligten ist er, wenn überhaupt, dann doch nur in einigen wenigen Fällen praktikabel, etwa wenn nicht nur der Beschuldigte, sondern auch die Zeugen nicht am Tatort wohnen.[1008] Ansonsten erscheint der Wohnort des Täters nur dann als sinnvoller Anknüpfungspunkt, wenn ein inländischer Tatort nicht vorliegt oder er unbekannt ist, damit zunächst überhaupt Ermittlungen stattfinden können.

Da bereits bei den Beratungen zur StPO überwiegend davon ausgegangen wurde, „[d]aß der Gerichtsstand der begangenen That für die Regel den Vorzug verdient",[1009] und außerdem die Staatsanwaltschaft in der Regel am „Ort des Geschehens" auf eine mögliche Straftat aufmerksam wird,[1010] erscheint es durchaus plausibel, dem Gerichtsstand des Tatortes grundsätzlich den Vorrang einzuräumen.

1004 *Herzog*, StV 1993, 609, 612. Wie der Tatort manipulierbar sein soll, führt *Herzog* jedoch nicht näher aus. Einerseits ist eine Einflussnahme bereits dadurch möglich, dass es mehrere Tatorte gibt, dazu noch unten Teil 3 § 4 A.III.3). Denkbar ist es aber außerdem, dass in einem Anfangsstadium des Verfahrens – wenn also noch nicht feststeht, wo die Tat genau begangen wurde – aus sachfremden Erwägungen heraus ein Tatort „vermutet" wird, der tatsächlich nicht Tatort ist. Insoweit sind Manipulationen durchaus möglich. Sobald jedoch der wirkliche Tatort ermittelt ist, und unter der naheliegenden Voraussetzung, dass dies vor Anklageerhebung geschieht, ist das Verfahren an die „wirklich zuständige" Staatsanwaltschaft abzugeben, so dass Anklage und Aburteilung vor dem zuständigen Gericht erfolgen können. Die denkbare Manipulation ist also zumindest beschränkt.

1005 *Achenbach* in FS-Wassermann, S. 849, 856 f.; *Weßlau* in SK-StPO vor § 7 Rn. 9. Allgemein für einen Vorrang *Engelhardt*, DRiZ 1982, 418, 419.

1006 *Heghmanns*, StV 2000, 277, 279 f.

1007 *Achenbach* in FS-Wassermann, S. 849, 856 f.; vgl. auch insbesondere Nr. 2 RiStBV.

1008 Vgl. das Beispiel bei *Sowada*, Gesetzlicher Richter, S. 637: Ein Fußballspieler schlägt einen Mannschaftskollegen bei einem Auswärtsspiel. Hier ist der Wohnsitz von Geschädigtem, Täter und allen Zeugen nicht am Tatort. Die von *Sowada* gezogene Schlussfolgerung, man müsse auf eine Rangordnung völlig verzichten, ist indes nicht richtig.

1009 Motiv zu dem Antrag 2 des Großherzogtums Württemberg, abgedruckt bei *Schubert/Regge* (Hrsg.), StPO-Quellen, S. 493.

1010 *Sowada*, Gesetzlicher Richter, S. 637.

3) Verhältnis mehrerer Tatorte zueinander

Daran anschließend ist das Verhältnis mehrerer Tatorte zueinander mit Blick auf den Gerichtsstand zu untersuchen. Dazu finden sich kaum Erörterungen. Nr. 2 Abs. 1 RiStBV macht insofern keine Angaben. Soweit ersichtlich finden sich auch in der speziell an Staatsanwälte gerichteten Literatur keine näheren Informationen dazu.[1011] Ein gewisser Anhaltspunkt ergibt sich allenfalls aus Nr. 25, 26 RiStBV. Danach soll – allerdings bei *mehreren* Straftaten, die zusammenhängen und unterschiedliche Gerichtsbezirke betreffen – der Schwerpunkt anhand verschiedener beispielhaft aufgeführter Kriterien (etwa Zahl der Täter oder Zeugen, Wohnsitz, Zusammenfallen von Wohnsitz und Tatort) festgestellt werden; hilfsweise soll ein Prioritätsprinzip gelten, wonach die zuerst befasste Staatsanwaltschaft zuständig ist bzw. bleibt. Übertragen auf das Auseinanderfallen von Handlungs- und Erfolgsort bei nur *einer* Tat würde dies bedeuten, dass ermittelt werden müsste, ob der Schwerpunkt der Tat auf der Handlung oder dem Erfolg liegt. Eine *bestimmte* Regelung kann darin freilich nicht gesehen werden, schon gar nicht kann man von einem *gesetzlich* bestimmten Richter ausgehen.

Die Problematik verschiedener Tatorte und damit verschiedener Gerichtsstände auch bei nur einer Tat geht letztlich darauf zurück, dass die StPO an denselben Tatort-Begriff wie das StGB anknüpft und somit vom Ubiquitätsprinzip ausgeht. Bei der Einführung des § 9 StGB bzw. des Ubiquitätsprinzips ging es jedoch nicht darum, den Gerichtsstand zu bestimmen, sondern lediglich darum sicherzustellen, dass überhaupt deutsches Strafrecht zur Anwendung kommt. Das wird schon daran deutlich, dass § 9 StGB auf § 3 Abs. 3 a.F. StGB zurückgeht, der wiederum durch die *Geltungsbereichs*VO[1012] eingefügt wurde. Die Folge, dass es nun zu noch mehr möglichen Gerichtsständen kommt, wurde nicht gesehen, zumindest aber nicht problematisiert.[1013]

1011 *Eschelbach* in Vordermayer/v. Heintschel-Heinegg, Handbuch für den Staatsanwalt, S. 885 betrachtet etwa den Fall mehrerer Tatorte nicht explizit, meint aber, dass die örtliche Zuständigkeit „einer kurzen Erläuterung" bedürfen kann, wenn mehrere Taten angeklagt sind. *Hellebrand*, Die Staatsanwaltschaft, Rn. 269 ff. erläutert zu dem Tatortgerichtsstand im Wesentlichen den Text des § 9 StGB. Ohne etwas zum Fall mehrerer Tatorte zu sagen, verweist er auf das Wahlrecht der Staatsanwaltschaft und den „Vorrang der Tatortzuständigkeit" nach Nr. 2 Abs. 1 RiStBV. Eine Ausnahme in der Literatur bildet allerdings *Heghmanns*, Arbeitsgebiet des Staatsanwalts, Rn. 772, der sich im Wesentlichen auf die ausführlichere Darlegung in *ders.*, StV 2000, 277, 279 f. bezieht.

1012 Vom 6.5.1940 (RGBl. I S. 754).

1013 Angesichts der Zeit, zu der diese Vorschrift eingefügt wurde, ist es freilich auch nicht verwunderlich, dass etwaige Schwierigkeiten bei der Bestimmtheit des gesetzlichen Richters nicht als Problem wahrgenommen wurden. Es wurde im Gegenteil durch die GeltungsbereichsVO sogar ein zusätzlicher Gerichtsstand eingefügt, nämlich der Gerichtsstand des „Verwahrungsortes", vgl. bereits oben Teil 3 § 4 A.II.1)c).

In der ursprünglichen Fassung des RStGB und zuvor schon in den Entwürfen des norddtStGB ging man dagegen offenbar davon aus, dass der Handlungsort entscheidend sei.[1014] Dieser Begriff lag auch der ursprünglichen RStPO zugrunde. Es ist schon zweifelhaft, ob die Änderung des Tatort-Begriffs im StGB von ihrem Sinn und Zweck her auch eine Änderung des entsprechenden Begriffs in der StPO beinhaltet. Zwingend ist eine Gleichsetzung beider Begriffe jedenfalls nicht.[1015] Wenn man die oben aufgezeigte Entstehungsgeschichte von StPO und StGB in die Auslegung einbezieht, kommt man ohne Weiteres zu dem Ergebnis, dass der Handlungsort – entgegen der oben[1016] vermuteten Praxis – jedenfalls grundsätzlich Vorrang vor dem Erfolgsort haben muss.

4) Verhältnis mehrerer Wohnorte zueinander

Soweit ersichtlich, ist die Frage nach einer Rangordnung mehrerer Wohnorte bislang nicht erörtert worden, was wohl auch auf eine nur geringe praktische Relevanz dieser Problematik zurückzuführen sein dürfte. Dennoch erscheint es hier im Interesse der Bestimmtheit des gesetzlichen Richters sinnvoll und wichtig, eine Rangordnung vorzusehen bzw. nur einen Wohnsitz als maßgeblich anzusehen. Daher sei hier vorgeschlagen, sich von der Regelung der §§ 7 ff. BGB zum zivilrechtlichen Wohnsitz zu lösen und demgegenüber an den eindeutiger bestimmbaren öffentlich-rechtlichen Begriff der Hauptwohnung im Melderecht anzuknüpfen.[1017]

5) Verzicht auf den Gerichtsstand des Ergreifungsortes

Was den Gerichtsstand des Ergreifungsortes angeht, könnte die Möglichkeit der Manipulation durch Ermittlungsbehörden dafür sprechen, auf diesen Gerichtsstand *de lege ferenda* völlig zu verzichten. Als selbstständiger Gerichtsstand spielt er ohnehin kaum eine Rolle. Selbst beim sog. „beschleunigten Verfahren“, bei dem am ehesten praktische Gründe für den Ergreifungsort als Gerichtsstand ausgemacht werden können,[1018] dürfte der Gerichtsstand des Ergreifungsortes selten

---

1014 Protokoll der Bundesratskommission vom 1. Oktober 1869. Abgedruckt bei *Schubert/Vormbaum* (Hrsg.), StGB-Protokolle, S. 65.

1015 Bereits der Begriff „Tat“ wird bekanntermaßen in StPO und StGB unterschiedlich verstanden, vgl. nur *Kuckein* in KK-StPO § 264 Rn. 3. Dann muss es aber ebenso möglich sein, dass unter „Tatort“ jeweils etwas anderes verstanden wird. – Anders als hier aber *Rotsch*, ZIS 2006, 17, 28, der ohne Bezug auf die Gesetzgebungsgeschichte annimmt, dass das Problem nicht in der Verknüpfung von § 7 StPO mit § 9 StGB, sondern in der Unbestimmtheit des § 9 StGB liege.

1016 Vgl. oben Teil 3 § 4 A.II.3)a) zum „Ort des Geschehens“, an dem die Staatsanwaltschaft auf eine Straftat aufmerksam wird.

1017 Die Anmeldung nach den Meldegesetzen der Länder ist derzeit nicht Voraussetzung, sondern nur ein Indiz für das Bestehen eines Wohnsitzes. Mit einem Verweis auf das Melderecht wäre die Beweisbarkeit in Bezug auf den Gerichtsstand des Wohnsitzes wesentlich leichter.

1018 Vgl. *Sowada*, Gesetzlicher Richter, S. 639.

notwendig sein, wenn man davon ausgeht, dass die Ergreifung – jedenfalls in Fällen, für die das beschleunigte Verfahren angebracht sein könnte[1019] – im Gerichtsbezirk des Tatortes liegt.[1020]

Letztlich käme der Gerichtsstand des Ergreifungsortes wegen der Subsidiarität dieses Gerichtsstandes nur dann zum Tragen, wenn Tat- und Wohnort unbekannt sind oder im Ausland liegen. In diesen wenigen Fällen wäre es denkbar, die Bestimmung des Gerichtsstandes dem BGH zu überlassen (§ 13a StPO), der im Gegensatz zur Staatsanwaltschaft unabhängig ist. Gleichwohl erscheint es richtiger, den Ergreifungsort als „Auffang-Gerichtsstand“ *gesetzlich* und nicht lediglich durch Richterspruch festzulegen. Der Gerichtsstand des Ergreifungsortes sollte daher zwar beibehalten werden, eine ausdrückliche Anordnung der – richtigerweise schon jetzt bestehenden – Subsidiarität gegenüber den anderen Gerichtsständen wäre aber zu begrüßen.

6) Exkurs: Gerichtsstand im österreichischen Strafrecht

Sofern man nicht eine ausschließlich auf Deutschland bezogene Betrachtung anstellen, sondern – wozu es ja bereits Bestrebungen gibt[1021] – auf europäischer Ebene zu einer möglichst einheitlichen Lösung kommen will, erscheint es sinnvoll, auch die Rechtslage anderer Staaten vergleichend mit einzubeziehen. Dabei ist besonders das österreichische Recht hervorzuheben, weil es – wie das deutsche Recht – relativ strenge Voraussetzungen bezüglich des gesetzlichen Richters hat und dennoch, oder besser: deswegen, zu einem anderen Ergebnis als die derzeitige deutsche Praxis kommt.

a) Verfassungsrecht

Das Recht auf den gesetzlichen Richter ist auch in Österreich in der Verfassung verankert, Art. 83 B-VG.[1022] Anders als in Deutschland wird sogar der „Grundsatz

---

1019 Allenfalls in Fällen mit einfachem Sachverhalt *und* einer klaren Beweislage erscheint ein beschleunigtes Verfahren denkbar; zur Kritik an der Ausweitung des Anwendungsbereichs des beschleunigten Verfahrens auch *Scheffler*, NJW 1994, 2191, der allerdings zu Recht das beschleunigte Verfahren insgesamt für „im ‚modernen‘ Strafrecht ... kaum jemals zulässig“ hält.

1020 Davon abgesehen sieht sich das beschleunigte Verfahren – berechtigter – Kritik in der Literatur ausgesetzt, vgl. *Herzog*, ZRP 1991, 125; *Scheffler*, NJW 1994, 2191; *Meyer-Goßner/ Schmitt*, StPO, vor § 417 Rn. 3. Außerdem kritisch zur teilweise rechtswidrigen Praxis auch *Scheffler*, NJ 1999, 113; *Wolf*, NJW 2001, 46.

1021 Dazu oben Teil 2 § 4 B. und insbesondere Teil 2 § 4 E. zum Rahmenbeschluss zur Vermeidung von Kompetenzkonflikten.

1022 Art. 83 Bundes-Verfassungsgesetz lautet wie folgt:
„(1) Die Verfassung und Zuständigkeit der Gerichte wird durch Bundesgesetz festgestellt.
(2) Niemand darf seinem gesetzlichen Richter entzogen werden.“

der Geschäftsverteilung" ausdrücklich in der Verfassung erwähnt.[1023] In der Auslegung des Rechts auf den gesetzlichen Richter ist der österreichische *Verfassungsgerichtshof* (VfGH) wesentlich strenger als das *Bundesverfassungsgericht.* Wie das deutsche BVerfG geht der österreichische VfGH davon aus, dass eine Pflicht des Gesetzgebers besteht, die Zuständigkeit objektiv, exakt, klar und eindeutig festzulegen. Einschränkende oder relativierende Formulierungen wie „so präzise wie möglich" oder „Einschätzungsspielraum des Gesetzgebers" finden sich dagegen nicht. In diesen Kontext passt es auch, dass der VfGH, anders als das BVerfG, ausdrücklich erwähnt, dass die Regelung der Zuständigkeit „strengen Prüfungsmaßstäben" standhalten muss.[1024] Schon die von der Rechtsprechung gestellten Anforderungen an die Bestimmung des gesetzlichen Richters sind somit in Österreich zwar ähnlich, aber – zu Recht – höher als in Deutschland.

b) einfaches Recht

Die Frage, wie der gesetzliche Richter bestimmt wird, ist vom einfachen Gesetzgeber zu treffen. Entsprechend den strengen Vorgaben des VfGH ist dies in §§ 36 ff. öStPO geschehen.[1025]

1023 Art. 87 Abs. 3 B-VG: „Die Geschäfte sind unter die Richter eines Gerichtes für die in der Gerichtsverfassung bestimmte Zeit im voraus zu verteilen. Eine nach dieser Geschäftsverteilung einem Richter zufallende Sache darf ihm nur durch Verfügung des durch die Gerichtsverfassung hierzu berufenen Senates und nur im Fall seiner Verhinderung oder dann abgenommen werden, wenn er wegen des Umfangs seiner Aufgaben an deren Erledigung innerhalb einer angemessenen Frist gehindert ist."

1024 Vgl. dazu die Nachweise aus der Rspr. des VfGH bei *Mayer*, B-VG, Art. 83 Rn. II.2.

1025 Bedeutsam ist vor allem § 36 öStPO, der (auszugsweise) wie folgt lautet:

„(3) Für das Hauptverfahren ist das Gericht zuständig, in dessen Sprengel die Straftat ausgeführt wurde oder ausgeführt werden sollte. Liegt dieser Ort im Ausland oder kann er nicht festgestellt werden, so ist der Ort maßgebend, an dem der Erfolg eingetreten ist oder eintreten hätte sollen, fehlt es an einem solchen, der Ort, an dem der Beschuldigte seinen Wohnsitz oder Aufenthalt hat oder zuletzt hatte, in Ermangelung eines solchen der Ort, an dem er betreten wurde. Kann auch dadurch eine örtliche Zuständigkeit nicht bestimmt werden, so ist das Gericht zuständig, an dessen Sitz sich die Staatsanwaltschaft befindet, die Anklage einbringt. Sonderzuständigkeiten bleiben unberührt.

(4) ...

(5) Wenn sich zum Zeitpunkt der Einbringung der Anklage ein Angeklagter in Untersuchungshaft befindet und die Verhandlung und Entscheidung der Strafsache dem Bezirksgericht zusteht, ist das Bezirksgericht örtlich zuständig, an dessen Sitz sich die Staatsanwaltschaft befindet, die nach den §§ 25 bis 28 für das Ermittlungsverfahren zuständig war. Wird der Angeklagte nach diesem Zeitpunkt freigelassen, so ändert dies die Zuständigkeit nicht."

Als Hauptanknüpfungspunkt wird dabei der Ort, an dem „die Straftat ausgeführt wurde oder ausgeführt werden sollte“[1026] genannt. Anders als bei der Regelung im Internationalen Strafrecht wird hier nicht auf das Ubiquitätsprinzip – das auch im österreichischen Recht gilt[1027] – verwiesen, sondern es ist ausschließlich der Ort der Handlung gemeint,[1028] wie sich auch daraus ergibt, dass erst dann, wenn ein solcher im Inland nicht festgestellt werden kann, der Erfolgsort maßgeblich ist.

Wenn gar kein Tatort im Inland besteht oder festgestellt werden kann, wird an den Wohnsitz oder Aufenthaltsort angeknüpft. Erst dann, wenn es auch an einem inländischen Wohn- oder Aufenthaltsort fehlt, ist der Ergreifungsort (der Ort, an dem der Beschuldigte „betreten wurde“) als Kriterium zur Bestimmung des Gerichtsstands heranzuziehen. Dieser Anknüpfungspunkt ist somit subsidiär gegenüber den vorher aufgeführten.[1029]

Die Besonderheit des österreichischen Rechts besteht also nicht darin, welche Kriterien zur Begründung eines Gerichtsstandes herangezogen werden,[1030] sondern darin, dass es hier schon *de lege lata* aus verfassungsrechtlichen Gründen folgende feste Rangordnung der Kriterien gibt:

1. Tatort
   a. Handlungsort
   b. Erfolgsort
2. Wohnsitz oder Aufenthaltsort
3. Ergreifungsort
4. Von der Generalprokuratur bestimmte Zuständigkeit[1031]

Daneben ist jeweils die Staatsanwaltschaft zuständig, die zuerst von einer Straftat Kenntnis erlangt; die Sache ist jedoch an die eigentlich zuständige Staatsanwaltschaft abzugeben, sobald diese festgestellt ist. Sollte es trotz der eindeutigen

---

Darüber hinaus finden sich in der öStPO auch detaillierte Vorschriften zur örtlichen Zuständigkeit der Staatsanwaltschaft in den §§ 25 ff. Von Interesse ist hierbei v.a. § 25 Abs. 2 und 3 öStPO. Demzufolge ist die Staatsanwaltschaft des Wohnortes zuständig, wenn und solange der Tatort unbekannt ist (Abs. 2), bzw. die Staatsanwaltschaft, die zuerst Kenntnis erlangt, bis das Verfahren abgegeben wird (Abs. 3). In Deutschland wird dagegen lediglich festgestellt, dass die Staatsanwaltschaft zuständig ist, die zu dem jeweiligen Gericht „gehört“ (§ 143 Abs. 1 GVG).

1026 Vgl. § 25 Abs. 1 Satz 1; 36 Abs. 3 Satz 1 öStPO.

1027 Vgl. § 67 Abs. 2 öStGB.

1028 *Fabrizy*, StPO, § 25 Rn. 3; *Nordmeyer* in WK-StPO, § 25 Rn. 2.

1029 *Fabrizy*, StPO, § 25 Rn. 6.

1030 Oder darin, welche Kriterien keine Rolle spielen. Wie im deutschen Recht spielen insbesondere opfer- oder zeugenbezogene Kriterien keine Rolle.

1031 Diese Zuständigkeit gilt letztlich auch im Hauptverfahren: Sofern kein anderes Kriterium der Zuständigkeit vorliegt, ist das Gericht zuständig, dessen Staatsanwaltschaft Klage erhoben hat, § 36 Abs. 3 Satz 3 öStPO. Welche Staatsanwaltschaft das ist, richtet sich wiederum nach § 25 öStPO.

Regelung zu einem Zuständigkeitskonflikt kommen, entscheidet letztlich das gemeinsam übergeordnete Gericht.[1032]

7) Möglichkeiten zur Flexibilisierung einer Rangordnung

Das soeben aufgezeigte Beispiel des österreichischen Rechts zeigt, dass die Einführung und Umsetzung einer festen Rangordnung der Gerichtsstände durchaus möglich ist.[1033] Dass eine gegenüber dem *status quo* festere Rangordnung dem Recht auf den gesetzlichen Richter gerecht wird, steht dabei außer Frage.[1034]

Allerdings wurde oben bereits angedeutet, dass es im Einzelfall zweckmäßig sein könnte, keine völlig starre Regelung vorzusehen, sondern – auch im Rahmen einer Rangordnung – eine gewisse Flexibilität zu ermöglichen. Eine solche Flexibilität lässt sich auf unterschiedliche Art und Weise erreichen.

a) „Soll“- statt „Muss“-Bestimmungen

Zunächst wäre es denkbar, an Stelle einer festen Rangordnung die Formulierung „in der Regel“ vorzusehen und für benannte oder unbenannte besondere Fälle eine Abweichung zuzulassen. Dagegen richten sich indes dieselben Bedenken wie gegen ein generelles Auswahlrecht der Staatsanwaltschaft.

b) Verzicht des Beschuldigten

Möglich wäre es aber auch, dass der Beschuldigte darauf verzichtet, die Unzuständigkeit des Gerichts zu rügen und so faktisch einen anderen Richter „wählt“, als eigentlich für die Aburteilung gesetzlich vorgesehen ist. Dann wird er nämlich nicht dem gesetzlichen Richter „entzogen“, sondern entzieht sich allenfalls selbst dem gesetzlichen Richter. Dabei mag allerdings schon gefragt werden, ob ein solcher

---

1032 § 38 öStPO. Zunächst hat das vermeintlich unzuständige Gericht die Sache an das aus seiner Sicht zuständige Gericht abzugeben. Erst dann, wenn auch dieses Gericht seine Zuständigkeit verneint, muss eine Entscheidung des „gemeinsam übergeordneten Gerichts“, also des Landesgerichts oder Oberlandesgerichts, dessen Bezirk beide vermeintlich unzuständigen Gerichte angehören, herbeigeführt werden. Liegen diese Gerichte in unterschiedlichen OLG-Bezirken, entscheidet der österreichische *Oberste Gerichtshof* (OGH).

1033 Einwenden könnte man allenfalls noch, dass das Staatsgebiet der Republik Österreich kleiner ist als das deutsche Staatsgebiet und insofern praktische Bedenken bezüglich weit entfernter Gerichte dort eine geringere Rolle spielen als hier. Angesichts relativ guter Verkehrsverbindungen ist dieser Einwand allerdings in Bezug auf Deutschland nicht allzu überzeugend.

1034 Dies gilt selbst dann, wenn man – entgegen der hier vertretenen Ansicht – annimmt, Art. 101 GG verbiete nicht Auswahlmöglichkeiten der Staatsanwaltschaft in Bezug auf den gesetzlichen Richter; vgl. schon BVerfGE 9, 223, 230: Es sei eine Regelung denkbar, die „dem Grundgedanken des Art. 101 GG *besser* gerecht“ werde (Hervorhebung J.B.).

Verzicht überhaupt zulässig ist.[1035] Zudem darf die Staatsanwaltschaft schon wegen der Bindung an Recht und Gesetz nicht bei einem – nach der vorgeschlagenen Rangordnung – unzuständigen Gericht anklagen und auf den „Verzicht" des Beschuldigten hoffen. In gleicher Weise muss auch das Gericht selbst prüfen, ob es örtlich zuständig ist.

c) Vereinbarung

Denkbar wäre es auch, eine Vereinbarung – zwischen dem Beschuldigten einerseits und entweder der Staatsanwaltschaft oder dem Opfer einer Straftat andererseits – vorzusehen, durch die eine Abweichung von der Rangordnung möglich wird. Derartige Vereinbarungen sind dem Strafrecht bisher fremd, im Zivilrecht aber durchaus üblich; ob solche Vereinbarungen auch im Strafrecht zulässig sein sollten, wird daher noch unten im Zusammenhang mit dem (Internationalen) Zivilverfahrensrecht näher diskutiert.[1036]

d) Widerspruchsmöglichkeit

Schließlich wäre aber auch eine Lösung denkbar, die zwar von einem Vorrang des Tatortes ausgeht, bei der aber auf Widerspruch des Beschuldigten hin das Verfahren vor dem Gericht seines Wohnortes stattfindet. Dann müssten sowohl das Verhältnis der beiden Gerichtsstände zueinander, als auch die Zulässigkeit eines solches „Widerspruchs" gesetzlich verankert werden.

Eine solche „Widerspruchsmöglichkeit" fand sich bereits in einem – nicht Gesetz gewordenen – Entwurf aus dem Jahre 1908.[1037] Darin war insgesamt eine

---

1035 Nach heute h.M. ist ein Grundrechtsverzicht möglich, sofern bestimmte Voraussetzungen erfüllt sind, vgl. *Fischinger*, JuS 2007, 808 mit Nachweisen auch zur – älteren – Gegenauffassung. Für den Verzicht auf ein grundrechtsgleiches Recht kann grundsätzlich nichts anderes gelten. Allerdings kann schon die Möglichkeit, auf den gesetzlichen Richter zu verzichten, die Rechte *anderer* Angeklagter beeinträchtigen. Eine solche Beeinträchtigung könnte darin liegen, dass ein gewisser Druck auf andere Angeklagte ausgeübt wird, ihrerseits auch auf den gesetzlichen Richter zu verzichten, vgl. ausführlich zu einer parallelen Problematik im Bereich der „Lügendetektion" *Seiterle*, Hirnbild und „Lügendetektion", S. 177 ff. Anders als in dem von *Seiterle* besprochenen Fall ist hier aber wohl nicht eine „alltägliche Schuldvermutung" für den Fall zu verzeichnen, dass der Angeklagte sich weigert, auf den gesetzlichen Richter zu verzichten. Ob dies eine unterschiedliche Bewertung rechtfertigt, erfordert eine ausführliche Diskussion, die hier jedoch nicht geführt werden kann.

1036 Teil 3 § 4 B.

1037 Bundesratsvorlage, abgedruckt bei *Schubert* (Hrsg.), Entwürfe einer Strafprozeßordnung. Dort war allerdings eine Widerspruchsmöglichkeit nur gegen den Gerichtsstand des vorübergehenden Aufenhaltsortes, vgl. den Wortlaut in Fn. 1038. Vgl. auch nunmehr den Vorschlag von *Böse/Meyer/Schneider*, GA 2014, 572, 580, wobei der Beschuldigte dort lediglich einen Antrag stellen kann, dem „[b]ei

Ausweitung der Gerichtsstände vorgesehen; so sollte gemäß § 3 StPO-E-1908 der Gerichtsstand des gewöhnlich Aufenthaltsortes nicht mehr nur subsidiär gelten. In § 5 StPO-E-1908[1038] war als weiterer Gerichtsstand der Ort des vorübergehenden Aufenthalts vorgesehen. Andererseits sollte der Beschuldigte die Möglichkeit haben, diesem Gerichtsstand zu widersprechen, wobei der Begründung zufolge darauf geachtet werden müsse, dass dieses Recht nicht missbräuchlich genutzt werde, um etwa das Verfahren hinauszuzögern. Daher war eine Dreitagesfrist für den Widerspruch vorgesehen;[1039] ob möglicherweise eine etwas längere oder kürzere Frist sinnvoll ist, braucht hier nicht geklärt werden. Entscheidend ist, dass es überhaupt eine solche Frist geben muss, wenn eine „Widerspruchslösung" gewählt wird.[1040]

Eine Widerspruchsmöglichkeit hätte zwar zur Folge, dass es während des Verfahrens zu einem Wechsel der örtlichen Zuständigkeit käme. Damit verbunden kann es sein, dass für das Hauptverfahren eine andere Staatsanwaltschaft zuständig ist, als für die Ermittlungen im Vorfeld.[1041] Dieser Einwand rechtfertigt es aber nicht, auf die Widersprchsmöglichkeit zu verzichten. Bereits heute ist nämlich der Sitzungsvertreter der Staatsanwaltschaft meist nicht derjenige, der die Ermittlungen geführt hat.[1042] Die Aburteilung erfolgt außerdem nicht aufgrund der Ermittlungen, sondern aufgrund des Inbegriffs der Hauptverhandlung, wie § 261 StPO zum Ausdruck bringt. Die Ermittlungen und Kenntnisse, die der Staatsanwalt für die Durchführung der Verhandlung benötigt, ergeben sich aus der Akte; ggf. kann aus der Verhandlung heraus ein mit den Ermittlungen betrauter Kollege

---

Bagatelldelikten oder einfachen Sachverhalten ... in der Regel" stattgegeben werden muss.

1038 Der Wortlaut des Entwurfs lautete:
„(1) Der Gerichtsstand ist endlich auch bei dem Gerichte begründet, in dessen Bezirk der Angeschuldigte zur Zeit der Erhebung der Klage sich nur vorübergehend aufhält.
(2) Der Erhebung der Klage in diesem Gerichtsstande kann jedoch der Angeschuldigte widersprechen; der Widerspruch ist, falls eine Voruntersuchung stattfindet, spätestens am dritten Tage nach der ersten Vernehmung, andernfalls spätestens drei Tage nach der Zustellung der Ladung zur Hauptverhandlung erster Instanz oder, sofern die Hauptverhandlung vor dem Ablaufe dieser Frist stattfindet, bis zur Verlesung der Anklageformel geltend zu machen. Der Angeschuldigte soll [sic!] auf diese Befugnis hingewiesen werden.
(3) Wird rechtzeitig widersprochen, so verliert das Gericht seine Zuständigkeit."

1039 Vgl. auch die Begründung des Entwurfs, abgedruckt bei *Schubert* (Hrsg.), Entwürfe einer Strafprozeßordnung, S. 98 f.

1040 *Hecker* in Sinn (Hrsg.), Jurisdiktionskonflikte, S. 85, 102 schlägt – für den Fall, dass entgegen seiner Auffassung der Beschuldigte ein Mitbestimmungsrecht erhalten sollte – eine Frist von „z.B. eine[r] Woche" vor.

1041 Vgl. *Sowada*, Gesetzlicher Richter, S. 637.

1042 *Hammerdinger/Pfeifer* in Vordermayer/v. Heintschel-Heinegg, Handbuch für den Staatsanwalt, 5. Teil 2. Kapitel Rn. 1.

kontaktiert werden. Im Übrigen ist kein Grund erkennbar, eine Widerspruchslösung *de lege ferenda* nicht zuzulassen.[1043]

8) Ergebnis zum Gerichtsstand de lege ferenda

Nachdem es *de lege ferenda* für die Bestimmung des Gerichtsstandes in erster Linie auf den Tatort und nur in zweiter Linie auf den Wohnort, höchst hilfsweise auch auf den Ergreifungsort ankommen soll, muss nun mit Blick auf die Vielzahl möglicher Tatorte und die Möglichkeit der Verbindung von Strafsachen die denkbare Rangordnung näher ausgestaltet werden. Dazu hat *Heghmanns*[1044] einen ausführlichen und durchaus einleuchtenden Vorschlag unterbreitet, demzufolge folgendes gelten soll:

1. Vorrang vor allen anderen Gerichtsständen hat grundsätzlich der Tatort.
2. Bei mehreren Tatorten hat derjenige Vorrang, der gleichzeitig Wohn- oder Aufenthaltsort (des Beschuldigten) ist.[1045]
3. Im übrigen soll es auf die chronologisch erste Tat bzw. den ersten Tatbestandteil ankommen.[1046]
4. Nur bei Fehlen eines (inländischen) Tatorts ist der Wohn- oder Aufenthaltsort maßgeblich.
5. Höchst hilfsweise ist der Festnahmeort als Gerichtsstand anzusehen.
6. Für den Fall, dass insbesondere bei mehreren Beteiligten mehrere Gerichtsstände bestehen bleiben, soll sich die Zuständigkeit nach dem ältesten Beschuldigten richten.

Was den Tatort, der gleichzeitig Wohnort ist, angeht, ist zu bemerken, dass eine herausgehobene Stellung dieses Gerichtsstands bei Berücksichtigung der hier vorgeschlagenen „Widerspruchslösung“ zugunsten des Wohnortgerichtsstands nicht notwendig ist. Wenn der Beschuldigte durch ein solches Widerspruchsrecht die Möglichkeit hat, das Verfahren vor ein Gericht in der Nähe seines Wohnortes zu bringen, ist kein Bedürfnis dafür erkennbar, diesem Gerichtsstand von vornherein den Vorrang zu geben.

Auch die von *Heghmanns* vorgesehene Subsidiarität des Wohnsitzgerichtsstands muss mit einer „Widerspruchslösung“ etwas anders ausgestaltet werden: Der

---

1043 Bei fehlendem Vertrauen in die Innovationsfähigkeit der (Rechts-)Politik könnte ein solcher Ansatz auch von Rechtsprechung und Lehre *praeter legem* entwickelt werden, vgl. *Achenbach* in FS Wassermann, S. 849, 856 f.

1044 *Heghmanns*, StV 2000, 277, 279.

1045 Nach hier vertretener Auffassung ist ein Tatort, der gleichzeitig Wohnsitz ist, allerdings vor allem deshalb zu beachten, weil dem Beschuldigten ein „Widerspruchsrecht“ zugunsten seines Wohnsitzgerichtsstands einzuräumen ist, dazu oben Teil 3 § 4 A.III.7)d).

1046 Damit ist letztlich der Handlungsort vorrangig vor dem Erfolgsort (wenn nicht letzterer auch Wohn- oder Aufenthaltsort ist), auch wenn *Heghmanns* das nicht explizit zum Ausdruck bringt.

Wohnsitz oder gewöhnliche Aufenthaltsort ist als Gerichtsstand nicht nur dann maßgeblich, wenn kein Tatort im Inland vorhanden ist, sondern auch dann, wenn der Täter einen entsprechenden Widerspruch gegen die Verhandlung am Tatort einlegt und einen Verlegungsantrag an das für seinen Wohnsitz zuständige Gericht stellt. Im Übrigen ist die von ihm vorgeschlagene Rangordnung aber durchaus einleuchtend.[1047]

Im Ergebnis sollte daher *de lege ferenda* folgende Rangfolge der strafrechtlichen Gerichtsstände festgelegt werden:

1. Vorrangiger Gerichtsstand ist der Handlungsort.
2. Besteht kein Handlungsort im Inland, ist der Erfolgsort maßgeblich.
3. Sofern gar kein Tatort im Inland besteht oder der Beschuldigte rechtzeitig einen entsprechenden Antrag stellt, ist der Wohnsitz oder gewöhnliche Aufenthaltsort entscheidend.
4. Höchst hilfsweise ist der Festnahmeort als Gerichtsstand anzusehen.
5. Bei mehreren Beteiligten richtet sich der Gerichtsstand nach obigen Kriterien für den ältesten Beschuldigten.

IV. Übertragung dieses Ergebnisses auf die internationale Ebene

Würde man die Erwägungen zum Gerichtsstand im nationalen Strafrecht, einschließlich der oben vorgeschlagenen Rangordnung *de lege ferenda*, auf die Frage der internationalen Zuständigkeit in Strafsachen sinngemäß übertragen, ergäbe sich in etwa folgendes Bild:

1. Das Strafverfahren findet entweder im Tatortstaat, im Wohnortstaat oder im Festnahmestaat statt.
2. Eine überall verbindliche Rangordnung lässt sich *de lege lata* bisher nicht feststellen. Dem Tatortstaat kommt aber die größte Bedeutung zu.[1048] Der Gerichtsstand im Festnahmestaat ist dagegen nur subsidiär.[1049]

1047 Nicht überzeugend und letztlich abzulehnen ist dabei allerdings die Einschränkung von *Heghmanns*, wonach nur Gerichte im LG-Bezirk der jeweils ermittelnden Staatsanwaltschaft in Betracht zu ziehen seien, u.a. weil Abgaben des Verfahrens bundesländerübergreifend kaum steuerbar seien. Es bleibt nämlich theoretisch denkbar, dass – aus welchen Gründen auch immer – eine an sich unzuständige Staatsanwaltschaft in einem völlig anderen Bundesland ermittelt. Mit der von *Heghmanns* vertretenen Einschränkung besteht – von Fällen offenkundiger Willkür abgesehen – keine Möglichkeit, das Verfahren in einem solchen Fall vor das eigentlich vorrangig zuständige Gericht zu bringen. Das Recht auf den gesetzlichen Richter soll aber nicht nur willkürliche Entscheidungen bei der Festlegung des Richters verhindern, sondern *jede* Form sachfremder Einmischung durch die Exekutive.

1048 Vgl. nochmals beispielhaft Nr. 2 RiStBV für Deutschland, sowie § 36 Abs. 3 öStPO für Österreich.

1049 Anders als beim nationalen Recht kann die Voraussetzung dafür, dass der Festnahmestaat zuständig wird, nicht sein, dass *überhaupt kein* vorrangig zuständiger

3. *De lege ferenda* sollte ein Vorrang des Tatortstaates mit der Option eines Widerspruchs des Beschuldigten (verbunden mit einem Verlegungsantrag an das für seinen Wohnsitz zuständige Gericht) festgelegt werden.
4. Für den Fall mehrerer Tatorte sollte *de lege ferenda* auch hier eine Rangordnung festgelegt werden, wobei grundsätzlich der Handlungsort Vorrang hat.
5. Im Konfliktfall sollte in der Regel, sofern vorhanden,[1050] das gemeinsame obere Gericht bzw. eine entsprechende übergeordnete Stelle der Strafverfolgungsbehörden, entscheiden.[1051]

Die einzelnen Punkte seien nachfolgend noch etwas näher erläutert.

1) Tatort- und Wohnortstaat

Keine Probleme bereitet es, den Tatort- oder den Wohnortstaat als möglichen Ort des Gerichtes anzunehmen. Diese kommen schon jetzt als Gerichtsorte in Frage. Wie im deutschen nationalen Recht gibt es *de lege lata* keine Rangordnung. Bei einer Übertragung der derzeitigen Regelung zum nationalen Gerichtsstand auf die internationale Ebene ergäbe sich daher insoweit keine Änderung. Vorstellbar ist es aber, die hier vorgeschlagene „Widerspruchslösung" auch auf der internationalen Ebene zu etablieren.

2) Festnahmestaat

Im gegenwärtigen Strafanwendungsrecht spielt der Festnahmestaat nur eine sehr begrenzte Rolle. So ist nach § 7 Abs. 2 Nr. 2 StGB – einer Ausgestaltung des sog. Prinzips der Stellvertretenden Strafrechtspflege[1052] – das deutsche Strafrecht anwendbar, wenn – neben anderen Voraussetzungen – der Täter „im Inland betroffen" ist. Da derzeit nicht zwischen anwendbarem Strafrecht und Gerichtsort unterschieden wird, ergibt sich daraus in solchen Fällen auch, dass das Gerichtsverfahren in dem Staat durchgeführt wird, in dem die Ergreifung erfolgt.

Nach dem oben Gesagten[1053] kommt dem Prinzip der Stellvertretenden Strafrechtspflege jedoch schon jetzt nur eine untergeordnete Bedeutung zu. Eine Übertragung der hier für das nationale Recht angenommenen Subsidiarität des

Staat, also insbesondere kein Tatortstaat (die Beschränkung „im Inland" ergibt für internationale Sachverhalte keinen Sinn) besteht; ausreichend dürfte sein, dass die vorrangigen Staaten nicht willens oder nicht in der Lage sind, die Tat abzuurteilen.

1050 Dass *neue* Gerichte eigens für die Lösung von Strafgewaltkonflikten errichtet werden, erscheint dagegen völlig utopisch. Selbst eine Ausdehnung der Zuständigkeit bestehender Gerichte für die Lösung solcher Konflikte dürfte nicht immer gelingen, vgl. unten Teil 3 § 4 A.IV.4).

1051 Vgl. § 14 StPO.

1052 Dazu bereits oben Teil 1 § 7.

1053 Teil 1 § 7.

Ergreifungsortes auf die internationale Ebene würde also kaum eine Veränderung bewirken.

3) Notwendige Flexibilisierung

Insbesondere bei internationalen Sachverhalten besteht allerdings die Notwendigkeit einer Flexibilisierung in weitaus größerem Maße. Wenn oben[1054] festgestellt wurde, dass die Verkehrsverbindungen innerhalb Deutschlands einer festen Rangordnung nicht im Wege stehen, so kann dies schon auf der europäischen Ebene keinen Bestand haben. Hier kann es innerhalb der Europäischen Union – auch ohne Berücksichtigung etwa der französischen Übersee-Départements[1055] – durchaus zu Entfernungen von mehreren tausend Kilometern kommen. Wie schon oben beim nationalen Recht ist es daher hier erst recht notwendig, aber auch ausreichend, dem Beschuldigten die Möglichkeit für einen Widerspruch und einen Verlegungsantrag einzuräumen.

4) Entscheidung durch übergeordnete Stelle

Der Gedanke, eine übergeordnete Stelle zur Entscheidung im Konfliktfall zu berufen, könnte zumindest auf die europäische Ebene übertragen werden.[1056] Hiermit hat sich u.a. *Lagodny* bereits befasst, der zu dem Ergebnis gelangt, dass ein solches übergeordnetes Gericht *de lege ferenda* der Europäische Gerichtshof sein könnte.[1057] Die damit verbundene Übertragung des hinter § 14 StPO stehenden Gedankens zumindest auf die EU-europäische Ebene ist durchaus gut vorstellbar und würde in jedem Fall eine Verbesserung gegenüber der derzeitigen Situation darstellen.

B. Gerichtsstand im nationalen Deliktsrecht und Zuständigkeit im Internationalen Zivilverfahrensrecht

I. Vergleichbarkeit der Situation[1058]

Während Zivil- und Strafrecht an sich sehr unterschiedliche Rechtsbereiche sind, die auch unterschiedliche Funktionen haben, erscheint für den speziellen Bereich des Deliktsrechts ein Vergleich durchaus naheliegend: Sowohl im zivilrechtlichen

---

1054 Vgl. Fn. 1033.

1055 Diese gehören im Gegensatz zu den britischen Überseegebieten oder dem dänischen Grönland zur Europäischen Union.

1056 Eine Übertragung auf die globale Ebene dagegen nicht: Es bestehen schon kaum überstaatliche bzw. internationale Gerichte; diejenigen, die es gibt, sind nicht von allen Staaten gleichermaßen anerkannt. Solchen Gerichten (etwa dem IGH oder dem IStGH) zusätzliche Kompetenzen im Bereich des Strafrechts zuzugestehen, erscheint derzeit praktisch ausgeschlossen, ist *de lege ferenda* aber durchaus überlegenswert.

1057 *Lagodny*, Gutachten, S. 132 ff.

1058 Vgl. auch bereits oben Teil 3 § 3 C. zum materiellen Recht.

Deliktsrecht als auch im Strafrecht geht es nämlich um rechtswidrige Handlungen und deren Folgen. Der wesentliche Unterschied zwischen beiden Rechtsbereichen besteht – wie gesagt – darin, dass im zivilrechtlichen Deliktsrecht das Opfer und die Kompensation seiner Schäden im Mittelpunkt des Interesses stehen, während es im Strafrecht in erster Linie um den Täter und dessen Bestrafung geht. Dieser Unterschied betrifft allerdings nur das materielle Recht.

Die Frage, wo ein Verfahren stattfindet, ist dagegen eine Frage des öffentlichrechtlichen Prozessrechts, die sich für alle Verfahrensarten gleichermaßen stellt. Hier könnte es zwar Unterschiede geben, die sich aus den Besonderheiten des Zivilverfahrens einerseits und des Strafverfahrens und den Rechten der daran beteiligten Personen und Staaten andererseits ergeben – zu denken ist etwa an den stärkeren Bezug des Strafverfahrens zur staatlichen Souveränität, wodurch den staatlichen Interessen möglicherweise beim Strafverfahren ein höheres Gewicht zukommen muss. Diese Unterschiede ändern jedoch nichts an der grundsätzlichen Vergleichbarkeit[1059] beider Prozesssituationen.

Im Folgenden werden daher die Regelungen zur Bestimmung des Gerichtsstands im nationalen Deliktsrecht und im dazu gehörigen internationalen Kontext untersucht. Letzteres, das sog. Internationale Zivilverfahrensrecht,[1060] ist in Deutschland europäisch bestimmt und vereinheitlicht[1061] und regelt – anders als das Internationale Privatrecht – nicht das anwendbare materielle Recht, sondern nur die prozessualen Fragen, wo (Zuständigkeit) und wie (Beweisrecht) der Sachverhalt zu ermitteln ist.[1062] In völkerrechtlicher Hinsicht ist die Vorgabe zu beachten, dass zur Begründung der Zuständigkeit zumindest Minimalkontakte (*minimum contacts*)

1059 In dem Zusammenhang ist erneut anzumerken, dass ein Vergleich gerade keine Gleichsetzung ist, sondern Gemeinsamkeiten *und* Unterschiede herausstellen soll.

1060 Wie schon bei den anderen als „International" bezeichneten Rechtsgebieten (Internationales Strafrecht, Internationales Privatrecht) handelt es sich hierbei nicht um Völkerrecht, sondern um nationales Recht, das allerdings in Deutschland zu weiten Teilen unionsrechtlich bestimmt ist, vgl. *Geimer*, Internationales Zivilprozessrecht, Rn. 13.

1061 Im Bereich der Europäischen Union durch Verordnung (EG) 44/2001 vom 22.12.2000 (EuGVVO), Abl. EG 2001 L 12 S. 1, im Verhältnis zu Staaten der Europäischen Freihandelsassoziation mit Ausnahme Liechtensteins gilt das fast gleich lautende Lugano-II-Übereinkommen (LugÜ-II). Nur soweit keines dieser Abkommen anwendbar ist, muss das nationale „Internationale Zivilprozessrecht" beachtet werden, das in Deutschland nicht ausdrücklich kodifiziert ist. Hier wird die internationale Zuständigkeit vielmehr durch die nationale, örtliche Zuständigkeit indiziert. Mit wenigen, hier nicht relevanten Ausnahmen, ist jeder Gerichtsstand der ZPO aus deutscher Sicht geeignet, die internationale Zuständigkeit zu begründen; man spricht insofern von einer „Doppelfunktionalität" der §§ 12 ff. ZPO, *Patzina* in MüKo-ZPO, § 12 Rn. 89 ff.

1062 *Geimer*, Internationales Zivilprozessrecht, Rn. 22. Daneben gehört auch die Anerkennung und Vollstreckung von Gerichtsentscheidungen zum Internationalen

erforderlich sind;[1063] im nationalen bzw. europäischen Internationalen Zivilverfahrensrecht werden die Tatsachen abschließend aufgezählt, an die die internationale Zuständigkeit anknüpfen kann.

II. Wohnsitz

Der „allgemeine Gerichtsstand" besteht am Wohnsitz des Beklagten (§ 13 ZPO), wobei der Wohnsitz – wie auch im Strafprozessrecht – anhand der §§ 7-11 BGB bestimmt wird.[1064] Als Zweck dieser Regelung wird angesehen, dass der Beklagte, der in ein Prozessrechtsverhältnis gezogen wird, nicht auch noch zu „Reisen" gezwungen werden soll.[1065] Entsprechendes gilt auch für die internationale Ebene: Die Klage ist im Wohnsitzstaat des Beklagten zu erheben (*actor sequitur forum rei*, Art. 2 EuGVVO/LugÜ-II). Hier kommt dem Beklagtenschutz[1066] sogar besondere Bedeutung zu, geht es doch immerhin um Reisen in einen anderen Staat. Eine entsprechende völkerrechtliche Regel, wonach *zwingend* am Wohnsitz des Beklagten zu prozessieren wäre, gibt es jedoch nicht.[1067]

III. Begehungsort

Für den Bereich des Deliktsrechts besteht jedoch – sowohl im nationalen als auch im internationalen Kontext – eine wesentliche Ausnahme vom Wohnsitzprinzip, nämlich die Möglichkeit, eine Klage auch am Begehungsort der unerlaubten Handlung zu erheben.[1068] Der Begriff des Begehungsortes ist dabei jeweils weit, nämlich im Sinne des Ubiquitätsprinzips, zu verstehen.[1069] Für Unterlassungen wird derjenige Ort als Begehungsort angenommen, an dem der Beklagte hätte handeln müssen,[1070] insoweit gilt also letztlich dasselbe wie im materiellen Strafrecht. Was der Grund für diesen besonderen Gerichtsstand ist, wird jedoch unterschiedlich beurteilt.

Zivilverfahrensrecht. Für das hier interessierende Verfahren bis zum Urteil ist das jedoch nicht relevant.

1063 *Geimer*, Internationales Zivilprozessrecht, Rn. 392.

1064 Vgl. nur BGH NJW 2002, 960.

1065 *Hartmann* in Baumbach/Lauterbach, ZPO, § 12 Rn. 2.

1066 Dem diese Bestimmung in erster Linie dient, vgl. nur *Geimer* in Geimer/Schütze, EuZVR, Einleitung A1 Rn. 31 ff.

1067 *Geimer*, Internationales Zivilprozessrecht, Rn. 395.

1068 § 32 ZPO bzw. Art. 5 Nr. 3 EuGVVO/LugÜ-II, die letztgenannte Vorschrift regelt neben der internationalen Zuständigkeit auch die örtliche Zuständigkeit und verdrängt insoweit die nationalen Bestimmungen, sollten diese entgegenstehen, *Gottwald* in MüKo-ZPO, EuGVVO Art. 2 Rn. 22.

1069 So ausdrücklich *Roth* in Stein/Jonas, ZPO, § 32 Rn. 26; vgl. auch BGHZ 124, 245. Für den internationalen Kontext vgl. *Gottwald* in MüKo-ZPO, Art 5 EuGVVO Rn. 62 mit Nachweisen aus der Rspr. des EuGH und des BGH.

1070 *Roth* in Stein/Jonas, ZPO § 32 Rn. 27 m.w.N.

Zum Teil werden prozesswirtschaftliche Gründe angeführt, die es rechtfertigen können, das sachnähere Gericht entscheiden zu lassen.[1071] Das erscheint in erster Linie dann sinnvoll, wenn besondere Ortskenntnis und/oder eine Inaugenscheinnahme notwendig sind, insbesondere bei Verkehrsunfällen.[1072] Auch auf der internationalen Ebene wird die „Beweis- und Rechtsnähe" als sachliche Rechtfertigung für den Tatortgerichtsstand angeführt.[1073]

Der Aspekt der *Rechts*nähe kann indes schon deshalb keine Rolle spielen, weil es keinen Gleichlauf zwischen internationaler Zuständigkeit und anwendbarem Recht gibt. Aspekte der Beweisnähe können ebenfalls nur eine untergeordnete Rolle spielen. Ginge es tatsächlich um die Beweisnähe, würde es sich nämlich anbieten, den Gerichtsstand des Begehungsortes als *zwingend* vorzusehen.[1074] Tatsächlich wird aber dem Kläger ein Wahlrecht eingeräumt wird, wobei die Beweisnähe ggf. ein Motiv für den Kläger sein kann, die Klage am Tatort einzureichen.

Im Vordergrund steht somit auf nationaler wie auf internationaler Ebene das Wiedergutmachungsinteresse des Klägers. Es wird im Zivilprozessrecht davon ausgegangen, dass dieses Interesse hoch zu bewerten sei und daher sogar Vorrang vor dem Interesse des Beklagten habe, (nur) an seinem Wohnort verklagt zu werden. Es sei dem Kläger nicht zumutbar, dem (mutmaßlichen) Schädiger an dessen Wohnsitz zu folgen.[1075] „Abhilfe" dürfe dort begehrt werden, wo „Unrecht getan wurde".[1076] Es geht aber nicht nur um die Interessen des Klägers, sondern ganz entscheidend auch darum, dass der Kläger diese Interessen selbst wahrnehmen darf – er hat selbst das Wahlrecht, wo er klagt. Der Gerichtsstand des Begehungsortes dient also dazu, dem geschädigten Kläger, dem es überlassen bleibt, welchen Gerichtsstand er wählt,[1077] den Prozess zu erleichtern. Ob im Strafprozess eine solche „Erleichterung" und ein Wahlrecht dem Geschädigten und/oder der Staatsanwaltschaft zustehen sollte, wird unten[1078] erörtert.

1071 *Hartmann* in Baumbach/Lauterbach, ZPO, § 32 Rn. 5 mit Nachweisen aus der Rspr.

1072 *Roth* in Stein/Jonas, ZPO,§ 32 Rn. 1.

1073 *Gottwald* in MüKo-ZPO, Art. 5 EuGVVO Rn. 53.

1074 *Geimer* in Geimer/Schütze, EuZVR, Art. 5 Rn. 202.

1075 *Geimer* in Geimer/Schütze, EuZVR. A1 Art. 5 Rn. 201, 202 m.w.N.

1076 *Schröder*, Internationale Zuständigkeit, S. 269. In Bezug auf das Strafverfahren ist ein solcher Satz freilich schon deshalb problematisch, weil am Beginn des Verfahrens noch gar nicht feststeht, ob und ggf. von wem ein Unrecht begangen wurde.

1077 Vgl. zum Wahlrecht sogleich unten Teil 3 § 4 B.V. Obwohl Verstöße gegen die Pflicht zur Prozesswirtschaftlichkeit Folgen nach sich ziehen, *Hartmann* in Baumbach/Lauterbach, ZPO, Grdz § 128 Rn. 15, muss *Hartmann* selbst einräumen, dass eine „verbotene Erschleichung des Gerichtsstands" sich nur schwer nachweisen lassen wird; *Hartmann* in Baumbach/Lauterbach, ZPO, § 32 Rn. 5.

1078 Teil 3 § 4 B.VI.2).

IV. Weitere Gerichtsstände

1) Rügelose Verhandlung

Nach § 39 ZPO, der auch für die internationale Zuständigkeit gilt,[1079] wird ein an sich unzuständiges Gericht auch dadurch zuständig, dass der Beklagte mündlich verhandelt, obwohl er über die Unzuständigkeit des Gerichts und deren Folgen belehrt worden ist. Eine ähnliche Regelung findet sich auch in § 16 StPO für das nationale Strafprozessrecht. Gegen eine internationale Zuständigkeit in Strafsachen *allein* aufgrund rügeloser Verhandlung bestehen aber – wie gesagt – erhebliche völkerrechtliche Bedenken.[1080]

2) Klage am Ort des Strafverfahrens

Nach Art. 5 Nr. 4 EuGVVO kann die zivilrechtliche Klage auch bei dem Gericht erhoben werden, bei dem Strafklage erhoben worden ist.[1081] Der Anwendungsbereich dieser Norm ist allerdings sehr gering, weil die Gerichtsstände im Zivil- und Strafrecht im Wesentlichen an dieselben Kriterien anknüpfen. Ein *zusätzlicher* Gerichtsstand wird dadurch selten begründet.[1082]

Aber selbst dann, wenn einmal ein zusätzlicher Gerichtsstand begründet würde, ist eine Übertragung dieser Ausnahmebestimmung auf (international-) strafrechtliche Sachverhalte von vornherein abzulehnen, und zwar nicht allein deshalb, weil nach der hier vertretenen Auffassung die Anzahl der zuständigen Staaten eher begrenzt als erweitert werden soll. Eine solche Übertragung kommt natürlich überhaupt nur in Form einer „Umkehrung" des Gerichtsstands des Adhäsionsverfahrens in Frage: Der Gerichtsstand des Strafverfahrens würde sich dann nach dem Ort des Zivilprozesses richten. Damit würde aber der Strafprozess seine selbstständige Bedeutung verlieren und zu einem Annex des Zivilverfahrens werden.[1083] Es kommt hinzu, dass die Frage nach dem gesetzlichen Richter eben vom Gesetz, zumindest aber von anderen staatlichen Stellen, beantwortet werden muss und nicht von Privaten beeinflusst werden darf. Vor allem aber besteht ein völkerrechtliches Problem: Nicht jeder zivilrechtlich zuständige Staat darf gleichzeitig über den entsprechenden Sachverhalt auch die Strafgewalt aus-

---

1079 *Hartmann* in Baumbach/Lauterbach, ZPO, § 39 Rn. 5; BGHZ 134, 127, 132.

1080 Dazu bereits oben Teil 3 § 4 A.II.1)d).

1081 Freilich nur unter der Voraussetzung, dass das Recht dieses Staates die Möglichkeit eines Adhäsionsverfahrens kennt.

1082 Nämlich, wie *Gottwald* in MüKo-ZPO, Art. 5 EuGVVO Rn. 70 zu Recht anmerkt, nur dann, wenn das Strafverfahren weder am Tatort noch am Wohnsitz des Angeklagten stattfindet.

1083 Außerdem ist zu bedenken, dass ein Zivilprozess nicht zwingend durchgeführt wird, mit dem Strafverfahren dagegen nicht abgewartet werden kann. Wenn aber z.B. die zivilrechtliche Klage erst nach der Anklageerhebung eingereicht wird, würde ein ggf. notwendiger Wechsel des Verfahrensortes u.U. größere Verzögerungen mit sich bringen.

üben. Das gilt insbesondere für den Staat, der nur aufgrund einer Gerichtsstandsvereinbarung (dazu sogleich) zuständig ist.

3) Gerichtsstandsvereinbarung

In Bezug auf die örtliche und die internationale Zuständigkeit ist eine Vereinbarung der Parteien möglich.[1084] Dass es im Deliktsrecht zu einer derartigen Vereinbarung kommt, mag unwahrscheinlich erscheinen; ausgeschlossen ist es jedoch nicht. Dennoch kommt – trotz der Vergleichbarkeit von Straf- und Deliktsrecht – eine Bestimmung des Internationalen Strafgerichtsstands *ausschließlich* durch Vereinbarung nicht in Betracht. Wenn nämlich durch Vereinbarung – sei es zwischen dem Angeklagten und einer anderen Person oder zwischen dem Angeklagten und einer Strafverfolgungsbehörde[1085] – die Zuständigkeit eines an sich unzuständigen Staates begründet werden könnte, würde damit in völkerrechtswidriger Weise einem Staat die Urteilsgewalt zugesprochen, was in zweifacher Hinsicht eine Einmischung in die inneren Angelegenheiten mindestens des Tatortstaates darstellt:[1086] Zum Einen ist die strafrechtliche Aburteilung eines rein ausländischen Sachverhalts an sich problematisch, denn das Recht, einen Sachverhalt strafrechtlich zu beurteilen, steht in erster Linie dem Staat zu, in dem das fragliche Verhalten stattgefunden hat. Zum Anderen wird die Urteilsgewalt indirekt dem Tatortstaat entzogen, jedenfalls dann, wenn die beteiligten Staaten die internationale Geltung von *ne bis in idem* vereinbart haben. Es kann demzufolge nicht um die Vereinbarung eines *beliebigen* Staates gehen, zulässig ist allenfalls eine *Auswahl* unter mehreren gleichberechtigt zuständigen Gerichten bzw. Staaten durch Vereinbarung. Dann wäre eine Vereinbarung grundsätzlich auch im Internationalen Strafprozessrecht denkbar.

V. Verhältnis der Gerichtsstände zueinander

Schließlich muss geklärt werden, in welchem Verhältnis die Gerichtsstände im (Internationalen) Zivilverfahrensrecht zu einander stehen. Weder die ZPO noch die EuGVVO dienen dazu, die Möglichkeit des *forum shopping* auszuschließen oder zumindest einzuschränken, vielmehr bleibt es dabei, dass mehrere Gerichtsstände bzw. internationale Zuständigkeiten bestehen.[1087] Der Kläger, im Fall der unerlaubten Handlung also das Opfer, hat ein Wahlrecht (§ 35 ZPO); dieses Wahl-

1084 § 38 ZPO bzw. Art. 23 EuGVVO.
1085 Hier stellt sich wiederum die Frage, ob Geschädigter oder Staatsanwaltschaft an die Stelle des Klägers im Zivilprozess treten soll. Nimmt man an, dass diese Rolle der Staatsanwaltschaft zusteht, wäre außerdem – da mehrere Staaten und somit auch mehrere Staatsanwaltschaften beteiligt sind – zu klären, *welche* Staatsanwaltschaft das Wahlrecht ausüben darf.
1086 Vgl. bereits oben Teil 1 § 9 zum „Vertragsprinzip“ und dem „Kompetenzverteilungsprinzip“ im Internationalen Strafrecht.
1087 *Gottwald* in MüKo-ZPO, EuGVVO Vorb Rn. 4, 5.

recht ist völlig frei und wird lediglich durch die Schranke des Rechtsmissbrauchs begrenzt.[1088]

VI. Übertragung auf das internationale Strafprozessrecht

Wie bereits aufgezeigt, kommt eine Übertragung der Gerichtsstände des Adhäsionsverfahrens sowie der rügelosen Verhandlung auf das Internationale Strafprozessrecht von vornherein nicht in Betracht. Andere Überlegungen lassen sich jedoch *prima facie* auf das Internationale Strafprozessrecht übertragen, wodurch sich folgendes Bild ergäbe:

1. Die Anklage ist grundsätzlich am Wohnsitz (d.h. hier: im Wohnsitzstaat) des Beschuldigten zu erheben.
2. Daneben wäre es möglich, das Verfahren am Tatort durchzuführen. Noch offen ist dabei, ob das Wahlrecht die Staatsanwaltschaft oder der Geschädigte ausüben soll, da beide in gewisser Weise mit dem Kläger im Zivilrecht vergleichbar sind.
3. Eine Auswahl unter mehreren zuständigen Staaten ist auch durch Vereinbarung möglich, wobei auch hier zu klären wäre, mit wem der Beschuldigte eine solche Vereinbarung vornehmen kann (Geschädigter oder Staatsanwaltschaft).

Im Einzelnen würde dies Folgendes bedeuten:

1) Actor sequitur forum rei

Es wäre möglich, den zivilrechtlichen Grundsatz *actor sequitur forum rei* auf das Strafrecht zu übertragen und somit einen „allgemeinen internationalstrafrechtlichen Gerichtsstand“[1089] am Wohnort des Beschuldigten zu normieren. Der dahinter stehende Gedanke, dass jemandem andernfalls ein unerwünschtes Verfahren „aufgedrängt“ wird, gilt für das Zivil- und Strafverfahren gleichermaßen. Überträgt man diesen Gedanken also auf das Strafverfahren, würde dies einen Vorrang des Wohnortgerichtsstands bedeuten. Allerdings erkennt das Zivilprozessrecht den Tatort als (fakultative) Ausnahme vom allgemeinen Gerichtsstand an, so dass selbst bei einer Übertragung dieses Grundsatzes keinesfalls von einem absoluten Vorrang des Wohnortgerichtsstands vor den anderen möglichen Gerichtsständen die Rede sein kann.

2) Fakultativer Tatortgerichtsstand

Wenn der Gedanke des Wahlrechts zwischen Wohnort- und Tatortgerichtsstand auf das Internationale Strafprozessrecht übertragen werden soll, erscheint der im

1088 *Roth* in Stein/Jonas, ZPO, § 35 Rn. 5.
1089 Als *ein* Gerichtsstand ist der Wohnsitz bereits anerkannt (§ 8 StPO). Problematisch kann es dagegen sein, wenn der Beschuldigte nicht Staatsangehöriger seines Wohnsitzstaates ist und der Wohnsitz des Beschuldigten der einzige Bezug zur Straftat ist, siehe näher dazu noch unten Teil 3 § 4 C.I.2).

Zivilprozessrecht als eine Begründung für ein solches Wahlrecht angeführte Satz „Wo Unrecht getan wurde, darf Abhilfe begehrt werden“[1090] höchst problematisch, steht doch zu Beginn des Strafverfahrens wegen der verfassungsrechtlich begründeten Unschuldsvermutung noch gar nicht fest, ob der Beschuldigte „Unrecht“ begangen hat. Selbst dann, wenn man diese Überlegung einmal außer Acht lässt, etwa weil das Wahlrecht auch anders begründbar erscheint, stellt sich aber die Frage, wer ein solches Wahlrecht ausüben sollte, oder anders ausgedrückt, welcher Beteiligte am Strafprozess am ehesten dem Kläger im Zivilprozess entspricht.

Die Staatsanwaltschaft ist in aller Regel[1091] die verfahrenseinleitende Stelle und insofern mit dem Kläger im Zivilverfahren vergleichbar. Sie ist „Herrin des Vorverfahrens“, vor allem aber auch – anders als der Geschädigte – immer direkt am Hauptverfahren beteiligt, wenn auch nicht als „Partei“.[1092] Die Staatsanwaltschaft wird außerdem schon wegen der gegenüber dem Geschädigten ungleich größeren Erfahrung mit Strafsachen eher als dieser eine Prognose darüber abgeben können, was dem Grundsatz der Prozesswirtschaftlichkeit entspricht. Dabei wird die Staatsanwaltschaft die Tat- und Beweisnähe, neben anderen Aspekten der Prozessökonomie, in den Blick nehmen können.

Geht man aber – wie hier – davon aus, dass der Gerichtsstand des Tatortes im Zivilrecht den Interessen des Geschädigten dient und unzumutbaren Härten für diesen vermeiden soll, darf man – bei einer sinngemäßen Übertragung der Überlegungen zu den zivilrechtlichen Gerichtsständen auf das Internationale Strafprozessrecht – das freie Wahlrecht des Klägers gerade nicht der Staatsanwaltschaft[1093] zugestehen. Diese ist nämlich selbst nicht durch die Straftat „geschädigt“ worden. Allenfalls könnte man annehmen, der Staat als Ganzer wäre (auch) Geschädigter, und zwar weil seine Rechtsordnung durch die Straftat verletzt wird.[1094] Selbst dann bedarf es aber keiner Erleichterung bei der Prozessführung für den Staat. Der Staat verfügt nämlich in aller Regel über größere (und über das ganze Land verteilte)

1090 *Schröder*, Zuständigkeitskonflikte, S. 269.

1091 Ausnahme ist insoweit das Privatklageverfahren gemäß §§ 374 ff. StPO, wobei es auch hier möglich ist, dass eine Staatsanwaltschaft zumindest zeitweise mit der Angelegenheit befasst war, vgl. Nr. 86, 87 RiStBV.

1092 Vgl. oben Fn. 926.

1093 Dabei wäre auch noch völlig offen, *welche* Staatsanwaltschaft eine solche Wahl vornehmen kann. Hier müsste es also in jedem Fall zu einer Absprache zwischen den Behörden der beteiligten Staaten kommen.

1094 Geschädigt ist dann aber nur die Rechtsordnung am Tatort. Der Tatortstaat kann jedoch nicht allein entscheiden, dass ein Verfahren in einem anderen Staat stattfinden soll, sondern nur auf eine eigene Verfolgung verzichten (ggf. unter der Bedingung, dass die Aburteilung in einem anderen, vermeintlich besser geeigneten Staat) erfolgt. Wenn der Staat also eine Aburteilung erreichen will – wovon im Regelfall auszugehen ist –, ist wiederum eine Absprache zwischen allen beteiligten Staaten erforderlich.

Ressourcen als ein privater Kläger, so dass es ihm durchaus zumutbar sein dürfte, dem mutmaßlichen (!) Schädiger bzw. Täter an dessen Wohnsitz zu „folgen".

Etwas anderes gilt auf internationaler Ebene auch nicht etwa deshalb, weil Behörden und Gerichte eines anderen Staates beteiligt werden, z.B. indem sie selbst die Aburteilung übernehmen. Hier greift schon das Argument der mangelnden Ressourcen des Tatortstaates nicht, weil dieser ja dadurch „spart", dass ein anderer Staat, nämlich der Wohnsitzstaat, die Aburteilung vornimmt.[1095] Die Beteiligung weiterer Staaten an einem Strafverfahren stellt auch nicht etwa einen unzumutbaren Eingriff in die eigene Souveränität dar, sondern ist im Gegenteil in praktisch jedem Fall notwendig, in dem der Beschuldigte einen ausländischen Wohnsitz hat: Selbst dann, wenn das Verfahren im Tatortstaat stattfindet, wird die Mitwirkung des Wohnsitzstaates benötigt, z.B. für die Zustellung von Ladungen oder ggf. auch für die Festnahme des Beschuldigten.[1096] Diese Mitwirkung ist aber nicht unzumutbar, sondern bei internationalen Sachverhalten völlig normal und z.T. auch durch völkerrechtliche Verträge im Einzelnen geregelt. Weshalb die zugegebenermaßen stärkere Form einer Mitwirkung dergestalt, dass das gesamte Verfahren im Wohnsitzstaat stattfinden soll, demgegenüber die Unzumutbarkeit für den Tatortstaat auslösen soll, ist nicht ersichtlich.

Nachdem der Staat also nicht wegen einer andernfalls bestehenden Unzumutbarkeit einer Verfahrenserleichterung bedarf – und somit auch kein Wahlrecht bezüglich des Gerichtsortes haben muss –, kommt es allenfalls noch in Betracht, dass dem Geschädigten ein solches Wahlrecht zugesprochen wird. Dass dieser ein gewisses Interesse an dem Verfahren hat, ist etwa in den §§ 395 ff. StPO anerkannt. Sein Wiedergutmachungsinteresse könnte also zumindest in beschränktem Umfang berücksichtigt werden. Bei einer Übertragung der Überlegungen zu den zivilrechtlichen Gerichtsständen müsste es aber auch dem Geschädigten selbst überlassen bleiben, ob und wie er seine Interessen wahrnimmt, d.h. der Geschädigte müsste es zumindest mit beeinflussen können, in welchem Staat die Anklage erfolgt. Die grundsätzliche Frage, ob den Interessen des Geschädigten so großes Gewicht zukommt, dass es sinnvoll ist, dass er *allein* über den Gerichtsstand entscheiden darf, wird weiter unten erörtert.[1097]

1095 Aber auch der Wohnsitzstaat kann sich nicht auf Unzumutbarkeit wegen mangelnder Ressourcen berufen. Es ist nämlich davon auszugehen, dass der „Mehraufwand" durch die Aburteilung der Straftaten aller Beschuldigten mit Wohnsitz in diesem Staat im Wesentlichen dadurch ausgeglichen wird, dass der „Wohnsitzstaat" seinerseits *andere* Straftaten, in denen er „nur" Tatortstaat ist, das Verfahren nicht durchführen muss.

1096 Als Ausnahme kann nur der Fall angesehen werden, in dem der Beschuldigte entweder freiwillig in den Tatortstaat einreist oder von einem Drittstaat dorthin ausgeliefert wurde.

1097 Teil 3 § 4 C.VI.

3) Vereinbarung

Anders als beim anwendbaren Recht[1098] ist eine Vereinbarung über den Gerichtsstand nicht von vornherein ausgeschlossen. Hier verfügen die Beteiligten durch eine solche Vereinbarung nämlich nicht unmittelbar über den staatlichen Strafanspruch.

Eine Vereinbarung wäre denkbar zwischen dem Geschädigten und dem Beschuldigten, was für den Beschuldigten günstiger wäre als ein einseitiges Wahlrecht des Geschädigten. Ob die jeweiligen Interessen von Geschädigtem und Beschuldigtem so stark zu berücksichtigen sind, dass beide gleichermaßen an der Entscheidung beteiligt sein müssen, wird weiter unten noch erörtert.[1099]

Eine Vereinbarung wäre außerdem zwischen dem Beschuldigten und der Staatsanwaltschaft denkbar, was aus Sicht des Beschuldigten gegenüber dem *status quo* eine Verbesserung wäre, hat er doch derzeit gar keine Mitwirkungsmöglichkeit. Hier stellt sich wiederum die weiter unten[1100] noch zu beantwortende Frage, ob die Interessen des Beschuldigten überhaupt Berücksichtigung bei der Bestimmung des *forum* finden sollen oder sogar müssen, in zweiter Linie stellen sich aber dieselben rechtlichen und praktischen Fragen, wie bei allen anderen „Absprachen" zwischen Staatsanwaltschaft und Beschuldigtem.[1101]

C. Besondere Interessenlage bezüglich des „internationalen Strafgerichtsstands"

In allen betrachteten Rechtsbereichen – nationales Strafprozessrecht, nationales Zivilprozessrecht und Internationales Zivilprozessrecht – spielt der Tatort (in unterschiedlicher Ausgestaltung als Handlungs- und/oder Erfolgsort) als Grundlage für die Bestimmung des Ortes bzw. Staates des urteilenden Gerichts eine ganz entscheidende Rolle. Mit einer allerdings nur untergeordneten Bedeutung dürfte im Strafrecht der Ergreifungsort des Beschuldigten ebenfalls zu berücksichtigen sein. Jede Form von Vereinbarung, „rügeloser Verhandlung" oder Wahlrecht, die es im Zivilprozessrecht und z.T. auch im nationalen Strafverfahrensrecht gibt, darf sich allenfalls auf die Auswahl eines auf diese Weise als zuständig festgestellten Staates beziehen.

Eine Rangordnung der Anknüpfungspunkte gibt es jedoch *de lege lata* in keinem der drei Bereiche. Schon gar nicht besteht eine in allen drei Rechtsbereichen *einheitliche* Rangordnung; es sind im Gegenteil sogar teilweise gegenläufige Tendenzen festzustellen. Während im nationalen Strafrecht der Schwerpunkt deutlich

---

1098 Dazu oben Teil 3 § 3 C.V.3).

1099 Teil 3 § 4 C.VI.

1100 Teil 3 § 4 C.VI.

1101 Vgl. dazu bereits oben Teil 3 § 3 C.V.3), sowie die Kritik von *Meyer-Goßner*, ZStW 2007, 938; *Schünemann*, ZStW 2007, 945; *Hettinger*, JZ 2011, 292; kritisch zur Praxis zuletzt auch BVerfG NJW 2013, 1058.

auf dem Tatort liegt, gehen sowohl das nationale als auch das internationale Deliktsrecht zumindest im Ausgangspunkt von der Klage am Wohnort als Regelfall aus. Während es – *de lege ferenda* – im Strafrecht dem Beschuldigten möglich sein sollte, den Gerichtsort durch einen „Widerspruch“ mit zu bestimmen,[1102] liegt die Bestimmung des Gerichtsortes im Zivilrecht allein in der Hand des Klägers.

Das anhand dieses Vergleichs gefundene Ergebnis liefert somit ein alles andere als einheitliches Bild. Nicht zuletzt deshalb muss nun auch die spezifische Interessenlage beim internationalen Straf(prozess)recht berücksichtigt werden, um zu ermitteln, welcher der gegensätzlichen Ansätze für eine Rangordnung der Gerichtsstände *de lege ferenda* auf Strafprozesse mit internationalem oder zumindest europäischem Bezug übertragen werden kann und sollte, um so zu einer angemessenen Lösung für den Strafprozess zu gelangen. Neben einigen völkerrechtlichen Überlegungen werden daher im Folgenden die Interessen der beteiligten Staaten, des Beschuldigten und des Geschädigten im Strafprozess ermittelt und gegeneinander abgewogen.

I. Völkerrechtliche Überlegungen

Einer Rangordnung der Anknüpfungspunkte für den Gerichtsstand könnte im internationalen Strafrecht zunächst die nationale Souveränität im Wege stehen. Dabei sind verschiedene Konstellationen zu unterscheiden:

1) Zulässigkeit eines Verzichts auf die Ausübung der Strafgewalt

Im Fall, dass ein Staat zugunsten eines anderen auf die Ausübung von Strafgewalt in Form der Urteilsgewalt verzichtet, weil er einen Vorrang einer anderen Strafgewalt annimmt, ergeben sich im Normalfall keine Probleme. Ein solcher Verzicht kann auch generell für bestimmte Konstellationen ausgesprochen werden. Der entsprechende Verzicht muss dabei lediglich freiwillig sein, was aber ohne weiteres zu bejahen wäre, wenn entsprechende völkerrechtliche Vereinbarungen getroffen werden. Zulässig ist aber auch ein freiwilliger, einseitiger Verzicht auf die Strafgewalt, sowie ein nur deklaratorischer „Verzicht“, der auf zwingendem Völkerrecht beruht.

Problematisch ist jedoch der Fall, in dem völkerrechtliche Verpflichtungen zur Verfolgung von Straftaten bestehen. Dies gilt etwa für die Verfolgung von Kriegsverbrechen, Verbrechen gegen die Menschlichkeit und Piraterie.[1103] Dann *darf* ein Staat nicht auf die Ausübung der Strafgewalt verzichten, solange nicht die Strafverfolgung anderweitig sicher gestellt ist. Eine Ordnung, die dem Tat- oder

1102 Vgl. oben Teil 3 § 4 A.III.7)d).

1103 So ist es etwa völkerrechtlich unzulässig, wenn der Staat Somalia auf die völkergewohnheitsrechtlich gebotene Strafverfolgung von Piraterie in seinen Hoheitsgewässern verzichtet, jedenfalls solange die Strafverfolgung nicht anderweitig sichergestellt ist.

Wohnortstaat die Strafgewalt exklusiv und *unbedingt* zuweist, wäre in einem solchen Fall völkerrechtswidrig. Ginge es bei der Rangordnung aber um eine exklusive, unbedingte Zuweisung der Strafgewalt an einen bestimmten Staat, so wäre jede „Ordnung" – abgesehen von *einer* Festlegung, etwa der, dass der Tatortstaat in jedem Fall zuständig sein soll – überflüssig. Wenn nämlich diese Zuweisung der Strafgewalt, z.B. an den Tatortstaat, exklusiv und unbedingt wäre, bedürfte etwa das Verhältnis zu der Strafgewalt des Staates, dem der Beschuldigte angehört, und der des Staates, in dem er seinen Wohnsitz hat, keiner weiteren Regelung: Beide Staaten könnten nämlich unter keinen Umständen zugleich die Strafgewalt innehaben, da diese ja „exklusiv" dem Tatortstaat zustehen würde. Jede Rangordnung der Strafgewalten muss daher auch Kriterien oder Bedingungen benennen, bei deren Vorliegen ein ansonsten nachrangiger Staat zuständig wird. Einleuchtend ist etwa die Bedingung, dass der Tatortstaat nur dann vorrangig zuständig ist, wenn überhaupt ein solcher besteht, was z. B. auf Hoher See nicht der Fall ist.[1104] Darüber hinaus muss es aber auch weitere Überlegungen geben, die dazu führen können, dass einem in der Rangordnung nachrangigen Staat die Strafgewalt zugewiesen wird. Um die völkerrechtlich gebotene Strafverfolgung sicherzustellen, muss eine solche Bedingung sein, dass ein nachrangiger Staat immer dann zuständig wird, wenn die Strafverfolgung im vorrangig zuständigen Staat aus tatsächlichen oder rechtlichen Gründen nicht sicher gestellt ist.[1105] Mit einer solchen Klausel versehen, ist der in der Rangordnung enthaltene teilweise Verzicht auf die Ausübung der eigenen Strafgewalt auch dann völkerrechtlich unproblematisch, wenn eine völkerrechtliche Pönalisierungspflicht besteht.

2) Völkerrechtliche Zulässigkeit eines Wohnsitzgerichtsstands

Wenn für den Ort des Gerichts an den Wohnsitz des Beschuldigten angeknüpft wird, stellt sich die Frage, ob dies aus völkerrechtlicher Sicht überhaupt zulässig ist.

Im derzeitigen Internationalen (Straf-)Recht ist nämlich der Anknüpfungspunkt, der mit der Person des Beschuldigten im Zusammenhang steht, nicht dessen Wohnsitz, entscheidend ist vielmehr die Staatsangehörigkeit.[1106] Im Internationalen Deliktsrecht ist dagegen stets der Wohnsitz des Beklagten maßgeblich. Grund für die Anknüpfung an den Wohnsitz ist hier, dass derjenige, der in einen Prozess hineingezogen wird, nicht zusätzliche Reisen unternehmen muss. Wie bereits gesagt, passt diese Begründung auch auf das Strafverfahren: Auch hier wird dem Beschuldigten ein Verfahren, das er nicht will, einschließlich der damit verbundenen Unannehmlichkeiten aufgedrängt, so dass dieses Verfahren grundsätzlich an seinem Wohnort stattfinden müsste.

1104 Dann besteht allerdings in aller Regel ein Flaggenstaat.

1105 Vgl. auch Art. 17 IStGH-Statut, demzufolge der IStGH nur dann zuständig ist, wenn ein anderer Staat zur Ausübung der Strafgewalt „nicht willens" oder „nicht in der Lage" ist.

1106 Vgl. bereits oben Teil 1 § 6 zur Möglichkeit eines „Domizilprinzips" im Strafrecht.

Bei Anknüpfung an den Wohnsitz könnte dann jedoch der Fall eintreten, dass ein Staat urteilt, der über den Wohnsitz des Beschuldigten hinaus keinen weiteren Bezug zur Straftat hat, z.B. bei der Tat eines in Deutschland lebenden Polen, die in Dänemark begangen wurde. Aber selbst dann, wenn man davon ausgeht, dass der Wohnsitz noch kein ausreichender Anknüpfungspunkt für die Ausübung der Urteilsgewalt ist, ist in einem solchen Fall die Aburteilung nicht *per se* verboten, sondern als stellvertretende Strafrechtspflege[1107] völkerrechtlich zulässig.

II. Interessen der Staaten

Die unterschiedlichen beteiligten Staaten haben im Strafrecht unterschiedliche rechtliche Interessen, die zu untersuchen und ggf. zu berücksichtigen sind. Dabei sollen insbesondere der Tatortstaat, aber auch die mit dem Beschuldigten verbundenen Staaten (Wohnsitzstaat und „Täterstaat") und zuletzt dritte Staaten näher betrachtet werden.

1) Tatortstaat

a) „Kontrolle" über das Verfahren

Ein großes Interesse jeden Staates – und damit auch des Tatortstaates[1108] – liegt darin, den staatlichen Strafanspruch durchzusetzen oder zumindest „Herr über diesen Strafanspruch" zu sein.[1109] Es kommt dabei dem Staat in erster Linie darauf an, dass sich alle Personen, die sich in seinem Gebiet aufhalten, an die jeweilige (Straf-)rechtsordnung halten und dass strafrechtliche Verstöße geahndet werden. Darin ist zunächst ein „materiellrechtliches" Interesse zu sehen, d.h. es kommt dem Staat wesentlich darauf an, dass für strafwürdig erachtetes Verhalten auch tatsächlich bestraft wird.

In Bezug auf den Gerichtsstand wird der Tatortstaat es oftmals für am Sinnvollsten erachten, wenn der Strafausspruch durch diesen Staat selbst erfolgt.[1110] Dadurch ist die bestmögliche „Kontrolle"[1111] über das Verfahren und die Anwendung und Auslegung der Gesetze gewährleistet. Wenn eine Aburteilung im Tatortstaat jedoch nicht möglich ist, ist dem Interesse des Staates auch schon dadurch gedient, *dass überhaupt* entsprechend den eigenen Rechtsvorstellungen geurteilt

---

1107 Freilich unter der einschränkenden Bedingung, dass die Auslieferung nicht erfolgt, vgl. § 7 Abs. 2 Nr. 2 StGB; allgemein zur stellvertretenden Strafrechtspflege oben Teil 1 § 7.

1108 Gilt entsprechend auch für den Flaggenstaat.

1109 *Hein*, Zuständigkeitskonflikte, S. 224.

1110 Einschränkend für den Bereich der Europäischen Union *Hein*, Zuständigkeitskonflikte, S. 248: Es dürfe ein gewisses Vertrauen auch gegenüber den Gerichten der anderen EU-Staaten erwartet werden.

1111 Kontrolle meint in diesem Zusammenhang selbstverständlich nicht, dass (andere) staatliche Stellen die Judikative beeinflussen, sondern dass die *eigene* Judikative die Kontrolle behält.

wird, und sei es auch durch einen anderen Staat. Insoweit kommt es dem Staat darauf an, dass das Urteil im Ergebnis, d.h. ob überhaupt und ggf. in welcher Höhe eine Bestrafung erfolgt, seiner eigenen rechtlichen Bewertung entspricht. Das Interesse an der Ausübung der Regelungsgewalt ist also regelmäßig deutlich stärker als das an der Ausübung der Urteilsgewalt.

b) Bester Ort – Praktische Überlegungen

Dass praktische Überlegungen bei der Festlegung des Gerichtsortes eine große Rolle spielen, wird schon daran deutlich, dass in der bisherigen Diskussion vom „besten" Ort für die Durchführung des Gerichtsverfahrens die Rede ist,[1112] nicht etwa vom „am meisten berechtigten" Ort. Die praktischen Erwägungen sind im Wesentlichen dieselben, die sich auch bei rein nationalen Sachverhalten stellen (z.B. Verfügbarkeit von Zeugen und anderen Beweismitteln, Interesse an wohnortnahem Verfahren),[1113] wenn auch in anderer Quantität – so sind insbesondere die Entfernungen größer, die überwunden werden müssen. Zusätzliche Probleme können sich daraus ergeben, dass die Verfahrensbeteiligten unterschiedliche Sprachen sprechen.[1114] Diese praktischen Erwägungen führten oben zu keinem eindeutigen Ergebnis, allerdings wurde deutlich, dass eine Lösung dieser Probleme vor allem im Interesse des Beschuldigten und nicht in erster Linie des Staates liegt. Auf die Interessen des Beschuldigten wird noch nachfolgend unter III. näher einzugehen sein.

c) Einheit des (Prozess-)Rechts

Ein gewisses Interesse wird der Tatortstaat auch daran haben, dass die nationalen Regelungen zur örtlichen Zuständigkeit in Strafsachen den internationalen Bestimmungen zum Gerichtsstand entsprechen. Es wäre nämlich z.B. kaum zu vermitteln, wenn auf internationaler Ebene ein Vorrang des Wohnsitzes bzw. des Wohnsitzstaates angenommen wird, während im nationalen Recht der Tatort (ggf. allein bzw. vorrangig) ausschlaggebend ist: Während dann bei einer Auslandstat der Beschuldigte den anzunehmenden „Vorteil" einer Aburteilung an seinem Wohnsitz genießt, kommt dies dem Beschuldigten einer Inlandstat nicht zugute. Dass dies nicht gewollt sein kann und im Lichte des Art. 3 GG problematisch wäre, liegt auf der Hand. Konkrete Schlüsse lassen sich aus dem Gedanken der Notwendigkeit eines Gleichlaufs von nationalem Gerichtsstand und internationaler

---

1112 Besonders deutlich zeigt dies die Überschrift des Beitrags von *Vander Beken/Vermeulen/Steverlynk/Thomaes*, Finding the *best place* for jurisdiction. (Hervorhebung J.B.); in der Überschrift des Beitrags von *Böse* in FS-Wolter, S. 1311 ist das Wort „beste" dagegen in Anführungszeichen gesetzt, wohl nicht zuletzt deshalb, weil *Böse* nicht ausschließlich ein praktisches, sondern *auch* ein rechtliches Problem sieht.

1113 Vgl. bereits oben Teil 3 § 4 A.

1114 Dazu noch unten Teil 3 § 4 C.III.2)d).

Zuständigkeit[1115] jedoch nicht ziehen, zumal nach hier vertretener Auffassung auch im nationalen Recht Korrekturen erforderlich sind.[1116] Würden diese vorgenommen, müsste man auch für die internationale Ebene von einem Vorrang des Gerichtsstand des Tatortes, mit einer Widerspruchsmöglichkeit des Beschuldigten zugunsten des Wohnsitzstaates, ausgehen.

2) Täterstaat

Der „Täterstaat", d.h. hier der Staat, dessen Angehöriger der Beschuldigte ist, mag ein Interessen daran haben, dass sein eigenes Ansehen nicht dadurch beschädigt wird, dass sich seine Angehörigen – die gewissermaßen als „Aushängeschild" des Staates angesehen werden können – im Ausland strafbar verhalten.[1117] Daraus folgend besteht ein Interesse daran, dass strafrechtliche Verstöße geahndet werden. Dabei wird der betreffende Staat in einigen Fällen auch ein Interesse daran haben, das Strafverfahren selbst durchzuführen. Dies liegt – neben dem Interesse an einem effektiven Strafverfahren – auch darin begründet, dass einige[1118] Staaten die Auslieferung eigener Staatsangehöriger an andere Staaten oder internationale Gerichte grundsätzlich oder zumindest in bestimmten Konstellationen (etwa, wenn Folter, Todesstrafe, oder auch „nur" ein rechtsstaatlich bedenkliches Verfahren drohen)[1119] ablehnen.

Wenn und soweit die Auslieferung eigener Staatsangehöriger erlaubt ist, besteht aber kein besonderes Interesse daran, Strafverfahren gegen eigene Staatsangehörige generell vor eigenen Gerichten stattfinden zu lassen. Ein berechtigtes Interesse an der Durchsetzung des *eigenen* materiellen Rechts besteht nach der hier vertretenen Auffassung ohnehin nicht.[1120]

Ein etwaiges Interesse an Verfall und Einziehung (im deutschen Recht §§ 73 ff. StGB) steht dem nicht entgegen. Zwar mag der Staat ein wirtschaftliches Interesse daran haben, Vermögensvorteile für sich zu erlangen. Zielgerichtet als Einnahmequelle darf der Staat Verfall und Einziehung aber gerade nicht nutzen. Das legitime

---

1115 Nicht zu verwechseln mit dem hier (oben Teil 3 § 2) zunächst abgelehnten Gleichlauf von anwendbarem Recht und internationalem Gerichtsstand.

1116 Vgl. oben Teil 3 § 4 A.III. zum Gerichtsstand im Strafrecht *de lege ferenda.*

1117 Vgl. – wenn auch ohne Bezug zum Strafrecht – die Berichterstattung über das Bestreben der Volksrepublik China, ihre Staatsangehörigen zu „mehr Höflichkeit" auf Auslandsreisen zu erziehen, weil diese „Chinas Image in der Welt" beschädigen würden bei *Strittmaier*, Süddeutsche Zeitung Online vom 05.09.2013, http://www.sueddeutsche.de/reise/chinesische-touristen-im-ausland-im-reich-der-sitte-1.1762733.

1118 Vor allem kontinentaleuropäische, so jedenfalls *Doehring*, Völkerrecht, Rn. 906.

1119 In diesen Konstellationen wird allerdings nicht nur die Auslieferung eigener Staatsangehöriger abgelehnt. Es handelt sich dann aber um vom Beschuldigten abgeleitete Interessen (so auch *Zimmermann*, Strafgewaltkonflikte, S. 173), die dieser durchaus auch selbst wahrnehmen könnte.

1120 Vgl. oben Teil 3 § 3 F. zum anwendbaren Recht: Vorrang haben das Recht des Tatort- bzw. Flaggenstaates, sowie das Recht des geschützten Staates.

staatliche Interesse kann sich allenfalls darauf richten, dass die Vorteile einer Straftat nicht dem Täter verbleiben, aber nicht darauf, dass der Urteilsstaat – oder überhaupt ein Staat – diese Vorteile erhält.

3) Geschützter Staat

Beim Staatsschutzprinzip hat der geschützte Staat ein Interesse daran, sich gegen „Angriffe" zur Wehr zu setzen. Dieses „Zur-Wehr-Setzen" besteht nicht allein im Aufstellen von Verbotsnormen – der Wahrnehmung der Regelungsgewalt – sondern insbesondere in der Durchsetzung dieser Normen durch eigene Gerichte, also auch in der Wahrnehmung der Urteilsgewalt. Hier besteht somit ein besonderes Interesse daran, dass das Verfahren in dem geschützten Staat stattfindet. Nur dann, wenn dies aus rechtlichen oder tatsächlichen Gründen nicht möglich ist oder ein ausreichend großes „Vertrauen" zu einem anderen Staat besteht,[1121] wird sich der geschützte Staat mit einem Verfahren in eben diesem anderen, „vertrauenswürdigen" Staat einverstanden erklären. Andernfalls muss das Verfahren in dem Staat stattfinden, gegen den sich die Tat richtet.[1122]

4) Wohnsitz- und andere Staaten

Der Staat, dessen einzige Verbindung zur Tat die ist, dass der Beschuldigte dort wohnt, hat regelmäßig kein Interesse an der Ausübung der Strafgewalt, sofern er nicht völkerrechtlich dazu verpflichtet ist, stellt doch ein Strafverfahren für den Staat einen gewissen Aufwand dar. Dieser Staat muss aber aus einer „zwischenstaatlichen Solidarität" heraus ein Interesse daran haben, dass überhaupt abgeurteilt wird. Wenn allerdings überhaupt keine Verbindung zur Tat besteht, ist das Interesse an der Bestrafung – trotz der „zwischenstaatlichen Solidarität" – äußerst gering, wie auch die derzeitigen nationalen Bestimmungen zum Internationalen Strafrecht zeigen.[1123] Erst recht gering ist das Interesse eines solchen Staates daran, diese Aburteilung *selbst* vorzunehmen.

1121 Vgl. dazu einerseits die Tatsache, dass das Staatsschutzprinzip innerhalb Deutschlands keine Rolle für die Bestimmung des Gerichtsstands spielt (oben Teil 3 § 4 A. II.1)e)bb)), andererseits das mehr oder weniger ausgeprägte „gegenseitige Vertrauen" innerhalb der Europäischen Union (oben Teil 2 § 4 B.). Global betrachtet besteht ein solches Vertrauen aber nicht.

1122 So – allerdings beschränkt auf den Bereich der Europäischen Union – auch *Hein*, Zuständigkeitskonflikte, S. 240, der auch den „für die Praxis äußerst seltenen" Fall anspricht, dass sich die Tat gegen mehrere Staaten richtet. Denkbar sind aber Straftaten gegen die Europäische Union, hier wohl insbesondere Betrugsstraftaten im Zusammenhang mit Subventionen.

1123 Vgl. *Hein*, Zuständigkeitskonflikte, S. 225. Noch weitergehender *Feuerbach*, Kritik des Kleinschrodischen Entwurfs, Bd. II, S. 9: Der Staat habe in solchen Fällen „durchaus *kein* Interesse" (Hervorhebung J.B.).

5) Ergebnis zu den staatlichen Interessen

Nach dem oben schon Gesagten sind die einzigen Staaten, die ein berechtigtes Interesse daran haben, dass *ihre* Normen zur Anwendung gelangen und somit ihre Regelungsgewalt ausschlaggebend ist, der Tatortstaat (ggf. auch der Flaggenstaat) einerseits und der geschützte Staat im Rahmen des Staatsschutzprinzips andererseits.[1124]

Genau diese Staaten sind es auch, die jeweils ein *besonderes* Interesse daran haben, dass es zu einer Aburteilung kommt, und zwar möglichst durch ihre eigenen Gerichte. Die übrigen Staaten haben nur ein untergeordnetes Interesse an der Ausübung der Strafgewalt, und zwar nur der Urteilsgewalt. In absteigender Reihenfolge betrifft dies den Staat, dem der Beschuldigte angehört, den Staat, in dem der Beschuldigte seinen Wohnsitz hat, und zuletzt alle weiteren Staaten.

III. Interessen des Beschuldigten

Die Interessen des Beschuldigten mögen teilweise mit denen des Staates übereinstimmen,[1125] sie können aber auch erheblich divergieren.[1126] Die Interessen des Beschuldigten sind auch schon deshalb relevant, weil er die Hauptperson im Strafverfahren ist. Dem Beschuldigten stehen Justizgrundrechte zu, was nochmals verdeutlicht, dass er nicht das Handeln des Staates ihm gegenüber nur „als Objekt"[1127] zu erdulden hat, sondern Subjekt des Verfahrens ist oder zumindest – in Staaten, die keine Justizgrundrechte kennen – sein sollte, und zwar aus Gründen der Menschenwürde und der grundlegenden Menschenrechte. Allein diese Aspekte sollten ausreichen, um den Interessen des Beschuldigten einen besonderen Stellenwert einzuräumen.[1128]

Hecker meint dagegen, ein Mitbestimmungsrecht des Beschuldigten in Bezug auf das *forum* gehe zu weit. Das „primäre Interesse" des Beschuldigten sei nämlich, nicht mehrfach wegen derselben Tat verfolgt zu werden.[1129] Diesem Interesse

---

1124 Vgl. oben Teil 3 § 3 F.

1125 So hat auch der Beschuldigte, zumindest wohl dann, wenn er inhaftiert ist und nicht auf den Eintritt der Verfolgungsverjährung wartet, in der Regel ein Interesse an einem zügigen Verfahren.

1126 Vgl. *Hein*, Zuständigkeitskonflikte, S. 232: Die Interessen „korrespondieren nur partiell".

1127 Und damit entgegen Art. 1 Abs. 1 GG, vgl. die – wenn auch kritisierte – „Objektformel" bei *Dürig* in Maunz/Dürig, Grundgesetz, 1958, Art. 1 Rn. 28. Gerade in Bezug auf internationale Sachverhalte besteht eine solche Gefahr, so auch *Böse* in FS-Wolter, S. 1311.

1128 Vgl. auch *Hein*, Zuständigkeitskonflikte, S. 232, sowie den Ansatz von *Walther* in FS-Eser, S. 925, 932 ff., die die Grund- und Menschenrechte des Beschuldigten in das Blickfeld rückt und die Frage aufwirft, ob „staatliche internationale Strafgewalt den Menschen gerecht" wird.

1129 *Hecker* in Sinn (Hrsg.), Jurisdiktionskonflikte, S. 85, 96.

kann man in der Tat auch dann gerecht werden, wenn der Beschuldigte nicht über die internationale Zuständigkeit mit entscheidet. Im Übrigen biete die Verfahrensordnung des *forum* einen ausreichenden Schutz für den Beschuldigten.[1130] Dabei vernachlässigt *Hecker* jedoch, dass der Beschuldigte bereits von Beginn des Verfahrens an – und nicht erst ab einer Vereinbarung oder Festlegung der späteren Zuständigkeit – ein Interesse daran hat, dass das Verfahren prozessual ordnungsgemäß durchgeführt wird. Der Schutz durch die Verfahrensordnung greift aber erst dann, wenn ein *forum* bestimmt worden ist. Wie oben beim Gerichtsstand im nationalen Recht müssen daher die Rechte und Interessen des Beschuldigten besonders berücksichtigt werden.[1131]

1) Rechte in Bezug auf den Richter

a) Verfassungsrecht – Recht auf den gesetzlichen Richter

Der Beschuldigte hat zunächst das Recht auf den gesetzlichen Richter. Dieses Recht richtet sich in erster Linie gegen den eigenen Staat. Es wäre aber durchaus möglich, auch einen ausländischen Richter bzw. einen Richter in einem anderen Staat als „gesetzlichen Richter" anzusehen.[1132] Dann würde jede Entscheidung eines deutschen Gerichts in einer Sache, für die an sich ein anderer Staat (vorrangig) zuständig ist, einen Verstoß gegen Art. 101 GG darstellen. Dies setzt natürlich – neben der Bejahung der verfassungsrechtlichen Frage, ob ein ausländischer Richter überhaupt unter Art. 101 GG fallen kann – voraus, dass es tatsächlich eine *gesetzliche* Regelung gibt, wonach in manchen Fällen ein anderer Staat zuständig ist. Solange es eine solche Regelung jedoch nicht gibt, kann die Frage, ob eigene oder ausländische Gerichte für die Aburteilung zuständig sind, nicht mit Verweis auf das Recht auf den *gesetzlichen* Richter beantwortet werden.

Der umgekehrte Fall – eine Entscheidung eines Gerichts im Ausland trotz vorrangig bestehender Kompetenz eines Gerichts in Deutschland – wäre von Art. 101 GG gar nicht erfasst, sondern allenfalls vom jeweiligen ausländischen Recht. Dabei ist jedoch zu beachten, dass nicht alle Staaten das Recht auf *den* gesetzlichen Richter kennen, sondern nur das Recht auf *einen* gesetzlichen Richter.[1133]

Das Recht auf den gesetzlichen Richter spielt daher für die Beurteilung, in welchem Staat das zuständige Gericht sitzen sollte, letztlich keine Rolle.

1130 *Hecker*, ZIS 2011, 60, 63.

1131 Nicht überzeugend ist auch die Annahme von *Hecker*, ZIS 2011, 60, 63, wonach „niemand ... auf den Gedanken [kommt], die verfolgte Person zu fragen, bei welchem Gericht sie angeklagt werden möchte." Solch eine Wahl- oder Widerspruchsmöglichkeit ist bereits in der Vergangenheit durchaus vorgeschlagen worden und nach wie vor *de lege ferenda* vorzugswürdig, vgl. auch schon oben Teil 3 § 4 A.III.7)d) zur Widerspruchslösung in einem Entwurf aus dem Jahr 1908.

1132 So ist etwa der EuGH als „gesetzlicher Richter" i.S.d. Art. 101 GG seit BVerfGE 73, 339, 367 anerkannt.

1133 Insbesondere im englischen Recht ist das Recht auf *den* abstrakt bestimmbaren gesetzlichen Richter unbekannt.

b) Recht auf einen unvoreingenommenen Richter

Der Beschuldigte hat nicht nur das Recht auf den gesetzlichen Richter, sondern auch darauf, dass dieser Richter unvoreingenommen ist.[1134] Ein voreingenommener Richter ist von Gesetzes wegen vom Verfahren ausgeschlossen (§§ 22 ff. StPO) und kann daher auch nicht „gesetzlicher Richter" sein.

Für den Bereich des Zivilprozessrechts geht *Geimer* davon aus, dass die nationale Richterschaft in Angelegenheiten mit Bezug zum Ausland oder an denen Ausländer beteiligt sind, nicht – wie das EU-Recht annehme – „absolut neutral" sei.[1135] *Geimer* verweist dazu auf den „*home trend*" als harmlosesten Trend – ohne jedoch „schädlichere" zu benennen –, demzufolge das Gericht dazu neigen werde, seine eigene Rechtsordnung durchsetzen zu wollen. Das führe etwa dazu, vorschnell die *ordre public*-Klausel anzuwenden oder auf andere Weise einen „Aufhänger" zu Gunsten der eigenen Rechtsordnung zu finden.[1136] Diese angebliche Voreingenommenheit, die ohnehin nie offen zum Ausdruck kommt,[1137] lässt sich jedoch schon für das Zivilprozessrecht nicht empirisch belegen.

Für das Strafrecht lässt sich schon gar nicht klären, wie sich eine mögliche Voreingenommenheit auf das Verfahren auswirken könnte. Was die Annahme einer „Vorliebe" für das eigene Recht angeht, ist damit noch nicht gesagt, ob dies für den Beschuldigten positive oder negative Auswirkungen hat, denn es lässt sich kaum abstrakt sagen, dass das Recht des Urteilsstaats für den Beschuldigten stets strenger oder stets milder ist.[1138] Zudem lässt sich etwa die fehlerhafte Anwendung einer *ordre public*-Klausel mit Rechtsmitteln überprüfen.[1139]

Zumindest mit Blick auf die hier aufgeworfene Frage der (Un-)Voreingenommenheit ist daher alles andere als eindeutig, dass ein „natürliches Interesse"[1140] des Beschuldigten an der Aburteilung durch Gerichte seines eigenen Staates besteht. Erstens lässt sich eine Voreingenommenheit ausländischer Gerichte nicht belegen,

---

1134 *Nur* für ein Recht auf Unvoreingenommenheit *Dünnebier*, JR 1975, 1, 5.

1135 *Geimer* in Geimer/Schütze, EuZVR, Einl. A1 Rn. 259; *ders.*, Internationales Zivilprozessrecht, Rn. 868j.

1136 *Geimer*, Internationales Zivilprozessrecht, Rn. 868j m.w.N.

1137 *Mankowski*, IPRax 2006, 454, 457.

1138 Es liegt sogar die Annahme nahe, dass der *ordre public* des Urteilsstaats ohnehin nur zu Gunsten des Beschuldigten eingreifen darf, nicht zu dessen Ungunsten (vgl. dazu noch unten Teil 4 § 3 E.I.). Demnach wäre ein „*home trend*" im Strafrecht aus Sicht des Beschuldigten eher positiv zu sehen.

1139 Der ebenfalls von *Geimer* befürchteten „offenen Diskriminierung" von Ausländern durch das Gericht kann wiederum mit Rechtsbehelfen einschließlich des Befangenheitsantrags zumindest teilweise entgegen getreten werden.

1140 So für das Zivilrecht noch in einer Entscheidung aus dem Jahr 1972 BGHZ 60, 85, 90. Schon die Annahme des BGH, dass die Staatsangehörigen „Organisation und Funktionsweise" des eigenen Staates kennen, dürfte bezogen auf die Arbeits- und Funktionsweise der Justiz kaum für alle Staatsangehörigen, womöglich nicht einmal für deren Mehrheit, zutreffen.

zweitens ist unklar, ob sich eine solche ggf. vorhandene Voreingenommenheit überhaupt zu Ungunsten des Beschuldigten auswirkt.

2) Schnelles, faires Verfahren

a) Beschleunigtes Verfahren

Die Begriffe „schnell" und „fair" widersprechen sich zu einem gewissen Grad. So sind etwa im beschleunigten Verfahren (§§ 417 ff. StPO) oder bei Erlass eines Strafbefehls (§§ 407 ff. StPO) die Rechte des Beschuldigten gegenüber einem normalen Verfahren eingeschränkt, so dass ein solches Verfahren weit weniger fair ist, als eine langsame(re) „Normalverhandlung".[1141] Dennoch gibt es durchaus Fälle, in denen eine Erledigung auf schnellem Weg im Interesse des Beschuldigten liegen kann. Das sind in erster Linie solche Fälle, für die das beschleunigte Verfahren an sich gedacht ist.[1142]

Mit der Frage, wie lange ein Verfahren dauert, ist jedoch noch nichts über den Ort des Verfahrens gesagt. Zumindest theoretisch wäre es möglich, ein im Ausland begangenes Delikt in Deutschland im beschleunigten Verfahren abzuurteilen. Allerdings ist davon auszugehen, dass der Tatortstaat im Regelfall am Besten für eine Aburteilung im beschleunigten Verfahren geeignet ist: Auch, wenn es nicht zwingend notwendig ist, dass diejenige Staatsanwaltschaft, die die Ermittlungen geführt hat, in der Hauptverhandlung anwesend ist, wird für die Übersendung der Akten und das „Einarbeiten" der ausländischen Staatsanwaltschaft mehr Zeit benötigt als das beschleunigte Verfahren bietet. Der Beschuldigte, der – aus welchem Grund auch immer – ein Interesse an seiner *schnellen* Aburteilung hat, wird daher in der Regel auch ein Interesse daran haben, dass dies *am Tatort* bzw. im Tatortstaat geschieht – vorausgesetzt, er befindet sich während des gesamten beschleunigten Verfahrens noch vor Ort.[1143]

1141 Kritisch völlig zu Recht etwa *Herzog*, ZRP 1991, 125; *Scheffler*, NJW 1994, 2191; *ders.*, NJ 1999, 113; *Meyer-Goßner/Schmitt*, StPO, vor § 417 Rn. 3.

1142 Vgl. schon den Wortlaut des § 417 StPO, sowie die Gesetzesbegründung BT-Drs. 12/6853, S. 34, in der von „tatsächlich oder (sic!) rechtlich einfach gelagerten Fällen" die Rede ist. Zu Recht kritisch – nicht nur zur Verwendung der Konjunktion „oder" an Stelle eines „und" – *Scheffler*, NJW 1994, 2191. Dass die Praxis des beschleunigten Verfahrens nicht auf einfache Fälle beschränkt blieb, zeigen die Beispiele bei *ders*, NJ 1999, 113.

1143 Und zwar unabhängig davon, ob die schnelle Aburteilung in einer „Normalverhandlung" (dazu noch unten c)) oder im Rahmen einer besonderen Verfahrensart, erfolgt. Ggf. wird der Beschuldigte sogar ein schnelles Verfahren in Abwesenheit vorziehen, sofern die Angelegenheit damit „erledigt" ist und er nicht etwa eine Freiheitsstrafe im Ausland antreten muss. Auf diese Möglichkeit, die im deutschen Recht ohnehin nicht vorgesehen ist, kann hier nicht weiter eingegangen werden. Ein Abwesenheitsverfahren dürfte aber ähnlich dem Strafbefehlsverfahren zu sehen sein, dazu sogleich unten b).

Problematisch ist allerdings der Fall, in dem das beschleunigte Verfahren in ein reguläres Verfahren überführt wird, etwa durch Einlegung von Rechtsmitteln.[1144] Wenn sich der Beschuldigte – was hier für den Regelfall angenommen wird – dann nicht mehr am Tatort befindet, hat er nun kein Interesse mehr daran, gerade an diesem Ort abgeurteilt zu werden.[1145] Ggf. müsste also bei Einlegung von Rechtsmitteln das Verfahren in einen anderen Staat „abgegeben" werden, wofür es bisher an prozessualen Möglichkeiten fehlt.

b) Strafbefehlsverfahren

Beim Erlass eines Strafbefehls dürfte es dem Beschuldigten in aller Regel gleichgültig sein, welche Stelle diesen Strafbefehl erlassen hat,[1146] wenn die Angelegenheit sich damit – ggf. nach Zahlung einer Geldstrafe – erledigt hat und z.B. eine eventuelle Freiheitsstrafe nicht im Ausland vollstreckt werden muss.[1147] Es handelt sich, bis zu einem etwaigen Einspruch, um ein Verfahren in Abwesenheit, so dass es aus der Sicht des Beschuldigten irrelevant ist, wo er sich gerade befindet. Wenn Einspruch eingelegt wird, geht das Verfahren in ein normales Verfahren über,[1148] so dass auch hier ggf. Möglichkeiten für eine „Abgabe" in einen anderen Staat geschaffen werden müssten.

c) „Normalverhandlung"

Auch in der normalen Hauptverhandlung, also jenseits der Möglichkeit des beschleunigten Verfahrens, hat der Beschuldigte ein Interesse daran, dass sein Verfahren schnell und fair abgeschlossen wird. Der Beschuldigte wird unter diesem Aspekt ein Verfahren in einem Staat mit möglichst kurzer Verfahrensdauer und weitgehenden Beschuldigtenrechten vorziehen. Das wirft zwei Probleme auf. Zum Ersten wird zwischen dem Wunsch nach einem schnellen Verfahren einerseits und einem fairen Verfahren andererseits häufig ein Zielkonflikt bestehen. Das

---

1144 Durch die Einlegung von Rechtsmitteln wird nach h.M. aus dem beschleunigten Verfahren ein „Normalverfahren", vgl. nur *Gössel* in Löwe/Rosenberg, StPO, vor § 417 Rn. 35 ff. m.w.N. auch zur Gegenauffassung.

1145 Gerade bei der Einlegung von Rechtsmitteln geht es dem Beschuldigten zudem offensichtlich nicht darum, dass das Verfahren schnell erledigt wird, sondern darum, dass ein anderes Ergebnis erzielt wird. Zu den Interessen im „Normalverfahren" unten c).

1146 Etwas anderes mag dann gelten, wenn der Beschuldigte z.B. Vorstrafen in einem Staat hat, die im Register eines anderen Staates nicht aufgeführt sind und somit auch bei der Bemessung der Strafe keine Rolle spielen können.

1147 Nach hier vertretener Auffassung müsste aber selbst eine Freiheitsstrafe im Interesse der Resozialisierung in dem Heimatstaat des Verurteilten vollstreckt werden, wie dies beim Europäischen Haftbefehl möglich ist und zuvor schon in Mittel- und Osteuropa nach der „Berliner Konvention" möglich war, dazu oben Teil 3 § 1 B.III.

1148 Vgl. § 411 Abs. 1 Satz 2 StPO.

schnellste Verfahren ist nicht zwingend genau so „fair“ wie ein langsameres Verfahren. Der Beschuldigte muss hier also eine Entscheidung treffen, welcher Aspekt ihm wichtiger ist; eine Entscheidung, die sich kaum abstrakt vorab treffen lässt. Zum Zweiten muss der Beschuldigte ermitteln, welcher Staat ihm ein schnelles und/oder faires Verfahren am ehesten ermöglicht, da sich auch diese Frage nicht abstrakt beantworten lässt. Für entsprechende Ermittlungen fehlt dem Beschuldigten aber nicht nur die Zeit, sondern vor allem auch die Kenntnis der jeweiligen Strafprozessordnungen. Allein aus dem Grundsatz des schnellen und fairen Verfahrens lässt sich also kein konkreter Schluss für ein Interesse des Beschuldigten im Hinblick auf den internationalen Gerichtsstand ziehen.

d) Insbesondere: Die Übersetzungsproblematik

Das Recht auf ein faires Verfahren umfasst auch, dass sich der Beschuldigte mit den anderen Verfahrensbeteiligten verständigen kann, vgl. Art. 6 Abs. 3 lit. e EMRK. Zwar kann das durch einen Dolmetscher geschehen, aber die Verständigung ist erheblich einfacher und aus Sicht des Beschuldigten „direkter“, wenn er die gleiche Sprache spricht wie Ankläger und Gericht;[1149] in der Regel wird er also ein Verfahren an seinem Wohnsitz einem Verfahren am Tatort vorziehen.

Dann wird zwar ein gewisser Übersetzungsaufwand bestehen, nämlich wenn Aussagen von ausländischen Zeugen, die am Tatort wohnen, übersetzt werden müssen. Bei einem Verfahren am ausländischen Tatort wäre aber auch eine Übersetzung der jeweiligen Zeugenaussagen notwendig, nämlich für den Beschuldigten, der die Sprache des Tatort- und Gerichtsstaates nicht hinreichend beherrscht. Wenn eine Übersetzung ohnehin erforderlich ist, ist es für den Beschuldigten wohl günstiger, wenn auch das Gericht und die Staatsanwaltschaft diese Übersetzung benötigen und somit über keinen „Wissensvorsprung“ jenseits der rechtlichen Kenntnisse verfügen.

Der Beschuldigte wird daher meist ein Interesse daran haben, dass das Verfahren an seinem Wohnsitz stattfindet. Allerdings kann wiederum nur der Beschuldigte selbst einschätzen, ob ausnahmsweise etwas anderes in seinem Interesse ist. Das spricht dafür, falls es eine gewisse Flexibilität geben soll, dem Beschuldigten ein Wahlrecht, etwa in Form der oben[1150] aufgezeigten „Widerspruchslösung“, einzuräumen.

3) Materieller und immaterieller Aufwand für das Gerichtsverfahren

Außerdem hat der Beschuldigte ein Interesse daran, dass der finanzielle und sonstige Aufwand für das Verfahren möglichst gering ist. Dabei ist an die eigene Belastung

1149 So stellte sich bei den Tokioter Kriegsverbrecherprozessen die notwendige Übersetzung als besonders problematisch heraus, es kam nahezu täglich zu Missverständnissen zwischen Gericht und Verteidigung, dazu näher *Osten*, Tokioter Kriegsverbrecherprozeß, S. 66 ff.

1150 Teil 3 § 4 A.III.7)d).

durch Fahrten zum Gerichtsort – sofern keine Untersuchungshaft vorliegt – zu denken. Auch das spricht für ein Verfahren am Wohnsitz. Daneben kann der Beschuldigte aber auch ein Interesse daran haben, die Kosten für das Verfahren insgesamt niedrig zu halten, muss er diese doch im Fall einer Verurteilung selbst tragen, § 465 Abs. 1 StPO. Diese Kosten sind dann höher, wenn viele Zeugen von einem ausländischen Tatort an ein inländisches Gericht reisen müssen. Würde der Beschuldigte aber *allein* mit dieser Begründung auf einem Verfahren am ausländischen Tatort bestehen, käme das praktisch einem Schuldeingeständnis gleich, das von ihm nicht verlangt werden darf (*nemo tenetur se ipsum accusare*). Der Beschuldigte wird daher die Kosten des Verfahrens – die für den Beschuldigten wohl von eher untergeordneter Bedeutung sind[1151] – nur als *einen* von mehreren Aspekten berücksichtigen. Dass die Ermittlung und Gewichtung der eigenen Interessen am ehesten der Beschuldigte selbst vornehmen kann, spricht wiederum für ein Wahlrecht des Beschuldigten.

Die weiteren Unannehmlichkeiten, die mit einem Strafverfahren verbunden sind, lassen sich nicht materiell ausdrücken und sind für den Beschuldigten dennoch relevant. So wird er z.B. die sozialen Auswirkungen des Strafverfahrens möglichst gering halten wollen.[1152] Auch hieraus lässt sich aber kein allgemeingültiger Schluss ziehen: Einerseits kann es für den Beschuldigten angenehmer sein, wenn er am Tatort abgeurteilt wird, wo ihn „keiner kennt". Andererseits kann ein Verfahren am ausländischen Tatort größere Schwierigkeiten für den Beschuldigten mit sich bringen, weil er für eine längere Zeit – nämlich auch für lange An- und Abreisezeiten zum Gericht – von seinem Umfeld getrennt wird und somit Berufstätigkeit und persönliche Beziehungen stärker in Mitleidenschaft geraten können als bei einem Verfahren am Wohnsitz.

4) Resozialisierungsinteresse

Hein[1153] meint, dass auch der Strafzweck der Resozialisierung ein Interesse des Beschuldigten darstellen kann. Der Strafprozess sei aus Gründen der Spezialprävention dort durchzuführen, wo die Resozialisierung am besten möglich ist.

Die Resozialisierung ist aber in erster Linie Aufgabe des Vollstreckungsverfahrens, das ohne Weiteres vom Erkenntnisverfahren getrennt werden kann und auch oft bereits getrennt wird.[1154] Soweit *Hein* dagegen auch schon dem Erkenntnisverfahren resozialisierende Wirkung zuspricht, ist dem entgegen zu halten, dass eine (staatlich durchgesetzte) Resozialisierung in aller Regel[1155] Schuld – und damit

1151 Das gilt im Vorfeld einer Straftat um so mehr. Ein Straftäter wird in aller Regel die Begehung von Straftaten nicht von den potentiellen Prozesskosten abhängig machen, so auch *Hein*, Zuständigkeitskonflikte, S. 227.

1152 Vgl. im Einzelnen *Hein*, Zuständigkeitskonflikte, S. 228.

1153 *Hein*, Zuständigkeitskonflikte, S. 229 ff.

1154 Vgl. oben Teil 3 § 1 B.III.

1155 Ausnahme ist z.B. die Unterbringung in einem psychiatrischen Krankenhaus nach § 63 StGB. Diese setzt gerade keine strafrechtliche Schuld voraus, wenngleich die übrigen Voraussetzungen für eine Strafbarkeit gegeben sein müssen,

einen Schuldspruch in einem rechtsförmigen Verfahren[1156] – voraussetzt. Auch der Beschuldigte hat kein Interesse an seiner eigenen Resozialisierung, wenn er nicht davon ausgeht, einer Resozialisierung zu bedürfen.[1157]

Aber selbst dann, wenn ein Beschuldigter weiß, dass er Straftäter ist und resozialisiert werden muss, darf der Staat – ungeachtet eventueller faktischer resozialisierender Effekte – nicht davon ausgehen, dass der Beschuldigte resozialisiert werden muss, sondern muss ihn bis zur Verurteilung als unschuldig und damit als nicht resozialisierungsbedürftig ansehen. Die Resozialisierung darf daher im Erkenntnisverfahren noch nicht in die Überlegungen einfließen. Zielgerichtet darf Resozialisierung erst im Vollstreckungsverfahren, aber nicht vorher,[1158] von Seiten des Staates betrieben werden.[1159]

5) Ergebnis

Welche Interessen der Beschuldigte im Hinblick auf das Erkenntnisverfahren hat, lässt sich nicht generell ausmachen. Das wichtigste und maßgebliche Interesse des Beschuldigten richtet sich auf ein faires und schnelles Verfahren. Das wird – mit Ausnahme des Strafbefehls- und des beschleunigten Verfahrens – in der Regel an seinem Wohnsitz am ehesten zu realisieren sein. Gleichwohl sind andere Konstellationen denkbar, was – wie *de lege ferenda* beim Gerichtsstand im nationalen Recht[1160] – für ein Wahlrecht oder eine „Widerspruchsmöglichkeit" des Beschuldigten spricht.

IV. Interessen des Geschädigten

Der Geschädigte einer Straftat spielt im Strafverfahren keine allzu große Rolle. Er ist lediglich Zeuge, kann aber in bestimmten Fällen auch als Privat- oder

---

und dient trotzdem zumindest auch der „Besserung des Maßregelinsassen", also seiner Resozialisierung, *Stree/Kinzig* in Schönke/Schröder, StGB, § 63 Rn. 1.

1156 Dies übersieht *Hein*, Zuständigkeitskonflikte, S. 230, wenn er meint, dass „z.B. (sic!) bei geständigen Tätern" der Strafprozess bereits präventive Elemente enthält: Auch ein Geständnis ersetzt keinen Schuldspruch durch ein Gericht.

1157 Anders offenbar *Hein*, Zuständigkeitskonflikte, S. 230, der ohne jede Differenzierung annimmt, Resozialisierung sei (immer) im Interesse des Beschuldigten. *Lüderssen*, Resozialisierung: Aus der Untat lernen, F.A.Z. Online vom 22.08.2013, geht sogar davon aus, dass Resozialisierung überhaupt nur gelingen kann, „wenn der Verurteilte Unrecht und Schuld seiner Tat einsicht."

1158 Denkbare Ausnahme ist allenfalls ein auf das Strafmaß beschränktes Revisionsverfahren, weil hier bereits die Schuld – und damit das Resozialisierungsbedürfnis – festgestellt ist. Allerdings muss der Beschuldigte bei diesem Verfahren nicht persönlich anwesend sein, § 350 Abs. 2 StPO, so dass man jedenfalls nicht grundsätzlich von einer resozialisierenden Wirkung des Revisionsverfahrens sprechen kann.

1159 So auch *Lüderssen*, Abschaffen des Strafens?, S. 132 f.

1160 Dazu oben Teil 3 § 4 A.III.8).

Nebenkläger auftreten. Daneben kann der Geschädigte schon im Strafverfahren zivilrechtliche (Geld-)Ansprüche einklagen (Adhäsionsverfahren nach §§ 404 ff. StPO). Dennoch ist der Strafprozess hauptsächlich eine Angelegenheit zwischen dem Staat als Strafverfolger und dem Beschuldigten.[1161]

Die Interessen des Geschädigten sind denen des Beschuldigten allerdings in mancher Hinsicht durchaus ähnlich: Auch der Geschädigte hat ein Interesse an einem möglichst zügigen Verfahren, damit er nicht über einen längeren Zeitraum erneut mit dem Durchleben konfrontiert wird.[1162] Er hat ferner ein Interesse daran, dass das Verfahren möglichst nah an seinem eigenen Wohnsitz stattfindet, damit er an der Verhandlung relativ einfach teilnehmen kann.[1163] Er wird außerdem in der Regel wollen, dem Verfahren ohne Dolmetscher folgen zu können. Ein zusätzlicher Gerichtsstand am Wohnsitz *des Geschädigten* erscheint aber – auch mit Blick auf die oben zum Vergleich untersuchten Rechtsbereiche – wenig sinnvoll;[1164] eine Entscheidung zwischen Tatort und Wohnsitz *des Beschuldigten* lässt sich anhand des Interesses des Geschädigten an einem für ihn wohnsitznahen Verfahren nicht abstrakt treffen.

Auch das Interesse des Geschädigten an möglichst weit reichenden „Opferrechten" im Strafverfahren[1165] führt nicht generell zu einem Vorrang des einen oder anderen Staates. Es bleibt somit dabei, dass auch die Interessen des Geschädigten nicht abstrakt für den einen oder anderen Staat sprechen,[1166] sondern das Interesse im konkreten Fall ermittelt werden müsste. Wie schon beim Beschuldigten liegt es nahe, diese Ermittlung und Gewichtung der eigenen Interessen dem Geschädigten selbst zu überlassen. Zur Frage, ob die Interessen des Geschädigten an einem bestimmten internationalen Gerichtsstand aber überhaupt berücksichtigt werden sollen sogleich unter VI.1).

1161 Mit Ausnahme des Privatklageverfahrens nach §§ 374 ff. StPO.

1162 *Zimmermann*, Strafgewaltkonflikte, S. 207.

1163 *Hein*, Zuständigkeitskonflikte, S. 234. Dies gilt letztlich unabhängig davon, ob der Geschädigte „aktiv" als Neben- oder Privatkläger am Verfahren beteiligt ist oder lediglich „passiv" der Hauptverhandlung folgen will. Für eine solche Unterscheidung aber *Hein,* a.a.O., S. 234 f.

1164 Zumal das passive Personalitätsprinzip als Anknüpfungspunkt im Strafrecht richtigerweise abzulehnen ist, vgl. schon oben Teil 1 § 5, d.h. der Geschädigte eine eher geringe Rolle spielt.

1165 Etwa Möglichkeit der Nebenklage, Fragerecht, Anwesenheitsrecht bei Vernehmungen. Hier gibt es trotz der Mindeststandards, die innerhalb der Europäischen Union gelten (vgl. dazu *Zimmermann*, Strafgewaltkonflikte, S. 206 f.) weiterhin Unterschiede – erst recht auf der globalen Ebene, bei der keinerlei Harmonisierung erfolgt ist.

1166 Anders *Böse* in FS-Wolter, S. 1311, 1322, der meint, eine effektive Wahrnehmung der Verfahrensrechte sei „*natürlich* bei einem Strafverfahren in seinem Heimatstaat am Besten gewährleistet" (Hervorhebung J.B.). Denn wenn etwa der Heimatstaat keine weitreichenden Opferrechte vorsehen sollte, kann das Opfer – trotz eines größeren eigenen Aufwands – seine Verfahrensrechte möglicherweise besser in einem anderen Staat wahrnehmen, in dem ihm solche Rechte überhaupt zugestanden werden.

V. Interessen sonstiger Beteiligter (insbesondere Zeugen)

Auch alle anderen Beteiligten haben natürlich ein Interesse daran, dass ihr eigener Aufwand möglichst gering ist. Allerdings werden Zeugen in jedem Fall entschädigt, so dass zumindest ihre monetären Interessen ausreichend gewahrt sind. Im Übrigen ist nicht erkennbar, weshalb die Interessen eines „einfachen" – also nicht geschädigten – Zeugen eine nennenswerte Rolle bei der Bestimmung des Ortes eines Strafverfahrens spielen sollten.

VI. Gewichtung der Interessen

Nachdem nun die, gelegentlich gegenläufigen, Interessen der Verfahrensbeteiligten aufgezeigt worden sind, muss geklärt werden, in welchem Verhältnis diese Interessen zueinander stehen, oder ob sie etwa alle gleich zu gewichten sind. Damit soll letztlich die Frage geklärt werden, wessen Interessen ggf. vorrangig sind und wer daher im Streitfall über die Frage des Gerichtsortes zu entscheiden hat.

1) Interessen des Geschädigten

Bereits beim anwendbaren Recht wurde angenommen, dass die Interessen des Geschädigten von untergeordneter Bedeutung sind.[1167] Für einen Vorrang der Geschädigteninteressen – und damit ein Wahl- oder Mitentscheidungsrecht des Geschädigten in Bezug auf die Urteilsgewalt – spricht im Wesentlichen sein Wiedergutmachungsinteresse. Allerdings ist die materielle Wiedergutmachung für den Geschädigten eher im *Zivil*verfahren zu erreichen, was gegen eine Berücksichtigung im *Straf*verfahren spricht. Soweit immaterielle Interessen des Geschädigten betroffen sind, richtet sich das Interesse auf eine „Bewältigung der Vergangenheit". Demgegenüber ist das Strafverfahren – jedenfalls soweit mit der ggf. zu verhängenden Strafe ein präventiver Zweck verfolgt wird („relative Straftheorien") –, eher in die Zukunft gerichtet,[1168] nämlich auf die Verhinderung weiterer Straftaten durch denselben Täter (Spezialprävention) oder durch andere Täter (Generalprävention).

Aber auch, soweit mit einer zu verhängenden Strafe jenseits präventiver Zweckerwägungen Vergeltung oder Sühne bewirkt werden sollen („absolute Straftheorien"), die Strafe also Vergeltung für vergangenes Unrecht sein soll, geht es im Strafverfahren allein um die Aufklärung von Schuld oder Nichtschuld des Angeklagten.[1169] Die Person des Angeklagten, d.h. genauer: seine Tat und seine

---

1167 Oben Teil 3 § 3 E.IV.2).

1168 Vgl. auch *Hein*, Zuständigkeitskonflikte, S. 248, der meint, die „Hauptaufgaben" des Strafverfahrens seien in die Zukunft gerichtet, ohne explizit auf absolute Strafzwecke einzugehen.

1169 Dass dies für die Geschädigten einer Straftat unbefriedigend sein kann, zeigen beispielhaft die Reaktionen auf den Tod des mutmaßlichen Kriegsverbrechers *Slobodan Milošević*. Das Verfahren konnte durch den Tod des Angeklagten nicht abgeschlossen werden, was die zuständige Anklägerin *Del Ponte* „auch für ... die

Schuld stehen im Mittelpunkt des Geschehens, aber keinesfalls ein allgemeines Vergangenheitsbewältigungsinteresse.[1170] Außerdem spielt das Wiedergutmachungsinteresse des Geschädigten auch bei den absoluten Straftheorien nur insofern eine Rolle, als die geforderte „Wiederherstellung der Gerechtigkeit" *auch* eine Entschädigung, aber vor allem die Vergeltung des begangenen Unrechts, umfasst. Wenn aber die Strafe *sowohl* präventive als *auch* absolute Bedeutung hat[1171] und die Wiedergutmachung nur *einen* Aspekt der absoluten Straftheorien darstellt, unterstreicht dies die relativ geringe Rolle des Geschädigten und seiner Interessen im Strafverfahren.

Eine weitere Überlegung verdeutlicht die Konzentration des Strafverfahrens auf die Person des Beschuldigten, selbst dann, wenn es nur oder überwiegend um Vergeltung für sein (vergangenes) Unrecht gehen sollte: Wenn der Beschuldigte im Laufe des Verfahrens stirbt, so ist das Strafverfahren einzustellen. Während man als Befürworter einer absoluten Straftheorie durchaus der Auffassung sein kann, eine Strafe müsse auch dann noch verhängt werden, wenn sich die Gesellschaft auflöste,[1172] sieht das gegenwärtige Strafrecht dann keine Bestrafung mehr vor, wenn der Beschuldigte sich durch seinen Tod gleichsam „aufgelöst" hat; eine Bestrafung *posthum* ist nicht vorgesehen. Davon unberührt ist wiederum das *Zivil*verfahren, in dem der Geschädigte auch nach dem Tod des Schädigers seine Ansprüche – nun gegen die Erben des Schädigers – weiter verfolgen kann.[1173]

Für das Strafverfahren bleibt es dabei, dass das Wiedergutmachungs- und Bewältigungsinteresse des Geschädigten nur von untergeordneter Bedeutung ist und bei der Bestimmung des internationalen Gerichtsstands daher keine Rolle spielen darf.

Tausenden von Opfer, die auf Gerechtigkeit warteten", ausdrücklich bedauerte; zit. nach Spiegel Online vom 11.03.2006, http://www.spiegel.de/politik/ausland/kriegsverbrechertribunal-milosevic-waere-verurteilt-worden-a-40553.html, zuletzt abgerufen am 20.03.2014.

1170 Es handelt sich bei einem Strafgericht eben nicht um eine „Wahrheitskommission".

1171 Sog. „Vereinigungstheorien", vgl. dazu *Roxin*, Strafrecht AT I, § 3 Rn. 33 ff. Dabei ist es für die Überlegung, dass Strafe nicht ausschließlich präventiv oder absolut sein kann, auch gleichgültig, ob man einer „vergeltenden" oder einer „präventiven" Vereinigungstheorie folgt. Während bei den erstgenannten Theorien behauptet wird, Vergeltung, Spezial- und Generalprävention seien nebeneinander zu verfolgende Zwecke (so insbesondere die Rspr, vgl. nur RGSt 58, 109; BVerfGE 45, 187, 253 f.; zu historischen Vertretern aus der Lehre vgl. die Nachweise bei *Roxin*, Strafrecht AT I, § 3 Rn. 33 [Fn. 52]), geht eine „präventive Vereinigungstheorie" im Grundsatz davon aus, dass Prävention Zweck der Strafe sei, die maximale Höhe der Strafe aber durch das Maß der Schuld begrenzt werde (*Roxin*, Strafrecht AT I, § 3 Rn. 59). Nach beiden „Vereinigungstheorien" kommt es nicht *ausschließlich* auf Schuld oder auf Prävention an.

1172 So *Kant*, Die Metaphysik der Sitten, AA Bd. VI, S. 333.

1173 Vgl. § 239 ZPO.

2) Staatliche Interessen

Die Interessen des Staates stimmen teilweise mit denen des Beschuldigten überein, soweit es um die Einhaltung eines fairen Verfahrens geht. Zusätzlich hat die Staatsanwaltschaft – also der Staat – auch zu Gunsten des Angeklagten zu ermitteln (§ 160 Abs. 2 StPO) und somit wohl auch dessen Interessen zu berücksichtigen. Sie müsste also – selbst wenn man ihr eine alleinige Entscheidungskompetenz zugestehen will, bei dieser Entscheidung auch den von ihr gemutmaßten Willen und das Interesse des Beschuldigten berücksichtigen. Die Berufung auf einen mutmaßlichen Willen ist aber dann unzulässig, wenn ein tatsächlicher Wille geäußert wurde oder geäußert werden kann.[1174] Es liegt also sehr viel näher, dem Beschuldigten selbst ein Wahlrecht einzuräumen, als darauf zu vertrauen, dass die Staatsanwaltschaft in seinem Interesse handelt.

3) Interessen des Beschuldigten

Für die vorrangige Berücksichtigung der Beschuldigteninteressen spricht vor allem, dass dieser die „Hauptperson" des Strafverfahrens ist. Dem Beschuldigten steht das Recht auf ein faires Verfahren zu; der Beschuldigte ist aber auch bis zu seiner Verurteilung als unschuldig anzusehen und wird in ein Verfahren hineingezogen, das er in aller Regel nicht will. Diese Situation ist durchaus mit der bei dem allgemeinen Gerichtsstand im Zivilrecht vergleichbar, wobei der Staat sich gerade nicht auf „Unzumutbarkeit", dem Täter an dessen Wohnsitz zu folgen, berufen kann.

Für den Vorrang der Interessen des Beschuldigten spricht auch der bereits angedeutete nach Möglichkeit einzuführende Gleichlauf zwischen nationalem und internationalem Recht. Wenn hier für das nationale Recht vorgeschlagen wird, auf die Interessen des Beschuldigten stärker Rücksicht zu nehmen, nämlich in Form einer „Widerspruchsmöglichkeit"[1175], wäre eine entsprechende Rechtsanpassung auch auf internationaler Ebene zu begrüßen.

4) Zwischenergebnis

Es kommt demnach für die Bestimmung des Gerichtsortes *allein* auf die Interessen des Beschuldigten an. Sofern in den anderen Rechtsbereichen auch Interessen anderer Verfahrensbeteiligter, insbesondere im Zivilprozessrecht die Interessen des

---

1174 Hier verhält es sich ähnlich wie bei der Rechtsfigur der mutmaßlichen Einwilligung. Eine mutmaßliche Einwilligung des „Opfers" einer Straftat darf nur dann angenommen werden, wenn die Einwilligung des „Opfers" nicht (rechtzeitig) eingeholt werden kann; in jedem Fall ist der tatsächlich zum Ausdruck gebrachte Wille maßgeblich, vgl. nur *Wessels/Beulke/Satzger*, Strafrecht AT, Rn. 381. In gleicher Weise darf sich die Staatsanwaltschaft bei der Bestimmung des Gerichtsortes nicht auf einen mutmaßlichen Willen des Beschuldigten berufen, wenn dieser einen anderen Willen tatsächlich zum Ausdruck gebracht hat.

1175 Vgl. oben Teil 3 § 4 A.III.8).

Klägers, leitender Gedanke hinter einem bestimmten Gerichtsstand sind, kommt eine Übertragung auf das Internationale Strafrecht jedenfalls nicht in Betracht.[1176]

Der Beschuldigte muss dagegen die Möglichkeit haben, im konkreten Einzelfall[1177] zu benennen, welches seine Interessen sind, also eine Form der Auswahlmöglichkeit unter den in Frage kommenden Staaten haben.[1178] Jeder Gerichtsstand, der im Interesse des Beschuldigten liegt, kommt dagegen auch im Strafrecht in Betracht. Dies sind nach dem oben Gesagten – hier, ohne dass damit eine Rangordnung verbunden wäre:

- der Staat des Tatortes, sowie
- als „Heimatstaat" im weitesten Sinne entweder der Staat, in dem der Beschuldigte seinen Wohnsitz hat, oder
- der Staat, dessen Angehöriger der Täter ist.

D. Ergebnis zum Ort des Verfahrens

In allen vergleichbaren Rechtsbereichen wird im Wesentlichen an den Tatort oder die Staatsangehörigkeit bzw. den Wohnsitz angeknüpft. Eine starre Rangordnung der Gerichtsorte findet sich nirgends, sie wäre auch nicht interessengerecht. Gleichwohl muss für Fälle, in denen ein Staat nicht willens oder in der Lage zur Strafverfolgung ist, eine Rangordnung bestimmt werden.

Nachdem es *de lege ferenda* vorrangig auf die Interessen des Beschuldigten ankommen sollte, wäre für das Normalverfahren ein Vorrang zugunsten eines Verfahrens an dessen Wohnsitz anzunehmen. Dass dieser aber nicht zwingend im Interesse des Beschuldigten liegt, wurde bereits gezeigt. Sofern der Beschuldigte – wie hier vorgeschlagen – über eine Widerspruchsmöglichkeit verfügt, spricht aber auch nichts dagegen, einen Vorrang des Tatortes anzunehmen. Damit wird einerseits ein Gleichlauf zwischen nationalem Gerichtsstand (*de lege ferenda*) und internationaler Zuständigkeit erreicht, andererseits bleiben die Rechte und Interessen des Beschuldigten gewahrt. Davon unabhängig ist der Vorrang des Staatsschutzprinzips, von dem auch auf Widerspruch des Beschuldigten keine Abweichung möglich sein darf.

1176 Etwas unklar *Böse* in FS-Wolter, S. 1311, 1326, der einerseits für eine flexible Lösung plädiert, andererseits aber meint, dass „gerade in einfach gelagerten Fällen" die Interessen des Beschuldigten größeres Gewicht erhalten sollten, während *Böse* an die Interessen anderer Beteiligter nicht so ausdrücklich hervorhebt. Der Umkehrschluss, wonach in „schwierigen Fällen" die Interessen des Beschuldigten zurücktreten müssten, ist indes äußerst problematisch.

1177 So auch *Hein*, Zuständigkeitskonflikte, S. 252 f: Eine abstrakte Lösung wird nicht jedem denkbaren Fall gerecht.

1178 Eine solche Wahlmöglichkeit wird auch von *Walther* in FS-Eser, S. 925, 943 ff. angedacht, wegen der von ihr behaupteten „Probleme und Missbrauchsgefahren" (S. 945) letztlich aber abgelehnt.

Auszugehen ist also von einem „Vorrang unter Vorbehalt" des Tatortstaates bzw. in Fällen des Staatsschutzprinzips vom Vorrang des geschützten Staates. Anschließend sind in absteigender Reihenfolge die Staaten, in denen der Beschuldigte seinen Wohnsitz hat, dessen Staatsangehörigkeit er besitzt oder in dem er ergriffen wird, zuständig.

Im Interesse des Beschuldigten muss es ihm aber in jedem Fall – mit Ausnahme von Staatsschutzdelikten – möglich sein, durch einen „Widerspruch" und Verlegungsantrag das Verfahren vor die Gerichte seines Wohnsitzes zu bringen, wenn dieser Staat zur Aburteilung bereit ist.

Die Rangordnung der internationalen Zuständigkeit in Strafsachen sollte also *de lege ferenda* lauten:

1. geschützter Staat
2. Tatortstaat
3. Wohnsitzstaat des Beschuldigten[1179]
4. Staat, dessen Angehöriger der Beschuldigte ist
5. Staat, in dem der Beschuldigte ergriffen wird
6. Jeder andere Staat oder ggf. der IStGH.

Ein nachrangiger Staat ist dabei nur dann zuständig, wenn entweder ein entsprechender Widerspruch und Verlegungsantrag[1180] des Beschuldigten vorliegt oder wenn vorrangige Staaten nicht willens[1181] oder – aus tatsächlichen oder rechtlichen Gründen – nicht in der Lage sind, die Urteilsgewalt auszuüben.

1179 Analog der Regelung im Zivilprozessrecht läge es nahe, auf den Wohnsitz zur Zeit der (An-)Klageerhebung abzustellen, vgl. *Gottwald* in MüKo-ZPO, Art. 2 EuGVVO Rn. 12 f.

1180 Aus naheliegenden Gründen ist in Fällen des Staatsschutzprinzips allerdings der Widerspruch des Beschuldigten allein nicht ausreichend. Der geschützte Staat muss mit einer Aburteilung im Ausland ebenfalls einverstanden sein, schließlich geht es hier unmittelbar um die Verteidigung seiner eigenen staatlichen Interessen.

1181 Beim „Willen" zur Strafverfolgung darf es nicht um die Beurteilung eines gesamten Sachverhaltes gehen, sondern um die Strafverfolgung des jeweils Beschuldigten, so auch *Fischer-Lescano*, KritJ 2005, 72, 85 f.

Teil 4 Schlussfolgerungen und Folgeprobleme

Nach dem oben Gesagten ist in Bezug auf die Regelungsgewalt – und damit das anwendbare Recht – auf einen Vorrang des geschützten Staates bzw. des Tatort- oder Flaggenstaates[1182] hinzuwirken. Dabei dürfen mögliche Interessen des Beschuldigten in keinem Fall berücksichtigt werden; erst recht gilt dies für die Interessen des Geschädigten oder anderer Verfahrensbeteiligter.

Anders ist dies bei der Frage nach dem Ort des Verfahrens. Zwar sollte auch hier ein Vorrang des Tatortes angenommen werden. Sofern es aber um den Ort des Verfahrens, also gerade nicht um den Strafanspruch als solchen geht, sind die Interessen des Beschuldigten zu berücksichtigen. Nach hier vertretener Auffassung kommt es sogar allein auf die Interessen des Beschuldigten an, der daher *de lege ferenda* die Möglichkeit haben muss, über den Ort des Verfahrens durch eigenen Antrag bzw. Widerspruch zu entscheiden. Etwas anderes gilt nur für Staatsschutzdelikte.

Sofern ein solcher Widerspruch nicht vorliegt, das Verfahren also am Tatort stattfindet, stimmen Ort des Verfahrens und anwendbares Recht in dem Sinne überein, dass das materielle Recht des Verfahrensortes anzuwenden ist. Dieser Fall ist der am wenigsten problematische. Wenn aber ein entsprechender Antrag bzw. Widerspruch des Beschuldigten vorliegt, führt dies nach der hier vorgeschlagenen Lösung dazu, dass das Strafverfahren am Wohnort des Beschuldigten durchgeführt werden muss, aber in Bezug auf das *anwendbare Recht* dennoch auf das Tatortrecht zurückgegriffen werden müsste.

Folgende Möglichkeiten sind dann sinnvollerweise denkbar:

- Das Gericht am Wohnsitz wendet grundsätzlich das aus seiner Sicht fremde Tatortrecht an, oder verhängt zumindest nur solche Sanktionen, die mit dem Recht beider Staaten vereinbar sind.
- Es werden Gerichte eines Staates auf dem Gebiet eines anderen Staates errichtet. So könnte das Verfahren wohnortnah stattfinden, ohne dass das Gericht fremdes Recht anzuwenden hätte.
- Auch zur Vermeidung einer etwaigen Voreingenommenheit der nationalen Richter bei grenzüberschreitenden Sachverhalten[1183] werden überstaatliche Gerichte in Wohnortnähe des Beschuldigten errichtet, die grundsätzlich das Tatortrecht anwenden.

Nur dann, wenn diese drei Möglichkeiten aus gewichtigen rechtlichen Gründen ausscheiden sollten, müsste erwogen werden, welche der beiden folgenden

1182 Mit Ausnahme des Falles, in dem sich der Tatortstaat über das Völkerstrafrecht hinweg setzt. Im Folgenden wird aus Gründen der besseren Verständlichkeit für den vorrangigen Staat jeweils die Bezeichnung „Tatortstaat“ bzw. für dessen Recht „Tatortrecht“ verwendet, unabhängig davon, ob es sich bei dem vorrangigen Staat im konkreten Fall einmal um den Flaggen- oder den geschützten Staat handelt.

1183 Vgl. oben Teil 3 § 4 C.III.1)b).

Möglichkeiten als weniger problematisch anzusehen und damit als das „kleinere Übel“ hinzunehmen wäre:

- Das Gericht am Wohnsitz setzt sich generell über einen Vorrang des Tatortrechts hinweg, etwa indem eine (weitgehende) Übereinstimmung der Strafrechtsordnungen behauptet wird. Dann hätte der Beschuldigte jedoch – mittelbar – Einfluss auf das anwendbare Recht und damit auf den Strafanspruch des Staates, was gerade ausgeschlossen sein soll.
- Das Gericht am Tatort beachtet in keinem Fall den „Widerspruch“ des Beschuldigten. Darin läge indes eine Missachtung der berechtigten Interessen des Beschuldigten, auf die es – im Zusammenhang mit dem Gerichtsort – nach hier vertretener Auffassung aber gerade ankommt.

Wenn jedoch die Errichtung ausländischer oder internationaler Gerichte im Inland oder die Anwendung fremden Strafrechts zulässig sein sollte, wäre eine solche Lösung als interessengerechteste Variante vorzuziehen. Dann käme es nicht mehr darauf an, welche der beiden problematischen – weil nicht interessengerechten – Lösungen die weniger bedenkliche ist.

§ 1 Gerichte des Tatortstaates im Ausland bzw. ausländische Gerichte im Inland

Geht man davon aus, dass stets das Tatortrecht anwendbar, gleichzeitig aber eine Aburteilung am Wohnort möglich sein soll, könnte eine Lösung des daraus resultierenden Konflikts darin bestehen, dass ein Gericht des Tatortstaates für die Aburteilung zuständig ist, das aber seinen Sitz am Wohnort des Täters hat; es handelte sich dabei also je nach Perspektive um ein ausländisches Gericht am inländischen Wohnort bzw. aus Sicht des Tatortstaates um ein eigenes Gericht im Ausland. Auf diese Weise – durch die Einbeziehung in das Gerichtssystem des Tatortes – könnte insbesondere sichergestellt werden, dass das Tatortrecht *richtig*, also entsprechend den Vorstellungen des Tatortstaates angewendet wird.

Die Vorstellung, ausländische Gerichte, die zudem auch ihr eigenes, ausländisches Recht anwenden, im Inland zu haben, erscheint auf den ersten Blick befremdlich. Dies zeigte sich nicht zuletzt an den Reaktionen auf einen Vorschlag des rheinland-pfälzischen Justizministers *Hartloff*, für bestimmte Streitigkeiten Schiedsgerichte zu errichten, die möglicherweise auch islamisches Recht anwenden könnten. Obwohl es dabei ausdrücklich um *außer*gerichtliche Streitbeilegung und nur um einzelne *zivil*rechtliche Fragen ging – also gerade nicht um das Strafrecht –, kam es zu heftigen, ablehnenden Reaktionen in der Presseöffentlichkeit, die sogar das Justizministerium zur Herausgabe einer klarstellenden Pressemitteilung veranlassten.[1184] Dass die Ablehnung von ausländischen *Straf*gerichten

---

1184 Pressemitteilung des Ministeriums der Justiz und für Verbraucherschutz des Landes Rheinland-Pfalz vom 03.02.2012. Online im Archiv der Pressemitteilungen unter http://www. mjv.rlp.de/Ministerium/Presse, zuletzt abgerufen am 12.07.2013.

voraussichtlich noch deutlicher wäre, bedarf kaum einer Betonung. Dennoch gab und gibt es Beispiele für Gerichte eines Staates auf dem Gebiet eines anderen Staates.

A. Bisherige Beispiele

I. Nürnberger Prozesse

Aus deutscher Sicht mag man bei ausländischen Gerichten im Inland zuerst an die Nürnberger Prozesse nach dem Zweiten Weltkrieg denken. Dabei kann man zwischen dem Hauptkriegsverbrecherprozess vor dem *Internationalen Militärgerichtshof* einerseits und den 12 sog. „Nachfolgeprozessen" vor US-amerikanischen Militärgerichten andererseits[1185] unterscheiden. Nur bei letzteren handelt es sich um nationale Gerichte *eines* Staates. Allen Nürnberger Prozessen ist aber gemein, dass in ihnen nicht etwa das Strafrecht eines oder mehrerer Alliierter angewendet wurde, sondern das eigens geschaffene Londoner Statut im Hauptkriegsverbrecherprozess bzw. das Kontrollratsgesetz Nr. 10 in den Nachfolgeprozessen. Bei den Nürnberger Prozessen handelte es sich daher durchaus um die Tätigkeit ausländischer Gerichte im Inland, aber nicht um einen typischen Fall der Anwendung ausländischen (materiellen) Rechts[1186] durch eben diese ausländischen Gerichte.

II. Militärgerichte nach dem NATO-Truppenstatut (NTS)

Zu nennen sind außerdem die Militärgerichte, wie sie einige NATO-Staaten unterhalten.[1187] Dabei kann der „Entsendestaat", also der Staat, dessen Angehörige das entsendete militärische oder nichtmilitärische Personal bilden, auf dem Gebiet des „Aufnahmestaates", also des Staates, in dem die Betreffenden stationiert sind, eigene Gerichte errichten. Diese können (auch: Straf-)Verfahren durchführen und wenden dabei nicht das Recht des Tatortes an, sondern ihr eigenes Recht.[1188] Diese Möglichkeit ergibt sich einerseits daraus, dass in Art. VII Abs. 1 NTS „Militärbehörden" genannt werden,[1189] anderseits folgt sie im Umkehrschluss aus Art. VII Abs. 7 lit. a NTS: Nur die Vollstreckung von Todesurteilen ist verboten, offenbar jedoch nicht deren Verhängung, was voraussetzt, dass es Gerichte des Entsendestaates gibt, die zur Verhängung der Todesstrafe berechtigt sein können.

1185 Daneben kam es auch in den anderen Besatzungszonen zu Prozessen vor den jeweiligen Militärgerichten.

1186 Im Gegenteil muss KRG Nr. 10 wohl sogar eher als deutsches – wenn auch durch die Besatzungsmacht gesetztes – Recht angesehen werden.

1187 Vgl. dazu ausführlich *Birke*, Nato-Truppenstatut; außerdem *Lagodny* in FS-Eser, S. 777, 793 f.

1188 Vgl. *Lagodny* in FS-Eser, S. 777, 793.

1189 „Militärbehörden" können auch spezielle im Ausland befindlichen Militärgerichte sein.

Nicht alle Staaten haben solche Militärgerichte. Ihre Errichtung ist vielmehr von der Entscheidung des Entsendestaates abhängig. Das Vereinigte Königreich und die Vereinigten Staaten verfügen etwa über spezielle Strafgerichte für ihre im Ausland stationierten Soldaten, Deutschland hingegen – trotz der in Art. 96 Abs. 2 GG eingeräumten Möglichkeit dazu – nicht;[1190] so sind für die Aburteilung von Straftaten von entsandten Bundeswehrangehörigen im Ausland weiterhin deutsche Gerichte *in Deutschland* zuständig. Ein Grund dafür mag sein, dass die Anzahl der im Ausland stationierten deutschen Truppen verhältnismäßig gering ist.[1191] Bereits dieser Hinweis deutet an, dass eine generelle Übertragung dieser für den Bereich des Militärstrafrechts entwickelten Gerichtsbarkeit auf die zivile Strafgerichtsbarkeit problematisch wäre.

III. United States Court for Berlin

Ein weiteres Beispiel für ein ausländisches Gericht im Inland ist der *United States Court for Berlin* gewesen, der große Beachtung gefunden hat, obwohl er lediglich ein Urteil gefällt hat.[1192] Dabei ging es um die Entführung eines polnischen Flugzeugs mit dem Ziel Berlin-Schönefeld zum westberliner Flughafen Tempelhof. Die Täter waren Bürger der DDR und sahen in der Flugzeugentführung ihren „Rückflugschein in die Freiheit“[1193]. Neben den Tätern nutzten sieben weitere DDR-Bürger die Chance, in West-Berlin zu bleiben.[1194]

Die westdeutschen bzw. westberliner Behörden hatten keinerlei Interesse an der Strafverfolgung.[1195] Anderseits bestand eine völkerrechtliche Pflicht, Luftpiraterie auch mit Mitteln des Strafrechts zu ahnden, insbesondere aufgrund des Haager Übereinkommens zur Bekämpfung der widerrechtlichen Inbesitznahme von Luftfahrzeugen.[1196] Die Staaten des Ostblocks legten dabei besonderen Wert darauf, dass auch in diesem Fall nicht nur eine Ab-, sondern eine Verurteilung erfolgen

---

1190 Es gab lediglich – inzwischen umgesetzte – Bestrebungen, eine konzentrierte Zuständigkeit gesetzlich zu verankern, vgl. nunmehr § 11a StPO, der die örtliche Zuständigkeit für Straftaten von Soldatinnen und Soldaten bei „dem für die Stadt Kempten zuständigen Gericht“, also derzeit dem AG bzw. LG Kempten. Kritisch zu dieser Regelung schon vor deren Erlass *Hannich/Rautenberg*, ZRP 2010, 140, 142 f.

1191 *Birke*, Nato-Truppenstatut, S. 215 f.

1192 Urteil vom 14.03.1979, *U.S.* v. *Tiede*, 86 F.R.D. 227, online verfügbar unter http://www.uniset.ca/other/cs4/86FRD227.html, zuletzt abgerufen am 09.07.2014.

1193 So eine Überschrift bei *Stern*, Ein Richter für Berlin, S. 12.

1194 *Stern*, Ein Richter für Berlin, S. 11.

1195 Insbesondere mit Blick auf die drohende Verhaftung der Angeklagten in der DDR und die Beschränkung der Freizügigkeit nach Art. 11 GG, die nach westdeutscher Auffassung auch für Deutsche in der DDR galt, lag es zudem nahe, einen rechtfertigenden oder entschuldigenden Notstand – und somit Straflosigkeit – anzunehmen.

1196 BGBl. 1972 II S. 1506. Dieses Übereinkommen gilt bzw. galt u.a. für beide deutschen Staaten, die USA und Polen. Art. 7 des Übereinkommens verpflichtet dazu, entweder zur auszuliefern oder abzuurteilen.

sollte.[1197] Daher haben letztlich die USA als Besatzungsgewalt die Gerichtsbarkeit übernommen, wobei die Bundesrepublik sämtliche Kosten des Verfahrens trug.[1198]

Der *US Court for Berlin* sollte dabei deutsches materielles Strafrecht, jedoch – als amerikanisches Gericht – US-amerikanisches Strafprozessrecht anwenden.[1199] Die Geltung des US-amerikanischen Prozessrechts warf eine Reihe von problematischen Fragen auf, insbesondere, inwieweit die US-amerikanische Verfassung Anwendung findet, was hier wegen des Anspruchs auf ein Geschworenen-Verfahren besonders bedeutsam war.[1200]

Der *US Court for Berlin* stellte zunächst kurz die Entwicklung der US-amerikanischen Gerichtsbarkeit in Deutschland allgemein und vor allem in Berlin dar. Demnach wurde der *US Court for Berlin* bereits 1955, kurz bevor die Besatzungsgerichte in anderen Teilen Deutschlands ihre Arbeit einstellten, errichtet. Bis 1979 hatte es jedoch keinen einzigen Fall zu beurteilen – auch danach gab es einen solchen Fall nicht. Anschließend stellte das Gericht ausdrücklich fest, dass es sich um ein Gericht der USA handele[1201] und – entgegen der Ansicht der US-Regierung und der Anklagebehörde – auch die US-amerikanische Verfassung anwendbar sei.[1202] Außerdem wurde die Gerichtsbarkeit als „territorial" bezeichnet, nämlich bezogen auf den US-amerikanischen Sektor von Berlin. Dabei ging das Gericht davon aus, dass eine Konkurrenz zu der deutschen bzw. westberliner Gerichtsbarkeit bestand; allerdings mit einem – besatzungsrechtlich begründeten – Vorrang des US-Gerichts: Denn der Kommandant des amerikanischen Sektors hatte die Möglichkeit, den deutschen Gerichten deren Gerichtsbarkeit zu entziehen.[1203] Das

1197 Vgl. etwa *Stern*, Ein Richter für Berlin, S. 236 ff., wobei sich diese diplomatische Auseinandersetzung auf einen späteren Zeitpunkt im Verfahren bezieht. Einen ähnlichen diplomatischen Druck hat es jedoch schon vorher gegeben.

1198 *Stern*, Ein Richter für Berlin, S. 44.

1199 Unter den in Artikel 3 Abs. 1 und 3 des Gesetzes Nr. 46 (Amerikanisches Gericht für Berlin; Amtbl. AKB 1955, 1056) genannten „geltende[n] Rechtsvorschriften" bzw. „Gesetzen, unter denen der Angeklagte verurteilt wird" sollte wohl in erster Linie das deutsche Strafrecht zu verstehen sein; eine Ausdehnung des Geltungsbereichs des US-amerikanischen (materiellen) Strafrechts war nicht vorgesehen, vgl. auch *Stern*, Ein Richter für Berlin, S. 45.

1200 Tatsächlich kam es zu einem Jury-Prozess mit einer Jury, die aus Berliner Bürgern bestand. Daneben war, was die Angeklagte *Ruske* betraf, auch die Frage entscheidend, ob ihre Aussage wegen eines Verstoßes gegen den 5. Verfassungszusatz (*due process*) einem Verwertungsverbot unterfiel. Dies wurde im Ergebnis bejaht, so dass das Verfahren gegen sie mangels anderer Beweise eingestellt wurde.

1201 US Court for Berlin, 86 F.R.D. 227, 237: „*Thus, this Court sits in Berlin as an instrumentality of the United States, executing the sovereign powers of the United States.*"

1202 a.a.O., S. 244: „*The Constitution of the United States manifestly applies to these proceedings.*"

1203 Art. 6 des Gesetzes Nr. 46 (Amtbl. AKB 1955, 1056). Dies galt unabhängig von dem konkreten Fall für jedes strafrechtliche Verfahren, das den amerikanischen Sektor von Berlin betraf.

endgültige Ergebnis dieses Falles, nämlich eine Einstellung und eine Freiheitsstrafe, die mit der Untersuchungshaft abgegolten war, ist hier nur insofern relevant, als die Verfahrenseinstellung auf ein Beweisverwertungsverbot auf der Grundlage der US-Verfassung zurückzuführen war.

Insgesamt handelt es sich bei dem *US Court for Berlin* um ein historisch recht einmaliges Gericht, das auf eine spezielle Situation, nämlich die Besetzung Berlins und das Aufeinandertreffen der beiden „Blöcke" im Kalten Krieg zurückzuführen ist und somit nicht als verallgemeinerungsfähiges Beispiel für ausländische Gerichte im Inland taugt. Ergänzend kann angemerkt werden, dass dieses Gericht nicht auf Grund von Absprachen zur Lösung eines bestehenden *positiven* Kompetenzkonflikts tätig wurde; vielmehr ging es um die Auflösung eines teilweisen[1204] *negativen* Kompetenzkonflikts.

IV. Der „Lockerbie-Fall"

Ganz andere Gründe, nämlich die Besorgnis von Befangenheit oder politischer Einflussnahme auf den Prozess, spielten beim Fall „Lockerbie" eine Rolle: Nach dem Flugzeuganschlag über Lockerbie im Jahr 1988 wurden einige libysche Staatsangehörige dieses Terroraktes verdächtigt. Die libysche Regierung lehnte aber eine Auslieferung der Beschuldigten an das Vereinigte Königreich ab, während die britische Regierung auf einem Prozess in Schottland, dem Ort des Absturzes, bestand.[1205] Damit es überhaupt zu einem Verfahren kommen konnte – Libyen wollte ein solches Verfahren offenbar nicht im eigenen Land durchführen und verfügte wohl auch nicht über das erforderliche Beweismaterial –, musste für den Gerichtsprozess ein neutraler Standort gefunden werden.

Durch eine bilaterale Vereinbarung zwischen dem Vereinigten Königreich und den Niederlanden[1206] wurde schließlich geregelt, dass das oberste schottische Gericht in Strafsachen (*High Court of Justiciary*) in den Niederlanden verhandeln durfte. Voraussetzung dafür war eine Änderung des britischen Rechts, die es dem *High Court* ermöglicht, außerhalb Schottlands zu tagen,[1207] sowie eine vertragliche Vereinbarung

1204 Nur teilweise, weil sowohl Polen als auch die DDR weiterhin ein Interesse an der Strafverfolgung hatten und nur deshalb nicht geurteilt haben, weil sie der Angeklagten nicht habhaft geworden waren.

1205 *Klip/Mackarel*, IRPL 1999, 777. Daneben konnten eine Reihe weiterer Staaten Gerichtsbarkeit über den Fall beanspruchen, so etwa die USA als Flaggenstaat, sowie Malta und die Bundesrepublik als Staaten, in denen wesentliche Vorbereitungs- und Tathandlungen vorgenommen wurden.

1206 (niederländisches) Tractatenblad 1998 S. 237.

1207 Das Gericht darf regelmäßig nur an einem beliebigen Ort *in Schottland* tagen, § 3 Abs. 2 Criminal Procedure (Scotland) Act 1995, dagegen nicht in England oder gar dem Ausland. *Klip/Mackarel*, IRPL 1999, 777, 782 f. weisen zudem auf einige Besonderheiten im Verfahren beim Erlass der dazu gehörigen „Order" hin. So wurde kein formelles Gesetz erlassen, sondern ein „Order-in-Council", eine Art Rechtsverordnung. Außerdem galt die Ausnahmebestimmung nur für die namentlich aufgeführten beiden Beschuldigten. Es handelt sich also um ein

zwischen dem Vereinigten Königreich und den Niederlanden, der entsprechend dem jeweiligen nationalen Recht zugestimmt werden musste.[1208] Dieses Vorgehen wurde vom Sicherheitsrat der Vereinten Nationen ausdrücklich gebilligt.[1209]

Anschließend übergab Libyen absprachegemäß die Beschuldigten in Tripolis den Vereinten Nationen, die sie über die niederländischen Behörden an die schottischen Behörden in den Niederlanden übergaben.[1210] Mit Urteil vom 30.03.2001[1211] wurde einer der beiden Angeklagten freigesprochen,[1212] der andere schuldig gesprochen.[1213] Im Urteil selbst findet sich jedoch – mit Ausnahme der Ortsangabe[1214] – kein Hinweis auf die Besonderheit eines Verfahrens im Ausland, mithin auch nicht auf die eventuell damit verbundenen rechtlichen Probleme. Auch das Berufungsurteil vom 14.03.2002[1215] setzt sich nicht mit dieser Besonderheit auseinander; die Berufung war allerdings wohl auch nicht auf eine etwaige Unzuständigkeit des *High Court* o.ä. gestützt, sondern auf Fehler in der Beweiswürdigung und mangelnde Begründung des Schuldspruchs.

Trotz der besonderen Brisanz des Lockerbie-Falls erschien die Anwendung schottischen Rechts (materiell wie prozessual[1216]) und die Zulässigkeit eines exterritorial stattfindenden Gerichtsverfahrens jedenfalls während des Verfahrens selbst offenbar als Selbstverständlichkeit.

Einzelfallgesetz bzw. eine Einzelfallverordnung. Dass dabei auch eine rückwirkende Komponente ins Spiel kommt (das Gericht wird speziell für einen in der Vergangenheit liegenden Sachverhalt errichtet bzw. dessen Gerichtsbarkeit ausgedehnt), wird von *Kamminga*, NILR 1998, 417, 419 f. problematisiert.

1208 Auch dieser Vorgang ging nicht ohne redaktionelle Fehler über die Bühne, vgl. *Klip/Mackarel*, IRPL 1999, 777, 787.

1209 UN Resolution S/RES/1192 (1998).

1210 Vgl. *Klip/Mackarel*, IRPL 1999, 777, 779. Der Grund dafür war nicht zuletzt, dass der UN-Sicherheitsrat für den Fall der Kooperation die Aufhebung von Sanktionen gegen Libyen in Aussicht gestellt hatte (Abs. 8 der UN-Resolution S/RES/1192 (1998)).

1211 Urteil vom 31.01.2001 *H.M. Advocate* v. *Al Megrahi and Khalifa Fhimah* Az 1475/99. http://www.scotcourts.gov.uk/docs/default-source/sc---lockerbie/lockerbiejudgement.pdf, zuletzt abgerufen am 09.07.2014.

1212 Urteil, Abs. 85 a.E.

1213 Urteil, Abs. 89 a.E.

1214 Vgl. die Überschrift „In the High Court of Justiciary *at Camp Zeist*" (Hervorhebung J.B.).

1215 Urteil des *Appeal Court* vom 14.03.2002, Az: C 104/01, http://www.scotcourts.gov.uk/docs/default-source/sc---lockerbie/lockerbieappealjudgement.pdf, zuletzt abgerufen am 09.07.2014.

1216 Mit Ausnahme des Rechts auf ein Geschworenen-Verfahren, vgl. Art. 5 Abs. 3 der Order-in-Council („The High Court of Justiciary [Proceedings in the Netherlands] [United Nations] Order 1998"): „*The court shall conduct any such trial without a jury.*" Auch die Order-in-Council ist aber schottisches Recht, so dass man wohl doch sagen müsste, dass der *High Court of Justiciary* in jeder Hinsicht schottisches Recht angewendet hat. In jedem Fall ist es aber zutreffend, dass das Recht der Niederlande oder irgendeines anderen Staates in dem Verfahren keine Rolle gespielt hat.

B. Übertragbarkeit auf das allgemeine Strafrecht

Die genannten Beispiele betreffen einander ähnliche, aber keinesfalls gleiche Konstellationen. Zunächst muss daher geklärt werden, welche Konstellation mit den hier ins Auge gefassten Gerichten des Tatortstaates mit Sitz im Wohnsitzstaat des Beschuldigten am ehesten vergleichbar ist.

I. Vergleich der historischen Beispiele mit der hier erwogenen Konstellation

1) Militärgerichte

Die heutigen[1217] Militärgerichte urteilen zwar im Ausland, wenden aber in praktisch jeder Hinsicht ihr eigenes Recht, nicht das Recht des Tatortes, an. Insofern weichen sie von der hier vertretenen These vom Vorrang des Tatortrechts ab. Eine Übertragung auf die zivile Strafgerichtsbarkeit würde darauf hinaus laufen, das Merkmal „Staatsangehörigkeit des Täters" verstärkt in den Vordergrund zu rücken und dadurch zu einer allgemeinen Treuepflicht gegenüber dem „Heimatrecht" zurückführen. Man mag eine solche Pflicht für den speziellen Fall von Soldaten noch für begründbar halten – immerhin sind Soldaten in gewisser Weise Repräsentanten des Staates und in dessen Auftrag im Ausland. Im Hinblick auf Zivilbürger führt dieser Ansatz jedoch – wie gezeigt – deutlich zu weit.[1218] Dies gilt selbst dann, wenn der Tatortstaat mit einer Aburteilung durch ausländische Gerichte nach ausländischem Recht im Inland ausdrücklich einverstanden sein sollte, denn auch dann würden mit der Anwendung des Tatortrechts dem Angeklagten zusätzliche Verhaltenspflichten auferlegt, was mit den verfassungsmäßigen Prinzipien der allgemeinen Handlungsfreiheit und des *nulla poena* Grundsatzes nicht vereinbar wäre. Daneben bestehen Bedenken, an das Merkmal der Staatsangehörigkeit anzuknüpfen, ist doch in der wegen des nach wie vor weit verbreiteten Grundsatzes des Abstammungsprinzips (*ius sanguinis*) im Staatsangehörigkeitsrecht nicht zwingend gesagt, dass der Beschuldigte – abgesehen von einer ggf. mehrere Generationen[1219] in die Vergangenheit reichenden Abstammung – keinen Bezug zu diesem Staat und dessen Rechtsordnung hat.

1217 Dazu, dass die Nürnberger Prozesse kein typisches und übertragungsfähiges Beispiel sind, bereits oben Teil 4 § 1 A.I. a.E.

1218 Vgl. oben Teil 1 § 4 B. zum absoluten aktiven Personalitätsprinzip.

1219 Anders insoweit etwa das britische Staatsangehörigkeitsrecht, das zwar grundsätzlich eine „*citizenship by descent*" kennt. Die Staatangehörigkeit *by descent* kann aber nur dann erworben werden, wenn mindestens ein Elternteil britischer Staatangehöriger *otherwise than by descent* ist, also einen über die Abstammung hinausgehenden Bezug zum Vereinigten Königreich hat – etwa in Form einer Geburt auf britischem Staatsgebiet oder einer späteren Einbürgerung; vgl. § 2 Abs. 1 British Nationality Act 1981. Eine mehrere Generationen zurückliegende „Abstammung" genügt daher nicht, um die Staatsangehörigkeit zu begründen.

2) United States Court for Berlin

Der *US Court for Berlin* betrifft ebenfalls einen etwas anderen Fall: Hier wurde zwar materiell das Recht des Tatortes angewandt, allerdings nicht durch ein Gericht des Tatortstaates mit Sitz im Ausland (z.B. am Wohnort des Angeklagten), sondern im Gegenteil durch ein ausländisches Gericht mit Sitz am inländischen Tatort. Denkt man sich den Sitz des Gerichts einmal weg und stellt sich vor, der *US Court for Berlin* hätte seinen Sitz wie jedes gewöhnliche US-Gericht in den USA gehabt, handelt es sich somit eher um einen Fall der Anwendung fremden Tatortrechts durch ein Gericht eines anderen Staates, dazu noch unten § 3.

3) Der „Lockerbie-Fall"

Am ehesten vergleichbar mit der hier gemeinten Konstellation ist der Lockerbie-Fall: Hier urteilte der Staat, in dem der Tatort lag, nach eigenem materiellen und prozessualen Recht. Der Vorrang des Tatortrechts wurde somit gewahrt.[1220] Lediglich der Ort des Gerichts war ein anderer – freilich müsste nach dem oben[1221] Gesagten eher der Wohnort der Beschuldigten und nicht ein „neutraler Ort" als Gerichtsort gewählt werden.[1222] Diese Konstellation kommt dennoch am ehesten als Modell für eine zumindest denkbare Übertragung auf die allgemeine zivile Strafjustiz in Betracht.

In allen diesen drei soeben genannten Fällen bestehen aber besondere Probleme, zunächst in Bezug auf die Errichtung solcher Gerichte, aber auch, was die Geltung der jeweiligen Verfassung, ggf. auch des einfachen Rechts, betrifft.[1223]

II. Völkerrechtliche Probleme

Bereits ein Blick auf die vertraglichen Grundlagen zum „Lockerbie-Fall" zeigt, dass es mit großen Schwierigkeiten verbunden ist, ausländische Gerichte im Inland zuzulassen. Denn das setzt in jedem Fall das Einverständnis beider beteiligten Staaten voraus, andernfalls läge ein Verstoß gegen die Gebietshoheit des „Sitzstaates" vor. Das allein kann allerdings kein Grund sein, solche Fremdgerichte nicht *de lege ferenda* durch völkervertragliche Regelung zu ermöglichen.

1220 Zur Festlegung nur *eines* relevanten Tatort- bzw. Flaggenstaates aber noch unten Teil 4 § 4, insbesondere zum Tatort bei Deliktsbegehung auf Flugzeugen Teil 4 § 4 D.V. Demnach hätte im „Lockerbie-Fall" das Recht der USA als Flaggenstaat angewendet werden müssen. Allerdings ist kaum anzunehmen, dass die beteiligten Staaten einem Verfahren vor einem US-amerikanischen Gericht, selbst einem solchen mit Sitz in einem neutralen Drittstaat, zugestimmt hätten.

1221 Teil 3 § 4 D.

1222 Aus naheliegenden politischen Gründen ist dies im Lockerbie-Fall nicht geschehen. Für eher alltägliche Kriminalität ist aber davon auszugehen, dass solche Bedenken nicht in gleicher Weise bestehen.

1223 Vgl. zu gesetzlichen Hindernissen bzw. Problemen im Lockerbie-Fall *Klip/Mackarel*, IRPL 1999, 777, 782.

Auf der anderen Seite muss im Auge behalten werden, dass – wenn ein extraterritoriales Gericht einmal zugelassen ist – ein solches Gericht nicht der Souveränität des „Sitzstaates“ unterstehen kann, wenn es denn ein „vollwertiges“ Gericht des ausländischen Staates sein soll. Insoweit müsste es also Regelungen geben, die jedenfalls Gerichtsgebäude und Mitarbeiter einem ähnlichen Schutz unterstellen wie Diplomaten und deren Missionen. Dass es zu solchen Vereinbarungen kommt, ist zwar nicht ausgeschlossen; dass eine *generelle* Regelung gefunden wird, erscheint aber – selbst für den Bereich der Europäischen Union – eher unwahrscheinlich. Dennoch soll im Folgenden noch auf weitere Schwierigkeiten eines solchen Vorschlags hingewiesen werden.

III. Probleme auf der Ebene des nationalen Rechts

Auf der Ebene des nationalen Rechts kann es durch ein solches Vorgehen nämlich ebenfalls zu Schwierigkeiten kommen. Problematisch ist vor allem die Errichtung fremder Gerichte aus der Sicht desjenigen Staates, in dem sie errichtet werden, weil damit möglicherweise die Geltung seiner Gesetze – insbesondere seiner Verfassung – auf seinem eigenen Gebiet zumindest eingeschränkt wird. Aber auch aus der Sicht desjenigen Staates, der ein Gericht im Ausland errichten will, stellen sich (verfassungs-)rechtliche Fragen, etwa nach dem Geltungsbereich der Verfassung und anderer Bestimmungen oder danach, welche föderale Ebene in einem Bundesstaat für die Errichtung solcher Gerichte zuständig ist. Diese Bedenken werden im Folgenden in erster Linie aus deutscher Sicht, also anhand der deutschen Bestimmungen, untersucht. Für ausländische Rechtsordnungen dürfte oftmals Vergleichbares gelten.

1) Rechtliche Probleme des urteilenden Staates

a) Verfassungsrecht

Zunächst müsste geklärt werden, ob und inwieweit die Verfassung des urteilenden Staates auch im Ausland anwendbar ist. Art. 20 Abs. 3 GG spricht zwar davon, dass auch die Rechtsprechung – und damit auch: die deutsche Rechtsprechung, die *de lege ferenda* außerhalb Deutschlands erfolgen würde – an Recht und Gesetz gebunden ist.[1224] Anders als in seiner ursprünglichen Fassung[1225] nennt das Grundgesetz heute keinen Geltungsbereich mehr, so dass man davon ausgehen muss, dass das Grundgesetz

1224 Entsprechendes gilt auch für den Spezialfall der Grundrechte, Art. 1 Abs. 3 GG. Aus der Bindung an Recht und Gesetz in Verbindung mit der Rechtsweggarantie ergibt sich etwa auch die Selbstverständlichkeit, dass der Rechtsweg auch demjenigen offen steht, der durch Entscheidungen deutscher Behörden im Ausland in seinen Rechten verletzt wird, so etwa bei der Nichterteilung eines Visums durch eine deutsche Botschaft, vgl. http://www.auswaertiges-amt.de/DE/Infoservice/FAQ/VisumFuerD/10-Ablehnung.html, zuletzt abgerufen am 09.07.2014.

1225 Vgl. Art. 23 i.d.F. bis 1990. Auch vor 1990 dürfte aber das Grundgesetz deutsche Behörden gebunden haben, selbst wenn diese „außerhalb des Geltungsbereichs“ tätig werden.

nicht ausschließlich territoriale Geltung beansprucht,[1226] sondern selbstverständlich auch alle Organe des Staates bindet, unabhängig davon, wo sich diese befinden. Für andere Staaten scheint dies weniger selbstverständlich, wie etwa die Position der USA im Verfahren vor dem *US Court for Berlin* zeigt; ähnlich problematisch sind in jüngerer Zeit auch die Verfahren vor den Militärtribunalen in der Guantanamo-Bucht.[1227]

Außerdem muss die Verfassung ein Tätigwerden im Ausland zulassen oder darf sie zumindest nicht verbieten. Aus deutscher Sicht gibt es nichts, was die Tätigkeit von Behörden und Gerichten im Ausland, die praktisch auch durchaus stattfindet,[1228] beschränken würde, sofern völkerrechtliche Rahmenbedingungen eingehalten werden.[1229]

Zuletzt ist in Bundesstaaten die innerstaatliche Kompetenzzuweisung zu beachten. Die Gerichtsorganisation fällt in Deutschland nach Artt. 30, 92 GG in den Zuständigkeitsbereich der Länder. Der Bund kann daher Sitz und Bezirk von Landesgerichten nicht selbst bestimmen.[1230] Die Länder sind dagegen daran gehindert, Gerichte im Ausland zu errichten.[1231] Die Gerichte des Bundes sind in Artt. 93 bis 96 GG abschließend[1232] aufgeführt. Für die Errichtung deutscher (Bundes-[1233])Gerichte

---

1226 Etwas anderes lässt sich auch nicht aus der Präambel des Grundgesetzes ableiten, insbesondere ist eine Annahme, das Grundgesetz gelte *nur* in Deutschland und *nur* für das (gesamte) deutsche Volk verfehlt, vgl. auch *Birke*, Nato-Truppenstatut, S. 214. Letzteres übrigens schon deshalb, weil einige der Grundrechte als sog. Jedermannsrechte für alle Menschen gelten.

1227 Der damalige Vorsitzende Richter des US Court for Berlin *Stern* sieht ebenfalls entsprechende Parallelen, Deutsche Welle vom 30.08.2008, http://www.dw.de/us-judge-berlin-plane-hijack-trial-had-parallels-to-guantanamo/a-3587971, zuletzt abgerufen am 09.07.2014.

1228 Vgl. für das Strafrecht schon die Aufzählung bei *Nagel*, Beweisaufnahme im Ausland, S. 201 ff. Auch im Bereich des Polizeirechts, also schon bei der Prävention grenzüberschreitender Kriminalität gibt es Konstellationen, in denen deutsche Polizisten im (grenznahen) Ausland tätig werden (und umgekehrt: ausländische Polizisten in Deutschland), vgl. etwa das deutsch-polnische Polizeiabkommen vom 15.05.2014, dem allerdings noch die Gesetzgebungsorgane zustimmen müssen. Darüber hinaus handelt es sich auch bei der Tätigkeit der deutschen Botschaften oder der Entsendung von Bundeswehrsoldaten ins Ausland um Tätigkeiten der deutschen Exekutive im Ausland.

1229 Dagegen sieht etwa das österreichische Recht in Art. 9 Abs. 2 B-VG einen Gesetzesvorbehalt für Auslandstätigkeiten vor: „Durch Gesetz oder ... Staatsvertrag ... kann die Tätigkeit österreichischer Organe im Ausland im Rahmen des Völkerrechts geregelt werden."

1230 BVerfGE 24, 155, 167; freilich bezieht sich diese Entscheidung auf Sitz und Bezirk *innerhalb* der deutschen Länder und nicht im Ausland.

1231 Die Pflege auswärtiger Beziehungen – wozu auch die Errichtung von Gerichten im Ausland gehören würde – ist nach Art. 32 GG Sache des Bundes.

1232 Vgl. Art. 92, siehe auch *Hillgruber* in Maunz/Dürig, Grundgesetz, Art. 92 Rn. 77.

1233 Es ist zwar nicht zwingend erforderlich, dass es sich um Bundesgerichte handelt. Denkbar wäre auch, dass jedes Bundesland ein eigenes oder ggf. mit anderen

im Ausland wäre daher eine Änderung des Grundgesetzes erforderlich. Realistisch möglich erscheint somit vorerst allenfalls die Ausführung einzelner Tätigkeiten (z.B. Zeugenvernehmung) im Ausland durch ein schon bestehendes inländisches Gericht oder durch eine Strafverfolgungsbehörde.

b) Einfaches Recht

Keine Probleme bereitet zunächst der Geltungsbereich des nationalen Strafrechts, wenn man davon ausgeht, dass stets das Tatortrecht anzuwenden ist und das urteilende Gericht ein Gericht des Tatortstaates ist. Dann bleibt es nämlich bei dem im deutschen Strafrecht geregelten Gebietsgrundsatz, demzufolge das deutsche Strafrecht für Straftaten, die in Deutschland begangen wurden, gilt.

Eine Änderung müsste hingegen das Gerichtsverfassungsgesetz erfahren. Dieses gilt nämlich nur im Inland und kann somit nicht als Rechtsgrundlage für die Auslandstätigkeit von Gerichten dienen.[1234] In eine solche Änderung müsste ggf. auch aufgenommen werden, dass es dann auch Bundesgerichte auf den unteren Ebenen gibt.[1235]

c) Beurteilung

Insgesamt gibt es keinen zwingenden rechtlichen Grund, auf die Errichtung deutscher Gerichte im Ausland zu verzichten. Die erforderlichen Rechtsänderungen sind jedoch – auch jenseits der Notwendigkeit einer völkerrechtlichen Vereinbarung – so aufwendig, dass eine Realisierung nicht nur unzweckmäßig, sondern auch unrealistisch erscheint. Vorstellbar ist somit nur die Möglichkeit, dass inländische Gerichte einzelne Maßnahmen, meist wohl einen Teil der Beweisaufnahme – das Einverständnis des anderen Staates vorausgesetzt –, im Ausland durchführen. Auch hier stellt sich aber natürlich die Frage nach den berechtigten Interessen des Beschuldigten, so etwa die nach dessen Anwesenheitsrecht bzw. -pflicht.[1236]

Ländern ein gemeinsames Landesgericht errichtet. Das würde aber, sofern nicht *alle Länder* gemeinsam vorgehen, zu einer unzweckmäßigen Vervielfachung der Strukturen führen, was auch nicht im Interesse der Länder sein kann. – Zudem spricht Art. 32 GG eher dafür, dass dem Bund zumindest ein Mitspracherecht (Zustimmung der Bundesregierung) zusteht: Die Ausübung von Gerichtsbarkeit im Ausland gehört nämlich zur „Pflege von Beziehungen zu auswärtigen Staaten". – Sollten die Länder zuständig werden bzw. bleiben, wäre eine Änderung des GVG und sinnvollerweise (zur Vermeidung 16-facher Strukturen) ein Staatsvertrag der Länder erforderlich. Die Hürden für einen solchen Staatsvertrag liegen aber noch höher als für eine Änderung des Grundgesetzes, weil hier *alle* Länder zustimmen müssten und nicht lediglich eine 2/3-Stimmenmehrheit im Bundesrat (daneben auch im Bundestag) ausreicht.

1234 *Kissel/Mayer*, GVG, § 1 EGGVG Rn. 10 ff.; *Birke*, Nato-Truppenstatut, S. 223.

1235 Das betrifft nicht nur die Errichtung der Gerichte, sondern auch die personelle und sachliche Ausstattung, Dienstaufsicht usw.

1236 Wenn die Beweisaufnahme Teil der Hauptverhandlung ist, besteht eine Anwesenheitspflicht, § 230 StPO. Wird dagegen ein Zeuge im Vorfeld vernommen,

2) Rechtliche Probleme des „Sitzstaates"

a) Völker- und Menschenrecht

Aus völkerrechtlicher Sicht könnte das Verfahren vor einem ausländischen Gericht im Inland, v.a. die dabei angewendeten Vernehmungsmethoden, verhängte und ggf. vollstreckte Strafen, einen Verstoß gegen Menschenrechte bedeuten. Rechtlich verantwortlich ist dafür in erster Linie zwar der Staat, dessen Organe handeln. Allerdings kann daneben den Sitzstaat eine völkerrechtliche Handlungspflicht zur Abwendung schwerer Menschenrechtsverbrechen treffen; dies gilt etwa für Folter, illegale Hinrichtungen und „Verschwindenlassen" von Personen.[1237] Auch aus der EMRK ergibt sich eine Verantwortlichkeit für das eigene Staatsgebiet.[1238] Art. 1 EMRK zufolge gelten die in der Konvention geschützten Menschenrechte für alle Personen, die der Hoheitsgewalt der Konventionsstaaten unterstehen. Damit sind unter anderem alle Personen erfasst, die sich im jeweiligen Staatsgebiet aufhalten. Hier kommen etwa Verstöße gegen das Folterverbot des Art. 3 EMRK, das Fair-Trial-Prinzip des Art. 6 EMRK und das Verbot der Todesstrafe in Art. 6 des 6. Zusatzprotokolls in Betracht. Dabei ist es unerheblich, ob der Verstoß durch inländische Organe oder durch ausländische Gerichte im Gebiet des Inlands begangen wurde.[1239]

Aus der Sicht des „Sitzstaates", der nicht die Kontrolle über das Gericht und die von ihm verhängten Sanktionen und durchgeführten Maßnahmen hat, ist eine solche Haftung äußerst ungünstig. Es müsste daher ggf. zu Beschränkungen der Rechte der ausländischen Gerichte kommen.

b) Verfassungsrecht

Durch die Errichtung bzw. Zulassung ausländischer Gerichte im Inland werden die (Grund-)Rechte derjenigen Personen, die sich im Inland aufhalten und am Prozess teilnehmen müssen, eingeschränkt. Das betrifft insbesondere die Freiheit der Person (Art. 104 GG) des Angeklagten, aber auch – da das Erscheinen vor Gericht wohl in aller Regel Pflicht ist – die Allgemeine Handlungsfreiheit (Art. 2 Abs. 1 GG) aller anderen Beteiligten, einschließlich der Zeugen. Daher müsste jede Zulassung von ausländischen Gerichten im Inland zumindest auf einem Gesetz beruhen.[1240]

---

besteht nach h.M. kein Anwesenheitsrecht des Beschuldigten oder seines Verteidigers, vgl. nur *Meyer-Goßner/Schmitt*, StPO, § 163 Rn. 16.

1237 Vgl. *Ambos*, Straflosigkeit von Menschenrechtsverletzungen, S. 163 ff., allerdings auf Grundlage der Amerikanischen Menschenrechtskonvention und des Internationalen Paktes über bürgerliche und politische Rechte.

1238 Vgl. dazu auch *Birke*, Nato-Truppenstatut, S. 260.

1239 So für das Verbot der Todesstrafe auch der niederländische *Hoge Raad*, Nederlandse Jurisprudentie 1991, 1035; zit. nach *Birke*, Nato-Truppenstatut, S. 267, der dem *Hoge Raad* zustimmt.

1240 Die Pflicht zur Einhaltung des Zitiergebots aus Art. 19 Abs. 1 Satz 2 GG ist dagegen bei Art. 104 GG als „nur" grundrechtsgleichem Recht und Art. 2 Abs. 1 GG wegen der im Grundrecht selbst angelegten Grenze nach Auffassung des

Die Zustimmung zu einem völkerrechtlichen Vertrag, der für die Zulassung ausländischer Gerichte ohnehin erforderlich ist, erfolgt durch ein inländisches Gesetz. Demzufolge wäre diese Voraussetzung als erfüllt anzusehen.[1241]

Andererseits darf ein Grundrecht nicht in seinem Wesensgehalt angetastet werden (Art. 19 Abs. 2 GG); auch Verstöße gegen die Menschenwürde – wozu nach h.M. auch jede Form von Folter gehört[1242] – darf Deutschland von Verfassungs wegen auf deutschem Boden nicht einmal dulden. Entsprechendes gilt für die Verhängung der Todesstrafe durch ausländische Gerichte in Deutschland, die ebenfalls von Verfassungs wegen verboten ist.[1243]

Auch sonst ist ein gewisser Schutz erforderlich; so werden etwa im Auslieferungsrecht Garantien verlangt, dass bestimmte Mindeststandards eingehalten werden. Für deutsche Staatsangehörige, deren Auslieferung seit dem Jahr 2000 nicht mehr in jedem Fall verboten ist, verlangt sogar das Grundgesetz ausdrücklich, dass rechtsstaatliche Grundsätze gewahrt sind (Art. 16 Abs. 2 Satz 2 GG). Wenn es dem deutschen Staat aber verboten ist, einen Beschuldigten an ein ausländisches Gericht zu überstellen, wenn rechtsstaatliche Grundsätze in dem Verfahren vor diesem Gericht nicht gewahrt werden können, dann darf es keine Rolle spielen, ob sich dieses ausländische Gericht im Ausland oder sogar im Inland befindet.

Auch die Verfassung gebietet es daher, dass eine etwaige völkerrechtliche Vereinbarung, die ein ausländisches Gericht im Inland zulassen würde, „Schutzklauseln" zugunsten der Rechte von Beschuldigten, aber auch von Zeugen und anderen Personen enthält.

c) *Einfaches Recht*

Mit Blick auf das einfache Recht bestehen dagegen im Ergebnis keine Probleme bei der Errichtung oder Zulassung ausländischer Gerichte auf deutschem Staatsgebiet. Bei den hier betrachteten Fällen handelt es sich nämlich um Auslandstaten, genauer: um Auslandstaten von Personen mit Wohnsitz in Deutschland, die von ausländischen Gerichten in Deutschland abgeurteilt werden sollen. Bei Auslandstaten

---

Bundesverfassungsgerichts nicht anwendbar, BVerfGE 10, 89, 99. Zur Kritik an dieser Auffassung vgl. *Remmert* in Maunz/Dürig, Grundgesetz, Art. 19 Rn. 55.

1241 Die entsprechende Position hat auch die Regierung der Niederlande im Lockerbie-Fall vertreten – entgegen den Bedenken des Staatsrates und „vieler Senatoren", die sogar Verfassungswidrigkeit für möglich hielten. Zustimmend zur Regierungsposition und mit weiteren Einzelheiten *Klip/Mackarel*, IRPL 1999, 777, 790 f.

1242 LG Frankfurt a.M. NJW 2005, 692; *Herdegen* in Maunz/Dürig, Grundgesetz, Art. 1 Rn. 95; *Hilgendorf*, JZ 2004, 331, 337; *Jarass/Pieroth*, Art. 1 Rn. 19; *Kunig* in v. Münch/Kunig, Grundgesetz, Art. 1 Rn. 36; gegen eine Begründung des Folterverbots aus der Menschenwürde heraus aber *Herzberg*, JZ 2005, 321, 322.

1243 Art. 102 GG. Ob darüber hinaus Art. 1 Abs. 1 GG die (Wieder-)Einführung der Todesstrafe verbietet, ist umstritten, vgl. zur entsprechenden Diskussion *Scholz* in Maunz/Dürig, Grundgesetz, Art. 102 Rn. 29 ff.

besteht aber keine Pflicht der deutschen Staatsanwaltschaft, selbst zur ermitteln und Anklage zu erheben, vielmehr gilt hier das Opportunitätsprinzip. Danach kann die Staatsanwaltschaft bei Auslandstaten von der Verfolgung absehen (§ 153c Abs. 1 StPO), was sie insbesondere dann tun sollte, wenn ein anderer Staat bereits ermittelt und aburteilen will; gesetzlich geregelt ist dies aber nicht ausdrücklich.[1244] Eine Klarstellung im Fall der Errichtung ausländischer Gerichte im Inland wäre daher sinnvoll, ist aber nicht zwingend erforderlich.

d) Beurteilung

Aus der Sicht des Sitzstaates müssten, damit ausländische Gerichte im Inland errichtet werden können, die Rechte dieser Gerichte aus Gründen des Völkerrechts sowie des Verfassungsrechts des Sitzstaates beschränkt werden. Solche Beschränkungen ließen sich zwar in die – ohnehin notwendige[1245] – völkerrechtliche Vereinbarung aufnehmen. Allerdings ist es schon unwahrscheinlich, dass es überhaupt zu einer solchen Vereinbarung kommt. Ob der urteilende Staat darüber hinaus auch Beschränkungen bezüglich der Rechte seiner Gerichte akzeptiert, die ihm damit nicht mehr als „vollwertige" Gerichte erscheinen könnten, ist um so mehr fraglich.[1246]

IV. Praktische Schwierigkeiten

Besonderes Gewicht kommt auch den praktischen Problemen zu. Rechtlich relevant sind diese zwar nur, wenn sie so groß werden, dass etwa eine ordnungsgemäße Strafrechtspflege nicht möglich ist. Genau diese Gefahr besteht aber hier.

Der „Lockerbie-Fall" betraf nur einen besonderen eng umgrenzten Einzelfall, aber auch die anderen oben aufgeführten Beispiele betreffen nur den speziellen Bereich des Militärstrafrechts. Eine flächendeckende Errichtung nationaler ziviler Strafgerichte im Ausland erscheint jedoch schon im Hinblick auf die notwendige personelle

---

1244 Selbst für den Fall, dass bereits freigesprochen oder eine ausländische Strafe vollstreckt (die bloße Verhängung einer Strafe reicht hier nicht aus!) wurde, ist nur eine Ermessensentscheidung vorgesehen, § 153c Abs. 2 StPO. Sobald allerdings eine ausländische Aburteilung (und damit auch die bloße Verhängung einer Strafe) erfolgt ist, darf zumindest innerhalb der Europäischen Union keine erneute Verfolgung stattfinden, Art. 54 SDÜ, zu den Ausnahmen vgl. oben Teil 2 § 4 A.III.

1245 S. oben Teil 4 § 1 B.II.

1246 Insbesondere kann dem auch nicht entgegen gehalten werden, dass der urteilende Staat doch wohl mit Beschränkungen seiner eigenen Rechte aus grund- oder menschenrechtlichen Gründen einverstanden sein wird. Denn, was genau der Inhalt einzelner Grundrechte ist, unterscheidet sich durchaus je nach Rechtsordnung; von Staaten, die *grundsätzlich* Schwierigkeiten mit Grund- und Menschenrechten haben, einmal ganz abgesehen.

und sachliche Ausstattung nicht sinnvoll und möglich,[1247] von politischen Bedenken einmal ganz abgesehen.[1248] Selbst dann, wenn man ein bewegliches Gericht ohne festen Sitz errichtete, etwa ein deutsches „Amtsgericht Dänemark", das stets an einem anderen Ort – sinnvollerweise in Gerichtsgebäuden des „Sitzstaates" – tagen kann, erscheint der Aufwand kaum gerechtfertigt. Mit nur einem Gericht für ein großes ausländischen Gebiet – angesiedelt etwa bei der Botschaft – wäre zudem der erwünschte Effekt einer wohnortnahen Aburteilung nicht mehr vorhanden.

V. Ergebnis

Keines der hier[1249] genannten Beispiele eignet sich demnach als Modell für die allgemeine, zivile Strafrechtspflege. Einer Übertragung stehen erhebliche praktische Schwierigkeiten und große menschen- und völkerrechtliche Probleme entgegen. Der Sitz des Gerichts muss folglich stets in dem urteilenden Staat sein. Selbst die Überlegung, nur einzelne Teile des Verfahrens im Ausland stattfinden zu lassen, ist grundsätzlich abzulehnen, jedenfalls soweit das eigentliche gerichtliche Hauptverfahren[1250] betroffen ist.

§ 2 Übergeordnete Gerichte

Aus ähnlichen Gründen ist es auch abzulehnen, eine übergeordnete, zusätzliche staatenübergreifende Gerichtsstruktur zu schaffen, um Fälle abzuurteilen, in

---

1247 Beispielhaft dazu nur folgende Überlegung: Im gesamten Gebiet Österreichs wurden im Jahr 2009 (In den späteren Jahren weist die Gerichtliche Kriminalstatistik die Verurteilungen deutscher Staatsangehöriger nicht gesondert aus, sondern fasst alle Verurteilungen von Angehörigen der „EU-27 ohne Österreich" zusammen.) nur 901 Deutsche rechtskräftig verurteilt, *Statistik Austria* (Hrsg.), Gerichtliche Kriminalstatistik 2009, S. 85. Geht man nun – was unwahrscheinlich ist – davon aus, dass diese verurteilten deutschen Staatsangehörigen alle ihren Wohnsitz in Deutschland haben und somit in Deutschland abgeurteilt werden könnten, ergeben sich im Durchschnitt etwa 8 Verurteilungen pro deutschem Landgerichtsbezirk (*Ein* österreichisches Strafgericht pro Landgerichtsbezirk entspräche wohl noch einer einigermaßen ortsnahen Gerichtsstruktur). Selbst dann, wenn man in Rechnung stellt, dass nicht jedes Verfahren zu einer Verurteilung führt, d.h. es insgesamt mehr Verfahren gewesen sein werden, zeigt sich, dass die Anzahl der Verfahren in keinem vernünftigen Verhältnis zum erforderlichen Aufwand steht, den eine zusätzliche österreichische Gerichtsstruktur in Deutschland erfordern würde.

1248 Man stelle sich nur einmal ein deutsches „Amtsgericht Stettin", ein österreichisches „Bezirksgericht Bozen" oder ein türkisches „Amtsgericht Berlin-Wedding" vor; vgl. auch oben Fn. 1184.

1249 Oben Teil 4 § 1 A.

1250 Was in anderen Rechtsordnungen als „eigentliches gerichtliches Verfahren" und somit als Äquivalent zur deutschen Hauptverhandlung anzusehen ist, muss an dieser Stelle offen bleiben.

denen Tat- und Wohnortstaat auseinander fallen.[1251] Von der Möglichkeit bilateraler Vereinbarungen abgesehen, kommt eine solche Struktur wohl allenfalls für den Bereich der Europäischen Union in Betracht. Eine Bündelung der Zuständigkeit für internationale Fälle etwa beim Europäischen Gerichtshof wäre schon von der Ausstattung des Gerichtshofs her kaum machbar.[1252] Sie würde aber auch dem Ziel entgegenwirken, den Beschuldigten wohnortnah abzuurteilen. Gegen eine zusätzliche flächendeckende europäische Strafgerichtsbarkeit sprechen ähnliche praktische Gründe wie gegen ausländische Gerichte im Inland; auch die verfassungs- und europarechtlichen Fragen sind ähnlich.[1253]

§ 3 Fremdrechtsanwendung

Wenn nun einerseits das anwendbare Recht sich nach dem Tatort richten soll, das Verfahren jedoch – auf Widerspruch des Beschuldigten hin – am Wohnsitz des Beschuldigten stattfinden soll und andererseits keine ausländischen Gerichte am Wohnsitz des Beschuldigten errichtet werden können, so sind regelnder Staat und urteilender Staat nicht identisch. Für den urteilenden Staat würde dies bedeuten, dass er zumindest teilweise fremdes (Straf-)Recht anwenden müsste.

Ein Vorschlag zur Anwendung fremden Rechts ist bereits im Jahr 1962 gemacht worden.[1254] Im Alternativ-Entwurf 1966 war dagegen nur vorgesehen, dass die Strafe nicht höher als nach dem Tatortrecht sein dürfe.[1255] Selbst dieser Vorschlag ist im Gesetzgebungsverfahren jedoch ausdrücklich abgelehnt worden.[1256] Schließlich ist der Vorstoß des *VIII. Internationalen Strafrechtstags* weitgehend in Vergessenheit geraten oder hat nur noch ablehnende[1257] Beachtung gefunden.

1251 Ein zusätzlicher Grund für eine solche Struktur könnte die oben Teil 3 § 4 C. III.1)b) benannte mögliche Voreingenommenheit nationaler Richter sein, die sich jedoch bisher nicht belegen läßt.

1252 Schon, dass der Gerichtshof dazu in der Lage wäre, routinemäßig über jeden Strafgewaltkonflikt zu entscheiden – ohne eine Entscheidung in der Sache zu treffen –, darf mit *Marauhn/Simon* in Sinn (Hrsg.), Jurisdiktionskonflikte, S. 21, 38 bezweifelt werden.

1253 Hier kommt jedoch hinzu, dass für Europäische Strafgerichte noch keine europarechtliche Erlaubnis besteht.

1254 *VIII. Internationaler Strafrechtstag*, ZStW 1962, 195.

1255 § 7 Abs. 3 AE-StGB; die Erläuterungen zum Entwurf sehen darin eine „zurückhaltende Durchführung des Grundsatzes", der auf dem VIII. Internationalen Strafrechtstag vertreten wurde.

1256 Vgl. *Baumann u.a.* (Hrsg.), Alternativentwurf StGB-AT^2, S. 39; BT-Drs. V/4095, S. 7. Anders etwa das österreichische (§ 65 Abs. 2 öStGB) und das schweizerische Recht (Art. 6 Abs. 2 chStGB).

1257 *Oehler*, Internationales Strafrecht, Rn. 133; *Jescheck*, ZStW 1962, 182, 187 f. hat die Entschließungen des *VIII. Internationalen Strafrechtstags* zunächst als „ein leuchtendes Dokument für den völkerverbindenden Geist" gelobt, sich später jedoch – unter Verweis auf die „außerordentliche Schwierigkeit der Anwendung

Der folgende Abschnitt setzt sich zunächst mit der Anwendung fremden Rechts *de lege lata* auseinander, befasst sich aber hauptsächlich mit möglichen Einwänden gegen die Anwendung ausländischen Strafrechts *de lege ferenda.*

A. Gegenwärtige Situation

I. Fremdrechtsanwendung im Strafrecht

Im gegenwärtigen Strafrecht wird nur wenig ausländisches Recht angewandt.[1258] Die §§ 5-7 StGB erklären, dass das deutsche Strafrecht gilt und somit gemäß Art. 20 Abs. 3 GG auch anzuwenden ist. Dieser „Ausschließlichkeitsanspruch"[1259] betrifft allerdings nur das Strafrecht, nicht ggf. auftretende zivil- oder verwaltungsrechtliche (Vor-)Fragen, auf die es für die Strafbarkeit ankommen kann. Das ist etwa bei der Frage, ob ein normatives Tatbestandsmerkmal erfüllt ist, oder bei der Beurteilung einer Sorgfaltspflicht oder einer Garantenstellung der Fall.[1260] Das deutsche Strafrecht verlangt dann, die ausländische Rechtsordnung als Bestandteil der Tatumstände zu erfassen und zu beurteilen.[1261]

Zudem muss ausländisches Strafrecht auch schon *de lege lata* im Rahmen des § 7 StGB in Betracht gezogen werden.[1262] Darin liegt in Fällen der Verurteilung zwar keine unmittelbare *Anwendung*[1263] des fremden Rechts, denn diese stützt sich nach wie vor auf das deutsche Recht; bei einem Freispruch liegt dagegen eine

ausländischen Rechts" – nicht entschließen können, die Regelung der *lex mitior* ins Gesetz aufzunehmen (*Jescheck* in Bundesministerium der Justiz (Hrsg.), Sitzungen der Großen Strafrechtskommission, Bd. 4, S. 16).

1258 Vgl. aber zu einem historischen Überblick über die Anwendung fremden Rechts auch in Deutschland *Staubach*, Anwendung ausländischen Rechts, S. 21 ff.

1259 *Cornils*, Fremdrechtsanwendung, S. 6.

1260 *Werle/Jeßberger* in LK-StGB, vor § 3 Rn. 333 m.w.N.

1261 So zu Recht *Liebelt*, NStZ 1993, 544; *Werle/Jeßberger* in LK-StGB, vor § 3 Rn. 336 f.; StA München I NStZ 1996, 436. Dagegen meinen LG Hamburg NStZ 1990, 280 und *Cornils*, Fremdrechtsanwendung, S. 98, dass die Berücksichtigung fremden Strafrechts sich nach dem Internationalen Privatrecht richte.

1262 Vgl. oben zur stellvertretenden Strafrechtspflege Teil 1 § 7 und zur Systematik der Anknüpfungspunkte Teil 1 § 10. Für die Berücksichtigung der *lex mitior* auch BGHSt 42, 275, 279; *Ambos* in MüKo-StGB, § 7 Rn. 26; *Eser* in Schönke/Schröder, StGB, § 7 Rn. 23; *Hoyer* in SK-StGB, vor § 3 Rn. 41; *Werle/Jeßberger* in LK-StGB, § 7 Rn. 89,92; jeweils m.w.N. Gegen die Berücksichtigung der *lex mitior* dagegen *Heinrich*, Das passive Personalitätsprinzip, S. 216.

1263 Soweit *Ambos* in MüKo-StGB, § 7 Rn. 8 schon die *Prüfung*, ob nach dem Tatortrecht Strafbarkeit vorliegt, als Fremdrechts*anwendung* bezeichnet, handelt es sich lediglich um einen begrifflichen Unterschied. In der Sache geht auch *Ambos* davon aus, dass eine Verurteilung sich *de lege lata* allein auf das deutsche Recht stützt. *Böse* in FS-Wolter, S. 1311, 1317 meint, dass in solchen Fällen der Staat zwar letztlich das Strafrecht eines anderen Staates durchsetze, dabei aber sein eigenes Strafrecht anwende.

versteckte Fremdrechtsanwendung vor.[1264] Mittelbar muss das ausländische Recht aber dennoch auch in Fällen einer Verurteilung angewendet werden, da das ausländische Recht über die Anwendbarkeit des deutschen Strafrechts entscheidet.[1265] Die Konstellationen, in denen die Strafbarkeit am Tatort letztlich Voraussetzung auch für die Strafbarkeit nach deutschem Recht ist,[1266] können daher als Hauptanwendungsfall der Prüfung ausländischen Strafrechts gelten. Eine Verurteilung stützt sich aber in keinem Fall letztlich auf ausländisches Recht, sondern immer auf die entsprechende deutsche Norm.[1267]

II. Fremdrechtsanwendung in anderen Rechtsbereichen

In anderen Rechtsbereichen, insbesondere dem Zivilrecht, gibt es keine Schwierigkeiten mit der Anwendung fremden Rechts. Im Gegenteil, das sog. Internationale Privatrecht regelt ausdrücklich – wenn auch einseitig –, welches Recht angewendet werden soll.[1268]

B. Vorgaben des Völker- und Europarechts

Aus völkerrechtlicher Sicht spricht nichts gegen die Anwendung ausländischen Strafrechts. Insbesondere ist die „Übernahme" bzw. Anwendung eines fremden Rechts keine Einmischung in die inneren Angelegenheiten des Staates, dessen Recht zur Anwendung gelangen soll. Ein Staat hat nämlich keinen Anspruch darauf, dass nur er selbst seine Gesetze anwenden darf.[1269] Andererseits gibt selbstverständlich der Staat, der ein fremdes Recht anwendet, nicht allein dadurch seine

1264 So auch schon *Staubach*, Anwendung ausländischen Strafrechts, S. 154 (dort „negative Anwendung", weil es um den Fall der Straflosigkeit geht). Der Beschuldigte wird nämlich deshalb freigesprochen, weil die Tat am Tatort nicht strafbar ist (und infolgedessen das deutsche Strafrecht nicht gilt).

1265 Ob darüber hinaus auch der „Bewertungseinzugsbereich" des deutschen Strafrechts beschränkt wird, wie *Jeßberger*, Der transnationale Geltungsbereich, S. 18 entgegen *Werle/Jeßberger* in LK-StGB, vor § 3 Rn. 332 meint, kann hier dahinstehen. Der Verweis auf die Rechtsordnung am Tatort spricht aber in der Tat dafür, dass der Gesetzgeber keine eigene Bewertung vornehmen wollte, sondern die Bewertung am Tatort (wenn auch nur teilweise) übernimmt. Dass dennoch deutsches Recht angewendet wird, ist insofern konsequent, als *de lege lata* generell nur deutsches Strafrecht zur Anwendung kommt.

1266 Oder verkürzt und etwas ungenau (vgl. oben Fn. 863): Die Fälle, in denen es einer „identischen Tatortnorm" bedarf.

1267 Statt aller *Ambos* in MüKo-StGB, § 7 Rn. 8.

1268 Vgl. für den Bereich des Deliktsrechts bereits oben Teil 3 § 3 C.

1269 Vgl. oben Fn. 25 zum liechtensteinischen StGB, das im Wesentlichen eine Rezeption des österreichischen Strafrechts ist, sowie darüber hinaus zum vatikanischen Recht, das ausdrücklich auf das italienische Recht verweist.

eigene Souveränität auf,[1270] abgesehen davon, dass ein *freiwilliger* „Verzicht" auf die eigene Souveränität völkerrechtlich wohl nicht verboten ist.

Auch aus europarechtlicher Sicht gibt es keinen Grund, die Anwendung fremden Rechts zu verbieten. Im Gegenteil: Wenn Europa – und sei es nur in strafrechtlicher Hinsicht – als Staat oder wie ein Staat zu behandeln wäre und damit die „Einheit des Rechts" geboten wäre,[1271] müsste man sogar ein „Europäisches Interlokales Strafrecht" anwenden.[1272] So weit ist die Europäische Integration zwar derzeit noch nicht voran geschritten. Ein Zwang zur Fremdrechtsanwendung mit europarechtlicher Begründung besteht daher nicht. Wenn es *de lege ferenda*[1273] zu einer stärkeren Integration[1274] käme, wäre dies freilich anders einzuschätzen.[1275] Umgekehrt stellt aber die Anwendung fremden Rechts nicht *per se* einen Verstoß gegen das Europarecht dar. Allerdings besteht die Möglichkeit, dass die Anwendung ausländischen Rechts *im Einzelfall* den europarechtlichen Wertungen, wie sie etwa in der EMRK und der Grundrechte-Charta zum Ausdruck kommen, widerspricht; auf solche Wertungsunterschiede wird noch unter E. einzugehen sein.

C. Vorgaben des Nationalen Rechts, insbesondere des Verfassungsrechts

Es könnten sich aber Bedenken gegen die Anwendung ausländischen Rechts aus dem nationalen Recht, insbesondere aus verfassungsrechtlichen Prinzipien wie denen von Demokratie, Gesetzlichkeit und Gleichheit, ergeben. Diese möglichen, *grundsätzlichen* Bedenken, wonach die Fremdrechtsanwendung *per se* aus verfassungsrechtlichen Erwägungen heraus unzulässig sein kann, sollen im Folgenden untersucht werden. Auf die daneben bestehende Möglichkeit, dass das ausländische Recht *im Einzelfall* wesentlichen (verfassungsrechtlichen) Wertentscheidungen widerspricht, wird noch unter E. einzugehen sein.

1270 *Cornils*, Fremdrechtsanwendung, S. 104 ff.

1271 Dazu oben Teil 3 § 3 B.I.3).

1272 Wobei die genaue Ausgestaltung dieses Interlokalen Strafrechts vom Grad der Einheitlichkeit der Rechtsordnung abhinge, vgl. oben Teil 3 § 3 B.III.

1273 Aus deutscher Sicht wohl eher *de* constitutione *ferenda*, vgl. BVerfGE 123, 267 („Lissabon-Urteil"). Der Rang des zu schaffenden Rechts innerhalb der Normenhierarchie spielt aber hier keine Rolle.

1274 Nicht zwingend erforderlich wäre dabei die Qualifizierung der Europäischen Union als Staat im staats- bzw. völkerrechtlichen Sinne. So ist ein eigenständiger „Staats"-begriff für Zwecke des Interlokalen bzw. Innereuropäischen Strafrechts denkbar, auch ohne eine völkerrechtliche Qualifizierung vorzunehmen, vgl. das Auseinanderfallen von „staatsrechtlichem" und „funktional strafrechtlichem" Inland vor 1990.

1275 Vgl. aber oben Fn. 578 zu einigen Rückschritten, was das „gegenseitige Vertrauen" innerhalb der Europäischen Union angeht.

1) Die These von Schünemann

Schünemann sieht in einer Anwendung ausländischen Strafrechts einen Verstoß gegen das Demokratieprinzip (Art. 20 Abs. 1 GG). Der Bürger solle nur nach dem Gesetz abgeurteilt werden, an dessen Entstehung er die Möglichkeit hatte, mitzuwirken.[1276] Auf den ersten Blick mag dies noch einleuchtend erscheinen. Schon bei etwas näherer Betrachtung kann dieser These jedoch nicht zugestimmt werden.[1277] Sie führt nämlich etwa zu der Konsequenz, dass nicht wahlberechtigte Jugendliche nicht bestraft werden könnten, da sie an der Gesetzgebung keinerlei Anteil hatten und auch nicht potentiell mitwirken konnten. Hier könnte man zwar einwenden, dass Jugendliche zumindest zukünftig die Möglichkeit der Mitgestaltung haben.[1278] Wenn diese Möglichkeit aber nur zukünftig[1279] ist, dürfte auch ein Gesetz erst ab diesem Zeitpunkt gelten: Rückwirkende Strafgesetze sind unzulässig.[1280]

Ähnlich sieht es insoweit auch bei der Geltung des deutschen Strafrechts für Ausländer aus: Auch Ausländer haben keinerlei Möglichkeit, an der Gesetzgebung mitzuwirken. Demzufolge müsste es das Demokratieprinzip eigentlich verbieten, Strafgesetze auf Ausländer anzuwenden, und zwar selbst dann, wenn die Tat *vollständig* im Inland begangen wurde. Bei Ausländern mit Wohnsitz in Deutschland[1281] kann man auch nicht darauf abstellen, dass diese durch Einbürgerung und anschließende Wahlteilnahme Gestaltungsmöglichkeiten haben können; insoweit

---

1276 *Schünemann*, ZRP 2003, 185, 188. Dort allerdings nicht im Zusammenhang mit der Fremdrechtsanwendung sondern mit dem Europäischen Haftbefehl.

1277 So auch zu Recht bereits unmittelbar auf *Schünemann* erwidernd *Deiters*, ZRP 2003, 359, 360. Mit *diesem* Einwand setzt sich *Schünemann* in seiner kurzen Stellungnahme zu *Deiters*‘ Erwiderung, ZRP 2003, 472 allerdings nicht auseinander. Ebenfalls gegen einen Verstoß gegen das Demokratieprinzip *Walther* in FS-Eser, S. 925, 938 – allerdings mit der systematisch unzutreffenden Begründung, *Schünemanns* Auffassung sei weder mit der geltenden Rechtslage der §§ 3 ff. StGB noch mit dem Völkerrecht vereinbar. Weder das geltende einfache Recht noch das Völkerrecht sind nämlich der Maßstab, nach dem sich Inhalt und Umfang des Demokratieprinzips bestimmen. Es ist vielmehr umgekehrt das einfache Recht immer am Demokratieprinzip zu messen.

1278 Eine „vermittelte“ Mitgestaltung etwa über das Wahlrecht der Eltern kommt dagegen nicht in Betracht, da die Ausübung demokratischer Rechte etwas Höchstpersönliches ist.

1279 Wann genau diese Möglichkeit beginnt, könnte ebenfalls problematisch sein. Entweder mit Erreichen des Wahlalters, oder – was in einer repräsentativen Demokratie ohne Volksgesetzgebung näher liegt – mit der ersten tatsächlichen Wahl nach Erreichen dieser Altersgrenze, freilich wie stets unabhängig von der tatsächlichen Teilnahme.

1280 Vgl. Art. 103 Abs. 2 GG, §§ 1, 2 StGB.

1281 Immerhin etwa 7,6 % der Bevölkerung, *Statistisches Bundesamt*, www.destatis.de, Stichworte Bevölkerung, Migration.

gilt dasselbe wie für inländische Jugendliche. Bei einem Teil der Ausländer[1282] könnte man zwar annehmen, sie „unterwürfen" sich durch ihre Einreise gewissermaßen freiwillig der deutschen Rechtsordnung. Für alle anderen Ausländer kann jedoch allein darauf abgestellt werden, dass Strafnormen innerhalb eines Staates für alle Menschen gleichermaßen gelten, was letztlich aus dem Gleichheitsgrundsatz folgt (dazu sogleich näher unter IV.) und völkerrechtlich durch die Gebietshoheit des Staates ohne Weiteres gerechtfertigt ist.

Allein, dass die Auffassung von *Schünemann* zu möglicherweise unpraktischen Ergebnissen führen würde, beweist allerdings nicht, dass sie unzutreffend ist.[1283] Dazu muss vielmehr zunächst geklärt werden, was denn den Kern des Demokratieprinzips ausmacht: Dieses Prinzip räumt gerade nicht jedem Menschen Rechte in jedem Staat ein, sondern bezieht sich auf das jeweilige „Volk" in dem betreffenden Staat,[1284] wobei die Frage, wer alles zu diesem Volk gehört, vom nationalen (Verfassungs-)Recht zu beantworten ist.[1285] Es verstößt daher nicht gegen das deutsche Demokratieprinzip, wenn das deutsche Strafrecht auch für Ausländer gilt, die sich hier aufhalten. Aus denselben Gründen kann es auch keinen Verstoß gegen das Demokratieprinzip eines *anderen* Staates darstellen, wenn dieser Staat seine Strafbestimmungen auch auf Ausländer anwendet. Das *deutsche* Demokratieprinzip ist in solchen Fällen gar nicht betroffen, denn dieses verpflichtet nur deutsche Staatsorgane und kann nicht ausländische Gerichte oder sonstige Stellen binden. Etwas anderes gilt freilich dann, wenn deutsche Gerichte an der Aburteilung mitwirken, z.B. durch Auslieferung, oder – wie hier *de lege ferenda* angedacht – die Aburteilung sogar selbst vornehmen.

Zumindest die Mitwirkung deutscher Staatsorgane an der Aburteilung nach ausländischem Recht ist bereits *de lege lata* möglich, im Bereich der Europäischen Union sogar sehr weitgehend, aber auch global betrachtet.[1286] Zunächst muss daher gefragt werden, ob schon diese Mitwirkung gegen das Demokratieprinzip verstößt, denn wenn dies der Fall wäre, müsste das Verdikt des Demokratieprinzipverstoßes erst recht für die Aburteilung durch deutsche Gerichte unter Anwendung ausländischen Rechts gelten.

1282 Nämlich bei den ausländischen Staatsangehörigen, die sich in Deutschland aufhalten, ohne hier geboren zu sein, also insbesondere Touristen und Einwanderern.

1283 Dies übersieht *Walther* in FS-Eser, S. 925, 938, wenn sie meint, *Schünemann* liege falsch, weil seine Auffassung nicht mit §§ 3 ff. StGB vereinbar ist.

1284 Dies ergibt sich schon aus dem griechischen Wort δῆμος (demos = [Staats-]volk), das Bestandteil des Begriffs „Demokratie" ist.

1285 Vgl. dazu etwa die Entscheidungen des Bundesverfassungsgerichts zum kommunalen Wahlrecht für Ausländer, BVerfGE 83, 37; 83, 60.

1286 So liefert Deutschland zwar keine eigenen Staatsangehörigen an Drittstaaten aus, aber die Auslieferung ausländischer Staatsangehöriger, auch solcher, die nicht Angehörige des ersuchenden Staates sind, ist durchaus möglich.

2) Der Europäische Haftbefehl: Mitwirkung am ausländischen Strafverfahren und das Demokratieprinzip

Gemäß Art. 16 Abs. 2 GG ist innerhalb der Europäischen Union die Auslieferung deutscher Staatsangehöriger zulässig, was im Rahmen des Europäischen Haftbefehls auch umgesetzt wird. Diese Möglichkeit zeigt aber, dass der verfassungsändernde Gesetzgeber den dortigen ausländischen Gerichten so weit vertraut, dass auch diese mit einem ausdrücklichen Einverständnis des deutschen Staates über Deutsche urteilen „dürfen". Als Art. 16 Abs. 2 Satz 2 GG in Kraft getreten ist, war nämlich klar, dass die ausländischen Gerichte ihr *eigenes* Recht anwenden würden, ohne dass der Verfassungsgeber darin einen Verstoß gegen das Demokratieprinzip gesehen hätte. Würde Art. 16 Abs. 2 Satz 2 GG – entgegen der Auffassung des verfassungsändernden Gesetzgebers – gegen das Demokratieprinzip verstoßen, läge ein Fall des verfassungswidrigen Verfassungsrechts vor. Das Bundesverfassungsgericht hat aber einen solchen möglichen Verstoß des Art. 16 Abs. 2 Satz 2 GG gegen Art. 79 Abs. 3 GG zu Recht ausdrücklich abgelehnt;[1287] *Lübbe-Wolff* geht in ihrem Sondervotum noch darüber hinaus und hält bereits die Erwägung einer Überschreitung der durch Art. 79 Abs. 3 GG vorgegebenen Grenzen für „ein[en] fernliegende[n] Gedanke[n]".[1288] Auch *Schünemann* nimmt nicht ausdrücklich die Verfassungswidrigkeit des Art. 16 Abs. 2 Satz 2 GG an, sondern will diese (Verfassungs-)Norm offenbar verfassungskonform auslegen, wenn er meint, das Demokratieprinzip gebiete es, die Voraussetzung der beiderseitigen Strafbarkeit als „materiellen Anwendungsfall der ... ‚rechtsstaatlichen Grundsätze'" anzusehen.[1289]

Wenn es sich aber nicht um einen Fall des verfassungswidrigen Verfassungsrechts handelt, dann liegt selbst dann, wenn Deutschland durch Auslieferung an der Aburteilung „mitwirkt" bzw. diese erst ermöglicht, für den Bereich der Europäischen Union nicht *per se* ein Verstoß gegen das Demokratieprinzip vor.

1287 BVerfGE 113, 273, 296 ff.

1288 BVerfGE 113, 273, 329 (Abweichende Meinung *Lübbe-Wolff*). Auch in den anderen Sondervoten wird nicht ausdrücklich ein Verstoß gegen das Demokratieprinzip dadurch angenommen, dass Straftaten deutscher Staatsangehöriger nach ausländischem Recht beurteilt werden: *Gerhardt* thematisiert diese Frage gar nicht erst. *Broß* geht allerdings bei Art. 16 Abs. 2 Satz 2 durchaus von verfassungswidrigem Verfassungsrecht aus. Er nimmt einen Verstoß gegen das Subsidiaritätsprinzip aus Art. 23 Abs. 1 Satz 1 GG und gegen das Rechtsstaatsprinzip, genauer: die darin liegende Unschuldsvermutung, an. Darüber hinaus geht *Broß* wohl auch von einem Verstoß gegen das Demokratieprinzip aus, allerdings mit Blick darauf, dass der Rahmenbeschluss über den Europäischen Haftbefehl überhaupt erlassen wurde (BVerfGE 113, 273, 325); einen möglicherweise aus der Anwendung fremden Strafrechts folgenden Demokratieverstoß thematisiert auch *Broß* nicht.

1289 *Schünemann*, ZRP 2003, 185, 188.

3) Das Auslieferungsverbot eigener Staatsangehöriger: Nichtmitwirkung am ausländischen Strafverfahren und das Demokratieprinzip

Für Drittstaaten – also hier: solche außerhalb der Europäischen Union – führt der Verweis auf den Europäischen Haftbefehl freilich nicht weiter. Hier wirkt Deutschland zumindest nicht durch Auslieferung an der Aburteilung deutscher Staatsangehöriger mit.[1290] Ein Auslieferungsverbot eigener Staatsangehöriger kennen jedoch nicht alle Demokratien,[1291] was schon ein erster Anhaltspunkt dafür sein mag, dass das Auslieferungsverbot gerade nicht zwingend mit dem Demokratieprinzip in Verbindung steht. Historisch gesehen wird das Auslieferungsverbot auf „durchaus unterschiedliche Gedanken" zurück geführt, nämlich hauptsächlich auf die Souveränität des Staates und „in zweiter Linie" auf die Vorstellung, dass nur der eigene Staat „Gerechtigkeit" verwirklichen könne.[1292] Die Souveränität des Staates ist ersichtlich vom Demokratieprinzip unabhängig. Aber auch der Begriff der „Gerechtigkeit" sagt nichts darüber aus, ob das eigene Recht „demokratischer" bzw. als einziges „demokratisch" ist und daher angewendet werden muss. Es bleibt also festzuhalten, dass das Auslieferungsverbot nicht den Zweck hat, die Anwendung des „demokratischeren" Rechts zu sichern, also einem möglichen Verstoß gegen das Demokratieprinzip vorzubeugen.

4) Schlussfolgerungen und Ergebnis zum Demokratieprinzip

Die bloße Mitwirkung deutscher Behörden an einer Aburteilung nach ausländischem Recht stellt also keinen Verstoß gegen das Demokratieprinzip dar. Eine direkte Ausübung der Urteilsgewalt unter Anwendung des ausländischen Rechts

1290 An der Auslieferung und Aburteilung von Ausländern wirkt Deutschland dagegen mit, und zwar unabhängig davon, ob der Betroffene die Möglichkeit hatte, an der Entstehung der Strafnormen, die auf seinen Fall angewendet werden sollen, mitzuwirken. Dies ist insbesondere dann nicht der Fall, wenn der Beschuldigte nicht Angehöriger des Staates ist, an den ausgeliefert wird. Dass Deutschland dann an einem Verstoß gegen das Demokratieprinzip (hier allerdings: das Demokratieprinzip des urteilenden Staates) mitwirkt, nimmt in einem solchen Fall – soweit ersichtlich – niemand an.

1291 So kennen insbesondere die Staaten des *common law*-Rechtskreises kein Verbot der Auslieferung eigener Staatsangehöriger. Zu Recht weist daher *Lübbe-Wolff* in ihrem Sondervotum BVerfGE 113, 273, 327 f. darauf hin, dass sich das Auslieferungsverbot gerade nicht auf eine „Beziehung des Bürgers zu einem freiheitlichen *demokratischen* Gemeinwesen" stützen kann (Hervorhebung J.B.); so aber BVerfGE 113, 273, 294 (Senatsmehrheit). Dagegen hatte BVerfG NJW 1955, 1674 ausdrücklich eingeräumt, dass „[d]er Umfang, in dem der einzelne Staat sich zur Auslieferung Beschuldigter an einen anderen Staat für berechtigt und verpflichtet erachtet, schwankt" und dass es kein „natürliches Recht" auf Nichtauslieferung gibt.

1292 *Randelzhofer* in Maunz/Dürig, Grundgesetz, Art. 16 II 1 Rn. 2.

ist dagegen ein „Mehr" gegenüber der bloßen Mitwirkung am Verfahren. Es ist daher nicht logisch zwingend, anzunehmen, weil die „Mitwirkung" erlaubt sei, sei es auch die direkte Anwendung fremden Rechts.[1293] Jenes „Mehr" einer eigenen Aburteilung rechtfertigt dennoch keine andere Bewertung. Denn in beiden Fällen wirken deutsche Stellen an einer Aburteilung mit, die sich auf Normen stützt, die nicht unmittelbar vom deutschen Gesetzgeber beschlossen worden sind. In dem einen Fall ist die Mitwirkung größer, in dem anderen Fall etwas kleiner; die Tatsache, dass der Staat einen kausalen Beitrag zur Aburteilung leistet, bleibt aber dieselbe.[1294]

Im Fall der hier vorgeschlagenen Fremdrechtsanwendung *de lege ferenda* kommt noch hinzu, dass der deutsche Gesetzgeber zwar nicht die ausländischen, anzuwendenden Normen, aber die zu schaffende Bestimmung, wonach ausländisches Recht anzuwenden sei, selbst erlassen hat. Man kann also sagen, dass der demokratisch legitimierte deutsche Gesetzgeber zumindest mittelbar eine eigene Entscheidung getroffen hat – selbst, wenn diese Entscheidung durch das Völkerrecht in ihrer Richtung vorgezeichnet ist. Ein Verstoß gegen das *Demokratieprinzip* kann in einer solchen Entscheidung des Gesetzgebers nicht liegen; allerdings

---

1293 Ein solcher Erst-Recht-Schluss wäre nur für den umgekehrten Fall richtig: Wenn schon die Mitwirkung an der Aburteilung nach ausländischem Recht einen Demokratieverstoß darstellte, müsste dies erst Recht für das „Mehr" einer eigenen Aburteilung nach eben diesem Recht gelten, vgl. – allerdings nicht mit Blick auf das Demokratieprinzip, sondern das Prinzip der beiderseitigen Strafbarkeit – *Böse* in FS-Wolter, S. 1311, 1317.

1294 Zur Verdeutlichung sei hier einmal angenommen, *jede* Form der Mitwirkung an einer Aburteilung entgegen dem eigenen Recht sei verboten. Wenn der Angeklagte nun durch Gerichte desjenigen Staates verurteilt wird, der das Verhalten des Beschuldigten nicht für strafbar hält, läge darin wohl eine strafbare Freiheitsberaubung. Wenn der Angeklagte nun nicht durch Gerichte desjenigen Staates verurteilt wird, der das Verhalten für straflos erachtet, diese Gerichte aber – etwa durch Auslieferung – einen kausalen Beitrag zu der Verurteilung leisten, müsste man von einer – ebenfalls strafbaren – Beihilfe zur Freiheitsberaubung ausgehen. (Dass die „Haupttat" Freiheitsberaubung im Urteilsstaat nicht strafbar, sondern als Haftstrafe ausdrücklich erlaubt ist, ist dabei unbeachtlich, vgl. auch oben Teil 1 § 1 B.VII.3), wonach es für die Strafbarkeit der Beihilfe nicht auf den Tatort der Haupttat ankommt.) In beiden Fällen wäre also die Mitwirkung durch Stellen des Staates, der ein Verhalten für straflos hält, verboten, wenn auch mit unterschiedlich schweren Rechtsfolgen (vgl. § 27 Abs. 2 Satz 2 StGB). Anzunehmen, dass mit dem Verzicht auf die beiderseitige Strafbarkeit beim Europäischen Haftbefehl – im Bilde bleibend – nur die Beihilfe zur Freiheitsberaubung, nicht aber die Freiheitsberaubung selbst „erlaubt" werden soll, erscheint nicht plausibel. Die Überlegung, dass eine Haupttat strafbar ist, die Teilnahme daran aber nicht, findet sich auch sonst selten im Strafrecht (im Gegenteil wird eine solche Strafbarkeitslücke oftmals für unbefriedigend gehalten und daher geschlossen, was etwa die Existenz des § 160 StGB erklärt).

könnte in der „nur" mittelbaren Entscheidung durch den Gesetzgeber ein Verstoß gegen das Gebot der Gesetzesbestimmtheit liegen, dazu noch unter III.

II. Die Bindung an Recht und Gesetz

Die Anwendung fremden Strafrechts durch nationale Gerichte könnte aber gegen deren Bindung an Recht und Gesetz verstoßen. Nach Art. 20 Abs. 3 GG sind alle deutschen Staatsorgane, also auch die Gerichte, an „Recht und Gesetz" gebunden. Darunter werden neben der Verfassung und den förmlichen Gesetzen auch das Gewohnheitsrecht, das unmittelbar anwendbare Europarecht[1295] und das innerstaatlich geltende Völkerrecht verstanden.[1296] Fremdstaatliche Normen sind dagegen nicht *per se* Recht und Gesetz im Sinne von Art. 20 Abs. 3 GG;[1297] es besteht also an sich keine verfassungsmäßige Bindung an das Tatortrecht. Anders wäre dies aber dann zu beurteilen, wenn deutsche Gerichte ausländisches Recht deshalb anwenden, weil *inländisches* Recht und Gesetz dies vorschreiben, wie dies im Internationalen Privatrecht gelegentlich der Fall ist. Wenn beispielsweise ein Gericht bei einer Rechtssache mit Bezug zum Internationalen Sachenrecht nicht die *lex rei sitae* anwendet, lässt es damit die Bindung an Recht und Gesetz außer Acht, und zwar, weil es die *deutsche* Bestimmung des Art. 43 EGBGB nicht anwendet.[1298]

De lege ferenda bestünde ein Problem daher nur dann, wenn zugleich mit der Einführung einer Norm, wonach das Tatortrecht gilt und anzuwenden ist, die §§ 3 ff. StGB, wonach das deutsche Strafrecht gilt, im Übrigen unverändert blieben. Dann hätte der Beschuldigte nämlich den deutschen Gerichten gegenüber einen Anspruch darauf, dass das geltende deutsche – und nicht das ausländische – Recht auch auf seine Tat angewendet wird.[1299] Umgekehrt könnte er aber auch darauf bestehen, dass das ausländische Recht angewendet wird, weil dieses ja ebenfalls „gilt". Um einen ggf. bestehenden Widerspruch zwischen dem deutschen und dem ausländischen Recht aufzulösen[1300] sind zwei Varianten denkbar: Erstens könnte

1295 *Herzog/Grzeszick* in Maunz/Dürig, Grundgesetz, Art. 20 III Rn. 60.

1296 *Jarass/Pieroth*, Grundgesetz, Art. 20 Rn. 38.

1297 *Birke*, Nato-Truppenstatut, S. 229; zur Frage, ob ausländisches Recht dagegen „Gesetz" im Sinne des Art. 103 Abs. 2 GG sein kann, noch unter Teil 4 § 3 C.III.2).

1298 Also nicht schon deshalb, weil es die ausländische Norm unbeachtet lässt.

1299 Vgl. *Dürig/Scholz* in Maunz/Dürig, Grundgesetz, Art. 3 I Rn. 54.

1300 Dass ein Konflikt zwischen zwei gleichermaßen „geltenden" Strafrechtsordnungen aufgelöst werden muss, ergibt sich schon daraus, dass der Beschuldigte vorhersehen können muss, ob und wie sein Verhalten strafbar ist. In einem solchen Fall müsste zumindest stets das mildeste Recht angewendet werden, was jedenfalls ohne nähere Begründung so nicht gewollt sein kann. Man kann sich zum Vergleich auch vorstellen, der Staat erkläre nicht zwei unterschiedliche Gesetze für gültig, sondern verwende entsprechend widersprüchliche Allgemeine Geschäftsbedingungen: In einem solchen Fall wäre im Zivilrecht die für die andere Partei (übertragen auf das Strafrecht also: den Beschuldigten) günstigste Interpretation zu wählen, vgl. § 305c Abs. 2 BGB.

das nationale Recht seinen eigenen Geltungsbereich einschränken. Nicht zuletzt aufgrund bestehender völkerrechtlicher Pflichten, bestimmte Verhaltensweisen unter Strafe zu stellen, ist aber ein zweiter Weg sinnvoller. Danach würde das nationale Recht ausdrücklich bestimmen, dass im Kollisionsfall vorrangig das Recht des Tatortes gilt und auch anzuwenden ist, das eigene materielle Recht aber ebenfalls gilt und subsidiär – unter zu benennenden Bedingungen[1301] – zur Anwendung kommen soll.

Wenn eine solche Regelung *de lege ferenda* im nationalen Recht erfolgte, bestünden keine Probleme mehr mit der Bindung an Recht und Gesetz. Etwas anderes könnte allenfalls im Einzelfall dann gelten, wenn sich z.B. eine ausländische Norm entweder gar nicht mehr als „Recht und Gesetz" darstellt[1302] oder gegen deutsches höherrangiges Recht, insbesondere Verfassungsrecht, verstößt. Das ist dann aber kein Problem der Fremdrechtsanwendung im Allgemeinen mehr, sondern bezieht sich auf konkrete Fälle, in denen ein erheblicher Wertungsunterschied zwischen dem ausländischen und dem inländischen Recht[1303] besteht, dazu näher unter E.

III. Das Gebot der Gesetzesbestimmtheit

Weiterhin dürfte die Anwendung fremden Strafrechts nicht gegen Art. 103 Abs. 2 GG verstoßen,[1304] der sich im Kern als „Gebot der Gesetzesbestimmtheit"[1305] begreifen lässt. Deutsche Strafgerichte sind als Teil der deutschen öffentlichen Gewalt immer an das Gesetzlichkeitsprinzip gebunden, mithin auch dann, wenn sie *de lege ferenda* ausländische Strafnormen anwenden würden.

1) Inhalt und Ratio des Art. 103 Abs. 2 GG

Es muss zunächst etwas näher erörtert werden, welchen Inhalt Art. 103 Abs. 2 GG hat und welche *ratio* hinter dem Gebot der Gesetzesbestimmtheit steht, um daraus

---

1301 Eine solche Bedingung, unter der das eigene Recht an Stelle des vorrangigen Tatortrechts anzuwenden ist, könnte etwa sein, dass die Anwendung des Tatortrechts dem Völkerrecht oder wesentlichen Grundsätzen des eigenen Verfassungsrechts widerspräche. Zu solchen und weiteren Wertungsunterschieden sogleich unter Teil 4 § 3 E.

1302 Dies könnte – unter Berufung auf *Radbruch*, SJZ 1946, 105, 107 – etwa dann der Fall sein, wenn der Widerspruch zwischen Gerechtigkeit und positivem Recht nicht nur ein „unerträgliches Maß" angenommen hat („unrichtiges Recht"), sondern sogar das positive Recht bewusst nicht einmal Gerechtigkeit erstrebt und der Gleichheitsgrundsatz geleugnet wird. Solches „Recht" entbehrt *Radbruch* zufolge der Rechtsqualität völlig.

1303 Oder: zwischen dem ausländischen Recht und dem Völkerrecht.

1304 Art. 103 Abs. 2 GG wird auch von *Schmidt-Kessel* in Sinn (Hrsg.), Jurisdiktionskonflikte, S. 65, 82 als „[g]rößte Herausforderung für ein Strafkollisionsrecht" angesehen.

1305 *Schmidt-Aßmann* in Maunz/Dürig, Grundgesetz, Art. 103 II Rn. 178.

Schlussfolgerungen für die Zulässigkeit oder Unzulässigkeit der Anwendung ausländischen Strafrechts ziehen zu können. Was den Inhalt des Art. 103 Abs. 2 GG angeht, lässt sich sagen, dass schon der Begriff der „Gesetzes-Bestimmtheit" andeutet, dass hier grundsätzlich zwei Aspekte unterschieden werden können: Einerseits muss es sich bei der Strafnorm um ein *Gesetz* handeln, was eher an formelle oder „institutionelle" Voraussetzungen geknüpft ist.[1306] andererseits muss die Strafnorm – nicht zuletzt auch im Interesse des Beschuldigten – *inhaltlich* ausreichend bestimmt sein.

a) Vier Verbote

Darüber hinaus hat sich in der deutschen Lehre die Auffassung herausgebildet, in dem *nulla poena*-Satz vier Verbote zu sehen.[1307]

Zu nennen ist erstens das Verbot der Analogie: Während in anderen Rechtsbereichen die Analogie zu den „üblichen Methoden der Rechtsfindung gehört",[1308] ist sie im Strafrecht ausdrücklich verboten, wenn und soweit sie zu Ungunsten des Beschuldigten wirkt. Die Strafbarkeit muss sich allein durch *Auslegung*[1309] des Gesetzes ergeben.

Eng verwandt ist damit auch das Verbot des strafbegründenden und strafschärfenden Gewohnheitsrechts: Die Strafbarkeit muss *schriftlich* festgelegt sein, was als „selbstverständliche Folge" der Tatsache angesehen wird, dass die Strafbarkeit durch Gesetz bestimmt wird.[1310]

An dem Wortlaut des Art. 103 Abs. 2 GG („*bevor* die Tat begangen wurde") wird das dritte Verbot besonders deutlich, nämlich das der Rückwirkung. Weder darf ein Verhalten nach der „Tat"[1311] unter Strafe gestellt werden, noch darf die angedrohte Strafe im Nachhinein verschärft werden.[1312] Viertens ergibt sich aus Art. 103 Abs. 2 GG das bereits angesprochene Verbot inhaltlich unbestimmter Strafgesetze.

1306 *Kunig* in v. Münch/Kunig, Grundgesetz, Art. 103 Rn. 21; *Schmidt-Aßmann* in Maunz/Dürig, Grundgesetz, Art. 103 II Rn. 179 ff.

1307 Vgl. statt aller *Roxin*, Strafrecht AT I, § 5 Rn. 7 ff.

1308 *Roxin*, Strafrecht AT I, § 5 Rn. 8.

1309 Der Wunsch nach einem möglichst hohen Maß an gesetzlicher Bestimmtheit hat in der Vergangenheit sogar dazu geführt, dass das Erfordernis der Auslegung überhaupt negiert wurde. Der Richter solle nur der „Mund des Gesetzes" (*Montesquieu*) oder eine Art „Subsumtionsautomat" sein; für das bayerische StGB von 1813 wurde sogar ein Kommentierungsverbot erlassen, vgl. die Nachweise bei *Roxin*, Strafrecht AT I, § 5 Rn. 26.

1310 *Roxin*, Strafrecht AT I, § 5 Rn. 9.

1311 Die ja zur Zeit der Handlung noch gar keine *Straf*tat gewesen ist.

1312 *Roxin*, Strafrecht AT I, § 5 Rn. 10 unterscheidet hier zwar zwischen der Einführung einer schwereren Strafart „(z.B. Freiheits- statt Geldstrafe)" und der Erhöhung der Strafdrohung im Rahmen derselben Strafart, nimmt aber völlig zu Recht an, dass beide Konstellationen von Art. 103 Abs. 2 GG verboten sind.

Auf alle „vier Verbote“[1313] und ihre Auswirkungen auf die Beantwortung der Frage nach der Zulässigkeit der Fremdrechtsanwendung im Strafrecht wird noch unter 3) näher einzugehen sein.

b) Vier Grundsätze

Auch die Begründung für die Existenz des Bestimmtheitsgebotes liegt nicht nur in einer einzelnen Überlegung. Vielmehr geht dieses Prinzip auf mehrere Wurzeln oder Grundsätze zurück. Etwas grob kann man dabei zwischen einer staatsrechtlichen und einer strafrechtlichen Begründung des Gesetzlichkeitsprinzips unterscheiden.[1314] Diese doppelte Bedeutung des Art. 103 Abs. 2 GG – Staatsrecht einerseits, Strafrecht andererseits – wird auch daran deutlich, dass sich derselbe Wortlaut des Art. 103 Abs. 2 GG auch in § 1 StGB wiederfindet.[1315]

In staatsrechtlicher Hinsicht ist zunächst die Bindung der Exekutive und v.a. der Judikative an das Gesetz zu nennen. Entscheidend ist hier aber nicht nur, *dass* eine Gesetzesbindung besteht, sondern auch, *warum* diese Gesetzesbindung besteht. Historisch lässt sich die Bindung an das Gesetz als Ausdruck des politischen Liberalismus begreifen: Um der Freiheit des Bürgers willen dürfen (Straf-)Richter nur auf Grund allgemeiner Gesetze verurteilen.[1316] Erst dann, wenn der Bürger und seine Freiheit in den Mittelpunkt gerückt wird, erklärt sich der Gedanke des Vertrauensschutzes.[1317] So erklärt sich auch, weshalb das Bestimmtheitsgebot z.T. auch als Forderung nach der „Vorhersehbarkeit der Strafbarkeit“ beschrieben wird:[1318] der Beschuldigte darf darauf vertrauen, nur insoweit bestraft zu werden, wie es für den Normadressaten[1319] vorhersehbar gewesen ist.

1313 Die von *Schünemann*, Nulla poena sine lege, S. 3, als „fünfte Ausprägung“ des *nulla-poena*-Satzes bezeichnete Überlegung, wonach auch das „Wie“ der Strafbarkeit, also die Strafhöhe festgelegt sein muss, ist dagegen kein spezielles Verbot, sondern Teil der Antwort auf die Frage dar, *was* gesetzlich bestimmt sein muss.

1314 Vgl. *Roxin*, Strafrecht AT I, § 5 Rn. 18.

1315 Es ist also einerseits richtig, wenn darauf verwiesen wird, dass § 1 StGB lediglich deklaratorische Bedeutung hat, vgl. *Dannecker* in LK-StGB, § 1 Rn. 1. Andererseits betont diese deklaratorische Normwiederholung die Bedeutung des Gesetzlichkeitsprinzips nicht nur für das Staats-, sondern auch für das Strafrecht.

1316 *Roxin*, Strafrecht AT I, § 5 Rn. 19; *Schmitz* in MüKo-StGB, § 1 Rn. 9.

1317 Beruft man sich nämlich ausschließlich auf die Gesetzesbindung, wäre auch ein rückwirkendes Strafgesetz durchaus denkbar. Der Richter wäre – wegen der Bindung an das Gesetz – sogar gezwungen, ein ggf. erlassenes rückwirkendes Gesetz anzuwenden, vgl. auch *Roxin*, Strafrecht AT I, § 5 Rn. 21 a.E.

1318 In diese Richtung *Hochmayr* in Małolepszy/Hochmayr/Nalewajko (Hrsg.), Auslieferung von eigenen Staatsangehörigen, S. 31, 40 f.

1319 Vgl. BVerfGE 105, 135. Abzustellen ist also auf einen objektiven „durchschnittlichen Normadressaten“, d.h. bei ausländischem Recht in der Regel einen Angehörigen dieses ausländischen Staats, vgl. dazu noch unten Teil 4 § 3 C.III.2)d).

Daneben kann Art. 103 Abs. 2 GG – staatsrechtlich betrachtet – als Ausdruck der „gewaltenteilenden Demokratie“[1320] verstanden werden, in der die abstrakte Entscheidung über die Strafwürdigkeit von Verhaltensweisen dem Parlament und nicht der Judikative zusteht. Dem Richter bleibt nur die Rechtsanwendung, nicht die Rechtsetzung; die Exekutive ist sogar weitgehend[1321] unbeteiligt an der Bestrafung, womit Machtmissbrauch bzw. Übergriffe auf die Macht einer anderen der drei Gewalten ausgeschlossen werden sollen.

Drittens lässt sich das Gesetzlichkeitsprinzip des Art. 103 Abs. 2 GG – und § 1 StGB – auch strafrechtlich begründen, nämlich mit dem Aspekt der Prävention als Zweck des Strafrechts.[1322] Eine abschreckende Wirkung (negative Generalprävention) kann nämlich dann nicht erzielt werden, wenn eine Handlung nicht schon vor ihrer Begehung für strafbar erklärt ist.[1323] Aber auch die positive Generalprävention, d.h. die Herstellung und Stabilisierung der Rechtstreue der Bevölkerung,[1324] ist nur dann möglich, wenn das strafbare Verhalten klar gesetzlich bestimmt ist.[1325] Strafe ist also nur dann zulässig, wenn auf Grund der Strafdrohung wenigstens die Möglichkeit bestand, dass der Täter sich rechtstreu verhält.[1326]

1320 *Roxin*, Strafrecht AT I, § 5 Rn. 20; *Schünemann*, Nulla poena sine lege, S. 9 ff. verbindet die Aspekte der Freiheit und der Gewaltenteilung zu einer „Idee der Freiheitsverbürgung durch Gewaltenteilung“ (Hervorhebung entfernt) als staatsrechtliche Wurzel des *nulla poena*-Satzes.

1321 *Roxin*, Strafrecht AT I, § 5 Rn. 20 nimmt dagegen an, die Exekutive sei „von der Mitwirkung bei der Bestrafung *völlig* ausgeschlossen“ (Hervorhebung J.B.), was nicht ganz zutreffend ist. So sind die Staatsanwaltschaft und die Strafvollstreckungsbeamten als Teil der Exekutive durchaus an der Bestrafung (im weitesten Sinn, nämlich durch die Beteiligung am strafrechtlichen Erkenntnis- bzw. Vollstreckungsverfahren) beteiligt. Richtig ist aber, dass die Exekutive an der *Entscheidung* über die Bestrafung nicht unmittelbar beteiligt ist. Eine ganz erhebliche Entscheidungsbefugnis hat die Exekutive dagegen bei der Frage, *ob* überhaupt Anklage erhoben wird. Sieht die Exekutive – aus welchem Grund auch immer – von der Anklageerhebung ab, wirkt sie ganz erheblich an der „Nicht-Bestrafung“ des Beschuldigten mit (vgl. aber die Möglichkeit des Klageerzwingungsverfahrens nach §§ 172 ff. StPO, die indes nur dem Geschädigten, nicht etwa dem Gericht von Amts wegen, zusteht), was *staats*rechtlich, d.h. hier mit Blick auf die Gewaltenteilung, auch dann problematisch sein könnte, wenn die Machtausübung der Exekutive zu Gunsten des Beschuldigten wirkt.

1322 *Schünemann*, Nulla poena sine lege, S. 13 weist in diesem Zusammenhang darauf hin, dass nicht erst die Verhängung der Strafe, sondern bereits die Androhung derselben eine präventive Wirkung haben kann.

1323 Auch hier hat der angesprochene Gedanke von der „Vorhersehbarkeit der Strafbarkeit“ seine Berechtigung: Nur eine Strafbarkeit, die vorhersehbar ist, kann eine abschreckende Wirkung entfalten.

1324 Vgl. allgemein zur positiven Generalprävention *Roxin*, Strafrecht AT I, § 3 Rn. 26.

1325 *Roxin*, Strafrecht AT I, § 5 Rn. 23.

1326 *Schünemann*, Nulla poena sine lege, S. 14.

Zuletzt steht auch das strafrechtliche Schuldprinzip (§ 17 StGB) im engen Zusammenhang mit dem Gesetzlichkeitsprinzip; das Schuldprinzip kann als *ein*[1327] Prinzip hinter dem Gesetzlichkeitsprinzip gesehen werden.[1328] Strafe setzt nämlich Schuld voraus, wozu auch das Bewusstsein, Unrecht zu tun, gehört. Zwar ist Unrechtsbewusstsein (§ 17 StGB) nicht dasselbe wie Bewusstsein oder potentielle Kenntnis *der Strafbarkeit*, wie sie Art. 103 Abs. 2 GG voraussetzt. Die Kenntnis der Strafbarkeit ist nämlich weiter als „nur" die Einsicht, etwas Unrechtes zu tun. Art. 103 Abs. 2 GG geht also teilweise über das Schuldprinzip hinaus.[1329] Allerdings liegt *in praxi* das Unrechtsbewusstsein meist nur dann vor, wenn der Täter die Strafnorm hätte kennen können.[1330] Daher wirken – was die Beschränkung der Strafbarkeit angeht – in praktischer Hinsicht das Schuldprinzip und das Gesetzlichkeitsprinzip sehr ähnlich, auch wenn das Gesetzlichkeitsprinzip weiter reicht. Letztlich kann aber offen bleiben, ob der Grundsatz *nulla poena sine culpa*, also das Schuldprinzip, Grundlage des Gesetzlichkeitsprinzips oder sogar völlig unabhängig davon ist,[1331] denn auch das Schuldprinzip genießt Verfassungsrang[1332] und müsste daher bei einer ggf. erfolgenden Verurteilung nach ausländischem Recht beachtet werden.

2) Ausländisches Strafrecht als „Gesetz" im Sinne des Art. 103 Abs. 2 GG

Unabhängig von den genannten vier Verboten und den vier zur Begründung des Bestimmtheitsgebotes herangezogenen Grundsätzen im Einzelnen müsste es sich bei dem ggf. anzuwendenden ausländischen Strafrecht überhaupt um ein „Gesetz" im Sinne des Art. 103 Abs. 2 GG handeln. Art. 103 Abs. 2 GG verlangt nämlich nicht nur *irgendeine* Bestimmtheit der Strafbarkeit, sondern auch, dass die Strafbarkeit gerade durch *Gesetz* bestimmt wird.[1333]

1327 Aber nicht, wie etwa *Sax* in Bettermann/Nipperdey/Scheuner (Hrsg.), Die Grundrechte III/2, S. 909, 999 wohl meint, wenn er ausführt, das Gesetzlichkeitsprinzip sei „nichts als die Spezifizierung des strafrechtlichen Schuldgrundsatzes" als *einzige* Grundlage.

1328 *Roxin*, Strafrecht AT I, § 5 Rn. 24 f.

1329 *Schünemann*, Nulla poena sine lege, S. 15; *Jeßberger*, Der transnationale Geltungsbereich, S. 144; *Roxin*, Strafrecht AT I, § 5 Rn. 25.

1330 *Roxin*, Strafrecht AT I, § 5 Rn. 25; ihm insoweit folgend *Dannecker* in LK-StGB, § 1 Rn. 61. *Dannecker* meint allerdings, dass das Schuldprinzip zwar in einem „engen Zusammenhang" mit dem Gesetzlichkeitsprinzip stehe, aber „wesensmäßig nicht unmittelbar mit ihm verknüpft" sei (Rn. 62).

1331 Dies deutet *Jeßberger*, Der transnationale Geltungsbereich, S. 144 an, wenn er davon spricht, dass beide Prinzipien „unterschiedliche Gewährleistungsgehalte" hätten.

1332 BVerfGE 20, 323, 331.

1333 Vgl. nur *Schmidt-Aßmann* in Maunz/Dürig, Grundgesetz, Art. 103 II Rn. 180.

a) Inhalt des Begriffs „Gesetz"

Offenkundig ist ausländisches Strafrecht nicht in dem Sinne „Gesetz", dass es im Gesetzgebungsverfahren nach Artt. 76 ff. GG erlassen worden ist. Allerdings verlangt Art. 103 Abs. 2 GG auch nicht, dass die Strafbarkeit durch formelle Bundesgesetze bestimmt sein muss. Dies zeigt sich erstens daran, dass auch Landesstrafrecht die Strafbarkeit bestimmen kann,[1334] das ebenfalls nicht im Verfahren nach Artt. 76 ff. GG erlassen wurde, wenngleich wegen Art. 28 GG zumindest ein *parlamentarisches* Gesetz besteht.[1335] Zweitens folgt aus den unterschiedlichen Formulierungen in Art. 103 Abs. 2 GG („gesetzlich") einerseits und Art. 104 Abs. 1 GG („*förmliches* Gesetz") andererseits, dass im Rahmen des Art. 103 Abs. 2 GG gerade kein formelles Gesetz erforderlich ist.[1336] Drittens gilt ausdrücklich auch früheres Reichsrecht – auch solches, das entgegen der Weimarer Verfassung von der Reichsregierung und daher nicht nur aus zeitlichen Gründen nicht nach dem Verfahren der Artt. 76 ff. GG erlassen wurde – ausdrücklich als Bundesrecht fort (Art. 123 ff. GG).

Die allgemeine Ansicht, wonach unter Gesetz „jede positiv-rechtliche Norm ... zu verstehen [ist], die in verfassungsrechtlich anerkannter Weise zustande gekommen ist",[1337] also auch z.B. Rechtsverordnungen und Satzungen „Gesetz" i.S.d. Art. 103 Abs. 2 GG sein können, ist im Grundsatz daher zutreffend. Bei einer Einbeziehung von ausländischen Rechtsordnungen ist allerdings fraglich, ob das Erfordernis einer positiv-rechtlichen Norm tatsächlich schon aus dem Begriff „Gesetz" folgt, kann es doch – nach der jeweiligen ausländischen Verfassung – sein, dass eine Strafnorm „verfassungsrechtlich anerkannt" auch auf Gewohnheits- oder Richterrecht basiert. Auf diese Probleme wird unter 3)b) zum *lex scripta*-Satz noch näher einzugehen sein.[1338]

1334 Art. 74 Abs. 1 Nr. 1 GG erklärt das Strafrecht zum Gegenstand der konkurrierenden Gesetzgebung, das Grundgesetz lässt also – bereits seit seiner ursprünglichen Fassung von 1949 – Landesstrafrecht ausdrücklich zu, auch wenn dies praktisch nur sehr geringe Bedeutung hat.

1335 Zum Erfordernis eines *geschriebenen* Parlamentsgesetzes noch näher unten Teil 4 § 3 C.III.3)b).

1336 Zur Frage, ob die Anwendung ausländischen Rechts den Anforderungen des Art. 104 Abs. 1 GG genügt, noch unten Teil 4 § 3 C.III.5).

1337 Statt aller *Schmitz* in MüKo-StGB, § 1 Rn. 19; Hervorhebung entfernt.

1338 „Verfassungsrechtlich anerkannt" kann nach der jeweiligen Verfassung auch eine Norm sein, die von Stellen erlassen wurde, die zwar nicht durch demokratische Wahlen legitimiert sind, aber von der Verfassung des ausländischen Staates als Gesetzgeber vorgesehen sind. Auch Gesetze, die von „Scheinparlamenten" oder sogar der Regierung (etwa auf Grundlage eines sog. Ermächtigungsgesetzes) oder unter Mitwirkung von nicht gewählten Parlamentskammern wie etwa dem britischen *House of Lords* erlassen wurden, unterfallen daher grundsätzlich dem Begriff „Gesetz".

Einstweilen soll es aber genügen, „Gesetz" im Sinne des Art. 103 Abs. 2 GG zu verstehen als „jede Norm, die in verfassungsrechtlich anerkannter Weise zustande gekommen ist",[1339] wobei sich die verfassungsrechtliche Anerkennung auf die jeweilige Verfassung desjenigen Staates bezieht, der das Gesetz erlassen hat. Ausländisches Recht ist daher nicht etwa schon deshalb kein „Gesetz", weil es sich weder um ein formelles Gesetz noch um ein Bundesgesetz handelt.

b) Ausländisches Recht als inländisches Gesetz kraft Verweisung/Blankettgesetz

Es könnte nun aber sein, dass Art. 103 Abs. 2 GG zumindest ein *inländisches* Gesetz verlangt. Oben wurde schon angedeutet, dass dem Grundgesetzgeber zwar bekannt war, dass es Bundes- und Landesstrafrecht geben kann. Selbstverständlich wusste der Grundgesetzgeber außerdem, dass es darüber hinaus auch ausländische Strafnormen gibt. Allerdings dürfte der Verfassungsgeber nicht die Möglichkeit in Betracht gezogen haben, dass sich eine Verurteilung durch deutsche Gerichte auf ausländisches Strafrecht stützen könnte, galt doch auch damals der „Ausschließlichkeitsanspruch" der §§ 3 ff. StGB. Diese historische Überlegung könnte dafür sprechen, ein inländisches Gesetz zu verlangen.

Nach der hier vorgeschlagenen Konzeption soll das deutsche Recht die Anwendung des ausländischen (Tatort-)Rechts ausdrücklich vorsehen. Wenn ein solcher Verweis – ähnlich dem Vorgehen bei Blankettgesetzen – zulässig wäre und gleichzeitig dazu führen würde, dass das deutsche Recht den Inhalt des ausländischen Rechts zu seinem eigenen Regelungsinhalt macht, läge schon nach einem engen Verständnis des Art. 103 Abs. 2 GG, wonach ein inländisches Gesetz nötig wäre, ein „Gesetz" vor.

aa) Blankettstrafgesetze im Allgemeinen

Grundsätzlich muss der Gesetzgeber selbst über die generelle Strafbarkeit von Verhaltensweisen entscheiden. Allerdings ist es durchaus auch zulässig, dass sich die Strafbarkeit erst im Zusammenspiel mit anderen Rechtsakten[1340] ergibt, nämlich bei sog. „Blankettstrafgesetzen".[1341] Beispiele für Blankettstrafgesetze finden sich gegenwärtig u.a. im Umweltstrafrecht, wenn auf Entscheidungen einer Behörde Bezug genommen wird. Die Strafbarkeit ergibt sich dann nicht ausschließlich aus dem Gesetz, sondern erst im Zusammenspiel mit einer behördlichen Entscheidung. Allerdings finden sich im StGB deutliche Anhaltspunkte, welches Verhalten strafbar sein soll. Wenn etwa § 327 StGB es unter Strafe stellt, ohne eine behördliche Erlaubnis gewisse Anlagen zu betreiben, so weiß der Normadressat immerhin, dass

---

1339 Vgl. nochmals *Schmitz* in MüKo-StGB, § 1 Rn. 19.

1340 Bei solchen Rechtsakten kann es sich auch um Bestimmungen der Europäischen Union oder um Völkerrecht handeln, *Jarass/Pieroth*, Grundgesetz, Art. 103 Rn. 49.

1341 Solche Blankettgesetze werden von der wohl h.L. und Rspr. jedenfalls grundsätzlich für zulässig gehalten, vgl. nur *Jarass/Pieroth*, Grundgesetz, Art. 103 Rn. 49 mit Nachweisen aus der Rspr. des BVerfG; *Dannecker* in LK-StGB, § 1 Rn. 148.

er beim Betrieb der betreffenden Anlagen besondere Vorsicht walten lassen muss; eine gewisse „Warnfunktion“ des Strafgesetzes ist also durchaus noch gegeben. Für die Ausgestaltung einzelner Begriffe verweist das Gesetz sogar auf außerrechtliche Bestimmungen,[1342] die nicht vom Gesetzgeber beeinflusst werden können.

bb) Verweisungsnorm auf ausländisches Recht als Blankettgesetz

Eine Vorschrift, wonach das Recht des Tatortes Anwendung finden soll, könnte als ein solches Blankettgesetz zu verstehen sein. Die Strafbarkeit ergäbe sich dann nämlich nicht unmittelbar aus dem deutschen Gesetzestext, sondern erst im Zusammenspiel mit dem ausländischen Recht.[1343] Ausländische Rechtsvorschriften sind ebenfalls vom deutschen Gesetzgeber nicht beeinflussbar und daher in diesem Sinn[1344] „außerrechtlich“. Wenn der Gesetzgeber aber auf irgendwelche außerrechtlichen Bestimmungen verweisen darf, solange diese Bestimmungen ihrerseits den inhaltlichen Anforderungen des Bestimmtheitsgebotes genügen, muss auch der Verweis auf ausländisches Recht – unter denselben inhaltlichen Voraussetzungen, dazu noch unten 3) – grundsätzlich zulässig sein;[1345] zu dem speziellen Problem, dass das ausländische Recht in einer anderen Sprache verfasst sein kann, noch unter d).

cc) Das Problem der vollständigen „Externalisierung“

Dies gilt jedoch – wie bei anderen Blankettgesetzen auch – nur für die Ausgestaltung einzelner Begriffe oder Tatbestandsmerkmale. Eine Bestimmung, wonach (immer) das Strafrecht des Tatorts gilt, geht aber deutlich über die Ausgestaltung *einzelner*, konkretisierungsbedürftiger Begriffe hinaus. Wenn daher auf das gesamte ausländische Strafrecht verwiesen würde, so hätte der Gesetzgeber keine Möglichkeit der Einflussnahme[1346] *und* es handelte sich nicht lediglich um einzelne

---

1342 Vgl. etwa § 319 StGB, in dem von den „allgemein anerkannten Regeln der Technik“ die Rede ist, oder die Vorschrift des § 1631d BGB, die auch und gerade im Strafrecht relevant ist, die auf die „Regeln der ärztlichen Kunst“ Bezug nimmt.

1343 Dies gilt unabhängig davon, ob man – wie *Staubach*, Anwendung ausländischen Strafrechts, S. 223 ff. – davon ausgeht, dass eine Verweisung auf ausländisches Recht eine „inländische Parallelnorm“ schaffen würde, die inhaltlich dem ausländischen Recht – nach Maßgabe des inländischen *ordre public* – entspricht. Auch dann ergibt sich die Strafbarkeit nämlich nicht unmittelbar aus dem deutschen Gesetzestext, sondern aus dem StGB in Verbindung mit der „Parallelnorm“.

1344 Aber selbstverständlich nicht etwa, weil ausländischem Recht *per se* die Qualität als „Recht“ fehlen würde.

1345 So auch *Cornils*, Fremdrechtsanwendung, S. 119; *Dannecker*, ZStW 2005, 697, 737 m.w.N.

1346 Er könnte lediglich auf unerwünschte Entwicklungen im ausländischen Strafrecht mit der Anwendung eines *ordre public*-Vorbehalts reagieren oder selbst gesetzgeberisch tätig werden. Letzteres dürfte indes allenfalls zeitversetzt gelingen, was mit Blick auf § 2 StGB dann problematisch ist, wenn der ausländische

Begriffe, die einer näheren Konkretisierung bedürfen. Zumindest die Grundentscheidung über die Strafbarkeit muss aber der Gesetzgeber selbst vornehmen und darf sie nicht anderen Stellen überlassen.[1347] Demnach wäre ein genereller Verweis auf das *gesamte* (ausländische) Tatortstrafrecht – im Sinne eines Blankettgesetzes verstanden – unzulässig.[1348]

Etwas anderes ergibt sich auch nicht daraus, dass die Vorschrift des § 6 Nr. 9 StGB, wonach das deutsche Strafrecht immer dann gilt, wenn eine völkerrechtlich bindende Verfolgungspflicht besteht – bei der also ebenfalls *prima facie* die Konkretisierung des Tatbestands „externalisiert"[1349] ist –, allgemein und zu Recht für verfassungsgemäß gehalten wird.[1350] Der entscheidende Unterschied zwischen der Anwendung fremden Rechts und der Anwendung des angesprochenen § 6 Nr. 9 StGB besteht nämlich darin, dass bei den „für die Bundesrepublik Deutschland verbindlichen zwischenstaatlichen Abkommen" eine gewisse Einflussmöglichkeit des deutschen Gesetzgebers besteht. Der Gesetzgeber muss den Abkommen zustimmen; wenn darin eine Strafverfolgungspflicht angenommen wird, stimmt der Gesetzgeber auch dieser Pflicht zu und trifft damit selbst die Entscheidung, wie weit das deutsche Strafrecht reichen soll.[1351] Zwar mag es unglücklich sein, dass die Strafbarkeit sich hier nicht unmittelbar aus dem StGB ergibt,[1352] dennoch hat der deutsche Gesetzgeber selbst eine Entscheidung über die Strafbarkeit (mit-)getroffen, und nicht – wie dies bei einer Bestimmung, wonach stets das Tatortrecht anzuwenden ist, der Fall wäre – lediglich auf die Entscheidung einer anderen Stelle verwiesen. Es bleibt daher auch unter Berücksichtigung von § 6 Nr. 9 StGB dabei,

---

Gesetzgeber – entgegen der deutschen Vorstellung – eine Strafnorm aufhebt. Selbst bei „Wiedereinführung" der Strafbarkeit durch ein späteres Gesetz stünde § 2 StGB wohl dessen Anwendung in vielen Fällen im Weg.

1347 BVerfGE 75, 329, 342; für den Fall, dass die Strafnorm auf eine Rechtsverordnung verweist, ist zudem Art. 80 Abs. 1 Satz 2 GG zu beachten.

1348 Mit Ausnahme des Falles, in dem die Tat *auch* nach deutschem Strafrecht strafbar ist. In einem solchen Fall kann man durchaus annehmen, dass der deutsche Gesetzgeber die Grundentscheidung über die Strafbarkeit getroffen hat. Eine solche Norm könnte etwa lauten: „Ist die Tat im Ausland begangen, gilt das am Handlungsort anwendbare Recht, sofern die Tat auch in Deutschland strafbar ist." Problematisch ist dann aber wiederum, dass nicht ein deutscher Gesetzgeber, sondern der ausländische Gesetzgeber, über Art und Höhe der Strafe, also das „Wie" der Strafbarkeit, entscheidet.

1349 *Jeßberger*, Der transnationale Geltungsbereich, S. 146.

1350 Bedenken äußert aber *Böse* in NK-StGB, § 6 Rn, 17. *Werle/Jeßberger* in LK-StGB, § 6 Rn. 105 meinen zwar, eine solche Regelung sei „nicht unbedenklich", lehnen aber Verfassungswidrigkeit letztlich ab.

1351 Es ist daher zutreffend, wenn *Eser* in Schönke/Schröder, StGB, § 6 Rn. 10 darauf verweist, dass § 6 Nr. 9 StGB nur klarstellende Funktion hat, wenn die Verfolgungspflicht in deutsches Recht transformiert wurde.

1352 Aus Art. 103 Abs. 2 GG folgt selbstverständlich keine Pflicht, alle Strafbestimmungen in nur *ein* Gesetz aufzunehmen.

dass eine Verweisung auf das gesamte ausländische Strafrecht im Wege eines Blankettgesetzes verfassungsrechtlich unzulässig wäre.[1353]

Es wäre nun zwar vorstellbar, dass der Gesetzgeber nicht generell das ausländische Recht für anwendbar erklärt, sondern für jedes denkbare Rechtsgut eine Umschreibung findet und erklärt, dass sich die Einzelheiten der Strafbarkeit aus dem ausländischen Recht ergeben. Eine solche Norm könnte etwa lauten: „Wer entgegen dem Recht des ausländischen Tatortes einen Menschen tötet, wird entsprechend dem Recht des Tatortes bestraft." Eine solche Regelung für jedes einzelne Rechtsgut würde aber schon nicht das Anliegen deutlich machen, das fremde Strafrecht in diesen Fällen *generell* für vorrangig zu erklären. Darüber hinaus dürfte es praktisch schwierig sein, jedes Rechtsgut – auch im Bereich des Nebenstrafrechts – zu erfassen und mit einer solchen Norm zu versehen. Schließlich würde auch die Formulierung der Rechtsfolge mit dem reinen Verweis auf das Tatortrecht neue Probleme aufwerfen, denn über das „Wie" der Strafbarkeit hätte wiederum nicht ein deutscher Gesetzgeber bestimmt.

dd) Zwischenergebnis

Wenn Art. 103 Abs. 2 GG so verstanden wird, dass ein *inländisches* Gesetz vorliegen muss, mithin jede Grundentscheidung über die Strafbarkeit – auch bei Auslandstaten – von einem *deutschen* Gesetzgeber getroffen werden muss, ist eine vorrangige Anwendung des ausländischen Rechts jedenfalls dann verfassungswidrig, wenn die Tat nicht zugleich auch nach deutschem Recht strafbar ist. Allerdings bleibt es auch bei einem engen Verständnis von Gesetz als „inländisches Gesetz" durchaus zulässig, ggf. das mildere – jedoch nicht das strengere – Recht des Tatortes zu berücksichtigen oder sogar anzuwenden.

c) Ausländisches Recht als ausreichende „gesetzliche Bestimmung"

Art. 103 Abs. 2 GG könnte aber auch so zu verstehen sein, dass die Grundentscheidung zwar *gesetzlich* bestimmt sein muss, diese Bestimmung aber nicht notwendigerweise durch einen *deutschen* Gesetzgeber erfolgen muss.[1354] Wenn die Strafbarkeit nach ausländischem Tatortrecht gegeben ist, liegt mit der

---

1353 Auf das zusätzliche Problem, dass es sich bei einer Verweisung auf das ausländische Recht um eine dynamische Verweisung handelt, kommt es somit gar nicht an. Vgl. zur Kritik an dynamischen Verweisen – insbesondere wenn nicht auf nationales Recht verwiesen wird – *Dannecker* in LK-StGB, § 1 Rn. 158 f. m.w.N.; zur schon jetzt bestehenden Problematik der dynamischen Verweisung auf EU-Recht auch *Satzger*, IntEurStrafR, § 9 Rn. 70 f.

1354 Für das schwedische Recht nimmt *Nelson*, Nordisk Tidsskrift for Kriminalvidenskab (Tillæg) 1989, 11, 13 – leider ohne nähere Erläuterung – für den Fall der Anwendung nicht-schwedischen Rechts einen Verstoß gegen das schwedische Gesetzlichkeitsprinzip (*„principle of legality"*) an. Es liegt allerdings zumindest ein Verstoß gegen das einfache schwedische Recht vor, das in Kapitel 2 § 1 des Strafgesetzbuchs die Anwendung schwedischen Strafrechts vorschreibt.

(ausländischen) *lex loci* zumindest überhaupt ein Gesetz vor. Hier ist fraglich, ob durch das ausländische Recht die Strafbarkeit bereits im Sinne des Art. 103 Abs. 2 GG „gesetzlich bestimmt" ist.

Problematisch sind dabei wie aufgezeigt, v.a. die Fälle, in denen die Tat *nur* nach der *lex loci*, aber nicht nach der *lex fori* strafbar ist. Da es bisher keine unmittelbare Fremdrechtsanwendung im Strafrecht gibt, sind solche Fälle bisher weder diskutiert noch in der Praxis entschieden worden. Eine gewisse Bedeutung hat aber der umgekehrte Fall gewonnen, also der, dass die Tat nach dem Recht des Tatortes straflos, nach dem Recht des Gerichtsortes aber strafbar gewesen ist. Zu denken ist etwa an die Fälle von Spionage durch Bürger der DDR, die nach der „Wende" durch bundesdeutsche Gerichte verurteilt worden sind.[1355] Während die Spionage gegen die Bundesrepublik nach den §§ 94, 99 StGB strafbar ist, ist sie am Tatort, der in der DDR lag, straflos gewesen. Es stellte sich nun die Frage, ob mit den §§ 94, 99 StGB dem Bestimmtheitsgebot des Art. 103 Abs. 2 GG Genüge getan ist oder ob es auf die Strafbarkeit nach dem Recht der DDR ankommt.

aa) Anknüpfung an die lex loci

Für die Anknüpfung an die *lex loci* hat sich u.a. *Widmaier*[1356] ausgesprochen. Es genüge Art. 103 Abs. 2 GG nicht, wenn die Tat nach (bundes-)deutschem Recht strafbar ist, sondern die Tat müsse nach dem Recht des Tatortes strafbar sein. Dass eine Tat in *irgendeinem* Staat strafbar ist, genüge dem Gesetzlichkeitsprinzip nämlich nicht, und zwar auch dann nicht, wenn dieser Staat der Gerichtsstaat ist. Dies folge auch aus dem völkerrechtlichen Gesetzlichkeitsprinzip des Art. 15 IPbpR und des im wesentlichen identischen Art. 7 EMRK.[1357]

Noch während der deutschen Teilung hat *Doehring* zudem eine Parallele zwischen der räumlichen und der zeitlichen Geltung des Gesetzes gezogen. Wer sich gemäß seiner heimischen Rechtsordnung in seinem Staat straflos verhält, könne und müsse gar nicht sein Verhalten an der Rechtsordnung anderer Staaten

---

1355 Bestätigt durch BVerfGE 92, 277.

1356 *Widmaier*, NJW 1991, 2460; in diese Richtung auch *Rittstieg*, NJW 1994, 912.

1357 *Widmaier*, NJW 1991, 2460, 2463. – Im von *Widmaier* besprochenen Fall der Spionage gegen die Bundesrepublik durch Bürger der früheren DDR ist aber zu beachten, dass nach hier vertretener Auffassung bei Staatsschutzdelikten ohnehin nicht die Strafbarkeit am Tatort, sondern im geschützten Staat entscheidend ist. Auch dann besteht aber – im Verhältnis zwischen Bundesrepublik und DDR – das Problem, dass sich der Beschuldigte nach der „Wende" ohne eigenes Zutun nunmehr in einem anderen Staat befindet. *Widmaier*, NJW 1990, 3169 schlägt eine analoge Anwendung von Art. 31 Haager LKO vor, wonach ein „Spion, welcher zu dem Heere, dem er angehört, zurückgekehrt ist und später [d.h. nicht während seiner Spionage-Tätigkeit] vom Feinde gefangen genommen wird, ... für früher begangene Spionage nicht verantwortlich gemacht werden [kann.]" Weder das BVerfG (E 92, 277) noch der BGH (vgl. nur NStZ 1993, 587, 589 m.w.N.) sind dieser Ansicht gefolgt.

ausrichten, diese Rechtsordnungen seien sogar „irrelevant“ für den Täter.[1358] Wenn der Täter aber eine Norm nicht kennen musste, sei dies genau so zu beurteilen, wie wenn die Norm gar nicht bestanden hätte, d.h. eine Verurteilung dürfe wegen des Rückwirkungsverbots nicht auf eine solche Bestimmung gestützt werden.

Nach dieser Ansicht müsste es also ausschließlich auf die Strafbarkeit nach dem Recht des Tatortstaates ankommen.

bb) Anknüpfung (nur) an die lex fori

Nach der Ansicht des *Bundesverfassungsgerichts* bestimmt sich die Gesetzlichkeit dagegen „in erster Linie“ nach dem deutschen Strafrecht, und zwar ausdrücklich auch dann, wenn es zu einer Konkurrenz verschiedener Strafrechtsordnungen kommt.[1359] Eine Interpretation des Art. 15 IPbpR, derzufolge es nur auf das Tatortrecht ankommen kann, sei schon mit dem völkerrechtlichen Schutzprinzip – gemeint ist hier das Staatsschutzprinzip – unvereinbar.[1360]

Auch *Jeßberger* lehnt eine Bezugnahme auf die *lex loci* beim Gesetzlichkeitsprinzip – die er als „materielle Interpretation“ des Art. 103 Abs. 2 GG bezeichnet – ab. Das Gesetzlichkeitsprinzip richte sich als nationales Verfassungsrecht an den Gesetzgeber des Staates, der urteilen möchte und diene der „Disziplinierung“ *dieses* Gesetzgebers.[1361] Demzufolge müsse es allein auf die Strafbarkeit bzw. die Gesetzlichkeit der Norm dieses Staates ankommen.

Mosiek meint mit Blick auf die oben unter b) bereits angesprochene Problematik der Verweisung und der Blankettstrafgesetze, dass, wenn der deutsche Gesetzgeber selbst über die Strafbarkeit eines Verhaltens entscheiden müsse und diese Entscheidung nicht an andere innerstaatliche Stellen delegieren dürfe, *erst recht* ein Verbot bestehe, diese Entscheidung an fremde Staaten zu „delegieren“;[1362] in der Anwendung ausländischen Strafrechts an Stelle des eigenen läge daher ein Verstoß gegen Art. 103 Abs. 2 GG.

1358 *Doehring*, Der Staat 1965, S. 269. Allerdings nur bezogen auf die Auslandstaten von *Ausländern*. Für Inländer geht *Doehring* offenbar davon aus, dass sie mit der Geltung des deutschen Rechts auch für Taten, die sie im Ausland begehen, rechnen können. In Bezug auf die hier als Beispiel betrachtete Spionage ist das ohne Weiteres einleuchtend: Ein deutscher Staatsangehöriger mit Wohnsitz in der Bundesrepublik weiß, dass Spionage-Tätigkeit gegen „seine“ Bundesrepublik auch dann strafbar ist, wenn er sie vom Gebiet der DDR aus begeht.

1359 BVerfGE 92, 277, 324.

1360 BVerfGE 92, 277, 323. Es sei noch einmal daran erinnert, dass es nicht *nur* um die Geltung des Tatortrechts geht, sondern dass nach hier vertretener Auffassung gerade für Fälle des Staatsschutzprinzips von einem Vorrang des geschützten Rechts auszugehen ist.

1361 *Jeßberger*, Der transnationale Geltungsbereich, S. 144.

1362 *Mosiek*, StV 2008, 94, 98.

cc) Diskussion und Zwischenergebnis

An der Auffassung des *Bundesverfassungsgerichts*[1363] ist zunächst zutreffend, dass es nicht in jedem Fall auf die Strafbarkeit nach dem Recht des Tatortes ankommen kann, sondern vielmehr in Staatsschutzsachen das Recht des geschützten Staates maßgeblich ist. Daraus aber die allgemeine Regel abzuleiten, dass stets bzw. „in erster Linie“[1364] die *lex fori* entscheidend sein soll, ist nicht zwingend. Das *Bundesverfassungsgericht* selbst lässt mit dieser Formulierung die Möglichkeit offen, dass es auch eine „zweite Linie“ geben muss, wenngleich nicht klar wird, was in zweiter Linie zu beachten wäre und in welchen Fällen es auf sie ankommt.

Unklar bleibt aber auch, weshalb *Jeßberger* meint, das Gesetzlichkeitsprinzip binde in erster Linie den Gesetzgeber.[1365] Zunächst fällt auf, dass *Jeßberger* den Singular gebraucht, obwohl mehrere deutsche Gesetzgeber bestehen, die über die Gesetzgebungskompetenz für das Strafrecht verfügen. Dass Art. 103 Abs. 2 GG – wie oben a) gezeigt – gerade kein formales Bundesgesetz, das im Verfahren nach Artt. 76 ff. GG erlassen wurde, voraussetzt, spricht eher dafür, dass es weniger darum geht, *wer* (oder genauer: welcher Gesetzgeber) die Strafbarkeit bestimmt, als vielmehr darum, *dass* die Strafbarkeit überhaupt gesetzlich bestimmt ist.

Unabhängig davon, dass es nicht *den* deutschen Strafgesetzgeber gibt, ist aber die These, wonach das Gesetzlichkeitsprinzip in erster Linie den *Gesetzgeber* binde, nicht überzeugend. Das Gesetzlichkeitsprinzip richtet sich vielmehr zunächst an diejenigen Organe, die konkret richten, also an die Judikative, wie schon der Wortlaut des Art. 103 Abs. 2 GG („…kann nur *bestraft* werden…“)[1366] andeutet. Verhindert werden soll, dass die Judikative abstraktes Strafrecht selbst setzt – gewissermaßen neue Strafbarkeiten erfindet –, weil dies einen Verstoß gegen das Prinzip der Gewaltenteilung darstellen würde.[1367] Bei der Anwendung fremden Rechts setzt die

---

1363 BVerfGE 92, 277.

1364 Vgl. die ausdrückliche Formulierung bei BVerfGE 92, 277, 324.

1365 So *Jeßberger*, Der transnationale Geltungsbereich, S. 144, der meint, das Gesetzlichkeitsprinzip richte sich „als Konkretisierung des Rechtsstaatsprinzips für den Bereich der Strafrechtspflege *an den Gesetzgeber* desjenigen Staates, dessen Organe strafen.“ (Hervorhebung J.B.). Ähnlich *Mosiek*, StV 2008, 94. Das BVerfG (E 105, 135, 153) geht dagegen davon aus, es liege eine „Handlungsanweisung an den Strafgesetzgeber und Handlungsbegrenzung für den Strafrichter *zugleich*“ (Hervorhebung J.B.) vor; also zumindest keine Bindung des Gesetzgebers *in erster Linie*. Eine Handlungsanweisung an den ausländischen Strafgesetzgeber kann Art. 103 Abs. 2 GG jedoch aus völkerrechtlichen Gründen nicht sein; bei der Anwendung ausländischen Rechts richtet sich Art. 103 Abs. 2 GG daher nur an den Strafrichter.

1366 Vgl. auch Art. 15 IPbpR; Art. 7 EMRK: „darf … *verurteilt* werden …“ (Hervorhebung J.B.). Richtig ist, dass der Gesetzgeber *auch* – aber eben nicht „in erster Linie“ – „diszipliniert“ werden soll, nämlich indem er an seine Pflicht, inhaltlich bestimmte Normen zu erlassen, erinnert und ihm gleichzeitig vor Augen geführt wird, dass andernfalls eine Verurteilung nicht erfolgen kann.

1367 Insofern könnte man von Art. 103 Abs. 2 GG als einem „Gegenstück“ zu Art. 92 GG sprechen: Während letztere Bestimmung die Recht*sprechung* im konkreten

Judikative aber kein abstraktes Recht, sondern wendet abstrakte Rechtsnormen auf einen konkreten Fall an, was unstrittig die Aufgabe der Rechtsprechung ist.

Schließlich ist auch der Erst-Recht-Schluss von *Mosiek* nicht überzeugend. Er kann sich dabei auch nicht auf die zitierte Entscheidung des *Bundesverfassungsgerichts*[1368] stützen. Weder in der Entscheidung des *Bundesverfassungsgerichts*, noch im Grundgesetz ist von einem ausländischen Gesetzgeber die Rede. Art. 103 Abs. 2 GG weist auf der Ebene des Bundes dem Bundes*gesetzgeber* die Aufgabe zu, die Strafbarkeit zu bestimmen. Das Grundgesetz verlangt aber weder eine gesetzliche Regelung durch den *Bundes*gesetzgeber noch regelt es das Verhältnis zu ausländischen Gesetzgebern.[1369] Von einer Mitentscheidung über die abstrakte Strafbarkeit sind daher nur die anderen Gewalten des Bundes – und wegen Art. 28 GG auch der Länder – ausgeschlossen, aber nicht ausländische Stellen.

dd) Folgen für den „umgekehrten" Fall

Die oben gezeigte Argumentation betrifft – wie gesagt – den Fall, dass die Tat am Tatort straflos, am Gerichtsort aber strafbar ist. Die Straflosigkeit am Tatort setzt sich gewissermaßen durch und führt dazu, dass die Strafbarkeit ohne Rücksicht auf das Recht des Gerichtsortes nicht „gesetzlich bestimmt" war. Fraglich ist nun, ob sich auch die Strafbarkeit am Tatort so „durchsetzt", dass eine bestehende Strafbarkeit unabhängig vom Recht des Gerichtsortes bedeutet, dass die Strafbarkeit gesetzlich bestimmt ist. Zur Verdeutlichung seien die vier in Betracht kommenden Fälle in der folgenden Tabelle dargestellt.

Konstellation	**Strafbarkeit nach dem Tatortrecht**	**Strafbarkeit nach dem Recht des Gerichtsortes**	**Strafbarkeit „gesetzlich bestimmt"**
1	nein	nein	nein
2	nein	ja	nein, wie soeben ausgeführt
3	ja	nein	problematisch
4	ja	ja	ja

In *Konstellation 1* ist offensichtlich die Strafbarkeit nicht „gesetzlich bestimmt", während dies in *Konstellation 4* erkennbar der Fall ist. Nach dem oben Gesagten kommt es – auch bei einer Strafbarkeit nach dem Recht des Gerichtsortes – auf

Fall den Gerichten ausdrücklich zuweist, stellt Art. 103 Abs. 2 GG u.a. klar, dass die Recht*setzung* gerade *nicht* den Gerichten zusteht.

1368 BVerfGE 105, 135, 153.

1369 Bestimmungen finden sich nur in Bezug auf das Verhältnis des Bundes- zu den Landesgesetzgebern (Artt. 30, 70 GG). Eine Regelung des Verhältnisses von Gesetzgebungsorganen unterschiedlicher Staaten zueinander ist dem Völkerrecht vorbehalten.

die Straflosigkeit nach dem Tatortrecht an, so dass in *Konstellation 2* gerade keine „gesetzlich bestimmte" Strafbarkeit vorliegt.

Problematisch ist allein die *Konstellation 3.* Man könnte nun annehmen, dass eine gewisse Unklarheit über die Strafbarkeit – in diesem Fall eine Widersprüchlichkeit der in Frage kommenden Rechtsordnungen – stets die Folge haben muss, dass die Strafbarkeit nicht ausreichend bestimmt ist. Dagegen lässt sich zunächst anführen, dass die obige Übersicht in gewisser Weise unvollständig ist, weil nur nach der Rechtsordnung zweier Staaten gefragt wird. Tatsächlich können bei den hier interessierenden Konfliktfällen weitaus mehr Staaten mit ihren Rechtsordnungen beteiligt sein. Die Annahme, dass die Strafbarkeit schon dann nicht gesetzlich bestimmt sein soll, wenn die Tat nach dem Recht *eines* in Frage kommenden Gerichtsortes straflos ist, erscheint zumindest unplausibel.[1370] Entscheidend ist aber, dass in *Konstellation 3* überhaupt kein Widerspruch zwischen *in Frage kommenden* Rechtsordnungen besteht. Nach der hier vertretenen Auffassung kommt es nämlich insgesamt vorrangig auf das Recht des Tatortes an; es besteht also in *Konstellation 3* keine Widersprüchlichkeit zwischen *gleichrangigen* Rechtsordnungen, die zu Gunsten des Beschuldigten ggf. dazu führen müsste, dass die Strafbarkeit nicht gesetzlich bestimmt ist.

Im Ergebnis gilt daher für alle Konstellationen: Es kommt bei der Frage nach der Gesetzesbestimmtheit allein auf die Strafbarkeit nach dem Recht des Tatortes an. Ist die Tat nach dem Recht des Tatortes strafbar, so kann darin eine „gesetzliche Bestimmung" der Strafbarkeit liegen;[1371] ist die Tat nach diesem Recht straflos, so ist die Strafbarkeit nicht gesetzlich bestimmt. Auf das Recht weiterer Staaten, einschließlich des Staates, in dem das Gericht seinen Sitz hat, kommt es dabei nicht an.

d) Insbesondere: Das Sprachenproblem

Bei ausländischem Recht stellt sich häufig in besonderer Weise das Problem, dass der Täter in aller Regel das Gesetz nicht kennt und oft in Folge von Sprachbarrieren auch nicht kennen kann. Art. 103 Abs. 2 GG könnte aber so zu verstehen sein, dass zumindest ein *deutschsprachiges* Gesetz vorliegen muss.

Aus dem Wortlaut des Grundgesetzes ergibt sich eine solche Beschränkung freilich nicht. An keiner Stelle wird nämlich im Grundgesetz die Amts- oder Gesetzessprache definiert, so dass der Wortlaut des Grundgesetzes nicht dagegen spricht, fremdsprachige Gesetze als „Gesetz" im Sinne des Art. 103 Abs. 2 GG anzusehen. Teilweise wird aber angenommen, die Festlegung der deutschen

1370 Vgl. auch oben Teil 2 § 4 B.IV. zum „Prinzip der gegenseitigen Anerkennung" in der Europäischen Union. Es ist weder nachvollziehbar, dass sich stets das strengste Recht durchsetzen soll, noch dass stets das mildeste Recht entscheidend sein soll.

1371 Vorbehaltlich der weiteren Voraussetzungen der Bestimmtheit, dazu im Folgenden.

Sprache als das „einzige offizielle Verständigungsmittel“[1372] in Deutschland sei ein impliziter Verfassungsgrundsatz.[1373] Die Richtigkeit dieser Auffassung einmal unterstellt, bedeutet dies aber nicht, dass fremdsprachige Gesetze kein „Gesetz“ sind und daher von der deutschen Rechtsprechung nicht beachtet werden dürfen, sondern lediglich, dass der deutsche Gesetzgeber keine fremdsprachigen Gesetze erlassen darf. Von der deutschen Rechtsprechung wird man dagegen nicht mehr, aber auch nicht weniger, verlangen müssen, als dass sie dann, wenn sie ihre Aburteilung auf eine fremdsprachige Norm stützt, Wortlaut und Bedeutung dieser Norm auch in deutscher Übersetzung wiedergibt. Demnach spräche *prima facie* nichts dagegen, fremdsprachiges Recht als „Gesetz“ im Sinne des Art. 103 Abs. 2 GG anzusehen.

Diese Überlegung greift aber noch zu kurz, weil sie die Interessen des Beschuldigten nicht hinreichend berücksichtigt. Der Beschuldigte könnte ein schützenswertes Interesse daran haben, dass er nur nach einer Norm verurteilt wird, die in einer ihm verständlichen Sprache verfasst ist, so dass er keine Übersetzung benötigt. Das besondere Interesse des Beschuldigten an „seiner“ Sprache ist im Strafverfahren durchaus anerkannt. So regelt etwa Art. 6 Abs. 3 lit. e EMRK den Anspruch auf einen Dolmetscher. Gleichzeitig bestimmt aber die „unscheinbare Norm“[1374] des § 184 GVG ohne Berücksichtigung der Muttersprache des Beschuldigten, dass die Gerichtssprache deutsch ist.[1375]

Mit Blick darauf, dass das Grundgesetz selbst zwar keine amtlich zu gebrauchende Sprache definiert, das einfache Recht dies aber tut, verdient die Bestimmung des § 184 GVG eine etwas nähere Betrachtung. Hinter § 184 GVG steht die Überlegung, dass „deutschen Staatsbürgern vor Gericht keine fremde Sprache

---

1372 *Kissel/Mayer*, GVG, § 184 Rn. 1.

1373 Insbesondere *Kirchhof* in Isensee/Kirchhof (Hrsg.), HbStR^2 I, § 18 Rn. 45 f.; ihm folgend auch *Mäder*, JuS 2000, 1150; *Elicker*, ZRP 2002, 415. Dagegen hält *Stickel*, ZRP 2002, 417 als juristischer Laie die Annahme einer vom Grundgesetz vorgesehenen Staatssprache angesichts des Wortlauts des Grundgesetzes für „erstaunlich“ und bezweifelt zudem, dass eine gesetzliche Festlegung der Staatssprache in letzter Konsequenz überhaupt sinnvoll ist. Angesichts des weitgehenden Schweigens der Verfassungsrechtler im Übrigen (bei *v. Coelln* in StuKo-GG, Art. 22 Rn. 8 wird immerhin die politische Diskussion kurz angesprochen) und der gelegentlichen politischen Diskussion um den Status der deutschen Sprache – die wohl so nicht nötig wäre, wenn die Rechtslage eindeutig wäre –, ist zumindest fraglich, ob man wirklich von „anerkanntem Verfassungsrecht“ sprechen kann. *Stickel*, ZRP 2002, 417 ist also zuzustimmen, wenn er meint, die Bezugnahme auf *Kirchhof* „bietet keinen Ersatz für eine explizite Regelung im Grundgesetz“.

1374 Vgl. die Überschrift des Beitrags von *Paulus*, JuS 1994, 367; zu § 184 GVG auf S. 369 f.

1375 Vergleichbare Bestimmungen finden sich auch in § 23 Abs. 1 VwVfG, § 19 Abs. 1 SGB X und § 87 Abs. 1 AO.

aufgezwungen werden“[1376] darf.[1377] Diese Überlegung lässt sich durchaus auch auf die Sprache übertragen, in der das angewendete Recht formuliert ist: Dem (deutschen) Beschuldigten darf keine fremdsprachige Strafnorm aufgezwungen werden.

Problematisch an dieser Übertragung wäre jedoch, dass auf diese Weise die Verfassung – Bedeutung des Begriffs „Gesetz“ in Art. 103 Abs. 2 GG – durch das einfache Recht – Ratio des § 184 GVG – ausgelegt wird. Wenn außerdem die deutsche Sprache vor allem deshalb entscheidend ist, weil sich „Staatsbürger ... in ihrer Muttersprache am besten ausdrücken“[1378] können, so zeigt dies, dass der Gesetzgeber nur den typischen Fall eines Beschuldigten vor Augen hat, der die deutsche Staatsangehörigkeit hat und der deutschen Sprache hinreichend mächtig ist. Beides mag zwar der Normalfall sein, diese Voraussetzungen sind aber nicht in jedem Strafverfahren erfüllt. § 184 GVG geht jedoch von diesem typischen Fall aus – vgl. nochmals die Formulierung bei *Kissel/Mayer*,[1379] wonach „*deutschen* Staatsbürgern vor [einem *deutschen*][1380] Gericht[1381] keine fremde Sprache aufgezwungen werden“ darf – und zeigt so, dass es bei der Frage nach der „Verständlichkeit“ des Verfahrens auf einen durchschnittlichen Verfahrensbeteiligten ankommen soll.

Überträgt man nun diesen Gedanken eines durchschnittlichen Beteiligten auf die Auslegung des Begriffs „Gesetz“ in Art. 103 Abs. 2 GG,[1382] hat dies gerade *nicht* zur Folge, dass ein „Gesetz“ immer in deutscher Sprache formuliert sein muss, sondern vielmehr, dass ein „Gesetz“ in einer solchen Sprache vorliegen muss, die für den durchschnittlichen oder typischen Normadressaten verständlich ist. Durchschnittlicher Normadressat einer ausländischen Norm ist aber nicht ein Deutscher, sondern ein Angehöriger des ausländischen Staates, so dass es den Anforderungen an ein „Gesetz“ grundsätzlich genügt, wenn das Gesetz in der entsprechenden Sprache vorliegt.[1383]

1376 *Kissel/Mayer*, GVG, § 184 Rn. 1.

1377 Historisch war diese Gefahr durchaus gegeben, noch im 19. Jahrhundert war auch das Lateinische Gerichtssprache, obwohl lange nicht jeder Bürger diese „Gelehrtensprache“ beherrschte, vgl. die Nachweise bei *Paulus*, JuS 1994, 367, 369.

1378 *Zimmermann* in MüKo-ZPO, § 184 GVG Rn. 1.

1379 *Kissel/Mayer*, GVG, § 184 Rn. 1.

1380 Dass *Kissel/Mayer* hier auch an ausländische Gerichte gedacht haben, erscheint völlig ausgeschlossen, handelt es sich doch um die Kommentierung zum deutschen GVG, das nur für deutsche Gerichte gilt.

1381 Man mag an dieser Stelle gedanklich sogar hinzufügen: „in der Regel wegen einer in Deutschland begangenen Tat“.

1382 Unter Außer-Acht-Lassung der oben erwähnten systematischen Bedenken dagegen, die Ratio des einfachen Rechts zur Auslegung des Verfassungsrechts heranzuziehen.

1383 Problematisch können dann allenfalls noch diejenigen Staaten sein, in denen solche Sprachen Amtssprachen sind, die nicht die Muttersprache der Mehrheit der Bevölkerung sind, was in einigen afrikanischen Staaten der Fall ist. Allerdings wird man auch hier annehmen müssen, dass ein in der Amtssprache verfasster Gesetzestext für den durchschnittlichen Normadressaten verständlich ist, auch

Dass es Art. 103 Abs. 2 GG nicht auf die sprachliche Verständlichkeit der Norm für den Einzelnen ankommt, zeigt umgekehrt auch der Blick auf die gegenwärtige Praxis. Es wird *in praxi* nämlich gerade nicht verlangt, dass das „Gesetz" in einer Sprache verfasst ist, die der konkret Beschuldigte kennt. Es wird also auf im Einzelfall auftretende Sprachbarrieren keine Rücksicht genommen, sondern es genügt, dass für eine in Deutschland begangene Tat ein deutschsprachiges Gesetz vorliegt, und zwar auch dann, wenn der Beschuldigte kein deutsch spricht. So behauptet niemand ernsthaft, es sei ein Verstoß gegen Art. 103 Abs. 2 GG, wenn etwa ein britischer Tourist, der kein Wort deutsch versteht, wegen eines in Deutschland begangenen Diebstahls nach § 242 StGB verurteilt wird.

Ausländisches Recht ist also auch nicht deshalb kein „Gesetz" im Sinne des Art. 103 Abs. 2 GG, weil es ggf. in fremder Sprache vorliegt. Entscheidend ist, dass es in einer Sprache vorliegt, die für den durchschnittlichen Normadressaten verständlich ist, mithin in der oder einer Amtssprache des Tatortstaates bzw. des geschützten Staates.

e) Ergebnis zum Begriff „Gesetz"

Art. 103 Abs. 2 GG verlangt also weder ein förmliches Gesetz noch ein Bundesgesetz. Darüber hinaus verlangt das Grundgesetz nicht einmal ein deutsches oder auch nur ein deutschsprachiges Gesetz. Diese Bestimmung steht der Anwendung ausländischen Strafrechts daher nicht grundsätzlich im Wege, so dass es nun darauf ankommt, ob das ausländische Recht auch den „vier Verboten"[1384] gerecht werden kann und die Anwendung ausländischen Rechts mit den „vier Grundsätzen"[1385] vereinbar ist.

3) Die vier Verbote im Einzelnen

a) Analogieverbot – lex stricta

Das Analogieverbot richtet sich in erster Linie an den Richter,[1386] der es grundsätzlich auch dann zu beachten hat, wenn er ausländisches Recht anwendet. Falls das anzuwendende ausländische Recht – womöglich sogar ausdrücklich – eine Analogie zulasten des Beschuldigten im Strafrecht zulässt,[1387] wäre es zwar eine

---

wenn die Amtssprache nicht seine Muttersprache ist. Etwas anderes mag nur in dem heutzutage eher unwahrscheinlichen Fall gelten, dass eine Sprache zur Amtssprache erhoben wird, die nicht von der Bevölkerungsmehrheit zumindest verstanden wird.

1384 Oben Teil 4 § 3 C.III.1)a); Einzelheiten zu den Verboten und ihrer Bedeutung für die Anwendung ausländischen Strafrechts sogleich.

1385 Oben Teil 4 § 3 C.III.1)b); Einzelheiten dazu unten 4).

1386 Vgl. nur *Schmitz* in MüKo-StGB, § 1 Rn. 60.

1387 Dies ist indes kaum der Fall, *Roxin*, Strafrecht AT I, § 5 Rn. 17; zu Unterschieden in der Ausgestaltung des Gesetzlichkeitsprinzips in einzelnen Rechtsordnungen vgl. aber *Jescheck* in FS-Miyazawa, S. 363, 365 ff.

„realitätsnähere" Anwendung des Tatortrechts, wenn der Richter ggf. eine analoge Anwendung des Tatortrechts vornimmt. Um eine solche „Realitätsnähe" zu erreichen, darf sich der Richter aber nicht über grundrechtsgleiche Rechte des Beschuldigten hinwegsetzen. Wie bereits oben gezeigt, dient das Gesetzlichkeitsprinzip insgesamt, aber das Analogieverbot im besonderen, auch dazu, sicherzustellen, dass der Beschuldigte vor Begehung der Tat vorhersehen kann, ob und wie er sich strafbar macht. Eine Analogie zulasten des Beschuldigten ist daher auch bei der Anwendung ausländischen Rechts unzulässig; das Analogieverbot verbietet es aber nicht *grundsätzlich*, ausländisches Strafrecht anzuwenden.

b) Verbot von Gewohnheitsrecht – lex scripta

Wenn es auf die *lex loci* ankommt, stellt sich sodann die Frage, ob dieses Recht auch dann angewendet werden darf oder sogar muss, wenn es weder schriftlich (*nulla poena sine lege scripta*), noch von einem Parlament (*nulla poena sine lege parlamentaria*) erlassen wurde. Darüber hinaus wäre zu fragen, welche qualitativ-strukturellen Anforderungen an das Parlament zu stellen sind. So könnte gefragt werden, ob in dem Staat, dessen Recht angewendet werden soll, eine Gewaltenteilung nach deutscher Vorstellung bestehen muss oder ob das Gesetzgebungsorgan gar entsprechend den Grundsätzen des Art. 38 GG gewählt worden sein muss.[1388] Im Bereich des Internationalen Privatrechts wird auf alle diese Kriterien keine Rücksicht genommen.[1389] Auch für das Strafrecht ist es richtig, ein Parlamentsgesetz nicht zu verlangen; schon für das deutsche Recht wird nicht vorausgesetzt, dass ein formelles Gesetz vorliegt.[1390]

Etwas schwerer zu beantworten ist dagegen die Frage nach der Schriftlichkeit. Oben wurde bereits ausgeführt, dass das *scripta* im Grunde genommen bereits „selbstverständliche Folge" aus der *lex* sei.[1391] Das gilt nicht für alle Rechtsordnun-

1388 Als problematisch könnten sich dabei auch Parlamente innerhalb der Europäischen Union erweisen, vgl. etwa die 50 „Extra-Sitze" nach dem griechischen Wahlrecht oder die italienische Regelung, wonach die stärkste Kraft immer mindestens 54 % der Sitze erhält, vgl. Süddeutsche Zeitung vom 04.06.2012, http://www.sueddeutsche.de/politik/wahl-und-gerechtigkeit-wie-das-wahlrecht-das-ergebnis-beeinflusst-1.1373533-2, abgerufen am 29.06.2012. Die italienische Regelung ist allerdings inzwischen vom *Corte costituzionale*, dem italienischen Verfassungsgericht, für verfassungswidrig erklärt worden, vgl. Süddeutsche Zeitung vom 04.12.2013, http://www.sueddeutsche.de/politik/italien-oberstes-gericht-erklaert-wahlgesetz-fuer-verfassungswidrig-1.1835963.

1389 Beispielhaft sei auf die Ausführungen von *Sonnenberger* in MüKo-BGB, IPR Einl. Rn. 320 ff. verwiesen, die sich mit „IPR, Verfassung und Grundrechte[n]" befassen. Mit Ausnahme des Hinweises darauf, dass die Verweisungsnorm des IPR selbstverständlich dem Bestimmtheitsgebot genügen muss, befasst sich *Sonnenberger* nur mit Grund- und Menschenrechten. Das Staatsorganisationsrecht spielt dagegen überhaupt keine Rolle.

1390 Vgl. oben Teil 4 § 3 C.III.2)a).

1391 Oben Teil 4 § 3 C.III.1)a) mit Verweis auf *Roxin*, Strafrecht AT I, § 5 Rn. 9.

gen, von einigen Staaten wird nämlich entweder Gewohnheits- oder Richterrecht als Grundlage der Bestrafung zugelassen, in anderen Staaten gibt es andere Formen der Veröffentlichung von Gesetzen als die Schriftform.

aa) Andere Veröffentlichungsformen

Zur letztgenannten Gruppe, also zu den Staaten, in denen Gesetze nicht schriftlich vorliegen müssen, gehört die Republik Österreich, in der das verbindliche Bundesgesetzblatt die Online-Ausgabe desselben ist.[1392] Ein *schriftliches* Gesetz liegt damit, jedenfalls im juristisch üblichen Sinn (vgl. im deutschen Recht §§ 125 ff. BGB), nicht vor. Dennoch bestehen auch in Österreich offenbar keine Bedenken dahingehend, dass nun ein Verstoß gegen den – auch dort geltenden[1393] – Grundsatz *nulla poena sine lege scripta* gegeben wäre. Auch in dem Fall, dass deutsche Gerichte österreichisches Strafrecht anzuwenden hätten, läge darin kein Verstoß gegen das Gesetzlichkeitsprinzip. Bei dem Schriftlichkeitsprinzip geht es nämlich entscheidend darum, dass der Beschuldigte von der Strafrechtswidrigkeit seiner Handlung wissen konnte, also ein Gesetz *überhaupt* veröffentlicht und dauerhaft zugänglich ist. Diese Voraussetzung ist aber auch bei der Online-Ausgabe des Bundesgesetzblattes erfüllt. „*Lex scripta*" verlangt also nicht zwingend die Schriftlichkeit im Sinne des § 125 BGB, wenngleich Gesetze (noch) in der Regel schriftlich vorliegen.

bb) Gewohnheitsrecht und Case Law

Problematischer ist dagegen der Fall, in dem das Recht des Tatortes die Strafbarkeit auch nach Gewohnheitsrecht bzw. dem sog. *Case Law* (Fallrecht)[1394] vorsieht, was insbesondere im angloamerikanischen Rechtskreis der Fall ist. Von der oben genannten Definition des Gesetzes als „jede Norm, die in verfassungsrechtlich anerkannter Weise zustande gekommen ist" ausgehend muss man nun zunächst festhalten, dass auch das Gewohnheitsrecht in den Staaten, in denen die Geltung von Gewohnheitsrecht vorgesehen ist, „verfassungsrechtlich anerkannt" ist und somit „Gesetz" ist. Davon unabhängig ist aber die Frage, ob dieses Strafgesetz auch von deutschen Gerichten als Gesetz anerkannt werden muss.

Nachdem es in Deutschland gerade nicht Aufgabe der Rechtsprechung ist, das Recht zu „finden", ist jedenfalls klar, dass ein deutsches Gericht nicht eine neue *Case Law*-Strafbarkeit „finden", also einen neuen Präzedenzfall schaffen darf, sondern sich allenfalls auf bestehendes Gewohnheits- oder Fallrecht in dem Tatortstaat

1392 § 7 [österr.] Bundesgesetzblattgesetz 2004.

1393 Art. 7 EMRK, § 1 öStGB; auch der Grundsatz „nulla poena sine lege *scripta*" wird in Österreich aus dem § 1 öStGB abgeleitet, vgl. *Fabrizy*, StGB, § 1 Rn. 4.

1394 Aus deutscher Sicht scheinen diese fast identisch zu sein. Im englischen Recht wird dagegen zwischen „*custom*" (Gewohnheitsrecht i.e.S.) einerseits und „*common law and precedent*" (Fallrecht) unterschieden. Echtes Gewohnheitsrecht besteht in England kaum noch, schon weil die Anforderungen an das Bestehen einer „Gewohnheit" sehr hoch sind, vgl. *Bruce*, Success in Law, S. 10 ff.

wird berufen dürfen.[1395] Selbst der Verweis auf bestehendes Gewohnheitsrecht ist jedoch problematisch: Zwar liegen mit den veröffentlichten Gerichtsentscheidungen und der entsprechenden Fachliteratur durchaus schriftliche Rechtsquellen vor. Bezüglich letzterer ist allerdings zu beachten, dass Fachliteratur auch nach dem *Case Law*-System gerade nicht als verbindliche Rechtsquelle angesehen wird. Bezüglich der Gerichtsentscheidungen gilt, dass diese – auch dann, wenn sie veröffentlicht sind –, keine vollständige Klarheit über die Strafbarkeit eines bestimmten Verhaltens bieten. Zwar wird im *Case Law* in der Regel den Präzedenzfällen gefolgt („*stare decisis*“), gleichzeitig wird aber jeder Fall einzeln betrachtet und kann daher ggf. auch von vermeintlichen Präzedenzfällen abweichend beurteilt werden, weil die Fälle begreiflicherweise in einigen Punkten nicht identisch sind („*distinguishing of a precedent*“). Das *Case Law*-System bietet daher nur ein gewisses Maß an Bestimmtheit („*certainty*“), weil man anhand früherer Entscheidungen den wahrscheinlichen Ausgang des eigenen Falls vorhersehen kann.[1396] Für die Bestimmtheit der Strafbarkeit reicht es aber – insbesondere aus der Sicht des Beschuldigten – nicht aus, dass er wissen kann, dass sein Verhalten *wahrscheinlich* strafbar ist.[1397]

Folglich ist die Anwendung ausländischen Gewohnheits- bzw. Fallrechts zur Begründung der Strafbarkeit ausgeschlossen. Ein generelles Verbot, ausländisches Strafrecht anzuwenden, ergibt sich aber aus dem *lex scripta*-Grundsatz nicht.

c) Rückwirkungsverbot – lex praevia

Das Rückwirkungsverbot (*nulla poena sine lege praevia*) findet seine Begründung in den liberalen Ursprüngen des Gesetzlichkeitsprinzips[1398] und ist insbesondere Ausdruck des Rechts des Beschuldigten auf Vertrauensschutz ist. Die Anwendung eines rückwirkenden ausländischen Strafgesetzes ist daher selbst dann unzulässig, wenn die Rückwirkung im ausländischen Recht vorgesehen sein sollte.[1399]

1395 D.h. in der englischen Terminologie: Ein deutsches Gericht darf jedenfalls kein „*original precedent*“ schaffen, sondern allenfalls „*declaratory precedent*“ anwenden bzw. aussprechen.

1396 *Bruce*, Success in Law, S. 18, freilich dort ohne die ausdrückliche Einschränkung auf ein „gewisses Maß“ an Bestimmtheit. *Bruce* spricht allgemein von „*certainty*“, weil man den „*likely outcome of a case*“ vorhersagen kann.

1397 Problematisch ist es in diesem Zusammenhang, wenn angenommen wird, für die Strafbarkeit am Tatort (vgl. § 7) komme es auf das *gesamte* ausländische Recht, einschließlich des ungeschriebenen Rechts an (vgl. *Ambos* in MüKo-StGB, § 7 Rn. 6). Wenngleich im Ergebnis *de lege lata* deutsches Strafrecht angewendet wird, so ist die Strafbarkeit letztlich nur dadurch „bestimmt“, dass das deutsche Recht schriftlich vorsieht, dass ein Verhalten unter ungeschriebenen Voraussetzungen dem deutschen Strafrecht unterfallen und daher strafbar sein soll. Ob das für „gesetzlich bestimmt“ reicht, erscheint zweifelhaft, wird aber derzeit kaum in Frage gestellt. *Mosiek*, StV 2008, 94, 98 spricht dieses Problem aber zumindest kurz an.

1398 *Roxin*, Strafrecht AT I, § 5 Rn. 19; 21 a.E.

1399 Vgl. bereits oben Teil 4 § 3 C.III.3)a) zum Analogieverbot.

d) Verbot unbestimmter Normen – lex certa

Das jeweils angewendete Strafrecht muss inhaltlich, also materiell, so bestimmt sein, dass „der Normadressat anhand des gesetzlichen Tatbestandes voraussehen kann, ob ein Verhalten strafbar ist“, wobei es dazu in erster Linie auf den Wortlaut der Vorschrift ankommen soll.[1400] Man könnte nun annehmen, hier richte sich ein „Disziplinierungsauftrag“[1401] ausschließlich an den Gesetzgeber. Allerdings betrifft die inhaltliche Bestimmtheit von Normen nicht ausschließlich den Gesetzgeber und seine Pflichten, sondern auch und vor allem den Beschuldigten und seine Freiheitsrechte.[1402] Der Prüfungsmaßstab der *inhaltlichen* Bestimmtheit und Vorhersehbarkeit der Strafbarkeit muss, nicht zuletzt weil Rechte des Beschuldigten betroffen sind, zwingend auch bei der eventuellen Anwendung von ausländischem Strafrecht angelegt werden, es gelten hier also die gleichen inhaltlichen Anforderungen wie bei deutschem Strafrecht; das Verbot unbestimmter Strafbestimmungen spricht aber nicht *per se* gegen die Anwendung ausländischen Rechts.

e) Zwischenergebnis zu einem Verstoß gegen eines der „vier Verbote“

Grundsätzlich lassen sich die „vier Verbote“ daher nicht gegen eine Anwendung ausländischen Strafrechts ins Feld führen. Allerdings darf das ausländische Recht im konkreten Fall auch den Verboten nicht widersprechen. Wenn im Einzelfall eine ausländische Norm nicht schriftlich[1403] vorliegt oder inhaltlich unbestimmt ist, darf sie daher nicht angewendet werden. Ebenso ist die analoge oder rückwirkende Anwendung ausländischen Strafrechts verboten. In diesen Fällen muss das Gericht daher – wie in anderen Fällen, in denen die *lex loci* der *constitutio fori* widerspricht – freisprechen. Aus der Sicht des Tatortstaates mag dies allerdings ein Fall sein, in dem er den urteilenden Staat für „nicht willens“ halten wird, die Aburteilung vorzunehmen, so dass der Tatortstaat sein Einverständnis mit der Durchführung des Verfahrens in einem anderen Staat nicht erteilen würde.

4) Die „vier Grundsätze“ im Einzelnen

Nachdem in der Anwendung ausländischen Strafrechts kein grundsätzlicher Verstoß gegen eines der vier ausformulierten „Verbote“ gesehen werden kann, soll nun noch kurz untersucht werden, ob die Fremdrechtsanwendung im Strafrecht mit den „Grundsätzen“ hinter dem Gesetzlichkeitsprinzip vereinbar ist.

1400 BVerfGE 47, 109. Zu weiteren „allgemeine[n] Formeln … die stets wiederkehren“, aber in der Literatur durchaus kritisch gesehen werden („keine wirkliche Schranke“), vgl. die Nachweise bei *Kunig* in v. Münch/Kunig, Grundgesetz, Art. 103 Rn. 29.

1401 *Jeßberger*, Der transnationale Geltungsbereich, S. 144.

1402 Für eine solche „freiheitsgewährleistende Funktion“ ausdrücklich BVerfGE 75, 329, 341; vgl. auch *Schmidt-Aßmann* in Maunz/Dürig, Grundgesetz, Art. 103 II Rn. 179.

1403 Oder als verbindliche und dauerhafte Online-Veröffentlichung, vgl. das Beispiel Österreichs.

a) *Bindung der Judikative an das Gesetz und Grundsatz der gewaltenteilenden Demokratie*

Die Bindung der Judikative an das Gesetz ist dann schon gar nicht betroffen, wenn und soweit es sich bei dem ausländischen Recht überhaupt um ein Gesetz handelt. Nach dem oben unter 2)c) Gesagten ist dies aber der Fall. Auch die Anwendung oder „Findung" von Gewohnheits- oder Fallrecht bleibt ausdrücklich verboten.

Der Grundsatz der gewaltenteilenden Demokratie ist im Ergebnis ebenfalls nicht betroffen. Bei einer Betrachtung der drei innerstaatlichen Gewalten ist es einleuchtend, dass eine strafrechtlich relevante Entscheidung, die weder der vollziehenden noch der rechtsprechenden Gewalt zusteht, von der Legislative getroffen werden muss. Insofern ist es richtig, wenn das *Bundesverfassungsgericht* betont, dass erstens „der *Gesetzgeber* über die Strafbarkeit entscheide[n muss]" und zweitens diese Entscheidung „der vollziehenden und rechtsprechenden Gewalt verwehrt" sei.[1404] Bezieht man jedoch ausländische „Gewalten" in die Überlegungen mit ein, ist ein zwingender Zusammenhang zwischen beiden Aussagen nicht mehr gegeben. Nur dann, wenn die erste Aussage die entscheidende wäre, würde dies bedeuten, dass zwingend der[1405] (deutsche) Gesetzgeber und niemand anderes, also auch kein ausländischer Gesetzgeber, über die Strafbarkeit entscheiden darf.

Einleuchtender ist aber die Annahme, dass die zweite Aussage – „die Entscheidung über die generelle Strafbarkeit ist der (deutschen) Rechtsprechung verwehrt" – die eigentlich entscheidende ist, ohne dass es darauf ankommt, welche Staatsgewalt welches (ggf. auch ausländischen) Staates diese Entscheidung trifft. Demnach würde es Art. 103 Abs. 2 GG bei der Anwendung ausländischen Strafrechts nicht einmal verlangen, dass in dem betreffenden Staat eine Gewaltenteilung existiert und die Entscheidung über die Strafbarkeit von einer – von den anderen Staatsgewalten unabhängigen – (ausländischen) Legislative[1406] getroffen wurde. Bereits zum Begriff des Gesetzes (oben 2)a)) wurde angedeutet, dass zumindest für historische deutsche Gesetze nicht erforderlich war, dass sie von einer unabhängigen[1407] Staatsgewalt „Legislative" erlassen wurden: Die von der Reichsregierung erlassenen (Straf-)Gesetze blieben Gesetz und waren Grundlage für

1404 Vgl. etwa BVerfGE 73, 206, 235. Hervorhebung im Original.

1405 Richtiger wäre: *ein* deutscher Gesetzgeber.

1406 Selbstverständlich muss ein „Gesetz" aber von der zuständigen Stelle erlassen worden sein, auch wenn der betreffende Staat keine Gewaltenteilung kennt. Wenn etwa in einem Staat die Regierung – also nach gewaltenteilendem Verständnis: die Exekutive – Strafgesetze erlassen darf, kann ein nur vom Ministerpräsidenten verabschiedetes „Gesetz" nicht Grundlage der Strafbarkeit sein.

1407 Die Betonung der „Unabhängigkeit" ist insofern bedeutsam, als man trotz fehlender Gewaltenteilung die *Aufgaben* der Exekutive, Legislative und Judikative durchaus unterscheiden kann. In diesem Sinn könnte man historisch die Reichsregierung *sowohl* als Legislative *als auch* als Exekutive ansehen; die von ihr erlassenen Gesetze wären also zwar von der Legislative erlassen worden, aber eben nicht von einer *unabhängigen* Legislative.

die Aburteilung von Straftaten in Deutschland.[1408] Es ging dem Verfassungsgeber historisch also offenbar darum, der (deutschen) Judikative die Entscheidung über die Strafbarkeit zu entziehen, aber nicht darum, sie der (deutschen) Legislative exklusiv zuzuweisen.

Auch der Wortlaut „kann nur bestraft werden" spricht dafür, dass sich Art. 103 Abs. 2 GG in erster Linie an den Richter wendet. Demzufolge wäre die wesentliche Aussage des Art. 103 Abs. 2 GG mit Blick auf die Gewaltenteilung: Die deutsche Judikative (und die deutsche Exekutive) dürfen nicht über die generelle Strafbarkeit von Verhaltensweisen entscheiden. Dass allein die deutsche Legislative diese Entscheidung treffen darf, folgt aus dieser Aussage aber nur dann, wenn alle ausländischen Staatsgewalten – entgegen der hier vertretenen Konzeption – außen vor gelassen werden. Unter dem Gesichtspunkt der Gewaltenteilung verbietet es Art. 103 Abs. 2 GG somit der deutschen Judikative, Aufgaben wahrzunehmen, die ihr nicht zugewiesen sind. Wenn sie ausländisches Recht anwendet, übernimmt die Judikative aber nicht die Aufgabe, über die abstrakte Strafbarkeit selbst zu entscheiden; ein Verstoß gegen die Gewaltenteilung liegt daher nicht vor.

b) Generalprävention und Vorhersehbarkeit der Strafbarkeit

Unter dem Aspekt der Generalprävention ist nochmals kurz auf die Problematik der fremden Sprache zurückzukommen. Man wird – zu Recht – behaupten dürfen, dass eine fremdsprachige Norm *grundsätzlich* wegen der verwendeten fremden Sprache schwerlich eine generalpräventive Wirkung, bezogen auf die deutsche Gesellschaft, haben kann. In den hier interessierenden Fällen geht es aber nicht darum, *alle* Deutschen für ihre Taten in Deutschland einem ausländischen Strafrecht zu unterwerfen, sondern ausschließlich um Fälle mit ausländischem Tatort.[1409] Auch die generalpräventive Wirkung der Strafnorm muss daher an diesem ausländischen Tatort und in der dortigen Gesellschaft gemessen werden. Eine Norm, die in der am Tatort verstandenen Sprache festgeschrieben ist, kann diese generalpräventive Wirkung aber ohne Weiteres entfalten.

1408 Allerdings ist es durchaus plausibel, anzunehmen, dass bei Neubekanntmachungen des StGB zumindest nach großen Strafrechtsreformen der deutsche Bundesgesetzgeber auch die früheren, ursprünglich von der Exekutive erlassenen Gesetze gewissermaßen in seinen eigenen Willen aufgenommen hat. Bei Erlass des Grundgesetzes kann man jedoch – obwohl Art. 123 ff. GG die Fortgeltung als Bundesrecht anordnen – nicht schon davon ausgehen, dass der zuständige Bundesgesetzgeber diese Gesetze ausdrücklich in seinen Willen aufgenommen hat. Allenfalls hätte dies der Parlamentarische Rat getan; auch insoweit ist aber fraglich, ob der *pauschale* Verweis auf früher geltendes Recht, das nun weiter gelten soll, ausreicht, um von der Regierung gesetzten (Straf-)Gesetzen in von der Legislative zumindest gebilligte (Straf-)Gesetze zu transformieren.

1409 Daneben auch im Anwendungsbereich des Staatsschutzprinzips um solche Fälle, bei denen sich die Straftat gegen einen bestimmten Staat richtet. Auch hier bestehen aber keine Zweifel an der Vorhersehbarkeit der Strafbarkeit.

Aber auch dann, wenn man den Schwerpunkt auf die „Vorhersehbarkeit der Strafbarkeit“ setzt, bestehen keine durchgreifenden Bedenken dagegen, die Tat nach dem Tatortrecht zu beurteilen.[1410] Für einen Beschuldigten ist es nämlich *immer* vorhersehbar, dass er sich für bei seinem Verhalten nach den Strafgesetzen seines Handlungsortes richten muss.[1411] Selbst dann, wenn er diese Gesetze nicht im Einzelnen kennt, hat er zumindest die Möglichkeit, sie zu kennen.[1412]

c) Schuldprinzip

Bereits oben wurde festgestellt, dass das Schuldprinzip nicht erfordert, dass der Beschuldigte nach seinem Heimatrecht abgeurteilt wird. Das Schuldprinzip steht aber auch einer Aburteilung nach dem Recht des Tatortes ausdrücklich nicht im Wege. Vielmehr darf jeder Tatortstaat voraussetzen, dass sich jeder, der sich in seinem Gebiet aufhält, mit der dortigen Rechtsordnung vertraut macht, wenngleich er nicht bei jedem Grenzübertritt einen „Kursus des inländischen Rechts“[1413] absolviert. Der urteilende Staat – der, wenn er in anderen Fällen selbst Tatortstaat wäre, dieselbe Erwartungshaltung hätte – sollte dieser berechtigten Erwartung des jeweiligen Tatortstaates dadurch Rechnung tragen, dass er den Beschuldigten und sein Verhalten nach eben dieser Rechtsordnung des Tatortes beurteilt. Denkbar ist unter dem Gesichtspunkt des Schuldprinzips allenfalls, dass *einzelne* Normen nicht angewendet werden, wenn sie dem Beschuldigten so „fremd“ erscheinen, dass ihm das Unrechtsbewusstsein unvermeidbarerweise fehlte.[1414] Im Übrigen ist

---

1410 *Zimmermann*, Strafgewaltkonflikte, S. 329 f. gibt – durchaus zu Recht – zu bedenken, dass auch bei einer Festlegung „des“ Tatortes als allein maßgebliches Kriterium mehrere Strafrechtsordnungen nebeneinander Anwendung beanspruchen könnten. Zur Festlegung des maßgeblichen Tatorts *de lege ferenda* daher noch unter Teil 4 § 4.

1411 So auch *Hochmayr* in Małolepszy/Hochmayr/Nalewajko (Hrsg.), Auslieferung von eigenen Staatsangehörigen, S. 31, 41; *Zimmermann*, Strafgewaltkonflikte, S. 173, jeweils für den Bereich der Europäischen Union.

1412 Darüber hinaus muss man dem Beschuldigten wohl sogar die *Pflicht* auferlegen, sich mit der am Tatort geltenden Rechtslage zu befassen. Vgl. *Joecks* in MüKo-StGB, § 17 Rn. 92, der – allerdings im Zusammenhang mit dem Schuldprinzip, dazu sogleich – darauf verweist, dass eine solche Pflicht dann bestehe, wenn der Beschuldigte „weiß, dass sein Wirken in einen fremden Rechtskreis hineinwirkt“. Erst recht muss eine Pflicht zur Befassung mit der Rechtslage dann bestehen, wenn nicht nur die Handlung in das Ausland „hineinwirkt“, sondern sogar die Handlung selbst im Ausland vorgenommen wird. Etwas unklar ist insoweit die Kritik von *Braum*, GA 2005, 681, 692: *Braum* zufolge sei es nicht vorhersehbar, dass der (abgenötigte) Zungenkuss eines Deutschen mit einer Niederländerin ggf. nach niederländischem Recht eine Vergewaltigung darstellt. Dies wäre jedoch nur dann richtig, wenn dieser Kuss nicht in den Niederlanden stattgefunden hätte.

1413 *Binding*, Handbuch des Strafrechts, S. 389; vgl. auch bereits oben Teil 3 § 3 E.II.

1414 Vgl. bereits oben Teil 3 § 3 E.II. zum Schuldprinzip. Zu weiteren Einzelfällen, in denen das ausländische Recht außer Acht gelassen werden darf noch unten Teil 4 § 3 E.

das Schuldprinzip bei der Anwendung ausländischen Rechts nicht betroffen, so dass es auch auf das Verhältnis von § 17 StGB und Art. 103 Abs. 2 GG im Einzelnen[1415] gar nicht ankommt.

5) Besonderheit bei Freiheitsentzug: „Förmliches Gesetz" i.S.d. Art. 104 Abs. 1 GG

Nach Art. 104 Abs. 1 GG gilt bei Freiheitsentzug, d.h. auch bei der Verhängung von Freiheitsstrafe,[1416] dass nicht nur ein Gesetz, sondern darüber hinaus ein *förmliches* Gesetz vorliegen muss. Oben wurde bereits dargestellt, dass ausländisches Recht grundsätzlich „Gesetz" sein kann.[1417] Über den Begriff des Gesetzes hinaus ist ein „förmliches Gesetz" eine Norm, die von den für die Gesetzgebung zuständigen Stellen in dem entsprechenden Verfahren beschlossen wurde.[1418] Welche Stelle jedoch konkret zuständig sein soll, regelt Art. 104 GG nicht. Bestimmungen über das Gesetzgebungsverfahren finden sich im Grundgesetz lediglich für die Bundesebene, aber – naturgemäß – nicht für das Landesrecht, das ebenfalls „Gesetz" und sogar „förmliches Gesetz" sein kann.[1419] Mit Bezug auf das ausländische Recht gilt daher: Ein förmliches Gesetz liegt dann vor, wenn die Vorgaben des Verfassungsrechts dieses Staates bezüglich Zuständigkeit und Verfahren eingehalten worden sind. Wenn dies der Fall ist, kann auch eine Freiheitsstrafe ohne Verstoß gegen Art. 104 Abs. 1 GG auf das ausländische Recht gestützt werden.

6) Ergebnis zum Aspekt der Gesetzesbestimmtheit

Das Gebot der Gesetzesbestimmtheit dient einerseits in formeller Hinsicht dazu, die Gewaltenteilung festzuschreiben und so zu verhindern, dass deutsche Richter abstrakte Rechtsnormen schaffen. Dem ist auch bei Anwendung fremden Rechts Genüge getan, und zwar selbst dann, wenn das ausländische Recht nicht von einem Parlament erlassen worden ist. Zum Anderen erfüllt das Gesetzlichkeitsprinzip auch einen materiellen Zweck, indem die jeweilige Strafnorm inhaltlich ausreichend bestimmt sein muss und keine rückwirkende Geltung beanspruchen darf. Diese Voraussetzung gilt zum Schutz des Beschuldigten auch bei der Anwendung

---

1415 Vgl. dazu bereits oben Teil 4 § 3 C.III.1)b) a.E.: Das Gesetzlichkeitsprinzip teilweise über das Schuldprinzip hinaus, beide Prinzipien weisen aber zumindest in dieselbe Richtung.

1416 Nicht dagegen bei der Verhängung einer Geldstrafe, denn Art. 104 GG meint die körperliche Bewegungsfreiheit, vgl. *Dürig* in Maunz/Dürig, Grundgesetz, Art. 104 Rn. 5.

1417 Teil 4 § 3 C.III.2).

1418 *Dürig* in Maunz/Dürig, Grundgesetz. Art. 104 Rn. 14.

1419 Im Rahmen des Art. 104 GG, der nicht nur die strafrechtliche Freiheitsentziehung betrifft, sind landesrechtliche Rechtsgrundlagen nicht selten, vgl. etwa in Brandenburg den Gewahrsam nach § 17 BbgPolG oder die Unterbringung nach §§ 8 ff. BbgPsychKG. Vergleichbare Vorschriften finden sich auch in den anderen Bundesländern.

ausländischen Rechts. Das kann aber allenfalls dazu führen, dass eine ausländische belastende[1420] Norm *im Einzelfall* nicht angewendet wird; im Übrigen liegt in der Anwendung ausländischen Strafrechts kein Verstoß gegen Art. 103 Abs. 2 GG.

IV. Der Gleichheitsgrundsatz

Der Gleichheitsgrundsatz kann bei der Anwendung fremden Rechts in mehrfacher Hinsicht betroffen sein: Naheliegend ist zunächst die Annahme, der Gleichheitsgrundsatz gebiete innerhalb eines Staates, dass die dort geltenden Strafnormen für *alle* Menschen gelten, unabhängig davon, ob es sich um eigene oder fremde Staatsangehörige handelt. Im Gleichheitssatz steckt aber auch umgekehrt das Verbot, Ungleiches gleich zu behandeln.[1421] Das könnte gegen die Anwendung des (ausländischen) Tatortrechts sprechen, weil dabei Unterschiede etwa in der Staatsangehörigkeit der Beschuldigten nicht berücksichtigt werden.

Darüber hinaus wirft ein – weit verstandenes – Gleichheitsgebot sogar die Frage auf, ob bei gleichem Tatort jeweils das gleiche Recht angewendet werden *muss*, und zwar unabhängig vom Ort des Gerichtsverfahrens. Auch die umgekehrte Variante, wonach der Gleichheitsgrundsatz verlangt, dass ein Staat für gleiche Taten – ohne Rücksicht auf einen unterschiedlichen Tatort – nach dem gleichen Recht, nämlich seinem eigenen, beurteilen *muss*, bleibt aber denkbar. Es ist also gewissermaßen zu fragen, ob die Gleichheit des anwendbaren Rechts aus der Gleichheit des Tatortes oder der des Gerichtsortes folgen muss.

1) Territorialitätsprinzip – Verstoß gegen das Gleichheitsgebot?

Walther[1422] befürchtet in der strikten Anwendung des Territorialitätsprinzips, wie es bei einem Vorrang des Tatortrechts zum Ausdruck kommt, einen Verstoß gegen das im Gleichheitsgebot enthaltene Diskriminierungsverbot. Das Territorialitätsprinzip gehe von einem – heute nicht mehr vorhandenen – Idealbild aus, dass der Beschuldigte in „seinem“ Land lebe, dieses Land nicht verlasse und sein Verhalten daher nur an den Gesetzen seines Heimatstaates ausrichten müsse. Ein ausländischer Beschuldigter sei dagegen der Gefahr ausgesetzt, mit „fremden, andersartigen Strafgesetzen“ konfrontiert zu werden, deren Kenntnis er aber nicht habe. Darin liege eine Verkürzung der Grund- und Menschenrechte des jeweiligen Beschuldigten. Einer solchen Rechtsverkürzung, die eine Diskriminierung darstelle, müsse entgegen getreten werden.[1423]

1420 Die Anwendung eines unbestimmten oder ungeschriebenen Rechtfertigungs- oder Entschuldigungsgrundes stellt dagegen – weil dies zugunsten des Angeklagten wirkt – keinen Verstoß gegen Art. 103 Abs. 2 GG dar.

1421 BVerfGE 1, 264, 276; 2, 118, 119 f.; 9, 124, 129 f.

1422 *Walther* in FS-Eser, S. 925, 940, allerdings ohne zwischen anwendbarem (materiellen) Recht und Prozessrecht zu unterscheiden, vgl. sogleich.

1423 *Walther* in FS-Eser, S. 925, 940.

Bereits die Annahme von *Walther*, dass das Territorialitätsprinzip letztlich von einem inländischen Beschuldigten als Idealfall ausgehe, mag man bezweifeln. Wäre dies nämlich der Fall, so hätte keine Notwendigkeit bestanden, das aktive Personalitätsprinzip als Regelfall für das Strafanwendungsrecht durch das Territorialitätsprinzip zu ersetzen. Zudem ist fraglich, ob es Ausländern tatsächlich grundsätzlich schwerer fällt, sich „auf die Normerwartungen [des Gebietsstaates] ein[zu]stellen" als Inländern. Tatsächlich kann auch für viele in Deutschland lebende Ausländer behauptet werden, dass sie zumindest seit vielen Jahren in Deutschland leben,[1424] wenn nicht sogar hier geboren sind, und somit ebenfalls gute Kenntnisse des deutschen Rechts haben können.[1425]

Darüber hinaus ist auch die Schlussfolgerung, dass das Territorialitätsprinzip als solches eine Rechtsverkürzung für den Beschuldigten darstelle, bedenklich. *Walther* unterscheidet dabei nicht deutlich zwischen der Kenntnis von materiellen Strafgesetzen einerseits und Verteidigungsmöglichkeiten gegen Strafverfolgung, also den Verfahrensrechten, andererseits.[1426] In Bezug auf das materielle Recht gilt das bereits oben[1427] Gesagte, wonach das Unrechtsbewusstsein – jedenfalls in Deutschland – Bestandteil der Schuld und damit Voraussetzung der Strafbarkeit ist. Bezogen auf das Prozessrecht ist *Walther* allerdings zuzustimmen, dass ein Verfahren am ausländischen Tatort unter Umständen eine besondere Belastung darstellt.[1428] Indes spielen bei der hier angedachten Trennung von anwendbarem

---

1424 Das *Statistische Bundesamt* gibt die durchschnittliche Aufenthaltsdauer von Ausländern in Deutschland am 31.12.2013 mit immerhin 18,3 Jahren an; bei über der Hälfte der Ausländer liegt die Aufenthaltsdauer bei mehr als 15 Jahren.

1425 Dies liegt teilweise auch an der Tatsache, dass im deutschen Staatsangehörigkeitsrecht das *ius soli* nicht voll verwirklicht ist und außerdem aus verschiedenen Gründen nicht immer eine Einbürgerung erfolgt. Dies ausführlich zu diskutieren ist hier nicht erforderlich. Es muss aber zumindest zur Kenntnis genommen werden, dass ein „Ausländer" nicht *per se* jemand ist, der keine nähere Beziehung zum deutschen Staat und seinem Recht hat. Umgekehrt bedeutet die Tatsache, dass jemand Deutscher ist, auch nicht zwingend, dass er in „seinem" Land lebt.

1426 Vgl. *Walther* in FS-Eser, S. 925, 940. Der Beschuldigte müsse sich „auf die Normerwartungen [= materielles Recht] einstellen *und* ... seine Verteidigungsrechte [= Prozessrecht] effektiv wahrnehmen" können. (Hervorhebung J.B.). Insgesamt liegt der Schwerpunkt von *Walthers* Ausführungen aber auf den prozessualen Möglichkeiten, wie die weiteren Ausführungen (insbesondere S. 942 f.) zeigen. Auch *Böse* in FS-Wolter, S. 1311, 1323 zeigt – zu Recht – auf, dass das Interesse des Beschuldigten an einem Verfahren in seinem Heimatstaat v. a. auf prozessualen Erwägungen beruht.

1427 Teil 3 § 3 E.II. zum Schuldprinzip beim anwendbaren Recht.

1428 Daran ändert es auch nichts, wenn z.B. Ausländer einen Anspruch auf Hinzuziehung eines Dolmetschers haben. Dies gilt vor allem, weil dies nicht unbedingt in allen Staaten der Fall ist. Insofern ist *Walther* in FS-Eser, S. 925, 942 durchaus zuzustimmen, dass gerade bei einer internationalen Betrachtung leider nicht vorausgesetzt werden kann, dass überall rechtsstaatlich vorbildliche

Recht und Gerichtsstand rechtsstaatliche Bedenken hinsichtlich des *Prozessrechts* im Tatortstaat keine Rolle, weil nach diesem Konzept das Strafverfahren gerade im Inland und nach inländischem Prozessrecht,[1429] aber unter Anwendung ausländischen materiellen Rechts, stattfinden soll.

Vor allem vernachlässigt *Walther* aber einen entscheidenden Aspekt des Gleichheitsgebots. Wenn in der Anwendung des Tatortrechts durch ein Gericht des Tatortstaates ein Gleichheitsproblem liegen soll, würde dies zunächst bedeuten, dass der Tatortstaat sein Strafrecht allein deshalb nicht (selbst) durchsetzen dürfte, weil es sich bei dem Beschuldigten um einen Ausländer handelt. Das Gleichheitsgebot innerhalb eines Staates verlangt aber, gleiches (hier: eine Straftat) auch gleich zu behandeln, wenn nicht gewichtige Gründe etwas anderes rechtfertigen. Gründe für eine unterschiedliche Behandlung von Inländern einerseits und Ausländern andererseits gibt es aber nur auf dem Gebiet des Prozessrechts.[1430] Für die Nicht-Geltung des *materiellen* Strafrechts für Ausländer lassen sich dagegen keine sachlich gerechtfertigten Gründe vorbringen. Ein Vorrang des Tatortrechts stellt also keinen Verstoß gegen das Gleichheitsgebot dar, sondern ist im Gegenteil eine Verwirklichung dieses Gebots.

2) Fremdrechtsanwendung – Verstoß gegen das Gleichheitsgebot?

Die Anwendung ausländischen Strafrechts – nämlich des Tatortrechts – führt andererseits dazu, dass innerhalb eines Staates[1431] vergleichbare Lebenssachverhalte

---

Strafjustizsysteme vorhanden sind. Das spricht aber um so mehr dafür, dass es möglich sein muss, das Verfahren an einem anderen Ort – etwa dem Wohnsitz des Beschuldigten – durchführen zu können, vor allem dann, wenn dieser Wohnsitz in einem Rechtsstaat liegt.

1429 Dass ein Gericht nur *eigenes* Prozessrecht anwendet, aber in materieller Hinsicht auch ausländisches Recht in Betracht ziehen kann, gilt jedenfalls im Zivilprozessrecht (vgl. BGH NJW 1985, 553; BGH NJW 1992, 438; *v. Bar/Mankowski*, IPR Bd. I, § 5 Rn. 75); ein Grund dafür, dies für das Strafrecht anders zu handhaben, ist nicht erkennbar.

1430 So liegt eine *gerechtfertigte* Ungleichbehandlung darin, dass ausländische Beschuldigte Anspruch auf zusätzliche behördliche Unterstützung – nämlich durch das Konsulat ihres Heimatstaates – haben (vgl. § 114b Abs. 2 Satz 4 StPO; Art. 36 Abs. 1 Buchst. b und c WÜK). Nach richtiger Auffassung besteht außerdem zumindest bei sprachunkundigen Ausländern immer ein Anspruch auf einen Pflichtverteidiger gemäß § 140 Abs. 2 StPO, weil einem solchen Beschuldigten die Fähigkeit, sich selbst zu verteidigen, fehlt, vgl. statt aller *Lüderssen/Jahn* in Löwe/Rosenberg, StPO, § 140 Rn. 104 ff., auch zur noch zurückhaltenden Rspr. in dieser Frage.

1431 Eine Ungleichbehandlung soll nach Ansicht des BVerfG nur dann vorliegen, wenn die Vergleichsfälle der gleichen Stelle zuzuordnen sind, also ausdrücklich nicht bei unterschiedlicher gerichtlicher Spruchpraxis, vgl. BVerfGE 75, 329, 347; 87, 273, 278. Demzufolge müsste es um die unterschiedliche Behandlung desselben Sachverhalts durch jeweils dasselbe *Gericht* gehen, was indes bei Festschreibung

in Abhängigkeit von dem jeweiligen Tatort einer anderen Bewertung unterworfen werden. Nur dann, wenn damit „wesentlich Gleiches“[1432] ungleich behandelt würde, läge ein Verstoß gegen Art. 3 Abs. 1 GG vor. Dazu müsste zunächst überhaupt ein gemeinsamer Bezugspunkt zwischen beiden Sachverhalten bestehen: Handelt es sich um das gleiche Verhalten, liegt ein solcher Bezugspunkt zwar nahe. Der gemeinsame Oberbegriff, unter dem beide Sachverhalte zusammengefasst werden können, kann also beispielsweise „Diebstahl“ lauten. Allerdings sind Zweifel durchaus angebracht: Auch der Tatort ist nämlich ein wesentliches Merkmal einer Straftat, so dass der gemeinsame Oberbegriff wohl richtigerweise „Diebstahl im Gebiet X“ lauten müsste. Nur dann, wenn dennoch ein gemeinsamer Oberbegriff angenommen wird, bedürfte die Ungleichbehandlung einer verfassungsrechtlichen Rechtfertigung.

Eine solche Rechtfertigung ist möglich, wenn mit der Ungleichbehandlung ein legitimer Zweck verfolgt wird, sie geeignet und erforderlich ist, um diesen Zweck zu erreichen, und wenn sie angemessen ist.[1433] Die Ungleichbehandlung erfolgt hier aufgrund eines unterschiedlichen Tatortes, um dem dort geltenden und nach dem oben Gesagten für den Beschuldigten vorrangig zu beachtenden Recht zur Durchsetzung zu verhelfen. Darin liegt ein legitimer Zweck. Zweifel könnten aber an der Erforderlichkeit bestehen: So wäre es als milderes Mittel denkbar, eigenes Recht anzuwenden und das Tatortrecht nur für einzelne Fragen, insbesondere für die Strafhöhe, in Betracht zu ziehen. Bei genauerer Betrachtung handelt es sich hierbei aber nicht um ein milderes Mittel, um das gleiche Ziel zu erreichen, nämlich den hier angenommenen Vorrang des Tatortrechts wenigstens faktisch durchzusetzen: Wenn die Tat nach dem Recht des Urteilsstaates nicht strafbar ist, führte der Ausgangspunkt „eigenes Recht“ zur Straflosigkeit entgegen dem Recht des Tatortes. Aber auch dann, wenn die Tat nach beiden Rechtsordnungen strafbar sein sollte, hat das vermeintlich mildere Mittel keine anderen Auswirkungen auf den Beschuldigten als die unmittelbare Anwendung des Tatortrechts, es stellt sich also gerade nicht als *milderes* Mittel dar: Ob der Beschuldigte beispielsweise entweder nach deutschem Recht wegen Diebstahls verurteilt wird, sich der Strafrahmen aber aus dem Tatortrecht ergibt, oder er nach ausländischem Recht wegen Diebstahls verurteilt wird und sich der Strafrahmen ebenfalls aus dem entsprechenden Tatortrecht ergibt, spielt im Ergebnis keine Rolle. Die nur teilweise Anwendung ausländischen Rechts, etwa in Form einer *lex mitior*-Klausel, ist daher schon gar kein gleich geeignetes und auch kein milderes Mittel, um dem hier angenommenen Vorrang des Tatortrechts Rechnung zu tragen.

Andere mildere Mittel sind nicht ersichtlich. Da der Vorrang des Tatortrechts sich u.a. aus völkerrechtlichen Erwägungen ergibt, bestehen keine Zweifel an der

der Fremdrechtsanwendung ebenfalls vorkommen würde. Allerdings geht es hier nicht um *Einzelfragen* bei der Rechtsanwendung und -auslegung, sondern darum, ob überhaupt ein bestimmtes Recht anwendbar ist: wenn das der Fall ist, muss dies für den gesamten Staat gelten und somit alle Gerichte gleichermaßen binden.

1432 Vgl. nur BVerfGE 49, 148, 165.

1433 Vgl. nur *Pieroth/Schlink/Kingreen/Poscher*, Grundrechte, Rn. 472.

Angemessenheit – zumal angesichts der vielzitierten „Völkerrechtsfreundlichkeit“[1434] des Grundgesetzes. Wenn also derselbe Staat oder dasselbe Gericht in Abhängigkeit vom Tatort unterschiedliches Recht anwenden, liegt darin kein Verstoß gegen das Gleichheitsprinzip; der Gleichheitssatz gebietet es nämlich nicht, *alle* Straftaten – auch solche, die im Ausland begangen wurden – nach eigenem, inländischem Recht abzuurteilen.

3) Fremdrechtsanwendung – Gebot eines internationalen Gleichheitsgrundsatzes?

Darüber hinaus könnte es ein internationaler Gleichheitsgrundsatz sogar gebieten, dass der Gerichtsstaat jeweils das Recht des Tatortstaates anwendet.

a) Einheit des Rechts und Gleichheitsgrundsatz

Eine Konstellation, in der das anwendbare Strafrecht sich nach dem Tatort und nicht nach dem Gerichtsort richtet, wurde bereits oben mit dem Interlokalen Strafrecht erörtert.[1435] Der Grund dafür war jedoch dort die Einheit des Reiches bzw. die Einheit des Rechts. Aus der Sicht des Staates dürfen wegen genau dieser Einheit gleiche Sachverhalt nicht unterschiedlich bewertet werden. Die „Einheit des Rechts“ wirkt aber zugleich zugunsten des Beschuldigten, indem sie sicherstellt, dass er – unabhängig davon, wo er abgeurteilt wird – jeweils gleich, d.h. nach gleichem Recht behandelt wird. Die Einheit des Rechts ist für den Beschuldigten also Ausdruck des Gleichheitsgebots; es handelt sich bei der Einheit des Rechts einerseits und dem Gleichheitsgebot andererseits um zwei Seiten derselben Medaille. Allerdings wurde oben zum Interlokalen Strafrecht bereits festgestellt, dass es zwischen dem inländischen Gerichtsstaat und dem ausländischen Tatortstaat in aller Regel an einer hinreichend großen „Einheit“ fehlt, so dass die Grundsätze des Interlokalen Strafrechts[1436] gerade nicht übertragen werden können.

In gleicher Weise wie es noch keine „Einheit des Rechts“ auf internationaler oder auch nur europäischer Ebene gibt, gilt dies für den Gleichheitsgrundsatz als „Kehrseite“ der Einheit des Rechts. Auch der Gleichheitsgrundsatz gilt nämlich zunächst nur auf nationaler Ebene: Wenn jeder Staat nur sein eigenes Recht anwendet, behandelt er damit nicht ungleich, sondern *prima facie* gleich.[1437] Erst der Blick auf die internationale Ebene macht die Ungleichheit deutlich:[1438] Ein gleiches Verhalten im gleichen Tatortstaat wird je nach Urteilsstaat ungleich beurteilt. Die

1434 Statt aller *Jarass/Pieroth*, Grundgesetz, Art. 25 Rn. 4 m.w.N.

1435 Oben Teil 3 § 3 B.

1436 Einmal von der Tatsache abgesehen, dass es nicht „das“ Interlokale Strafrecht gibt, vgl. oben Teil 3 § 3 B.III.

1437 Zu einem möglichen Verstoß gegen das Gebot, Ungleiches ungleich zu behandeln, sogleich unten Teil 4 § 3 C.IV.4).

1438 So schon zu Recht *Staubach*, Anwendung ausländischen Strafrechts, S. 140 f., der auf das „merkwürdige Bild“ verweist, das sich daraus ergibt, dass der

Beurteilung eines Verhaltens durch *andere* (Urteils-)Staaten kann aber durch einen *innerstaatlichen* Gleichheitsgrundsatz nicht in der Weise beeinflusst werden, dass alle Staaten aus Gründen des Gleichheitsgebots gezwungen wären, die gleiche Beurteilung zu treffen. Etwas anderes kann nur dort gelten, wo überstaatlich eine Form des Gleichheitsgrundsatzes vereinbart worden ist.

b) Bestehen eines internationalen Gleichheitsgrundsatzes

Ob ein solcher internationaler, oder wenigstens europäischer Gleichheitsgrundsatz besteht, der es gebietet, gleiche Straftaten – d.h. hier: gleiche Verhaltensweisen im jeweils gleichen Staat – unabhängig vom Urteilsstaat gleich zu behandeln, ist aber fraglich. Die Europäische Menschenrechtskonvention enthält zwar in ihrem Art. 14 ein Diskriminierungsverbot, im 12. Zusatzprotokoll[1439] sogar ein noch sehr viel weitergehendes[1440] Verbot, das durchaus als Variante des Gleichheitssatzes verstanden werden kann. Die EMRK gebietet aber nicht, innerhalb des gesamten Gebiets der Europaratsstaaten alle Fälle gleich zu behandeln (Gleichbehandlung *zwischen* verschiedenen Staaten), sondern richtet sich als völkerrechtlicher Vertrag[1441] an die einzelnen Staaten und verpflichtet sie, innerhalb ihres Gebiets die Beschuldigten gleich zu behandeln (Gleichbehandlung *innerhalb*[1442] eines Staates).[1443] Entsprechendes gilt auch für den Gleichheitsgrundsatz in Art. 26 IPbpR.[1444] Weder global noch im Bereich des Europarats ist es damit *durch das Diskriminierungsverbot* bzw. den Gleichheitsgrundsatz geboten, unabhängig vom Urteilsstaat das Tatortrecht anzuwenden. Verboten ist dies allerdings auch nicht.

Innerhalb der Europäischen Union gibt es dagegen einen allgemeinen Gleichheitssatz (Art. 20 GRCh), der eine Gleichbehandlung innerhalb der gesamten Europäischen Union vorschreibt. Dieser Gleichheitssatz verpflichtet allerdings nur Organe der Europäischen Union oder mitgliedstaatliche Organe, soweit sie

---

Gleichheitssatz zwar in vielen Staaten anerkannt ist, aber trotzdem Ungleichheiten auftreten, sobald diese Fälle „aus übernationaler Sicht" betrachtet werden.

1439 Für Deutschland ist das Zusatzprotokoll allerdings noch nicht in Kraft, vgl. *Frowein/Peukert*, EMRK, Art. 1 12. ZP, Rn. 1.

1440 Vgl. *Frowein/Peukert*, EMRK, Art. 1 12. ZP, Rn. 2.

1441 *Frowein/Peukert*, EMRK, Einführung Rn. 5.

1442 Diese Beschränkung auf das Verbot der Ungleichbehandlung innerhalb eines Staates erscheint so selbstverständlich, dass sie kaum weiter erörtert wird. *Esser* in Löwe/Rosenberg, StPO, Art. 14 EMRK Rn. 16 verweist etwa wie selbstverständlich darauf, dass Art. 14 EMRK „nicht *jede* innerstaatliche Ungleichbehandlung" erfasse (Hervorhebung J.B.), sondern nur solche Ungleichbehandlungen, die sich auf die Konventionsrechte beziehen. Der Gedanke, dass dagegen sogar über die innerstaatliche Ungleichbehandlung hinaus ein Gleichheitssatz bestünde, wird von *Esser* gar nicht zum Ausdruck gebracht.

1443 Auch soweit die EMRK dem Einzelnen Rechte zugesteht, gelten diese naturgemäß nur in dem Umfang, in dem auch die Staaten verpflichtet sind.

1444 Auch dieser Gleichheitssatz betrifft die Gleichbehandlung *innerhalb* eines Staates.

Europarecht „durchführen".[1445] Es handelt sich beim Strafrecht aber im Allgemeinen[1446] nicht um Europarecht. Auch die Grundrechte-Charta gebietet somit nicht, stets das Tatortrecht anzuwenden. Entsprechendes gilt auch für das Diskriminierungsverbot des Art. 18 AEUV.[1447]

c) Zwischenergebnis zu einem internationalen Gleichheitsgrundsatz

Nachdem sich ein internationaler Gleichheitsgrundsatz in der hier entscheidenden Form jedenfalls noch nicht feststellen lässt, kann ein solcher Grundsatz auch weder gebieten noch verbieten, in jedem Staat und unabhängig vom Gerichtsort jeweils das Tatortrecht anzuwenden. *De lege ferenda* ist *Staubach*[1448] aber darin zuzustimmen, dass ein Staat, dem die Verwirklichung des Gleichheitsgrundsatzes auch auf internationaler Ebene wichtig ist, diese Ebene in den Blick nehmen und schon deshalb die Anwendung ausländischen Rechts zumindest in Betracht ziehen sollte. Ein „internationaler Gleichheitsgrundsatz" würde nämlich, sofern es ihn gäbe, die Anwendung ausländischen Rechts gerade nicht verbieten, sondern eher nahelegen.

4) Fremdrechtsanwendung – Gebot des nationalen Gleichheitsgrundsatzes?

Es könnte aber ein Gebot des *nationalen* Gleichheitsgrundsatzes sein, das anwendbare Recht anhand des Tatortes zu bestimmen. Der Staat ist nämlich – wie gesagt – dazu verpflichtet, wesentlich Ungleiches auch ungleich zu behandeln.[1449] Bei dem Tatort einer Straftat handelt es sich um ein wesentliches Merkmal der Straftat.[1450] Nach hier vertretener Auffassung ist der Tatort sogar in aller Regel *der* entscheidende Anknüpfungspunkt für die Ausübung der Regelungsgewalt. Demnach würde die derzeitige Bestimmung, wonach unterschiedslos das eigene Strafrecht auch

---

1445 *Jarass*, GRCh, Art. 20 Rn. 3; vgl. auch den Wortlaut des Art. 51 GRCh.

1446 Anders dagegen, wenn die strafrechtlichen Normen im weitesten Sinne von Unionsrecht erfasst werden, vgl. EuGH, Urteil vom 26.02.2013, Rs. C-617/10 (Åkerberg Fransson), Rn. 21, 24 ff. für den Fall einer Umsatzsteuerhinterziehung.

1447 Dagegen gehen *Böse/Meyer/Schneider*, GA 2014, 572, 577 offenbar davon aus, dass – innerhalb der Europäischen Union – eine unterschiedliche strafrechtliche Beurteilung allein aufgrund der Staatsangehörigkeit gegen das Diskriminierungsverbot nach Art. 18 AEUV und die Freizügigkeit nach Art. 21 AEUV verstößt.

1448 *Staubach*, Anwendung ausländischen Strafrechts, S. 141.

1449 BVerfGE 1, 264, 276; 2, 118, 119 f.; 9, 124, 129 f.

1450 Ebenfalls für die Bezeichnung des Tatortes als wesentliches Unterscheidungsmerkmal *Staubach*, Anwendung ausländischen Strafrechts, S. 142 mit Verweis auf die unterschiedlichen gesellschaftlichen Strukturen, Wirtschafts- und Sozialordnungen und Wertvorstellungen. Dieser Hinweis dürfte innerhalb Europas von immer geringerer Bedeutung sein. Auf globaler Ebene spielen unterschiedliche Wertvorstellungen dagegen nach wie vor eine große Rolle. Zu Wertungsunterschieden im Strafrecht auch noch unten Teil 4 § 3 E.

auf ausländische Sachverhalte anzuwenden ist, gerade nicht dem Gebot der Ungleichbehandlung ungleicher Sachverhalte gerecht.

Staubach lehnt dennoch einen Verstoß gegen das Gleichheitsgebot durch die Nichtanwendung des Tatortrechts ab, spricht sich aber *de lege ferenda* für die Fremdrechtsanwendung aus.[1451] Seine Ablehnung eines Gleichheitsverstoßes ergibt sich dabei daraus, dass er in den praktischen Schwierigkeiten und in der Überlegung, ein Staat dürfe nur „die seinem Rechtsbewußtsein entsprechenden Strafen“ verhängen, einen sachlichen Grund für eine ansonsten unzulässige Gleichbehandlung sieht. Die Frage, ob und in welchem Umfang überhaupt praktische Schwierigkeiten, wie die hier von *Staubach* in den Blick genommenen, zu erwarten sind, wird noch unter D. näher beleuchtet werden. Der Verweis auf „das eigene Rechtsbewußtsein“ kann indes nicht dazu führen, dass fremdes Recht *gar nicht* angewendet werden darf, sondern allenfalls soweit die eigene Rechtsvorstellung im Einzelfall mit der ausländischen Rechtsordnung nicht übereinstimmt, dazu noch unter E.

Ob ein Verstoß gegen das im Gleichheitsgrundsatz enthaltene Ungleichbehandlungsgebot vorliegt, lässt sich daher hier nicht abschließend klären. Es liegt aber durchaus nahe, auch mit Berufung auf den Gleichheitssatz, die Anwendung fremden Rechts nicht nur für nicht bedenklich, sondern im Gegenteil sogar für geboten zu halten.

5) Ergebnis zum Gleichheitsgrundsatz

Der Gleichheitsgrundsatz verbietet es den nationalen Gerichten nicht, bei der Aburteilung jeweils das Recht des Tatortes anzuwenden, auch wenn damit eine Ungleichbehandlung vermeintlich gleichartiger Lebenssachverhalte verbunden ist. Andererseits verbietet es der Gleichheitsgrundsatz aber auch nicht, die gleiche Tat je nach dem Gerichtsstaat vermeintlich „ungleich“ zu beurteilen, weil der Gleichheitsgrundsatz nur innerstaatlich gilt, eine Ungleichbehandlung sich somit nicht feststellen lässt.

Entscheidend ist aber, dass schon dieser *innerstaatliche* Gleichheitssatz zugleich die Pflicht konstituiert, ungleiche Sachverhalte unterschiedlich zu behandeln. Daraus ergibt sich die Pflicht, fremde Rechtsvorstellungen zu berücksichtigen, oder sogar ausländisches Recht anzuwenden, soweit nicht andere gewichtige Gründe dem entgegen stehen (zu weiteren dieser möglichen Gründe noch im Folgenden).

V. Der Grundsatz des Rechtsgüterschutzes

Die Aufgabe des Strafrechts besteht nach herrschender Auffassung darin, Rechtsgüter zu schützen.[1452] Dieser Grundsatz des Rechtsgüterschutzes könnte dagegen

---

1451 *Staubach*, Anwendung ausländischen Strafrechts, S. 143.

1452 Vgl. die Nachweise bei *Pawlik* in FS-Schroeder (2006), S. 357, 360. Dieser Ansatz sieht sich zwar auch einiger Kritik ausgesetzt, vgl. dazu etwa *Jakobs*, ZStW 1985, 752 oder die Beiträge bei *Hefendehl/v. Hirsch/Wohlers*, Rechtsgutstheorie. Solange

sprechen, ausländische Strafnormen zur Anwendung zu bringen, was auf den ersten Blick verwundern mag. Mit der Anwendung des ausländischen Rechts wird aber gleichzeitig das eigene Recht nicht angewendet, wodurch ggf. ein schwächerer Rechtsgüterschutz vorliegen könnte.[1453]

Maurach[1454] und *Schröder*[1455] haben unter Berufung auf den „bestmöglichen Schutz“ für Rechtsgüter die Auffassung vertreten, dass das Rechtsgüterschutzprinzip letztlich das Universalitätsprinzip für alle Straftaten gebiete.[1456] Mit einem Universalitätsanspruch werde ein Rechtsgut am effektivsten geschützt. Das hätte hier zur Folge, dass wegen der Universalität der Strafnormen des jeweiligen Gerichtsstaates kein Raum für die Anwendung ausländischen Strafrechts bliebe. Der urteilende Staat dürfte nur sein eigenes – aus seiner Sicht universell geltendes – Recht anwenden.

Ein derart weitreichendes Universalitätsprinzip wird aber kaum noch – jedenfalls nicht ausdrücklich[1457] – vertreten. Eine Universalität der Strafnormen kann aber auch nur dann ohne Weiteres aus dem Rechtsgüterschutz folgen, wenn auch das zugrunde liegende Rechtsgut tatsächlich universell ist und universell geschützt

---

der Gesetzgeber neue Rechtsgüter „schaffen“ kann, weil nicht genau definiert ist, was unter einem Rechtsgut verstanden werden soll, ist das Güterschutzprinzip nur bedingt dazu geeignet, dem Gesetzgeber bei der Ausgestaltung des Strafrechts Grenzen aufzuzeigen. Historisch ist allerdings zu beachten, dass der Grundsatz des Rechtsgüterschutzes aus einer Zeit stammt, in der der Gesetzgeber nicht wie heute an die Grundrechte und das Prinzip der Verhältnismäßigkeit gebunden war. Unter der Geltung des Grundgesetzes ist es damit schwer, völlig neue Rechtsgüter zu schaffen.

1453 Zu beachten ist aber, dass der Grundsatz des Rechtsgüterschutzes eigentlich dazu dient, das Strafrecht zu begrenzen (Strafrecht darf *nur* eingreifen, um ein Rechtsgut zu schützen), und nicht dazu, die Strafbarkeit möglichst weit zu fassen (Strafrecht *muss* eingreifen, um ein Rechtsgut zu schützen). Allerdings nimmt das BVerfG an, dass aus einer Schutzpflicht *auch* eine Pflicht des Gesetzgebers zur Pönalisierung erwachsen kann, BVerfGE 88, 203.

1454 *Maurach*, DStR N.F. 1938, 1, 11 ff. geht dabei von einem überaus weiten „Schutzprinzip“ aus. So soll das Territorialitätsprinzip der Normalfall des Schutzprinzips sein: Indem der Staat Inlandstaten bestrafe, schütze er inländische Güter und daher sich selbst. Darüber hinaus gebiete es aber das Schutzprinzip auch, Taten im Ausland zu bestrafen, weil damit deutsche Interessen verletzt seien, unabhängig von der Strafbarkeit am Tatort. Es gebe eine „Universalität des Schutzprinzips“, die selbst Straftaten von Ausländern im Ausland – und zwar nicht nur solche, die sich gegen „nationale Güter im engsten Sinne“ richten – erfasse.

1455 *Schröder*, ZStW 1942, 57, 59, 94 ff.

1456 Jedenfalls als „Bewertungsnorm“ gelte das Strafrecht universell, *Schröder*, ZStW 1942, 57, 94.

1457 Vgl. aber *Pawlik* in FS-Schroeder (2006), S. 357, 361, der – *Neumann* in FS-Müller-Dietz, S. 590, 601 ff. folgend – behauptet, der Gedanke der „potentiellen Weltgeltung“ des deutschen Strafrechts sei „[u]ntergründig ... nach wie vor wirksam.“

werden darf und kann. Das ist längst nicht für alle Rechtsgüter des gesamten Strafrechts der Fall.

1) Universelle und nicht-universelle Rechtsgüter

Zunächst gibt es Rechtsgüter und darauf bezogene Straftatbestände, die man jedenfalls *prima facie* als universell bezeichnen kann. Dazu gehören etwa das Rechtsgut „Leben"[1458] – und darauf bezogen das Tötungsverbot – oder die Einhaltung der Gesetze und Gebräuche des Krieges,[1459] woraus sich das strafrechtliche Verbot bestimmter Kriegshandlungen ergibt.[1460] Demzufolge wäre es im Sinne des Rechtsgüterschutzes, ein Universalitätsprinzip nicht nur für Kriegsverbrechen, sondern auch für „einfache" vorsätzliche Tötungen anzunehmen. Wenn dies nicht geschieht, dann ist dies nicht darauf zurückzuführen, dass das Rechtsgut „Leben" nicht universell geschützt wäre, sondern darauf, dass dieser Schutz nicht universell geleistet werden *kann* (dazu noch unter 3)).

Ein näherer Blick auf das Rechtsgut „Leben" zeigt aber, dass selbst dieses Rechtsgut nicht in Inhalt und Umfang in allen Staaten gleich weit reicht bzw. gleichen Schutz genießt. So gibt es gerade bei den rechtlichen Antworten auf die Frage nach dem Beginn und dem Ende des menschlichen Lebens große Unterschiede, selbst innerhalb der Europäischen Union, erst recht aber auf globaler Ebene. Für andere Rechtsgüter gilt dies ebenso: Zwar mag es überall ein Rechtsgut „Eigentum" geben, aber Inhalt, Umfang und strafrechtlicher Schutz dieses Rechts sind nicht weltweit gleich, sondern richten sich nach der jeweiligen nationalen Rechtsordnung. Nur soweit eine Einigkeit bezüglich der Reichweite eines Rechtsguts besteht, kann man von einem universellen Rechtsgut sprechen.[1461]

Soweit aber ein Rechtsgut nicht universell besteht, gibt es auch kein Bedürfnis dafür, dieses Rechtsgut universell zu schützen, sondern nur in dem räumlichen Bereich, in dem es besteht.[1462] Für nicht-universelle Rechtsgüter gibt es daher keinen Grund, diese universell mit Mitteln des Strafrechts zu schützen. Anders ausgedrückt: Soweit ein Rechtsgut nicht universell besteht, darf auch die dieses Rechtsgut schützende Strafnorm keine universelle Geltung beanspruchen.

1458 Vgl. Art. 2 EMRK, Art. 4 Afrikanische MRK.

1459 Vgl. die Überschrift der Haager Landkriegsordnung. Dass es sich dabei nicht um ein Rechtsgut im eigentlichen Sinn handelt, spielt hier keine Rolle. Entscheidend ist, dass die Gebräuche des Krieges universell gültig sind. Ihre Grundlage finden diese Gebräuche wiederum in dem Schutz anderer Rechtsgüter, insbesondere Leib und Leben der Zivilbevölkerung.

1460 Vgl. Art. 8 IStGH-Statut.

1461 Daraus aber den Schluss zu ziehen, dass es *gar keine* universellen Rechtsgüter gibt, erscheint nicht zwingend. So gibt es beim hier zuerst genannten Beispiel des Rechtsguts „Leben" durchaus im Kernbereich Einigkeit darüber, wieweit dieses Rechtsgut reicht. *Insoweit* ist das Rechtsgut „Leben" also durchaus als universell anzusehen.

1462 So auch schon *Feuerbach*, Kritik des Kleinschrodischen Entwurfs Bd. II, S. 4 ff.

2) Nicht-Verfügen-Dürfen. Das Staatsschutzprinzip

Andere Rechtsgüter bestehen zwar universell, dürfen aber nicht von jedem Staat nach eigenem Belieben geschützt werden. Insbesondere darf ein Staat nicht definieren, ob und wie die Organe und Einrichtungen anderer Staaten mit Mitteln des Strafrechts zu schützen sind. Zwar kann die Funktionsfähigkeit von Staaten als universelles[1463] Rechtsgut angesehen werden, ist sie doch Voraussetzung für das Völkerrecht überhaupt. Allerdings bestimmt jeder Staat selbst, welche Organe er hat und ob und welchen strafrechtlichen Schutz diese Organe genießen sollen.

Folgende Vergleiche, bei denen man sich die Staaten um der Argumentation willen jeweils als Personen vorstellen muss, mögen dies verdeutlichen: Bei dem ersten Vergleich wird die Beeinträchtigung der staatlichen Organe als eine Körperverletzung an diesem Staat angesehen. Eine solche Verletzung wäre dann nicht rechtswidrig, wenn eine rechtfertigende Einwilligung vorliegt.[1464] Dabei ist eine wesentliche Voraussetzung für die wirksame Einwilligung die Dispositionsbefugnis.[1465] Diese liegt aber beim Inhaber des geschützten Rechts, also dem jeweiligen Staat; nicht bei anderen. Nur der Staat selbst kann also bestimmen, inwieweit Beeinträchtigungen seiner Organe rechtswidrig oder rechtmäßig sein sollen. Dieses erste Bild ist allerdings schon deshalb ungenau und problematisch, weil es davon ausgeht, dass jedes irgendwie gegen einen Staat gerichtete Verhalten, das nicht ausdrücklich erlaubt wird – im Bild gesprochen: durch eine rechtfertigende Einwilligung –, zunächst verboten ist;[1466] richtigerweise muss jedoch gelten, dass jedes Verhalten – auch solches, das sich gegen einen Staat richtet – erlaubt ist, soweit es nicht ausdrücklich verboten wird.

Ein zweiter Vergleich vermeidet dieses Problem, allerdings ist hier die Übertragung nicht ganz so einleuchtend wie im ersten Fall: Man kann sich hierzu den Staat als Inhaber eines Hausrechts vorstellen. Dass es ein Hausrecht gibt, ist universell gültig. Wem aber konkret Zutritt gewährt wird, wem Hausverbot erteilt wird und ob ein solches Verbot durchgesetzt wird, entscheidet allein der Inhaber des Hausrechts, aber in keinem Fall seine Nachbarn.[1467]

1463 Allerdings auch hier mit der Einschränkung, dass es allenfalls in einem Kernbereich Einigkeit gibt, was genau zur Funktionsfähigkeit von Staaten gehören soll.

1464 Die Sittenwidrigkeit nach § 228 StGB spielt in diesem Kontext keine Rolle.

1465 Vgl. zu den Voraussetzungen der rechtfertigenden Einwilligung statt aller *Wessels/Beulke/ Satzger*, Strafrecht AT, Rn. 371 ff.

1466 Übertragen auf die international-strafrechtliche Ebene führte dies dazu, dass *alle* Staaten *jede* Verletzung auch ausländischer staatlicher Interessen bestrafen müssten, es sei denn, der betroffene Staat verzichtet darauf.

1467 Daneben gibt es beim Hausrecht z.T. auch rechtliche Beschränkungen, z.B. bei öffentlichen Verkehrsmitteln. Will man diese in das Bild mit einbeziehen, dürfte die Entsprechung in der Völkerrechtsordnung zu sehen sein.

Der Staat darf also gar nicht entscheiden, ob und inwieweit andere Staaten geschützt werden. Etwas anderes gilt nur, wenn völkerrechtliche Verpflichtungen bestehen[1468] oder der andere Staat sein Einverständnis gegeben hat. Dem entspricht es auch, wenn etwa §§ 153 ff. StGB grundsätzlich nur Aussagen vor deutschen Stellen erfasst,[1469] die §§ 105 ff. StGB schon dem Wortlaut nach nur deutsche Verfassungsorgane schützen,[1470] oder nach § 104a StGB für die Verfolgung von Straftaten gegen ausländische Staaten u.a. deren „Strafverlangen" vorliegen muss.

Auch hier gebietet der Rechtsgüterschutz also kein Universalitätsprinzip in dem Sinne, dass jeder Staat in gleicher Weise geschützt werden müsste. Geboten ist dagegen, den – in seinem Umfang individuell bestimmten – Schutz jedes Staates universell durchzusetzen. Da sich der Umfang des Schutzes nach dem Recht des geschützten Staates richtet, ist von einem Vorrang dieser Rechtsordnung in Staatsschutzangelegenheiten auszugehen.

3) Nicht-Verfügen-Können. Das Tatortprinzip

Zuletzt gibt es – universelle oder nicht universelle – Rechtsgüter, über die der Staat zumindest in tatsächlicher Hinsicht nicht verfügen *kann* bzw. die er gar nicht effektiv schützen kann. Staaten mögen Ge- und Verbote aufstellen, *durchsetzen* kann man solche Ge- oder Verbote aber im Bereich anderer Staaten in aller Regel nicht.[1471] Wenn noch dazu kommt, dass – aus welchem Grund auch immer – der Täter nicht in den Machtbereich des Staates gelangt, der strafen will, läuft die Verbotsnorm völlig leer.[1472] Ein Verbot, das letztlich nicht durchsetzbar ist, ist zwar nicht unwirksam, aber zumindest wenig sinnvoll. In diese Richtung geht es auch, wenn § 7 Abs. 2 Var. 2 StGB für die Geltung des deutschen Strafrechts u.a. zur Bedingung macht, dass der Täter sich im Inland aufhält. In anderen Fällen ergibt es nämlich ohnehin keinen Sinn, ihn der deutschen Strafrechtsordnung zu unterwerfen, und zwar unabhängig davon, ob in einem anderen Staat eine Aburteilung

1468 Zu nennen ist z.B. die völkerrechtliche Pflicht, Botschaften ausländischer Staaten zu schützen, Art. 22 Abs. 2 WÜD. Damit ist allerdings noch nicht gesagt, dass dieser Schutz auch mit Mitteln des Strafrechts erfolgen muss.

1469 Vgl. nur *Lenckner/Bosch* in Schönke/Schröder, StGB, vor § 153 Rn. 2.

1470 Auch, soweit in § 108d StGB die Wahl zum Europäischen Parlament einbezogen wird, geht es hier wiederum nicht um die Wahl *aller* Abgeordneten, sondern nur um die 96 in Deutschland gewählten; vgl. *Eser* in Schönke/Schröder, StGB, § 108d Rn. 2.

1471 Zum Unterschied zwischen der *jurisdiction to prescribe* und der *jurisdiction to enforce* bereits oben Einleitung § 2.

1472 Etwas optimistischer in der Formulierung *Jeßberger*, Der transnationale Geltungsbereich, S. 10: Der Staat, der extraterritoriale Strafgewalt beansprucht, sei „typischerweise auf das Instrumentarium der internationalen Zusammenarbeit" angewiesen.

erfolgt.[1473] Die Geltung (nur) des eigenen Strafgesetzes für Straftaten im Ausland ist damit zumindest nicht sinnvoll.[1474]

Nimmt man nicht nur eine Befugnis des Staates an, Rechtsgüter zu schützen, sondern sogar eine Pflicht dazu,[1475] muss man sogar noch einen Schritt weiter gehen: Der Pflicht des Staates, Rechtsgüter zu schützen, korrespondiert ein entsprechender Anspruch des Rechtsgutsinhabers auf Schutz mit Mitteln des Strafrechts. Ein solcher Anspruch setzt aber voraus, dass der Staat diesen Anspruch auch erfüllen kann; *ultra posse nemo obligatur*[1476] gilt auch für den Staat. Einen nicht effektiv durchsetzbaren strafrechtlichen Schutz zu verlangen, würde bedeuten, etwas faktisch Unmögliches zu verlangen. Nicht rechtmäßig durchsetzbar ist ein Strafanspruch dann, wenn der betreffende Staat zur Durchsetzung seines Strafanspruchs gegen das Völkerrecht verstoßen müsste.[1477] Nicht effektiv durchsetzbar ist ein Strafanspruch bezogen auf Auslandstaten[1478] aber vor allem auch dann, wenn der Täter sich nicht im Inland aufhält und ein solcher Aufenthalt nicht zu erwarten ist. Insofern ist es verständlich, dass bei Nichtvorliegen eben dieser Voraussetzungen selbst Verfahren wegen Völkerstraftaten nach § 153f StPO eingestellt werden können.[1479]

Demnach wäre auch das absolute Weltrechtsprinzip bei schweren Verbrechen, insbesondere den „*core crimes*" nach dem IStGH-Statut, bedenklich. Hier ist aber zu berücksichtigen, dass bei diesen Straftaten nicht der einzelne Staat den Rechtsgüterschutz gewährleisten soll, sondern die Staatengemeinschaft als ganze und damit *jeder* Staat. Ein entsprechender Schutzauftrag wird erst dann unmöglich, wenn überhaupt kein Staat in der Lage wäre, diesen Schutz zu gewährleisten. Für diese

---

1473 Dass überhaupt eine Aburteilung vorgenommen wird, ist zwar das wesentliche Anliegen des § 7 Abs. 2 StGB. Wenn diese Aburteilung aber nicht in Deutschland erfolgen kann, weil der Beschuldigte sich nicht in Deutschland aufhält, gilt das deutsche Recht selbst dann nicht, wenn sich alle anderen Staaten weigern, die Tat zu verfolgen.

1474 Auch *Jeßberger*, Der transnationale Geltungsbereich, S. 139 erkennt an, dass bei fehlender Mitwirkung ausländischer Stellen *faktisch* die Geltung des deutschen Strafrechts eingeschränkt wird.

1475 Eine solche Schutzpflicht von Verfassungs wegen nimmt das Bundesverfassungsgericht für das Leben an, BVerfGE 39, 1.

1476 Vgl. den Rechtsgedanken des § 275 BGB.

1477 Ein Völkerrechtsverstoß wäre es etwa, gegen einen Staat, der die Auslieferung verweigert, militärisch vorzugehen und/oder den Beschuldigten durch eigene staatliche Organe aus dem Ausland entführen zu lassen, vgl. EGMR NVwZ 2006, 1267, 1268.

1478 Bei Inlandstaten – oder hier genauer: bei Taten mit inländischem Handlungsort – besteht zumindest theoretisch immer die Chance, den Täter auf frischer Tat festzunehmen, im Inland abzuurteilen und so den Rechtsgüterschutz durchzusetzen.

1479 Damit wird das Problem von der materiellrechtlichen auf die prozessuale Ebene verlagert; im Fall von Straftaten gegen das VStGB erscheint es indes richtig, diese Problematik erst auf prozessualer Ebene anzugehen, vgl. sogleich.

Taten bleibt es daher beim Weltrechtsprinzip, während für andere Taten ein *effektiver* Rechtsgüterschutz nur die Geltung des Tatortrechts[1480] voraussetzt.

4) Ergebnis zum Rechtsgüterschutz

Entgegen der Annahme von *Maurach* und *Schröder* verlangt das Prinzip des Rechtsgüterschutzes kein Universalitätsprinzip, sondern unterstützt sogar im Gegenteil die These, dass vorrangig das Tatortrecht bzw. das Recht des geschützten Staates zu berücksichtigen ist.

VI. Das Recht auf den gesetzlichen Richter

Nachdem nun geklärt ist, dass keine grundsätzlichen verfassungsrechtlichen Bedenken gegen die Anwendung ausländischen Strafrechts durch ein deutsches Gericht bestehen, stellt sich schließlich die Frage, wie es umgekehrt verfassungsrechtlich zu beurteilen ist, wenn deutsches Recht durch ausländische Gerichte angewendet werden würde. Es geht also um die Frage, ob Deutschland es zulassen darf bzw. sollte (soweit es überhaupt verhindert werden kann), dass durch ausländische Instanzen deutsches Strafrecht angewendet wird, oder ob darin ein Verstoß gegen Artt. 92; 101 GG liegt.

Art. 92 GG vertraut die rechtsprechende Gewalt den Richtern an, ähnlich wie Art. 103 Abs. 2 GG das Recht, Strafgesetze zu erlassen, dem Parlament zuweist. Beide Bestimmungen dienen dazu, die Kompetenzen der Staatsgewalten voneinander abzugrenzen (Grundsatz der Gewaltenteilung),[1481] dies aber selbstverständlich nur *innerhalb* des Geltungsbereichs der Verfassung. Bei der Beteiligung ausländischer Stellen sind die Artt. 92; 101 GG daher in der Regel nicht betroffen.[1482]

Unter der Voraussetzung, dass ein ausländischer Richter im Einklang mit den völkerrechtlichen Vorgaben überhaupt eine Entscheidung treffen darf, besteht kein verfassungsrechtlicher Grund, weshalb er nicht auch deutsches Recht anwenden sollte und dennoch „für seinen Staat" Recht spricht. Das wäre im Übrigen sogar schon jetzt möglich: Aus deutscher verfassungsrechtlicher Sicht wäre ein fiktives dänisches Gesetz, wonach Verstöße gegen das deutsche Strafgesetzbuch in seiner jeweils geltenden Fassung in Dänemark von dänischen Richtern zu ahnden sind, unbedenklich.[1483]

Etwas anderes ergibt sich selbst dann nicht, wenn sich deutsche Stellen an einer Aburteilung durch ausländische Gerichte beteiligen, etwa durch Auslieferung an den betreffenden Staat. In solchen Fällen besteht zwar in aller Regel auch ein

---

1480 Wobei dem Tatort hier der Flaggenstaat gleichgesetzt wird, vgl. oben Teil 1 § 2.

1481 Vgl. *Hillgruber* in Maunz/Dürig, Grundgesetz, Art. 92 Rn. 13; *Schmidt-Jortzig*, NJW 1991, 2377, 2378.

1482 So auch *Zimmermann*, Strafgewaltkonflikte, S. 187.

1483 Vgl. auch schon oben Teil 4 § 3 B. So, wie in der Anwendung fremden Rechts keine Aufgabe der eigenen Souveränität liegt, ist es auch keine Anmaßung fremder Souveränität, wenn ausländisches Recht im eigenen Namen angewendet wird.

Gerichtsstand in Deutschland, nämlich zumindest der Gerichtsstand des Ergreifungsortes.[1484] Soweit ersichtlich wird aber nicht vertreten, dass mit der Auslieferung trotz eines inländischen Gerichtsstandes der Beschuldigte seinem gesetzlichen Richter entzogen würde. Dies ist nicht zuletzt deshalb richtig, weil der ausländische Richter eben keine andere *innerstaatliche* Entscheidungsinstanz ist.[1485] Im einfachen Recht findet diese Position eine gewisse Bestätigung.[1486] So verbietet § 9 IRG die Auslieferung erst dann, wenn die Durchführung eines Strafverfahrens in Deutschland bereits abgelehnt wurde, aber nicht schon dann, wenn ein Verfahren auch in Deutschland vor einem *deutschen* gesetzlichen Richter nur *möglich* wäre.

Insgesamt spricht daher aus verfassungsrechtlicher Sicht nichts dagegen, dass ausländische Gerichte deutsches Strafrecht anwenden.

VII. Ergebnis zu den verfassungsrechtlichen Bedenken

Im Ergebnis bestehen damit keine grundsätzlichen Bedenken gegen die Anwendung ausländischen Rechts im Inland, sofern dies zumindest einfach-gesetzlich vorgegeben würde. Zu beachten ist aber einerseits das Bestimmtheitsgebot – auch bei ausländischen Normen muss der Täter zumindest wissen können, welches Verhalten wie strafbar ist. Andererseits muss darauf geachtet werden, dass in materieller Hinsicht keine Entscheidung getroffen wird, die wesentlichen Wertentscheidungen der eigenen Rechtsordnung widerspricht (dazu noch unter E.).

D. Praktische Bedenken – Schwierigkeiten bei der Ermittlung und Anwendung fremden Rechts

Neben den rechtlichen Bedenken, die nach dem oben Gesagten im Ergebnis unbegründet sind, können aber Einwände gegen die Praktikabilität der Fremdrechtsanwendung bestehen. Bedenken bestehen im Wesentlichen auf Grund der Annahme, dass ausländisches Recht schwer zu ermitteln sei.[1487] Denn die Anwendung fremden

---

1484 Vgl. oben Teil 3 § 4 A.II.1)c); zur Subsidiarität dieses Gerichtsstandes Teil 3 § 4 A. II.2)b). Wie insbesondere unter Teil 3 § 4 A.III.5) näher ausgeführt wurde, ist der Gerichtsstand des Ergreifungsortes aber grundsätzlich zulässig und im Sinne eines Auffanggerichtsstandes durchaus sinnvoll.

1485 Art. 101 GG gilt, wie die anderen genannten Verfassungsbestimmungen (Artt. 92; 103 GG) nämlich natürlich nur *innerhalb* des Staates. Vgl. auch *Lagodny*, Gutachten, S. 114: „Art. 101 verhindert deshalb nicht, dass die Strafgewalt ... von Deutschland auf einen anderen Staat übertragen wird."

1486 Nur eine „gewisse Bestätigung" deshalb, weil das einfache Recht selbstverständlich nicht der Maßstab ist, an dem das Verfassungsrecht zu messen ist.

1487 Dagegen kommt der Überlegung von *Zimmermann*, Strafgewaltkonflikte, S. 331, wonach die Fremdrechtsanwendung wegen des Aufeinanderbezogenseins von materiellen und prozessualen Recht unpraktisch sei, nicht die große Bedeutung zu, die *Zimmermann* ihr beimisst. *Zimmermann* führt zum Beleg mehrere „Straftatkataloge" in der StPO und dem GVG an. Eine Lösung ist aber ohne

Rechts kann sich nicht darauf beschränken, einen Rechtstext zu kennen (sofern ein solcher überhaupt auffindbar ist), sondern muss auch die Rechtsanwendung im betreffenden Staat einbeziehen. Entsprechende Nachforschungen dürften durchaus einige Zeit in Anspruch nehmen.

So meint etwa *Ambos*, der grundsätzlich ebenfalls für den Vorrang des Tatortrechtes plädiert, es sei aber praktikabler, den Beschuldigten dann auch vor Gerichten des Tatortes abzuurteilen, da diese Gerichte kein ihnen fremdes Recht anwenden müssten.[1488] Allerdings wurde oben gezeigt, dass eine Regelung, wonach das Verfahren zwingend am Tatort stattfindet, nicht dem – berechtigten und zu berücksichtigenden – Interesse des Beschuldigten gerecht wird.[1489] Es wird daher darauf ankommen, ob der behauptete Aufwand tatsächlich in qualitativer und quantitativer Hinsicht so groß ist, dass ein Verzicht auf die Fremdrechtsanwendung zwingend geboten erscheint.[1490]

I. Qualitative Betrachtung

Ein zusätzlicher praktischer Aufwand bei der Rechtsanwendung könnte sich daraus ergeben, dass nicht lediglich geprüft werden muss, ob ein Verhalten überhaupt strafbar ist, sondern auch, *wie* das Verhalten nach der Rechtsordnung des Tatortes bestraft würde. Nach richtiger Auffassung ist dies aber schon jetzt zu prüfen, da ein milderes Strafrecht am Tatort zu beachten ist,[1491] so dass kein erheblicher zusätzlicher Aufwand betrieben werden müsste. Daraus ergibt sich, dass auch die entstehende zeitliche Verzögerung, die für den Beschuldigten nachteilig wäre, eher gering sein dürfte. Aus ähnlichen Gründen wird auch der zusätzliche Übersetzungsaufwand als relativ gering einzustufen sein: Bei Auslandsberührung werden ohnehin in vielen Fällen Übersetzer und Dolmetscher benötigt, so dass hier nicht eine völlig neue und unbekannte Aufgabe auf die Justiz zukäme.[1492]

Weiteres denkbar, in dem bei Auslandstaten die jeweiligen Katalogstraftaten bei „entsprechender Umstellung des Sachverhalts" erfüllt sein müssen. Hinzu kommt, wie unter Teil 4 § 3 D.II. noch zu zeigen sein wird, dass es um quantitativ wenige Fälle geht.

1488 *Ambos*, Internationales Strafrecht, § 3 Rn. 128 f.; ihm zustimmend auch *Gropp* in Sinn (Hrsg.), Jurisdiktionskonflikte, S. 41, 54.

1489 Vgl. oben Teil 3 § 4 C.VI. zur Frage, welchen Interessen im Zusammenhang mit dem Gerichtsstand besondere Bedeutung zukommt.

1490 Vgl. *Staubach*, Anwendung ausländischen Strafrechts, S. 168 f., der zu Recht darauf hinweist, dass praktische Schwierigkeiten – nur – deshalb bedeutsam sind, weil diese zu einer Rechtsunsicherheit führen könnten, was nicht im Interesse des Beschuldigten liegt.

1491 Vgl. bereits oben Teil 1 § 7.

1492 Zumal es für den Beschuldigten günstiger ist, wenn alle, die am Verfahren und der Entscheidung beteiligt sind, einer Übersetzung bedürfen, vgl. zur Übersetzungsproblematik näher oben Teil 3 § 4 C.III.2)d); zum Beispiel der Tokioter

1) Aufwand zur Ermittlung und Anwendung ausländischen Rechts

Angesichts der immer besseren Kommunikationsmöglichkeiten stellt sich schon jetzt die Frage, ob man noch ernsthaft behaupten kann, dass der Aufwand, das ausländische Recht aufzufinden, unüberwindbar groß sei. So hat wurde schon im AE-1966 die Auffassung vertreten, die praktischen Schwierigkeiten bei der Fremdrechtsanwendung seien „heute nicht mehr als unüberwindbar" anzusehen.[1493] Dies muss fast 50 Jahre später, mit zusätzlichen Recherche-Möglichkeiten etwa durch Online-Veröffentlichungen von Gesetzblättern[1494] und Gerichtsentscheidungen, von Fachdatenbanken[1495] und nicht zuletzt auch die Unterstützung seitens der Wissenschaft[1496] erst recht gelten.[1497]

Zu dem Auffinden des Textes kommt hinzu, dass in den meisten Fällen der Text übersetzt werden muss. Dass damit ein gewisser Aufwand verbunden ist, lässt sich nicht leugnen; auch insoweit gilt aber, dass diese Aufgabe mit Unterstützung insbesondere seitens der Wissenschaft durchaus zu bewältigen ist, zumal nach hier vertretener Auffassung ohnehin schon jetzt an vielen Stellen das mildere Recht des Tatorts zu berücksichtigen ist, es in aller Regel nur nur um Gutachten zu einzelnen Rechtsfragen und schließlich auch nur um relativ wenige Fälle gehen dürfte.[1498]

Allerdings ist die Anwendung ausländischen Rechts durchaus ein „Mehr" gegenüber dem bloßen Lesen und der wörtlichen Auslegung einer – übersetzten – Strafnorm. Um die Norm „richtig" anwenden zu können, muss der Richter mehr von der ausländischen Rechtsordnung kennen als nur die einzelne Strafnorm. Er muss daneben auch die üblichen Auslegungsmethoden und die konkrete Auslegung einzelner Begriffe kennen und darüber hinaus auch mit der Systematik des ausländischen Strafrechts hinreichend vertraut gemacht werden.[1499] Bei strukturell stark vergleichbaren Rechtsordnungen erscheint dies ohne größere Probleme möglich.

Prozesse, in denen es „nahezu täglich" zu (sprachlichen) Verständigungsproblemen kam, auch ausführlich *Osten*, Tokioter Kriegsverbrecherprozeß, S. 66 ff.

1493 *Baumann u.a.* (Hrsg.), Alternativentwurf StGB-AT², S. 37 (Begründung zu § 7).

1494 Besonders hervorzuheben ist in dieser Hinsicht die Lage in der Republik Österreich. Hier ist ausschließlich das online veröffentlichte Bundesgesetzblatt rechtlich verbindlich, vgl. § 7 [österr.] Bundesgesetzblattgesetz 2004.

1495 Es ist zwar einzuräumen, dass längst nicht alle Staaten derartige Veröffentlichungen vornehmen. Festzuhalten bleibt aber, dass es heute grundsätzlich qualitativ und quantitativ bessere Möglichkeiten gibt, ausländisches (Straf-)Recht zu ermitteln.

1496 Etwa durch das Max Planck-Institut für Internationales Strafrecht, das u.a. ausländische Strafgesetzbücher in deutscher Übersetzung herausgibt. Daneben ist aber auch der Grad der internationalen „Vernetzung" der Strafrechtswissenschaft insgesamt größer geworden.

1497 So auch *Werle/Jeßberger* in LK-StGB, § 7 Rn. 26.

1498 Zu den quantitativen Überlegungen auch sogleich unter II.

1499 Dieses *systematische* Verständnis ist wohl entscheidend. Auch bei Änderungen des nationalen Rechts wird vom Richter erwartet, dass er – auch ohne erneutes Studium – mit der neuen, unbekannten Norm „etwas anzufangen weiß", was

Aber auch bei Strafrechtsordungen aus unterschiedlichen Rechtskreisen setzt sich die Strafbarkeit aus ähnlichen Elementen zusammen, so dass von einem Richter des einen Rechtskreises – der die „Fähigkeit, sich schnell in neue Rechtsgebiete einzuarbeiten“[1500] haben soll – erwartet werden kann, sich in dem ausländischen Recht hinreichend „zurecht zu finden“: So gibt es wohl in allen Strafrechtsordnungen objektive und subjektive Elemente[1501] der Strafbarkeit oder die Strafbarkeit ausschließende Gründe.[1502] Was die Gemeinsamkeiten und Unterschiede zwischen den (Straf-)Rechtsordnungen und den dahinter stehenden Denkweisen und Auslegungsmethoden betrifft, kann wiederum auch auf die Unterstützung durch die Strafrechtswissenschaft zurück gegriffen werden.[1503] Mag es also möglich – und sinnvoll – sein, dem ausländischen Strafrecht und der Strafrechtsvergleichung auch schon in der Juristenausbildung noch größeren Stellenwert einzuräumen, um die praktischen Schwierigkeiten bei der Fremdrechtsanwendung zu reduzieren, sind die bestehenden Schwierigkeiten doch schon jetzt nicht so groß, dass sie der Anwendung ausländischen Rechts im Wege stünden.

2) Vergleich mit dem Zivilprozessrecht

Schließlich bietet sich ein Vergleich mit dem Zivilprozessrecht auch in Bezug auf die Fremdrechtsanwendung an: Dem Zivilrichter wird es bereits jetzt ohne Weiteres zugemutet, fremdes Zivilrecht zu ermitteln und anzuwenden. Dabei muss der Richter dies sogar von Amts wegen ermitteln,[1504] kann sich also gerade nicht – wie

---

dann der Fall ist, wenn er die üblichen Auslegungsmethoden kennen und anwenden kann.

1500 Vgl. nur Informationen der Berliner Senatsverwaltung für Justiz und Verbraucherschutz zur Einstellung als Richterin/Richter unter „Einstellungsvoraussetzungen“, http://www.berlin. de/sen/justiz/struktur/einstellung_ri_sta.html, zuletzt abgerufen am 09.07.2014.

1501 Wobei selbstverständlich die Beantwortungen der Einzelfragen, etwa nach der Abgrenzung zwischen Vorsatz und Fahrlässigkeit, bzw. überhaupt die Frage, ob es nur zwei Kategorien subjektiver Elemente gibt, sich je nach Rechtsordnung oder zumindest je nach Rechtskreis durchaus unterscheiden. Diese Unterschiede – sofern sie im konkreten Fall relevant sind – herauszuarbeiten und zu berücksichtigen, lässt sich qualitativ ähnlich einordnen wie das „Einarbeiten in neue (und damit: bisher unbekannte oder zumindest wenig bekannte) Rechtsgebiete“.

1502 Unabhängig davon, ob diese als Rechtfertigungs- oder Entschuldigungsgründe ausgestaltet sind. Auch hier gibt es jedoch je nach Rechtsordnung durchaus Unterschiede, so ist etwa im polnischen Notwehrrecht offenbar eine „Angemessenheit“ der Notwehr erforderlich, Art. 25 § 2 k.k.

1503 Vgl. etwa *Sieber/Cornils* (Hrsg.), Nationales Strafrecht in rechtsvergleichender Darstellung, die Strafrechtsordnungen aus ganz unterschiedlichen Rechtskreisen untersuchen (namentlich das Recht von China, Côte d'Ivoire, England und Wales, Frankreich, Italien, Korea, Österreich, Polen, Schottland, Schweden, Spanien und der Türkei).

1504 *Prütting* in MüKo-ZPO, § 293 Rn. 12.

sonst im Zivilprozess – darauf beschränken, was die Parteien vortragen.[1505] Weshalb es schwieriger sein soll, Strafrecht zu ermitteln, als Zivilrecht, ist jedenfalls nicht ersichtlich. Im Gegenteil ist sogar – durchaus plausibel – vertreten worden, dass es schwieriger sei, ausländisches Zivilrecht als ausländisches Strafrecht anzuwenden, unter anderem wegen des größeren Umfangs und der größeren Abstraktion von Zivilgesetzbüchern.[1506] Ob dies letztlich zutrifft, kann hier offen bleiben, da es jedenfalls nicht schwerer sein dürfte, ausländisches Strafrecht zu ermitteln und anzuwenden, als ausländisches Zivilrecht.[1507]

Zu bedenken ist aber, dass es im Strafrecht qualitativ möglicherweise um ein „Mehr" als im Zivilrecht geht. Es kann allerdings – jedenfalls aus der praktischen Sicht des Beschuldigten – schon nicht generell ausgegangen werden, dass das Strafrecht qualitativ größere Auswirkungen mit sich bringt als das Zivilrecht. Für den – zumindest im deutschen Recht – großen Anwendungsbereich der Geldstrafe ist die mögliche Folge des Strafverfahrens ebenso eine finanzielle Einbuße wie die mögliche Folge zahlreicher Zivilprozesse, nämlich, dass ein bestimmter Geldbetrag – allerdings im Strafrecht an die Staatskasse, nicht an den Kläger – zu zahlen ist. Soweit aber eine Freiheitsstrafe[1508] als Sanktion im Raum steht, kann man durchaus von einem „Mehr" ausgehen.[1509] Dieses „Mehr" in Bezug auf die Folgen der Fremdrechtsanwendung im Strafrecht gegenüber derjenigen im Zivilrecht führt zumindest dazu, dass bei der Ermittlung und Anwendung des ausländischen Strafrechts eine größere Sorgfalt nötig ist, als in vergleichbaren zivilrechtlichen Konstellationen. Dass es im Strafrecht um „Mehr" geht bzw. gehen kann als im

1505 Aus diesem Grund kann auch nicht für die unterschiedliche Behandlung von Zivil- und Strafrecht der ansonsten im Zivilprozessrecht geltende Beibringungsgrundsatz angeführt werden, vgl. *Cornils*, Fremdrechtsanwendung, S. 111.

1506 *Staubach*, Anwendung ausländischen Strafrechts, S. 176.

1507 *Geimer*, IZPR, Rn. 887 weist – für den Bereich des Zivilrechts – außerdem darauf hin, dass der Grad der Schwierigkeit auch von dem Grad der Spezialisierung der jeweiligen Spruchkörper abhänge. Auch im Strafrecht wäre eine Spezialisierung denkbar, etwa indem einzelne Spruchkörper schwerpunktmäßig oder ausschließlich Straftaten nach dem Recht bestimmter Staaten aburteilen.

1508 Problematisch ist allerdings, ob eine zur Bewährung ausgesetzte Freiheitsstrafe – zumindest nach dem subjektiven Empfinden des Angeklagten – ein „Mehr" gegenüber den Auswirkungen eines Zivilverfahrens ist: Einerseits steht die Möglichkeit des Bewährungswiderrufs und damit eine zu vollziehende Freiheitsstrafe im Raum. Andererseits ist die unmittelbar „spürbare" Folge einer zur Bewährung ausgesetzten Freiheitsstrafe möglicherweise geringer als die zivilrechtliche Verurteilung zur Zahlung eines (ggf. ganz erheblichen) Geldbetrags. Was subjektiv als „Mehr" empfunden wird, hängt dann wohl vom konkreten Be- bzw. Angeklagten ab; gleichwohl geht der Gesetzgeber davon aus, dass eine zur Bewährung ausgesetzte Freiheitsstrafe ein „Mehr" gegenüber der Zahlung eines Geldbetrags ist.

1509 Allerdings gibt es auch im Zivilrecht die Möglichkeit freiheitsentziehender Maßnahmen, vgl. § 1631b BGB für die Unterbringung Minderjähriger oder § 1906 BGB für die Unterbringung von Personen, für die ein Betreuer bestellt ist.

Zivilrecht ist indes kein Spezifikum der Fremdrechtsanwendung. Auch bei rein nationalen Sachverhalten geht es im Strafrecht um „Mehr“, ohne dass daraus abgeleitet würde, die Anwendung des nationalen Strafrechts sei nur unter engeren Voraussetzungen oder sogar gar nicht möglich. Es wird von einem Strafrichter auch nicht etwa eine gründlichere Ausbildung als von einem Zivilrichter erwartet,[1510] weil es um „Mehr“ geht. Übertragen auf die hier relevanten internationalen Sachverhalte bedeutet dies, dass das „Mehr“, um das es beim Strafrecht im Vergleich zum Zivilrecht gehen kann, nicht rechtfertigt, das ausländische Strafrecht – im Gegensatz zum ausländischen Zivilrecht – unbeachtet zu lassen; eine besondere Sorgfalt ist aber – wie gesagt – auch hier wie generell bei der Anwendung von Strafrecht notwendig.

3) Zwischenergebnis

In qualitativer Hinsicht ist daher durchaus einzuräumen, dass es praktische Schwierigkeiten insbesondere bei der Ermittlung und exakten Anwendung des ausländischen Rechts geben kann. Diese Bedenken sind aber nicht so groß, dass sie es rechtfertigen würden, von der interessengerechten Lösung – Anwendung des Tatortrechts – abzugehen.

II. Quantitative Betrachtung

Geht man davon aus, dass schon jetzt in vielen Fällen fremdes Recht berücksichtigt bzw. angewendet[1511] wird (vgl. § 7 StGB) oder zumindest als *lex mitior* berücksichtigt werden muss,[1512] stellt sich sodann die Frage, ob eine *generelle* Fremdrechtsanwendung bei Auslandstaten zu einem wesentlichen *quantitativen* Mehraufwand führen würde. Angesichts der derzeit geltenden Rechtslage soll daher kurz untersucht werden, in welchen Fällen überhaupt eine ausländische Strafrechtsordnung zusätzlich zur bisherigen Rechtslage und -praxis zu untersuchen wäre, wenn man dem hier vertretenen Ansatz der Fremdrechtsanwendung folgen würde.

Auf Grund der §§ 3 und 4 StGB gilt das deutsche Recht für Inlandstaten und Taten auf deutschen Schiffen und Flugzeugen. An der Anwendung nur des deutschen Rechts würde sich hier, da der Tatort in Deutschland liegt,[1513] nichts ändern.

1510 Im Gegenteil: Die im Strafprozessrecht anzutreffenden Schöffen haben in aller Regel überhaupt keine juristische Ausbildung. In der Zivilgerichtsbarkeit spielen ehrenamtliche Richter dagegen eine deutlich geringere Rolle.

1511 Nämlich dann, wenn die Tat am Tatort nicht strafbar ist; vgl. *Staubach*, Anwendung ausländischen Strafrechts, S. 154.

1512 Entgegen der Intention des Gesetzgebers, vgl. oben Fn. 308.

1513 Bei Schiffen liegt der Tatort zwar nicht immer im Inland, aber insoweit ist die Gleichstellung völkerrechtlich unbedenklich, vgl. oben Teil 1 § 2. Dass nicht deutsches, sondern ausländisches Recht *de lege ferenda* anzuwenden wäre, könnte aber dann der Fall sein, wenn die Definition des Begriffs „Tatort“ eingeschränkt würde. Wenn etwa nur noch der Handlungs- oder nur noch der

1) § 5 StGB

Dem § 5 Nrn. 1-5, 10 und 14a StGB liegt fraglos das Staatsschutzprinzip zu Grunde.[1514] Nach dem oben[1515] Gesagten ist das Staatsschutzprinzip als eine Art Selbstverteidigung des Staates anzusehen, so dass es gerechtfertigt ist, dass der Staat dabei auch sein eigenes Recht anwendet, selbst wenn der Tatort im Ausland liegt. An dieser Lage würde sich somit auch nach dem hier vorgeschlagenen Konzept nichts ändern.

§ 5 Nrn. 6, 6a, und 7 StGB beziehen sich auf Taten, die sich gegen Deutsche bzw. in Deutschland lebende Kinder und gegen hier ansässige Unternehmen richten. Daher unterfallen sie dem passiven Personalitätsprinzip bzw. dem passiven Domizilprinzip.[1516] Für solche Taten müsste daher bei einem Vorrang des Tatortrechts schon jetzt das ausländische Recht untersucht werden. Ein wesentlicher Mehraufwand wäre mit der *Anwendung* ausländischen Rechts daher nicht verbunden.

§ 5 Nr. 8 StGB beruht in seinem Fall b) auf dem passiven Personalitätsprinzip, so dass nach hier vertretener Auffassung das ggf. ausländische Tatortrecht schon *de lege lata* vorrangig zu berücksichtigen wäre und es daher keinen Mehraufwand zu verzeichnen gäbe. Der Fall des § 5 Nr. 8 Buchst. a) StGB beruht dagegen auf dem aktiven Personalitätsprinzip. Nach der hier vertretenen Auffassung sollte *de lege ferenda* ohnehin auf die Anwendung eines absoluten aktiven Personalitätsprinzips verzichtet werden. Würde dies umgesetzt, also zumindest die *lex mitior* des Tatorts beachtet, wäre mit der Anwendung des Tatortrechts kein wesentlicher Mehraufwand verbunden.

§ 5 Nr. 9 StGB beruht ebenfalls auf dem Personalitätsprinzip, und zwar in erster Linie auf dem aktiven Personalitätsprinzip, eingeschränkt aber durch das

---

Erfolgsort der entscheidende Tatort sein soll, käme es in den Fällen, in denen die Tatorte in unterschiedlichen Staaten liegen, auch hier ggf. zu einem geringen Mehraufwand durch die Notwendigkeit, ausländisches Recht zu ermitteln und anzuwenden.

1514 Vgl. *Werle/Jeßberger* in LK-StGB, § 5 Rn. 78, 79, 85, 89, 95, 141, 213. – Darüber hinaus kann man bei § 5 Nr. 14a StGB von einem „Unionsschutzprinzip“ sprechen. Solange es kein eigenes Strafrecht der Europäischen Union gibt, das zur „Verteidigung“ der EU und ihrer Organe angewendet werden kann, erscheint es sinnvoll, jeweils das Recht der Mitgliedstaaten anzuwenden. Hier ist aber eine Vereinheitlichung anzustreben.

1515 Teil 1 § 3.

1516 *Werle/Jeßberger* in LK-StGB, § 5 Rn. 105; *Böse* in NK-StGB § 5 Rn. 21. – Die von *Heinrich*, Das passive Personalitätsprinzip, S. 40 f. vertretene einschränkende Gegenauffassung, wonach auch das Staatsschutzprinzip eine Rolle spielt, geht dagegen zu Unrecht von einem zu weiten Begriff des „Staatsschutzes“ aus. Wenn auch BGHSt 40, 125, 130 von einem „Universalitätsgrundsatz des § 5 Nr. 6 StGB“ spricht, ist dies lediglich als Umschreibung des – zu weiten – Gesetzeswortlauts zu verstehen, wonach es nicht auf das Recht des Tatortes ankommt. Im Fall des § 5 Nr. 6a StGB dürfte zumeist auch ein Tatort im Inland liegen.

Domizilerfordernis. Der Gesetzgeber selbst ging dagegen mit Blick auf den Schutz werdenden „deutschen" Lebens[1517] offenbar (auch) von der Geltung des passiven Personalitätsprinzips aus.[1518] Daher ist das Tatortrecht auch hier schon jetzt vorrangig zu berücksichtigen. Auch, wenn es besonders in diesem Bereich zu schwerwiegenden Wertungsunterschieden im Einzelfall kommen kann (dazu noch unter E.), ist ein wesentlicher Mehraufwand hier nicht zu befürchten. Denn nach hier vertretener Auffassung muss[1519] schon *de lege lata* ohnehin das Tatortrecht beachtet werden, wobei sich die Frage nach dem Umgang mit den genannten Wertungsunterschieden bereits jetzt stellen müsste.

Die Bestimmung des § 5 Nr. 11 StGB lässt sich entgegen der Ansicht von *Hoyer*[1520] nicht mit dem Universalitätsprinzip begründen.[1521] Unabhängig davon, ob man diese Norm dem Staatsschutzprinzip[1522] oder einem Jurisdiktionstitel *sui generis* mit einer „gewissen Nähe zum Territorialitätsprinzip"[1523] zuordnet, bleibt es dabei, dass auch nach dem hier vorgeschlagenen Konzept weiterhin nur deutsches Recht angewendet werden würde: entweder als Tatortrecht im weitesten Sinne oder als Recht des geschützten Staates. Insoweit entsteht also kein Mehraufwand durch die Ermittlung und Anwendung ausländischen Rechts.

1517 Genauer geht es hier um Embryos, die bei ihrer Geburt deutsche Staatsangehörige sein werden bzw. geworden wären.

1518 Vgl. die Überschrift zu § 5 StGB, in der von „inländische[n] Rechtsgüter[n]" die Rede ist. Eine Beschränkung auf „deutsche Embryos" lässt sich dem Gesetz indes nicht entnehmen. Nimmt man jedoch an, das passive Personalitätsprinzip sei auch betroffen, greifen *Werle/Jeßberger* in LK-StGB, § 5 Rn. 136 etwas zu kurz, wenn sie nur auf die Schwangerschaft einer deutschen Schwangeren abstellen: Auch der Abbruch der Schwangerschaft einer Ausländerin kann dem passiven Personalitätsprinzip unterfallen, wenn nämlich der (rechtliche, vgl. § 1592 BGB – in Betracht kommt hier in erster Linie die Vaterschaft aufgrund der Ehe) (werdende) Vater Deutscher ist. – Entgegen *Ambos* in MüKo-StGB, § 5 Rn. 29 ist dagegen das *Staats*schutzprinzip nicht betroffen.

1519 Jedenfalls soweit § 5 Nr. 9 StGB auf das *passive* Personalitätsprinzip gestützt wird. Soweit das *aktive* Personalitätsprinzip betroffen ist, sollte zumindest *de lege ferenda* die *lex mitior* beachtet werden; es gilt also das soeben zu § 5 Nr. 8 Buchst. a StGB Gesagte: Das Recht des Tatorts *sollte* auch ohne Fremdrechtsanwendung berücksichtigt werden.

1520 *Hoyer* in SK-StGB, § 5 Rn. 27.

1521 *Werle/Jeßberger* in LK-StGB, § 5 Rn. 155; *Ambos* in MüKo-StGB, § 5 Rn. 32

1522 Dafür u.a. *Oehler*, GA 1980, 241; *Jescheck/Weigend*, Strafrecht AT, § 18 III 3, zweifelnd *Eser* in Schönke/Schröder, StGB, § 5 Rn. 18a.

1523 So zu Recht *Werle/Jeßberger* in LK-StGB, § 5 Rn. 157; *Böse* in NK-StGB, § 5 Rn. 20: Es handelt sich zwar bei der Ausschließlichen Wirtschaftszone nicht um Staatsgebiet im eigentlichen Sinne, aber doch um ein Gebiet, in welchem dem Staat bestimmte Rechte exklusiv zustehen. Wenn die Strafgewalt aber an ein Gebiet gebunden ist, liegt die Nähe zum Territorialitätsprinzip auf der Hand.

§ 5 Nr. 11a StGB mag zwar elementaren staatlichen Interessen dienen,[1524] wobei schon zweifelhaft ist, ob es sich dabei wirklich um Interessen ausschließlich des deutschen Staates handelt. Wie aber bereits der Wortlaut der Vorschrift zeigt, liegt hier das aktive Personalitätsprinzip zu Grunde,[1525] so dass *de lege ferenda* – unabhängig von einer Fremdrechtsanwendung – das ausländische Tatortrecht berücksichtigt werden sollte; ein gewisser Mehraufwand entsteht dadurch jedoch.

§ 5 Nrn. 12 und 13 StGB unterwerfen denjenigen Täter dem deutschen Recht, der für den deutschen Staat Amtsträger[1526] ist, und zwar unabhängig von seiner Staatsangehörigkeit. Hier muss wie folgt unterschieden werden: Bei einem deutschen Amtsträger, der während eines dienstlichen Auslandsaufenthalts eine beliebige Straftat, d.h. eine Tat ohne jeden Bezug zum Dienst (§ 5 Nr. 12, 1. Alt. StGB), begeht, kann sich die deutsche Strafgewalt nur auf das aktive Personalitätsprinzip stützen.[1527] Ein Bezug zum Staatsschutzprinzip besteht insoweit nicht, denn das Ansehen des Staates wird kaum durch *beliebige* Taten seiner Amtsträger beschädigt,[1528] zumal nicht durch „Taten", die am Tatort womöglich nicht einmal strafbar sind. Hier wäre also nach dem vorliegenden Vorschlag ausländisches Recht anzuwenden, mithin ein Mehraufwand zu erwarten.[1529]

Bei Straftaten mit Beziehung zum Dienst (§ 5 Nr. 12, 2. Alt. StGB) handelt es sich dagegen v.a. um solche Dienstpflichtverstöße, die – etwa als Bestechlichkeit oder Geheimnisverrat – strafbar sind.[1530] Hier besteht zwar nicht immer die Gefahr eines „Ansehensverlusts" des deutschen Staates, es sind aber inländische Rechtsgüter durchaus betroffen.[1531] Bei Straftaten von deutschen Amtsträgern mit ausländischer Staatsangehörigkeit (§ 5 Nr. 13 StGB) verlangt schon der Wortlaut einen gewissen

1524 So *Böse* in NK-StGB, § 5 Rn. 13: „Weltfrieden bzw. äußere Sicherheit".

1525 So zu recht dann auch *Böse* in NK-StGB, § 5 Rn. 13, vgl. auch *Werle/Jeßberger* in LK-StGB, § 5 Rn. 180.

1526 Oder ein für den öffentlichen Dienst besonders Verpflichteter. Im folgenden zusammenfassend jeweils nur als „Amtsträger" bezeichnet.

1527 *Böse* in NK-StGB, § 5 Rn. 16. Im Ergebnis ebenso *Hoyer* in SK-StGB, § 5 Rn. 28, der allerdings meint, § 5 Nr. 12 unterfalle insgesamt dem aktiven Personalitätsprinzip, sei aber – wegen der Bedenken gegen das aktive Personalitätsprinzip – nur dann anzuwenden, wenn auch das „Schutz-, Stellvertretungs- oder Weltrechtsprinzip" die Geltung des deutschen Strafrechts „gedanklich ... hätte begründen" können.

1528 Das „Ansehen des Staates" wird nämlich nicht durch beliebige Straftaten eines Amtsträgers beschädigt, vgl. *Werle/Jeßberger* in LK-StGB, § 5 Rn. 188; *Böse* in NK-StGB, § 5 Rn. 16.

1529 Wenngleich wiederum – wegen der verfassungsrechtlichen Bedenklichkeit des absoluten aktiven Personalitätsprinzips, dazu bereits oben Teil 1 § 4 B.III. – das ausländische Recht unabhängig von der Fremdrechtsanwendung *de lege ferenda* berücksichtigt werden sollte.

1530 Vgl. *Böse* in NK-StGB, § 5 Rn. 16.

1531 Beim Verrat von Geheimnissen, soweit nicht ohnehin über § 5 Nr. 2 oder 4 StGB deutsches Strafrecht anwendbar ist, erscheint dies ohne Weiteres einleuchtend. Aber auch bei Bestechlichkeit wird das inländische Rechtsgut „Sauberkeit der

Bezug der Tat zur Dienstausübung („*als* Amtsträger"),[1532] so dass wiederum das Staatsschutzprinzip hier maßgeblich ist.[1533] Es bleibt daher auch nach dem vorliegenden Konzept bei der Anwendung deutschen Rechts; ein Mehraufwand ergibt sich insoweit nicht.

§ 5 Nr. 14 StGB bezieht sich auf Straftaten gegen Soldaten bzw. Amtsträger. Hier wird ein bestimmter Personenkreis besonders geschützt. Die Vorschrift schützt aber nicht den Staat als solchen und ist daher dem passiven Personalitätsprinzip zuzuordnen.[1534] Nach hier vertretener Auffassung ist daher ohnehin das Tatortrecht vorrangig zu berücksichtigen, ein Mehraufwand für deutsche Gerichte entsteht daher nicht.

§ 5 Nr. 15 StGB beruht auf dem aktiven Personalitätsprinzip[1535] und ist damit einer der Fälle, in denen eine *de lege ferenda* einzuführende Berücksichtigung bzw. Anwendung des Tatortrechts zu einem größeren Aufwand führen würde.

Zusammenfassend lässt sich zum Mehraufwand durch Fremdrechtsanwendung im Zusammenhang mit § 5 StGB Folgendes sagen: Soweit diese Vorschrift auf dem Staatsschutzprinzip basiert, ändert sich auch nach dem hiesigen Konzept nichts daran, dass deutsches Recht angewendet wird. Dies betrifft die Nrn. 1-5, 10, 11, sowie die Nrn. 12 und 13, soweit die Straftat einen Bezug zum Dienst hat. Soweit

---

Amtstätigkeit" dadurch verletzt, dass das Vertrauen in die Sachlichkeit staatlicher Entscheidungen beschädigt wird.

1532 *Böse* in NK-StGB, § 5 Rn. 17 geht daher davon aus, dass letztlich nur Amtsdelikte dem § 5 Nr. 13 unterfallen. Dagegen *Eser* in Schönke/Schröder, StGB, § 5 Rn. 20; jeweils m.w.N.

1533 Dagegen *Werle/Jeßberger* in LK-StGB, § 5 Rn. 199; *Hoyer* in SK-StGB, § 5 Rn. 29, die meinen, wenn kein inländisches Rechtsgut betroffen sei, beruhe § 5 Nr. 13 StGB auf einer Variante des aktiven Personalitätsprinzips (vgl. auch oben zu Straftaten deutscher Amtsträger). Ebenfalls zumindest teilweise in Richtung des Personalitätsprinzips *Eser* in Schönke/Schröder, StGB, § 5 Rn. 20. Taten mit Bezug zum Dienst, die jedoch kein inländisches Rechtsgut betreffen, sind aber, wenn überhaupt, dann doch nur schwer vorstellbar; für völlig ausgeschlossen hält diese offenbar *Fischer*, StGB, § 5 Rn. 13. Richtig ist jedenfalls, dass solche Taten aus völkerrechtlicher Sicht dem Staatsschutzprinzip nicht unterfallen dürfen. Sollte es eine solche Tat daher geben, müsste das Strafanwendungsrecht in entsprechenden Fällen völkerrechtskonform ausgelegt, also hier: beschränkt werden.

1534 *Hoyer* in SK-StGB, § 5 Rn. 31; *Werle/Jeßberger* in LK § 5 Rn. 205; a.A. (Staatsschutzprinzip) *Ambos* in MüKo-StGB, § 5 Rn. 37 mit der problematischen Begründung, die Opfer repräsentierten ein „reales Stück Entsendestaat"; sowie *Böse* in NK-StGB, § 5 Rn. 18, mit Verweis auf den notwendigen Bezug der Straftat zur Dienstausübung: der Schutz der Person des Opfers sei dagegen nur ein „Schutzreflex". Unklar insoweit dagegen *Eser* in Schönke/Schröder § 5 Rn. 21, der einerseits meint, die Berufung auf das passive Personalitätsprinzip sei zu einseitig, andererseits aber darauf verweist, dass es hier „nur um den Schutz *der Person* des Amtsträgers" gehe (Hervorhebung J.B.).

1535 *Werle/Jeßberger* in LK-StGB, § 5 Rn. 215.

einzelne Bestimmungen des § 5 StGB auf dem passiven Personalitätsprinzip beruhen, ist nach hier vertretener Auffassung ohnehin – aus völkerrechtlichen Gründen, freilich entgegen der derzeitigen Praxis – das Recht des Tatortes zu prüfen, so dass es keinen Mehraufwand geben dürfte. Dies betrifft die Nrn. 6, 6a, 7 und 14, sowie teilweise die Nrn. 8 und 9. Ein nennenswerter Mehraufwand durch die Anwendung des vorrangigen Tatortrechts besteht nur, soweit § 5 StGB auf dem bedenklichen absoluten aktiven Personalitätsprinzip beruht, mithin im Fall der Nrn. 11a und 15, sowie – jeweils teilweise – den Nrn. 8, 9, 12 und 13.

2) § 6 StGB

Die Überschrift des § 6 StGB lautet „Straftaten gegen international geschützte Rechtsgüter“, was für das Weltrechtsprinzip als Grundlage dieser Bestimmung spricht. Dass diese weitreichende deutsche Strafgewalt aus völkerrechtlicher Sicht berechtigt ist, ist bestritten worden.[1536] Das kann hier aber letztlich offen bleiben: Selbst, wenn sich § 6 StGB insgesamt auf das Weltrechtsprinzip stützen ließe, wäre nach der hier vertretenen Auffassung dennoch das Recht des Tatortes vorrangig,[1537] solange sich das Tatortrecht nicht im Widerspruch zum Völkerrecht befindet. Das eigene (inländische) Recht dürfte aber weiterhin angewendet werden, wenn entweder ein inländischer Tatort vorliegt oder sich die Strafgewalt mit dem Staatsschutzprinzip begründen lässt. Letzteres ist mit § 6 Nr. 7 und 8 StGB der Fall:[1538] Geschützt wird hier einerseits der inländische Zahlungsverkehr – unabhängig davon, ob eigene oder fremde Währung (vgl. § 152 StGB) gefälscht wird –,[1539] andererseits das Vermögen der inländischen öffentlichen Hand bzw. der Europäischen Union.[1540]

In den übrigen Fällen ist bei einer gesetzlichen Verankerung des hier vorgeschlagenen Vorrangs des Tatortrechts von einem Mehraufwand auszugehen. In

---

1536 So hat etwa der BGH stets einen zusätzlichen „legitimierenden Anknüpfungspunkt“ verlangt, vgl. bereits BGHSt 27, 30, 32 in einem *obiter dictum*; für Völkermord (s. § 6 Nr. 1 a.F.) wurde dieses Erfordernis später gelockert, BGHSt 45, 65 (= NStZ 1999, 396 mit teilweise zustimmender Anmerkung *Ambos*, NStZ 1999, 404); inzwischen ist anerkannt, dass das Völkerrecht ein echtes Universalitätsprinzip erlaubt, vgl. auch nunmehr § 1 VStGB. – *Werle/Jeßberger* in LK-StGB, § 6 Rn. 10 ff. weisen allerdings zugleich darauf hin, dass § 6 StGB vom Universalitätsprinzip nur teilweise getragen wird.

1537 Vgl. oben Teil 2 § 5 zur Frage, wie das Ubiquitätsprinzip in eine – *de lege lata* nur in Ansätzen vorhandene – Rangordnung einzuordnen ist.

1538 *Werle/Jeßberger* in LK-StGB, § 6 Rn. 14.

1539 *Werle/Jeßberger* in LK-StGB, § 6 Rn. 93.

1540 Insoweit muss man von einem erweiterten Staatsschutzprinzip bzw. Unionsschutzprinzip sprechen. Solange kein materielles EU-Strafrecht zum Schutz der finanziellen Interessen der Union vorliegt, muss aber auf das jeweilige Recht der Mitgliedstaaten zurückgegriffen werden, vgl. auch *Ambos* in MüKo-StGB, § 6 Rn. 18.

quantitativer Hinsicht ist aber zu beachten, dass die Vorschrift des § 6 StGB in der Praxis nur eine geringe Bedeutung hat.[1541]

3) § 7 StGB

In § 7 StGB ist schon *de lege lata* die Untersuchung ausländischen Rechts vorgesehen, wenngleich nach deutschem Recht abgeurteilt wird. Nach Auffassung von *Staubach*[1542] wird im Rahmen von § 7 StGB sogar fremdes Recht angewendet, soweit dieses Recht Straflosigkeit vorsieht, was jedenfalls faktisch betrachtet richtig ist.[1543] Ein quantitativer Mehraufwand wäre somit bei genereller Anwendung des Tatortrechts hier nicht zu befürchten.

III. Zwischenergebnis

Weder in qualitativer noch in quantitativer Hinsicht stellt die Ermittlung und Anwendung fremden Rechts gegenüber der derzeitigen Rechtslage und Praxis eine unlösbare Aufgabe dar. Dies ergibt sich nicht nur aus dem Vergleich mit dem Zivilrecht, sondern auch aus den schon jetzt bestehenden gesetzlichen Verpflichtungen auch im Strafrecht, sowie aus den zahlreichen Möglichkeiten, auch unbekanntes Recht zu ermitteln. Die praktischen Bedenken sind daher jedenfalls nicht so groß, dass sie die Ungleichbehandlung, die in der Nichtanwendung des Tatortrechts liegen würde,[1544] rechtfertigen könnten.

E. Wertungsunterschiede als Hindernis? – Rechtliche Bedenken im Einzelfall

I. Wertungsunterschiede bezüglich der Strafwürdigkeit

Bereits oben wurde angedeutet, dass es im Einzelfall Wertungsunterschiede zwischen der inländischen und der – nach hier vertretener Auffassung an sich anzuwendenden – ausländischen Strafrechtsordnung geben kann, die ggf. einer Fremdrechtsanwendung im Wege stehen. Am deutlichsten tritt ein solcher Wertungsunterschied dann hervor, wenn die Rechtsordnungen der beteiligten Staaten – Tatortstaat[1545] und Urteilsstaat – in Bezug auf das materielle Recht so stark

---

1541 *Werle/Jeßberger* in LK-StGB, § 6 Rn. 4.

1542 *Staubach*, Anwendung ausländischen Strafrechts, S. 154.

1543 Die gesetzliche Konstruktion ist freilich eine andere: Wenn nach ausländischem Recht Straflosigkeit vorliegt, wird nach *deutschem* Recht freigesprochen, weil es an einer Bedingung für die Strafbarkeit nach deutschem Recht (nämlich der Strafbarkeit am Tatort) fehlt.

1544 Vgl. zum Gleichheitsgrundsatz oben Teil 4 § 3 C.IV.

1545 Soweit nicht das Staatsschutzprinzip betroffen ist. Wertungsunterschiede zwischen dem Recht des geschützten Staates und dem Urteilsstaat können im Anwendungsbereich des Staatsschutzprinzips (also insbesondere bei Spionage) dagegen voneinander abweichen, dass dasselbe Verhalten nach dem einen Recht strafbar ist, nach dem anderen Recht aber straflos.

Ein solcher Wertungsunterschied kann in zwei Varianten auftreten: Einerseits kann die Tat im Tatortstaat strafbar sein, aber nicht im Urteilsstaat, andererseits kann die Tat nur im Urteilsstaat, aber nicht im Tatortstaat strafbar sein. Weiterhin muss der jeweilige Grund für die Strafbarkeit bzw. Straflosigkeit in die Überlegungen mit einbezogen werden. Hier können nämlich sowohl verfassungs- als auch völkerrechtliche Überlegungen eine Rolle spielen, wobei je nach dem Grund des Wertungsunterschieds unterschiedliche Folgen denkbar erscheinen.

1) Strafbarkeit nur nach der lex loci, aber nicht nach der lex fori

a) Widersprüche auf einfach-rechtlicher Ebene

Um überhaupt von einem Widerspruch zwischen dem Recht des Gerichtsorts und dem Recht des Tatorts ausgehen zu können, muss man zunächst annehmen, dass das Tatortrecht tatsächlich ausländisches Recht ist und auch mit einer Anweisung durch den *inländischen* Gesetzgeber, das ausländische Recht anzuwenden, ausländisches Recht bleibt. Es spricht nämlich demgegenüber durchaus einiges dafür, im Fall einer solchen Anweisung insgesamt nur noch eine *inländische* Norm anzunehmen. Das ausländische Strafrecht würde also durch die inländische Bestimmung, dieses Recht anzuwenden, in inländisches Recht transformiert und dabei sogar – beeinflusst etwa durch das Verfassungsrecht – verändert.[1546] Nur falls man dieser Ansicht nicht folgt, sondern weiterhin von der Differenz zwischen einer inländischen und einer ausländischen Strafrechtsordnung ausgeht, kann es überhaupt zu einem Widerspruch auf der Ebene des einfachen Rechts kommen.[1547]

Eine Aburteilung könnte unter der soeben genannten Voraussetzung unzulässig sein, weil die Tat nicht nach beiden Rechtsordnungen strafbar ist. Ob indes eine „beiderseitige Strafbarkeit" in diesem Sinne überhaupt für die Verurteilung entscheidend ist, ist zweifelhaft. Schon heute wird bei der Auslieferung – im Bereich der Europäischen Union im Rahmen des Europäischen Haftbefehls – auf die Voraussetzung der beiderseitigen Strafbarkeit verzichtet;[1548] *de lege ferenda* wird darüber hinaus die Überlegung geäußert, die Voraussetzung der beiderseitigen Strafbarkeit bei der Auslieferung durch einen *ordre public*-Vorbehalt zu ersetzen.[1549]

---

gar nicht auftreten. In diesen Fällen ist nämlich nach dem oben Teil 3 § 4 D. Gesagten der geschützte Staat zugleich der Urteilsstaat; diesem Staat steht also sowohl die Regelungsgewalt als auch die Urteilsgewalt zu.

1546 Vgl. *Staubach*, Anwendung ausländischen Strafrechts, S. 223 ff.

1547 Andernfalls verbleibt lediglich ein interner Widerspruch, der dann aber nach den internen Regeln gelöst wird.

1548 Vgl. oben Teil 2 § 4 B.III. zum Europäischen Haftbefehl, aber auch zur Kritik insbesondere von *Schünemann* am Verzicht auf die beiderseitige Strafbarkeit.

1549 *Lagodny*, ZStW 1989, 987, 996 f. In diese Richtung auch *Frände/v. Hirsch/Asp* in Schünemann (Hrsg.), Gesamtkonzept, S. 240, 242 ff. Dagegen insbesondere *Schünemann*, ZStW 2004, 376, 385.

Wenn für die Auslieferung auf die beiderseitige Strafbarkeit verzichtet wird, folgt daraus, dass ein Staat, in dem ein Verhalten straflos ist, dennoch (durch die Auslieferung) an der Aburteilung mitwirken muss. Es ist damit aber noch nicht gesagt, dass es diesem Staat dann erlaubt wäre, *selbst* die Aburteilung vorzunehmen. Zwischen beiden Situationen könnten so erhebliche Unterschiede bestehen, dass eine unterschiedliche Beurteilung angebracht ist.[1550] Tatsächlich besteht ein Unterschied zwischen der bloßen Mitwirkung an dem Verfahren und der Durchführung des eigentlichen Verfahrens. Dieser Unterschied ist aber nicht entscheidend. Entscheidend ist vielmehr, dass in beiden Fällen der Staat an einem Freiheitsentzug[1551] mitwirkt, der nicht mit dem rein inländischen Recht im Einklang steht.[1552] Diese Fälle müssen gleich behandelt werden, so dass nach hier vertretener Auffassung die „beiderseitige Strafbarkeit“ nicht Voraussetzung für eine Aburteilung nach Tatortrecht sein kann.

Ein Staat, der entgegen seinem inländischen Recht verurteilt, verhält sich auch nur *scheinbar* widersprüchlich, wenn er einerseits ein Verhalten – ggf. sogar ausdrücklich – entkriminalisiert und andererseits wegen genau dieses Verhaltens bestraft. Nach dem oben[1553] zum Gleichheitsgrundsatz Gesagten muss der Staat nämlich die unterschiedlichen Wertungen in den verschiedenen Staaten berücksichtigen. Er erkennt damit die Unterschiede in tatsächlicher und rechtlicher Hinsicht an, die teilweise historisch gewachsen sind und verabsolutiert nicht die eigene Rechtsauffassung.[1554]

Die Tatsache, dass es im einfachen Strafrecht unterschiedliche Beurteilungen gibt, rechtfertigt daher selbst dann kein Verbot der Fremdrechtsanwendung, wenn man – zu Unrecht – eine Transformation des ausländischen Strafrechts in inländisches Recht ablehnt.

b) Verfassungsrechtliche Überlegungen

Sofern der Vorrang des Tatortrechts klar gesetzlich geregelt wird, ist also weiterhin das Tatortrecht anzuwenden, und zwar auch dann, wenn die *lex fori* keine Strafbarkeit vorsieht. Schwierigkeiten entstehen aber, wenn der Verurteilung nach ausländischem Recht spezifisches inländisches Verfassungsrecht entgegen steht.

1550 So offenbar *Frände/v. Hirsch/Asp* in Schünemann (Hrsg.), Gesamtkonzept, S. 240, 242, allerdings ohne nähere Begründung.

1551 Nicht immer geht es zwingend um Freiheitsentzug in dem Sinne, dass der Beschuldigte in Haft genommen wird. Auch dann, wenn der Beschuldigte nicht in Haft genommen wird, wird zumindest seine Handlungsfreiheit durch Anwesenheitspflichten bei Gericht oder seine Vermögensverfügungsfreiheit durch Verhängung einer Geldstrafe beschränkt. Ob nun die Fortbewegungsfreiheit oder eine andere Freiheit entzogen bzw. beschränkt wird, ist aber hier nicht entscheidend.

1552 Vgl. auch schon oben Fn. 1294.

1553 Teil 4 § 3 C.IV.

1554 Vgl. auch *Staubach*, Anwendung ausländischen Strafrechts, S. 167.

Innerhalb Europas ist dabei an das Verhältnis des deutschen § 130 Abs. 3 und 4 StGB zum englischen Grundrecht[1555] der Meinungsfreiheit zu denken. Außerhalb Europas kann man etwa an die Strafnormen bezüglich der Ausübung von Homosexualität unter Erwachsenen oder den Abfall vom Islam denken, bei denen die Rechte auf Gleichheit bzw. auf Religionsfreiheit verletzt sind.[1556]

Hier muss man das Verhältnis der jeweiligen Rechtsordnungen zueinander klären: Solange keine völkerrechtlich verbindliche Pflicht besteht, das ausländische Recht anzuwenden, ergibt sich folgende Konstellation: Das inländische Verfassungsrecht (*constitutio fori*), also im Fall Deutschlands insbesondere die Normierung der Grundrechte, verbietet eine Bestrafung, während das in der Normenhierarchie darunter liegende einfache Recht in Verbindung mit der *lex loci* eine Bestrafung verlangt.[1557] Selbstverständlich geht in einem solchen Fall das (inländische) Verfassungsrecht vor, so dass eine Aburteilung nicht erfolgen darf. Auch eine

---

1555 Trotz der Tatsache, dass die Verfassung ungeschrieben ist, kann man annehmen, dass das Vereinigte Königreich eine solche hat. Die Einordnung der Meinungsfreiheit als *Verfassungsrecht* wird dagegen von *Kölbl*, Meinungsfreiheit in Großbritannien, S. 14 ff. abgelehnt. Mit dem Human Rights Act 1998 dürften aber zumindest Teile dieser Einschätzung, insbesondere was die Geltung der EMRK betrifft (vgl. *Kölbl*, a.a.O. S. 22 ff.) überholt sein. Auch hier liegt zwar kein formelles Verfassungsrecht in dem Sinne vor, dass es nicht durch einfaches Gesetz geändert werden kann. Dennoch wird man davon ausgehen dürfen, dass englische Gerichte die Meinungsfreiheit als verfassungsmäßiges Grund- bzw. Menschenrecht ansehen.

1556 Kein Anwendungsfall für eine *ordre public*-Klausel dürfte es dagegen sein, wenn die strafrechtliche Zulässigkeit des Schwangerschaftsabbruchs in verschiedenen Staaten unterschiedlich beurteilt wird. Denn nach deutschem (Verfassungs-) Recht ist auch der ungeborene Embryo grundsätzlich schützenswert (vgl. BVerfGE 39, 1; 88, 203). Wenn also ein Staat, etwa Irland, den Schwangerschaftsabbruch generell für strafwürdig erklärt, steht dies nicht in einem völligen Widerspruch zur deutschen Verfassungsordnung; die deutsche Strafbefreiung des § 218a StGB ist zwar verfassungsrechtlich zulässig, aber eben nicht zwingend. Folglich müssten deutsche Gerichte – sofern ein Gerichtsstand im Inland besteht, etwa weil der Beschuldigte hier einen Wohnsitz hat – in der Regel einen Beschuldigten wegen eines in Irland begangenen Schwangerschaftsabbruchs verurteilen, auch soweit dieser nach deutschem Recht straflos ist oder ggf. milder bestraft wird. Etwas anderes mag für Staaten gelten, in denen ein *verfassungsrechtlich* begründetes Recht auf Schwangerschaftsabbruch besteht. – Bei den je nach Staat sehr unterschiedlichen Bestimmungen zum strafrechtlichen Lebensschutz am Ende des Lebens gilt Entsprechendes: Auch hier können zwar gewichtige Wertungsunterschiede bestehen. Ein im Sinne der obigen Ausführungen bedeutsamer Wertungsunterschied liegt dagegen nur dann vor, wenn in einem Staat aus *verfassungsrechtlichen* Gründen die Sterbehilfe erlaubt sein muss.

1557 Dies gilt unabhängig davon, ob man eine Transformation oder eine bloße Verweisung annimmt. Bei einer Transformation entsteht eine inländische Norm, die im Rang nicht höher stehen kann als die Norm, die den Transformationsbefehl

Norm, die transformiert wurde oder auf die verwiesen wurde, muss inhaltlich dem Prüfungsmaßstab der inländischen Verfassung standhalten.

Anders ausgedrückt ist es geboten, einen Vorbehalt zugunsten des *nationalen ordre public* vorzusehen.[1558] Ein solcher Vorbehalt ist auch nicht etwa deshalb unzulässig, weil der Begriff des *ordre public* zu unbestimmt wäre.[1559] Zum Einen ergibt sich der Inhalt einer *ordre public*-Klausel aus dem nationalen Grundrechtekatalog. Zum Anderen ist die ausnahmsweise Anwendung des eigenen (milderen) Rechts bzw. die Nichtanwendung des vorrangigen Tatortrechts eine Entscheidung *zugunsten* des Täters, so dass hier der strenge Bestimmtheitsgrundsatz ohnehin nicht gilt. Ein Vorbehalt zugunsten der nationalen Grundrechte ist also zulässig und notwendig. Entsprechendes gilt auch für einen Vorbehalt zugunsten der in der EU-Grundrechtecharta verbrieften Grundrechte.

c) Vorrang des Völkerrechts

Einige Grundrechte sind zugleich auch durch das Völkerrecht als Menschenrechte anerkannt. Selbst dann, wenn ein Vorbehalt zugunsten der nationalen Rechte besteht, muss jeder Staat aber das zwingende Völkerrecht (*ius cogens*) beachten, wozu auch die grundlegenden Menschenrechte gehören.[1560] Sofern eine ausländische Strafnorm gegen Menschenrechte verstößt, darf daher kein Staat unter Berufung auf diese Norm verurteilen. Darin liegt ein Vorbehalt zugunsten eines *völkerrechtlichen ordre public*, der in jedem Fall zu beachten ist.[1561]

2) Strafbarkeit nach der lex fori, aber nicht nach der lex loci

Auch der umgekehrte Fall ist denkbar, nämlich dass ein Verhalten nach eigenem Recht (*lex fori*) strafbar ist, nach dem Tatortrecht (*lex loci*) aber nicht. Hier könnte es im Einzelfall trotzdem möglich oder sogar geboten sein, auf Grund des eigenen Rechts abzuurteilen.

---

enthält. Auch bei einer Verweisung richtet sich der Rang in der Normenhierarchie nach der verweisenden Norm.

1558 Völlig zu Recht weist aber *Staubach*, Anwendung ausländischen Strafrechts, S. 163 ff. darauf hin, dass der *ordre public* nicht *generell* die Anwendung fremden Rechts verbietet.

1559 In diese Richtung aber *Staubach*, Anwendung ausländischen Strafrechts, S. 207.

1560 *Heintschel v. Heinegg* in Ipsen, Völkerrecht, § 16 Rn. 51.

1561 Das gilt aus völkerrechtlichen Gründen unabhängig vom innerstaatlichen „Rang" der entsprechenden völkerrechtlichen Norm. So hat in Deutschland das Völkervertragsrecht nur den Rang eines einfachen Gesetzes (vgl. Art. 59 Abs. 2 GG); die hier relevanten Normen des zwingenden Völkerrechts dürften aber ohnehin zu den „allgemeinen Regeln" des Völkerrechts nach Art. 25 GG gehören und stehen somit – auch aus der Sicht des deutschen Rechts – im Rang zumindest über dem einfachen Strafrecht; zur Diskussion darüber, ob die „allgemeinen Regeln" sogar über der Verfassung stehen, vgl. *Herdegen* in Maunz/Dürig, Grundgesetz, Art. 25 Rn. 42.

a) Verfassungsrechtliche Überlegungen

Zunächst könnten verfassungsrechtliche Gründe eine Bestrafung ausnahmsweise rechtfertigen. Dies wäre dann der Fall, wenn der Staat mit einem Freispruch gegen ein in der Verfassung verankertes Schutzprinzip verstoßen würde. Dabei mag man etwa an das Recht auf Leben denken, für das das Bundesverfassungsgericht auch mit Blick auf das ungeborene Leben von einer solchen Schutzpflicht ausgeht, die auch mit Mitteln des Strafrechts umgesetzt werden muss.[1562]

Ein „umgekehrter *ordre public*-Vorbehalt", also die ausnahmsweise Anwendung des eigenen, strengeren Rechts könnte allerdings mit Blick auf Art. 103 Abs. 2 GG problematisch sein.[1563] Um bei dem soeben angedeuteten Beispiel zu bleiben: Die Strafbarkeit des Schwangerschaftsabbruchs selbst ergibt sich zwar aus dem StGB, das für sich genommen hinreichend bestimmt ist. Die vorgelagerte, für die Strafbarkeit entscheidende Frage, ob überhaupt – ausnahmsweise – das deutsche Recht anstelle des Tatortrechts, anwendbar ist, hinge davon an, ob eine Verletzung des *ordre public* vorliegt.[1564] Nun ergibt sich der Inhalt des Begriffs *ordre public* zwar nicht unmittelbar aus dem Gesetz, aber wie aufgezeigt aus der Auslegung der Grundrechte und dürfte daher in der Regel noch ausreichend bestimmt sein.[1565]

1562 Die Entscheidungen des BVerfG zu diesem Thema beziehen sich – da die Strafbarkeit der Tötung geborenen Lebens nie in Frage stand – jeweils auf das ungeborene Leben. Während BVerfGE 39, 1 noch davon ausging, dass zur Erfüllung der Schutzpflicht für das ungeborene Leben (nur) „im äußersten Falle" das Strafrecht eingesetzt werden müsse (Leitsatz 4 a.E.), führt BVerfGE 88, 203 aus, dass es mit Blick auf das Untermaßverbot unzulässig sei, „auf den Einsatz auch des Strafrechts und die davon ausgehende Schutzwirkung für das menschliche Leben *frei zu verzichten.*" (Leitsatz 8; Hervorhebung J.B.). Eine völlige Straflosigkeit jedes Schwangerschaftsabbruchs – oder gar fiktiv: jeder Tötung eines bereits geborenen Menschen – wäre daher mit der verfassungsrechtlichen Pflicht zum Schutz des Lebens nicht vereinbar.

1563 *Eser/Burchard* in FS-Meyer, S. 499, 524 sprechen sich dagegen für einen *ordre public*-Vorbehalt aus, ohne auf Art. 103 Abs. 2 GG einzugehen. Sie differenzieren dabei zwar nicht zwischen einer Nichtbestrafung aus Gründen des *ordre public* und einer Bestrafung aus Gründen des *ordre public*. Die zuvor von *Eser/Burchard* genannten Beispiele – in denen sie offenbar eine Verletzung des *ordre public* verneinen – betreffen aber sowohl Fälle, in denen die Tat am Tatort nicht strafbar ist (Drogenkonsum in den Niederlanden), als auch Fälle, in denen die Tat (nur) am Tatort strafbar ist (Inanspruchnahme von Prostitution in skandinavischen Staaten). Es scheint daher, dass *Eser/Burchard* einen *ordre public*-Vorbehalt „in beide Richtungen" befürworten.

1564 Ähnlich problematisch ist es daher, wenn § 7 StGB die Anwendung des deutschen Rechts davon abhängig macht, ob die Tat am Tatort ggf. „nur" nach Gewohnheitsrecht, also solchen Vorschriften, die selbst nicht dem Maßstab des Art. 103 Abs. 2 GG genügen, strafbar ist; vgl. dazu bereits oben Teil 4 § 3 C.III.3) b)bb), insbesondere Fn. 1397.

1565 Vgl. BVerfGE 75, 329, 344 f., wonach es dem Bestimmtheitsgebot genügt, wenn sich die Auslegung einzelner Begriffe aus gefestigter Rechtsprechung oder einer Rechtsverordnung ergibt.

Ein anderer, entscheidender Grund spricht aber dagegen, ausnahmsweise das eigene Strafrecht anzuwenden, wenn das Tatortrecht keine Strafbarkeit vorsieht. Eine (inländische[1566]) Schutzpflicht besteht nämlich nach hier vertretener Auffassung nicht für Rechtsgüter, die sich in einem anderen Staat befinden. Der Umfang einer Schutzpflicht richtet sich vielmehr nach dem Recht des jeweiligen Tatortes; eine weltweite Schutzpflicht besteht schon aus völkerrechtlichen Gründen nicht – ein absolutes passives Personalitätsprinzip ist in jedem Fall abzulehnen.[1567] Für den hier angesprochenen Fall des Schwangerschaftsabbruchs gilt ähnliches auch für das aktive Personalitätsprinzip, auf das sich diese Norm gleichermaßen stützen kann: Das absolute aktive Personalitätsprinzip ist zwar noch nicht völkerrechtswidrig, aber aus verfassungsrechtlichen Gründen abzulehnen.[1568]

Daher kann das Verfassungsrecht nicht dazu führen, dass ausnahmsweise das strengere Recht des Gerichtsortes angewendet wird. Die Entscheidung des Tatortstaates für die Straflosigkeit ist zu akzeptieren.[1569]

b) Völkerrechtliche Überlegungen

Zwingend zu beachten sind dagegen völkerrechtliche Gründe, die eine Bestrafung vorsehen. So wäre es beispielsweise nicht zu rechtfertigen, Völkermord deshalb nicht zu bestrafen, weil dieser nach dem Recht des Tatortes nicht strafbar ist. Dem steht nämlich die völkerrechtliche Verpflichtung aus Art. 1 der Völkermordkonvention[1570] entgegen. Das Völker(straf)recht verlangt nicht nur nach einer Strafbarkeit, sondern auch danach, dass diese Strafbarkeit unabhängig vom Tatort und dem dortigen nationalen Recht ist. Daher muss – ungeachtet der Frage des innerstaatlichen „Rangs" einer völkerrechtlichen Norm[1571] dem Völkerrecht zur Durchsetzung verholfen werden, auch wenn dies im Einzelfall bedeuten kann, dass entgegen dem oben unter 1) a) Gesagen das einfache Recht des urteilenden Staates (*lex fori*) – nämlich, das entsprechende Zustimmungsgesetz zu einem völkerrechtlichen Vertrag – ausreicht, um sich ausnahmsweise über den Vorrang des Tatortrechts hinweg zu setzen.

Das bedeutet, dass der völkerrechtliche *ordre public* nicht nur zur Straflosigkeit, sondern auch zur Strafbarkeit führen kann. Für Deutschland stellt dies, auch mit

---

1566 Bei Straftaten, die dem Weltrechtsprinzip unterfallen, besteht dagegen – unabhängig vom ggf. entgegenstehenden Recht des Tatorts – eine weltweite Schutzpflicht; vgl. auch oben Teil 4 § 3 C.V.1 zu universellen und nicht-universellen Rechtsgütern.

1567 Dies gilt umso mehr, da das passive Personalitätsprinzip selbst letztlich abzulehnen ist, vgl. oben Teil 1 § 5.

1568 Vgl. oben Teil 1 § 4 B.

1569 So auch *Zimmermann*, Strafgewaltkonflikte, S. 171 ff. für den Bereich der Europäischen Union.

1570 Konvention vom 9. Dezember 1948 über die Verhütung und Bestrafung des Völkermordes, BGBl. 1954 II S. 729.

1571 Vgl. oben Fn. 1561.

Blick auf Art. 103 Abs. 2 GG kein Problem dar: In diesen Fällen ergibt sich die Strafbarkeit selbst nämlich nicht ausschließlich aus dem Völkerrecht, sondern auch aus dem deutschen Gesetz, hier aus der Vorschrift des § 6 VStGB. Beides – sowohl das Völkerrecht als auch das deutsche VStGB – gilt zulässigerweise selbst dann, wenn das Tatortrecht etwas anderes vorsieht. Sowohl das deutsche VStGB als auch das dahinter stehende Völkerrecht sind auch „gesetzlich bestimmt"; immerhin ist auch das Völkerrecht, das eine weltweite Strafbarkeit vorsieht nach deutscher Auffassung mindestens Gesetzesrecht.[1572] Zur Klarstellung kann es allerdings angebracht sein, bei den deutschen Strafbestimmungen, die zulässigerweise auf dem Weltrechtsprinzip beruhen, zu regeln, dass zwar grundsätzlich das Recht des Tatortes gilt, aber dann nicht, wenn dieses Recht Straflosigkeit vorsieht.[1573]

Anders als das Verfassungsrecht kann das Völkerrecht also dazu führen, dass ausnahmsweise die strengere *lex fori* angewendet werden muss, um Bestrafungslücken[1574] zu vermeiden.

II. Wertungsunterschiede bezüglich der Sanktionen

Neben der Möglichkeit, dass ein Staat völlige Straflosigkeit, ein anderer aber Strafbarkeit vorsieht, ist es auch möglich, dass die Tat zwar sowohl nach der *lex loci* als auch der *lex fori* strafbar ist, die möglichen Sanktionen aber unterschiedlich sind.

Auch hier kann es im Einzelfall dazu kommen, dass – trotz des an sich bestehenden Vorrangs des (ausländischen) Tatortrechts – die nach diesem Recht vorgesehene Sanktion kraft (inländischer) Verfassung unzulässig ist. Aus deutscher Sicht ist dies offensichtlich der Fall für die Todesstrafe,[1575] daneben aber auch für alle anderen Formen körperlicher Bestrafung[1576] und für die teilweise in ausländischen Rechtsordnungen vorgesehene lebenslange Freiheitsstrafe ohne Möglichkeit der

---

1572 Art. 59 Abs. 2 GG. Völkergewohnheitsrecht liegt sogar im Rang über den einfachen Gesetzen, Art. 25 GG. Bei reinem Völkergewohnheitsrecht ist allerdings mit Blick auf den Grundsatz *nulla poena sine lege scripta* fraglich, ob dies ausreicht, um eine Strafbarkeit zu begründen.

1573 Entsprechendes gilt auch dann, wenn die Strafe *aus völkerrechtlichen Gründen* „zu mild" ist. Das Völkerstrafrecht schreibt zumeist keine Strafhöhe vor. Gleichwohl dürfte z.B. die Verhängung einer Geldstrafe für schwere Fälle von Völkermord völkerrechtlich unzulässig sein, auch wenn eine abstrakte Festlegung des „noch zulässigen" Maßes an Milde schwer möglich erscheint. Soweit aber die Strafe nach dem Tatortrecht zu mild ist, so muss es nach der hier vertretenen Konzeption aus völkerrechtlichen Gründen zu einer ausnahmsweisen Berücksichtigung der *lex fori* kommen.

1574 Nicht: Strafbarkeitslücken; die *weltweite* Strafbarkeit ergibt sich dann nämlich aus dem Völkerrecht und der gesetzlichen Umsetzung im jeweiligen Urteilsstaat (für Deutschland also: dem VStGB).

1575 Art. 102 GG.

1576 Dies ergibt sich jedenfalls aus Art. 2 Abs. 1 GG, ob darüber hinaus auch Art. 1 Abs. 1 GG betroffen ist, kann hier offen bleiben.

Bewährung.[1577] Solche Strafen sind *per se* unzulässig. Ähnlich wie oben bei der Frage, ob ein Verhalten *überhaupt* strafbar sein kann, muss dann der nationale *ordre public* im Einzelfall dazu führen, dass das Tatortrecht insoweit nicht angewendet wird.[1578]

Entsprechendes gilt auch für die Verhängung von Sanktionen, die zwar grundsätzlich zulässig sind, aber den Rahmen des Schuldangemessenen überschreiten. Hier ist jedoch – wie bei jeder *ordre public*-Klausel – Zurückhaltung angebracht.[1579]

III. Wertungsunterschiede im Prozessrecht

Unterschiedliche Bewertungen kann es auch im Prozessrecht geben. Solche *prozessualen* Unterschieden können es aber nicht rechtfertigen, auf die Anwendung des ausländischen *materiellen* Rechts zu verzichten.

Zunächst ist mithin von dem Grundsatz auszugehen, der bereits im zivilrechtlichen Bereich gilt, und zwar, dass jedes Gericht das Prozessrecht seines eigenen Staates anwendet.[1580] Auch im Prozessrecht spielen aber verfassungsrechtliche Überlegungen eine Rolle, man denke nur an Beweisverwertungsverbote, die – jedenfalls in Deutschland – z.T. auch verfassungsrechtlich begründet werden.[1581]

1577 Etwa in fast allen US-Bundesstaaten und auf Bundesebene, vgl. *Death Penalty Information Center*, Life Without Parole. In Deutschland liegt in einer Strafe, bei der keine Möglichkeit auf vorzeitige Entlassung besteht, ein Verstoß gegen Art. 1 Abs. 1 GG, BVerfGE 45, 187. Zu historischen Beispielen verbotener Strafen vgl. auch *Feuerbach*, Kritik des Kleinschrodischen Entwurfs Bd. II, S. 12 ff. (dort zu bestimmten Arten der Todesstrafe, denen „[d]as helle Licht der Vernunft" widersprechen würde), der allerdings im Ergebnis nicht zu einer Form des *ordre public*-Vorbehalts kommt, sondern das jeweils mildeste Recht anwenden will.

1578 Allerdings müsste wohl eine Sanktion verhängt werden, die dem ausländischen Recht nahe kommt, d.h. bei obligatorischer Todesstrafe nach ausländischem Recht müsste wohl lebenslange Freiheitsstrafe verhängt werden, auch wenn die entsprechende deutsche Norm z.B. nur zeitige Freiheitsstrafe vorsähe. Der *ordre public*-Vorbehalt führt nur dazu, dass eine ausländische Norm nicht angewendet wird, *soweit* sie nicht mit deutschen Verfassungsgrundsätzen im Einklang steht.

1579 So wäre es grundsätzlich unbedenklich, eine zeitige Freiheitsstrafe von 20 Jahren zu verhängen, wie dies z.B. im österreichischen oder schweizerischen Recht möglich ist, Art. 40 chStGB, § 18 Abs. 2 öStGB. Unbedenklich wäre es wohl auch, entgegen dem deutschen Recht (§ 47 StGB) eine kurze Freiheitsstrafe an Stelle einer Geldstrafe zu verhängen, wenn das ausländische Recht das vorsieht, denn § 47 StGB stützt sich nicht etwa darauf, dass eine kurze Freiheitsstrafe gegen das Schuldprinzip verstoßen würde, sondern darauf, dass der Gesetzgeber sie für schädlich hält, und zwar im Wesentlichen mit Blick auf die Spezialprävention, aber nicht die anderen möglichen Strafzwecke (vgl. *Streng* in NK-StGB, § 47 Rn. 2).

1580 BGH NJW 1985, 553; BGH NJW 1992, 438; *v. Bar/Mankowski*, IPR Bd. I, § 5 Rn. 75.

1581 So etwa im sog. „Tagebuch-Beschluss", BVerfGE 80, 367, wenngleich im konkreten Fall kein Beweisverwertungsverbot angenommen wurde. Bemerkenswert

Sofern die prozessuale *lex loci* strengere Anforderungen stellt, also eher ein Beweisverwertungsverbot annimmt, ergeben sich hier keine Probleme. Die eigene Prozessrechtsordnung kann angewendet werden. Denn für die Erhebung von Beweisen kommt es nach richtiger Auffassung auf die Rechtsordnung des Staates an, der die Beweise erhebt. Ein Staat darf sich schon jetzt – nach seinem innerstaatlichen Recht – nur dann unterstützend am Strafverfahren beteiligen, wenn die entsprechende Maßnahme auch im eigenen Staat zulässig wäre, vgl. § 59 Abs. 3 IRG.[1582] Für den Angeklagten ergibt sich daraus ein doppelter Schutz. Einerseits dürfen Beweise durch den Tatortstaat nur dann erhoben werden, wenn das Prozessrecht des Tatortes das erlaubt. Andererseits dürfen diese Beweise nur dann verwertet werden, wenn dies im Urteilsstaat erlaubt ist.

Andere prozessuale Wertungsunterschiede können sich ebenfalls aus der Verfassung ergeben, so etwa die Frage, ob ein Recht auf ein Geschworenenverfahren besteht.[1583] Diese Rechte gelten jeweils nur vor den Gerichten des Staates, der sie in seiner Verfassung einräumt;[1584] eine Bindung ausländischer Staaten durch die eigene Verfassung ist nicht möglich. Es bleibt also dabei, dass in prozessualer Hinsicht jeder Staat sein eigenes Recht anwendet.[1585]

---

ist an dieser Entscheidung in formeller Hinsicht übrigens, dass die abweichende Meinung von vier Richtern, BVerfGE 80, 367, 380 ff. anders als § 30 Abs. 2 BVerfGG dies vorsieht, nicht als Sondervotum bezeichnet und dem Beschluss „angeschlossen" war, sondern – freilich nicht tragender – Bestandteil der Entscheidung selbst. – Auch für andere Bereiche wurde klargestellt, dass ein Kernbereich privater Lebensgestaltung von der beweisrechtlichen Verwendung im Strafverfahren ausgeschlossen ist, BVerfGE 109, 279, 313 („Großer Lauschangriff"); BVerfGE 124, 43, 69 (Beschlagnahme von E-Mails).

1582 Diese Bestimmung dient in erster Linie dazu, zu gewährleisten, dass die jeweiligen „Zwangseingriffe" gleich behandelt werden. Bei einem in Deutschland bestehenden Beweisverwertungsverbot darf die entsprechende Information nicht übermittelt werden, *Lagodny* in Schomburg/Lagodny/Gleß/Hackner, IRG § 59 Rn. 31, 34.

1583 Vgl. etwa Art. 80 Australische Verfassung; Art. 3 § 2, sowie 6. Zusatzartikel US-Verfassung.

1584 Wenn also z.B. ein US-Amerikaner für eine in Deutschland begangene Tat auf einem Jury-Verfahren besteht, müsste er dafür Sorge tragen, dass das Verfahren in den USA stattfindet, was nach hier vertretener Auffassung auch möglich werden sollte, indem er einen entsprechenden Widerspruch erhebt, vgl. oben Teil 3 § 4 A.III.7)d).

1585 Daraus folgt, dass es auch unerheblich ist, ob die Strafprozessordnung des Tatortstaates Vorschriften enthält, die etwa mit deutschen Grundrechten unvereinbar sind (z.B. hinsichtlich Folter als Vernehmungsmethode oder der Unschuldsvermutung). Prozessrecht und materielles Recht müssen hier gesondert betrachtet werden: In *prozessualer* Hinsicht ist allein die *lex fori* entscheidend. Gleichzeitig können sich Gründe, sich über den Vorrang des *materiellen*

F. Ergebnis zur Fremdrechtsanwendung

Fremdes Strafrecht wird gegenwärtig nicht direkt angewendet. Es ist aber vorzugswürdig, das Recht des Tatortes *de lege ferenda* vorrangig zu beachten und anzuwenden und diesen Vorrang gesetzlich zu regeln. Weder in praktischer, noch in rechtlicher Hinsicht ist ein Grund erkennbar, das Tatortrecht nicht anzuwenden. Das gilt für die praktischen Bedenken ebenso wie für die Berufung auf verfassungsmäßige Grundsätze wie das Demokratieprinzip oder das Gesetzlichkeitsprinzip. Der Gleichheitssatz spricht sogar eher *für* die Anwendung fremden Rechts als dagegen.

Einzige Ausnahme vom Vorrang des Tatortrechts darf dabei der *ordre public* sein, und zwar in erster Linie der völkerrechtliche. Dieser wirkt in beide Richtungen, kann also einerseits dazu führen, dass aus völkerrechtlichen Gründen eine Strafnorm des Tatortes nicht angewendet wird, andererseits aber auch dazu, dass trotz Straflosigkeit nach dem Tatortrecht[1586] nach der *lex fori* verurteilt wird. Der nationale *ordre public* kann dagegen nur im Einzelfall zu einer Nichtanwendung von Strafnormen des Tatortstaates führen,[1587] aber nie die Strafbarkeit entgegen dem Tatortrecht begründen.

§ 4 Festlegung des maßgeblichen Tat- und Wohnorts de lege ferenda

Nachdem geklärt ist, dass das anwendbare Recht in erster Linie das des Tatortes sein sollte, ist es notwendig zu untersuchen, welcher von mehreren möglichen Tatorten entscheidend sein sollte. Wie oben gezeigt wurde, gilt derzeit aus völkerrechtlicher Sicht und im gegenwärtigen deutschen Recht das Ubiquitätsprinzip. Das schließt jedoch nicht aus, dass sich einzelne Staaten (insbesondere im Rahmen der EU) *de lege ferenda* auf einen bestimmten Tatort einigen.

A. Gründe für eine Festlegung des Tatorts

Teilweise wird die Festlegung auf nur einen Tatort für unbefriedigend gehalten.[1588] Alle beteiligten Orte bildeten eine Einheit, wobei der Schwerpunkt jeweils

---

Tatortrechts hinwegzusetzen, nicht daraus ergeben, dass die prozessuale *lex loci* der im Gerichtsstaat geltenden Verfassung oder dem Völkerrecht widerspricht.

1586 Nicht: *am* Tatort, weil sich aus dem Völkerrecht eine *weltweite* Strafbarkeit ergibt, vgl. auch oben Fn. 1574.

1587 Gegen den deutschen *ordre public* verstoßen etwa Bestimmungen, die Homosexualität unter Erwachsenen oder das Abfallen vom Islam unter Strafe stellen. Kein Verstoß gegen den *ordre public* liegt dagegen wohl vor, wenn z.B. der Schwangerschaftsabbruch generell strafbar ist (dazu bereits oben Fn. 1562) oder das Schutzalter beim sexuellen Missbrauch von Kindern (vgl. § 176 StGB) höher liegt als in Deutschland und daher auch einvernehmlicher Geschlechtsverkehr mit 14-Jährigen strafbar ist.

1588 *Kniebühler*, ne bis in idem, S. 72.

entweder auf dem Handlungs- oder auf dem Erfolgsort liegen könne, es komme also zur Beurteilung auf die Umstände des Einzelfalles an, und darauf, wo sich die Beweise befinden.[1589] Es sei außerdem nicht möglich, eine Rangordnung mehrerer Tatorte zu begründen, ohne die Ratio des Ubiquitätsprinzips in Frage zu stellen.[1590]

So flexibel die Formel einer „Berücksichtigung aller Umstände des Einzelfalles“ auch sein mag, so viel Unsicherheit enthält sie aber auch. *Ahlbrecht* spricht in einem ähnlichen Zusammenhang davon, dass es bei fehlender Eindeutigkeit zu „erbitterten Kämpfen um die Bestimmung des Tatortes“[1591] kommen würde. Im Interesse der Rechtssicherheit ist es daher vorzuziehen, *den* Tatort abstrakt zu bestimmen, der dann auch über das anwendbare Recht entscheidet. Als Bestandteil der Rechtssicherheit ist insbesondere auf das Recht des Beschuldigten zu verweisen, *vor* Begehung der Tat zu wissen, ob und wie er sich strafbar macht. Das lässt sich aber nur dann bewerkstelligen, wenn das anwendbare Recht eindeutig bestimmt ist oder zumindest bestimmbar bleibt.[1592] Die praktischen Erwägungen – etwa zum Standort der Beweise – können dagegen rechtlich keine Rolle spielen;[1593] letztlich gelten also dieselben Überlegungen, die generell für eine Ordnung der „Anknüpfungspunkte“ anzustellen sind,[1594] auch in Bezug auf die Frage einer Rangordnung der Tatorte.[1595]

B. Vorrang welchen Tatorts?

Damit stellt sich nur noch die Frage, welcher Tatort Vorrang genießen soll. Die grundsätzlichen Argumente für die Maßgeblichkeit des Handlungs- oder des Erfolgsorts sind bereits seit Langem ausgetauscht und *de lege lata* zugunsten des Ubiquitätsprinzips entschieden.[1596]

1589 *Schünemann* in ders. (Hrsg.), Gesamtkonzept, S. 93, 107.

1590 *Ambos* in MüKo-StGB, § 9 Rn. 13.

1591 *Ahlbrecht,* eucrim 2006, 39, 43 im Zusammenhang mit der deutschen Umsetzung des Europäischen Haftbefehls.

1592 Vgl. zum *nulla poena*-Satz bereits oben Teil 3 § 3 E.I. Dieser Grundsatz spricht allgemein für (irgend-)eine Rangordnung in Bezug auf das anwendbare Recht, ohne festzulegen, wie diese Rangordnung aussehen sollte.

1593 Etwas anderes würde nur dann gelten, wenn die praktischen Bedenken ein solches Gewicht erhielten, dass sie ihrerseits verfassungsrechtlich relevant werden würden, etwa weil die Effektivität der Strafrechtspflege betroffen ist. Dies wäre nur dann der Fall, wenn man annehmen möchte, dass die Effektivität der Strafrechtspflege schon deshalb nennenswerten Schaden nimmt, weil das Strafverfahren nicht in demjenigen Staat stattfindet, in dem sich die meisten Beweise befinden.

1594 Dazu ausführlich oben, insbesondere Teil 3 § 3 E.

1595 Insofern ist es etwas überraschend, wenn *Ambos* bei der Festlegung des Tatorts eine Rangordnung ablehnt, im Übrigen aber bezüglich der „Anknüpfungspunkte“ für die Strafgewalt ein entschiedener Befürworter einer Rangordnung ist.

1596 Vgl. oben Teil 1 § 1 B.V.

Nicht nur allgemein gegen eine abstrakte Festlegung, sondern speziell gegen einen Vorrang des Handlungsortes spricht sich *Schünemann*[1597] mit einer teilweise überraschenden Begründung aus. Neben den – bereits benannten – Überlegungen zur Verfügbarkeit von Beweismitteln und der Frage, wo der Schaden eintritt, meint *Schünemann* nämlich, dass der Handlungsort – innerhalb der Europäischen Union – „häufig ein Produkt des Zufalls" sein werde. Dies gelte etwa für den Täter, der während einer Reise einen betrügerischen Brief „irgendwo" bei der Post abgibt.[1598] Hier ist allerdings schon fraglich, ob man wirklich von einem „Produkt des Zufalls" sprechen kann, ist es doch der Täter selbst, der sich zu einer Handlung an einem bestimmten Ort – nämlich, an dem Ort, an dem er sich gerade befindet – entschließt, und kein „Zufall", der ihn dazu zwingt. Zudem ist das Beispiel einer betrügerischen E-Mail heute wohl realitätsnäher als das eines Briefes. Für solche Fälle wurde aber schon oben gezeigt, dass der Erfolgsort „zufällig" ist und – anders als der Handlungsort – nicht vom Täter beeinflusst werden kann.[1599] Die vermeintliche Zufälligkeit lässt sich daher nicht gegen einen Vorrang des Handlungsorts, sondern in weitaus größerem Maße gegen einen – von *Schünemann* freilich auch nicht behaupteten[1600] – Vorrang des Erfolgsorts vorbringen.

Eine Tendenz zum Vorrang des Handlungsortes lässt sich darüber hinaus im angloamerikanischen Recht feststellen, wenn dort zwischen *territorial jurisdiction* und *effects jurisdiction* unterschieden wird.[1601] Demnach wäre der „Tatort im eigentlichen, engeren Sinn" der Handlungsort, während der Erfolgsort eine neue Kategorie darstellt, die zwar völkerrechtlich zulässiger Anknüpfungspunkt ist, aber eben nur im deutschen Begriffssystem dem „Tatort i.e.S.", also dem Handlungsort, gleichgestellt ist. Auch im oben vergleichend angesprochenen österreichischen Recht wird zwar für die Anwendbarkeit des österreichischen Strafrechts vom Ubiquitätsprinzip, an anderer Stelle – nämlich bei der Festlegung des Gerichtsstands – aber von einem Vorrang des Handlungsortes ausgegangen. Wenn es also darauf ankommt, sich für *einen* von mehreren Tatorten zu entscheiden, wird auch hier der Handlungsort gewählt.

1597 *Schünemann* in ders. (Hrsg.), Gesamtkonzept, S. 93, 107.

1598 *Schünemann* in ders. (Hrsg.), Gesamtkonzept, S. 93, 107.

1599 Dagegen meint *Zimmermann*, Strafgewaltkonflikte, S. 375, dass eine Manipulation des Erfolgsortes durch den Täter „in Extremfällen" möglich ist, indem eine verletzte Person noch vor Todeseintritt in ein anderes Land verbracht wird. Solche Manipulationen erscheinen zwar fernliegend, sprechen im Ergebnis aber – selbst, wenn sie ausnahmsweise einmal vorliegen sollten – gerade gegen die Anknüpfung an den Erfolgsort. Denn der Täter soll es nicht in der Hand haben, nach seiner Handlung über das auf seinen Fall anwendbare Recht zu entscheiden (vgl. oben Teil 3 § 3 E.IV.1)).

1600 *Schünemann* lehnt jede Festlegung *in abstracto* ab, und meint eine flexible Regelung sei immerhin besser als gar keine Regelung.

1601 Vgl. dazu bereits oben Teil 1 § 1 B.II.

Entscheidend für eine Bevorzugung des Handlungsortes ist aber vor allem die Überlegung, dass ein Anknüpfen an den Erfolgsort teilweise unmöglich oder aus rechtlichen Gründen verboten ist. So ist etwa bei schlichten Tätigkeitsdelikten überhaupt kein tatbestandlicher Erfolg vorhanden, an den man anknüpfen könnte.[1602] Bei Straftaten, die mittels des Internet begangen werden, gibt es so viele Erfolgsorte, dass ergänzende – genauer: ersetzende – Kriterien herangezogen werden müssen, um die auf solche Delikte bezogene Strafgewalt völkerrechtlich zu legitimieren.[1603] Eine Unterscheidung etwa dergestalt, dass es bei Tätigkeitsdelikten auf den Handlungsort, im Übrigen aber auf den Erfolgsort ankommt, führt wiederum nicht zu der erwünschten Rechtssicherheit, zumal die Grenzen zwischen Tätigkeits- und Erfolgsdelikten sich von einer Rechtsordnung zur anderen unterscheiden. Für den Handlungsort spricht schließlich auch der Grad an Eindeutigkeit, mit dem dieser bestimmt werden kann: Eine Person kann nur gleichzeitig an einem Ort sein (und dort handeln), während der Erfolg an mehreren Orten eintreten kann; zum Problem der mehraktigen Delikte aber noch unter D.IV.

C. Ergänzende Heranziehung des Erfolgsortes?

Wenn es nach der hier vertretenen Auffassung zumindest *vorrangig* auf den Handlungsort ankommen sollte, stellt sich nun die Frage, welche Rolle daneben der Erfolgsort spielen soll. Eine gewisse Berechtigung hat dabei *Ambos'* Verweis auf die *ratio* des Ubiquitätsprinzips;[1604] wenn auch nicht in dem von ihm gemeinten Sinn. Die Ubiquitätstheorie beruht nämlich maßgeblich auf der Überlegung, dass „zum Schutz der im Inland gelegenen Rechtsgüter" das inländische Strafrecht angewendet werden darf;[1605] es lässt sich also eine gewisse Nähe zum Schutzprinzip, genauer: zum passiven Personaltätsprinzip, feststellen. Nach dem oben[1606] zum passiven Personaliätsprinzip Gesagten ist indes schon zweifelhaft, ob ein so weitgehender Schutz überhaupt zulässig ist.

Zudem ist problematisch, dass mit der „ergänzenden" Berücksichtigung des Erfolgsortes – und sei es nur in einigen, näher zu definierenden Fällen – gerade nicht das Recht des Handlungsortes durch das Recht des Erfolgsortes *ergänzt* wird. Der Beschuldigte wird nämlich nicht nach zwei Rechtsordnungen gleichzeitig beurteilt; vielmehr wird dem Gericht die Möglichkeit gegeben, alternativ das Recht des Handlungsortes *oder* des Erfolgsortes anzuwenden, wobei es – falls es letzteres wählt – das Recht des Handlungsortes nicht durch das des Erfolgsortes *ergänzt*, sondern *ersetzt* und sich so über den hier angenommenen Vorrang

1602 Oben Teil 1 § 1 B.III.1); vgl. auch *Zimmermann*, Strafgewaltkonflikte, S. 374 f.
1603 Oben Teil 1 § 1 B.VI.
1604 *Ambos* in MüKo-StGB, § 9 Rn. 13.
1605 Vgl. nur *Böse* in NK-StGB, § 9 Rn. 2 m.w.N.
1606 Teil 1 § 5.

des Handlungsortes hinwegsetzen würde.[1607] Ein Vorrang, der durch „ergänzende" Anwendung des Rechts des Erfolgsortes unterlaufen werden kann, ist aber wenig sinnvoll.

Es sei schließlich nochmals daran erinnert, dass insbesondere der Grundsatz *nulla poena sine lege* das Bestreben erklärt, möglichst eindeutig das anzuwendende Recht zu bestimmen. Nachdem der Handlungsort, und mit ihm das anzuwendende Recht, in der Regel schon eindeutig bestimmt ist, bleibt für eine „ergänzende" Heranziehung des Erfolgsortes allenfalls dann Raum, wenn der Handlungsort ausnahmsweise einmal nicht eindeutig bestimmt werden kann. Das dürfte aber nur sehr selten der Fall sein,[1608] zu möglichen Ausnahmen s. aber noch unter D.VI. Eine eigenständige Bedeutung hat der Erfolgsort daher nur in dem – äußerst seltenen, womöglich sogar nur hypothetischen – Fall, dass für den Handlungsort eine Strafgewalt nach dem Territorialitätsprinzip oder dem Flaggenprinzip nicht besteht. Man kann also sagen, dass es bei der Entscheidung für nur *einen* Tatort *de lege ferenda* allein auf den Handlungsort ankommen sollte.

D. Besondere Probleme bei der Feststellung des Handlungsortes

I. Unterlassungsdelikte

Beim Unterlassungsdelikt muss analog zum Begehungsdelikt auf den Ort abgestellt werden, an dem der Täter hätte handeln müssen. Für die Einschätzung, ab welchem Zeitpunkt eine Handlungspflicht vorliegt, kommt es – wie oben gezeigt – auf die Handlungsmöglichkeiten innerhalb eines Staates an.[1609] Besteht demzufolge eine Handlungspflicht in mehreren Staaten, liegen gewissermaßen „mehrere" Unterlassungen vor, allerdings jeweils auf dasselbe Rechtsgut bezogen.[1610] Dies erscheint vergleichbar mit der Konstellation eines mehraktigen Delikts. Bei diesen führen mehrere „aktive Handlungen" zusammen genommen zu einer Straftat.

1607 Vgl. bereits oben (Teil 3 § 3 B.I.6)b)) zum Interlokalen Strafrecht.

1608 Zu möglichen Ausnahmen aber noch unter Teil 4 § 4 D.VI. Bereits jetzt sei darauf verwiesen, dass es bei Zweifeln bezüglich des Handlungsortes nicht angebracht erscheint, den Erfolgsort als zusätzliches Kriterium heranzuziehen. Erstens besteht ein solcher Erfolgsort nicht bei jedem Delikt; was als Erfolgsdelikt anzusehen ist und was nicht, unterscheidet sich zudem je nach nationaler Rechtsordnung. Zweitens erhöht die Bezugnahme auf den Erfolgsort die Anzahl der möglichen Rechtsordnungen nochmals, jedenfalls wenn nicht mindestens einer der in Frage kommenden Handlungsorte zugleich in dem Staat liegt, in dem der Erfolg eingetreten ist. Es ist daher allenfalls denkbar, dass bei Zweifeln über den Handlungsort derjenige maßgeblich ist, der zugleich Erfolgsort ist.

1609 Oben Teil 1 § 1 B.I.

1610 So etwa in folgendem Fall: Der T ist Garant für das Leben des verletzten O und geht mit diesem gemeinsam über die Stadtbrücke von Frankfurt (Oder) nach Słubice, ohne dem O zu helfen. Nachdem T weder in Deutschland noch in Polen geholfen hat, stirbt O schließlich.

Der einzige Unterschied zwischen beiden Fallgruppen besteht darin, dass beim Unterlassen in mehreren Staaten schon jedes einzelne Unterlassen der geforderten Handlung *für sich* genommen die Strafbarkeit begründet, während beim mehraktigen Begehungsdelikt erst beide Handlungen *zusammen* die Strafbarkeit begründen. Allerdings liegt auch bei einem Unterlassen „in mehreren Staaten" – wie beim mehraktigen Delikt – insgesamt nur *eine* Straftat vor.[1611] Eine Gleichbehandlung von Unterlassungsdelikt und mehraktigem Delikt ist daher sinnvoll, zum mehraktigen Delikt noch unten IV.

II. Beteiligung Mehrerer

Wenn mehrere Personen an einer Straftat beteiligt sind, stellt sich die Frage, auf wessen Handlung es bei der Tatortbestimmung ankommt. Hier ist es auf den ersten Blick denkbar, auf den oder die „Haupttäter" abzustellen und so die Zahl der Tatorte zumindest zu beschränken. Allerdings gibt es nicht in jeder Rechtsordnung eine Unterscheidung zwischen Tätern und bloßen Teilnehmern,[1612] zudem ist es nicht zwingend, dass die Tat am Handlungsort des Haupttäters strafbar ist.[1613] Dieser Ansatz muss daher ausscheiden. Ebenfalls nicht überzeugend ist es, auf den „Schwerpunkt des Geschehens" abzustellen; der „Schwerpunkt" ist nämlich wiederum ein zu unbestimmtes Kriterium.

Überzeugend ist es allein, für jeden Beteiligten jeweils auf den Ort seiner *eigenen* Handlung abzustellen.[1614] Aus dem Zivilrecht ist die Möglichkeit bereits grundsätzlich bekannt, eine „Mosaikbetrachtung" vorzunehmen, also für unterschiedliche Bestandteile desselben Lebenssachverhalts eine unterschiedliche Rechtsordnung für anwendbar zu erklären.[1615] Ursprünglich entwickelt wurde diese Ansicht zum Internationalen Zivilprozessrecht;[1616] von der h.M. im Internationalen Privatrecht wird aber eine Übertragung auch auf die Frage des anwendbaren Rechts befürwortet, obgleich dies nicht unumstritten ist.[1617] Im IPR geht es zwar um den Fall, dass mehrere Erfolgsorte vorliegen (sog. Streudelikt), und nicht mehrere Handlungsorte.

1611 Das Beispiel (Fn. 1610) aufgreifend gilt dies freilich nur, wenn man nicht etwa annimmt, der Grenzübertritt stelle eine Art „Zäsur" dar, wodurch das „erste Unterlassen" (in Deutschland) von einer zweiten Unterlassenstat (in Polen) abgegrenzt werden kann. Eine solche Aufspaltung ein- und desselben Unterlassens erscheint jedoch nicht lebensnah.

1612 Vgl. etwa § 12 öStGB, wonach „jeder, der einen anderen dazu bestimmt, sie auszuführen, oder der sonst zu ihrer Ausführung beiträgt", Täter ist (sog. Einheitstäter).

1613 Vgl. oben Teil 1 § 1 B.VII.

1614 So auch *Böse/Meyer/Schneider*, GA 2014, 572, 575 (Art. 2 Abs. 5 des Vorschlags).

1615 *Junker* in MüKo-BGB, Art. 4 Rom-II.

1616 EuGH NJW 1995, 1881.

1617 Vgl. *Junker* in MüKo-BGB, Art. 4 Rom-II mit Nachweisen auch zu praktischen Bedenken.

Dieser Unterschied spricht aber nicht dagegen, auch bei mehreren in Frage kommenden Tatorten eine „Mosaikbetrachtung“ vorzunehmen.

Etwaigen Befürchtungen, wonach eine konzentrierte Ermittlung und Aburteilung durch eine solche mosaikartige Beurteilungen der Rechtslage unmöglich gemacht wird, ist entgegen zu halten, dass nach der hier vorgeschlagenen Regelung das anwendbare Recht gerade vom Ort des Gerichtsverfahrens – und damit auch dem Ort, an dem die Ermittlungen im Vorfeld „zusammenlaufen“ – unabhängig ist. Nach der hier[1618] vorgeschlagenen Lösung soll nämlich für den Gerichtsstand bei einem verbundenen Verfahren für alle Beteiligten der Handlungsort des ältesten Täters maßgeblich sein; eine „konzentrierte“ Ermittlung der Tatsachen bleibt also möglich, lediglich das anwendbare Recht ist für die Beschuldigten gesondert zu ermitteln.

III. Distanzdelikte, insbesondere Internetstraftaten

Mit Blick auf den Tatort besonders schwierig zu beurteilen sind die Distanzdelikte, insbesondere die sog. Internetstraftaten. Zum Einen stellt sich die Frage, wo hier der Handlungsort liegt,[1619] zum Anderen besteht aus deutscher Sicht oft ein Bestreben, keine Strafbarkeitslücken entstehen zu lassen. Bei näherer Betrachtung unterscheiden sich aber etwa eine Beleidigung „im Internet“ nicht von einer Beleidigung in einer Zeitung oder irgendeinem anderen Medium. Soweit also das Einstellen bestimmter Inhalte ins Netz mit Strafe bedroht ist, muss sich die Strafbarkeit auch hier nach dem Handlungsort richten.

Möglicherweise deswegen „befürchtete“ Strafbarkeitslücken könnten sich dadurch schließen lassen, dass hier eher mit dem Staatsschutzprinzip argumentiert wird. Wer etwa eine Tat nach § 130 StGB begeht, stört damit den *deutschen* öffentlichen Frieden und damit ein Rechtsgut der Bundesrepublik. Ob allerdings damit schon eine Gefährdung des Staates und seiner Einrichtungen verbunden ist, die völkerrechtlich zur Anwendung des Staatsschutzprinzips berechtigt, erscheint zweifelhaft. Zulässig wäre es dagegen, wenn das Ansehen oder Weiterverbreiten bestimmter Inhalte unter Strafe gestellt würde, wie dies etwa im Bereich der Pornografie oder der Urheberrechtsverletzungen geregelt ist.[1620]

IV. Mehraktige Delikte

Bei mehraktigen Delikten sind ihrer Struktur entsprechend mehrere Möglichkeiten denkbar: Da der Tatort über das anwendbare Recht entscheidet, muss eine eindeutige Entscheidung für einen der in Frage kommenden Orte getroffen werden.

1618 Vgl. oben Teil 3 § 4 A.III.8).

1619 Dazu bereits oben Teil 1 § 1 B.VI.2).

1620 Eine solche Lösung wäre freilich nicht geeignet, die vom Ausland operierenden Betreiber volksverhetzender Webseiten zu bestrafen, sondern nur deren Nutzer bzw. Betrachter.

Denkbar ist es, an die erste Handlung, die letzte Handlung, oder den „Schwerpunkt" der Tat anzuknüpfen. Für die Bestimmung eines solchen Schwerpunkts wäre es sogar denkbar, zusätzliche[1621] Kriterien heranzuziehen, etwa den Erfolgsort[1622] oder die Staatsangehörigkeit oder den Wohnort von Täter und/oder Opfer.[1623] Mit dem Verweis auf mögliche Zusatzkriterien ist es aber nicht getan, denn es sind durchaus Fälle denkbar, in denen keiner der in Betracht kommenden Handlungsorte zugleich Erfolgsort ist oder eines der anderen vorgeschlagenen Merkmale erfüllt. In jedem Fall bleibt also der Begriff des „Schwerpunktes" allzu unbestimmt, was zu einer nicht hinnehmbaren Rechtsunsicherheit für alle Beteiligten, insbesondere für den Beschuldigten, führt. Auch wird das Verfahren unnötig verlängert, wenn erst über den „Schwerpunkt der Tat" und damit das anwendbare Recht entschieden und diese Entscheidung womöglich in höheren Instanzen angefochten und erneut überprüft werden muss. Das spricht dafür, den Tatort eindeutig anhand von abstrakten Kriterien zu bestimmen.[1624]

Nach der hier vorgeschlagenen Lösung ist zur Bestimmung des anwendbaren Rechts der *erste* Schritt einer Straftat, nämlich die Handlung und nicht der zeitlich spätere Erfolgseintritt maßgeblich. Es erscheint dann konsequent, auch bei mehraktigen Delikten für die Bestimung des relevanten Handlungsortes auf den *ersten* Schritt zur Strafbarkeit abzustellen, also auf die erste von mehreren Handlungen bzw. auf den Beginn einer Handlung.[1625]

V. Handlungsort auf einem Schiff oder Flugzeug

Wenn eine Straftat auf einem Schiff oder Flugzeug eines Staates, aber auf dem Gebiet eines anderen Staates begangen wurde, sprechen schon praktische Gründe für einen Vorrang des Flaggenstaates:[1626] Da der Flaggenstaat während der Fahrt bzw. des Fluges wohl nicht veränderlich ist, ist auch die Verbindung zwischen dem Flaggenstaat und der Straftat von anderer Qualität als diejenige zwischen dem – gerade

1621 „Zusätzlich" sind diese Kriterien insbesondere deshalb, weil sie nach der hier vertretenen Auffassung für sich genommen gerade *keinen* Einfluss auf das anwendbare Recht haben dürfen.

1622 Hier also dergestalt, dass von mehreren Handlungsorten derjenige maßgeblich ist, der zugleich Erfolgsort ist, vgl. bereits oben Fn. 1608.

1623 Also: Bei je einem Handlungsort in unterschiedlichen Staaten ist das Recht des Staates anwendbar, dessen Angehöriger der Beschuldigte und/oder das Opfer zugleich sind.

1624 Vgl. auch schon oben Teil 4 § 4 A.

1625 Dass der Beginn der ersten Handlung der erste strafrechtlich relevante Zeitpunkt ist, lässt sich ergänzend auch damit erklären, dass (spätestens) im Beginn der Tathandlung ein „unmittelbares Ansetzen" zum Versuch liegt, vgl. dazu nur *Wessels/Beulke/Satzger*, Strafrecht AT, Rn. 599 ff.

1626 Die *rechtlichen* Beschränkungen in Bezug auf die Durchführung von *Ermittlungsmaßnahmen* (oben Teil 2 § 2 A.II. zum Luftfahrtrecht, sowie Teil 2 § 2 B. zum Seerecht) spielen dagegen für die Frage nach dem anwendbaren Recht keine Rolle.

bei Flugzeugen eher zufälligen und während der Reise veränderlichen – Gebietsstaat und der begangenen Straftat. Zudem können – wiederum in erster Linie bei Flugzeugen – durchaus Zweifel bestehen, in dem Luftraum welches Staates eine Tat begangen wurde, so dass eine Anknüpfung an den Gebietsstaat die Zahl der „Zweifelsfälle" (dazu sogleich unter VI.) unnötig erhöhen würde. Bei Festlegung des relevanten Tatorts ist es daher angebracht, einen solchen Vorrang des Flaggenstaates zu bestimmen.

VI. Zweifel bei der Bestimmung des Handlungsorts

Schließlich kann es auch einige wenige Fälle geben, in denen der Tatort sich nicht eindeutig bestimmen lässt, etwa wenn die Tat im Bereich einer „Grünen Grenze"[1627] begangen wird und sich nicht mehr genau feststellen lässt, auf welchem Staatsgebiet sich der Täter befand. Eine Anwendung des Grundsatzes *in dubio pro reo* mit der Konsequenz, dass mangels Tatorts im Inland nach dem Recht beider Staaten freizusprechen ist, wäre äußerst unbefriedigend.

Es steht in einer solchen Konstellation nämlich fest, *dass* sich der Täter strafbar gemacht hat,[1628] unklar ist lediglich nach welcher Norm. Entweder er hat im Staat X gehandelt und sich folglich nach dem Recht dieses Staates strafbar gemacht, oder er hat im Staat Y gehandelt und sich folglich nach dem Recht des Staates Y strafbar gemacht. Strukturell liegt hier eine Parallele zur Wahlfeststellung vor.[1629] Beim Fall der sog. Gesetzesalternativität[1630] lässt sich nicht zweifelsfrei klären, welche Handlung tatsächlich vorlag, *und* infolge dessen ist unklar, welcher Tatbestand erfüllt ist. So liegen die Dinge letztlich bei Zweifeln über den Tatort auch. Dass die Zweifel sich dabei nur auf den Ort des Handelns und nicht auf die Handlung selbst, beziehen, ist dabei unbeachtlich. Entscheidend ist, dass unterschiedliche Tatsachen, die nur alternativ vorliegen können,[1631] zu einer Strafbarkeit nach einer jeweils anderen Strafvorschrift führen.

Wie mit Zweifeln bei der Tatortbestimmung umzugehen ist, hängt also davon ab, ob und unter welchen Voraussetzungen eine sogenannte Wahlfeststellung für zulässig erachtet wird. Nach der Rechtsprechung ist eine solche Wahlfeststellung

---

1627 Als „Grüne Grenze" wird eine Grenze bezeichnet, die zwar anerkannt, aber kaum überwacht ist. Im engeren Sinn werden darunter Grenzabschnitte verstanden, die auch nicht zum Grenzübertritt gedacht sind, etwa offene Wiesen, Wälder, Gewässer usw. Der Grenzverlauf ist hier oft nur durch ggf. weit auseinander liegende Grenzsteine markiert.

1628 Unter der Voraussetzung, dass die Tat in allen der in Frage kommenden Staaten strafbar ist. Andernfalls muss tatsächlich *in dubio pro reo* freigesprochen werden.

1629 So wohl auch *Böse/Meyer/Schneider*, GA 2014, 572, 574.

1630 Vgl. zur Systematik insgesamt *Eser/Hecker* in Schönke/Schröder, StGB, § 1 Rn. 61 ff.

1631 Lässt man den – wenig praktischen, wenngleich denkbaren – Fall außer Acht, dass ein Täter mit einem Bein im Staat X, mit dem anderen Bein im Staat Y steht.

zumindest dann zulässig, wenn die Verhaltensweisen „gleichwertig" oder „rechtsethisch und psychologisch vergleichbar[1632]" sind;[1633] in der Literatur werden teilweise andere Grenzen gesetzt,[1634] teilweise wird auch die Zulässigkeit der Wahlfeststellung insgesamt bestritten.[1635]

Bei den hier interessierenden Fällen steht die „eigentliche" tatbestandliche *Handlung* bereits fest, ist also nicht nur „gleichwertig", sondern sogar gleich. Dennoch muss es sich nicht nur um die gleiche Handlung, sondern auch um eine gleichwertige *Tat* handeln. Dies könnte dann nicht der Fall sein, wenn die jeweilige Sanktion sehr unterschiedlich ausfällt, weil die Gesetzgeber der betreffenden Staaten durch die Höhe der Strafdrohung dem Verstoß gegen ihr Strafrecht jeweils ein unterschiedliches Gewicht bzw. eine unterschiedliche Wertigkeit zuweisen; es könnte sich also wegen der unterschiedlichen Strafhöhe auch um (völlig) unterschiedliches Unrecht handeln, mit der Folge, dass eine Wahlfeststellung in jedem Fall unzulässig wäre. Allerdings ist es sehr fraglich, ob allein aus einer unterschiedlich hohen Strafe in verschiedenen Staaten wirklich eine unterschiedliche Wertigkeit folgt.[1636] Zumindest müsste berücksichtigt werden, dass ein Vergleich der Strafrahmen bzw. Strafhöhen in verschiedenen Staaten auch berücksichtigen muss, dass die Strafhöhe allgemein – aus welchen Gründen auch immer – in dem einen Staat höher sein kann als in dem anderen.[1637]

1632 Der Begriff der „Vergleichbarkeit" ist jedoch verfehlt, denn vergleichen – also Gemeinsamkeiten und Unterschiede feststellen – kann man auch solche Tatbestände miteinander, bei denen man im Ergebnis konstatieren muss, dass die Gemeinsamkeiten gering sind, so auch *Joerden*, Logik im Recht, S. 54.

1633 St. Rspr. seit RGSt 68, 257; BGHSt 9, 394; BGHSt 11, 28; vgl. in jüngerer Zeit BGH NStZ 2008, 646. Zuletzt hat allerdings der *2. Strafsenat* in einem Anfrage-Beschluss die Auffassung vertreten, dass die Wahlfeststellung zulässig sei und ein Verstoß gegen das Bestimmtheitsgebot vorliege (Beschluss vom 28.01.2014, 2 StR 495/12, online unter www.bundesgerichtshof.de).

1634 So etwa *Deubner*, NJW 1969, 147, der auf die „Identität der Unrechtskerne" abstellt.

1635 *Frister* in NK-StGB, nach § 2 Rn. 76 ff. sieht in der Wahlfeststellung einen Verstoß gegen Art. 103 Abs. 2 GG. „Im Grundsatz" gegen die Wahlfeststellung auch *Joerden*, Logik im Recht, S. 53, auch wenn „allein vom Standpunkt der Logik aus betrachtet" ein Freispruch in Fällen der Wahlfeststellung nicht schlüssig sei.

1636 Einen solchen Schluss von den Strafrahmen auf den Unrechtsgehalt einer Tat lehnt schon für Unterschiede in den Strafrahmen *desselben* Staates *Hruschka*, NJW 1973, 1804, 1805 zu Recht mit den Worten ab, „die gesetzlichen Strafrahmen [geben] normalerweise nicht viel für die Frage der Gleichwertigkeit" her, wenngleich die unterschiedlichen Strafrahmen *im Einzelfall* (hier: Verhältnis von Diebstahl und Unterschlagung) Ausdruck einer rechtsethischen und psychologischen Ungleichheit sein können.

1637 So wird man nicht annehmen können, es bestehe zwischen einem Mord in Deutschland und einem *„murder"* in den USA keine rechtsethische Gleichwertigkeit, auch wenn ersterer „nur" mit lebenslanger Freiheitsstrafe mit der

Eine Gleichwertigkeit in der Bewertung durch die betreffenden Staaten liegt aber dann nicht vor, wenn die jeweiligen Straftatbestände völlig unterschiedliche Rechtsgüter schützen sollen. So wäre Gleichwertigkeit abzulehnen, wenn etwa die Wegnahme einer Leiche in Zueignungsabsicht in dem einen Staat als Diebstahl, also als Delikt gegen das Eigentum, in dem anderen Staat dagegen als Störung der Totenruhe, also eher wegen einer Verletzung des Pietätsgefühls,[1638] aber nicht eines Eigentumsrechts, unter Strafe gestellt ist.

Auf die Frage der Gleichwertigkeit kommt es indes dann nicht an, wenn zwischen den Tatbeständen ein „normatives Stufenverhältnis“[1639] vorliegt. In dem bereits oben angesprochenen Beispiel des Schwangerschaftsabbruchs ist dies naheliegend: Dazu sei unterstellt, dass in einem Staat die Eigenschaft „Mensch“ im Sinne der Tötungsdelikte mit Beginn der Eröffnungswehen einsetzt,[1640] im anderen dagegen erst mit Vollendung der Geburt.[1641] Wenn nun zwar festgestellt werden kann, dass ein – je nach Auffassung – Embryo bzw. Mensch während des Geburtsvorgangs vorsätzlich getötet[1642] wurde, aber – aus welchen Gründen auch immer – der Tatort unklar bleibt, liegt die Annahme eines sogenannten normativen Stufenverhältnisses zwischen der Tötung eines Menschen und der Tötung eines menschlichen Embryos nahe. In solchen Fällen eines Stufenverhältnisses ist aber nach h.M. schon nach dem Grundsatz *in dubio pro reo* eine Verurteilung nach der milderen Norm möglich.

Für Fälle, in denen weder ein normatives Stufenverhältnis noch Gleichwertigkeit der rechtlichen Bewertung in den betreffenden Staaten vorliegt, wäre eine alternative Verurteilung (bzw. Wahlfestellung) nach dem Recht „entweder des einen oder des anderen möglichen Tatorts“ allenfalls dann möglich, wenn dies

---

Möglichkeit einer Entlassung auf Bewährung, letzterer aber je nach Bundesstaat auch mit der Todesstrafe, lebenslanger Freiheitsstrafe ohne Möglichkeit der Bewährung oder zeitiger Freiheitsstrafe von bis zu 100 Jahren bestraft werden kann. Die Gleichwertigkeit der Strafrahmen lässt sich nur gewissermaßen „relativ“ zur jeweiligen Strafrechtsordnung feststellen: Mord bzw. *murder* gehören jeweils zu den schwersten Delikten jeweils *innerhalb* der nationalen Strafrechtsordnung.

1638 So in Deutschland § 168 StGB, jedenfalls nach h.M., vgl. – auch zur Kritik daran – nur *Hörnle* in MüKo-StGB, § 168 Rn. 1 ff. Auch der Verweis auf das postmortale Persönlichkeitsrecht führt aber nicht dazu, dass die Störung der Totenruhe mit einem Diebstahl als gleichwertig anzusehen ist: Auch das (postmortale) Persönlichkeitsrecht einerseits und das Eigentumsrecht andererseits sind nämlich zwei völlig unterschiedliche Rechtsgüter.

1639 Vgl. zum normativen Stufenverhältnis nur *Wessels/Beulke/Satzger*, Strafrecht AT, Rn. 806 mit Nachweisen auch aus der Rspr.

1640 So nach ganz h.M. im deutschen Strafrecht, vgl. statt aller *Eser/Sternberg-Lieben* in Schönke/Schröder, StGB, vor § 211 Rn. 13.

1641 Vgl. die Regelung im deutschen Zivilrecht, § 1 BGB.

1642 Dabei muss weiterhin unterstellt werden, dass in dem Staat, der von einem Embryo ausgeht, zumindest dieser konkrete Schwangerschaftsabbruch strafbar wäre.

ausdrücklich gesetzlich erlaubt wäre.[1643] Die gegen die allgemeine Zulassung der Wahlfeststellung – zu Recht – erhobenen Bedenken[1644] dürften allerdings auch dann bestehen, wenn es wie hier um eine Wahlfeststellung zwischen unterschiedlichen Rechtsordnungen geht.[1645]

Für die meisten Fälle aber, nämlich für solche, in denen die Tatbestände in den betroffenen Staaten das gleiche Rechtsgut mit einer ähnlichen Reichweite schützen, muss man dagegen von einer „rechtsethischen Vergleichbarkeit"[1646] ausgehen. Sofern man dann außerdem die Wahlfeststellung für grundsätzlich zulässig hält, gilt in aller Regel: Wenn feststeht, dass der Täter entweder eine Straftat im Staat

---

1643 Es gilt dann nämlich nicht bezogen auf den jeweiligen Tatbestand „für sich" *in dubio pro reo*, sondern eine Art „Gesamtbetrachtung" *aller* in Frage kommenden Tatbestände unter Beachtung eines Grundsatzes „*in dubio mitius*". Vgl. im nationalen Recht § 2b StGB i.d.F. von 1935 (aufgehoben im Jahr 1946 durch KRG Nr. 11, KR-Amtsblatt S. 55): „Steht fest, daß jemand gegen eines von mehreren Strafgesetzen verstoßen hat, ist aber eine Tatfeststellung nur wahlweise möglich, so ist der Täter aus dem mildesten Gesetz zu bestrafen."

1644 Schon die Einführung des § 2b StGB diente dazu, die Bindung des Richters an das Gesetz zu lockern. Die Regelungen über die Zulassung der Analogie im Strafrecht (§§ 2, 2a StGB i.d.F. von 1935) sind zwar in dem selben Gesetz (Gesetz vom 28.06.1935, RGBl. I S. 839), aber in unterschiedlichen Artikeln geregelt, woraus zu folgern sein könnte, dass selbst der nationalsozialistische Gesetzgeber einen gewissen qualitativen Unterschied zwischen der Analogie und der Wahlfeststellung gesehen hat. Nach Ansicht des Kontrollrats handelte es sich indes um „typisch nationalsozialistisches Recht" (dagegen aber *Dreher/Maassen*, StGB², § 2b), und wurde daher durch KRG Nr. 11 aufgehoben. Zu weiterer Kritik vgl. auch *Joerden*, Logik im Recht, S. 54; dass die von *Joerden* genannten Beispiele (etwa: Wahlfeststellung zwischen Mord, Diebstahl und Sachbeschädigung) keineswegs so unwahrscheinlich sind, wie sie vielleicht auf den ersten Blick erscheinen mögen, wird an den zahlreichen historischen Beispielen deutlich, in denen das RG eine Wahlfeststellung auch zwischen höchst unterschiedlichen Straftatbeständen zugelassen hat, vgl. insbesondere RGSt 69, 369 (versuchte Abtreibung und Betrug); weitere Fälle mit Nachweisen bei *Dannecker* in LK-StGB, Anh § 1 Rn. 38.

1645 Bei den hier in den Blick genommenen internationalen Fällen allerdings in einem erheblich geringeren Umfang. So wird die von *Joerden*, Logik im Recht, S. 54 befürchtete „‚Verdünnung' der Tatsachengrundlage" sich bei internationalen Sachverhalten schwerer bewerkstelligen lassen. Anders als die „relativ einfache" Behauptung, der Täter habe alternativ nicht nur Delikt 1 oder 2, sondern möglicherweise alternativ dazu auch Delikt 3, 4 oder 5 begangen, lässt sich eine solche Behauptung in Bezug auf unterschiedliche Tatorte nur schwer aufstellen und vor allem begründen: In den ohnehin schon seltenen Fällen, in denen der Tatort unklar ist, wird sich nicht ohne Weiteres behaupten lassen, der Tatort könne nicht nur im Staat A oder im Staat B liegen, sondern möglicherweise auch im Staat X, Y oder Z.

1646 Zur Kritik an diesem Begriff oben Fn. 1632.

X oder die gleiche Straftat im Staat Y begangen hat, ist der Zweifelsgrundsatz so abzuwandeln, dass die für ihn mildeste Möglichkeit gewählt wird.

E. Ergebnis zum Tatort *de lege ferenda*

Wenn der Tatort über das anwendbare Recht entscheidet, muss dieser eindeutig und so zweifelsfrei wie möglich, ohne die Möglichkeit einer Manipulation durch staatliche Stellen, feststehen. Ein hoher Grad an Eindeutigkeit lässt sich für alle Deliktsarten nur dann erreichen, wenn an den Handlungsort angeknüpft wird, und zwar an den Beginn der Handlung.[1647] Bei Beteiligung mehrerer Personen sollte sich das anwendbare Recht für jeden Beteiligten gesondert nach dem Ort seiner (ersten) Tathandlung richten.

F. Festlegung des relevanten Wohnorts *de lege ferenda*

Nachdem es nach der hier vertretenen Konzeption für die Frage des anwendbaren Rechts bzw. der Regelungsgewalt auf den Tatort ankommt, für den Ort des Verfahrens bzw. die Urteilsgewalt dagegen auch der Wohnort bedeutsam sein kann, muss schließlich geklärt werden, auf welchen Wohnort es ankommen soll, wenn der Beschuldigte über mehrere Wohnorte verfügt. Diese Frage ist jedoch nicht so relevant wie die nach dem Tatort, der über das anwendbare Recht entscheidet. Zum Einen geht es hier „nur" um das Prozessrecht; so bedeutsam dies auch für den Ausgang des Verfahrens sein kann, so klar ist es auch, dass dem materiellen Recht insofern eine größere Rolle zukommt. Zum Anderen ist nach hier vertretener Auffassung (vgl. oben Teil 3 § 4 D.) die Mitwirkung des Beschuldigten erforderlich, wenn das Verfahren entgegen der Regel nicht am Tatort stattfinden soll, so dass einseitige Manipulationen durch die Strafverfolgungsbehörden nicht möglich sind.

Innerhalb Deutschlands ließe sich leicht an Bestimmungen des Melderechts anknüpfen,[1648] bei internationalen Sachverhalten stellt sich dies schon deshalb als unmöglich dar, weil nicht in allen Staaten eine dem deutschen Recht vergleichbare Meldepflicht besteht. Aber auch soweit eine solche Pflicht existiert, sind die je nach Staat unterschiedlichen Bestimmungen, etwa über Haupt- und Nebenwohnungen, wohl kaum kompatibel miteinander. Zwischenstaatliche Vereinbarungen zum maßgeblichen von mehreren Wohnsitzen finden sich aber insbesondere in den

---

1647 Und zwar bezogen auf die jeweilige konkrete, tatbestandsmäßige Handlung. Daraus ergibt sich auch, dass jedenfalls *de lege ferenda* im Zusammenhang mit dem Tatort nach §§ 3, 9 StGB gerade nicht die „Tat im prozessualen Sinne" gemeint sein kann. *De lege lata* für einen prozessualen Tatbegriff aber die ganz h.M., vgl. nur *Ambos* in MüKo-StGB, § 3 Rn. 6; *Werle/Jeßberger* in LK-StGB, vor § 3 Rn. 313; beide m.w.N. OLG München, NJW 2007, 788; dagegen zeigt *Walther*, JuS 2012, 203 auf, dass diese Ansicht nur teilweise richtig ist und im Übrigen die Vertreter der h.M. letztlich inkonsequent bleiben (*Walther*, JuS 2012, 203, 205).

1648 Vgl. oben Teil 3 § 4 A.III.4).

Doppelbesteuerungsabkommen.[1649] Danach kommt es in folgender Reihenfolge auf (1) den Lebensmittelpunkt, (2) den gewöhnlichen Aufenthalt und (3) die Staatsangehörigkeit an.[1650] Diese Reihenfolge ist auch für ein Internationales Straf(prozess) recht denkbar.

Nach dem oben Teil 3 § 4 C.VI. Gesagten ist es aber in erster Linie im Interesse des Beschuldigten, wenn das Verfahren an seinem Wohnort stattfindet; dieser soll auch selbst darüber entscheiden können, ob das Verfahren dort stattfindet. Dann muss es aber auch der Beschuldigte selbst sein, der, falls er mehr als einen Wohnsitz hat, entscheidet, welchen der Orte er für maßgeblich hält.[1651] Einer abstrakten Festlegung bedarf es also insoweit nicht. Nachteile für den Staat sind dabei nicht zu erwarten, zumal sich das materielle Strafrecht ja in jedem Fall nach dem Tatort richten muss. Unter mehreren Wohnorten darf der Beschuldigte daher wählen, ob und an welchem dieser Orte das Verfahren stattfinden soll, sofern – wie bereits angedeutet – sichergestellt ist, dass der entsprechende Staat nicht nur zur Aburteilung selbst willens und in der Lage ist, sondern darüber hinaus auch willens ist, das materielle Recht des Tatorts anzuwenden.

1649 Vgl. den gleichlautenden Art. 4 Abs. 2 zahlreicher deutscher Doppelbesteuerungsabkommen, etwa mit Österreich, Russland, der Schweiz, den USA und dem Vereinigten Königreich.

1650 Dagegen darf die ebenfalls in den DBA zu findende Überlegung, wonach die relevante Staatsangehörigkeit durch „Einvernehmen zwischen den jeweiligen Staaten" festgestellt werden kann, nicht auf das Internationale Strafprozessrecht übertragen werden. Mit einer solchen Formulierung würden nämlich ungewollte staatliche Beeinflussungsmöglichkeiten entstehen.

1651 Nachdem der Beschuldigte seinen Verweisungsantrag im engen zeitlichen Zusammenhang mit der Anklageerhebung stellen muss, liegt es nahe – analog zum Zivil(prozess)recht – auf die Wohnorte zum Zeitpunkt der (An-)Klageerhebung abzustellen, vgl. schon oben Fn. 1179. Veränderungen im Wohnsitz des Angeklagten *nach* der Anklageerhebung müssen somit außer Betracht bleiben. Andernfalls könnte sich der Angeklagte durch regelmäßigen Wohnsitzwechsel und ein jeweils neu „aufzurollendes" Verfahren am neuen Wohnsitz dauerhaft der Bestrafung entziehen.

Zusammenfassung der Ergebnisse

Die Ergebnisse der Arbeit lassen sich in den folgenden zehn Thesen zusammenfassen:

1. *Für die Betrachtung konkurrierender Strafgewalten ist es entscheidend, die einzelnen Aspekte der Strafgewalt voneinander zu unterscheiden, insbesondere die Urteilsgewalt und die Regelungsgewalt.*

Dabei ist die Urteilsgewalt die Befugnis, über einen strafrechtlich relevanten Sachverhalt zu urteilen, während die Regelungsgewalt bestimmt, welcher Staat darüber entscheiden darf, ob und wie ein Verhalten strafbar sein soll (vgl. Einleitung § 2). Im gegenwärtigen Strafanwendungsrecht wird allerdings nicht zwischen den einzelnen Aspekten der Strafgewalt unterschieden.

2. *Die sog. „Anknüpfungspunkte" des Strafanwendungsrechts können danach unterschieden werden, ob die darauf gestützte Strafgewalt von der Strafbarkeit am Tatort abhängig oder unabhängig ist.*

„Abhängig" in diesem Sinne ist jede Strafgewalt, die schon aus völkerrechtlichen Gründen nur ausgeübt werden darf, wenn und soweit die Strafbarkeit auch am Tatort besteht. „Unabhängig" sind nur das Territorialitätsprinzip einschließlich des Flaggenprinzips, sowie das Staatsschutzprinzip. Das aktive Personalitätsprinzip ist – auch in seiner absoluten Ausprägung – noch *völkerrechtlich* anerkannt, aber aus *verfassungsrechtlichen* Gründen als bedenklich anzusehen. *De lege ferenda* sollte daher auch das aktive Personalitätsprinzip nur als Fall der abhängigen Strafgewalt betrachtet werden (zur Systematik der Anknüpfungspunkte oben Teil 1 § 10).

3. *Im geltenden Völkerrecht besteht* de lege lata *keine Rangordnung der Kriterien; es gibt aber eine Tendenz zum Vorrang des Tatortstaates bzw. des geschützten Staates.*

Eine Rangordnung ergibt sich weder aus dem Völkervertragsrecht (Teil 2 § 2) noch aus Völkergewohnheitsrecht (Teil 2 § 3); es gibt auch keine europarechtlich bestimmte Rangordnung der Strafgewalten (Teil 2 § 4). Daraus ergibt sich, dass es derzeit auch noch keine *völkerrechtlich* zwingenden „hard and fast rules" zur Lösung von Strafgewaltkonflikten gibt. Gleichzeitig zeigt sich aber die Tendenz, bei der Lösung solcher Konflikte in erster Linie auf die Kriterien der hier sogenannten unabhängigen Strafgewalt zurück zu greifen, d.h. insbesondere auf das Territorialitätsprinzip und das Staatsschutzprinzip.

4. *Wenn zwischen Urteilsgewalt und Regelungsgewalt unterschieden werden kann (vgl. These 1), sollte diese Unterscheidung auch bei der Bestimmung einer Rangordnung der Anknüpfungspunkte* de lege ferenda *eine Rolle spielen. Folglich sollten anwendbares Recht und Gerichtsort unabhängig voneinander betrachtet werden.*

Nachdem keine durchgreifenden grundsätzlichen Bedenken gegen eine Rangordnung der Anknüpfungspunkte bestehen (Teil 3 § 1), stellt sich die Frage, wie eine solche Rangordnung aussehen kann. In der bisherigen Diskussion um eine

Rangordnung der Anknüpfungskriterien wird – entgegen der hier vertretenen These – nicht zwischen der Urteilsgewalt und der Regelungsgewalt unterschieden.[1652] Während in der Vergangenheit der Schwerpunkt auf der Beantwortung der Frage nach dem anwendbaren Recht lag, geht die heutige Diskussion eher von der Vermeidung mehrfacher Strafverfolgung aus. Beide Aspekte – das materielle Recht und die Regelung über den Ort des Gerichts – sind zwar Teil des Internationalen Strafrechts, aber Ausdruck verschiedener Aspekte der Strafgewalt, nämlich der Regelungsgewalt einerseits und der Urteilsgewalt andererseits. Bei beiden Aspekten spielen zudem unterschiedliche Interessen eine Rolle (dazu sogleich Thesen 5 und 6), so dass eine jeweils eigenständige Betrachtung notwendig ist (Teil 3 § 2).

5. *Anwendbares Strafrecht sollte* de lege ferenda *das Recht des Tatortes bzw. bei staatsgefährdenden Delikten des geschützten Staates sein.*

Dass das anwendbare Recht eindeutig bestimmt sein muss, ergibt sich nicht zuletzt aus dem Bestimmtheitsgebot und dem Gedanken der Rechtssicherheit, insbesondere für den Beschuldigten (zu strafrechtlichen Gründen für eine Festlegung des anwendbaren Rechts oben Teil 3 § 3 E.). Die Entscheidung für das Recht des Tatortes folgt dabei erstens aus der völkerrechtlichen Überlegung, dass es sich hierbei um den typischen Fall der „unabhängigen Strafgewalt" (oben These 2) handelt. Zweitens ergibt sich dieser Vorrang des Tatortrechts aus einem Vergleich mit dem Internationalen Deliktsrecht (Teil 3 § 3 C.). Das Ergebnis wird für den Bereich der Europäischen Union drittens auch durch einen Vergleich mit dem Interlokalen Strafrecht gestärkt (Teil 3 § 3 B.), ohne damit automatisch der Europäischen Union Staatsqualität zumessen zu wollen. – Der Vorrang des Rechts des geschützten Staates ergibt sich demgegenüber bei staatsgefährdenden Delikten aus dem Gedanken des Strafrechts als einer „Notwehr des Staates".

6. *Sitz des Gerichts sollte* de lege ferenda *grundsätzlich ebenfalls im Tatortstaat sein. Weil der Beschuldigte aber ein erhebliches – und zu berücksichtigendes – Interesse an einer nahen Lage des Verfahrensorts hat, ist er auf seinen Antrag hin an seinem Wohnort abzuurteilen.*

Dass der Tatort als Ort des Verfahrens besonders geeignet ist, ergibt sich schon aus praktischen Gründen, insbesondere der Verfügbarkeit von Beweismitteln. Daher ist der Tatort im nationalen Recht auch als Regelfall für den Ort des Strafverfahrens vorgesehen (Teil 3 § 4 A.). Allerdings gibt es, erst recht auf internationaler Ebene, gewichtige Gründe, hiervon abzuweichen. Zu diesen Gründen gehören vor allem die – zu beachtenden (Teil 3 § 4 C.VI.) – Interessen des Beschuldigten (Teil 3 § 4 C. III.). Dieser hat oft – aber nicht immer – ein Interesse daran, an seinem Wohnort abgeurteilt zu werden. Diesem Interesse sollte – auch im nationalen Strafrecht (vgl. Teil 3 § 4 A.III.) – *de lege ferenda* dadurch Rechnung getragen werden, dass

1652 Vereinzelt wird allerdings diese Möglichkeit zumindest angedacht, aber sogleich – leider ohne nähere Untersuchung und Begrüdung – verworfen.

der Beschuldigte die Möglichkeit erhält, das Verfahren vor das für seinen Wohnort zuständige Gericht zu bringen, und zwar durch einen Widerspruch gegen die Verhandlung am Tatortgericht in Verbindung mit einem Verweisungsantrag an das Wohnortgericht. Entsprechendes sollte auch auf internationaler Ebene gelten:[1653] Der Beschuldigte sollte – in seinem zu berücksichtigenden Interesse – die Möglichkeit haben, das Verfahren vor Gerichte seines Wohnortstaates zu bringen.

7. *Andere Staaten sind nur dann für die Aburteilung zuständig, wenn der vorrangig berechtigte Tatort- oder Wohnortstaat nicht willens oder nicht in der Lage ist, das Verfahren durchzuführen.*

Die Rangordnung der Gerichtsstände bzw. zuständigen Staaten darf nicht dazu führen, dass Bestrafungslücken entstehen, weil kein Staat zuständig ist. Daher ist es erforderlich, dass auch dann ein Verfahren stattfindet, wenn dies im Tatort- oder Wohnortstaat nicht durchgeführt wird. Bei der Zuweisung der Urteilsgewalt an den Tatort- oder Wohnortstaat handelt es sich also nicht um eine *absolute* Zuweisung. Die Strafverfolgung setzt aber weiterhin voraus, dass diese völkerrechtlich und nach dem nationalen Recht zulässig ist; es sollen also in keinem Fall mehr Staaten als bisher dazu berechtigt werden, die Urteilsgewalt auszuüben.

8. *Wenn der Wohnort des Beschuldigten nicht in demselben Staat wie der Tatort liegt, ist* de lege ferenda *trotzdem das Recht des Tatortes* (lex loci) *bzw. geschützten Staates anzuwenden; es muss in solchen Fallkonstellationen daher zu einer echten*[1654] *Fremdrechtsanwendung im Strafrecht kommen. Darin liegt auch kein Verstoß gegen Verfassungs- oder Völkerrecht.*

Für die Anwendung des Tatortrechts sprechen gewichtige Gründe (s. These 5). Bereits jetzt wird nach richtiger Auffassung teilweise der Sache nach das fremde Tatortrecht angewendet, nämlich in Fällen des § 7 StGB. Verfassungsrechtliche Erwägungen führen nicht dazu, dass die Fremdrechtsanwendung im Strafrecht *per se* unzulässig wäre. So liegt in der Fremdrechtsanwendung insbesondere kein Verstoß gegen das Demokratieprinzip (Teil 4 § 3 C.I.). Auch ein Verstoß gegen andere verfassungsrechtliche Grundsätze wie das Gebot der Gesetzesbestimmtheit lässt sich nicht *per se* feststellen (Teil 4 § 3 C.III.). Der ebenfalls verfassungsrechtlich verankerte Gleichheitsgrundsatz legt sogar nahe, dass es schon jetzt *geboten* wäre, das Recht des Tatortes unabhängig vom Recht des jeweiligen Gerichtsortes anzuweden (Teil 4 § 3 C.IV.). Völker- und europarechtliche Einwände gegen die

---

1653 Nicht geklärt werden kann hier dabei, wie eine staaten-übergreifende Abgabe des Verfahrens – etwa im Rechtshilferecht – im Einzelnen umgesetzt werden kann, vgl. auch unten Anhang, Fn. 1684.

1654 Eine „unechte" Fremdrechtsanwendung liegt dagegen schon jetzt vor, wenn etwa in Konstellationen des § 7 StGB der Beschuldigte freigesprochen werden muss, weil deutsches Strafrecht wegen der Nichtstrafbarkeit am Tatort „nicht gilt"; vgl. nochmals *Staubach*, Anwendung ausländischen Strafrechts, S. 154 (dort „negative [Fremdrechts-]Anwendung", weil es um den Fall der Straflosigkeit geht).

Fremdrechtsanwendung bestehen im Übrigen nicht (Teil 4 § 3 B.). Auch bestehende praktische Bedenken gegen die Fremdrechtsanwendung sind nicht von solchem Gewicht, dass sie einen Verzicht auf die *de lege ferenda* angebrachte Fremdrechtsanwendung rechtfertigen würden (Teil 4 § 3 D.).

9. *Das Prozessrecht sollte sich – wie schon bisher – stets nach der* lex fori *richten. Das materielle Strafrecht des Gerichtsstaates – die* lex fori *– sollte dagegen* de lege ferenda *nur subsidiär, insbesondere aus völkerrechtlichen Gründen, zur Anwendung gelangen.*

Wegen des Vorrangs des Tatortrechts darf der Gerichtsstaat nur ausnahmsweise sein eigenes materielles Strafrecht anwenden und das Tatortstrafrecht unberücksichtigt lassen, und zwar in erster Linie aufgrund des völkerrechtlichen *ordre public*, der entweder aus völkerrechtlichen Gründen die Strafbarkeit verlangt (Teil 4 § 3 E.I.2)b)) oder umgekehrt verbietet (Teil 4 § 3 E.I.1)c)). Auch aus Gründen des nationalen *ordre public* darf ein Staat fremdes Strafrecht unangewendet lassen, um eine Bestrafung zu verhindern (Teil 4 § 3 E.I.1)b)); dies gilt jedenfalls, soweit keine „gegenseitige Anerkennung" der Strafrechtsordnungen vorliegt. Dagegen darf eine Bestrafung unter Missachtung des Tatortrechts in keinem Fall auf den nationalen *ordre public* am Gerichtsort gestützt werden (Teil 4 § 3 E.I.2)a)).

Für das Prozessrecht sollte dagegen der schon im Internationalen Zivilprozessrecht geltende Grundsatz Anwendung finden, wonach jedes Gericht nur eigenes Prozessrecht anwendet.

10. *Maßgeblicher Tatort in diesem Sinne ist allein der Handlungsort. In Bezug auf den Wohnort sollte dem Beschuldigten ein Auswahlrecht zustehen.*

Für die Festlegung nur *eines* maßgeblichen Tatortes sprechen letztlich dieselben Überlegungen, die auch dazu führen, überhaupt die Strafgewalten zu begrenzen (Teil 4 § 4 A.). Nicht zuletzt deshalb, weil die Anknüpfung an den Erfolgsort in einigen Fällen rechtlich problematisch ist (vgl. Teil 1 § 1 B.VI. zu Straftaten im Internet) und einige Straftaten – nach nationaler Dogmatik – überhaupt keinen „Erfolg" aufweisen (Teil 1 § 1 B.III.), liegt es dabei nahe, für alle Straftaten ausschließlich an den Handlungsort anzuknüpfen (Teil 4 § 4 B.). Dabei ist für jeden Beteiligten nur sein eigener Handlungsort maßgeblich (Teil 4 § 4 D.II.); bei mehraktigen Delikten ist der Beginn der ersten Handlung entscheidend (Teil 4 § 4 D.IV.).

Die Möglichkeit, das Verfahren vor Gerichte des Wohnortstaates zu bringen, dient dagegen ausschließlich den – berechtigten – Interessen des Beschuldigten. Falls dieser über mehrere Wohnsitze verfügt, sollte ihm auch bezüglich der Auswahl unter mehreren Wohnsitzen ein Wahlrecht zustehen (Teil 4 § 4 F.).

Anhang: Formulierungsvorschlag

Das hier gefundene Ergebnis lässt sich auf unterschiedliche Art umsetzen,[1655] nämlich einerseits auf multilateraler Ebene, andererseits auf nationaler Ebene. Im letztgenannten Fall ist dies durch materiell-rechtliche Beschränkungen möglich, etwa in Form eines „Erledigungsprinzips" oder eines „Anrechnungsprinzips".[1656] Daneben ist eine Lösung auf prozessualer Ebene möglich, insbesondere durch eine Ausweitung des Opportunitätsprinzips.[1657] Dabei ist selbst dann, wenn etwa durch europarechtliche Maßnahmen[1658] ein Rahmen vorgegeben sein sollte, eine Umsetzung in das nationale Recht erforderlich, nicht zuletzt aus Gründen der Klarstellung. Die Regelung sollte sinnvollerweise an den systematischen Stellen erfolgen, an denen bereits jetzt die entsprechenden Fragen geregelt sind; also die Frage des anwendbaren Rechts im Strafanwendungsrecht des StGB,[1659] die Frage nach dem Gerichtsort dagegen im Rahmen der StPO, nämlich bei den Bestimmungen über die Gerichtsstände einerseits und den Bestimmungen über die Einstellung des Verfahrens aus Opportunitätsgründen[1660] andererseits. Dabei wäre folgende Ausgestaltung zu empfehlen:

1655 Vgl. auch *Ambos/Pfanne* bei *Ambos*, Internationales Strafrecht, § 4 Rn. 26.

1656 Ein Anrechnungsprinzip ist im gegenwärtigen deutschen Recht indes bereits umgesetzt, nämlich in § 51 StGB. Ebenfalls eine „materiellrechtliche Modifikation" wäre es, wenn ein Staat sein Strafanwendungsrecht so ändert, dass er (teilweise) auf seine Strafgewalt verzichtet.

1657 Die von *Ambos/Pfanne* außerdem angesprochene Möglichkeit, im Rahmen der Vollstreckungshilfe in Strafsachen, also auf der Ebene der Strafvollstreckung, zu einer Lösung zu gelangen, soll dagegen hier außer Betracht bleiben, weil es in der vorliegenden Untersuchung (nur) um die Überlegung geht, in welchem Staat und nach welchem Recht ein Strafverfahren stattfindet. Überlegungen zum Vollstreckungsverfahren – das zeitlich und logisch dem Erkenntnisverfahren nachfolgt – kann daher hier nicht weiter nachgegangen werden.

1658 Vgl. aber zur Frage, ob der Europäischen Union eine Kompetenz zur Harmonisierung des Strafanwendungsrechts zusteht, *Eisele*, ZStW 2013, 1, 12 ff.

1659 In dem Zusammenhang ist der berechtigte Hinweis von *Schmitz* in FS-Grünwald, S. 619, 620 zu berücksichtigen, wonach die Entschärfung völkerrechtlicher Konflikte „auch eine Aufgabe" der §§ 3 ff. StGB ist.

1660 Vgl. auch *Eisele*, ZStW 2013, 1, 18, der darauf hinweist, dass dann, wenn es zu einer „Zuständigkeitskonzentration" kommt, die Staaten im Rahmen ihres Prozessrechts dafür Sorge tragen müssen, dass diese „Konzentration" umgesetzt wird.

A. StGB

Geltendes Recht[1661]	**Vorschlag**
Erster Titel *Geltungsbereich*	Erster Titel *Keine Strafe ohne Gesetz, Zeitliche Geltung*
§ 1 Keine Strafe ohne Gesetz Eine Tat kann nur bestraft werden, wenn die Strafbarkeit gesetzlich bestimmt war, bevor die Tat begangen wurde.	§ 1 Keine Strafe ohne Gesetz Eine Tat kann nur bestraft werden, wenn die Strafbarkeit gesetzlich bestimmt war, bevor die Tat begangen wurde.
§ 2 Zeitliche Geltung (1) Die Strafe und ihre Nebenfolgen bestimmen sich nach dem Gesetz, das zur Zeit der Tat gilt. (2) Wird die Strafdrohung während der Begehung der Tat geändert, so ist das Gesetz anzuwenden, das bei Beendigung der Tat gilt. (3) Wird das Gesetz, das bei Beendigung der Tat gilt, vor der Entscheidung geändert, so ist das mildeste Gesetz anzuwenden.	§ 2 Zeitliche Geltung (1) Die Strafe und ihre Nebenfolgen bestimmen sich nach dem Gesetz, das zur Zeit der Tat gilt. (2) Wird die Strafdrohung während der Begehung der Tat geändert, so ist das Gesetz anzuwenden, das bei Beendigung der Tat gilt. (3) Wird das Gesetz, das bei Beendigung der Tat gilt, vor der Entscheidung geändert, so ist das mildeste Gesetz anzuwenden.
(4) Ein Gesetz, das nur für eine bestimmte Zeit gelten soll, ist auf Taten, die während seiner Geltung begangen sind, auch dann anzuwenden, wenn es außer Kraft getreten ist. Dies gilt nicht, soweit ein Gesetz etwas anderes bestimmt.	(4) Ein Gesetz, das nur für eine bestimmte Zeit gelten soll, ist auf Taten, die während seiner Geltung begangen sind, auch dann anzuwenden, wenn es außer Kraft getreten ist. Dies gilt nicht, soweit ein Gesetz etwas anderes bestimmt.
(5) Für Verfall, Einziehung und Unbrauchbarmachung gelten die Absätze 1 bis 4 entsprechend. (6) Über Maßregeln der Besserung und Sicherung ist, wenn gesetzlich nichts anderes bestimmt ist, nach dem Gesetz zu entscheiden, das zur Zeit der Entscheidung gilt.	(5) Für Verfall, Einziehung und Unbrauchbarmachung gelten die Absätze 1 bis 4 entsprechend. (6) Über Maßregeln der Besserung und Sicherung ist, wenn gesetzlich nichts anderes bestimmt ist, nach dem Gesetz zu entscheiden, das zur Zeit der Entscheidung gilt.

1661 Unterschiede zwischen dem geltenden Recht und dem Vorschlag sind in beiden Texten jeweils durch Kursivdruck hervorgehoben.

§ *8* Zeit der Tat Eine Tat ist zu der Zeit begangen, zu welcher der Täter oder der Teilnehmer gehandelt hat oder im Falle des Unterlassens hätte handeln müssen. Wann der Erfolg eintritt, ist nicht maßgebend.	§ *3*[1662] Zeit der Tat Eine Tat ist zu der Zeit begangen, zu welcher der Täter oder der Teilnehmer gehandelt hat oder im Falle des Unterlassens hätte handeln müssen. Wann der Erfolg eintritt, ist nicht maßgebend.
	1a. Titel Anzuwendendes Recht
§ 3 Geltung für Inlandstaten *Das deutsche Strafrecht gilt für Taten, die im Inland begangen werden.*	*§ 4 Taten im Inland* *(1) Für Taten, die im Inland begangen wurden, gilt deutsches Strafrecht.*
§ 5 Nr. 11: Das deutsche Strafrecht gilt, unabhängig vom Recht des Tatorts, für folgende Taten, die im Ausland begangen werden: ... Straftaten gegen die Umwelt in den Fällen der §§ 324, 326, 330 und 330a, die im Bereich der deutschen ausschließlichen Wirtschaftszone begangen werden, soweit völkerrechtliche Übereinkommen zum Schutze des Meeres ihre Verfolgung als Straftaten gestatten.	*(2) Das deutsche Strafrecht gilt auch für* Straftaten gegen die Umwelt in den Fällen der §§ 324, 326, 330 und 330a, die im Bereich der deutschen ausschließlichen Wirtschaftszone begangen werden, soweit völkerrechtliche Übereinkommen zum Schutze des Meeres ihre Verfolgung als Straftaten gestatten.[1663]
[Keine Entsprechung im geltenden Recht]	*(3) Dies gilt nicht für Straftaten, die auf einem Schiff oder in einem Luftfahrzeug begangen werden, das nicht berechtigt ist, die Bundesflagge oder das Staatszugehörigkeitszeichen der Bundesrepublik Deutschland zu führen. Für diese Straftaten gilt das Recht des Staates, dessen Flagge oder Staatszugehörigkeitszeichen das Schiff oder Luftfahrzeug führt. § 8 Abs. 3 und 4 gelten entsprechend.*[1664]

1662 Aus systematischen Gründen – dem Zusammenhang mit §§ 1 und 2 StGB – Einordnung des bisherigen § 8 StGB als § 3 StGB-E.

1663 Wegen der Nähe zum Territorialitätsprinzip (vgl. oben Fn. 1523) sollte sich diese Bestimmung auch hier wieder finden.

1664 Diese Bestimmung regelt neu den Vorrang des Rechts des Flaggenstaates auch bei inländischem Tatort. Auch hier gilt selbstverständlich der *ordre public*-Vorbehalt in § 8 Abs. 3 und 4 StGB-E.

§ *4 Geltung für* Taten auf deutschen Schiffen und Luftfahrzeugen *Das deutsche Strafrecht gilt, unabhängig vom Recht des Tatorts,* für Taten, die auf einem Schiff oder in einem Luftfahrzeug begangen werden, das berechtigt ist, die Bundesflagge oder das Staatszugehörigkeitszeichen der Bundesrepublik Deutschland zu führen.	§ *5* Taten auf deutschen Schiffen und Luftfahrzeugen Für Taten, die auf einem Schiff oder in einem Luftfahrzeug begangen werden, das berechtigt ist, die Bundesflagge oder das Staatszugehörigkeitszeichen der Bundesrepublik Deutschland zu führen, *gilt deutsches Strafrecht.*
§ *5 Auslandstaten gegen inländische Rechtsgüter* Das deutsche Strafrecht gilt, unabhängig vom Recht des Tatorts, für folgende Taten, die im Ausland begangen werden:	§ *6 Taten gegen deutsche Rechtsgüter* Das deutsche Strafrecht gilt, unabhängig vom Recht des Tatorts, für folgende Taten, die im Ausland begangen werden:
1. Vorbereitung eines Angriffskrieges (§ 80);	1. Vorbereitung eines Angriffskrieges (§ 80);
2. Hochverrat (§§ 81 bis 83);	2. Hochverrat (§§ 81 bis 83);
3. Gefährdung des demokratischen Rechts staates a) in den Fällen der §§ 89, 90a Abs. 1 und des § 90b, wenn der Täter Deutscher ist *und seine Lebensgrundlage im räumlichen Geltungsbereich dieses Gesetzes hat,* und	3. Gefährdung des demokratischen Rechtsstaates a) in den Fällen der §§ 89, 90a Abs. 1 und des § 90b, wenn der Täter Deutscher ist,[1665] und
b) in den Fällen der §§ 90 und 90a Abs. 2;	b) in den Fällen der §§ 90 und 90a Abs. 2;
4. Landesverrat und Gefährdung der äußeren Sicherheit (§§ 94 bis 100a); 5. Straftaten gegen die Landesverteidigung	4. Landesverrat und Gefährdung der äußeren Sicherheit (§§ 94 bis 100a); 5. Straftaten gegen die Landesverteidigung
a) in den Fällen der §§ 109 und 109e bis 109g und	a) in den Fällen der §§ 109 und 109e bis 109g und
b) in den Fällen der §§ 109a, 109d und 109h, wenn der Täter Deutscher ist *und seine Lebensgrundlage im räumlichen Geltungsbereich dieses Gesetzes hat;*	b) in den Fällen der §§ 109a, 109d und 109h, wenn der Täter Deutscher ist;

1665 Verzicht auf die anachronistische Bedingung, wonach der Beschuldigte „seine Lebensgrundlage im räumlichen Geltungsbereich des StGB" haben muss. Denkbar wäre aber eine Anknüpfung an einen Wohnort oder gewöhnlichen Aufenthaltsort im Inland.

§ 6 Nr. 7: Geld- und Wertpapierfälschung (§§ 146, 151 und 152), Fälschung von Zahlungskarten mit Garantiefunktion und Vordrucken für Euroschecks (§ 152b Abs. 1 bis 4) sowie deren Vorbereitung (§§ 149, 151, 152 und 152b Abs. 5);	*6.*[1666] Geld- und Wertpapierfälschung (§§ 146, 151 und 152), Fälschung von Zahlungskarten mit Garantiefunktion und Vordrucken für Euroschecks (§ 152b Abs. 1 bis 4) sowie deren Vorbereitung (§§ 149, 151, 152 und 152b Abs. 5);
§ 5 Nrn. 6-9 *6. Verschleppung und politische Verdächtigung (§§ 234a, 241a), wenn die Tat sich gegen einen Deutschen richtet, der im Inland seinen Wohnsitz oder gewöhnlichen Aufenthalt hat;* *6a. Entziehung eines Kindes in den Fällen des § 235 Abs. 2 Nr. 2, wenn die Tat sich gegen eine Person richtet, die im Inland ihren Wohnsitz oder gewöhnlichen Aufenthalt hat;* *7. Verletzung von Betriebs- oder Geschäftsgeheimnissen eines im räumlichen Geltungsbereich dieses Gesetzes liegenden Betriebs, eines Unternehmens, das dort seinen Sitz hat, oder eines Unternehmens mit Sitz im Ausland, das von einem Unternehmen mit Sitz im räumlichen Geltungsbereich dieses Gesetzes abhängig ist und mit diesem einen Konzern bildet;* *8. Straftaten gegen die sexuelle Selbstbestimmung* *a) in den Fällen des § 174 Abs. 1 und 3, wenn der Täter und der, gegen den die Tat begangen wird, zur Zeit der Tat Deutsche sind und ihre Lebensgrundlage im Inland haben, und*	*[gestrichen]*[1667]

1666 Richtigerweise ist hier nicht das Weltrechtsprinzip, sondern das Staatsschutzprinzip maßgeblich, so dass die Varianten der Geldfälschung in den Zusammenhang des § 6 StGB-E gehören.

1667 Die bisherigen §§ 5 Nrn. 6-9 StGB beruhen auf dem – schon jetzt zu missbilligenden – passiven Personalitätsprinzip, darüber hinaus teilweise auf dem wenigstens *de lege ferenda* abzulehnenden absouluten aktiven Personalitätsprinzip.

b) in den Fällen der §§ 176 bis 176b und 182, wenn der Täter Deutscher ist; *9. Abbruch der Schwangerschaft (§ 218), wenn der Täter zur Zeit der Tat Deutscher ist und seine Lebensgrundlage im räumlichen Geltungsbereich dieses Gesetzes hat;*	
10. falsche uneidliche Aussage, Meineid und falsche Versicherung an Eides Statt (§§ 153 bis 156) in einem Verfahren, *das im räumlichen Geltungsbereich dieses Gesetzes bei einem Gericht* oder einer anderen deutschen Stelle *anhängig ist*, die zur Abnahme von Eiden oder eidesstattlichen Versicherungen zuständig ist;	*7.* falsche uneidliche Aussage, Meineid und falsche Versicherung an Eides Statt (§§ 153 bis 156) in einem Verfahren *vor einem deutschen Gericht* oder einer anderen deutschen Stelle, die zur Abnahme von Eiden oder eidesstattlichen Versicherungen zuständig ist;
11. Straftaten gegen die Umwelt in den Fällen der §§ 324, 326, 330 und 330a, die im Bereich der deutschen ausschließlichen Wirtschaftszone begangen werden, soweit völkerrechtliche Übereinkommen zum Schutze des Meeres ihre Verfolgung als Straftaten gestatten;	*[Verschoben nach § 4 Abs. 2 StGB dieses Vorschlags]*
11a. Straftaten nach § 328 Abs. 2 Nr. 3 und 4, Abs. 4 und 5, auch in Verbindung mit § 330, wenn der Täter zur Zeit der Tat Deutscher ist;	*[gestrichen]*[1668]
12. Taten, die ein *deutscher* Amtsträger oder für den öffentlichen Dienst besonders Verpflichteter *während eines dienstlichen Aufenthalts oder* in Beziehung auf den Dienst begeht; *13. Taten, die ein Ausländer als Amtsträger oder für den öffentlichen Dienst besonders Verpflichteter begeht;*	*8.* Taten, die ein *Deutscher oder Ausländer*[1669] *als* Amtsträger oder für den öffentlichen Dienst besonders Verpflichteter in Beziehung auf seinen Dienst begeht;
§ 6 Nr. 8: Subventionsbetrug (§ 264)	*9.* Subventionsbetrug (§ 264)

1668 Der bisherige § 5 Nr. 11a beruht wiederum auf dem *de lege ferenda* abzulehnenden absoluten aktiven Personalitätsprinzip; diese Bestimmung ist daher zu streichen, vgl. auch oben Fn. 1667.

1669 Die bisherigen § 5 Nr. 12 und 13 können zusammengefasst werden. Sofern Taten lediglich „während eines dienstlichen Aufenthalts“ begangen wurden, ist jedoch ein Bezug zum Staatsschutzprinzip nicht erkennbar.

§ 5 Nr. 14: Taten, die jemand gegen einen Amtsträger, einen für den öffentlichen Dienst besonders Verpflichteten oder einen Soldaten der Bundeswehr während der Ausübung ihres Dienstes oder in Beziehung auf ihren Dienst begeht;	*[gestrichen]*[1670]
14a. Abgeordnetenbestechung (§ 108e), wenn der Täter zur Zeit der Tat Deutscher ist oder die Tat gegenüber einem Deutschen begangen wird;	*10.* Abgeordnetenbestechung (§ 108e), wenn der Täter zur Zeit der Tat Deutscher ist oder die Tat gegenüber einem Deutschen begangen wird;
15. Organ- und Gewebehandel (§ 18 des Transplantationsgesetzes), wenn der Täter zur Zeit der Tat Deutscher ist.	*[gestrichen]*[1671]
§ 6 Auslandstaten gegen international geschützte Rechtsgüter *Das deutsche Strafrecht gilt weiter, unabhängig vom Recht des Tatorts, für folgende Taten, die im Ausland begangen werden:* *1. (weggefallen)* *2. Kernenergie-, Sprengstoff- und Strahlungsverbrechen in den Fällen der §§ 307 und 308 Abs. 1 bis 4, des § 309 Abs. 2 und des § 310;* *3. Angriffe auf den Luft- und Seeverkehr (§ 316c);*	*[gestrichen]*[1672]
4. Menschenhandel zum Zweck der sexuellen Ausbeutung und zum Zweck der Ausbeutung der Arbeitskraft sowie Förderung des Menschenhandels (§§ 232 bis 233a); *5. unbefugter Vertrieb von Betäubungsmitteln;* *6. Verbreitung pornographischer Schriften in den Fällen der §§ 184a, 184b Abs. 1 bis 3 und § 184c Abs. 1 bis 3, jeweils auch in Verbindung mit § 184d Satz 1;*	

1670 Diese Bestimmung beruhte auf dem abzulehnenden passiven Personalitätsprinzip.

1671 Diese Bestimmung beruhte auf dem abzulehenden absoluten aktiven Personalitätsprinzip.

1672 Die Bestimmung, wonach das Weltrechtsprinzip gilt, wird nicht benötigt. Nach der hier vorgeschlagenen Konzeption ist vorrangig auch in diesen Fällen das Recht des Tatorts anzuwenden. Soweit dieses Recht keine oder eine zu milde Strafdrohung vorsieht, ist wegen § 8 Abs. 4 StGB-E (Vorbehalt zugunsten des völkerrechtlichen *ordre public*) das deutsche Strafrecht dennoch anzuwenden.

7. Geld- und Wertpapierfälschung (§§ 146, 151 und 152), Fälschung von Zahlungskarten mit Garantiefunktion und Vordrucken für Euroschecks (§ 152b Abs. 1 bis 4) sowie deren Vorbereitung (§§ 149, 151, 152 und 152b Abs. 5);	*[Verschoben nach § 6 Nr. 6 StGB dieses Vorschlags]*
8. Subventionsbetrug (§ 264);	*[Verschoben nach § 6 Nr. 9 StGB dieses Vorschlags]*
9. Taten, die auf Grund eines für die Bundesrepublik Deutschland verbindlichen zwischenstaatlichen Abkommens auch dann zu verfolgen sind, wenn sie im Ausland begangen werden.	*[gestrichen]*
§ 7 *Geltung für Auslandstaten in anderen Fällen*	§ 7 *Taten, bei denen der Tatort keiner Strafgewalt unterliegt*
(2) Für andere Taten, die im Ausland begangen werden, gilt das deutsche Strafrecht, wenn die Tat am Tatort mit Strafe bedroht ist oder der Tatort keiner Strafgewalt unterliegt und wenn *der Täter*	*Das deutsche Strafrecht gilt ferner,* wenn der Tatort keiner Strafgewalt unterliegt und wenn
1. zur Zeit der Tat Deutscher war oder es nach der Tat geworden ist oder	1. *der Täter* zur Zeit der Tat Deutscher war oder es nach der Tat geworden ist oder
2. zur Zeit der Tat Ausländer war, im Inland betroffen und, obwohl das Auslieferungsgesetz seine Auslieferung nach der Art der Tat zuließe, nicht ausgeliefert wird, weil ein Auslieferungsersuchen innerhalb angemessener Frist nicht - gestellt oder abgelehnt wird oder die Auslieferung nicht ausführbar ist.	*[gestrichen, vgl. aber unten den Vorschlag zu § 7 Nr. 3 StPO]*[1673]
(1) Das deutsche Strafrecht gilt für Taten, die im Ausland gegen einen Deutschen begangen *werden, wenn die Tat am Tatort mit Strafe bedroht ist oder der Tatort keiner Strafgewalt unterliegt.*	2. sich die Tat gegen einen Deutschen richtet.

1673 Nach der hier vertretenen Auffassung soll in Fällen der sog. stellvertretenden Strafrechtspflege gerade das ausländische Recht (unter dem Vorbehalt des deutschen und völkerrechtlichen *ordre public*) Anwendung finden.

	§ 8 Auslandstaten
[Keine Entsprechung im bisherigen Recht]	*(1) Für alle übrigen Straftaten, die im Ausland begangen werden, ist das dort geltende Recht anzuwenden.* *(2) Für Straftaten, die auf einem ausländischen Schiff oder in einem ausländischen Luftfahrzeug begangen werden, ist das Recht des Staates anzuwenden, dessen Flagge oder Staatszugehörigkeitszeichen das Schiff oder Luftfahrzeug führt.*
[Vgl. aus dem IPR Art. 6 EGBGB] *Eine Rechtsnorm eines anderen Staates ist nicht anzuwenden, wenn ihre Anwendung zu einem Ergebnis führt, das mit wesentlichen Grundsätzen des deutschen Rechts offensichtlich unvereinbar ist. Sie ist insbesondere nicht anzuwenden, wenn die Anwendung mit den Grundrechten unvereinbar ist.*	*(3) Das ausländische Strafrecht ist nicht anzuwenden, soweit*[1674] *die Anwendung zu einem Ergebnis führen würde, das mit wesentlichen Grundsätzen des deutschen Rechts offensichtlich unvereinbar ist. Es ist insbesondere nicht anzuwenden, soweit die Anwendung mit den Grundrechten unvereinbar ist. In diesen Fällen gilt das deutsche Strafrecht unabhängig vom Recht des Tatorts. Die Strafe ist so zu bestimmen, daß der Täter in der Gesamtauswirkung nicht ungünstiger gestellt ist als nach dem Recht des Tatorts.*[1675]
	(4) Das ausländische Strafrecht ist ferner nicht anzuwenden, soweit die Anwendung zu einem Ergebnis führen würde, das mit dem Völkerrecht unvereinbar ist.[1676] *In diesen Fällen gilt das deutsche Strafrecht unabhängig vom Recht des Tatorts.*

1674 Abweichend von der Regelung im IPR ist das ausländische Recht nicht anzuwenden, *wenn* es dem deutschen *ordre public* widerspricht, sondern nur *soweit* dies der Fall ist, vgl. oben Fn. 1578.

1675 Der letzte Satz ist dem geltenden österreichischen Recht entnommen (§ 65 Abs. 2 öStGB, dort jedoch „Gesetz des Tatorts") und trägt dem Umstand Rechnung, dass der nationale *ordre public* – anders als der völkerrechtliche – nach hier vertretener Auffassung nur zugunsten des Beschuldigten wirken darf, jedoch nicht seine Strafbarkeit begründen oder verschärfen darf, vgl. oben Teil 4 § 3 E.

1676 Denkbar – aber nicht zwingend notwendig – wäre es hier auch, diejenigen Fälle beispielhaft aufzuzählen, in denen ein Verstoß gegen das Völkerrecht vorliegt.

§ 8 Zeit der Tat	*[Verschoben nach § 3 StGB dieses Vorschlags]*
§ 9 Ort der Tat	§ 9 Ort der Tat
(1) Eine Tat ist an jedem Ort begangen, an dem der Täter gehandelt hat oder im Falle des Unterlassens hätte handeln müssen *oder an dem der zum Tatbestand gehörende Erfolg eingetreten ist oder nach der Vorstellung des Täters eintreten sollte.*	(1) Eine Tat ist an dem Ort begangen, an dem der Täter gehandelt hat oder im Falle des Unterlassens hätte handeln müssen.[1677]
(2) Die Teilnahme ist *sowohl* an dem Ort begangen, *an dem die Tat begangen ist, als auch an jedem Ort,* an dem der Teilnehmer gehandelt hat oder im Falle des Unterlassens hätte handeln müssen *oder an dem nach seiner Vorstellung die Tat begangen werden sollte. Hat der Teilnehmer an einer Auslandstat im Inland gehandelt, so gilt für die Teilnahme das deutsche Strafrecht, auch* wenn die Tat nach dem Recht des Tatorts nicht mit Strafe bedroht ist.	(2) Die Teilnahme ist an dem Ort begangen, an dem der Teilnehmer gehandelt hat oder im Falle des Unterlassens hätte handeln müssen. *Das für den Teilnehmer geltende Recht ist auch dann anzuwenden,* wenn die Tat nach dem Recht des Tatorts nicht mit Strafe bedroht ist.

B. StPO

Geltendes Recht	**Vorschlag**
Zweiter Abschnitt: Gerichtsstand	Zweiter Abschnitt: Gerichtsstand *und Internationale Zuständigkeit*
	§ 7
	Deutsche Gerichte sind unabhängig vom anwendbaren Recht zuständig, wenn *1. gemäß §§ 3-7 des Strafgesetzbuchs deutsches Recht gilt,*

Das ist insbesondere dann der Fall, wenn eine Straftat, für die bisher das Weltrechtsprinzip gilt (bisheriger § 6 StGB mit Ausnahme der Nrn. 7 und 8; Taten nach dem VStGB), nach dem Tatortrecht nicht oder nur unzureichend bestraft werden kann.

1677 Nach der hier vertretenen Auffassung sollte es *de lege ferenda* für das anwendbare Recht allein auf den Handlungsort ankommen (vgl. oben Teil 4 § 4), so dass der Verweis auf den Erfolgsort hier nicht notwendig ist.

§ 7 Abs. 2 StGB: ... *1.* zur Zeit der Tat Deutscher war oder es nach der Tat geworden ist oder *2.* zur Zeit der Tat Ausländer war, im Inland betroffen und, obwohl das Auslieferungsgesetz seine Auslieferung nach der Art der Tat zuließe, nicht ausgeliefert wird, weil ein Auslieferungsersuchen innerhalb angemessener Frist nicht gestellt oder abgelehnt wird oder die Auslieferung nicht ausführbar ist.	*2. der Angeschuldigte* zur Zeit der Tat Deutscher war oder es nach der Tat geworden ist, oder *3. der Angeschuldigte* zur Zeit der Tat Ausländer war, im Inland betroffen und, obwohl das Auslieferungsgesetz seine Auslieferung nach der Art der Tat zuließe, nicht ausgeliefert wird, weil ein Auslieferungsersuchen innerhalb angemessener Frist nicht gestellt oder abgelehnt wird oder die Auslieferung nicht ausführbar ist.[1678]
§ 7 (1) Der Gerichtsstand ist bei dem Gericht begründet, in dessen Bezirk die Straftat begangen ist. (2) Wird die Straftat durch den Inhalt einer im *Geltungsbereich dieses Bundesgesetzes* erschienenen Druckschrift verwirklicht, so ist als das nach Absatz 1 zuständige Gericht nur das Gericht anzusehen, in dessen Bezirk die Druckschrift erschienen ist. Jedoch ist in den Fällen der Beleidigung, sofern die Verfolgung im Wege der Privatklage stattfindet, auch das Gericht, in dessen Bezirk die Druckschrift verbreitet worden ist, zuständig, wenn in diesem Bezirk die beleidigte Person ihren Wohnsitz oder gewöhnlichen Aufenthalt hat.	*§ 8* (1) Der Gerichtsstand ist bei dem Gericht begründet, in dessen Bezirk die Straftat begangen ist. (2) Wird die Straftat durch den Inhalt einer im *Inland* erschienenen Druckschrift verwirklicht, so ist als das nach Absatz 1 zuständige Gericht nur das Gericht anzusehen, in dessen Bezirk die Druckschrift erschienen ist. Jedoch ist in den Fällen der Beleidigung, sofern die Verfolgung im Wege der Privatklage stattfindet, auch das Gericht, in dessen Bezirk die Druckschrift verbreitet worden ist, zuständig, wenn in diesem Bezirk die beleidigte Person ihren Wohnsitz oder gewöhnlichen Aufenthalt hat.

1678 Wenn eine Straftat nur wegen des Grundsatzes der stellvertretenden Strafrechtspflege oder des aktiven Personalitätsprinzips in Deutschland abgeurteilt werden soll, ist die deutsche internationale Zuständigkeit erforderlich; das anzuwendende materielle Recht bestimmt sich dagegen nach den §§ 3-8 StGB-E.

§ 8 (1) Der Gerichtsstand ist auch bei dem Gericht begründet, in dessen Bezirk der Angeschuldigte zur Zeit der Erhebung der Klage seinen Wohnsitz hat. (2) Hat der Angeschuldigte keinen Wohnsitz im *Geltungsbereich dieses Bundesgesetzes*, so wird der Gerichtsstand auch durch den gewöhnlichen Aufenthaltsort und, wenn ein solcher nicht bekannt ist, durch den letzten Wohnsitz bestimmt.	*§ 9* (1) Der Gerichtsstand ist auch bei dem Gericht begründet, in dessen Bezirk der Angeschuldigte zur Zeit der Erhebung der Klage seinen Wohnsitz hat. (2) Hat der Angeschuldigte keinen Wohnsitz im *Inland*, so wird der Gerichtsstand auch durch den gewöhnlichen Aufenthaltsort und, wenn ein solcher nicht bekannt ist, durch den letzten Wohnsitz bestimmt.
§ 11 (1) Deutsche, die das Recht der Exterritorialität genießen, sowie die im Ausland angestellten Beamten des Bundes oder eines deutschen Landes behalten hinsichtlich des Gerichtsstandes den Wohnsitz, den sie im Inland hatten. Wenn sie einen solchen Wohnsitz nicht hatten, so gilt der Sitz der Bundesregierung als ihr Wohnsitz. (2) Auf Wahlkonsuln sind diese Vorschriften nicht anzuwenden.	*§ 9a*[1679] (1) Deutsche, die das Recht der Exterritorialität genießen, sowie die im Ausland angestellten Beamten des Bundes oder eines deutschen Landes behalten hinsichtlich des Gerichtsstandes den Wohnsitz, den sie im Inland hatten. Wenn sie einen solchen Wohnsitz nicht hatten, so gilt der Sitz der Bundesregierung als ihr Wohnsitz. (2) Auf Wahlkonsuln sind diese Vorschriften nicht anzuwenden.
§ 9 *Der Gerichtsstand ist auch bei dem Gericht begründet*, in dessen Bezirk der Beschuldigte ergriffen worden ist.	*§ 10* *Wenn ein Gerichtsstand nach §§ 8 und 9 im Inland nicht begründet ist, so ist das Gericht zuständig,*[1680] in dessen Bezirk der Beschuldigte ergriffen worden ist.
§ 10 (1) Ist die Straftat auf einem Schiff, das berechtigt ist, die Bundesflagge zu führen, *außerhalb des Geltungsbereichs dieses Gesetzes* begangen, so ist das Gericht zuständig, in dessen Bezirk der Heimathafen oder der Hafen im Geltungsbereich dieses Gesetzes liegt, den das Schiff nach der Tat zuerst erreicht.	*§ 11* (1) Ist die Straftat auf einem Schiff, das berechtigt ist, die Bundesflagge zu führen, *im Ausland* begangen, so ist das Gericht zuständig, in dessen Bezirk der Heimathafen oder der Hafen im Geltungsbereich dieses Gesetzes liegt, den das Schiff nach der Tat zuerst erreicht.

1679 Keine inhaltliche Änderung. Die Einordnung als § 9a StPO-E erfolgt allein wegen des Zusammenhangs mit dem zuvor in § 9 StPO-E erwähnten Wohnsitz.

1680 Der Gerichtsstand des Ergreifungsortes soll nach der hier vorliegenden Konzeption nur subsidiär gelten.

(2) Absatz 1 gilt entsprechend für Luftfahrzeuge, die berechtigt sind, das Staatszugehörigkeitszeichen der Bundesrepublik Deutschland zu führen.	(2) Absatz 1 gilt entsprechend für Luftfahrzeuge, die berechtigt sind, das Staatszugehörigkeitszeichen der Bundesrepublik Deutschland zu führen.
§ 10a Ist für eine Straftat, die *außerhalb des Geltungsbereichs dieses Gesetzes* im Bereich des Meeres begangen wird, ein Gerichtsstand nicht begründet, so ist Hamburg Gerichtsstand; zuständiges Amtsgericht ist das Amtsgericht Hamburg.	*§ 11a* Ist für eine Straftat, die *im Ausland* im Bereich des Meeres begangen wird, ein Gerichtsstand nicht begründet, so ist Hamburg Gerichtsstand; zuständiges Amtsgericht ist das Amtsgericht Hamburg.
§ 11a Wird eine Straftat *außerhalb des Geltungsbereiches dieses Gesetzes* von Soldatinnen oder Soldaten der Bundeswehr in besonderer Auslandsverwendung (§ 62 Absatz 1 des Soldatengesetzes) begangen, so ist der Gerichtsstand bei dem für die Stadt Kempten zuständigen Gericht begründet.	*§ 11b* Wird eine Straftat *im Ausland* von Soldatinnen oder Soldaten der Bundeswehr in besonderer Auslandsverwendung (§ 62 Absatz 1 des Soldatengesetzes) begangen, so ist der Gerichtsstand bei dem für die Stadt Kempten zuständigen Gericht begründet.
§ 13a Fehlt es im *Geltungsbereich dieses Bundesgesetzes* an einem zuständigen Gericht oder ist dieses nicht ermittelt, so bestimmt der Bundesgerichtshof das zuständige Gericht.	*§ 12* Fehlt es im *Inland* an einem zuständigen Gericht oder ist dieses nicht ermittelt, so bestimmt der Bundesgerichtshof das zuständige Gericht.
§ 12 (1) Unter mehreren nach den Vorschriften der *§§ 7 bis 11a und 13a* zuständigen Gerichten gebührt dem der Vorzug, *das die Untersuchung zuerst eröffnet hat.*	*§ 13* (1) Unter mehreren nach den Vorschriften der *§§ 8 bis 12* zuständigen Gerichten gebührt dem *nach § 8 zuständigen Gericht der Vorzug.*[1681]
(2) Jedoch kann die Untersuchung und Entscheidung einem anderen der zuständigen Gerichte durch das gemeinschaftliche obere Gericht übertragen werden.	*(2)*[1682] *Auf Antrag des Angeschuldigten ist das Verfahren an das nach § 9 zuständige Gericht zu verweisen. Der Antrag ist spätestens eine Woche nach Erhalt der Mitteilung über die Anklageschrift (§ 201) zu stellen.*

1681 Geregelt wird hier der grundsätzliche Vorrang des Tatortgerichtsstands.

1682 Geregelt wird die hier vorgeschlagene „Widerspruchslösung“ (oben Teil 3 § 4 A. III.7)d)), wonach der Beschuldigte die Möglichkeit haben soll, das Verfahren vor das für seinen Wohnsitz zuständige Gericht zu bringen.

	(3)[1683] *Hat der Angeschuldigte keinen Wohnsitz im Inland, kann er verlangen, dass das Verfahren ausgesetzt wird, um eine Strafverfolgung an seinem ausländischen Wohnsitz zu ermöglichen.*[1684] *Ist das Gericht davon überzeugt, dass der Staat, in dem der Beschuldigte seinen Wohnsitz hat, nicht willens oder nicht in der Lage ist, die Strafverfolgung durchzuführen, wird das Verfahren im Inland fortgeführt. Absatz 2 Satz 2 gilt entsprechend.*
§ 13 *(1) Für zusammenhängende Strafsachen, die einzeln nach den Vorschriften der §§ 7 bis 11 zur Zuständigkeit verschiedener Gerichte gehören würden, ist ein Gerichtsstand bei jedem Gericht begründet, das für eine der Strafsachen zuständig ist.*	*§ 14* *Bei zusammenhängenden Strafsachen bestimmt sich der Gerichtsstand nach dem Tatort des ältesten der als Täter Angeschuldigten.*
(2) Sind mehrere zusammenhängende Strafsachen bei verschiedenen Gerichten anhängig gemacht worden, so können sie sämtlich oder zum Teil durch eine den Anträgen der Staatsanwaltschaft entsprechende Vereinbarung dieser Gerichte bei einem unter ihnen verbunden werden. Kommt eine solche Vereinbarung nicht zustande, so entscheidet, wenn die Staatsanwaltschaft oder ein Angeschuldigter hierauf anträgt, das gemeinschaftliche obere Gericht darüber, ob und bei welchem Gericht die Verbindung einzutreten hat.	*[gestrichen]*[1685]

1683 Dieser Absatz regelt die vorgeschlagene „Widerspruchslösung" auf internationaler Ebene.

1684 Nicht geklärt werden kann hier die Frage, wie eine „Abgabe" des Verfahrens an eine ausländische Stelle erfolgen kann. Darauf kommt es nämlich nicht an. Entscheidend ist, dass das Verfahren im Inland nicht fortgeführt wird, wenn – unabhängig davon, ob und wie die deutschen Akten dorthin gelangen – am Wohnsitzstaat eine Strafverfolgung erfolgt. Dass praktische Probleme bestehen können, was die grenzüberschreitende Zusammenarbeit betrifft, ist unbestritten.

1685 Nach der hier vertretenen Auffassung soll eine Vereinbarung gerade nicht notwendig sein; vielmehr soll die Änderung der Zuständigkeit in Folge der Verbindung und Trennung von Verfahren schon kraft Gesetzes eintreten: Entscheidend ist jeweils der Tatort des ältesten als Täter Beschuldigten.

(3) In gleicher Weise kann die Verbindung wieder aufgehoben werden.	
§ 14 Besteht zwischen mehreren Gerichten Streit über die Zuständigkeit, so bestimmt das gemeinschaftliche obere Gericht das Gericht, das sich der Untersuchung und Entscheidung zu unterziehen hat.	*§ 15* Besteht zwischen mehreren Gerichten Streit über die Zuständigkeit, so bestimmt das gemeinschaftliche obere Gericht das Gericht, das sich der Untersuchung und Entscheidung zu unterziehen hat.
§ 15 Ist das an sich zuständige Gericht in einem einzelnen Falle an der Ausübung des Richteramtes rechtlich oder tatsächlich verhindert oder ist von der Verhandlung vor diesem Gericht eine Gefährdung der öffentlichen Sicherheit zu besorgen, so hat das zunächst obere Gericht die Untersuchung und Entscheidung dem gleichstehenden Gericht eines anderen Bezirks zu übertragen.	*§ 16* Ist das an sich zuständige Gericht in einem einzelnen Falle an der Ausübung des Richteramtes rechtlich oder tatsächlich verhindert oder ist von der Verhandlung vor diesem Gericht eine Gefährdung der öffentlichen Sicherheit zu besorgen, so hat das zunächst obere Gericht die Untersuchung und Entscheidung dem gleichstehenden Gericht eines anderen Bezirks zu übertragen.
§ 16 Das Gericht prüft seine örtliche Zuständigkeit bis zur Eröffnung des Hauptverfahrens von Amts wegen. Danach darf es seine Unzuständigkeit nur auf Einwand des Angeklagten aussprechen. Der Angeklagte kann den Einwand nur bis zum Beginn seiner Vernehmung zur Sache in der Hauptverhandlung geltend machen.	*§ 17* Das Gericht prüft seine örtliche Zuständigkeit bis zur Eröffnung des Hauptverfahrens von Amts wegen. Danach darf es seine Unzuständigkeit nur auf Einwand des Angeklagten aussprechen. Der Angeklagte kann den Einwand nur bis zum Beginn seiner Vernehmung zur Sache in der Hauptverhandlung geltend machen.
[keine Entsprechung]	*§ 18* *Soweit dieses Gesetz oder das Gesetz über die Gerichtsverfassung Rechtsfolgen an das Vorliegen bestimmter Tatbestände des Strafgesetzbuchs oder anderer Strafbestimmungen anknüpft,*[1686] *sind bei der Anwendbarkeit eines ausländischen Strafrechts die betreffenden Sachverhalte sinngemäß dergestalt umzuwandeln, als wäre deutsches Recht anwendbar.*
…	…

1686 Gilt daher z. B. für §§ 100a Abs. 2, 112 Abs. 3, 112a Abs. 1 StPO; 74 Abs. 2 GVG.

§ 153c (1) Die Staatsanwaltschaft kann von der Verfolgung von Straftaten absehen, 1. die *außerhalb des räumlichen Geltungsbereichs dieses Gesetzes* begangen sind	§ 153c (1) Die Staatsanwaltschaft kann von der Verfolgung von Straftaten absehen, 1. die *im Ausland* begangen sind,
oder die ein Teilnehmer an *einer außerhalb des räumlichen Geltungsbereichs dieses Gesetzes* begangenen Handlung *in diesem Bereich* begangen hat,	2. die ein Teilnehmer an einer *im Ausland* begangenen Tat *im Inland* begangen hat,
2. die *ein Ausländer* im Inland auf einem ausländischen Schiff oder Luftfahrzeug begangen *hat*,	3. die im Inland auf einem ausländischen Schiff oder Luftfahrzeug begangen *sind*,[1687]
3. wenn in den Fällen der §§ 129 und 129a, jeweils auch in Verbindung mit § 129b Abs. 1, des Strafgesetzbuches die Vereinigung nicht oder nicht überwiegend im Inland besteht und die im Inland begangenen Beteiligungshandlungen von untergeordneter Bedeutung sind oder sich auf die bloße Mitgliedschaft beschränken. Für Taten, die nach dem Völkerstrafgesetzbuch strafbar sind, gilt § 153f.	*4.* wenn in den Fällen der §§ 129 und 129a, jeweils auch in Verbindung mit § 129b Abs. 1, des Strafgesetzbuches die Vereinigung nicht oder nicht überwiegend im Inland besteht und die im Inland begangenen von untergeordneter Bedeutung sind oder sich auf die bloße Mitgliedschaft beschränken. Für Taten, die nach dem Völkerstrafgesetzbuch strafbar sind, gilt § 153f.

1687 Für das anwendbare Recht ist ohnehin der Flaggenstaat – und nicht der Tatortstaat – entscheidend (vgl. den Vorschlag zu § 4 Abs. 3 StGB). Nach der hier vertretenen Auffassung sollte zudem das aktive Personalitätsprinzip eine immer geringere Rolle spielen, so dass eine Unterscheidung nach Inländern und Ausländern hier nicht angezeigt erscheint. Es sollte daher auch möglich werden (aber nicht zwingend – „*kann* von der Verfolgung absehen“), auch bei Taten, die ein Deutscher in Deutschland auf einem ausländischen Schiff begeht, von der Verfolgung abzusehen. Dass die Geltung des Offizialprinzips für Straftaten auf Schiffen und Flugzeugen problematisch ist, wurde auch schon oben Teil 2 § 3 A.I.2)a) a.E. gezeigt.

keine Entsprechung	*(2) Die Staatsanwaltschaft soll von der Verfolgung einer Tat absehen, wenn die Strafverfolgung in dem Staat stattfindet,*[1688] *1. in dem die Tat, in den Fällen des Abs. 1 Nr. 2 die Haupttat, begangen wurde,* *2. in Fällen des Abs. 1 Nr. 3 dessen Flagge oder Staatszugehörigkeitszeichen das Schiff oder Luftfahrzeug zum Zeitpunkt der Tat geführt hat,* *3. der Beschuldigte seinen Wohnsitz hat.* *Dies gilt nicht für Taten, die nach dem Völkerstrafgesetzbuch strafbar sind.*
(2) Die Staatsanwaltschaft *kann* von der Verfolgung einer Tat absehen, wenn wegen der Tat im Ausland schon eine Strafe gegen den Beschuldigten vollstreckt worden ist und die im Inland zu erwartende Strafe nach Anrechnung der ausländischen nicht ins Gewicht fiele oder der Beschuldigte wegen der Tat im Ausland rechtskräftig freigesprochen worden ist.	*(3)* Die Staatsanwaltschaft *soll*[1689] von der Verfolgung einer Tat absehen, wenn wegen der Tat im Ausland schon eine Strafe gegen den Beschuldigten vollstreckt worden ist und die im Inland zu erwartende Strafe nach Anrechnung der ausländischen nicht ins Gewicht fiele oder der Beschuldigte wegen der Tat im Ausland rechtskräftig freigesprochen worden ist.
(3) Die Staatsanwaltschaft kann auch von der Verfolgung von Straftaten absehen, die im räumlichen Geltungsbereich dieses Gesetzes durch eine außerhalb dieses Bereichs ausgeübte Tätigkeit begangen sind, wenn die Durchführung des Verfahrens die Gefahr eines schweren Nachteils für die Bundesrepublik Deutschland herbeiführen würde oder wenn der Verfolgung sonstige überwiegende öffentliche Interessen entgegenstehen.	*[gestrichen]*[1690]

1688 Wiederum kann und muss hier nicht geklärt werden, auf welche Weise die Strafverfolgung sichergestellt sein muss. Entscheidend ist, dass im Ausland abgeurteilt wird.

1689 Soll-Regelung an Stelle der bisherigen Kann-Regelung, um den Grundsatz *ne bis in idem* auf überstaatlicher Ebene zu stärken.

1690 Der bisherige § 153c Abs. 3 StPO wird nicht benötigt. Nach der hier vorgeschlagenen Definition ist nämlich der Handlungsort der allein maßgebliche Tatort, so dass Fälle mit ausländischem Handlungsort („außerhalb dieses Bereichs ausgeübte Tätigkeit") ohnehin schon *de lege ferenda* § 153c Abs. 1 Nr. 1 StPO des Vorschlags unterfallen.

(4) Ist die Klage bereits erhoben, so kann die Staatsanwaltschaft in den Fällen des *Absatzes 1 Nr. 1, 2 und des Absatzes 3* die Klage in jeder Lage des Verfahrens zurücknehmen und das Verfahren einstellen, wenn die Durchführung des Verfahrens die Gefahr eines schweren Nachteils für die Bundesrepublik Deutschland herbeiführen würde oder wenn der Verfolgung sonstige überwiegende öffentliche Interessen entgegenstehen.	(4) Ist die Klage bereits erhoben, so kann die Staatsanwaltschaft in den Fällen des *Absatzes 1 Nr. 1–3* die Klage in jeder Lage des Verfahrens zurücknehmen und das Verfahren einstellen, wenn die Durchführung des Verfahrens die Gefahr eines schweren Nachteils für die Bundesrepublik Deutschland herbeiführen würde oder wenn der Verfolgung sonstige überwiegende öffentliche Interessen entgegenstehen.
(5) Hat das Verfahren Straftaten der in § 74a Abs. 1 Nr. 2 bis 6 und § 120 Abs. 1 Nr. 2 bis 7 des Gerichtsverfassungsgesetzes bezeichneten Art zum Gegenstand, so stehen diese Befugnisse dem Generalbundesanwalt zu.	(5) Hat das Verfahren Straftaten der in § 74a Abs. 1 Nr. 2 bis 6 und § 120 Abs. 1 Nr. 2 bis 7 des Gerichtsverfassungsgesetzes bezeichneten Art zum Gegenstand, so stehen diese Befugnisse dem Generalbundesanwalt zu.

C. VStGB

Geltendes Recht	**Vorschlag**
§ 1 *Anwendungsbereich*	§ 1 *Zuständigkeit und anwendbares Recht*
Dieses Gesetz gilt für alle in ihm bezeichneten Straftaten gegen das Völkerrecht, für die in ihm bezeichneten Verbrechen auch dann, wenn die Tat im Ausland begangen wurde und keinen Bezug zum Inland aufweist.	*(1) Für alle in diesem Gesetz* bezeichneten Straftaten gegen das Völkerrecht *sind deutsche Gerichte zuständig,*[1691] auch dann, wenn die Tat im Ausland begangen wurde und keinen Bezug zum Inland aufweist. *(2) Das anzuwendende Recht richtet sich nach den §§ 3 und 8 StGB.*[1692]

1691 Nach der hier vorgeschlagenen Konzeption soll sich auch beim – dem Weltrechtsprinzip unterfallenden –Völkerstrafrecht vorrangig das Recht des Tatortes gelten. Um dennoch sicherzustellen, dass in jedem Fall eines völkerrechtlichen Verbrechens eine Aburteilung in Deutschland möglich ist, muss die deutsche internationale Zuständigkeit gegeben sein.

1692 Der Verweis auf die Vorschrift des § 8 StGB des Vorschlags schließt auch den Vorrang des völkerrechtlichen *ordre public* ein. Völkerstrafrechtliche Taten bleiben also in jedem Fall strafbar, weil ihre Nicht-Bestrafung dem Völkerrecht widersprechen würde (vgl. § 8 Abs. 4 StGB des Vorschlags).

Literaturverzeichnis

Achenbach, Hans: Staatsanwalt und gesetzlicher Richter – ein vergessenes Problem?, in: Broda, Christian/Deutsch, Erwin/Schreiber, Hans-Ludwig/Vogel, Hans-Jochen (Hrsg.), Festschrift für Rudolf Wassermann zum sechzigsten Geburtstag, Neuwied 1985, S. 849–860.

Ahlbrecht, Heiko: Der Rahmenbeschluss-Entwurf der Europäischen Beweisanordnung – eine kritische Bestandsaufnahme, NStZ 2006, 70–75.

– Europäischer Haftbefehl im Interim, eucrim 2006, 39–44.

Ambos, Kai: Straflosigkeit von Menschenrechtsverletzungen: Zur „impunidad" in südamerikanischen Ländern aus völkerrechtlicher Sicht, Freiburg 1997.

– Aktuelle Probleme der deutschen Verfolgung von „Kriegsverbrechen" in Bosnien-Herzegowina, NStZ 1999, 226–230.

– Anmerkung zu BGH NStZ 1999, 396, NStZ 1999, 404.

– Internationales Strafrecht, 4. Auflage, München 2014.

Anagnostopoulos, Ilias G.: Ne bis in idem in der Europäischen Union: Offene Fragen, in: Herzog, Felix/Neumann, Ulfrid (Hrsg.), Festschrift für Winfried Hassemer, Heidelberg 2010, S. 1121–1140.

Archbold: Criminal Pleading, Evidence and Practice, 57. Auflage, London 2009.

Asp, Petter/*Hirsch*, Andrew von/*Frände*, Dan: Double Criminality and Transnational Investigative Measures in EU Criminal Proceedings: Some Issues of Principle, ZIS 2006, 512–520.

Bantekas, Ilias/*Nash*, Susan: International Criminal Law, 3. Auflage, London 2007.

Bar, Christian von/*Mankowski*, Peter: Internationales Privatrecht. Band I Allgemeine Lehren, 2. Auflage, München 2003.

Bar, Karl Ludwig von: Über einige strafrechtliche Fragen, welche durch die Verbindung mehrerer früher selbstständiger Deutschen Staaten mit der Preußischen Monarchie entstanden sind, Archiv für preußisches Strafrecht 1867, 664–672.

Barbey, Alec: De l'application internationale de la règle Non bis in idem en matière répressive, Lausanne 1930.

Bassiouni, M. Cherif (Hrsg.): International Criminal Law, 3. Auflage, Leiden 2008.

Baumann, Jürgen/*Brauneck*, Anne-Eva/*Hannack*, Ernst-Walter/*Kaufmann*, Artur/*Klug*, Ulrich/*Lampe*, Ernst-Joachim/*Lenckner*, Theodor/*Maihofer*, Werner/*Noll*, Peter/*Roxin*, Claus/*Schmitt*, Rudolf/*Schultz*, Hans/*Stratenwerth*, Günter/*Stree*,

Walter (Hrsg.): Alternativ-Entwurf eines Strafgesetzbuches. Allgemeiner Teil, 2. Auflage, Tübingen 1969.

Baumbach, Adolf/*Lauterbach*, Wolfgang/*Albers*, Jan/*Hartmann*, Peter: Zivilprozessordnung mit FamFG, GVG und anderen Nebengesetzen, 73. Auflage, München 2015.

Beukelmann, Stephan: Europäisierung des Strafrechts – Die neue strafrechtliche Ordnung nach dem Vertrag von Lissabon, NJW 2010, 2081–2086.

– Die Europäische Staatsanwaltschaft, NJW-Spezial 2013, 568.

Biehler, Anke/*Kniebühler*, Roland/*Lelieur-Fischer*, Juliette/*Stein*, Sibyl (Hrsg.): Freiburg Proposal on Concurrent Jurisdictions and the Prohibition of Multiple Prosecutions in the European Union, Freiburg 2003.

Binding, Karl: Handbuch des Strafrechts, Leipzig 1885.

Birke, Rainer: Strafverfahren nach dem NATO-Truppenstatut: Grundlagen und Praxis eines „international-arbeitsteiligen" Strafverfahrens, Baden-Baden 2004.

Birkmeyer, Karl/*van Calker*, Fritz/*Frank*, Reinhard/*Hippel*, Robert von/*Kahl*, Wilhelm/*Lilienthal*, Karl von/*Liszt*, Franz von/ *Wach*, Adolf (Hrsg.): Vergleichende Darstellung des Deutschen und Ausländischen Strafrechts. Vorarbeiten zur Deutschen Strafrechtsreform. Allgemeiner Teil, I. Band, Berlin 1908.

Bitzilekis, Nikolaos/*Kaiafa-Gbandi*, Maria/*Symeonidou-Kastanidou*, Elisavet: Alternativüberlegungen zur Regelung transnationaler Strafverfahren in der EU, in: Schünemann, Bernd (Hrsg.), Ein Gesamtkonzept für die Europäische Strafrechtspflege, Köln u.a. 2006, S. 250–253.

Blakesely, Christopher L.: Extraterritorial Jurisdiction, in: Bassiouni, M. Cherif (Hrsg.), International Criminal Law, 3. Auflage, Leiden 2008, S. 85–152.

Blakesely, Christopher L./*Lagodny*, Otto: Competing National Laws: Network or Jungle?, in: Eser, Albin/Lagodny, Otto (Hrsg.), Principles and Procedures for a New Transnational Criminal Law, Freiburg 1992, S. 47–100.

Bockelmann, Paul: Strafprozessuale Zuständigkeitsordnung und gesetzlicher Richter, GA 1957, 357–364.

Böhm, Klaus Michael: Das neue Europäische Haftbefehlsgesetz, NJW 2006, 2592–2596.

Bosbach, Jens: Nichtigkeit des Europäischen Haftbefehlsgesetzes, Anmerkung zu BVerfG NJW 2005, 2289, NStZ 2006, 104–106.

Böse, Martin: Auslieferung nach Eintritt der Verfolgungsverjährung. Anmerkung zu BGH NStZ 2008, 635, NStZ 2008, 636–638.

– Ausnahmen vom grenzüberschreitenden „Ne bis in idem“?, in: Esser, Robert/Günther, Hans-Ludwig/Jäger, Christian/Mylonopoulos, Christos/Öztürk, Bahri (Hrsg), Festschrift für Hans-Heiner Kühne zum 70. Geburtstag am 21. August 2013, Heidelberg 2013, S. 519–529.

– Die Ermittlung der „besten“ Strafgewalt, in: Zöller, Mark A./Hilger, Hans/Küper, Wilfried/Roxin, Claus (Hrsg), Gesamte Strafrechtswissenschaft in internationaler Dimension. Festschrift für Jürgen Wolter zum 70. Geburtstag am 7. September 2013, Berlin 2013, S. 1311–1328.

Böse, Martin/*Meyer*, Frank: Die Beschränkung nationaler Strafgewalten als Möglichkeit zur Vermeidung von Jurisdiktionskonflikten in der Europäischen Union, ZIS 2011, 336–344.

Böse, Martin/*Meyer*, Frank/*Schneider*, Anne: Die Regulierung strafrechtlicher Jurisdiktionskonflikte in der Europäischen Union – ein Modellentwurf, GA 2014, 572–587.

Braum, Stefan: Das Prinzip der gegenseitigen Anerkennung. Historische Grundlagen und Perspektiven europäischer Strafrechtsentwicklung, GA 2005, 681–699.

Brodowski, Dominik: Strafrechtsrelevante Entwicklungen in der Europäischen Union – ein Überblick, ZIS 2013, 455–472.

Bruce, Richard H.: Success in Law, 5. Auflage, London 2001.

Bubnoff, Eckhart von: Der Europäische Haftbefehl: Auslieferung und Neuerungen des Gemeinschaftsinstruments. Ein Leitfaden für die Praxis, Heidelberg 2005.

Bundesministerium der Justiz (Hrsg.): Niederschriften über die Sitzungen der Großen Strafrechtskommission, Band 4, Allgemeiner Teil. 38. bis 52. Sitzung, Bonn 1958.

– Gemeinsame Stellungnahme der Bundesregierung und der Länder der Bundesrepublik Deutschland. Grünbuch zum strafrechtlichen Schutz der finanziellen Interessen der Europäischen Gemeinschaften und zur Schaffung einer europäischen Staatsanwaltschaft, 2002.

Bundesministerium für Justiz (Österreich) (Hrsg.): Comments by the Federal Ministry of Justice of the Republic of Austria on the Green Paper of the European Commission on criminal-law protection of the financial interests of the Community and the creation of a European Public Prosecutor, 2002.

Bundesrechtsanwaltskammer (Hrsg.): Stellungnahme des Europaausschusses der Bundesrechtsanwaltskammer zu dem Grünbuch der Europäischen Gemeinschaften zum Schutz der finanziellen Interessen der Europäischen Gemeinschaften und zur Schaffung einer Europäischen Staatsanwaltschaft vom 11.12.2001 (KOM (2001) 715 endgültig), 2002.

Bündnis 90/Die Grünen Bundesvorstand (Hrsg.): Das Netz ist nicht bürgerrechtsfrei, Stellungnahme des Bundesvorstandes vom 27.07.2009 zum Beitrag des Bremer Abgeordneten Matthias Güldner, http://www.gruene.de/themen/netzpolitik/das-netz-ist-nicht-buergerrechtsfrei.html, abgerufen am 09.07.2014.

Burnstein, Matthew R.: Conflicts on the Net: Choice of Law in Transnational Cyberspace, Vand. J. Transnat'l L. 1996, 75–116.

Cárdenas Arvena, Claudia Marcela: Die Zulässigkeitsprüfung vor dem Internationalen Strafgerichtshof. Zur Auslegung des Art. 17 IStGH-Statut unter besonderer Berücksichtigung von Amnestien und Wahrheitskommissionen, Berlin 2005.

Cassese, Antonio: International Criminal Law, 3. Auflage, Oxford 2013.

Colangelo, Anthony J.: Manipulating International Criminal Procedure: The Decision of the ICTY Office of the Independent Prosecutor Not to Investigate NATO Bombing in the Former Yugoslavia, Nw. U. L. Rev. 2003, 1393–1436.

Cornils, Karin: Die Fremdrechtsanwendung im Strafrecht, Berlin 1978.

– Der Begehungsort von Äußerungsdelikten im Internet, JZ 1999, 394–398.

Cornils, Karin/*Jareborg*, Nils: Das schwedische Kriminalgesetzbuch: vom 21. Dezember 1962 nach dem Stand vom 1. Dezember 2000 = Brottsbalken. Zweisprachige Ausgabe, Freiburg 2000.

Council of Europe (Hrsg.): Extraterritorial criminal jurisdiction, Strasbourg 1990.

Criminal Bar Association (England und Wales) (Hrsg.): Response of the Criminal Bar Association to the European Commision's Green Paper on "Criminal Law Protection of the Financial Interest of the European Community and the Establishment of a European Prosecutor", 2002.

Crown Prosection Service (*England und Wales*) (Hrsg.): Legal Guidance, Stichwort: Jurisdiction, http://www.cps.gov.uk/legal/h_to_k/jurisdiction, abgerufen am 09.07.2014.

Dahs, Hans: Handbuch des Strafverteidigers, 8. Auflage, Köln 2015.

Dallinger, Wilhelm: Das Dritte Strafrechtsänderungsgesetz. Teil II: Gerichtsverfassung und Strafverfahren, JZ 1953, 432–442.

Dannecker, Gerhard: Die Dynamik des materiellen Strafrechts unter dem Einfluss europäischer und internationaler Entwicklungen, ZStW 2005, 697–748.

Dästner, Christian: Zur Gewähr des gesetzlichen Richters im Strafverfahren: Fragen an die Rechtstatsachenforschung, RuP 1981, 18–22.

Death Penalty Information Center (Hrsg.): Life Without Parole. http://www.deathpenaltyinfo.org/life-without-parole abgerufen am 18.07.2013.

Deiters, Mark: Gegenseitige Anerkennung von Strafgesetzen in Europa. Erwiderung zu Schünemann, ZRP 2003, 185, ZRP 2003, 359–362.

Deubner, Karl G.: Strafbarkeit wegen Verführung bei nicht nachgewiesener Vergewaltigung einer Minderjährigen, Anmerkung zu BGH NJW 1968, 1888, NJW 1969, 147.

Diederiks-Verschoor, Isabella H. Ph./*Mendes de Leon*, Pablo: An Introduction to Air Law, 9. Auflage, Alphen aan den Rijn 2012.

Dittrich, Diana: Tagungsbericht: Internationale Projekttagung 2011 „Jurisdiktionskonflikte bei grenzüberschreitender organisierter Kriminalität – ein Rechtsvergleich zum Internationalen Strafrecht", ZIS 2012, 81–83.

Doehring, Karl: Völkerrecht, 2. Auflage, Heidelberg 2004.

Dreher, Eduard/*Maassen*, Herrmann: Strafgesetzbuch. Kommentar. 2. Auflage, München 1956.

Dünnebier, Hanns: Die Verbindung von Strafsachen nach §§ 2 bis 4, 13 StPO, JR 1975, 1–5.

Ebensperger, Stefan: Strafrechtliches „ne bis in idem" in Österreich unter besonderer Berücksichtigung internationaler Übereinkommen, ÖJZ 1999, 171–185.

Eicker, Andreas: Transstaatliche Strafverfolgung. Ein Beitrag zur Europäisierung, Internationalisierung und Fortentwicklung des Grundsatzes ne bis in idem, Herbolzheim 2004.

– Zur Vermeidung simultaner Strafverfahren im zwischenstaatlichen Kontext: Modell einer (über-)individuell-konkreten Kriterien-Gewichtung, StV 2005, 631–637.

Eisele, Jörg: Jurisdiktionskonflikte in der Europäischen Union: Vom nationalen Strafanwendungsrecht zum Europäischen Kollisionsrecht?, ZStW 2013, 1–33.

Eisenberg, Ulrich: Jugendgerichtsgesetz, 17. Auflage, München 2014.

Elicker, Michael: Sprachloyalität als Rechtsgebot? ZRP 2002, 415-417.

Endemann, Jutta: Interlokalrechtliche Probleme im Bereich des Staatsschutzrechts unter besonderer Berücksichtigung des Tatortbegriffs (§ 3 Abs. 3 StGB), NJW 1966, 2381–2386.

Endriß, Rainer/*Kinzig*, Jörg: Neuralgische Punkte des Betäubungsmittelstrafrechts, NJW 2001, 3217–3222.

Engelhardt, Hanns: Staatsanwaltschaft und gesetzlicher Richter, DRiZ 1982, 418–422.

Eser, Albin: Harmonisierte Universalität nationaler Strafgewalt, in: Donatsch, Andreas/Forster, Marc/Schwarzenegger, Christian (Hrsg.), Strafrecht, Strafprozessrecht und Menschenrechte. Festschrift für Stefan Trechsel zum 65. Geburtstag, Zürich 2002, S. 219–236.

Eser, Albin/*Burchard*, Christoph: Interlokales „ne bis in idem" in Europa? Vom „westfälischen" Souveränitätspathos zu europäischem Gemeinschaftsdenken, in: Derra, Hans-Jörg (Hrsg.), Freiheit, Sicherheit und Recht. Festschrift für Jürgen Meyer zum 70. Geburtstag, Baden-Baden 2006.

Esser, Robert: Der Beitrag von Eurojust zur Bekämpfung des Terrorismus in Europa, GA 2004, 711–721.

Eurojust (Hrsg.): Jahresbericht 2003.

Fabrizy, Ernst Eugen: [österr.] Strafgesetzbuch: StGB samt ausgewählten Nebengesetzen. Kurzkommentar. Mit einer Einführung und Anmerkungen unter Berücksichtigung der Rechtsprechung des Obersten Gerichtshofes und des Schrifttums, 10. Auflage, Wien 2010.

– Die österreichische Strafprozessordnung (Strafprozessordnung 1975) mit dem neuen Vorverfahren und den wichtigsten Nebengesetzen. Kurzkommentar, 11. Auflage, Wien 2011.

Fastenrath, Ulrich: Anerkennung von Staaten in den bestehenden Grenzen. Eine Formel, die wenig bedeutet. F. A. Z. vom 2. März 1995, S. 6.

Feller, Shneur Zalman: Concurrent Criminal Jurisdiction in the International Sphere, Isr. L. Rev. 1981, 40–74.

Feuerbach, Paul Johann Anselm: Kritik des Kleinschrodischen Entwurfs zu einem peinlichen Gesetzbuche für die Chur-Pfalz-Bayrischen Staaten. Zweyter Theil, Gießen 1804.

Fischer, Robert: Die Einführung eines zweiten Rechtszuges in Staatsschutz-Strafsachen: Grundsätzliche Bemerkungen zu dem vorliegenden Regierungsentwurf, NJW 1969, 449–454.

Fischer, Thomas: Strafgesetzbuch und Nebengesetze, 61. Auflage, München 2014.

Fischer-Lescano, Andreas: Weltrecht als Prinzip. Die Strafanzeige gegen Donald Rumsfeld wegen der Folterungen in Abu Ghraib, KritJ 2005, 72–93.

Fischinger, Philipp S.: Der Grundrechtsverzicht, JuS 2007, 808–813.

Frowein, Jochen Abr./*Peukert*, Wolfgang: Europäische MenschenRechtsKonvention. EMRK-Kommentar, 3. Auflage, Kehl am Rhein 2009.

Fuchs, Helmut: Zuständigkeitsordnung und materielles Strafrecht, in: Schünemann, Bernd (Hrsg.), Ein Gesamtkonzept für die Europäische Strafrechtspflege, Köln u.a. 2006, S. 112–116.

Fuchs, Helmut/*Ratz*, Eckart (Hrsg): Wiener Kommentar zur Strafprozessordnung, Wien 2009.

Gärditz, Klaus Ferdinand: Weltrechtspflege: Eine Untersuchung über die Entgrenzung staatlicher Strafgewalt, Berlin 2006.

Gardocki, Lech: Zagadnienia internacjonalizacji odpowiedzialności karnej za przestępstwa popełnione za granicą, Warschau 1979.

Geimer, Reinhold: Internationales Zivilprozessrecht, 7. Auflage, Köln 2015.

Geimer, Reinhold/*Schütze*, Rolf A. (Hrsg.): Europäisches Zivilverfahrensrecht: Kommentar zur EuGVVO, EuEheVO, EuZustellungsVO, EuInsVO, EuVTVO, zum Lugano-Übereinkommen und zum nationalen Kompetenz- und Anerkennungsrecht, 3. Auflage, München 2010.

Gercke, Björn/*Julius*, Karl-Peter/*Temming*, Dieter/*Zöller*, Mark A. (Hrsg.): Heidelberger Kommentar zur Strafprozessordnung, 5. Auflage, Heidelberg 2012.

Germann, Oscar A.: Rechtsstaatliche Schranken im internationalen Strafrecht, SchwZStr 1954, 237–252.

Gierhake, Katrin: Das Prinzip der Weltrechtspflege nach § 1 Völkerstrafgesetzbuch und seine prozessuale Umsetzung in § 153f der Strafprozessordnung, ZStW 2008, 375–402.

Goldstone, Richard J.: The Seventieth Cleveland-Marshall Fund Lecture: International Jurisdiction and Prosecutorial Crimes, Clev. St. L. Rev. 1999, 473–482.

Grabitz, Eberhard/*Hilf*, Meinhard/*Nettesheim*, Martin (Hrsg.): Das Recht der Europäischen Union, München 2010 ff.

Graham, James Alexander: Der virtuelle Raum - sein völkerrechtlicher Status, JurPC Web-Dok. 1999/35, http://www.jurpc.de/jurpc/show?id=19990035, abgerufen am 09.07.2014.

Gribbohm, Günter: Strafrechtsgeltung und Teilnahme. Zur Akzessorietät der Teilnahme im internationalen Strafrecht, JR 1998, 177–179.

Gröpl, Christoph/*Windthorst*, Kay/*Coelln*, Christian von: Grundgesetz. Studienkommentar, München 2013.

Gropp, Walter: Kollision nationaler Strafgewalten – nulla prosecutio transnationalis sine lege, in: Sinn, Arndt (Hrsg.), Jurisdiktionskonflikte bei grenzüberschreitender Kriminalität. Ein Rechtsvergleich zum Internationalen Strafrecht, Osnabrück 2012, S. 41–63.

Hackner, Thomas/*Schomburg*, Wolfgang/*Lagodny*, Otto/*Gleß*, Sabine: Das 2. Europäische Haftbefehlsgesetz, NStZ 2006, 663–669.

Hahn, Carl (Hrsg.): Die gesammten Materialien zu den Reichs-Justizgesetzen. Band 3: Die gesammten Materialien zur Strafprozeßordnung und dem Einführungsgesetz zu derselben. Erste Abtheilung, 2. Auflage, Berlin 1885.

Hannich, Rolf (Hrsg.): Karlsruher Kommentar zur Strafprozessordnung mit GVG, EGGVG und EMRK, 7. Auflage, München 2013.

Hannich, Rolf/*Rautenberg*, Erardo Cristoforo: Brauchen wir einen besonderen Gerichtsstand für Straftaten im Zusammenhang mit Auslandseinsätzen der Bundeswehr?, ZRP 2010, 140–143.

Harvard Research: Draft Convention on Jurisdiction with Respect to Crime, AJIL 1935 (Supplement), S. 439–651.

Hecker, Bernd: Statement: Jurisdiktionskonflikte in der EU, ZIS 2011, 60–63.

– Die rechtlichen Möglichkeiten der Europäischen Union zur Lösung von Kompetenzkonflikten, in: Sinn, Arndt (Hrsg.), Jurisdiktionskonflikte bei grenzüberschreitender Kriminalität. Ein Rechtsvergleich zum Internationalen Strafrecht, Osnabrück 2012, S. 85–102.

– Europäisches Strafrecht, 4. Auflage, Berlin 2012.

Hefendehl, Roland/*Hirsch*, Andrew von/*Wohlers*, Wolfgang (Hrsg.): Die Rechtsgutstheorie: Legitimationsbasis des Strafrechts oder dogmatisches Glasperlenspiel, Baden-Baden 2003.

Heger, Martin: Europäische Beweissicherung – Perspektiven der strafrechtlichen Zusammenarbeit in Europa, ZIS 2007, 547–556.

– Perspektiven des Europäischen Strafrechts nach dem Vertrag von Lissabon: Eine Durchsicht des (wohl) kommenden EU-Primärrechts vor dem Hintergrund des Lissabon-Urteils des BVerfG vom 30.6.2009, ZIS 2009, 406–417.

Heghmanns, Michael: Auswahlermessen der Staatsanwaltschaft bei Anklageerhebung und gesetzlicher Richter. Zugleich eine Anmerkung zu OLG Hamm, StV 1999, 240 ff., StV 2000, 277–280.

– Das Arbeitsgebiet des Staatsanwalts, 4. Auflage, Köln 2010.

Heghmanns, Michael/*Scheffler*, Uwe (Hrsg.): Handbuch zum Strafverfahren, München 2008.

Hein, Jan von: Die Ausweichklausel im europäischen Internationalen Deliktsrecht, in: Baetge, Dietmar/Hein, Jan von/Hinden, Michael von (Hrsg.), Die richtige Ordnung. Festschrift für Jan Kropholler zum 70. Geburtstag, Tübingen 2008, S. 553–571.

Hein, Lars: Zuständigkeitskonflikte im internationalen Strafrecht. Ein europäisches Lösungsmodell, Berlin 2002.

Heinrich, Andreas: Das passive Personalitätsprinzip im deutschen Strafrecht, Freiburg 1994.

Heinrich, Bernd: Der Erfolgsort beim abstrakten Gefährungsdelikt, GA 1999, 79–84.

– Handlung und Erfolg bei Distanzdelikten, in: Heinrich, Bernd/Hilgendorf, Eric/Mitsch, Wolfgang/Sternberg-Lieben, Detlev (Hrsg.), Festschrift für Ulrich Weber zum 70. Geburtstag, Bielefeld 2004, S. 91–108.

– Zeigen des „Hitlergrußes" bei Fußballspiel im Ausland, NStZ 2010, 533–534.

Helgerth, Roland/*König*, Peter: Das Strafanwendungsrecht beim Schwangerschaftsabbruch nach dem Einigungsvertrag, JR 1991, 177–182.

Hellebrand, Johannes: Die Staatsanwaltschaft: Arbeitsgebiet und Arbeitsweise. Eine Einführung für angehende Staatsanwälte und Referendare bei Eintritt in die staatsanwaltschaftliche Ausbildung, München 1999.

Herdegen, Matthias: Völkerrecht, 13. Auflage, München 2014.

Herrnfeld, Hans-Holger: Die Rolle von Eurojust bei der Beilegung von Jurisdiktionskonflikten, in: Sinn, Arndt (Hrsg.), Jurisdiktionskonflikte bei grenzüberschreitender Kriminalität. Ein Rechtsvergleich zum Internationalen Strafrecht, Osnabrück 2012, S. 141–162.

Herzberg, Rolf Dietrich: Folter und Menschenwürde, JZ 2005, 321–328.

Herzog, Felix: Wider den „kurzen Prozeß". Plädoyer für die Abschaffung des beschleunigten Verfahrens nach §§ 212, 212a, 212b StPO, ZRP 1991, 125–129.

– Über bewegliche Zuständigkeitsregelungen, instrumentelle Zuständigkeitswahl und das Prinzip des gesetzlichen Richters, StV 1993, 609–612.

Hettinger, Michael: Die Absprache im Strafverfahren als rechtsstaatliches Problem, JZ 2011, 292–301.

Hilgendorf, Eric: Überlegungen zur strafrechtlichen Interpretation des Ubiquitätsprinzips im Zeitalter des Internet, NJW 1997, 1873–1878.

– Folter im Rechtsstaat?, JZ 2004, 331–339.

Hilgendorf, Eric/*Valerius*, Brian: Computer- und Internetstrafrecht: ein Grundriss, 2. Auflage, Berlin 2005.

Hille, Saskia: Völkerrechtliche Probleme der Staatenanerkennung bei den ehemaligen jugoslawischen Teilrepubliken, München 1996.

Hirse, Thomas: Die Ausweichklausel im Internationalen Privatrecht. Methodentheoretische und -kritische Gedanken zur Konkretisierung einer besonderen kollisionsrechtlichen Generalklausel, Tübingen 2006.

Hochmayr, Gudrun: Schutz eigener Staatsbürger vor Auslieferung. Zur Umsetzung des Rahmenbeschlusses über den Europäischen Haftbefehl in Österreich, in: Małolepszy, Maciej/Hochmayr, Gudrun/Nalewajko, Paweł (Hrsg.), Auslieferung von eigenen Staatsangehörigen – Probleme in der Praxis der deutsch-polnischen Zusammenarbeit in Strafsachen, Berlin 2013, S. 31–42.

Hoffmann, Bernd von/*Thorn*, Karsten: Internationales Privatrecht einschließlich der Grundzüge des internationalen Zivilverfahrensrechts, 9. Auflage, München 2007.

Holthausen, Dieter: Die Strafbarkeit von Auslandstaten Deutscher und das völkerrechtliche Interventionsverbot, NJW 1992, 214–216.

Höpfel, Frank/*Ratz*, Eckart (Hrsg.): Wiener Kommentar zum Strafgesetzbuch, 2. Auflage, Wien 2009.

Hruschka, Joachim: Wahlweise Verurteilung bei der Alternative schwerer Raub oder Unterschlagung, Anmerkung zu BGH NJW 1973, 1466, NJW 1973, 1804–1805.

Ignor, Alexander: Die Zukunft des Strafverfahrens: Abschied vom Rechtsstaat?, ZStW 2007, 927–937.

Ipsen, Knut: Völkerrecht, 6. Auflage, München 2014.

Isensee, Josef/*Kirchhof*, Paul (Hrsg.): Handbuch des Staatsrechts der Bundesrepublik Deutschland, Band I: Grundlagen von Staat und Verfassung, 2. Auflage, Heidelberg 1995.

– Band II: Verfassungsstaat, 3. Auflage, Heidelberg 2004.

– Band V: Rechtsquellen, Organisation, Finanzen, 3. Auflage, Heidelberg 2007.

Jakobs, Günther: Kriminalisierung im Vorfeld einer Rechtsgutsverletzung, ZStW 1985, 751–785.

Jarass, Hans D.: Charta der Grundrechte der Europäischen Union unter Einbeziehung der vom EuGH entwickelten Grundrechte und der Grundrechtsregelungen der Verträge. Kommentar, 2. Auflage, München 2013.

Jarass, Hans D./*Pieroth*, Bodo: Grundgesetz für die Bundesrepublik Deutschland. Kommentar, 13. Auflage, München 2014.

Jellinek, Georg: Allgemeine Staatslehre, 5. Nachdruck der 3. Auflage, Berlin 1929.

Jescheck, Hans-Heinrich: Der VIII. Internationale Strafrechtskongreß vom 21.-27.9.1961 in Lissabon, ZStW 1962, 183–188.

– Gegenstand und neueste Entwicklung des internationalen Strafrechts, in: Schroeder, Friedrich Christian/Zipf, Heinz (Hrsg.), Festschrift für Reinhart Maurach zum 70. Geburtstag, Karlsruhe 1972, S. 579–594.

– Grundsätze der Kriminalpolitik in rechtsvergleichender Sicht, in: Kühne, Hans-Heiner (Hrsg.), Festschrift für Koichi Miyazawa. Dem Wegbereiter des japanisch-deutschen Strafrechtsdiskurses, Baden-Baden 1995, S. 363–382.

Jescheck, Hans-Heinrich/ *Weigend*, Thomas: Lehrbuch des Strafrechts. Allgemeiner Teil, 5. Auflage, Berlin 1996.

Jeßberger, Florian: Der transnationale Geltungsbereich des deutschen Strafrechts: Grundlagen und Grenzen der Geltung des deutschen Strafrechts für Taten mit Auslandsberührung, Tübingen 2011.

Joecks, Wolfgang/*Miebach*, Klaus (Hrsg.): Münchener Kommentar zum Strafgesetzbuch: (Hrsg.), 1. Auflage, München 2003 ff.

– 2. Auflage, München 2011 ff.

Joerden, Jan C.: Logik im Recht: Grundlagen und Anwendungsbeispiele, 2. Auflage, Berlin/Heidelberg 2010.

Jung, Heike: Die Inlandsteilnahme an ausländischer strafloser Haupttat. Regelungsgehalt und Problematik des § 9 Abs. 2 Satz 2 StGB, JZ 1979, 325–332.

Juppe, Markus: Die gegenseitige Anerkennung strafrechtlicher Entscheidungen in Europa: Historische Grundlagen. Aktuelle und zukünftige Probleme, Frankfurt a.M. u.a. 2007.

Kamminga, Menno T.: Comment: Trial of Lockerbie Suspects before a Scottish Court in the Netherlands, NILR 1998, 417–433.

Kant, Immanuel: Die Metaphysik der Sitten, in: Gesammelte Schriften, hrsg. von der Königlich Preußischen Akademie der Wissenschaften, Berlin 1902 ff.

Kappel, Jan: Das Ubiquitätsprinzip im Internet: Wie weit reicht das deutsche Strafrecht, Hamburg 2007.

Kaul, Hans-Peter: Der Internationale Strafgerichtshof: Das Ringen um seine Zuständigkeit und Reichweite, in: Fischer, Horst/Lüder, Sascha Rolf (Hrsg.), Völkerrechtliche Verbrechen vor dem Jugoslawien-Tribunal, nationalen Gerichten und dem Internationalen Strafgerichtshof, Berlin 1999, S. 177–191.

Keller, Rainer: Grenzen, Unabhängigkeit und Subsidiarität der Weltrechtspflege, GA 2006, 25–37.

Kempf, Eberhard: Der Europäische Staatsanwalt: Freier Fuchs im freien Hühnerstall?, Beilage: Verteidigung und Europäischer Haftbefehl, StV 2003, 128–130.

Kern, Eduard: Der gesetzliche Richter, Berlin 1927.

Kindhäuser, Urs/*Neumann*, Ulfrid/*Paeffgen*, Hans-Ullrich (Hrsg.): Nomos-Kommentar zum Strafgesetzbuch, 2. Auflage, Baden-Baden 2005.

– 4. Auflage, Baden-Baden 2013.

Kissel, Otto Rudolf/*Mayer*, Herbert: Gerichtsverfassungsgesetz. Kommentar, 7. Auflage, München 2013.

Klip, André/*Mackarel*, Mark: The Lockerbie Trial – A Scottish Court in The Netherlands, IRPL 1999, 777–819.

Kniebühler, Roland Michael: Transnationales „ne bis in idem": Zum Verbot der Mehrfachverfolgung in horizontaler und vertikaler Dimension, Freiburg 2005.

Köbler, Gerhard: Juristisches Wörterbuch für Studium und Ausbildung, 15. Auflage, München 2012.

Koch, Arnd: Nationales Strafrecht und globale Internet-Kriminalität. Zur Reform des Strafanwendungsrechts bei Kommunikationsdelikten im Internet, GA 2002, 703–713.

Köhler, Michael: Zum Begriff des Völkerstrafrechts, JRE 2003, 435–467.

Kölbl, Alois: Die Meinungsfreiheit in Großbritannien, Frankfurt a.M. u.a. 1998.

Koriath, Heinz: Zum Streit um die Gefährdungsdelikte, GA 2001, 51–74.

Kreicker, Helmut: Grundlagen der Strafverfolgung völkerrechtlicher Verbrechen, in: Eser, Albin/Kreicker, Helmut (Hrsg.), Nationale Strafverfolgung völkerrechtlicher Verbrechen. Band 1 – Deutschland, Freiburg 2003.

Kreß, Claus: Völkerstrafrecht und Weltrechtspflegeprinzip im Blickfeld des Internationalen Gerichtshofs. Zum Votenstreit der Richter des IGH im Haftbefehlsfall (Demokratische Republik Kongo gegen Belgien), ZStW 2002, 818–849.

Krüger, Wolfgang/*Rauscher*, Thomas: Münchener Kommentar zur Zivilprozessordnung: ZPO mit Gerichtsverfassungsgesetz und Nebengesetzen, 4. Auflage, München 2013.

Kuner, Christopher: Internationale Zuständigkeitskonflikte im Internet, CR 1996, 453–458.

Kurth, Michael E.: Zum Verfolgungsermessen des Generalbundesanwaltes nach § 153f StPO, ZIS 2006, 81–86.

Kutsch, Gregor/*Hengstler*, Katja/*Jacoby*, Sigrid (Hrsg.): Internationale strafrechtliche Zusammenarbeit: völkerrechtliche Übereinkünfte und Verträge, Europäische Rechtsakte, IRG; Textausgabe mit staatenspezifischen Hinweisen, 2. Auflage, Heidelberg 2007.

Kutschaty, Thomas: NRW-Justizminister plant Unternehmensstrafrecht. „Deutschlands Inselstatus beenden", Legal Tribune Online vom 09.04.2012.

Lagodny, Otto: Grundkonstellationen des internationalen Strafrechts. Zugleich ein Rückblick auf das internationale Kolloquium über „Internal Cooperation in Criminal Matter“ an der Harvard Law School, ZStW 1989, 987–1011.

– Empfiehlt es sich, eine europäische Gerichtskompetenz für Strafgewaltskonflikte vorzusehen? Gutachten im Auftrag des Bundesministeriums der Justiz, 2001.

– Überlegungen zu einem menschengerechten transnationalen Straf- und Strafverfahrensrecht, in: Arnold, Jörg (Hrsg.), Menschengerechtes Strafrecht. Festschrift für Albin Eser zum 70. Geburtstag, München 2005, S. 777–795.

Laufhütte, Heinrich Wilhelm/*Rissing-van Saan*, Ruth/*Tiedemann*, Klaus, (Hrsg.): Strafgesetzbuch. Leipziger Kommentar, 12. Auflage, Berlin 2006 ff.

Leible, Stefan: Rechtswahl im IPR der außervertraglichen Schuldverhältnisse nach der Rom-II-Verordnung, RIW 2008, 257–264.

Leupold, Andreas/*Bachmann*, Peter/*Pelz*, Christian: Russisches Roulette im Internet? Zulässigkeit von Glücksspielen im Internet unter gewerbe- und strafrechtlichen Gesichtspunkten, MMR 2000, 648–655.

Li, Haidong: Die Prinzipien des internationalen Strafrechts: Eine vergleichende Untersuchung zwischen dem internationalen Strafrecht der Volksrepublik China und dem der Bundesrepublik Deutschland, Pfaffenweiler 1991.

Liesching, Patrick: Die Brandstiftungsdelikte der §§ 306 bis 306c StGB nach dem Sechsten Gesetz zur Reform des Strafrechts, Berlin 2002.

Lieser, Karl-Theodor: Sowjetzonales Strafrecht und ordre public, Frankfurt a.M. 1962.

Linder, Doug: The Trials of Los Angeles Police Officers' in Connection with the Beating of Rodney King, 2001, online unter http://law2.umkc.edu/faculty/projects/ftrials/ lapd/lapdaccount.html, abgerufen am 09.07.2014.

Lischka, Konrad: Phrasen-Kritik: Das Internet ist kein rechtsfreier Raum. Spiegel Online vom 26.06.2009.

Liszt, Franz von: Stellung der Verteidigung in Strafsachen, DJZ 1901, 179–182.

Lopes da Mota, José Luís: Eurojust – The Heart of the Future European Public Prosecutor's Office, eucrim 2008, 62–66.

Löwe, Ewald/*Rosenberg*, Werner/*Dünnebier*, Hanns/*Rieß*, Peter/*Niethammer*, Emil (Hrsg.): Die Strafprozessordnung und das Gerichtsverfassungsgesetz. Großkommentar, 25. Auflage, Berlin 1999 ff.

– 26. Auflage, Berlin 2006 ff.

Lüderssen, Klaus: Abschaffen des Strafens?, Frankfurt a. M. 1995.

– Resozialisierung: Aus der Untat lernen, F.A.Z. Online vom 22.08.2013.

Maiwald, Christian: Die Gesetzgebungszuständigkeit in Strafsachen, ZRP 2006, 18–22.

Mangoldt, Hermann von/*Klein*, Friedrich /*Starck*, Christian (Hrsg.): Kommentar zum Grundgesetz, 6. Auflage, München 2010.

Mankowski, Peter: Wider ein transnationales Cyberlaw, AfP 1999, 138–143.

– Die Lehre von den doppelrelevanten Tatsachen auf dem Prüfstand der internationalen Zuständigkeit, IPRax 2006, 454–459.

Mansdörfer, Marco: Das Prinzip des ne bis in idem im europäischen Strafrecht, Berlin 2004.

Marauhn, Thilo/*Simon*, Sven: Die völkerrechtlichen Voraussetzungen der Strafgewalt in transnationalen Fallgestaltungen, in: Sinn, Arndt (Hrsg.), Jurisdiktionskonflikte bei grenzüberschreitender Kriminalität. Ein Rechtsvergleich zum Internationalen Strafrecht, Osnabrück 2012, S. 21–39.

Martin, Jörg: Strafbarkeit grenzüberschreitender Umweltbeeinträchtigungen, Freiburg 1989.

– Grenzüberschreitende Umweltbeeinträchtigungen im deutschen Strafrecht, ZRP 1992, 19–27.

Maurach, Reinhart: Treupflicht und Schutzgedanke im internationalen Strafrecht, Deutsches Strafrecht N.F. 1938, 1–15.

Maunz, Theodor/*Dürig*, Günter (Begr.): Grundgesetz, Kommentar. Stand: 72. Ergänzungslieferung 07/2014.

Mayer, Franz C.: Recht und Cyberspace, NJW 1996, 1782–1791.

Mayer, Heinz: [österr.] B-VG. Bundes-Verfassungsrecht. Kurzkommentar, 4. Auflage, Wien 2007.

Mayer, Hellmuth: Völkerrecht und Internationales Strafrecht, JZ 1952, 609–611.

Menthe, Darrel: Jurisdiction In Cyberspace: A Theory of International Spaces, Mich. Telecomm. Tech. L. Rev. 1998, auch online unter http://www.mttlr.org/volfour/menthe.html, abgerufen am 09.07.2014.

Meyer-Goßner, Lutz: Die Zukunft des Strafverfahrens – Abschied vom Rechtsstaat?, ZStW 2007, 938–944.

– Rechtsprechung durch Staatsanwaltschaft und Angeklagten? – Urteilsabsprachen im Rechtsstaat des Grundgesetzes, NStZ 2007, 425–432.

Meyer-Goßner, Lutz/*Schmitt*, Bertram: Strafprozessordnung, Gerichtsverfassungsgesetz, Nebengesetze und ergänzende Bestimmungen, 57. Auflage, München 2014.

Michalke, Regina: EU-Konformität des Rahmenbeschlusses über den Europäischen Haftbefehl. Anmerkung zu EuGH, EuZW 2007, 373, EuZW 2007, 377–378.

Miller, Dennis/*Rackow*, Peter: Transnationale Täterschaft und Teilnahme – Beteiligungsdogmatik und Strafanwendungsrecht, ZStW 2005, 379–417.

Miskowiak, Kristina: The International Criminal Court: Consent, Complementarity and Cooperation, Kopenhagen 2000.

Mosiek, Marcus: Fremdrechtsanwendung – quo vadis? Zur Anwendung ausländischen Rechts im deutschen Wirtschaftsstrafrecht, StV 2008, 94–100.

Münch, Ingo von/*Kunig*, Philip: Grundgesetz. Kommentar, 6. Auflage, München 2012.

Murschetz, Verena: Der Rahmenbeschluss über den Europäischen Haftbefehl und seine Umsetzung im EU-JZG. Anmerkungen zur gegenseitigen Anerkennung, zur beiderseitigen Strafbarkeit und zur Übergabe eigener Staatsbürger, ÖJZ 2007, 98–106.

Nagel, Karl-Friedrich: Beweisaufnahme im Ausland: Rechtsgrundlagen und Praxis der internationalen Rechtshilfe für deutsche Strafverfahren, Freiburg 1988.

Nalewajko, Paweł: Der Europäische Haftbefehl: aktuelle Entwicklungen in Polen, ZIS 2007, 113–117.

– Grundsatz der gegeneinseitigen Anerkennung. Eckstein der justiziellen Zusammenarbeit in Strafsachen in der Europäischen Union?, Berlin 2010.

Nelson, Alvar: Swedish and Foreign Crimes in the Swedish Criminal Justice System, Nordisk Tidsskrift for Kriminalvidenskab (Tillæg) 1989, 11–42.

Neumann, Ulfrid: Normtheoretische Aspekte der Irrtumsproblematik im Bereich des „Internationalen Strafrechts", in: Britz, Guido/Jung, Heike/Koriath, Heinz/Müller, Egon (Hrsg.), Grundfragen staatlichen Strafens. Festschrift für Heinz Müller-Dietz zum 70. Geburtstag, München 2001, S. 589–607.

Niggli, Marcel Alexander/*Wiprächtiger*, Hans (Hrsg.): Basler Kommentar. Strafrecht I, 2. Auflage, Basel 2007.

Nordquist, Myron H. (Hrsg.): United Nations Convention on the Law of the Sea 1982. A Commentary, Leiden 1993.

Nürnberger, Silke: Die zukünftige Europäische Staatsanwaltschaft – Eine Einführung, ZJS 2009, 494–505.

Oehler, Dietrich: Der gesetzliche Richter und die Zuständigkeit in Strafsachen, ZStW 1952, 292–305.

– Theorie des Strafanwendungsrechts in: Oehler, Dietrich/Pötz, Paul-Günter (Hrsg.), Aktuelle Probleme des internationalen Strafrechts. Beiträge zur

Gestaltung des internationalen und eines supranationalen Strafrechts. Heinrich Grützner zum 65. Geburtstag, Hamburg 1970, S. 110–126.

– Die internationalstrafrechtlichen Bestimmungen des künftigen Umweltstrafrechts, GA 1980, 241–248.

– Internationales Strafrecht: Geltungsbereich des Strafrechts, internationales Rechtshilferecht, Recht der Gemeinschaften, Völkerstrafrecht, 2. Auflage, Köln 1983.

– Verfolgung von Völkermord im Ausland. Anmerkung zu BGH NStZ 1994, 232, NStZ 1994, 485.

Osten, Philipp: Der Tokioter Kriegsverbrecherprozeß und die japanische Rechtswissenschaft, Berlin 2003.

Ostendorf, Heribert: Grundzüge des konkreten Gefährdungsdelikts, JuS 1982, 426–433.

Palandt, Otto (Begr.): Bürgerliches Gesetzbuch. Kommentar, 74. Auflage, München 2015.

Pappas, Claudia: Stellvertretende Strafrechtspflege: zugleich ein Beitrag zur Ausdehnung der deutschen Strafgewalt nach § 7 Abs. 2 Nr. 2 StGB, Freiburg 1997.

Paulus, Christoph G.: Ein Plädoyer für unscheinbare Normen, JuS 1994, S. 367–370.

Paust, Jordan J./*Bassiouni*, M. Cherif/*Scharf*, Michael/*Gurule*, Jimmy/*Sadat*, Leila/*Zagaris*, Bruce/*Williams*, Sharon A.: International Criminal Law. Cases and Materials, 2. Auflage, Durham 2000.

Pawlik, Michael: Strafe oder Gefahrenbekämpfung? Die Prinzipien des deutschen Internationalen Strafrechts vor dem Forum der Straftheorie, in: Hoyer, Andreas/Müller, Henning Ernst/Pawlik, Michael/Wolter, Jürgen (Hrsg.), Festschrift für Friedrich-Christian Schroeder zum 70. Geburtstag, Heidelberg 2006, S. 357–386.

Pfeiffer, Gerd: Strafprozessordnung. Kommentar. 5. Auflage, München 2005.

Pieroth, Bodo/*Schlink*, Bernhard/*Kingreen*, Thorsten/*Poscher*, Ralf: Grundrechte Staatsrecht II, 30. Auflage, Heidelberg 2014.

Płachta, Michał: Übernahme von Strafverfahren und Vollstreckung, ZStW 1987, 479–496.

Plöckinger, Oliver: Zur Zuständigkeit österreichischer Gerichte bei Straftaten im Internet, ÖJZ 2001, 798–804.

Plöckinger, Oliver/*Leidenmühler*, Franz: Zum Verbot doppelter Strafverfolgung nach Art. 54 SDÜ 1990, wistra 2003, 81–92.

Podgor, Ellen S.: Extraterritorial Criminal Jurisdiction: Replacing "Objective Territoriality" with "Defensive Territoriality", Studies in Law, Politics, and Society 2003, 117–135.

Pohlen, Rainer: Das ist ja zum irre werden: Schlusswort eines Piraten führt zum 6. Mal zurück in die Beweisaufnahme, strafblog.de vom 18.10.2012.

Radbruch, Gustav: Gesetzliches Unrecht und übergesetzliches Recht, SJZ 1946, 105–107.

Reimann, Mathias: Conflict of Laws in Western Europe, Irvington (New York) 1995.

Rittstieg, Helmut: Zur Strafbarkeit der Spionage für die ehemalige DDR, NJW 1994, 912–913.

Rosenmeier, Eugen Wilhelm: Die Verbindung von Strafsachen im Erwachsenenstrafrecht, Bern 1972.

Roth, Thomas: Das Grundrecht auf den gesetzlichen Richter, Berlin 2000.

Rotsch, Thomas: Materielle Strafrechtsdogmatik und strafprozessuale Zuständigkeit: Zur Kollision von Zuständigkeitskumulation und Art. 101 Abs. 1 S. 2 GG, ZIS 2006, 17–28.

Roxin, Claus: Strafrecht Allgemeiner Teil. Band 1: Grundlagen, der Aufbau der Verbrechenslehre, 4. Auflage, München 2006.

– Täterschaft und Tatherrschaft, 8. Auflage, Berlin 2006.

Rudolphi, Hans-Joachim/*Wolter*, Jürgen (Hrsg.): Systematischer Kommentar zum Strafgesetzbuch, Köln, 8. Auflage, Stand: 146. Ergänzungslieferung 10/2014.

– Systematischer Kommentar zur Strafprozeßordnung und zum Gerichtsverfassungsgesetz, 4. Auflage, Köln 2014.

Rugallis, Sven: Die antizipierte Rechtswahl in außervertraglichen Schuldverhältnissen, IPRax 2008, 319–323.

Ruhrmann, Hanns W.: Die Behandlung innerdeutscher (interlokaler) Kollisionsfälle auf dem Gebiet des Staatsschutz-Strafrechts, ZStW 1960, 124–179.

Säcker, Franz Jürgen/*Rixecker*, Roland/*Oetker*, Hartmut (Hrsg.) Münchener Kommentar zum Bürgerlichen Gesetzbuch, Band 1, 6. Auflage, München 2012.

– Band 10, 5. Auflage, München 2010.

Salomon, Tim René: Der Grundsatz der Freiheit der Meere bei Hugo Grotius als Basis für ein zukünftiges Regelungsregime?, München 2009.

Samson, Erich: Geteiltes Strafrecht im vereinten Deutschland, NJ 1991, 143–147.

Satzger, Helmut: Die Anwendung des deutschen Strafrechts auf grenzüberschreitende Gefährdungsdelikte, NStZ 1998, 112–117.

– Gefahren für eine effektive Verteidigung im geplanten europäischen Verfahrensrecht – eine kritische Würdigung des Grünbuchs zum strafrechtlichen Schutz der finanziellen Interessen der Europäischen Gemeinschaften und zur Schaffung einer europäischen Staatsanwaltschaft, StV 2003, 137–142.

– Internationales und Europäisches Strafrecht. Strafanwendungsrecht, Europäisches Straf- und Strafverfahrensrecht, Völkerstrafrecht, 6. Auflage, Baden-Baden 2013.

Sax, Walter: Grundsätze der Strafrechtspflege, in: Bettermann, Karl August/Nipperdey, Hans Carl/Scheuner, Ulrich (Hrsg.), Die Grundrechte. Handbuch der Theorie und Praxis der Grundrechte. Dritter Band, 2. Halbband, Berlin 1959, S. 909–1014.

Schabas, William A.: The UN International Criminal Tribunals: The Former Yugoslavia, Rwanda and Sierra Leone, Cambridge 2006.

– An Introduction to the International Criminal Court, 4. Auflage, Cambridge 2011.

Schäfer, Ernst: Das Interlokale Strafrecht, Deutsches Strafrecht N.F. 1940, 192–197.

Scharf, Michael P.: The ICC's Jurisdiction over the Nationals of Non-Party States: A Critique of the U.S. Position, Law and Contemp. Probs. 2001, 67–117.

Scheffler, Uwe: Kurzer Prozeß mit rechtsstaatlichen Grundsätzen?, NJW 1994, 2191–2195.

– Das „beschleunigte Verfahren" in Brandenburg aus rechtsstaatlicher Sicht, NJ 1999, 113–118.

Schlochauer, Hans-Jürgen: Die extraterritoriale Wirkung von Hoheitsakten nach dem öffentlichen Recht der Bundesrepublik Deutschland und nach internationalem Recht, Frankfurt a.M. 1962.

Schmidt-Jortzig, Edzard: Aufgabe, Stellung und Funktion des Richters im demokratischen Rechtsstaat, NJW 1991, 2377–2383.

Schmidt-Kessel, Martin: Das Internationale Privatrecht als Vorbild eines transnationalen Strafanwendungsrechts?, in: Sinn, Arndt (Hrsg.), Jurisdiktionskonflikte bei grenzüberschreitender Kriminalität. Ein Rechtsvergleich zum Internationalen Strafrecht, Osnabrück 2012, S. 65–83.

Schmitz, Roland: § 7 II Nr. 2 StGB und das Prinzip der stellvertretenden Strafrechtspflege, in: Samson, Erich/Dencker, Friedrich/Frisch, Peter/Frister, Helmut/Reiß, Wolfgang (Hrsg.), Festschrift für Gerald Grünwald zum siebzigsten Geburtstag, Baden-Baden 1999, S. 619–640.

Schmölzer, Gabriele: Straftaten im Internet: eine materiell-rechtliche Betrachtung, ZStW 2011, 709–736.

Schneiders, Uwe: Die Regelungen über das materielle Strafrecht im Einigungsvertrag, MDR 1990, 1049–1054.

Schomburg, Wolfgang: Auf dem Wege zu einem Europäischen Rechtsraum! Ein Zwischenbericht über erste Anläufe, DRiZ 2000, 341–344.

Schomburg, Wolfgang/*Lagodny*, Otto/*Gleß*, Sabine/*Hackner*, Thomas: Internationale Rechtshilfe in Strafsachen: Kommentar zum Gesetz über die internationale Rechtshilfe in Strafsachen (IRG), 6. Auflage, München 2006.

Schönke, Adolf/*Schröder*, Horst (Begr.): Strafgesetzbuch. Kommentar, 29. Auflage, München 2014.

Schorn, Hubert: Zweifelsfragen zum räumlichen Geltungsbereich des Strafrechts (§§ 3-7 StGB), JR 1964, 205–207.

Schröder, Horst: Die Teilnahme im internationalen Strafrecht. Zugleich ein Beitrag zur Lehre vom Geltungsbereich des deutschen Strafrechts, ZStW 1942, 57–130.

– Abstrakt-konkrete Gefährdungsdelikte?, JZ 1967, 522–525.

– Grundlagen und Grenzen des Personalitätsprinzips im internationalen Strafrecht, JZ 1968, 241–245.

Schröder, Jochen: Internationale Zuständigkeit: Entwurf eines Systems von Zuständigkeitsinteressen im zwischenstaatlichen Privatverfahrensrecht aufgrund rechtshistorischer, rechtsvergleichender und rechtspolitischer Betrachtung, Opladen 1971.

Schroeder, Friedrich Christian: Strafgesetzbuch der Russischen Föderation, 2. Auflage, Freiburg 2007.

Schubert, Werner (Hrsg.): Entwürfe einer Strafprozeßordnung und Novelle zum Gerichtsverfassungsgesetz nebst Begründung: Bundesratsvorlage von 1908 (einschließlich der vom Bundesrat beschlossenen Änderungen); Reichstagsvorlage von 1909, Frankfurt a.M. 1991.

Schubert, Werner/*Regge*, Jürgen (Hrsg.): Entstehung und Quellen der Strafprozeßordnung von 1877, Frankfurt a.M. 1989.

Schubert, Werner/*Vormbaum*, Thomas (Hrsg.): Entstehung des Strafgesetzbuchs. Kommissionsprotokolle und Entwürfe. Band 1: 1869, Baden-Baden 2002.

Schultz, Dietrich: Zum räumlichen Geltungsbereich des Strafrechts im geteilten Deutschland, JR 1968, 41–47, 127–132.

Schünemann, Bernd: Nulla poena sine lege? Rechtstheoretische und verfassungsrechtliche Implikationen der Rechtsgewinnung im Strafrecht, Berlin u.a. 1978.

– Ein Gespenst geht um in Europa – Brüsseler „Strafrechtspflege“ intra muros, GA 2002, 501–516.

– Europäischer Haftbefehl und EU-Verfassungsentwurf auf schiefer Ebene. Die Schranken des Grundgesetzes, ZRP 2003, 185–189.

– Europäischer Haftbefehl und gegenseitige Anerkennung in Strafsachen, ZRP 2003, 472.

– Grundzüge eines Alternativ-Entwurfs zur europäischen Strafverfolgung, ZStW 2004, 376–399.

– (Hrsg.) Ein Gesamtkonzept für die europäische Strafrechtspflege – A Programme for European Criminal Justice, Köln u.a. 2006.

– Die Grundlagen eines transnationalen Strafverfahrens, in ders. (Hrsg.), Ein Gesamtkonzept für die Europäische Strafrechtspflege, Köln u.a. 2006, S. 93–111.

– Verteidigung in Europa, StV 2006, 361–368.

– Die Zukunft des Strafverfahrens – Abschied vom Rechtsstaat?, ZStW 2007, 945–958.

Schwaighofer, Klaus: Auslieferung und Internationales Strafrecht: Eine systematische Darstellung des ARHG, Wien 1988.

Schwarz, Otto/*Dreher*, Eduard: Strafgesetzbuch mit Nebengesetzen und Verordnungen, 27. Auflage, München 1965.

Schwarze, Jürgen/*Becker*, Ulrich/*Hatje*, Armin/*Schoo*, Johann (Hrsg.): EU-Kommentar, 3. Auflage, Baden-Baden 2012.

Seiterle, Stefan: Hirnbild und „Lügendetektion". Zur Zulässigkeit der Glaubwürdigkeitsbegutachtung im Strafverfahren mittels hirnbildgebender Verfahren, Berlin 2010.

Shaw, Malcom N.: International Law, 6. Auflage, Cambridge 2008.

Shea, Alison: Update: Researching the Law of the Vatican City State, http://www.nyulawglobal.org/Globalex/Vatican1.htm, abgerufen am 09.07.2014.

Sieber, Ulrich: Internationales Strafrecht im Internet: Das Territorialitätsprinzip der §§ 3, 9 StGB im globalen Cyberspace, NJW 1999, 2065–2073.

Sieber, Ulrich/*Cornlis*, Karin (Hrsg.): Nationales Strafrecht in rechtsvergleichender Darstellung. Allgemeiner Teil. Teilband 2: Gesetzlichkeitsprinzip, Internationaler Geltungsbereich, Begriff und Systematisierung der Straftat, Berlin 2008.

Sinn, Arndt (Hrsg.): Jurisdiktionskonflikte bei grenzüberschreitender Kriminalität: Ein Rechtsvergleich zum Internationalen Strafrecht, Osnabrück 2012.

Son, Misuk: Internationaler Geltungsbereich des Strafrechts – Korea, in Sieber, Ulrich/Cornils, Karin (Hrsg.), Nationales Strafrecht in rechtsvergleichender Darstellung. Allgemeiner Teil. Teilband 2: Gesetzlichkeitsprinzip,

Internationaler Geltungsbereich, Begriff und Systematisierung der Straftat, Berlin 2008, S. 242–255.

Sowada, Christoph: Der gesetzliche Richter im Strafverfahren, Berlin 2002.

Staubach, Fritz: Die Anwendung ausländischen Strafrechts durch den inländischen Richter, Bonn 1964.

Stein, Friedrich/*Jonas*, Martin (Hrsg.): Kommentar zur Zivilprozessordnung, 23. Auflage, Tübingen 2013.

Stern, Herbert Jay: Ein Richter für Berlin, München 1985.

Stickel, Gerhard: Sprachloyalität ja, aber ohne gesetzlichen Zwang. Erwiderung auf Elicker, ZRP 2002, S. 417–418.

Stimson, Edward S.: Conflict of Criminal Laws, 1936, online unter http://www.constitution. org/cmt/stimson/con_crim.htm, abgerufen am 09.07.2014.

Strandbakken, Asbjørn: The Nordic Answer to the European Arrest Warrant: The Nordic Arrest Warrant, eucrim 2007, 138–140.

Streinz, Rudolf: Europarecht, 9. Auflage, Heidelberg 2012.

Szwarc, Andrzej J./*Piskorski*, Justyn: Strafrechtliche Verantwortlichkeit der Ausländer im Lichte des polnischen Rechts, in: Wolf, Gerhard (Hrsg.), Kriminalität im Grenzgebiet. Band 2: Wissenschaftliche Analysen, Berlin/Heidelberg 1999, S. 127–165.

Tamarit Sumulla, Josep Maria: Gegenseitige Kenntnis und gegenseitige Anerkennung als Grundlagen für die Konzeption eines europäischen strafrechtlichen Sanktionensystems, in Sieber, Ulrich (Hrsg.), Strafrecht und Wirtschaftsstrafrecht. Dogmatik, Rechtsvergleich, Rechtstatsachen. Festschrift für Klaus Tiedemann zum 70. Geburtstag, Köln 2008.

Tellenbach, Silvia: Das türkische Strafgesetzbuch: Gesetz Nr. 5237 vom 26.9.2004 nach dem Stand vom 15.11.2008 = Türk ceza kanunu, Freiburg 2008.

Thamann, Stephen C.: Länderbericht Vereinigte Staaten von Amerika, in Sinn, Arndt (Hrsg.), Jurisdiktionskonflikte bei grenzüberschreitender Kriminalität. Ein Rechtsvergleich zum Internationalen Strafrecht, Osnabrück 2012, S. 475–498.

Tiedemann, Klaus/*Kindhäuser*, Urs: Umweltstrafrecht – Bewährung oder Reform?, NStZ 1988, 337–346.

Träskman, Per Ole: Should We Take the Condition of Double Criminality Seriously?, Nordisk Tidsskrift for Kriminalvidenskab (Tillæg) 1989, 135–155.

Treviranus, Hans-Dietrich: Der deutsch-niederländische Ems-Dollart-Vertrag, ZaöRV 1963, 536–553.

Tröndle, Herbert/*Fischer*, Thomas: Strafgesetzbuch und Nebengesetze, 50. Auflage, München 2003.

United Kingdom Government (Hrsg.): Consultation Response to the Commission's Green Paper on Conflicts of Jurisdiction and the Principle of Ne Bis In Idem, 2005.

Van den Wyngaert, Christine: Double Criminality as a Requirement to Jurisdiction, Nordisk Tidsskrift for Kriminalvidenskab (Tillæg) 1989, 43–56.

Vander Beken, Tom/*Vermeulen*, Gert/*Lagodny*, Otto: Kriterien für die jeweils „beste" Strafgewalt in Europa – Zur Lösung von Strafgewaltskonflikten jenseits eines transnationalen Ne-bis-in-idem, NStZ 2002, 624–628.

Vander Beken, Tom/*Vermeulen*, Gert/*Steverlynk*, Soetekin/*Thomaes*, Stefan: Finding the best place for prosecution. A European study on jurisdiction criteria, Antwerpen 2002.

Valerius, Brian: Das globale Unrechtsbewusstsein. Oder: zum Gewissen im Internet, NStZ 2003, 341–346.

– Ermittlungen der Strafverfolgungsbehörden in den Kommunikationsdiensten des Internet: hoheitliche Recherchen in einem grenzüberschreitenden Medium, Berlin 2004.

– Stammzellgesetz und grenzüberschreitende Forschung, NStZ 2008, 121–125.

Vec, Miloš: Internet, Internationalisierung und nationalstaatlicher Rechtsgüterschutz, NJW 2002, 1535–1539.

Vogler, Theo: Generalbericht zum Thema IV des XIII. Internationalen Strafrechtskongresses, ZStW 1984, 531–552.

Vordermayer, Helmut/*Heintschel-Heinegg*, Bernd von (Hrsg.): Handbuch für den Staatsanwalt, 4. Auflage, Köln 2013.

Walter, Tonio: Der Kern des Strafrechts: die allgemeine Lehre vom Verbrechen und die Lehre vom Irrtum, Tübingen 2006.

Walther, Felix: „Tat" und „Täter" im transnationalen Strafanwendungsrecht des StGB, JuS 2012, 203–207.

Walther, Susanne: Terra Incognita: Wird staatliche internationale Strafgewalt den Menschen gerecht? Exemplarisch am Beispiel des Territorial- und des Weltrechtsprinzips, in: Arnold, Jörg (Hrsg.), Menschengerechtes Strafrecht. Festschrift für Albin Eser zum 70. Geburtstag, München 2005, S. 925–954.

Wasmeier, Martin: Stand und Perspektiven des EU-Strafrechts: Eine Erwiderung auf kritische Anmerkungen, ZStW 2004, 320–325.

Wasmuth, Johannes: Straf- und Strafverfahrensrecht nach dem Einigungsvertrag, NStZ 1991, 160–165.

Weigend, Ewa: Das polnische Strafgesetzbuch vom 6. Juni 1997, in Kraft getreten am 1. September 1998 = Kodeks karny. Zweisprachige Ausgabe, Freiburg 1998.

Weiß, Wolfgang: Völkerstrafrecht zwischen Weltprinzip und Immunität, JZ 2002, 696–704.

Werle, Gerhard: Justiz-Strafrecht und polizeiliche Verbrechensbekämpfung im Dritten Reich, Berlin 1989.

– Zur Anwendung des deutschen Strafrechts auf von einem Ausländer im Ausland begangenen Völkermord – Zum Tatbegriff beim Völkermord, JZ 1999, 1181–1184.

Wessels, Johannes/*Beulke*, Werner/*Satzger*, Helmut: Strafrecht Allgemeiner Teil. Die Straftat und ihr Aufbau, 44. Auflage, Heidelberg 2014.

Wessels, Johannes/*Hettinger*, Michael: Strafrecht Besonderer Teil 1, 38. Auflage, Heidelberg 2014.

White, Simone: A Decentralised European Public Prosecutor's Office. Contradiction in Terms or Highly Workable Solution?, eucrim 2012, 67–75.

Widmaier, Gunter: Strafbarkeit der DDR-Spionage gegen die Bundesrepublik auch noch nach der Wiedervereinigung?, NJW 1990, 3169–3173.

– Verfassungswidrige Strafverfolgung der DDR-Spionage: Verstoß gegen das Rückwirkungsverbot des Art. 103 II GG, NJW 1991, 2460–2464.

Wiggenhorn, Harald: Verliererjustiz: die Leipziger Kriegsverbrecherprozesse nach dem Ersten Weltkrieg, Baden-Baden 2005.

Wolf, Gerhard: Der Richter als Aktenbote?, NJW 2001, 46–47.

Wörner, Liane: Einseitiges Strafanwendungsrecht und entgrenztes Internet?, ZIS 2012, 458–465.

Wu, Jiuan-Yih: Länderbericht Taiwan, in: Sinn, Arndt (Hrsg.), Jurisdiktionskonflikte bei grenzüberschreitender Kriminalität. Ein Rechtsvergleich zum Internationalen Strafrecht, Osnabrück 2012, S. 429–440.

Zentrum für Europäische und Internationale Strafrechtsstudien (Hrsg.): Synoptischer Vergleich nationaler Strafanwendungsrechte/Jurisdiktionsrechte, online unter http://www. zeis.eak-ok.de/, abgerufen am 09.07.2014.

Zhao, Yang/*Richter*, Thomas: Internationaler Geltungsbereich des Strafrechts – China, in Sieber, Ulrich/Cornils, Karin (Hrsg.), Nationales Strafrecht in rechtsvergleichender Darstellung. Allgemeiner Teil. Teilband 2: Gesetzlichkeitsprinzip, Internationaler Geltungsbereich, Begriff und Systematisierung der Straftat, Berlin 2008, S. 153–165.

Zimmermann, Frank: Strafgewaltkonflikte in der Europäischen Union. Ein Regelungsvorschlag zur Wahrung materieller und prozessualer strafrechtlicher Garantien sowie staatlicher Strafinteressen, Baden-Baden 2014.

Zöller, Mark A.: Europäische Strafgesetzgebung, ZIS 2009, 340–349.

www.ingramcontent.com/pod-product-compliance
Ingram Content Group UK Ltd.
Pitfield, Milton Keynes, MK11 3LW, UK
UKHW021918290926
8980IPUK00015B/1339

9 783631 661659